Reclams Kriminalromanführer

Reclams Kriminalromanführer

Herausgegeben von
Armin Arnold und Josef Schmidt

Philipp Reclam jun. Stuttgart

CIP-Kurztitelaufnahme der Deutschen Bibliothek

Reclams Kriminalromanführer / hrsg. von Armin Arnold u. Josef Schmidt. –
Stuttgart : Reclam, 1978.
ISBN 3-15-010279-0 kart.
ISBN 3-15-010278-2 Lw.

NE: Arnold, Armin [Hrsg.]

Gesetzt in Times-Antiqua. Printed in Germany 1978
Satz: Alfred Utesch, Hamburg. Herstellung: Reclam Stuttgart
Umschlaggestaltung: Klaus Dempel, Stuttgart
ISBN 3-15-010279-0 (kart.) 3-15-010278-2 (geb.)

Inhalt

Erster Teil

Vorwort und Gebrauchsanweisung

Lieber Leser!

Suchen Sie einen Autor, so schlagen Sie zuerst das alphabetisch geordnete »Lexikon« auf. Finden Sie Ihren Autor dort nicht, so heißt das noch nicht, daß er nicht im Buch verzeichnet ist. Er kann unter seinem richtigen Namen oder unter einem seiner bekannten Pseudonyme oder in einem der Länderüberblicke im Anhang aufgeführt sein. Schlagen Sie also das »Personenregister (mit Pseudonymen)« (S. 431) auf. Haben Sie auch da keinen Erfolg, so konsultieren Sie die in der »Bibliographie« als A 1 und A 4 aufgeführten Nachschlagewerke.
Kennt jemand den Namen eines literarischen Detektivs und sucht nach weiteren Büchern, in denen dieser vorkommt, so schlage er das »Register der Detektive und Gauner« auf (S. 407). Dort findet er den Namen des betreffenden Autors und im Lexikon unter dem Namen des Autors eine Auswahl weiterer Bücher über seinen Detektiv. Die in der Bibliographie unter A 7 und A 8 genannten Bücher enthalten Listen über die wichtigsten literarischen Detektive und Gauner.
Wer eine Geschichte der Krimiliteratur in fünf Minuten lesen will, führe sich »Die wichtigsten Daten aus der Literaturgeschichte des Kriminalromans« (S. 43) zu Gemüte. Sind Sie an der englischen, amerikanischen und französischen Krimiliteratur interessiert, so lesen Sie die »Einleitung«; über andere Länder informieren die speziellen Länderüberblicke im »Dritten Teil« (S. 363). – Sie sind noch kein Krimifan, möchten aber einer werden: beginnen Sie mit den Titeln der Liste »Die hundert lesenswertesten Krimis« (S. 403). Die meisten davon sind so spannend, daß man sich bei der Lektüre das Rauchen abgewöhnen kann.
Einige Bemerkungen zum Lexikon: Autoren erscheinen unter dem Namen, unter dem sie am bekanntesten sind, also eventuell unter einem Pseudonym. Schreiben mehrere Autoren über eine bekannte Figur, so ist der Eintrag unter dem Namen des Detektivs zu finden (etwa Nick Carter, Sexton Blake). Krimiautoren wurden von der literarischen Forschung lange Zeit nicht ernst genommen, und es ist schwierig, Angaben über sie zu finden. Wenn also etwa bei einem 1840 geborenen Autor das Todesdatum fehlt, heißt das nicht unbedingt, daß der Autor noch immer am Leben ist, sondern daß wir das Todesdatum nicht eruieren konnten. Wo irgend möglich, haben wir Geburtsjahr, Geburtsort, Nationalität, Bildungsweg und Todesdatum angegeben, dazu Pseudonyme, ungefähre Zahl der veröffentlichten Bücher und die Namen der wichtigsten Serien- und Hauptfiguren (Detektive, Gauner). Es folgt meist eine Auswahlbibliographie, in der der erste Titel gewöhnlich das erste Buch des Autors, der letzte Titel das letztveröffentlichte Werk darstellt. Ist eine Werkliste vollständig, so wird das erwähnt. Hat der betreffende Autor eine oder mehrere bekannte Hauptfiguren erfunden, so werden die Titel nach

diesen zusammengestellt. In besonderen Fällen ist die wichtigste Sekundärliteratur verzeichnet. Deutsche Titel werden gewöhnlich nur bei den Krimis angegeben, von denen Inhaltsangaben folgen. Bei der großen Zahl der aufgeführten weiteren Titel mußte leider auf die Nennung der deutschen Titel verzichtet werden. Die einschlägigen Gesamtbibliographien (Amtsblatt der Deutschen Bibliothek, Frankfurt a. M., und der Buchkatalog der Library of Congress, Ann Arbor, Mich.) verzeichnen Übersetzungen von Kriminalromanen überaus lückenhaft. Dazu kommt, daß die meisten der ins Deutsche übersetzten Krimis unter mehreren Titeln, (gegebenenfalls in mehreren Übersetzungen) vorgelegt wurden, vorzugsweise bei Wechsel des Lizenzverlages. Eine Reproduktion dieses Wirrwarrs hätte unser Buch über Gebühr belastet. Das Handicap der Unvollständigkeit und Zufälligkeit der Information erschien uns dabei nicht tragbar. Wir hoffen, daß die meisten Leser englische und französische Titel (mit Hilfe eines Lexikons) sinngemäß entziffern können.

Was die Auswahl der Romanbesprechungen betrifft, so haben wir jeweils die Bücher gelesen, denen in der Sekundärliteratur besondere Bedeutung beigemessen wird. Konnten wir das betreffende Werk nicht auftreiben, haben wir den ersten verfügbaren Krimi des Autors gelesen – und wurden oft enttäuscht. Daher die gelegentlich negativen Urteile.

Wir, die Autoren dieses Buches, besitzen Sammlungen von Tausenden von Krimis. Trotzdem haben wir viele der im Lexikon erwähnten Bücher nicht in der Hand gehabt. Es können sich also über die Sekundärliteratur Fehler eingeschlichen haben. Hagens Kompendium (A 4 in der Bibliographie) weist z. B. viele Fehler und Lücken auf, und doch müssen wir uns oft auf Hagens Angaben stützen. Im Text weisen wir gelegentlich darauf hin, daß gewisse Informationen von folgenden Autoren übernommen sind (die Buchstaben und Zahlen weisen auf die Nummer des Eintrags in der Bibliographie hin):

Barzun/Taylor	A 1
Buchloh/Becker	A 2
Hagen	A 4
Hottinger, Mary	Sie hat drei Anthologien englischer und amerikanischer Kriminalgeschichten herausgegeben und mit Vorworten versehen: *Mord* (1959), *Mehr Morde* (1961) und *Noch mehr Morde* (1963).
La Cour/Mogensen	B 7
Messac, Régis	F 12
Olivier-Martin, Yves	G 4
Promies, Wolfgang	B 1
Rivière, François	G 4
Schimmelpfennig, Arthur	*Beiträge zur Geschichte des Kriminalromans. Ein Wegweiser durch die Kriminalliteratur der Vergangenheit und Gegenwart.* (1908)
Steinbrunner/Penzler	A 7
Symons, Julian	B 10
Tourteau, Jean-Jacques	B 12

Neben diesen Namen trifft man im Text gelegentlich auf Fremdwörter, die zum Routinevokabular des Krimifans gehören. Für Neulinge werden die wichtigsten dieser Ausdrücke im Anschluß an dieses Vorwort erklärt.

Zuletzt ein Wort über die Arbeitsverteilung. Josef Schmidt hat die Länderüberblicke betreut und am Lexikon und an der Liste »Hundert lesenswerte Krimis« mitgearbeitet. Armin Arnold hat die Einleitung und den größten Teil des Lexikons verfaßt, außerdem die Listen, die Bibliographie und das Register erstellt. Ingrid Schuster hat etwa die Hälfte der Inhaltsangaben geschrieben. Die Zusammenfassungen der Romane von Hammett und Lockridge stammen von Nancy und William King, einige Artikel über deutschsprachige Autoren von Dietrich Klose. Wir sind für Hinweise auf Fehler, die uns unterlaufen sein könnten, dankbar und werden sie in künftigen Ausgaben korrigieren. Adresse: A. Arnold oder J. Schmidt, Department of German, McGill University, 1001 Sherbrooke Street West, Montreal, Canada H3A IG5.

So long, Watson!
Armin Arnold, Josef Schmidt

Einige Fremdwörter, die der Krimifan kennen sollte

Clue (auch Clew)	Indiz
Code	Geheimschrift
Crime Documentary	Tatsachenbericht über ein Verbrechen
Detective Novel	Krimi, in dem ein Detektiv vorkommt (oder auch nicht)
Dick	Detektiv (nach dem von Chester Gould 1931 erfundenen Comic-Strip-Detektiv Dick Tracy)
Dime Novel	Amerikanischer Groschenheftchen-Roman (dime: 10-Cent-Münze)
frame, to	einrahmen; Bedeutung hier: einen Unschuldigen als schuldig ins Rampenlicht stoßen, indem man z. B. Indizien absichtlich falsch legt und/oder falsche Zeugenaussagen macht oder machen läßt
Fuzz	Polizei
Gothic Novel	Schauerroman
Grisbi (frz.)	Geld
Gumshoe	Detektiv (er geht auf Gummi- oder Kreppsohlen)
Hard-boiled Dick	Nach außen hin unsentimentaler, »hartgesottener«, furchtloser Detektiv, der seine Aufgaben weniger durch Hirnarbeit, als mit Hilfe von Fäusten und Revolvern löst. Er braucht nicht dumm zu sein, hat meistens ein gutes Herz und ein ausgeprägtes Gerechtigkeitsgefühl
Howcatchem	How catch them? = Wie kann man ihn (oder sie) fangen? Krimi, bei dem die Hauptspannung darin besteht, herauszufinden, ob und *wie* der Bösewicht zur Strecke gebracht wird
Howdunit	How (has one) done it? = Wie hat man es gemacht? Krimi, bei dem die Hauptspannung darin besteht, herauszufinden, *wie* ein anscheinend unmögliches Verbrechen hat stattfinden können (oder wie ein Alibi gefälscht werden konnte)
Inverted Story	Der Autor schildert zuerst das Verbrechen. Dann schildert er die Aufklärung des Verbrechens. Im Gegensatz zum »Whodunit« (s. d.) weiß der Leser vom Ende des ersten Teils an, wer der Schuldige ist und wie die Tat begangen wurde. Die Spannung im zweiten Teil besteht in der Frage, ob und wie der Detektiv das Verbrechen aufklären wird
Junk	Drogen
Junkie	Drogensüchtiger
Leg Work	Laufarbeit. »Zerebrale« Detektive wie Nero Wolfe bleiben zu Hause und konzentrieren sich aufs Nachdenken. Sie beschäftigen Kollegen (meist minderen Ranges), die für sie die Laufarbeit verrichten. Aus den Berichten dieser »Leg Men« kombiniert dann der Detektiv seine Lösung
Locked Room Mystery	Der rätselhafte Fall, daß in einem von innen hermetisch verschlossenen Raum jemand ermordet worden ist. Wie hat der

	Mörder diese scheinbar unmögliche Tat vollbringen und sich nachher entfernen können?
Penny Dreadfuls	Englische Groschenheftchen der Jahre nach 1841, die furchterregende Schauerromane oder Gruselkrimis enthielten
Police Procedural	Krimi, der mehr oder weniger genau schildert, wie die literarische Polizei und das Polizeilabor routinemäßig ein literarisches Verbrechen aufklären
Pulp	Masse, aus welcher billigstes Druckpapier hergestellt wird. »Pulps«: Die Gesamtheit der »Pulp«-Heftchenproduktion, d. h. »Pulp«-Romane und »Pulp«-Zeitschriften – also etwa »dime novels« und Zeitschriften wie *Dime Detective* und *Black Mask*
Real Crime Story	Krimi, dessen Inhalt auf einem wirklichen Geschehen beruht
Red Herring	Wörtl. »Roter Hering« (Bückling), d. h. etwas besonders Auffälliges. Im Krimi eine vom Autor absichtlich gelegte falsche Spur, auf die der Leser gewöhnlich hereinfällt
Rififi (frz.)	Kampf bis aufs Messer
Sleuth	Detektiv
Tough-Guy-Detective	Siehe: Hard-boiled Dick
Whodunit (auch geschrieben Whodunnit, Whodoneit, Who-done-it)	Krimi, bei dem die Spannung darin besteht, herauszufinden, *wer* der Täter ist

Historische Betrachtungen zum Kriminalroman (besonders in England, Amerika und Frankreich)

1. Der erste Mord und der erste Detektiv

Adam hatte zwei Söhne, den Schäfer Abel und den Ackerbauern Kain. Wenn einer von ihnen jemanden ermorden wollte, war die Auswahl gering: Vater, Mutter, Bruder und einige Schwestern standen zur Verfügung. Trotz der beschränkten Möglichkeiten fand der Mord statt. Was war das Motiv? Kain und Abel hatten geopfert, aber Gott hatte nur Abels Opfer freundlich aufgenommen, d. h. Abel war es in der Folge materiell besser ergangen als Kain. Deshalb »ergrimmte Kain sehr und senkte finster seinen Blick«. Laut Luther bereute Kain seine Tat sofort. Er sagte zu Gott: »Meine Sünde ist größer, denn daß sie mir vergeben werden möge.« Das ist psychologisch wenig überzeugend; ein Mörder würde kaum so reagieren. Der Rat der Evangelischen Kirche in Deutschland sah das ein und änderte Luthers Text ab: »Meine Strafe ist zu schwer, als daß ich sie tragen könnte.« Was war denn die Strafe gewesen? Gott hatte Kain verflucht; der Acker sollte ihm keinen Ertrag mehr geben, und Kain sollte flüchtig und unstet werden – ein Landstreicher unter Seßhaften! Kain argumentierte Gott gegenüber, unter diesen Umständen würde jeder Mensch ihn – Kain – erschlagen wollen. Gott gab ihm recht und machte ein Zeichen an Kain, »daß niemand ihn erschlüge, der ihn fände«.

Was waren die Folgen dieses Mordes? Kain, der Erstgeborene, zeugte Henoch, dieser Irad, dieser Mahujael, dieser Methuschael und dieser Lamech. Lamech hatte zumindest drei Söhne: Jabal (»von dem sind hergekommen, die in Zelten wohnen und Vieh halten« – also die Bauern), Jubal (»von dem sind hergekommen alle Zither- und Flötenspieler« – also die Künstler) und Tubal-Kain (»von dem sind hergekommen alle Erz- und Eisenschmiede« – also die Handwerker). Man schließt daraus, daß die meisten Berufstätigen von einem Brudermörder abstammen! Das fiel am Ende den Israeliten auf, und schnell gab man den obigen Bauern, Handwerkern und Künstlern einen neuen Vater. Nachträglich erhält nun Adam noch einen dritten Sohn namens Seth. Die Liste von Seths Nachkommen (1. Mose 5 und 1. Chron. 1,1–4) scheint also reine Phantasie und später eingesetzt worden zu sein. Henoch heißt jetzt Enosch, Irad heißt Jared, Mahujael heißt Mahalalel und Methuschael Methuschelach. Sowohl Methuschael als auch Methuschelach zeugten einen Erstgeborenen namens Lamech, und dieser wurde nun auch noch der Vater Noahs. Daß die Nachkommen Kains (Jabal, Jubal und Tubal-Kain) die Sintflut überlebten, folgt aus 1. Mose 4,20–22. Daß auch Noah ein Sohn des Lamech aus Kains Linie war, beweist nicht nur das vernünftige Lesen von 1. Mose 4 und 5, sondern auch die Geschichte: kaum fielen die Wasser, mordeten die Nachkommen Noahs weiter.

In der Kriminalerzählung gibt es fast immer zumindest zwei Komponenten: die unrecht handelnde Partei und eine zweite, die entweder recht oder ebenfalls unrecht handelt. In Auguste Le Bretons *Du Rififi chez les hommes* (1953) bestehen beide Parteien aus Verbrechern, wobei die eine, die den Einbruch verübt hat, die sympathischere ist. Am Ende vernichten sich die Parteien gegenseitig. Im Wildwestroman ist die gerechte Partei gewöhnlich die stärkere (wenn auch nicht zahlenmäßig). Beim westlichen Krimi ist die gute Partei zunächst meist im Nachteil – schon allein weil sie sich an die Gesetze halten muß. Die Polizei, ein Richter, ein Rechtsanwalt oder ein Privatdetektiv verändern dieses anfänglich ungünstige Verhältnis und verhelfen in der Regel der gerechten Partei zum Sieg.

Das taten z. B. Salomo als Richter und Daniel als Detektiv. Susanna war allein in ihrem Garten zu Babel, als zwei lüsterne Richter aus dem Gebüsch hervortraten und verlangten, sie solle ihnen zu Willen sein. Wenn nicht, so würden sie aussagen, sie hätten Susanna eben in Gesellschaft eines jungen Mannes entdeckt (ein Vergehen, worauf damals die Todesstrafe stand). Susanna rief trotzdem um Hilfe; die Richter zeugten gegen sie, und Susanna sollte hingerichtet werden. Nun griff Daniel ein und verhörte die Richter einzeln. Er fragte jeden, unter welchem Baum er die Liebenden denn gesehen habe. Die Aussagen stimmten nicht überein, die Richter waren überführt; eines der ersten »framings« der Weltliteratur war mißlungen.

Der anfänglich Schwache kann sein Handicap auch durch Schlauheit ausgleichen. In Äsops Fabel etwa fragt der Löwe den Fuchs, warum er ihn nie besuche. Der Fuchs antwortet, ihm sei aufgefallen, daß viele Tierspuren zur Höhle des Löwen führten, aber keine zurück. Er ziehe es vor, zu warten, bis die anderen Tiere wieder herauskämen. – In den Märchen wimmelt es von schwachen Tieren, welchen es gelingt, die starken zu besiegen; schließlich ist der Mensch einmal in der gleichen Situation gewesen; nur durch Schlauheit hat er die gewaltigen Raubtiere besiegen können.

Aber auch etwas anderes ist möglich: der Schwächere kann seine Intelligenz dazu benutzen, den gerechten Stärkeren zu betrügen. So stiehlt im achten Buch der *Äneis* Cacus einige Tiere aus der Herde des Herkules, indem er sie am Schwanz hinter sich her in seine Höhle zieht, so daß die Spuren in die falsche Richtung deuten. Allerdings muht eine Kuh, so daß Herkules die Höhle trotzdem entdeckt. Der Dieb scheint seit frühester Zeit entweder bewundert oder verdammt worden zu sein, je nach der gesellschaftlichen Ebene, von der aus man ihn betrachtete. Eine Diebesbande überführte z. B. der bereits erwähnte jüdische Prophet und Detektiv Daniel. Dieser weigerte sich zu glauben, daß ein Götze die ihm am Abend hingestellten Speisen in der Nacht aufaß, nachdem man den Tempel sorgfältig abgeschlossen hatte. Daniel streute Asche auf den Boden des Tempels; am folgenden Morgen erblickte man die Fußspuren der Priester, die durch eine Geheimtür gekommen waren und die Speisen verzehrt hatten. Die Priester wurden hingerichtet. In *Tristan und Isolde* wird bei einem ähnlichen Experiment statt Asche Mehl gestreut.

Im obigen Beispiel ist der Leser auf Seiten Daniels und gönnt den verlogenen Priestern ihr Schicksal. Wenn aber der Meisterdieb in den Märchen der Gebrüder Grimm den König bestiehlt, finden wir das in Ordnung. Und wenn der Däumling das Geld aus der Schatzkammer des Königs wirft, regen wir uns auch nicht auf. Heutzutage freuen sich viele über einen gut ausgeführten und wohlgelungenen Bankeinbruch. Daß man von den Reichen nimmt, wird als »Gerechtigkeit« empfunden. Deshalb die Sympathie, die Figuren wie Robin Hood oder Raffles genießen. Auch das Töten von Menschen galt nicht immer als Kapitalverbrechen. Das Duell zum Beispiel hat eine lange Geschichte, und es galt als völlig ehrenhaft, einen anderen wegen einer Bagatelle umzubringen, sofern »gerechte« Voraussetzungen bestanden, d. h. solange jeder Duellant die gleiche Chance hatte. Das Töten des Feindes im Krieg wurde immer – auch von sogenannten christlichen Herrschern – als durchaus wünschenswert bezeichnet.

2. *Von Archimedes zu C. Auguste Dupin*

Ein Verbrecher mag klug oder dumm sein, der Detektiv (oder sein Ersatz) aber muß im allgemeinen klüger als der Verbrecher sein, falls es sich nicht um eine Kriminalhumoreske handelt. Beispiel eines dummen Verbrechers: Einem Bauern ist etwas entwendet worden; er weiß, daß einer der Knechte der Dieb sein muß. Er versammelt seine Knechte, nimmt eine Katze auf den Arm und verkündet, diese habe die Eigenschaft, zu miauen, wenn ein Dieb sie streichle. Er läßt darauf alle Knechte die Katze streicheln; einer aber weigert sich . . .

Ein jeder kann Detektiv sein; es gibt kaum einen Beruf, der nicht unter den Hunderten von Seriendetektiven der Weltliteratur vertreten wäre. Sogar Tiere können – in der Literatur – detektivische Begabung haben. Was der Detektiv in erster Linie braucht, sind gute Beobachtungsgabe und Mutterwitz. Eine kluge Frau in Mark Twains *Huckleberry Finn* zum Beispiel vermutet, der als Mädchen verkleidete Huck sei gar kein Mädchen. Wie kann sie auf taktvolle Weise Gewißheit erlangen? Sie wirft Huck eine Kugel in den Schoß. Ein Mädchen hätte die Schenkel gespreizt, um die Kugel im Rock aufzufangen. Huck preßt die Knie zusammen, und schon weiß die Frau, daß Huck ein Knabe ist.

Nach Salomon und Daniel gehört Archimedes zu den frühen Detektiven. Der Herrscher von Syrakus ließ eine Goldkrone machen, wozu er dem Handwerker einige Pfund Gold gab. Als die Krone fertig war, wurde der Handwerker denunziert: er habe einen Teil des Goldes auf die Seite geschafft und durch Silber ersetzt. Der Krone war das nicht anzusehen. Wie war der wahre Sachverhalt zu beweisen? Der Herrscher beauftragte Archimedes mit dem Fall. Als dieser im Bade saß, fiel ihm plötzlich auf, daß sein Körper ein gewisses Quantum Wasser verdränge – und er sagte sich, daß das auch auf Gold und Silber zutreffen müsse. Die Entdeckung begeisterte ihn so sehr, daß er in der Eile vergaß, sich wieder anzuziehen, und nackt durch die Straßen nach Hause lief. Nun maß er nach, wieviel Wasser ein bestimmtes Gewicht Gold verdrängt; dann legte er das gleiche Gewicht Silber ins Wasser. Er fand, daß das Silber leichter war, folglich eine größere Masse hatte und mehr Wasser verdrängte als Gold. Zuletzt tauchte er die Krone ein; sie verdrängte mehr Wasser als ihr Ebengewicht in Gold; sie war also mit Silber verfälscht worden. Der Handwerker war überführt.

Während Salomon, Daniel und Archimedes zu den ersten männlichen Detektiven gehören, scheint die Sklavin Mardschâna in *Tausendundeine Nacht* die lange Reihe der weiblichen Detektive der Weltliteratur anzuführen. Als Ali Baba seinen von den Räubern gevierteilten Bruder Kâsim nach Hause bringt, geht sie mehrmals zum Apotheker und holt Arzneimittel gegen immer gefährlichere Krankheiten. Gleichzeitig läßt sie die vier Körperteile von einem Handwerker, den sie mit verbundenen Augen ins Haus geführt hat, zusammennähen. Der Apotheker – und mit ihm die Mitbürger – nehmen an, daß Kâsim derjenige sei, dessen Krankheit immer schlimmer werde, und als schließlich Kâsims Frau erklärt, daß ihr Mann eben gestorben sei, ist niemand überrascht. Kâsim wird begraben, als ob er eines natürlichen Todes gestorben wäre. Niemand schöpft Verdacht.

Mardschâna hat »Scharfsinn und durchdringenden Verstand«.[1] Vor allem aber ist sie kaltblütig und kann blitzschnell kombinieren. Wie James Bond ist sie ein Einzelgänger; sie hilft dem Guten, indem sie Taten begeht, die nicht gesetzlich sind; eine Belohnung erwartet sie nicht. Als sich die 40 Räuber an Ali Baba rächen wollen, bemerkt sie zuerst

1 *Die Erzählungen aus den tausendundein Nächten,* Bd. 2, Wiesbaden 1953, S. 831.

das weiße, dann das rote Zeichen am Haus, bringt ähnliche Zeichen an einem Dutzend Nachbarhäusern an, führt die Räuber eine Zeitlang an der Nase herum und schaltet sogar zwei von ihnen aus. Als der Hauptmann seine 38 überlebenden Leute in Ölschläuchen in Ali Babas Hof schmuggelt, entdeckt sie die Versteckten zwar nur aus Zufall, aber sie reagiert kaltblütig:

»Jemand anders als sie wäre vor Schrecken umgefallen oder hätte laut geschrien; aber sie hatte ja ein mutiges Herz und einen schnellen Verstand, und so durchschaute sie sofort die ganze Sachlage und wußte im Augenblick, daß es Räuber waren, die Arges im Schilde führten. Ohne sich zu besinnen, faßte sie sofort den rechten Entschluß; denn sie wußte, wenn sie schrie oder sich rührte, so würde sie sicher umkommen und ebenso ihr Herr und alle Bewohner des Hauses.«[2]

Wie Nick Carter besorgt sie die schmutzige Arbeit selbst: sie bringt die 38 Räuber eigenhändig um.

Mardschâna handelt zuerst, Erklärungen gibt sie nachher ab. Das tut sie auch später, als der entflohene Hauptmann die Freundschaft von Ali Baba und dessen Sohn gewonnen hat und – mit dem Dolch unter dem Gewand – zum Gastmahl erscheint. Mardschâna erkennt ihn sofort, »da sie ein scharfes Auge und einen durchdringenden Verstand besaß«[2a]. Sie täuscht den Hauptmann und stößt ihm den Dolch ins Herz, bevor er sich wehren kann. Zum Dank für die detektivischen Dienste wird sie frei und die Gemahlin von Ali Babas Sohn.

Die Märchen von *Tausendundeiner Nacht* enthalten mehrere rudimentäre Verbrecher- und Polizeigeschichten; sie spielen im Großstadtmilieu des alten Bagdad, Verbrechen und Großstadt haben schon immer zusammengehört. Anders die Grimmschen Märchen. Zwar werden auch in ihnen Verbrechen geschildert, aber es sind in keinem Fall scharfsinnige Menschen, welche die Verbrechen aufklären. Wunder müssen geschehen: ein Knochen des Erschlagenen beginnt zu singen, oder Faladas Kopf an der Mauer beginnt zu sprechen. Wie der dritte Bruder im »Tischleindeckdich« auf die Idee kommen kann, der Wirt habe seine Brüder betrogen, wird nicht gesagt. Hingegen kann der »Meisterdieb« als ein Vorläufer von Arsène Lupin und Raffles gelten.

Natürlich hat Edgar Allan Poe die scharfsinnige Mardschâna gekannt, veröffentlichte er doch 1845 »The Thousand-and-Second Tale of Scheherazade«. Poe gilt als Begründer der modernen Detektivgeschichte: im April 1841 publizierte er in *Graham's Magazine* jene Erzählung, die in der Folge vielen Autoren direkt oder indirekt als Vorbild gedient hat: »The Murders in the Rue Morgue«. Hier tritt ein Ich-Erzähler auf, dessen Rolle später Dr. Watson und Captain Hastings übernehmen. Der Ich-Erzähler lernt Monsieur C. Auguste Dupin kennen – den Urahn von Sherlock Holmes, Rouletabille und Hercule Poirot. Dupin führt das Leben eines frühen Décadent; tagsüber schläft er hinter geschlossenen Fensterläden; erst bei einbrechender Dunkelheit beginnt er zu leben. Dem Ich-Erzähler sagt er auf den Kopf zu, was dieser eben gedacht hat, und erklärt hierauf dem Überraschten die Art und Weise, wie er zu seinem Wissen gekommen ist. Ebenso erklärt er ihm seine weitere Hirnarbeit: wie er kombiniert, logisch folgert und den Fall löst. Der Ich-Erzähler ist voller Bewunderung und vermittelt diese dem Leser.[3] – Ähnlich läßt Conan Doyle mit Vorliebe seine Erzählungen beginnen.

2 Ebd., S. 840.

2a Ebd., S. 852.

3 Eine vorzügliche Analyse dieser Erzählung hat Klaus Günther Just gegeben: »Edgar Allan Poe und die Folgen«, in: Jochen Vogt (Hrsg.), *Der Kriminalroman*, Bd. 1, München 1971, S. 9–32.

Die Kriminalerzählung dieser Art setzt des Lesers Überzeugung voraus, daß der Mensch logisch handelt, daß er sich bei seinem Tun etwas denkt. Zur Zeit der Romantik waren düstere Leidenschaften, Schicksalsmächte und Teufelsspuk die Kräfte, die Menschen (in der Literatur) zum Verbrechen trieben. Mit dem beginnenden literarischen Realismus und mit der wissenschaftlichen Aufklärung änderten sich die Motive für schlechte Taten: Eifersucht, Gier nach Besitz, unglückliche Zufälle, wohlbegründeter Haß, motivierte Rache wurden die Triebfedern des Verbrechens. Wer das richtige Motiv aus den gegebenen Tatsachen herauskombinieren kann, hat das Verbrechen aufgeklärt. Der Detektiv ist ein Mathematiker, der eine Gleichung mit einer oder mehreren Unbekannten aufstellt und sie dann – durch richtiges Umstellen und Kombinieren – löst. Jacques Futrelles »Thinking Machine« ist der extremste Exponent dieses Glaubens an den unbedingten Rationalismus des Menschen, an den logischen Zusammenhang aller Dinge und Ereignisse.

Wenig beachtet wurde bisher die Tatsache, daß fast jeder Autor von Detektivgeschichten mit Ironie schreibt. Der Autor muß ja mindestens ebenso intelligent sein wie sein Detektiv, der gewöhnlich ein Ausbund an Klugheit ist. »Naive Gemüter« mögen vorzügliche Lyrik und autobiographische Romane schreiben, für den Krimi taugen sie nicht. Wer in unserem Autorenlexikon liest, wird feststellen, daß ein großer Teil der Krimiautoren die Universität besucht hat; viele waren und sind Professoren. Die Leserschaft des Krimi hingegen ist universal: sie reicht vom pubertären Schüler und Lehrling über die Schicht der Trivialliteraturleser hinauf in die höchsten akademischen und politischen Kreise.

Das Interesse der Politiker am Krimi ist verständlich. Wie sie muß der Krimiautor seine Klientel an der Nase herumführen; er muß den Leser bluffen, ihm »clues« in die Hand geben – aber so, daß der Leser bis zum Ende in Ungewißheit schwebt. Eine solche Autor-Leser-Beziehung muß zu Ironie auf seiten des intelligenten Autors führen. Poes Erzählung »The Murders in the Rue Morgue« ist voll dieser Ironie – man denke etwa an die verschiedenen Berichte über die »ausländische Sprache«, welche die Zeugen gehört haben wollen: das aufgeregte Schnattern des Orang-Utan, wie sich später herausstellt!

Diese Erzählung Poes ist auch das Vorbild für viele spätere Romane und Kurzgeschichten über einen Mord im hermetisch abgeschlossenen Raum. Die Fenster und die Türen sind scheinbar von innen verschlossen, Spuren gibt es nicht. Wie ist der Mörder hinein- und herausgekommen? Sheridan Le Fanu benützt die Situation als nächster in *Uncle Silas* (1863/1864); es folgt Israel Zangwills Erzählung *The Big Bow Mystery* (1892); aber erst Gaston Leroux' *Le Mystère de la chambre jaune* (1907) ist der erste klassische Roman über diese Art von Mord. Während noch in *Moonstone* (1868) von Wilkie Collins die Zeugen ihre Aussagen direkt machen müssen, benützt Dupin schon ausschließlich Zeitungsberichte. Er denkt zu Hause, und wenn er den Tatort besucht, dann deshalb, um sich bestätigen zu lassen, daß die Schlüsse, zu denen er gekommen ist, richtig sind. Diese Aneinanderreihung von Zeugenaussagen, die dem Leser gleich viel Material in die Hand gibt wie dem Detektiv, bildet in Anlehnung an Poe das normale Procedere vieler späterer Krimiautoren, von Erle Stanley Gardner bis zu Simenon. In diesen Aussagen sind die sogenannten »red herrings« versteckt, die den Leser auf falsche Spuren lenken sollen. Die »red herrings« in Poes Erzählung sind die Berichte von Jules Mignand, Bankier, und Adolphe Le Bon, Bankangestellter, die bezeugen, daß die Ermordete 4 000 Francs in Gold abgehoben und in zwei Säcken nach Hause getragen habe. Es stellt sich dann heraus, daß

dieses Geld nicht das geringste mit dem Mord zu tun hat, und der von der Polizei als Mörder verdächtigte Le Bon muß aus der Haft entlassen werden.
Ein weiteres Element vieler späterer Krimis ist der Konflikt zwischen dem Detektiv und der Polizei. Dupin kritisiert François Eugène Vidocq, dem es an Allgemeinbildung, an Phantasie, an Überblick fehle. Die Pariser Kriminalpolizei, die den Fall der Rue Morgue nicht lösen kann, leidet an den gleichen Krankheiten. Und schließlich macht es Dupin wie später unzählige Detektive von Holmes bis Nero Wolfe: Gegen Ende läßt er alle Beteiligten zu sich kommen und überführt den Mörder vor versammelter Zuhörerschaft; der Triumph ist natürlich auf diese Art eindrucksvoller, als wenn die Überführung unter vier Augen geschähe.
Dupin ist auch die Hauptfigur in »The Mystery of Marie Rogêt« (1842). Der Polizeipräfekt weiß sich nicht mehr zu helfen und fragt Dupin um Rat – natürlich nicht direkt, und ohne seine Hilflosigkeit einzugestehen. Während er den Fall erklärt, schläft Dupin ein. In dieser Erzählung stützt sich Dupin ausschließlich auf Zeitungsberichte und rechnet sich genau aus, was vorgefallen sein muß. Dabei verläßt er sein Zimmer nicht ein einziges Mal. In dieser Hinsicht wird Nero Wolfe sein Nachfolger, nur daß Archie Goodwin und andere von Wolfe beschäftigt werden, um die Laufarbeit (»leg work«) an Wolfes Stelle zu verrichten und dann dem dicken Mann Bericht zu erstatten. Diese Berichte ersetzen Dupins Zeitungsreportagen; aus ihnen kombiniert Wolfe die Lösung.
Auch in »The Purloined Letter« (1845) kommt der Polizeipräfekt zu Dupin und bittet ihn um Hilfe. Diesmal muß sich freilich Dupin selbst auf die Beine machen, um den gefährlichen Brief zu finden.
Zwei weitere Erzählungen Poes, in denen Dupin nicht auftritt, können als Kriminalnovellen gelten. In »Thou Art the Man« (1844) lenkt Charlie Goodfellow den Verdacht, Mr. Shuttleworthy ermordet zu haben, auf dessen Neffen Pennyfeather. Die Erzählung ist satirisch und zeigt, wie dumm, leichtgläubig und wetterwendisch die Bewohner von Rattleborough denken und handeln. Wahrscheinlich würde man Pennyfeather hängen und Goodfellow feiern, wenn nicht der Ich-Erzähler ein grauenerregendes Ereignis inszenierte, das Goodfellow so schockiert, daß er zusammenbricht und gesteht. Mark Twain und Ambrose Bierce haben diese Art der Kriminalgroteske fortgesetzt.
»The Gold Bug« (1843) schließlich ist eine der ersten Erzählungen, in denen ein »code« im Zentrum steht. Die Spannung ergibt sich aus der Entzifferung der Geheimschrift, die gewöhnlich zur Lösung eines Verbrechens oder zur Entdeckung eines Schatzes führt. Wie später bei Conan Doyle ist der Erzähler ein Arzt, der berichtet, wie sein Freund William Legrand, ein amerikanischer Dupin, ein Kryptogramm entdeckt, es in langer Arbeit auflöst und auf einer Insel eine von Seeräubern vergrabene Schatztruhe findet. Als »The Gold Bug« erschien, war Robert Louis Stevenson, der spätere Autor von *Treasure Island* (1883) und Poes genialer Schüler, noch nicht geboren.[4]

4 Raymond T. Bond hat 16 *Famous Stories of Code and Cipher* gesammelt und 1947 veröffentlicht, Neuausgabe 1966. – Wie mir Robert E. Bell mitteilt, ist es heute möglich, praktisch unauflösbare Codes herzustellen, indem man dazu 50stellige Zahlen benützt, die das Resultat einer gewissen Multiplikation sind. Um den Code zu entschlüsseln, müßte man alle Multiplikationsmöglichkeiten durchprüfen, und dazu reicht ein Menschenleben nicht aus.

3. *Detektivliteratur vor Poe: Anonyme Engländer und Chinesen*

C. Auguste Dupin gilt gewöhnlich als der erste literarische Detektiv der Weltliteratur. Diese Annahme kann aber nicht einmal im Gebiet der angelsächsischen Literatur aufrechterhalten werden. Ernst Bleiler hat 1976 im Verlag Dover Publications (New York) folgenden Nachdruck herausgegeben: *Richmond: Scenes in the Life of a Bow Street Runner, Drawn Up from His Private Memoranda by ›Richmond‹*. Es handelt sich um ein dreibändiges Werk, in welchem der unbekannte Autor zuerst seine Lebensgeschichte erzählt und darauf fünf Kriminalfälle zum besten gibt, die er als Detektiv des Kriminalgerichts von Bow Street in London gelöst haben will. Bleiler nennt das Werk »the first collection of detective stories (1827) in English«.
Henry Fielding, der berühmte Autor von *Tom Jones* (1749), war 1748 Richter in Bow Street geworden. Zu jener Zeit war London die Welthauptstadt des Verbrechens; es wimmelte von käuflichen Mördern, Straßenräubern und Dieben. Jedes Jahr wurden Tausende von Menschen ermordet; sogar mitten in der Stadt wurden Kutschen überfallen. Der Grund: es gab keine Polizei. Fielding stellte 1753 ein halbes Dutzend Männer an, die später als »Bow Street Runners« bekannt wurden; sie dienten als Polizisten und Detektive und unterstanden dem Gericht. Als »Richmond« sein Buch schrieb, waren drei Richter in Bow Street tätig, und die Polizeimacht war auf 150 Männer angewachsen. Diese Polizisten trugen Uniform, waren bewaffnet und patrouillierten in den Straßen. Daneben existierten weiterhin die »Runners«, selten mehr als ein Dutzend. Sie trugen Zivil, bildeten die Detektivabteilung des Gerichts und hatten Sprechstunden von 10.00–14.00 und 18.00–20.00 Uhr. In der übrigen Zeit waren sie unterwegs und spürten den Verbrechern nach. Sie operierten in ganz England und in einzelnen Fällen sogar auf dem Kontinent und in Amerika. Es waren »Männer für alles«: sie bewachten Banken, dienten als Leibwache für den König, untersuchten Morde und Diebstähle, führten Verhaftungen durch, verhinderten Duelle usw. Einzelne Runners wie etwa George Ruthven und John Townsend waren geniale Detektive und wurden berühmt.
Das Gehalt der Runners war gering. Es war ihnen deshalb gestattet, auch private Aufträge zu übernehmen. Die meisten waren tapfere und ehrliche Leute, aber Geldgier und Korruption forderten ihre Opfer, und die Skandale um einzelne Runners wurden für den öffentlichen Ruf aller bestimmend. 1829 wurde die »Metropolitan Police« gegründet. 1839 wurden die Bow Street Runners abgeschafft und später durch Scotland Yard ersetzt.
In seiner Einleitung zum *Richmond*-Nachdruck zählt Bleiler literarische Werke auf, in denen Bow Street Runners vorkommen. Meistens ist die Einstellung des Autors zu ihnen negativ. Eine Ausnahme ist der frühe Detektivroman *Delaware, or: The Ruined Family* (1833) von G. P. R. James, worin ein Kollege von George Ruthven den Fall löst.
Bleiler ist der Meinung, der anonyme Autor von *Richmond* habe Bow Street nur von außen gekannt und seinen fünf Fällen Zeitungsreportagen der Jahre 1820–1825 zugrunde gelegt; er verwende Motive der damals beliebten Schauerromane und habe selbst eine lebhafte Phantasie. Interessant ist, was Richmond mit anderen literarischen Detektiven verbindet. Seine Idealvorstellung: sich bald aufs Land zurückziehen und seinen Garten pflegen zu können – ein Wunsch, den von Wilkie Collins' Sergeant Cuff bis zu Maigret viele Inspektoren teilen. Zu Beginn des zweiten und vierten Falles sitzt Richmond in seinem Büro, als sich Besucher melden, die ihn zur Aufklärung eines Verbrechens einsetzen wollen. Wie später Sherlock Holmes schließt Richmond sofort von äußeren Anzeichen auf Beruf und Charakter der Besucher. Seine Untersuchungen führt Richmond

klug und realistisch durch: er besucht die Tatorte, vernimmt Zeugen, stellt Fallen, kombiniert logisch, setzt Helfer ein und scheut weder Zeitaufwand noch Gefahren. Man fragt sich, ob dieser detektivische Spürhund im 19. Jahrhundert wirklich so unbekannt war, wie Bleiler annimmt. In Richmonds drittem Fall z. B. wird eine Wette erwähnt, bei der es darauf ankommt, welcher von zwei Fröschen höher und weiter springen kann. Man denkt unwillkürlich an Mark Twains frühe Kriminalhumoreske »The Celebrated Jumping Frog of Calaveras County«.

Wenn Bleiler vorsichtshalber sagt, *Richmond* sei die erste Sammlung von Detektivgeschichten »in English«, so hat das seinen guten Grund. Der gleiche Verlag hatte schon 1969 einen Neudruck der dritten, revidierten Ausgabe von Herbert A. Giles' ursprünglich 1880 erschienenem Band *Strange Stories from a Chinese Studio* veranstaltet, welcher die wahrscheinlich erste Detektiv*erzählung* der Weltliteratur enthält. Sie stammt aus der Sammlung *Liao Chai Chih I* (1679) des Chinesen P'u Sung-ling (etwa 1620 bis nach 1679). In der Übersetzung von Giles heißt die Erzählung »A Chinese Salomon«. Die folgende deutsche Version basiert auf dem englischen Text von Giles.

Ein chinesischer Salomon

In unserem Distrikt lebten zwei Männer, Hu Ch'eng und Feng Ngan, die sich schon seit langer Zeit haßten. Der erste war der Überlegene, weshalb Feng seine wahren Gefühle verbarg und Freundschaft heuchelte. Hu ließ sich allerdings nicht täuschen.

Eines Tages tranken sie zusammen; der Alkohol stieg ihnen zu Kopf, und jeder begann sich verschiedener Taten zu rühmen, die er begangen haben wollte. »Armut ist mein geringstes Problem«, rief Hu; »ich kann im Handumdrehen hundert Unzen Silber auf den Tisch legen.« Feng wußte über den Stand von Hus Geschäften wohl Bescheid und machte ein ungläubiges Gesicht. Darauf teilte ihm Hu im Vertrauen mit, er sei gestern einem Kaufmann begegnet, der eine große Geldsumme bei sich getragen habe; diesen Kaufmann habe er in einen tiefen, ausgetrockneten Brunnen am Rand der Straße gestürzt. Als Beweis zog Hu mehrere hundert Unzen Silber aus der Tasche. Das Silber gehörte aber in Wirklichkeit einem Schwager, für den Hu wegen eines Landkaufs Verhandlungen führte.

Nachdem sie sich getrennt hatten, ging Feng schnurstracks zum Distriktsmagistrat, der Richter war, und erzählte ihm alles. Dieser ließ Hu zu sich kommen und fragte ihn, was er zu dieser Anklage zu sagen habe. Hu teilte dem Richter die Wahrheit mit, und sein Schwager und der Besitzer des betreffenden Grundstücks bestätigten Hus Aussagen. Als man aber den trockenen Brunnen untersuchte, indem man einen Mann am Seil hinabließ, da fand man einen Leichnam ohne Kopf auf dem Grund! Hu war entsetzt und rief den Himmel zum Zeugen an, daß er unschuldig sei. Darauf ließ ihm der Richter zwanzig oder dreißig Schläge auf den Mund versetzen dafür, daß er bei solch unumstößlichen Beweisen noch zu lügen wage. Hu wurde ins Gefängnis geworfen – in die Zelle für überführte Mörder; dort lag er, beladen mit Ketten.

Der Richter gab Befehl, daß der im Brunnen gefundene Leichnam nicht entfernt werden dürfe. Darauf ließ er bekanntmachen, daß sich die Verwandten des Toten melden und die Auslieferung der Leiche beantragen sollten. Am folgenden Tag erschien eine Frau und sagte, der Tote sei ihr Mann; sein Name sei Ho, und er sei – eine große Geldsumme bei sich tragend – zu einer Geschäftsreise aufgebrochen, als Hu ihn ermordet habe. Der Richter meinte, vielleicht sei die Leiche im Brunnen doch nicht die ihres Mannes; die Frau antwortete, sie sei sicher, daß ihr Gefühl sie nicht trüge. Darauf wurde die Leiche emporgebracht und untersucht. Die Frau hatte recht gehabt: es war ihr Mann. Sie selbst trat nicht an den Leichnam heran, sondern blieb in der Nähe stehen und jammerte schrecklich, bis der Richter schließlich sagte: »Wir haben zwar den Mörder, aber der Körper ist nicht vollständig; gehen Sie nach Hause und warten Sie, bis der Kopf zum Vorschein kommt; dann will ich Gericht halten – Leben um Leben!«

Jetzt ließ der Richter Hu holen und befahl ihm, bis zum folgenden Tag den Kopf herbeizuschaffen; sonst werde er gefoltert. Aber Hu wanderte nur ziellos umher, von seinem Wärter begleitet, weinte, bejammerte sein Schicksal und fand nichts. Die Marterwerkzeuge wurden bereitgestellt und alle Vorbereitungen zur Folter getroffen. Aber schließlich schickte der Richter Hu ins Gefängnis zurück, ohne ihn der Tortur ausgesetzt zu haben. Er sagte zu Hu: »Ich nehme an, in der Eile haben Sie nicht darauf geachtet, wohin der Kopf gefallen ist.« Der Richter ließ die Frau holen und befragte sie. Als er vernahm, daß sie außer einem Onkel keine Verwandten besäße, bemerkte er: »Eine junge Frau wie Sie, die allein auf der Welt ist, wird kaum fähig sein, ihren Lebensunterhalt zu verdienen. Das Urteil über den Schuldigen ist zwar bereits verhängt, aber der Fall kann nicht abgeschlossen werden, bis der Kopf gefunden wird. Wenn der Fall einmal abgeschlossen ist, wird es für Sie am besten sein, sich wieder zu verheiraten. Eine junge Frau wie Sie sollte nicht zu oft auf dem Kriminalgericht gesehen werden.« Nachdem sie in Tränen ausgebrochen war, dankte die Frau dem Richter und entfernte sich. Dieser ließ bei der Bevölkerung bekanntgeben, daß jedermann Ausschau nach dem Kopf halten solle. Am folgenden Tag erschien ein Mann namens Wang, der aus dem gleichen Dorf wie der Tote stammte, und berichtete, daß er den Kopf gefunden habe. Es war wirklich so, und Wang erhielt die ausgesetzte Belohnung. Der Richter ließ den vorhin erwähnten Onkel der Frau kommen und sagte ihm, das Material sei nun zwar vollständig; aber da es sich immerhin um ein Menschenleben handle, werde noch einige Zeit vergehen, bis der Fall gänzlich abgeschlossen werden könne. Der Richter fügte hinzu: »Ihre Nichte ist eine junge Frau und hat keine Kinder; überreden Sie sie dazu, daß sie sich sogleich wieder verheiratet und diese Sache vergißt; und kümmern Sie sich nicht um das Geschwätz der Leute!« Der Onkel wollte zuerst nicht; erst als ihm der Richter mit Strafe drohte, erklärte er sich schließlich, wenn auch widerwillig, bereit. Bald darauf erschien die Frau vor dem Richter und dankte ihm für das, was er für sie getan hatte.

Nun machte der Richter bekannt, daß jeder, der bereit sei, diese Frau zu heiraten, sich bei ihm melden solle. Sofort meldete sich ein Mann – jener, der den Kopf gefunden hatte. Der Richter ließ die Frau kommen und fragte sie, ob sie sagen könne, wer der wirkliche Mörder sei. Sie antwortete, daß Hu Ch'eng das Verbrechen begangen habe. »Nein!« rief der Richter; »Hu ist es nicht gewesen. Ihr – Sie selbst und dieser Mann hier – seid die Mörder. Das habe ich schon vor einiger Zeit gemerkt. Ich habe nur deshalb so lange gewartet, um ganz sicher zu sein und alle Beweise in der Hand zu haben, auf daß Ihr euch nicht doch noch herausreden könnt.« Zur Frau sagte er: »Warum waren Sie so fest davon überzeugt, daß die Leiche im Brunnen die Ihres Mannes ist? Weil Sie genau gewußt haben, daß er nicht mehr lebt. Und trägt ein Händler, der mehrere hundert Unzen Silber bei sich hat, so schäbige Kleider wie Ihr Mann?«

Zu Wang sagte der Richter: »Und wie ist es Ihnen denn gelungen, den Kopf so schnell zu finden? Weil Sie wußten, wo er war, und weil Sie die Frau hier möglichst schnell heiraten wollten.« Die beiden Überführten standen da – bleich wie der Tod; es gelang ihnen nicht, ein einziges Wort zu ihrer Verteidigung vorzubringen. Als man sie auf die Folter spannte, gestanden beide die Tat. Wang war der Geliebte dieser Frau und hatte Ho umgebracht – seltsamerweise gerade zu der Zeit, als Hu Feng gegenüber geprahlt und seine erlogene Geschichte erzählt hatte. Hu wurde freigelassen, während Feng mit der üblichen Strafe für lügnerische Denunzianten belegt wurde: Prügel mit Bambusstöcken und Verbannung auf drei Jahre. Damit war der Fall abgeschlossen, ohne daß einer einzigen Person Unrecht geschehen wäre.

Einige Amerkungen: Der Richter, der in der chinesischen Literatur meist auch als Detektiv fungiert, erhält das Geständnis erst nach Anwendung der Folter. Warum wendet er sie an, nachdem er doch bereits weiß, daß Wang und Hos Frau die Mörder sind? Weil damals in China ein Mörder erst nach einem vollen Geständnis hingerichtet werden konnte. – Die Bestrafung Fengs scheint ungerecht; er war doch verpflichtet, Hus angebliches Verbrechen zur Anzeige zu bringen. Aber der Autor gibt ihm zu Beginn der Geschichte einen heuchlerischen Charakter, so daß man ihm die Strafe gönnt. Hu wird für seine Lügengeschichte auf den Mund geschlagen und steht im Gefängnis Todesängste aus; auch er ist gerecht bestraft worden, ebenso die Frau, eine Lügnerin, Heuchlerin und Komplizin des Mörders. Bevor ihr Gatte begraben ist, dürfte sie normalerweise nicht heiraten. Indem der Richter einerseits die Beerdigung immer wieder hinausschiebt, andererseits auf einer baldigen Wiederverheiratung der jungen Frau besteht, treibt er die Liebenden dazu, Unvorsichtigkeiten zu begehen und sich selbst zu verraten. Der kluge Leser kann an zwei Indizien schon früh merken, daß die Frau mit hineinverwickelt sein muß: 1. Sie tritt nicht nahe an die Leiche ihres Mannes heran. 2. Der Richter sagt in zweideutiger Weise zu ihr, es sei nicht gut, wenn sie zu oft auf dem Kriminalgericht gesehen werde.

Die Erzählung vom chinesischen Salomon hat aber eine Achillesferse: der Richter besitzt ein Indiz, das dem Leser vorenthalten wird, und das ist unfair. Als der Leichnam aus dem Brunnen gezogen wird, sieht der Richter, daß die Kleider des Toten ärmlich sind, und er schließt daraus, es sei unwahrscheinlich, daß der Tote eine große Geldsumme bei sich gehabt hat. Folglich lügt die Frau, folglich . . . Auch der Leser hätte wohl so kombiniert, wenn der Autor die Kleider des Toten beschrieben hätte.

Im gleichen Jahr wie der Nachdruck von *Richmond* (1976) und auch im gleichen Verlag erschien der wahrscheinlich erste Detektiv*roman* der Weltliteratur: *Celebrated Cases of Judge Dee (Dee Goong An). An Authentic Eighteenth-Century Chinese Detective Novel.* Bei diesem Roman *Dee Goong An* handelt es sich um einen leicht korrigierten Nachdruck eines Privatdrucks, den Robert van Gulik 1949 in Tokio veranstaltet hat. Van Gulik hat den Roman entdeckt und in den Jahren 1941–1945 übersetzt. Der Inhalt ist folgender: Wir befinden uns im China des 7. Jahrhunderts; die Hauptfigur ist der berühmte Richter und Detektiv Ti Jen-chieh (630–700). Ti (Judge Dee) wird hier als junger Magistrat auf seinem ersten Posten in Chang-ping geschildert; drei komplizierte Fälle muß er gleichzeitig lösen.

Der erste konfrontiert ihn mit einem doppelten Mord: Ein reisender Seidenhändler und ein Dorfarbeiter sind getötet und beraubt worden. Ein zweiter Seidenhändler, Shao, ist verschwunden. – Der nächste Fall ergibt sich aus dem ersten: Bei seinen Nachforschungen über Shao verkleidet sich Ti als herumziehender Arzt und stößt auf einen Todesfall, der ihm verdächtig scheint. Eine junge, attraktive Frau hat plötzlich ihren Mann verloren und will jetzt überhaupt niemanden mehr sehen; sie will bis zu ihrem Tod Witwe bleiben und ob ihrer Tugend berühmt werden. Da sie ihre Schwiegermutter und ihre kleine Tochter schlecht behandelt, wird Ti mißtrauisch. Er läßt die Frau verhaften, aber selbst unter der Folter gesteht sie nicht. Die Exhumierung der Leiche ihres Mannes bringt keine Beweise dafür, daß Mord vorliegt. Nun steht Tis Position auf dem Spiel, denn die Frau droht mit einer offiziellen Beschwerde. – In den dritten Fall ist die Adelsklasse von Chang-ping verwickelt. Eine junge Braut ist nach der Hochzeitsfeier, bei der viele Gäste zugegen waren, an Gift gestorben. Ein etwas boshafter Freund des Bräutigams wird vom Schwiegervater der Braut des Mordes angeklagt.

Magistrat Ti löst alle drei Fälle durch seine Klugheit, sein Einfühlungsvermögen in die menschliche Psyche und mit Hilfe der Hinweise, die er in einem Traum erhält (er verbringt eigens eine Nacht in einem Tempel, um zu meditieren). Die Aufklärung des ersten Falles führt Ti und seine Helfer in wildes Bergland im Amtsbezirk eines Kollegen, wo Shao als Mörder gefaßt wird. Er hat seinen Kameraden aus Geldgier getötet; der Dorfarbeiter hat als Zeuge des Mordes ebenfalls sterben müssen. Im zweiten Fall entdeckt Ti einen unterirdischen Verbindungsgang zwischen dem Haus der jungen Witwe und dem Schlafzimmer eines jungen, lebenslustigen Literaten namens Hsu. Hsu wird verhaftet und gesteht die Liebschaft. Aber erst ein Trick Tis bringt die Witwe dazu, den Mord an ihrem Mann zu gestehen. Sie hatte ihn betrunken gemacht und ihm eine starke, drei Zoll lange

Nadel von oben in den Kopf gehämmert. Im dritten Fall erweist sich, daß nicht ein Mord, sondern ein Unglücksfall vorliegt. Die Dienerin hatte das Teewasser im Freien, unter einem verfaulten Balken gekocht. Der Dampf hatte aus dem Balken eine Viper hervorgelockt, die züngelte und einige Gifttropfen ins Wasser fallen ließ. Von dem Tee hatte nur die Braut getrunken. Shao, Hsu und die Witwe werden zum Tode verurteilt und hingerichtet. Ti selbst wird auf einen hohen Posten in der Hauptstadt des Reiches berufen.

Van Guliks spätere 16 eigene Bücher um den Richter Ti (Jugde Dee) folgen meistens diesem Schema: Dee löst pro Roman drei Fälle, die nur oberflächlich miteinander zusammenhängen. In seiner Einleitung zu *Dee Gong An* schreibt van Gulik, daß die Kriminalerzählung und der literarische Meisterdetektiv in China seit etwa tausend Jahren bekannt sind, während der längere Kriminalroman etwa um 1600 entstanden ist und im 18. und 19. Jahrhundert seine Hochblüte erlebte. In fünf Hauptpunkten unterscheiden sich diese frühen chinesischen Krimis von den westlichen: 1. Es handelt sich selten um »Whodunits«; der Verbrecher wird gleich zu Beginn vorgestellt, und die Spannung ergibt sich aus dem Kampf zwischen Verbrecher und Detektiv. 2. Übernatürliche und märchenhafte Elemente stören den chinesischen Leser nicht, da er vom Roman alles andere als Realismus erwartet. 3. Diese über hundert bekannten Krimis sind gewöhnlich sehr umfangreich: Dokumente, Gedichte, Abhandlungen werden eingebaut, die oft mehrere Bände füllen. 4. Entsprechend der Länge werden jeweils bis zu zweihundert Personen eingeführt. 5. Der Verbrecher wird am Schluß in aller Ausführlichkeit bestraft; gelegentlich werden auch noch seine Qualen in der Hölle geschildert. – Die meisten dieser Punkte treffen auf den Roman *Dee Goong An* nicht zu, der auch nach westlichem Standard als Detektivroman gelten kann.

Der Meisterdetektiv im chinesischen Krimi war fast immer der Magistrat eines Bezirks – Detektiv, Staatsanwalt und Richter in einem. Der literarische Sheriff im Wilden Westen hatte zeitweise eine ähnliche Macht. Da der chinesische Richter auch für alle anderen Verwaltungssparten seines Bezirks verantwortlich war (Steuern, Registratur, Verwaltung von Stadt und Land), hatte er selten Muße genug, die mit den Kriminalfällen verbundene Laufarbeit selbst durchzuführen. Zu diesem Zweck stellte er einige Männer an, deren Aufgaben denjenigen der Bow Street Runners entsprachen, nur daß die chinesischen Gerichtsdetektive – zumindest in der Literatur – weniger eigene Initiative entwickeln durften. Der chinesische Magistrat suchte sich mit Vorliebe Leute aus, die körperlich gewandt waren und aus Verbrecherkreisen stammten. Oft waren es Kriminelle, die der Richter begnadigt und sich so zu persönlichem Dank verpflichtet hatte. Der frühere Verbrecher als Detektiv, der Außenseiter der Gesellschaft als Anwalt der Gerechtigkeit, der Räuber als Freund der Armen – Wilhelm Tell, Robin Hood, Eugène François Vidocq, Richmond, Judge Dees treue Gehilfen Ma Joong und Chiao Tai (frühere Straßenräuber), »The Shadow« –, hier wird uns klar, daß die Kluft zwischen dem gejagten Verbrecher und seinem Verfolger gar nicht so groß zu sein braucht. Um den Verbrecher zu fangen, muß der Detektiv dessen Denkweise und Milieu kennen und verstehen, er muß im Grunde selbst ein latenter Verbrecher sein. Der Krimi hat dieser Tatsache Rechnung getragen: seine Helden sind teils Polizisten und Detektive, teils Schwindler und Gangster.

4. Der sympathische Gauner

Der Verbrecher kommt vor dem Detektiv, auch in der Literatur. Es gibt viele Krimis ohne Detektive, aber nur wenige Krimis ohne Verbrecher. Der Gesetzesbrecher als literarischer Held ist wohl so alt wie die Literatur selbst. Die Gesetze wurden zumeist von Mitgliedern der oberen Gesellschaftsklassen zum Schutz ihres Lebens und ihres Eigentums gemacht, und diese Gesetze waren (und sind) nicht immer gerecht. Insofern ein Mensch solche als ungerecht empfundene Gesetze bricht, mag er zwar in den Augen der oberen Gesellschaftsklassen ein Verbrecher sein; aus dem Gesichtswinkel der durch diese Gesetze benachteiligten Menschen betrachtet, kann er trotzdem als strahlender Held dastehen. Wilhelm Tell und Robin Hood fallen in diese Kategorie, ebenso die meisten Helden der unzähligen Schelmenromane aller Literaturen – vom spanischen *Lazarillo de Tormes* (um 1554) über den *Simplicissimus* (1669) des Grimmelshausen bis zu den *Bekenntnissen des Hochstaplers Felix Krull* (1954) von Thomas Mann und Günter Grass' *Blechtrommel* (1959). Nach La Cour/Mogensen wurde das erste Buch über einen Verbrecher um 1488 von Peter Wagner in Nürnberg publiziert; es heißt *Dracole* und beschreibt die entsetzlichen Taten, die der Verbrecher Dracole Waida von 1456 bis 1464 begangen hat.

Aber die früheste Geschichte vom sympathischen und am Ende für seine Missetaten belohnten Verbrecher ist wohl die Erzählung vom König Rhampsinit und dem Meisterdieb, die wir bei Herodot (5. Jh. v. Chr.) finden. Rhampsinit ließ sich eine Schatzkammer bauen. Der Architekt fügte an der Außenwand einen lockeren Stein in die Mauer ein und hinterließ das Geheimnis seinen Söhnen. Diese holten immer wieder Schätze aus der Kammer. Der König konnte sich nicht vorstellen, wie diese Diebstähle vor sich gingen, denn der Eingang zur Schatzkammer war ständig bewacht. Schließlich stellte der König Fallen in die Kammer, und einer der beiden Brüder fing sich darin. Er befahl dem Bruder, ihm den Kopf abzuschneiden und diesen mitzunehmen, damit man den Leichnam nicht identifizieren könne. Am folgenden Morgen fand der König nur einen Rumpf mit Armen und Beinen in der Falle. Diesen ließ er ans Stadttor hängen und befahl, jeden, der beim Anblick des Rumpfes weine, zu verhaften. Aber der Bruder gab den Wachen einen Schlaftrunk und stahl den Leichnam. Nun steckte der König seine Tochter ins Bordell. Bevor einer mit ihr schlafen durfte, mußte er ihr seine gerissenste Tat erzählen. Unser schlauer Architektensohn durchschaute zwar die Sache, erzählte ihr aber trotzdem die Einbruchsgeschichte. Als die Königstochter ihn packen wollte, hielt sie jedoch nur den abgeschnittenen Arm einer Leiche in der Hand. Der König versprach dem Dieb Pardon und seine Tochter zur Frau, wenn er sich melde; er tat es und wurde ein glücklicher und hochgeachteter Mann.

Im Anschluß an Schillers *Räuber* wurde der Roman *Rinaldo Rinaldini* (1798) des Christian August Vulpius das Vorbild vieler deutscher Räuberromane des 19. Jahrhunderts. Die Verbrecherthematik kann satirisch bearbeitet werden – wie etwa in Henry Fieldings 1743 erschienener *History of the Life of the Late Mr. Jonathan Wild the Great* oder in John Gays *The Beggar's Opera* (1728) und ihren jüngeren Schwestern und Kusinen bis zu Bertolt Brechts *Dreigroschenoper* (1928) und *Dreigroschenroman* (1934) und Friedrich Dürrenmatts *Frank V.* (1960). Natürlich hatte es auch schon vor Jonathan Wild berüchtigte und populäre Verbrecher gegeben: etwa den Straßenräuber Dick Turpin in England und Louis Mandrin und Louis-Dominique Cartouche in Frankreich. Die Thematik vom Verbrechen kann auch ins Sensationelle aufgeblasen werden, wie etwa von

Ignaz Ferdinand Arnold in seinem Buch *Der schwarze Jonas, Kapuziner, Räuber und Mordbrenner* (1805). Der 1803 mit dem Schinderhannes hingerichtete Johann Christian Reinhard (»Jonas«) scheint ein eher harmloser Mensch gewesen zu sein. Arnold macht aus ihm ein Phänomen an Zuchtlosigkeit: er und seine Genossen vergewaltigen Hunderte von Frauen der Reihe nach zu Tode. Ist die Leiche hübsch, machen sie weiter, und die Ehemänner müssen gelegentlich zuschauen. Diese Missetaten werden gewöhnlich an vornehmeren Personen verübt, und der ärmere deutsche Leser der nachrevolutionären Zeit mochte es den Aristokraten gerne gönnen; er ist keineswegs entsetzt über Jonas, im Gegenteil: am liebsten raubte und vergewaltigte er gleich selber mit. Die Opfer des Jonas erregen kaum Mitleid, weder damals noch heute, denn sie sind nicht charakterisiert und austauschbar. Hingegen verstehen wir Jonas und freuen uns, wenn Schinderhannes ihn zwischendurch aus dem Gefängnis befreit. Wir bedauern, daß er am Ende hingerichtet wird.

Der Gegenspieler dieser Verbrecher ist der Spitzel, ein Judas von Beruf. Im Falle von Jonas ist es dessen eigene Frau, die ihn verrät. Da sie ihren Mann mit einem Dragoner betrügt, kann sie unsere Sympathie nicht erregen, und Jonas stirbt als ein Verratener, ein Bemitleideter, ein wahrer Märtyrer! Am Ende fragt man sich, wie es denn dem Autor gelingen kann, daß man diesem Jonas Sympathie entgegenbringt. Es hängt wohl vom Standpunkt des Erzählers ab. Fu Manchu und Professor Moriarty bleiben hassenswerte Verbrecher, weil wir sie mit den Augen ihrer Feinde sehen (Nayland Smith und Sherlock Holmes). Sobald der Autor aber aus dem Blickwinkel des Verbrechers erzählt, identifizieren wir uns mit diesem, und die Mächte des Gesetzes erscheinen als Feinde (Robin Hood, Gil Blas, Moll Flanders, Raffles, Jimmy Dale, The Lone Wolf, Blackshirt usw.). Otto Penzler unterscheidet zwischen »guten« und »bösen« Verbrechern: zu den »bösen« rechnet er Dr. Nikola, Professor Moriarty und Fu Manchu.[5] Er weist darauf hin, daß die »bösen« Verbrecher im englischen Krimi nie Engländer sind. Schon in den »gothic novels« waren die Halunken gewöhnlich Spanier, Franzosen oder Italiener. Von 1900 bis etwa 1960 sind die größten literarischen Schufte der Weltgeschichte zumeist Deutsche und Chinesen. Seit 1960 haben die Russen die Deutschen ersetzt, während die Chinesen ihren Platz behaupten konnten. La Cour/Mogensen fügen hinzu, daß nur »böse« Verbrecher in der englischen Kriminalliteratur (im Gegensatz zur französischen) Mätressen besitzen und daß nur »gute« englische Schufte Sport betreiben.

Tatsächlich scheint sich der Leser ebenso gut mit einem Verbrecher wie mit einem Polizisten identifizieren zu können. Es genügt, wenn der Autor einen Schwindler mit einigen sympathischen Zügen ausstattet oder wenn er die Verfolger eines Diebes als ruchlose Kerle oder als überlegene Polizeimacht schildert – und schon freuen wir uns, wenn der Gangster seinen Verfolgern ein Schnippchen schlägt und ihnen auf der Flucht entkommt. Allen J. Hubin hat 1976 eine Liste aller Serienfiguren in den Kriminalromanen der Weltliteratur zusammengestellt.[6] Als Serienfiguren bezeichnet er fiktive Personen, die in zumindest fünf Büchern desselben Autors als Zentralfigur auftreten, z. B. Sherlock Holmes, aber nicht Dr. Watson, da dieser keine Zentralfigur ist. Ausgeschlossen bleibt bei ihm die Literatur der Groschenheftchen und Kriminalmagazine. Diese über 600 Serienfiguren teilt Hubin in sechs Kategorien ein: 1. Amateurdetektive (sie suchen keine Klienten

5 Otto Penzler, »The Great Crooks«, in: *The Mystery Story*, San Diego 1976, S. 321–341.

6 Allen J. Hubin, »Patterns in Mystery Fiction: the Durable Series Character«, in: *The Mystery Story* (s. Anm. 5), S. 291–318.

und nehmen keine Bezahlung an, z. B. Father Brown); 2. Privatdetektive (sie werden von Klienten aufgesucht und nehmen Bezahlung an, z. B. Sherlock Holmes und Marlowe); 3. Kriminalbeamte, z. B. Maigret und Inspector West; 4. Abenteurer, die dem Recht zum Sieg verhelfen, z. B. The Saint; 5. Spione; 6. Verbrecher. Es folgt Hubins Liste der ersten Serienverbrecher, die allerdings in einigen Punkten unzuverlässig ist.

Autor	Name des Verbrechers	Erstes Auftreten	Zahl der Bücher
G. Boothby	Dr. Nikola	1895	5
E. W. Hornung (nach 1933 B. Perowne)	A. J. Raffles	1899	14
M. Leblanc	Arsène Lupin	1907	17
G. R. Chester	J. R. Wallingford	1908	5
B. Atkey	Smiler Bunn	1912	7
S. Rohmer	Fu Manchu	1913	14
L. J. Vance	The Lone Wolf	1914	8
M. Allain und P. Souvestre	Fantômas	1915	13
R. Thorndyke	Dr. Syn	1915	7
W. Martyn	Anthony Trent	1918	25

In derselben Zeitspanne (1895–1918) erblickten nur 5 Serien-Kriminalbeamte das literarische Licht der Welt! Serienspione gab es bis 1918 überhaupt nicht, einen einzigen Abenteurer (Jimmy Dale), hingegen 20 Privat- und 6 Amateur-Seriendetektive.

Dies beweist, wie groß damals noch das Mißtrauen gegen die Polizei war. Wer Victor Hugos *Les Misérables,* Balzacs Romane, Dickens' *Oliver Twist* oder Ernst Dronkes *Polizei-Geschichten* gelesen hat, begreift, warum viele die Polizei haßten und fürchteten und ihr jede Niederlage gönnten. Solange sich der Dieb an die Großen hielt, war er ein Feind der Polizei, also ein Freund des Volkes. Man darf auch nicht übersehen, daß die literarischen Verbrecher selten morden. Es sind Betrüger (Christopher Booths Amos Clackworthy in *Mr. Clackworthy, Con Man,* 1927), gerissene Anwälte (M.D. Posts Randolph Mason), Fälscher (R.A. Freemans Danby Croker), Schmuggler (W.H. Hodgsons Captain Gault), Diebe (Edgar Wallace' Anthony Smith in *The Mixer,* 1927), Einbrecher und Kassenschrankknacker.

Am 7. August 1977 hörte man in den Nachrichten der amerikanischen Radiosender, daß der New Yorker Mafia-Boß die volle Kooperation seiner Organisation bei der Jagd nach einem mehrfachen Mörder in New York zugesagt habe. Ähnliches geschieht gelegentlich im Krimi: der Verbrecher-Held stellt im entscheidenden Moment seine Talente der Polizei (Mickey Spillanes Hood), dem Vaterland (Arsène Lupin) oder der gesamten kapitalistischen Welt (Fu Manchu) zur Verfügung. Schon in seinem ersten Abenteuer (1914) hilft der Juwelendieb »The Lone Wolf« der französisch-englischen Seite gegen die Deutschen. Man verzeiht es ihm also gerne, daß er früher Juwelen gestohlen hat. Sobald es gegen die Nazis oder die Kommunisten geht, werfen die meisten literarischen Verbrecher-Helden ihren Geldschrankbohrer in die Ecke. Eine weitere Konzession, die von ihnen verlangt wird, ist, daß sie nur von den Reichen und/oder Bösen nehmen – also z. B. von Banken, Versicherungsgesellschaften, Buchmachern, Besitzern von Spielhöllen und Bordellen. Zumindest die amerikanischen Autoren können sich dabei nach wie vor auf die tiefe Abneigung vieler Leser gegenüber der Polizei verlassen.

»The Lone Wolf« ist auch eines der ersten Beispiele des sympathischen Verbrechers, der durch die Liebe zu einer Frau »geläutert« wird. Er erstattet die gestohlenen Juwelen zurück und verdient sich seinen Unterhalt als Taxifahrer, da er weiß, daß die geliebte Dame nie einen Dieb heiraten würde. Auch Jimmy Dale geht es so: die Geliebte erpreßt ihn buchstäblich zu guten Taten. Die Geldschrankknacker Blackshirt und Jimmy Valentine, ebenso Arsène Lupin fallen in die Hände von »guten« Geliebten, und schon werden sie zu Detektiven. Fast jeder »gute« Serien-Verbrecher der Kriminliteratur gibt am Ende seine Verbrecherkarriere auf und wendet sich der Aufklärung des Verbrechens zu. Dabei mag es ihm ergehen wie John Creaseys »Baron« oder Leslie Charteris' »The Saint«: die Polizei bleibt mißtrauisch, und der geläuterte Held muß sich gleichzeitig mit den Verbrechern und der Polizei messen (was die Erzählung nur um so spannender macht!).

5. *Der Detektiv verdrängt den Picaro: Gaboriau und seine französischen Nachfolger*

Die Geschichte der Polizei in Paris ist älter als die der Polizei in London. Schon 1667 war La Reynie zum ersten Polizeileutnant der Stadt erkoren worden. Um 1750 ernannte Berryer de Ravenoville drei Inspektoren, die eine Art Detektivabteilung bildeten. Aber erst am 17. Februar 1800 gründete Napoleon die »Préfécture de police«, der dann Leute wie Vidocq und Coco-Lacour angehörten.

Das negative Bild des Polizei-Beamten, das Autoren wie Hugo, Balzac und Dronke verbreitet hatten, änderte sich zuerst in Frankreich bei Emile Gaboriau, dessen Inspecteur Lecoq zwar keineswegs ein strahlender Held, aber doch wenigstens ein anständiger, kluger, idealistischer und eifriger Beamter ist. Gaboriau hatte Poes Kriminalerzählungen um C. Auguste Dupin gelesen; er interessierte sich fürs Polizeiwesen, las den *Pitaval* und sammelte die immer zahlreicher werdende Literatur zur Kriminologie, Berichte über Rechtsfälle und die Memoiren der Polizeipräfekten und Richter. Ferner kannte Gaboriau die Trivialliteratur seiner Zeit: Paul de Kock, Eugène Sue, Paul Féval, Alexandre Dumas. Das Milieu war gegeben: Paris mit seiner Unterwelt, den Aristokraten mit ihren Mätressen und unehelichen Kindern, den Offizieren, welche die Mädchen verführten und betrogen und ihr Geld am Spieltisch verloren, den jüdischen Wucherern, den Winkeladvokaten, den fürchterlichen Gefängnissen. In diesem Milieu erschien Lecoq wie ein Lichtblick der Hoffnung, als ein Polizist, der die Schlechten erwischt und der gerechten Strafe zuführt.

Gaboriaus Werke hatten Welterfolg. In Rußland und Japan las man sie mit Begeisterung; Tschechows einziger Roman (*Tragödie auf der Jagd,* 1884/85) wurde von Gaboriau inspiriert. Bismarck war ein Gaboriau-Fan. Gaboriau und seine französischen Imitatoren Pierre Zaccone und Fortuné Du Boisgobey wurden in Deutschland gierig verschlungen. Den größten Erfolg aber hatte Gaboriau in den Vereinigten Staaten, wo schon 1868 ein Plagiat des *Dossier No. 113* (1867) verkauft wurde. Übersetzungen erschienen nicht nur in Buchform, sondern auch als Groschenhefte: *Old Tabaret, the Self-Made Detective, or: ›Piping‹ the Lerouge Case* ist der Titel eines (von vielen) 5-Cent-Heftchen in der »Old Cap. Collier Library« (Munro's Publishing House, 1883). Es besteht kein Zweifel daran, daß die populären Gaboriau-Übersetzungen der siebziger Jahre zu Anna Katherine Greens *The Leavenworth Case* (1878) und zur folgenden explosiven Entwicklung der Kriminalliteratur in Amerika führten. Auch in England erzielten Gaboriau und später Du Boisgobey durchschlagende Wirkung. Gaboriaus Romane erschienen von 1883 an in der Serie »Vizetelly's Sensational Novels«. Bevor Arthur Conan Doyle seinen ersten Holmes-Roman schrieb (1887), hatte er Gaboriau gelesen. Bleiler sagt mit Recht: »If

Poe's Dupin was the father of Tabaret and Lecoq, Tabaret and Lecoq are the father and godfather of Sherlock Holmes.«[7]

Im Anschluß an Gaboriaus Romane erschienen nach 1870 in Frankreich unzählige Krimis, darunter Jean Brunos *Le crime de la Tour Eiffel* und Simon Boubées *Sarah main-de-cire.* Im zweiten Roman hypnotisiert ein sadistischer Arzt die junge Sarah, die, ohne es zu wissen, für ihn Verbrechen begeht und seine Geliebte wird. Yves Olivier-Martin weist darauf hin, daß in den Jahren 1870–1910 ausgezeichnete Krimis oft nur in Feuilletons erschienen.[8] Als Beispiele nennt er (leider meist ohne Daten): Jules Mary (*Un coup de révolver* und *Le boucher de Meudon*), Paul Bellet, Albert Bizouard *(Le crime de la rue Chanoinesse),* Gustave Graux, Edouard Gachot (*L'affaire de la rue Markos,* 1896/1897), Alfred Blamont *(Le secret de Camille),* Charley *(Les barres fixes)* und A. de Chamarande *(À la recherche d'un assassin,* 1881).

Was in Frankreich nach 1909 veröffentlicht wird, ist eher von Doyle als von Gaboriau beeinflußt. Das gilt für Maurice Leblanc und Gaston Leroux, George Meirs und J.-M. Darros. Als erste Detektivinnen Frankreichs nennt Olivier-Martin: *La belle policière* (von Marc Mario), *Miss Boston* (von Antonin Reschal), *Elsa, détective privée* (von Gaston-Charles Richard), *Eve Sernin, détective* (von Peslouan). Mit dem Ersten Weltkrieg tritt zum ersten Mal der populäre Spionageroman auf, den Olivier-Martin für minderwertig hält. Die Autoren: Georges Le Faure, Gustave Le Rouge, Maurice Landay, Bernède (eine Serie um die Figur »Chantecoq«).

Nach 1918 beginnt in Frankreich die Zeit der spannenden, psychologisch glaubhaften Krimis, die die Gauner der modernen kapitalistischen Welt vorführen: skrupellose Wissenschaftler, verbrecherische Politiker, geldgierige Bankiers usw. Zu den vielen in unserem Lexikon erwähnten Autoren fügt Olivier-Martin noch hinzu (ohne Daten): André Armandy *(Les Loups-Cerviers),* Gabriel Bernard *(Les Compagnons de la Haine),* Gaston Boca, Robert Destez, Louis Latzarus (Pseudonyme: René Bures, Jean Fournier) und Arnold Galopin. Dieser letztere hatte 1911 mit *Ténébras, le bandit fantôme* begonnen. Nach dem Ersten Weltkrieg erfand er den liebenswerten Gauner Arthur Pipe.

Andere Autoren von populären Krimis der ersten Jahrzehnte des 20. Jahrhunderts waren Henri-Jeanne Magog, Léon Groc, Frédéric Valade, Charles Daniélou *(Le fantôme de Richemer, Le crime du député, Ronan Conan),* Jean Petithuguenin (die Serie »Le roi de l'abîme«), René Bizet *(La sirène hurle),* Esquirol *(L'étui d'or),* Jean-François d'Estaleux *(La maison truquée).* Was die dreißiger Jahre betrifft, so erwähnt Olivier-Martin Pierre Boileau und Charles Exbrayat (beide im Lexikon) und stellt neben sie: Etienne Gril, Pierre Van der Meulen *(La paysanne au bonnet bleu),* André Lang *(L'affaire Plantin),* Marcel Laurent, Georges Imann, Robert Poulet, Pierre Latour, Michel Herbert, Edouard Letailleur, Maurice-Charles Renard, Jean Kéry, Roger Didelot, Georges Saint-Bonnet, Paul Maraudy, René Poupon, Michel Dahin (*Une ténébreuse affaire,* 1944) und Pierre Loiselet *(L'affaire du fanal, Le mystérieux Dr. Swyngebauw).* Im letzten Roman bringt ein Arzt einige Leute um, holt sie vom Friedhof und operiert sie ins Leben zurück.

In seiner Studie *Esthétique du roman policier* (1947) weist Thomas Narcejac noch auf folgende französische Namen und Werke hin, die sonst nirgends genannt werden (leider ohne Jahreszahlen): Yves Dartois *(L'horoscope du mort),* René Guillot *(Les équipages de Peter-Hill),* Geo Dambermont *(Le Cyclope),* André Comnène *(La mort aux étoiles),* F.-R.

7 E. F. Bleiler im Vorwort zu E. Gaboriau, *Monsieur Lecoq,* New York 1975, S. XX.
8 Yves Olivier-Martin, »Origines secrètes du roman policier français«, in: *Europe* 54 (1976) S. 144–149.

Falk *(L'homme m'a raconté . . .)*, D. H. Teilhet *(Les meurtres du manteau de plumes)* und A. Guignard *(Le noyé de la demi-lune)*.

6. Arthur Conan Doyle und das literarische Prestige des Kriminalromans

Die Krimi-Literaturgeschichten beginnen gewöhnlich mit einer Einleitung über die »Vorläufer« des Detektivromans (unter ihnen William Godwin) und die Autoren der »gothic novels« und widmen dann ein erstes längeres Kapitel Edgar Allan Poe. Es folgen Hinweise auf Gaboriau, Dickens und zwei Krimis von Wilkie Collins: *The Woman in White* (1860) und *The Moonstone* (1868). Und schon sind wir bei Arthur Conan Doyle und Sherlock Holmes.

Etwa um 1880 wurden sich Autoren und Leser bewußt, daß eine neue Gattung der Literatur im Entstehen begriffen war. Als Anna Katherine Green ihren Roman *The Leavenworth Case* (1878) schrieb, produzierte sie gewissermaßen unabsichtlich einen Krimi. Nach dem Erfolg des Romans verfaßte sie nun bewußt etwa vierzig weitere Krimis, in denen sie zum Teil den gleichen Polizeidetektiv Ebenezer Gryce auftreten ließ, zum Teil andere Detekive, darunter auch eine Dame, einführte. Als Conan Doyle seinen Roman *A Study in Scarlet* (1887) veröffentlichte, in welchem Sherlock Holmes und Dr. Watson zum ersten Mal auftreten, wußte er schon eher, was er tat. Daß aber Holmes eine so berühmte Serienfigur werden würde, daran hatte Doyle gewiß nicht gedacht. 1891 erschien die erste Holmes-Erzählung in der damals neuen Monatszeitschrift *Strand*: »A Scandal in Bohemia«. Doyle traf ins Schwarze. Die Julinummer der Zeitschrift verkaufte sich gut; statt der ursprünglich geplanten sechs Holmes-Erzählungen produzierte Doyle zwölf. Sein Name wurde berühmt, die Zeitschrift rentabel. Eine Vorstellung vom internationalen Erfolg von Holmes kann man sich machen, wenn man vernimmt, daß die Dramatisierungen der damals ja noch wenig zahlreichen Holmes-Erzählungen schon 1908 über 11 000 Aufführungen erlebt hatten.[9] Im Laufe seines Lebens schrieb Doyle noch weitere drei Sherlock-Holmes-Romane und weitere 44 Holmes-Erzählungen. Er hatte Ambitionen auf anderen Gebieten, dem des historischen Romans z. B., und er ärgerte sich zeit seines Lebens, daß das Publikum unter seinen Büchern die »falschen« vorzog. Es ist bekannt, wie Doyle Holmes eines Tages umkommen ließ, in der Hoffnung, die Figur auf diese Weise endgültig loszuwerden. Die Stimme des Volkes und finanzielle Überlegungen brachten Doyle schließlich dazu, Holmes wieder auferstehen zu lassen.

Eine Eigenart der um 1880–1900 populär werdenden Krimiliteratur war es, daß sie von allen Schichten gelesen wurde, und daran hat sich nichts geändert. Während man um 1890 in der besseren Gesellschaft der USA die Romane der Green, Doyle, Gaboriau, Du Boisgobey las, verschlang das »niedere« Volk die Groschenheftchen um Old King Brady (seit 1885) und Nick Carter (seit 1886). In der englischen Unterschicht begann der langlebigste Detektiv der Weltliteratur, Sexton Blake, im Jahre 1893 seine Laufbahn. Von Anfang an gehörten auch die Intellektuellen zu den leidenschaftlichsten Anhängern des Krimi: der amerikanische Literaturwissenschaftler Brander Matthews schrieb schon 1885 (also vor Doyle) einen Krimi, *The Last Meeting*. In der Folge haben Universitätsprofessoren und Wissenschaftler mit Begeisterung Krimis geschrieben und gelesen. Franklin D.

9 Friedrich Depken, *Sherlock Holmes, Raffles und ihre Vorbilder*, Heidelberg 1914, S. 89.

Roosevelt erfand das Änigma des dann von anderen ausgeführten Krimi *The President's Mystery Story* (1935). John Buchan, später Generalgouverneur von Kanada, schrieb *The Thirty-nine Steps* (1915) und andere Krimis. Während Abraham Lincoln jedes Jahr Poes Dupin-Geschichten von neuem las, begeisterte sich Woodrow Wilson für J. S. Fletchers *The Middle Temple Murder* (1918); John F. Kennedy sagte öffentlich, er lese Ian Flemings James-Bond-Romane mit großem Vergnügen, und trug damit zum späteren phänomenalen Erfolg Flemings bei. Neben Bismarck war auch Konrad Adenauer, der besonders Edgar Wallace schätzte, ein Krimileser.

In Deutschland galt der Krimi lange Zeit als nicht gesellschaftsfähig. Interessant in diesem Zusammenhang ist die Lektüre des Buches von Ernst Schultze: *Die Schundliteratur. Ihr Wesen, ihre Folgen, ihre Bekämpfung* (1909, ^{2}1911). Der Autor weiß, was Jugendliche und Erwachsene jeder Schicht lesen, er gibt Preise, Auflagenhöhen an und reproduziert sogar die Titelblätter von sechs solcher verderblicher Detektivheftchen: drei sind Nick-Carter-Hefte für 20 Pfennig; die anderen drei Hefte kosten ebenfalls je 20 Pfennig, gehören in die Serie »Wanda von Brannburg, Deutschlands Meister Detectivin« und heißen: »In den Lasterhöhlen von Budapest«, »Die Kinderschlächter von Berlin« und »Ein Münchner Kindl«. Neben dem Titel erscheint jeweils ein Brustbild Wandas: hohe Stirn, blonde Haare, ein deutlich gewölbter Busen; Alter: 18 bis 22; Blick: harmlos; Mund und Lippen: klein. Dr. Schultze wettert wie folgt: Wenn die Schundliteratur nicht kontrolliert wird, »so werden wir noch mehr wie heute ein krankhaft überreiztes Geschlecht haben, das keine größere Wonne kennt, als sich durch alle Verirrungen menschlicher Leidenschaften, durch alle Abgründe viehischer Grausamkeit und durch die ganze Schreckenskammer der furchtbarsten Verbrechen führen zu lassen«. Er meint ferner: »Zu manchen Sittenverbrechen, zu mancher Brandstiftung, zu manchem scheußlichen Morde sind durch die Schundliteratur die ersten Keime gelegt worden, falls ihre Ausführung nicht geradezu durch sie hervorgerufen wurde.«[10]

Man könnte diese Predigt lächelnd abtun, aber wahrscheinlich hatte Schultze recht: er zitiert Passagen, die auf übelsten Sadismus schließen lassen. Schultze ist nicht etwa gegen die Detektivliteratur; denn er lobt Poe und Conan Doyle wärmstens. Aber es scheint so gewesen zu sein, daß die deutschen Nachahmer der amerikanischen Nick-Carter- und die Erfinder der deutschen Pseudo-Holmes-Heftchen die Originale maßlos vergröberten und dem Sadismus freie Bahn ließen. Die deutschen Schund-Verlage scheinen damals die moralischen Richtlinien nicht gekannt zu haben, welche etwa die Autoren der amerikanischen »Pulp«-Verleger unter keinen Umständen ignorieren durften.

Schultze stellt fest, daß im Deutschland des Jahres 1909 Angehörige aller Schichten Krimis lesen. »Man würde kaum zu viel sagen, wenn man die Behauptung ausspräche, daß wir es in der heute in allen Kreisen der Bevölkerung vorhandenen Leidenschaft für kriminelle Stoffe mit einer Art *geistiger Massenepidemie* zu tun haben.«[11] Als Heilmittel gegen die Verbreitung der Schundhefte schlägt Schultze unter anderem vor, daß die Bibliotheken folgende Titel und Autoren als originaldeutsche, saubere Krimis ihrer Leserschaft empfehlen sollen:

Clemens Brentano: »Die Geschichte vom braven Kasperl und dem schönen Annerl«
Jakob Julius David: »Mährische Dorfgeschichten«
Jakob Julius David: »Frühschein« (Erzählungen)

10 E. Schultze, *Die Schundliteratur,* Halle ^{2}1911, S. 41.
11 Ebd., S. 113.

Ilse Frapan: »Die Last«
Friedrich Halm: »Die Marzipanliese. Die Freundinnen«
Wilhelm Hauff: »Jud Süss«
Paul Heyse: »Andrea Delfin«
E. T. A. Hoffmann: »Das Fräulein von Scuderi«
Heinrich von Kleist: »Michael Kohlhaas«
Heinrich von Kleist: »Der Zweikampf und andere Novellen«
C. F. Meyer: »Das Amulet«
Adolf Schmitthenner: »Die Frühglocke«
Adolf Schmitthenner: »Tilly in Nöten«
Friedrich Spielhagen: »Hans und Grete«
Ernst Wichert: »Der Wilddieb«
Ernst Wichert: »Ewe«
Ernst Zahn: »Die Mutter«.

Diese Liste scheint von späteren deutschen Anthologisten konsultiert worden zu sein. Der erste Band von *Der Verbrecher aus verlorener Ehre. Die deutsche Kriminalerzählung von Schiller bis zur Gegenwart* (hrsg. von Herbert Greiner-Mai und Hans-Joachim Kruse, Berlin [DDR] ^{3}1973) enthält neben der Titelerzählung die von Schultze erwähnten Novellen von Brentano, Hoffmann und Halm, dazu:

Friedrich Hebbel: »Anna«
J. D. H. Temme: »Die Hallbauerin«
Levin Schücking: »Märtyrer oder Verbrecher?«
Ludwig Anzengruber: »Eine Geschichte von bösen Sprichwörtern«
Karl Emil Franzos: »Der Stumme«
Annette von Droste-Hülshoff: »Die Judenbuche«.

Der 1968 von Gustav Rüdiger für die Nymphenburger Verlagsanstalt zusammengestellte Band *Rächer und Richter, Klassische deutsche Kriminalgeschichten* enthält ebenfalls Schillers Novelle, Schultzes Empfehlungen in bezug auf Hoffmann und Kleist, dazu:

Johann Peter Hebel: »Der kluge Richter«
Franz Grillparzer: »Das Kloster bei Sendomir«
Eduard Mörike: »Lucie Gelmeroth«
Theodor Fontane: »Unterm Birnbaum«
Hermann Sudermann: »Die Reise nach Tilsit«.

Jede der drei Auswahllisten enthält zwar gute, aber für Nick-Carter-Anhänger der Jahre 1909–1914 (und ihre heutigen Enkel und Urenkel der James-Bond- und Jerry-Cotton-Generation) ziemlich salzlose Kost. Kein Wunder also, daß trotz Schultze auch damals die Carter- und Holmes-Groschenheftchen weiterblühten, bis sie im Ersten Weltkrieg als »feindliche Literatur« verboten wurden. Noch etwas anderes lernen wir aus diesen drei deutschen Listen: Es war (und ist) äußerst schwierig, deutsche Kriminalnovellen zu finden, die diesen Namen eindeutig verdienen und die von Schriftstellern von Rang stammen. In der französischen, englischen und amerikanischen Literatur ist das viel leichter.
Den schlechten Ruf, den der Krimi in Deutschland genoß, hat er im angelsächsischen Gebiet nie besessen. Dort sprach man von guten und von schlechten Krimis; sie wurden (und werden) wie andere Bücher im *Times Literary Supplement,* in der *Saturday Review* und in anderen führenden Zeitungen und Zeitschriften besprochen, zum Teil von

spezialisierten und bekannten Kritikern wie Anthony Boucher und Allen J. Hubin. Viele namhafte englische und amerikanische Autoren haben neben ihren anderen Werken zumindest einen Krimi geschrieben; man denke etwa an Joseph Conrad, C. P. Snow und Somerset Maugham in England, an Mark Twain, William Faulkner oder John Steinbeck in Amerika. 1950 stellte Ellery Queen eine Anthologie von Kriminalerzählungen zusammen, die er *The Literature of Crime* nannte und in die er nur »stories by world-famous authors« aufnahm. Seine 26 Autoren sind: Sinclair Lewis, Pearl S. Buck, W. Somerset Maugham, Edna St. Vincent Millay, John Galsworthy, John Steinbeck, William Faulkner, Rudyard Kipling, Louis Bromfield, Ernest Hemingway, Charles Dickens, Willa Cather, Mark Twain, Aldous Huxley, Guy de Maupassant, Cecil Scott Forester, Ring Lardner, Walter de la Mare, James Thurber, Robert Louis Stevenson, H. G. Wells, Margery Sharp, Damon Runyon, Frank Swinnerton, James Gould Cozzens, Fannie Hurst. Wie viele deutschsprachige Autoren von Rang hätte er 1950 heranziehen können?

Heute ist es auch im deutschen Sprachgebiet anders: Die Literaturwissenschaft hat sich der Trivialliteratur bemächtigt, und rasch haben einige deutsche Universitätsprofessoren »Theorien« des Krimi aufgestellt. Hoffnungsvoller ist die Tatsache, daß Autoren wie Michael Molsner und Universitätsprofessoren wie Adolf Muschg heute vorzügliche Krimis schreiben, während die literarische Avantgarde zwar ironisch mit der Form des Krimi spielt, aber einen »richtigen« Krimi zu schreiben wohl für unter ihrer Würde hält. Von ferne an Krimis erinnern z. B. Peter Handke (geb. 1942) mit dem *Hausierer* (1967), Ror Wolf (geb. 1932) mit *Pilzer und Pelzer* (1967), Dieter Wellershoff (geb. 1925) mit *Die Schattengrenze* (1969); Peter O. Chotjewitz (geb. 1934) parodiert den Agentenroman in *Die Insel* (1968). Auch DDR-Autoren wie Hasso Mager und Fritz Erpenbeck leisten auf dem Gebiet des Krimi Vorzügliches. Die qualitativ besten deutschsprachigen Krimi-Reihen sind gegenwärtig die des Rowohlt-Verlags in der BRD und die »DIE«-Reihe des Verlags »Das Neue Berlin« in der DDR. Im übrigen sei auf den Aufsatz über Deutschland im »Dritten Teil« (S. 371) verwiesen.

In Sachen Prestige nimmt Frankreich eine Zwischenstellung zwischen Deutschland und England ein. Die Zeitungsfeuilletons des 19. Jahrhunderts durfte jedermann öffentlich lesen, da man ja vorgeben konnte, man sei in erster Linie am politischen Teil der Zeitung interessiert. Nach 1900 – so Régis Messac[12] – galt die Lektüre von Krimis französischer Autoren als Beweis für schlechten Geschmack, während man andererseits Krimis angelsächsischer Autoren auch in den Bahnabteilen erster und zweiter Klasse lesen konnte, ohne daß die Mitreisenden die Nase rümpften. Nach dem Aufkommen der Maigret-Romane zu Beginn der dreißiger Jahre und als führende französische Autoren wie François Mauriac und Pierre Benoît krimiähnliche Romane geschrieben hatten, wurde auch der französiche Krimi gesellschaftlich akzeptabel.[13]

7. *Serienproduktion als Massenware*

Die Ursprünge der untersten Kategorie des Krimi, nämlich der Groschenheftchen und Feuilletonromane, gehen wohl weiter zurück, als man allgemein annimmt. Vor mir liegen

12 Régis Messac, *Le ›Detective Novel‹ et l'influence de la pensée scientifique,* Paris 1929, S. 639.

13 In Messacs monumentalem Werk werden nur zwei deutsche Krimi-Autoren erwähnt – Leute namens Edmund Edel und Otto Schwerin.

z. B. drei Nummern einer 1805 in Leipzig erschienenen Serie: »Magazin schrecklicher Ereignisse und fürchterlicher Geschichten«. Das erste Kapitel der ersten Nummer ist betitelt »Der mitternächtliche Meuchelmörder«. Es ist der Beginn eines Gruselkrimis mit Inquisition, Verkleidungen, Geheimnissen, Klöstern als Gefängnissen, schuftigen Priestern, Vergiftungen und einer Liebesgeschichte. Die unglaubhafte Handlung rollt in Süditalien ab, dem exemplarischen Land der »gothic novels«. Wie im »Whodunit« kommt die Wahrheit erst zuletzt an den Tag.

Realistischer sind die Massen von Feuilletonromanen, die in den vierziger Jahren des 19. Jahrhunderts in französischen Zeitungen zu erscheinen begannen und zuerst von den Franzosen, dann von allen Europäern gierig verschlungen wurden. Balzacs *Une ténébreuse affaire* (1841), Eugène Sues *Les Mystères de Paris* (1842/1843) und Alexandre Dumas' *Le Comte de Monte-Cristo* (1844) sind wohl die berühmtesten. Hier geschehen serienweise Verbrechen, die von detektivähnlichen Helden aufgeklärt und bestraft werden. Im Anschluß an die zwischen 1830 und 1840 berühmten Verbrechergeschichten um Anthelme Collet, Pierre Coignard und Vidocq entstanden schließlich die Feuilletonromane um Rocambole. Zu den Autoren solcher Feuilletonromane gehören Paul Féval, Du Boisgobey, Claretie, Zaccone, X. de Montépin und Chavette (alle im Lexikon); folgende weitere Namen und Titel finden wir bei Régis Messac: Leo Lespès, *Les mystères du Grand Opéra* (1843) und *Histoires à faire peur* (1846); Charles Barbara, *Histoires émouvantes* (1856); Gustave Aimard, *Les compagnons de la lune* (1867) und *Les Peaux Rouges de Paris* (1888); Alphonse de Launay, *Le banquier des voleurs* (1878); A. Bouvier, *Les créanciers de l'échafaud* (1880); G. Macé, *Mon premier crime* (1885) und *Un joli monde* (1887); Arthur Matthey, *Le roi des mendiants* (1885) und *Le billet de mille* (1887); Edmond Frank, *La maison fermée* (1885); F. Oswald, *L'assassinat de la ligne du Hâvre* (1887); Jules Lermina, *Nouvelles histoires incroyables* (1888); G. Sauton, *La malle L. d. S. 169* (1888); Adolphe Belot, *Le drame de la rue de la Paix* (1866); Constant Quéroult, *L'affaire de la rue du Temple* (1879) und *La bande de Fifi Vollard* (1881); Henri Cauvin, *Maximilian Heller* (1871).

Yves Olivier-Martin führt die Anfänge des Kriminalromans auf die allerersten französischen Feuilletonromane zurück. Als erste Serienfigur nennt er Michel Morin, »héros de la littérature de colportage, sous Louix XV.«.[14] Leider gibt er keinen Autor und kein Datum an. Sein erster datierter Autor ist Ducray-Maubillarcq, der 1809 publizierte: *Charles La Houssaye, ex-filibustier, fils de Cartouche.* Als erster Detektivroman im engeren Sinne wird Charles Barbaras *L'assassinat du Pont-Rouge* (1850) bezeichnet.

Dieser Art von französischen Feuilletonromanen entsprachen in England die sogenannten »Newgate«-Romane, die entweder auf einmal in drei Bänden erschienen (und dann zu teuer waren für den durchschnittlichen Leser, welcher die Bücher aber über die zahlreichen Leihbibliotheken trotzdem erhalten konnte), oder in Schillingheften über mehrere Monate hinweg veröffentlicht wurden, so daß auch ärmere Leute sie erwerben konnten. Collins, Dickens und Reade schrieben die bekanntesten Romane dieser Art, und alle drei waren stark von Frankreich her beeinflußt. In R. L. Stevensons und L. Osbournes Roman *The Wrong Box* (1889) erwähnen die Autoren, daß der Krimi »a lady of French origin« sei. Dieser Ansicht war man zweifellos in England und Amerika – zumindest bis nach dem Tode von Du Boisgobey (1891) und dem wachsenden internationalen Ruhm von Sherlock Holmes.

14 Yves Olivier-Martin (s. Anm. 8), S. 144.

Nicht zu vergessen ist in diesem Zusammenhang das Aufkommen des *Penny Magazine* im Jahre 1832, das schon nach einem Jahr eine Auflage von 200 000 erreichte. 1841 kamen die ersten Penny-Fortsetzungsromane auf den Markt, ihrer Themen wegen »Penny Dreadfuls« genannt. Zwei Titel seien erwähnt: *Varney the Vampire* (1847) und *Wagner, the Wehr-Wolf* (1846/47). Der deutsche Kolportageroman war zum Teil ein geistiges Kind dieser Heftchen. Die höherstehenden Schilling-Fortsetzungsromane wurden gegen 1860 durch billigere Zeitschriften ersetzt, die sowohl Fortsetzungsromane als auch Erzählungen und anderes Material enthielten (z. B. Dickens' Zeitschrift *Household Words,* seit 1850).

Zwei der bekanntesten Firmen, die »Pulp«-Zeitschriften und »Pulp«-Romane produzierten, waren Street & Smith und Beadle & Adams, beide in New York. Die Firma Beadle hatte 1860 die ersten »Dime Novels« auf den Markt gebracht. In den Jahren 1860–1910 war die »Dime Novel«-Industrie etwa das, was heute die Fernsehindustrie ist: sie produzierte die Unterhaltung für die großen Massen. Um 1910 wurden die »Dime Novels« von den »Pulp Magazines« abgelöst, diese später von Film und Radio. »Dime Novels« gab es im 19. Jahrhundert auch in Deutschland, aber die Groschenheftchen-Industrie im großen Stil begann erst um 1905 anzulaufen. Bis dahin war der Kolportageroman Trumpf gewesen: Man abonnierte einen Roman, von dem jede Woche ein Fortsetzungsheft von 32 Seiten zu 10 Pfennig ins Haus gebracht wurde. Darunter waren auch Kriminalromane: Karl Mays *Der verlorene Sohn* (1883–1885) zum Beispiel hatte den Untertitel: »Roman aus der Criminal-Geschichte«.

Beadle & Adams gaben u. a. *Beadle's Half-Dime Library* heraus, dazu die Serien *Adventures of Buffalo Bill* und *Brave and Bold* (für die Horatio Alger schrieb). Street & Smith veröffentlichten u. a. das *Nick Carter Weekly* und das *New Nick Carter Weekly.*

1872 erschien in den USA Harlan Page Halseys »Old Sleuth«; in den achtziger Jahren wurden die Nick-Carter- und andere Krimiheftchen populär. Einige Titelfiguren: Old Broadbrim, the Quaker Detective; Sergeant Sparrow; Gideon Gault; Dave Dotson; Dick Ranger; Old Thunderbolt; Iron Burgess; Manfred, the Metamorphosist; Old Electricity; Red Light Will (siehe im Lexikon unter Nick Carter und Old King Brady). Die deutsche Heftchenliteratur hinkte weit hinter der amerikanischen her; aber schon um 1880 wuchs der kriminelle Gehalt der deutschen Kolportageromane. In Karl Mays Kolportageroman *Der verlorene Sohn* fungiert ein Detektiv als Hauptperson. Gerhard Gehres »großer Volksroman« *Das Forsthaus am Rhein* (90 Kolportagehefte, 1905/1906 ausgetragen und 1906 gebunden publiziert) ist ein reiner Krimi, voll von Verbrechen, die ein Berliner Detektiv löst. In Franreich wurden 1909 populär: Fantômas und der vom Polizisten Paul Broquet bekämpfte Verbrecherkönig Zigomar (in der Zeitung *Le Matin*).

Es war gewiß nicht alles Schund, was im Heftchenformat erschien. Die hartgesottenen Detektive (»hard-boiled Dicks«) tauchten kurz nach Ende des Ersten Weltkriegs in Kalifornien auf, und zwar in »Pulp Magazines« wie *Black Mask.* Diese Zeitschriften waren auf billigstem Papier gedruckt, hatten gewöhnlich 128 Seiten und kosteten 5 oder 10 Cents. Sie ersetzten zum Teil die Nick-Carter- und Buffalo-Bill-Heftchen. Die Zahl dieser Zeitschriften wuchs von 1918 bis 1935 von etwa zwei Dutzend auf etwa 200 Titel. Der größte Teil war der Wildwestliteratur gewidmet.

Black Mask enthielt zuerst die üblichen vornehmen »Whodunit«-Erzählungen, wie man sie seit Doyle in England und in Boston las. In den frühen zwanziger Jahren aber erfand Carroll John Daly den Privatdetektiv Race Williams, der absolut »tough« ist und schon redet wie Marlowe: drastisch, lakonisch, witzig. Er schläft mit einem geladenen Revolver

in der Hand, wirft unwillkommene Leichen unbekümmert aus dem Fenster und spickt seine Reden mit originellen Aussprüchen. Im Dezember 1922 erschien Dashiell Hammetts erste Erzählung in *Black Mask*. Hammett verstand es, realistisch zu wirken. Seine Charaktere waren glaubhaft. Er machte die »tough story« literaturfähig.
Joseph T. Shaw war Herausgeber von *Black Mask* von 1926 bis 1936. Er förderte Hammett in jeder Weise und brachte 1929 Hammetts Roman *The Maltese Falcon* als Fortsetzungsroman. Shaw entdeckte auch Raymond Chandler und veröffentlichte 1933 dessen erste Erzählung, »Blackmailers Don't Shoot«. Neben Hammett und Chandler förderte Shaw auch Erle Stanley Gardner; dessen erste Kurzgeschichte erschien im Dezember 1923 unter dem Pseudonym Charles M. Green. In der Folge schrieb Gardner Dutzende von Kurzgeschichten für *Black Mask*.
Neben *Black Mask* florierten in den dreißiger Jahren die folgenden Detektivzeitschriften: *Detective Fiction Weekly, Detective Story, Action Detective, Dime Detective, Nickel Detective, Black Book Detective, Double Detective, Triple Detective, Strange Detective, Thrilling Detective, Phantom Detective, Clues Detective Stories, Spicy Detective, New Detective, Hollywood Detective, Black Aces, Crime Busters, The Avenger* und andere. In den vierziger Jahren wurden John D. MacDonald und William Campbell Gault Autoren von *Black Mask*, aber die Zeitschrift verlor an Popularität und ging 1953 in *Ellery Queen's Mystery Magazine* ein, auf dessen Titelblatt noch bis vor kurzem zu lesen war »including Black Mask Magazine«. Nur wenige »Pulps« überlebten den Einzug des Fernsehens: gerade das Publikum, das die »Pulps« gelesen hatte, verbrachte nun seine Zeit auf weniger anstrengende Weise vor dem Bildschirm.
Es ist den Verlegern der Groschenheftchen immer wieder gelungen, neue Figuren zu erfinden, deren Abenteuer von den Lesern verschlungen werden. Nick Carter folgten »The Shadow« von Maxwell Grant (d. i. Walter B. Gibson), Lester Dents »Doc Savage« und andere. Eine Parallelfigur in Frankreich wäre Chéri-Bibi, der in den sechziger Jahren wiedererweckte Gangster von Gaston Leroux, jetzt Held von Bilderromanen (Text: A.G. Leroux, Zeichnungen: Bernad). Der erste Comic-Strip-Detektiv war Dick Tracy, der 1931 von Chester Gould für die *Chicago Tribune* erfunden wurde und noch heute lebt.
Die wachsende Popularität des Taschenbuchs hat zu einer gewissen Verschmelzung der Groschenheft- und der übrigen Literatur geführt. Amerikanische Taschenbuchserien um den neuen Nick Carter (viele Autoren), um Kung Fu (Lee Chang), Black Samurai (Marc Olden), »The Destroyer« (Richard Sapir und Warren Murphy), »The Executioner« (Don Pendleton), »The Butcher« (Stuart Jason), »The Death Merchant« (anonym), »Edge« (George G. Gilman) und viele andere wären früher als Groschenhefte (und in größerer Auflage) erschienen. Das gilt auch etwa für die »Kommissar X«-Taschenbücher des Pabel-Verlags. Die Qualität der Krimiheftchen der Gegenwart (etwa die Jerry-Cotton- oder die Scotland-Yard-Serien) ist heute bedeutend höher als die Qualität ähnlicher deutscher Serien um 1910.
Im Vergleich zum englischen und französischen Sprachgebiet ist die deutsche Krimi-Taschenbuchproduktion nach wie vor gering; die Auflagen sind verhältnismäßig niedrig; einheimische Autoren kommen selten zu Wort. Die Zahl der auf deutsch publizierten Titel beträgt einen Bruchteil der englischen oder französischen, während doch auf andern Gebieten die deutsche Buchproduktion proportional zur Bevölkerung führend ist. Zum Vergleich: Allein der Verlag »Editions Fleuve Noir« in Paris publizierte 1976 pro Monat 7 Titel in der Reihe »Spécial-Police«, 5 in der Reihe »Anticipation«, 2 in der Serie »Espiomatic«, 7 in der Reihe »Espionnage«, dazu einzelne andere Krimis von

San-Antonio (Frédéric Dard), Paul Kenny usw. Während die Buchproduktion infolge der westlichen Wirtschaftskrise im ganzen zurückgeht, scheint der internationale Krimi-Markt bisher kaum zu leiden.

8. Der »bessere« Krimi. Kategorien und Preise

Hier soll den international bekannten und gefeierten Krimiautoren des 20. Jahrhunderts nicht viel Raum gewährt werden: sie sind im Lexikon einzeln und ausführlich behandelt; es gibt außerdem zahlreiche Geschichten der Kriminalliteratur in vielen Sprachen, die den üblichen Kanon der Detektivliteratur von Poe und Doyle über Agatha Christie und Raymond Chandler zu Simenon und Dick Francis immer wieder neu darstellen. Zweifellos war der erste Detektiv von Weltruf Sherlock Holmes. Dieser wurde immer wieder nachgeahmt (Arthur Morrison, August Derleth) oder mehr oder weniger parodiert. Es ist auffallend, wieviel Ironie allein schon in den Namen der bekannten literarischen Serien-Figuren steckt[15]: Arsène Lupin, Rouletabille, Average Jones, Hercule Poirot, Ephraim Tutt, Chéri-Bibi, Colonel Gore, Inspector Pointer (A. Fielding), Superintendent Battle (Agatha Christie), Sergeant Beef, Joshua Clunk, Mr. Jellipot (Sydney Fowler), Bertha Cool und Donald Lam, Nero Wolfe, Palmyra Pym, Lemmy Caution, Norman Conquest, Liz Parrott (Manning Long), Buddy Mustard (Roland Daniel), Superintendent Folly, Sugar Kane (Lovat Marshall), Miss Hogg (Austin Lee), San-Antonio, Inspector Coffin (Gwendoline Butler), Inspector Ganesh Ghote, Boysie Oakes (John Gardner), Modesty Blaise, Napoleon Solo, Napoleon Bonaparte, Tiger Shark (Ken Stanton) usw.

Bald wurde der Roman wichtiger als die Kurzgeschichte. Man setzte sich abends ans Feuer und las die zuerst meist 256, dann 224, später 192 Seiten langen Krimis an einem Abend. Nach 1960 wurde das Papier schnell teurer, und die Krimis wurden auf 160, jetzt 128 Seiten reduziert.

Hercule Poirot trat 1920 zum ersten Mal auf. Der kleine, aufgeblasene Mann mit dem eiförmigen Kopf war zuerst als Parodie gedacht; aber die Christie und ihre Leser schlossen ihn trotz oder gerade wegen seiner Schwächen ins Herz. Hat man sich einmal mit einer solchen Serienfigur identifiziert, wird einem das Lesen anderer Werke mit derselben Hauptfigur noch leichter und angenehmer. Ich habe einen frischgebackenen Perry-Mason-Fan gekannt, der Gardners Romane folgendermaßen kaufte: zuerst die, in denen Mason schon auf der ersten Seite auftritt; zuletzt die wenigen, in denen er erst im zweiten Viertel eingeführt wird. Und welch edlen Detektiven konnte man sich anschließen: Lord Peter Wimsey, Albert Campion, Roderick Alleyn, Miles Bredon, Ellery Queen, dem snobistischen Philo Vance. Wem diese im Grunde blutlos-zerebralen Gentlemen verleidet waren, dem standen eine Menge Damen zur Verfügung, die sich detektivisch betätigten und oft in Gefahren gerieten, aus denen sie der liebe Gott oder ihre starken männlichen Freunde – voller Sorge und Bewunderung – wieder erretteten.

Wer von den Klischee-Detektiven genug hatte, konnte sich den Exzentrikern zuwenden: den blinden Detektiven, den katholischen Geistlichen, den Zauberern, den australischen Eingeborenen, den Chinesen, Japanern, Indern, Negern, Kindern, Hunden, Schweinen

15 Der Name des Autors wird nur dann angegeben, wenn die betreffende Serienfigur nicht in unserem »Register der Detektive und Gauner« steht.

und Fröschen, die als Detektive auftraten.[16] Andere Leser wieder wünschten mehr Realismus. Sie fanden ihn bei R. A. Freeman, der seit 1912 »inverted stories« schrieb.

In den eben erwähnten Arten des Detektivromans spielt die Logik eine große Rolle; dagegen wird das Herz oft etwas vernachlässigt, sogar bei den weiblichen Detektiven. Gerade im amerikanischen »tough-guy«-Roman wird dieses Manko ausgeglichen. Zwar wird hier geprügelt, geschossen, k. o. geschlagen, und der Detektiv bleibt am Ende angeschlagen zurück, aber bei all dem läßt er nicht nur seine grauen Zellen spielen. Er setzt sein Leben ein für eine gerechte Sache und erregt dadurch unser Mitleid und unsere Bewunderung. Philip Marlowe und Lew Archer sind denn doch andere Persönlichkeiten als der aufgeblasene Poirot. – Unwohl wird einem dann, wenn die Grausamkeiten zum Selbstzweck werden, wenn es der Autor zu genießen scheint, daß sein Held sadistisch gequält wird, nur damit er sich später möglichst unchristlich rächen kann – wie etwa bei Mickey Spillane.

In den letzten Jahren hat sich der Krimi nach allen Seiten hin erweitert und verfeinert. Bei James M. Cain teilt der Leser den Gesichtspunkt der Verbrecher; bei Patricia Highsmith wird der Krimi zum raffinierten psychologischen Roman. Die »police procedurals« erzählen im naturalistischen Stil, wie die staatlichen Organe ein Verbrechen aufklären. Es sind oft »Whodunits«, in denen Labor und Routine das Gehirn auf den dritten Platz verdrängen. Neben den »toughs«, den Logikern, den Exzentrikern, den Amateur-, Privatdetektiven und Kriminalbeamten beiden Geschlechts, neben den Gaunern, Einbrechern und Abenteurern reüssieren vor allem die Spione und Spioninnen. Auch hier gibt es alle möglichen Schulen: vom nüchternen, pflichtbewußten und beschränkten Berufsspion Le Carrés zu den tollkühnen Frauenhelden Gérard de Villiers'. Hunderte von literarischen Spionen retten heute alljährlich die westliche Welt vor den Russen im allgemeinen und vor machtbesessenen Einzelgängern, die unseren Planeten (oder wenigstens eine Hälfte, mit Europa und Amerika) beherrschen (oder vernichten) wollen. Diese extreme Richtung des Krimi nähert sich der Science-fiction. Nach wie vor aber entwickeln sich alle anderen, früheren Richtungen des Krimi gleichmäßig weiter. – Die Geschichte des westlichen Kriminalromans ist noch keine 200 Jahre alt, und schon werden ganze Reihen »klassischer« Krimis wieder neu publiziert. 1976 begann die University of California (San Diego), »The Mystery Library« zu veröffentlichen. Sie übernahm auch die Herausgabe von Allen J. Hubins Zeitschrift *The Armchair Detective* (seit 1967). Sogar *Ellery Queen's Mystery Magazine* enthält heute jeden Monat neben den üblichen Kriminalnovellen acht Seiten Literaturkritik und Mitteilungen für den Krimifan.

Die heutigen Krimileser haben eine seltsame Tendenz zur Organisation entwickelt. Bibliographien und Enzyklopädien erfassen und erschließen den Krimi von seinen Anfängen an. Buchhandlungen, Buchklubs, Antiquariate spezialisieren sich auf diesem Gebiet. Erstausgaben werden unerschwinglich. An vielen Universitäten gibt es Vorlesungen über den Krimi; hier und dort existieren bereits spezielle Lehrstühle oder doch wenigstens Komitees zum Studium von Paraliteratur. Es gibt sogar Literaturpreise für Krimis. Seit 1953 existiert die englische »Crime Writers' Association«, welche jedes Jahr die besten Bücher mit Preisen auszeichnet (»Golden Dagger«). Die Vereinigung »Mystery Writers of America« ist noch älter (1945) und vergibt die »Edgars« (nach Edgar Allan Poe) in zehn Kategorien: 1. Bester Krimi des Jahres, 2. Bester erster Krimi eines Autors, 3. Beste Kurzgeschichte, 4. Beste literaturkritische Studie über den Krimi, 5. Bester

16 John Ball, »The Ethnic Detective«, in: *The Mystery Story* (s. Anm. 5), S. 143–160.

Jugendkrimi, 6. Bester Kriminalfilm, 7. Bestes Krimi-Taschenbuch, 8. Beste Fernsehserie auf dem Gebiet des Krimi, 9. Bestes Krimi-Fernsehdrama, 10. Bester Tatsachenbericht auf dem Gebiet des Krimi. Neben diesen Organisationen existieren eine »Edgar Wallace Society«, eine »Sax Rohmer Society« (mit Zeitschrift) und der berühmte Verein von Sherlock-Holmes-Verehrern: »The Baker Street Irregulars« mit der Zeitschrift *Baker Street Journal.*

In Frankreich werden der »Prix du roman d'aventures«, der »Prix du Quai des Orfèvres«, der »Prix de littérature policière« sowie »Prix Ciceron«, »Palmes d'or du roman d'espionnage«, »Prix Mystère« verliehen, in Deutschland seit 1963 der »Edgar-Wallace-Preis«. Für andere Länder vergleiche man die entsprechenden Kapitel im Anhang.

9. Ein deutschsprachiger Beitrag zur Kriminalistik

Das wichtigste Quellenbuch der Kriminalautoren wurde von dem Österreicher Hans Groß (1847–1915) geschrieben. Es erschien zum ersten Mal 1893 in Graz, wo Hans (gelegentlich Hanns) Groß Professor für Kriminalistik war. Der Titel: *Handbuch für Untersuchungsrichter, Polizeibeamte, Gendarmen usw.* (^{3}1899). 1904 erschien das Buch in neuer Bearbeitung in München unter dem Titel *Handbuch für Untersuchungsrichter als System der Kriminalistik.* 1922 lag die 7. Auflage vor. Ernst Seelig bearbeitete diese und veröffentlichte das Werk noch einmal in zwei Bänden als *Handbuch der Kriminalistik* (Berlin, 1942–1954). Während Friedrich Glauser und Georges Simenon sich mit der deutschen Ausgabe auseinandersetzten (Wachtmeister Studer hat bei Groß studiert; Maigret erklärt, er habe Groß' Werk nie gesehen!), lasen viele andere Autoren, die Groß in ihren Krimis erwähnen (z.B. E.S. Gardner, S.S. Van Dine, C.P. Snow, H.R.F. Keating) die Übersetzungen. Groß' Hauptwerk erschien in englischer Sprache zum ersten Mal 1906 unter dem Titel *Criminal Investigation,* bearbeitet und übersetzt von J. und J.C. Adam. Neue Übersetzungen und/oder Bearbeitungen folgten 1934 (von Norman Kendel), 1949 (von Ronald Martin Howe) und 1962 (von Richard Leofric Jackson). Jacksons Ausgabe trägt den Untertitel: »A Practical Textbook for Magistrates, Police Officers and Lawyers«. Der letzte Herausgeber war Assistant Commissioner, CID, Scotland Yard. Das gewaltige Werk enthält praktische Anleitungen, Beispiele und Anekdoten und ist eine unerschöpfliche Quelle für Krimiautoren, die realistische Details in ihre Romane einbauen wollen. Inspector Ghote (Keating) und Philo Vance (Van Dine) lösen romanlange Fälle, indem sie sich bewußt an Groß halten.

Die einzigen theoretischen Bücher, die gelegentlich von Krimiautoren im Zusammenhang mit Groß genannt werden, sind Edmond Locards *Manuel de technique policière* und *Traité de criminalistique* (7 Bde., 1931–1939)[17]. Man weiß ferner, daß Alphonse Bertillon die Signalementsbeschreibung (mit Photographien von vorne und von der Seite) erfunden hat, daß der englische Kolonialbeamte William Herschel als erster Fingerabdrücke zur Identifikation verwendete (in China hatte man sie schon früher als Unterschrift gebraucht), und daß Calvin Goddard die Ballistik soweit entwickelte, daß sie es nun eindeutig beweisen kann, wenn eine bestimmte Kugel aus einer bestimmten Feuerwaffe abgeschossen worden ist.

17 Von Locard führen Barzun/Taylor noch an: *Policiers de roman et policiers de laboratoire,* 1924; *Enquête criminelle et les méthodes scientifiques,* 1920; *Contes apaches,* 2 Bde., 1933; *La malle sanglante de Millery,* 1935.

Groß hat zahlreiche andere Bücher verfaßt, darunter eines über *Kriminalpsychologie* (1898), das 1911, nach der 4. Auflage, von Horace M. Kallen als *Criminal Psychology* ins Englische übersetzt wurde. Groß ist auch der Autor von *Der Raritätenbetrug* (1901), *Die Erforschung des Sachverhalts strafbarer Handlungen. Ein Leitfaden für Beamte* (1902) und *Kriminalistische Tätigkeit und Stellung des Arztes* (1908). Groß' Ruf als Kriminalist war auch in Deutschland unübertroffen. Angehende Kriminalbeamte legten zumindest ein Semester in Graz ein. Einen Beweis für Groß' Autorität liefert folgendes Ereignis: Hans Groß' Sohn Otto hatte bei Freud promoviert und war medizinischer Assistent in München geworden. Dort verkehrte er mit Schriftstellern wie Leonhard Frank und Franz Jung und hatte Affären mit mehreren Damen, darunter auch mit D. H. Lawrence' späterer Frau Frieda. 1913 war der inzwischen opiumsüchtig gewordene Otto Groß bei Jung in Berlin, als die Polizei anklopfte und ihn abholte, an die Grenze nach Österreich brachte und ihn der österreichischen Polizei zur Auslieferung an Hans Groß übergab! Das Vorgehen spottete jeder Gesetzlichkeit, und auf Betreiben von Franz Jung begann eine Pressekampagne gegen Hans Groß, an der sich vor allem *Die Aktion,* schließlich auch die Wiener *Neue Freie Presse* beteiligte. Man fragte sich, ob denn die Berliner Polizei dem Wink eines Österreichers, auch wenn dieser der berühmteste Kriminalist der Welt sei, gehorchen müsse. Otto Groß wurde infolgedessen aus der Anstalt Troppau entlassen, nahm weiterhin Opium und starb 1919 in München.

Hans Groß war nicht etwa der erste Kriminalist. Schon 1838–1841 war ein zweibändiges *Handbuch der gerichtlichen Untersuchungskunde* von L. H. J. Jagemann in Frankfurt erschienen. Andere Anleitungen zur Untersuchung von Verbrechen und zur Einvernahme von Verdächtigen und Zeugen erschienen in rascher Folge. Interessant sind die zahlreichen Bücher zu »Taktik und Lebensgewohnheiten der Verbrecher«. In seinem Buch *Kriminaltaktik. Ein Handbuch für das Untersuchen von Verbrechen* (1904) eröffnet Albert Weingart eine lange Bibliographie mit folgenden drei Publikationen: Karl Falkenberg, *Versuch einer Darstellung der verschiedenen Klassen von Räubern, Dieben und Diebshehlern* (2 Bde., 1816–1818), A. F. Theile, *Die jüdischen Gauner in Deutschland, ihre Taktik, ihre Eigentümlichkeiten und ihre Sprache* (^{2}1848) und Chr. Rochlitz, *Das Wesen und Treiben der Gauner, Diebe und Betrüger Deutschlands* (1846).

Régis Messac weist darauf hin, daß das Werk von Johann Kaspar Lavater (1741–1801) *Physiognomische Fragmente zur Beförderung der Menschenkenntnis und Menschenliebe* (4 Bde., 1775–1778) für den späteren Krimi wichtig wurde. Sicher haben einige frühe Krimiautoren ihre Schurken so beschrieben, daß man schon aus dem wulstigen Nacken und der niederen Stirn auf ihre mörderischen Absichten schließen konnte. Unter den Detektiven ist es Edgar Wallace' Leon Gonsalez, der aus der Kopfform der Leute erkennt, wes Geistes sie sind (in den zehn Erzählungen von *The Law of the Four Just Men,* 1921). Aber Gonsalez hat nicht bei Lavater gelernt, sondern bei Cesare Lombroso (*L'uomo delinquente,* 1876).

10. Probleme der Definition und Systematisierung

Zwei führende deutsche Krimispezialisten, Paul G. Buchloh und Jens P. Becker von der Universität Kiel, erheben gleich im Vorwort ihres Buches *Der Detektivroman* (1973) warnend ihre Stimme: ». . . der Detektivroman, uns allen in irgendeiner Form vertraut, entzieht sich beharrlich den Definitionsversuchen.« Auf den folgenden Seiten führen sie den Begriff »thriller« ein und erwähnen Edgar Wallace als Beispiel eines Thriller-Autors. Danach kommt Ian Fleming vor – als Autor von Spionageromanen. Sie verwenden ferner den Begriff »reiner Detektivroman« und meinen anscheinend den »Whodunit«. Nach dieser anfänglichen Begriffsverwirrung setzen sie die verschiedenen Termini wieder säuberlich in einen verständlichen Kontext und entschuldigen sich: »Die englische und französische Kritik kennen diesen Zwang zur Definition nicht in dem Maße wie die deutsche Kritik, die auch auf diesem Gebiet nach einer perfekten Aussage strebt.«[18] Tatsächlich: Ist etwas geheimnisvoll, sagt man »mystery«. Kommt ein Detektiv vor, kann man »detective novel« sagen. Ist die Sache spannend, spricht man von einem »thriller«. Stellt man das Buch im Buchladen ins Regal, dann unter »crime novels«. Krimiautor und Krimi fühlen sich unter allen diesen Begriffen wohl, und wenn ein blasierter Leser noch mit »roman policier« aufwartet, dann stört auch das nicht. Wenn wir hier »Krimi« sagen, dann meinen wir alles das und schließen noch ein: Spionageroman und Gruselgeschichte, sofern das Gespenst Ungesetzlichkeiten begeht.

Man betrachte in diesem Zusammenhang etwa auch Dorothy Sayers' Anthologie *The Omnibus of Crime* (1929)[19]. Die 920 Seiten des Bandes bringen nach einer Einleitung auf 400 Seiten 22 Kriminalerzählungen unter dem Titel »Detection and Mystery«. Auf Seite 463 folgt der zweite Teil, betitelt: »Supernatural«, der 27 Geister- und Spukgeschichten enthält. Man liest Schicksalsdramen in Kurzgeschichtenform, Frankenstein-Imitationen; man trifft Verrückte, Vampire, Zauberer, Hexen, Gespenster usw. – alles unter der umfassenden Bezeichnung »Crime«. In einem dritten Teil schließen sich noch acht Erzählungen unter dem Titel »Human and Inhuman« an; darin geht es um »Blut und Grausamkeit«. 1941 unterschied man in Amerika scheinbar zwischen »detective story« und »mystery story«; in jenem Jahr kamen zwei Anthologien heraus: *The Pocket Book of Great Detectives* und *The Pocket Book of Mystery Stories*. Ein großer Teil der jeweiligen Erzählungen aber wäre auswechselbar.

Ein weiteres Beispiel für die »Großzügigkeit«, die bei Definitionsversuchen in diesem Genre geübt wird: 1968 gab Robert L. Fish die seit 1946 jährlich erscheinende Kurzgeschichtensammlung des Verbandes »Mystery Writers of America« heraus. Die Mitglieder des Verbandes senden Kurzgeschichten (bereits veröffentlichte und noch unveröffentlichte) ein, und der jeweilige Herausgeber sucht diejenigen aus, die er für die besten hält. Unter den 24 Erzählungen der Sammlung von 1968 sind einige, die kaum etwas mit Verbrechen zu tun haben. In Henry Slesars Humoreske »Long Shot« bemerkt der Pfarrer einer armen Gemeinde einen Mann, der intensiv betet und größere Geldsummen in die Armenkasse legt. Nach Tagen kommt er mit ihm ins Gespräch und findet zu seinem Entsetzen heraus, daß der Mann auf Pferde wettet und betet, daß er gewinnen möge. Gott erhört sein Gebet in etwa Dreiviertel der Fälle, und der Spieler bedankt sich durch seine Gaben. Schließlich gibt der Priester dem Mann beinahe das gesamte Kirchengeld; er soll es auf ein »sicheres« Pferd setzen. Dann aber bereut er, geht zum Bischof, und beide beten nun, daß das Pferd nicht gewinnen möge. Das Gebet der beiden ist stärker als das des Spielers: wie durch ein Wunder verliert das Pferd kurz vor dem Ziel. Der entsetzte Spieler gibt das Wetten auf. Der Priester erhält aber doch einen vierfachen Gewinn, da der Spieler vorsichtig gesetzt hatte; die Kirche kann repariert werden. Fish hat die Geschichte als Kriminalerzählung verstanden, weil 1. ein Spieler ins

18 Paul G. Buchloh/Jens P. Becker, *Der Detektivroman*, Darmstadt 1973, S. 3.
19 In England schon 1928 erschienen unter dem Titel *Great Short Stories of Detection, Mystery and Horror*.

Krimimilieu gehört, weil 2. der Priester mit Geld gespielt hatte, das nicht ihm gehörte und weil 3. die Erzählung spannend ist: Gewinnt oder verliert der Priester?
In einer anderen Erzählung (von Cornell Woolrich) kehrt nach langen Jahren ein Häftling in die Freiheit zurück. Die Freude aufs Wiedersehen mit seiner geliebten Frau hat ihn die böse Zeit überstehen lassen. Bevor er sie sehen kann, begeht sie Selbstmord; sie kann sich nicht vorstellen, daß sie und ihr Mann wieder glücklich sein können. Der Mann erträgt die Enttäuschung nicht, verliert die Nerven und springt aus dem Fenster. Eine Kriminalgeschichte? Fish empfindet es so: 1. Ein entlassener Mörder ist die Hauptfigur. 2. Zwei Selbstmorde folgen. 3. Der Autor ist als Krimiautor bekannt.
Eine Möglichkeit der Systematisierung scheint die Chronologie zu bieten. Aber auch hier ist Vorsicht geboten; denn die Periodisierung der meisten Geschichten der Kriminalliteratur ist unbefriedigend. Als Beispiel sei Jean-Jacques Tourteaus Dreiteilung fürs 20. Jahrhundert angeführt: 1. 1900–1920: Der Krimi wendet sich ans niedere Volk. 2. 1920–1940: Der Krimi wendet sich ans Bürgertum. 3. 1940–1970: Der Krimi drückt die gegenwärtige Existenzangst aus. Der Verbrecher rückt ins Zentrum, der Detektiv auf den zweiten Platz. Der Krimi »marque, dans une large mesure, la défaite de la société, tout au moins le recul des valeurs traditionnelles de l'humanisme«. Möglicherweise lagen derartige Tendenzen vor, aber in jedem Fall haben wir genügend Beispiele, die gegen die Gültigkeit von Tourteaus Periodisierung sprechen.
Eine der Wirklichkeit eher gemäße Einteilung könnte etwa so aussehen: 1. Seit dem 16. Jahrhundert gibt es in der abendländischen Literatur den »sympathischen Verbrecher«. 2. Spätestens seit dem *Pitaval* kennen wir den literarischen Tatsachenbericht über das Verbrechen und seine Aufklärung. 3. Seit *Richmond* und den Memoiren Vidocqs und anderer Polizisten und Polizeipräfekten lesen wir Werke, in denen amtliche Detektive die Hautpersonen sind (1843/1844 erfand Sir James Graham den Ausdruck »The Detective Police«, als er diese Organisation in London gründete. Poe kannte 1841 das Wort »detective« noch nicht).[20] 4. Der Amateurdetektiv kommt auf (Dupin). 5. Der »Whodunit« beginnt um 1880 populär zu werden. 6. Der Privatdetektiv wird im Anschluß an Sherlock Holmes große Mode. 7. Childers schreibt 1903 den ersten reinen Spionageroman. 8. Seit 1912 (R. A. Freeman) kennen wir die »inverted story«, wobei wir bei der Lektüre zuerst das Verbrechen miterleben und dann gespannt zusehen, ob und wie der Detektiv dem Halunken auf die Schliche kommt. 9. Um 1922 erscheinen in Amerika, in der Zeitschrift *Black Mask,* die ersten Erzählungen um »tough-guy-detectives« – sogenannte »private eyes«. 10. Lawrence Treat schreibt 1945 mit *V As in Victim* den ersten »police procedural«.
Man könnte ferner zwischen den verschiedenen Typen von Detektiven unterscheiden und die Krimiliteratur, sofern sie Detektive enthält, nach diesem Gesichtspunkt einteilen, etwa so: 1. Chronologisch an erster Stelle stehen die noch heute beliebten »Gehirn«-Detektive: Auguste Dupin, Sherlock Holmes, Hercule Poirot, »The Thinking Machine«. Für sie ist die Welt wohlgeordnet. Der Verbrecher plant gewöhnlich seinen Mord sorgfältig und handelt immer logisch. Durch ebenso logisches Denken kommt man ihm auf die Spur. 2. Seit Simenons Maigret gibt es die Schule der Milieuschnüffler. Der Detektiv lebt sich ins Milieu ein, in welchem das Verbrechen geschehen ist; er übernimmt praktisch die Stelle des Ermordeten in dessen Milieu und rekonstruiert gefühlsmäßig, was geschehen sein muß. 3. Die zuerst in Kalifornien seit etwa 1922 entwickelten »private eyes« sind weniger

20 John Ball, »Murder at Large«, in: *The Mystery Story* (s. Anm. 5), S. 8.

klug als ihre »zerebralen« älteren Brüder; das büßen sie damit, daß sie von Zeit zu Zeit zusammengeschlagen werden. Das wiederum gleichen sie dadurch aus, daß sie einen Revolver unter der Jacke tragen und am Ende den Halunken oft persönlich umbringen dürfen. Während die »Zerebralen« weniger aus Gerechtigkeitsgefühl handeln, sondern einen Mordfall als Schachspiel zu betrachten scheinen, sind die »private eyes« zumeist von einem unauffälligen Idealismus beseelt: sie haben Mitleid mit den Hilflosen und handeln wie weiland der barmherzige Samariter im Evangelium. Sie werden meist nicht gut bezahlt, und das Geld reicht nur für den täglichen Alkohol und Zigaretten. 4. Die Rechtsanwalt-Detektive bilden eine Kategorie für sich, ebenso 5. die weiblichen Detektive. 6. Zu den neuesten Figuren gehört der naturalistisch geschilderte staatliche Polizist der »procedural school« – vom eher beschränkten Mitch Taylor bei Lawrence Treat zu Ed McBains Steve Carella.
Natürlich ist auch diese Einteilung unbefriedigend. Unter den weiblichen Detektiven ist es ein weiter Weg von Henri Catalans Nonne Angèle zur draufgängerischen Modesty Blaise, von Miss Marple zur Betthüpferin Marla Trent (Henry Kane). Wie plaziert man die Tier- und Kinderdetektive? Oder soll man nach Art des Inhalts oder nach der Erzählform einteilen, wie Hillary Waugh vorschlägt: »Es gibt viele Variationsmöglichkeiten des Krimi, zum Beispiel den Whodunit, den Howdunit und den Howcatchem. Auch kann jede Geschichte genausogut rückwärts und seitwärts erzählt werden.«[21]

11. Warum liest man Krimis?

Die Frage ist oft beantwortet worden. Die einen denken an den »Whodunit« und sagen, der Mensch liebe eben das Rätselraten. Andere verweisen auf den Niedergang der Idee von der Gerechtigkeit und auf die schwächer werdende Position der Religionen: für sie ist der Krimi ein Ersatz, ein Ort, wo Gerechtigkeit geschieht, wo der Detektiv das tut, was Gott heute zu vergessen scheint: er bestraft die Bösen und verhilft den Guten zum Recht
Thomas Narcejac meinte 1947, man lese den Krimi keineswegs aus obigen Gründen, sondern als Abenteuerroman. Der Krimi erschrecke den Leser zuerst (durch einen rätselhaften Mord); indem der Mord aufgeklärt werde, werde der Leser mit der Welt wieder versöhnt und getröstet. Anstelle einer weiteren Diskussion folgen hier einige Zitate zum Krimi:

The detective story is the normal recreation of noble minds.
(Die Detektivgeschichte ist die übliche Erfrischung edler Geister.) *Philip Guedalla*

Mystery fiction is the greatest escape literature of all time. Escape from what? Why, from the reality of problems. We are all armchair detectives and from the safety of that armchair we can identify ourselves with the characters in the book and enjoy the crime, the mystery, the danger, the chase, and, very important, the puzzle, the matching of wits and the solution. If interest in the mystery story has increased, as mentioned above, it must be because problems – personal, domestic and foreign – have also increased. In other words, today we have more from which to escape.
(›Mystery fiction‹ ist die größte »Fluchtliteratur« aller Zeiten. Flucht wovor? Nun, vor der Realität der Probleme. Wir alle sind Lehnstuhl-Detektive, und in der Sicherheit des Lehnstuhls können wir uns mit den Charakteren des Buches identifizieren und uns freuen am Verbrechen, am Geheimnis, an der Gefahr, an der Verfolgung und – besonders wichtig – am Gedankenspiel, an der geistigen

21 Hillary Waugh, »The Mystery Versus the Novel«, in: *The Mystery Story* (s. Anm. 5), S. 61–80, Zitat S. 69.

Auseinandersetzung und an der Lösung. Wenn das Interesse an der ›mystery story‹, wie erwähnt, gewachsen ist, so deshalb, weil die Probleme – die persönlichen, die innen- und außenpolitischen – ebenfalls gewachsen sind. Mit anderen Worten: es gibt heute mehr, vor dem man flüchten will.)

E. T. Guymon Jr.

I have a notion that when the historians of literature come to discourse upon the fiction produced by the English-speaking peoples during the first half of this century, they will pass somewhat lightly over the productions of the serious novelists and turn their attention to the immense and varied achievement of the detective writers . . .
(Ich habe das Gefühl, daß die Literaturhistoriker, wenn sie die englischsprachigen Romanprodukte der ersten Hälfte dieses Jahrhunderts behandeln werden, über die Werke der gewichtigen Autoren ziemlich schnell hinweggehen und ihre Aufmerksamkeit der ungeheuren, vielgestaltigen Leistung der Kriminalschriftsteller zuwenden werden . . .) *W. S. Maugham*

Die Forderungen, welche die Ästhetik an den Künstler stellt, steigern sich von Tag zu Tag, alles ist nur noch auf das Vollkommene aus, die Perfektion wird von ihm verlangt, die man in die Klassiker hineininterpretiert – ein vermeintlicher Rückschritt, und schon läßt man ihn fallen. So wird ein Klima erzeugt, in welchem sich nur noch Literatur studieren, aber nicht mehr machen läßt. Wie besteht der Künstler in einer Welt der Bildung, der Alphabeten? Eine Frage, die mich bedrückt, auf die ich noch keine Antwort weiß. Vielleicht am besten, indem er Kriminalromane schreibt, Kunst da tut, wo sie niemand vermutet. Die Literatur muß so leicht werden, daß sie auf der Waage der heutigen Literaturkritik nichts mehr wiegt: Nur so wird sie wieder gewichtig. *Friedrich Dürrenmatt*

Aujourd'hui encore, je lis plus volontiers la Série Noire que Wittgenstein.
(Noch heute lese ich lieber die Série Noire [Schwarze Reihe] als Wittgenstein.) *Jean-Paul Sartre*

De temps en temps je me réserve un jour à romans policiers [. . .] On sort de là très rassuré, très dispos. C'est un plaisir et une médecine.
(Von Zeit zu Zeit reserviere ich mir einen Tag für den Kriminalroman [. . .] Danach fühlt man sich sehr beruhigt, sehr munter. Es ist Medizin und Vergnügen zugleich.) *Jean Giono*

Anyone who hopes that in time it may be possible to abolish war should give serious thought to the problem of satisfying harmlessly the instincts that we inherit from long generations of savages. For my part I find a sufficient outlet in detecitve stories, where I alternately identify myself with the murderer and the huntsman-detective.
(Jeder, der hofft, in absehbarer Zeit könne man möglicherweise ohne Kriege auskommen, sollte sich ernsthaft mit dem Problem befassen, die Instinkte, welche wir aus vielen Generationen von Wilden ererbt haben, auf harmlose Weise zu befriedigen. Für meinen Teil finde ich ein ausreichendes Ventil in Detektivgeschichten, wo ich mich abwechselnd mit dem Mörder und dem Verfolger-Detektiv identifizieren kann.) *Bertrand Russell*

The crime story is almost the only novel worth reading today because it deals with the fundamental conflict of mankind; the conflict of good and bad. At its best it is the morality play of our age.
(Die Kriminalgeschichte ist praktisch die einzige Art von Literatur, die zu lesen heute noch lohnt: denn sie befaßt sich mit dem wesentlichen Konflikt, in dem die Menschheit steht, mit dem Konflikt von Gut und Böse. In ihrer besten Ausprägung ist sie das Mysterienspiel unseres Jahrhunderts.)

John Creasey

A good detective story is the answer to Lowell's question, ›What is so rare as a day in June?‹
(Eine gute Detektivgeschichte ist die Antwort auf Lowells Frage: ›Was ist so kostbar wie ein Junitag?‹) *Franklin D. Roosevelt*

Die wichtigsten Daten aus der Literaturgeschichte des Kriminalromans

1679 P'u Sung-lings Erzählsammlung *Liao Chai Chih I* enthält die anscheinend erste Detektivgeschichte der Weltliteratur. – Der wahrscheinlich erste Roman von der Art, die wir heute als »Krimi« bezeichnen, erscheint im China des 18. Jahrhunderts: *Dee Goong An.* (Die Übersetzung der Erzählung und eine Zusammenfassung des Romans stehen im 3. Kapitel der Einleitung.)

1734–1743 Der erste französische *Pitaval* erscheint in 20 Bänden (siehe im Lexikon: Pitaval, François Gayot de).

1764 Horace Walpoles *The Castle of Otranto* eröffnet die lange Reihe der »gothic novels«, die bald Mode werden und deren unheimlich-geheimnisvolle Inhalte (»mysteries«) die Entwicklung des Krimi beeinflussen werden.

1778 August Gottlieb Meißner veröffentlicht Erzählungen, die man als erste deutsche »Kriminalgeschichten« bezeichnen kann.

1788 Casanovas *Histoire de ma fuite* erscheint.

1794 William Godwins Roman *Things As They Are; or, The Adventures of Caleb Williams* kann als erster abendländischer Krimi gelten.

1827 Das dreibändige, anonyme Werk *Richmond: Scenes in the Life of a Bow Street Runner by ›Richmond‹* enthält die fünf wahrscheinlich ersten Detektivgeschichten in englischer Sprache.

1828/1829 Der frühere Sträfling François Eugène Vidocq, 1809 Polizeichef von Paris geworden, veröffentlicht seine *Mémoires,* deren Einfluß enorm sein wird.

1841 Edgar Allan Poes Erzählung »The Murders in the Rue Morgue« wird in *Graham's Magazine* gedruckt.

1842 *Der neue Pitaval* beginnt in Deutschland zu erscheinen (60 Bände bis 1890).

1842/1843 Eugène Sue: *Les Mystères de Paris.*

1845/1846 Alexandre Dumas: *Le Comte de Monte-Cristo.*

1860 Wilkie Collins: *The Woman in White.*

1863 Emile Gaboriaus *L'Affaire Lerouge* erscheint als Feuilleton (als Buch erst 1866).

1867 Seeley Regester: *The Dead Letter.* Dies soll der erste von einer Dame verfaßte Krimi sein.

1868 Wilkie Collins: *The Moonstone.*

1870 Kenward Philips *The Bowery Detective* (New York) scheint das erste »Dime«-Krimiheftchen zu sein.

1872 Der erste Seriendetektiv in der »Dime Novel«-Literatur tritt auf: Harlan Page Halseys *Old Sleuth, the Detective.*

1886 John Russell Coryell erfindet Nick Carter.

1887 Sherlock Holmes und Dr. Watson treten in Arthur Conan Doyles *A Study in Scarlet* zum ersten Mal auf.

1893 Die erste Erzählung um Sexton Blake erscheint, geschrieben von Harry Blyth. Blake übertrifft in der Folge sogar Nick Carter an literarischer Langlebigkeit. Erstausgabe von Hans Groß: *Handbuch für Untersuchungsrichter, Polizeibeamte, Gendarmen usw.* (Graz). Spätere Ausgaben und Übersetzungen beeinflussen Simenon, Glauser, Snow, Keating, Gardner, Van Dine usw.

1899 E. W. Hornung erfindet Raffles, den sympathischen Einbrecher.

1903 *The Riddle of the Sands* von Erskine Childers gilt als erster Spionageroman.

1907 Gaston Leroux: *Le Mystère de la chambre jaune.* Dies ist nicht der erste, aber der klassische »locked-room«-Krimi.

1911 Marcel Allain und Pierre Souvestre erfinden Fantômas.

1912 In R. Austin Freemans Erzählband um Dr. Thorndyke, *The Singing Bone,* erscheint die erste »inverted story«.

1920 Agatha Christies Erstlingswerk erscheint: *The Mysterious Affair at Styles* (mit Hercule Poirot).

1923 Carroll John Daly publiziert die erste Erzählung um Race Williams in *Black Mask* und leitet die Schule der »hard-boileds« und der »tough-guy«-Detektive ein.

1929 Dashiell Hammett, der seit 1922 Erzählungen geschrieben hat, bringt seinen ersten Roman heraus: *Red Harvest.*

1931 Georges Simenon veröffentlicht in diesem Jahr seine ersten zehn Maigret-Romane.

1933 Perry Mason tritt zum ersten Mal auf – in Erle Stanley Gardners *The Case of the Velvet Claws.* Perry ist bis 1973 der Held weiterer 84 Bücher.

1939 Raymond Chandlers erster Roman erscheint: *The Big Sleep.* Chandlers Privatdetektiv Philip Marlowe ist oft imitiert, aber nie übertroffen worden.

1945 Lawrence Treats Roman *V As in Victim* gilt als erster »police procedural«.

1949 Ross Macdonald veröffentlicht sein fünftes Buch – seinen ersten Krimi um Lew Archer, den legitimsten Nachfolger von Chandlers Marlowe. Archer tritt bis 1975 in weiteren 18 Büchern auf.

1951 Friedrich Dürrenmatt erfindet Kommissär Bärlach *(Der Richter und sein Henker; Der Verdacht).*

1953 Neue Richtung des französischen Krimi mit Albert Simonins *Touchez pas au grisbi* und Auguste Le Bretons *Du Rififi chez les hommes.*
Ian Fleming erfindet James Bond *(Casino Royale).*

Zweiter Teil

Lexikon der Autoren

A

AARONS, EDWARD SIDNEY
(1916–1975)

Geboren in Philadelphia. Seine ersten zwei Romane erschienen 1938 unter dem Pseudonym Edward Ronns, das er neben seinem wirklichen Namen für etwa ein Drittel seiner Produktion benutzte. 1950 veröffentlichte A. auch einen Roman unter dem Pseudonym Paul Ayres. A. schrieb im ganzen über 60 Romane und 200 Kurzgeschichten. Seine bekanntesten Werke sind die etwa 30 Romane in der Serie um den CIA-Agenten Sam Durell, die 1955 zu erscheinen begann. Der Titel jedes dieser Romane beginnt mit dem Wort »assignment«. A. liebte das Seefahrermilieu. Viele seiner Romane spielen an der nördlichen Atlantikküste der USA.

Drei Detektiv-Romane: *Death in the Lighthouse* (1938); *Point of Peril* (1956); *Glass Cage* (1964). – Drei Assignment-Romane: *Assignment to Disaster* (1955); *Assignment Lowlands* (1961); *Assignment Sulu Sea* (1964).

The Net
(1953)

Barney ist Boxer und hat eine gute Chance, die Weltmeisterschaft im Mittelgewicht zu gewinnen. Er stammt aus Easterley, einem kleinen Fischerhafen nördlich von Boston, wo sein Bruder Henry nach wie vor das Fischerhandwerk mit seinem Schoner betreibt. Eines Tages erhält er einen Brief von Henry, in welchem dieser seinen Bruder um Hilfe bittet. Barney fährt nach Easterley.
Ein Mann namens Peter Hurd hat mit Hilfe von gemieteten Gangstern den Hafen unter seine Kontrolle gebracht. Wer nicht gehorcht, dem werden die Netze durchschnitten, der erhält schlechte Preise für seine Fische, dem leiht die Bank kein Geld. Barney erlebt, wie ein Hurd-Schiff die Schleppnetze seines Bruders Henry kappt. Wer steht hinter Hurd? Es scheint der reiche ehemalige Schulkamerad Mal Durand zu sein, dessen Frau, Jo, eine frühere Geliebte von Barney ist. Plump beginnt der nicht sehr intelligente Barney seine Untersuchungen. Zuerst wird er von Hurd und seinen Leuten verprügelt. Dann treten Barneys Manager und Barneys gegenwärtige Geliebte, Lil, auf. Lil verwaltet Barneys Geld, und es stellt sich heraus, daß sie die 10 000 Dollar, die Barney gespart hatte, selbst ausgegeben hat. Um Henry 6000 Dollar geben zu können, die dieser zur Reparatur seines Bootes braucht, trägt Barney einen Boxkampf aus. Lil hätte ihn wieder um die Einnahmen betrogen, wenn sie nicht gerade noch rechtzeitig ermordet worden wäre.
Nun konzentriert sich Barney auf Mal Durand, wobei ihm Jo hilft. Mit Ausnahme eines ehrlichen Polizisten hat Durand die gesamte Polizei in der Tasche. Barney wird des Mordes an Lil angeklagt und muß sich nun gleichzeitig vor der Polizei verstecken und den wirklichen Mörder ausfindig machen. Umgelegt werden als nächste: zwei portugiesische Seeleute und eine hübsche Witwe. Barney hält Mal für den Mörder. Mal ist zwar ein Halunke und machtbesessen; er hat Hurd gemietet und die Polizei gekauft, aber ein Mörder ist er nicht. Er weiß aber, wer der Mörder ist, und kommt deshalb als nächster ums Leben. Henry, Barney und Jo fliehen auf Henrys Schiff. Und jetzt wird Barney alles klar: der Mörder ist sein eigener Bruder. Er hatte sich Durand und Hurd nicht unterworfen. Der Familienstolz war ihm über alles gegangen. Als Lil mit dem Geld verschwinden wollte, hatte er sie ermordet. Den zwei Portugiesen war er so viel Geld schuldig, daß er sie umbringen mußte. Die Witwe, die mit einem von den beiden verlobt war, besaß die Schuldscheine und anderes Material. Durand hatte erraten, daß Henry hinter den Morden stand, weshalb er auch beseitigt wurde.
Am Ende kommt es zu einer Art Seegefecht zwischen Henrys und Hurds Booten. Henry geht freiwillig unter; Barney schlägt Hurd k. o. und heiratet die eben verwitwete Jo. Der Polizeichef, nun von Durand und Hurd nicht mehr bezahlt, wird mangels anderer Möglichkeiten plötzlich ehrlich.

ABDULLAH, ACHMED
(1881–1945)

Pseudonym für Alexander Nikolajewitsch Romanow. Geboren in Jalta, aufgewachsen in England. Er diente viele Jahre in der englischen Armee, wurde dann Schriftsteller und Drehbuchautor. Einige Romane schrieb er in Zusammenarbeit mit Charles Fulton Oursler. Wie Oursler wählte Romanow ein Pseudonym, das ihm auf jeder alphabetischen Liste einen Platz in vorderster Reihe garantierte.

The Red Stain (1915); *The Blue-Eyed Manchu* (1917); *The Trail of the Beast* (1919, zus. mit Oursler); *The Man on Horseback* (1926); *Steel and Jade* (1927); *The Bungalow on the Roof* (1931, zus. mit Oursler).

ADAMOW, ARKADI
(*1920)

Neben Romanen und Kurzgeschichten hat A. auch etwa zehn Krimis geschrieben. Seine Kriminalbeamten spüren antisoziale Elemente auf, die Verbrechen gegen die Gesellschaft verüben. Oft stehen auch neurotische Menschen im Zentrum der Aufmerksamkeit.

Ein Fall mit vielen Farben (1955); *Das letzte ›Business‹* (1961); *Die Ecke einer weißen Mauer* (1972); *Kreise auf dem Wasser* (1973); *Ein böser Wind* (1975).

ADAMS, CLEVE FRANKLIN
(1895–1950)

Geboren in Chicago. Verschiedene Berufe, darunter der eines Detektivs. Er begann 1935 für die »Pulps« zu schreiben. Sein erstes Buch erschien 1940: *Sabotage*. Der Held ist ein hartgesottener, zynischer Privatdetektiv namens Rex McBride. A.s Vorbilder waren Hammett und Chandler, aber seine Detektive sind dümmer und politisch weit rechts von Nick Charles oder Marlowe angesiedelt. Seine letzte McBride-Geschichte erschien postum: *Shady Lady* (1955). A. schrieb etwa 30 Bücher, darunter mindestens drei unter dem Pseudonym John Spain und mindestens dreizehn unter dem Namen Franklin Charles.

The Private Eye (1942); *Death at the Dam* (1945). – Von John Spain: *Dig Me a Grave* (1942); *Death Is Like That* (1943); *The Evil Star* (1944). – Von Franklin Charles: *The Vice Czar Murders* (1941); *Storm in an Inkpot* (1949); *Girl in Shadow* (1955).

ADAMS, HERBERT
(1874–1952)

Geboren in London. Nach erfolglosen Anfängen als Schriftsteller wurde er Häusermakler. 1924 hatte er mit seinem ersten Krimi, *The Secret of Bogey House,* Erfolg. Bis zu seinem Tode verfaßte er über 50 weitere Krimis, darunter mindestens zwei unter dem Pseudonym Jonathan Gray. Er schrieb in der Art Agatha Christies und hatte eine besondere Vorliebe für Golf und komplizierte Rechtsfälle; einer seiner Hauptdetektive heißt Roger Bennion und ist auf Leichen spezialisiert, die auf dem Golfplatz gefunden werden.

The Nineteenth Hole Mystery (1939); *Roger Bennion's Double* (1941); *The Sleeping Draught* (1951).

ADAMS, SAMUEL HOPKINS
(1871–1958)

Geboren in Dunkirk, New York. Journalist und bekannter »Muckraker«, d. h. er deckte unmoralische und verbrecherische Zustände auf. Sein Spezialgebiet waren Unregelmäßigkeiten in der Medizin. Einer seiner Detektive, Average Jones, beschäftigt sich ebenfalls mit dieser Materie. A. schrieb nur wenige Krimis, und diese vor dem Ersten Weltkrieg. Er verfaßte eines der sieben Kapitel in *The President's Mystery Story* (1935), einem Buch, das sieben Autoren gemeinsam schrieben; der Inhalt basiert auf einer Idee Franklin D. Roosevelts.

Flying Death (1908); *Average Jones* (1911, elf Kurzgeschichten); *The Secret of Lonesome Cove* (1912).

AIKEN, CONRAD
(1889–1973)

Geboren in Savannah, Georgia, Sohn eines Arztes, Studium an der Harvard University. 1939 Pulitzer-Preis. Führender amerikanischer Lyriker und Kritiker. In seinen wenigen Romanen und Kurzgeschichten geht es oft um Seelenzustände psychisch abnormaler Menschen. *King Coffin* (1935) kann als Psycho-Krimi bezeichnet werden.

King Coffin
(1935)
In der Widmung nennt Aiken selbst den Roman ein »queer book«. Jasper Ammen (King Coffin) studiert in Boston; seine drei Freunde sind der Jude Sandbach, Toppan und das Mädchen Gerta, das ihn anfänglich liebt. Jasper Ammen ist von der Seite seiner Mutter her reich; sein Vater hält ihn für einen gefährlichen Taugenichts. Jasper ist ein seltsamer Kerl, durch und durch egoistisch, völlig auf sich selbst konzentriert, arrogant, taktlos, sadistisch. Dies alles ist die Auswirkung einer sich rasch verschlimmernden Geisteskrankheit. Um etwas Großes und Eindrückliches zu leisten, nimmt er sich vor, jemanden zu ermorden. Er wählt in der Untergrundbahn einen beliebigen Menschen aus und folgt ihm; er findet heraus: der Unbekannte heißt Karl Jones, hat eine kleine Reklameagentur, wohnt ärmlich; die Frau erwartet ein Kind. Nachdem er Jones ausgeforscht hat, entschließt sich Ammen zum Mord. Die Freunde, zwar nur oberflächlich eingeweiht, sagen sich von Jasper los. Als Jasper Karl Jones zu einem Interview bittet, sagt dieser ab: seine Frau habe eben ein totes Kind geboren, morgen müsse es beerdigt werden; am Freitag werde Jones wieder zur Verfügung stehen. Jasper schaut dem Begräbnis von ferne zu, dann geht er nach Hause und vergast sich.
Der Leser kann erraten, warum Jasper so geworden ist, warum er tut, was er tut. Jasper ist sich unbewußt darüber im klaren, daß er geisteskrank ist, daß sein zweites Ich, welches er nun in Jones hineinprojiziert, sterben muß. Er weiß auch (indem er heimlich ihre Tagebücher liest), daß er seine Freunde nicht mehr beeindruckt, sondern daß er sie verloren hat. Dazu kommt noch ein Brief von einem verständnislosen, harten Vater, der sich freuen wird, wenn der Sohn nicht mehr vorhanden ist. – Ein vorzüglich geschriebener Psycho-Krimi in der Art, die John Franklin Bardin in den vierziger Jahren weitergeführt hat.

AIRD, CATHERINE
(*1930)

Pseudonym für Kim Hamilton McIntosh. Geboren in Huddersfield, England; lebt in der Nähe von Canterbury, wo sie ihrem Vater, einem Arzt, in der Praxis hilft. In den meisten Romanen tritt CID-Inspektor Sloan auf. A. bewundert Josephine Tey und deren Inspektor Grant.

The Religious Body (1966); *A Most Contagious Game* (1967); *Henrietta Who?* (1968); *The Complete Steel* (1969, in USA *The Stately Home Murder*); *A Late Phoenix* (1970); *His Burial Too* (1973); *Slight Mourning* (1975).

ALBRAND, MARTHA
(*1912)

Pseudonym für Heidi Huberta Freybe Loewengard. Geboren in Rostock, Muttersprache deutsch; sie reiste viel in Europa und publizierte in Deutschland unter dem Pseudonym Katrin Holland. *Carlotta Torrensani* (1938) war ein Erfolg. 1938 emigrierte sie über England nach den USA und brachte 1942 ihr erstes Buch in englischer Sprache heraus: *No Surrender*. Seither hat sie nahezu 30 internationale Spionageromane unter dem Namen Martha Albrand veröffentlicht. Als Christine Lambert schrieb sie *A Sudden Woman* (1964). *Manhattan North* (1971) ist ein realistischer Polizeiroman in der Art von Ed McBain.

Without Order (1943); *Nightmare in Copenhagen* (1954); *The Mask of Alexander* (1955); *The Linden Affair* (1956); *A Day in Monte Carlo* (1959); *A Call from Austria* (1963); *A Taste of Terror* (1977).

ALDRICH, THOMAS BAILEY
(1836–1907)

Geboren in Portsmouth, New Hampshire. Reporter, Journalist. Von 1881 bis 1890 Chefredakteur von *Atlantic Monthly,* dann freier Schriftsteller. A. gehörte zur Bostoner Gruppe um Oliver Wendell Holmes und Longfellow. Unter seinen vielen Werken am bekanntesten ist die autobiographische und in ihrer Art *Tom Sawyer* vorausnehmende Erzählung *The Story of a Bad Boy* (1870). Er schrieb auch einen »Whodunit«:

The Stillwater Tragedy

(1880; dt. *Die Tragödie von Stillwater,* um 1883)

Der Roman besteht aus drei Erzählsträngen. 1. Es beginnt damit, daß Mr. Lemuel Shackford ermordet aufgefunden wird. Der berühmte Detektiv Edward Taggett trifft ein, um den Fall zu lösen. Nun wird zurückgeblendet. – 2. Der junge Richard Shackford wird von seinem älteren Cousin Lemuel (später ermordet) erzogen – oder vielmehr: nicht erzogen. Lemuel ist ein herzloser Geizkragen, der mit allen Leuten in Feindschaft lebt. Richard brennt durch und fährt vier Jahre zur See. Als er zurückkommt, wirft Lemuel ihn aus dem Haus. Richard findet Arbeit bei den Marmorwerken Slocum. Er arbeitet sich empor und gewinnt die Liebe der einzigen Tochter Slocums, Margaret. – 3. Die Gewerkschaft stellt Forderungen, die Slocum nicht erfüllen kann. Der Streik dauert zwei Wochen, dann geben die Arbeiter klein bei. Der Autor ist nicht auf der Seite des Kapitals, denn er läßt einen zweiten Streik laufen, den die Arbeiter berechtigterweise gewinnen. Nun setzt wieder der erste, der Kriminalerzählstrang, ein: Taggett ist zu dem Schluß gekommen, daß Richard Shackford der Mörder sei. Seine Beweise sind überzeugend, nur Margaret läßt sich nicht in ihrem Glauben an Richard irremachen. Richard würde wohl verurteilt, hätte er nicht aus einer Lüge seines angeblichen Freundes Durgin geschlossen, daß dieser der Mörder ist. Durgin flieht, und ein sterbender italienischer Streikführer bestätigt, daß Durgin nicht nur Lemuel Shackford ermordet, sondern auch dessen Geld gestohlen und dann die Indizien so gelegt hatte, daß der Verdacht auf Richard fallen mußte. Der Detektiv Taggett steht als Idiot da. Richard heiratet Margaret und wird Partner der Firma Slocum & Shackford. Er hat Lemuel beerbt und ist jetzt steinreich.

ALEXANDER, DAVID

(1907–1973)

Geboren in Shelbyville, Kentucky. Journalist; berichtete oft über Pferderennen. Er begann 1950 mit dem Schreiben von Krimis, nachdem er in New York einen Kurs in Kriminologie besucht hatte. Seit *Terror on Broadway* (1954) ist sein Hauptheld Bart Hardin, ein Journalist, der über Pferderennen und »show-business« schreibt und bei der Aufklärung von Morden hilft. A. hat etwa 20 Krimis veröffentlicht.

Murder Points a Finger (1950); *Most Men Don't Kill* (1951); *Paint the Town Black* (1955); *The Murder of Whistler's Brother* (1956); *Pennies from Hell* (1960); *Bloodstain* (1961).

ALGREN, NELSON

(*1909)

Geboren in Detroit, aufgewachsen in Chicago. Er schrieb bisher nur drei Romane, drei Bände Erzählungen, dazu Skizzen und Essays. In den Slums von Chicago spielen die beiden Romane *Never Come Morning* (1942) und *The Man with the Golden Arm* (1949), ebenso die Erzählungen in *The Neon Wilderness* (1942). In allen drei Bänden geht es um Drogensüchtige, Huren, Spieler, Alkoholiker, kleine und große Verbrecher, korrupte und gutherzige Polizisten, die A. mit großem Einfühlungsvermögen beschreibt; er nennt sie »die Menschen, die von Gott vergessen worden sind«.

The Man with the Golden Arm

(1949; dt. *Der Mann mit dem goldenen Arm,* 1952)

Der Mann mit dem goldenen Arm ist Frankie Machine, eigentlich Majcinek, der in Zero Schwiefkas Lokal am Spieltisch sitzt und die Karten ausgibt. Er ist einer von denen, die aus dem Krieg zurückgekommen sind und sich nicht mehr einordnen können. Seine Frau gibt vor, gelähmt zu sein; so ist sie sicher, daß ihr Mann, der auf Solidarität hält, sie nicht verlassen wird. Das familiäre und berufliche Elend hat dazu geführt, daß Frankie drogensüchtig geworden ist. Aus guten Gründen bringt er einen Drogenhändler um. Er wird verhaftet – freilich aus anderen Gründen – und im Gefängnis entwöhnt.

Das Alltagselend treibt ihn bald wieder zu den Drogen zurück. Wahlen stehen bevor, und deshalb muß der Mord am Drogenhändler aufgeklärt werden. Man verhaftet Frankies Freund Sparrow und preßt ihm schließlich das Geständnis ab, Frankie sei der Mörder. Der anständige Polizist Kvorka warnt Frankie, der sich einige Wochen lang bei seiner Geliebten Molly Novotny versteckt. Dann wird er verraten und von der Polizei auf der Straße angeschossen. Bevor die Polizei ihn in einem Slum-Hotel erwischt, erhängt er sich.
Fast alle, von Frankie bis zum Polizeihauptmann Bednarsky, sind Amerika-Polen der zweiten Generation. Molly, Sparrow, Frankie, Sergeant Kvorka sind im Grunde anständige und liebenswerte Menschen, die von Gott und der Gesellschaft ausgestoßen worden sind und im Dschungel der Slums von Chicago notwendigerweise zugrunde gehen.
Der Roman wurde 1955 von Otto Preminger mit Frank Sinatra verfilmt.

ALINGTON, CYRIL ARGENTINE
(1872–1955)

Geboren in Lincolnshire. Er studierte in Oxford und unterrichtete in Eton, bevor er Hauskaplan des Königs wurde. Von 1933 bis 1951 war er als hoher geistlicher Würdenträger in Durham tätig. 1922 veröffentlichte er seinen ersten Krimi, dem in den Jahren 1929–1953 etwa zehn weitere folgten. Ein Band erschien unter dem Pseudonym S. C. Westerham *(Mixed Bags,* 1929).

Mr. Evans: A Cricketo Detective Story (1922); *Crime on the Kennet* (1939); *Nabob's Jewel* (1953).

ALLAIN, MARCEL
(1885–1969)

Geboren in Paris. Er hat zusammen mit Pierre Souvestre (1874–1914) die Gestalt des Fantômas erfunden, der zwischen 1909 und 1914 und zwischen 1919 und 1962 die Zentralfigur einer großen Zahl von Romanen wurde. Noch heute sind die Fantômas-Taschenbücher Bestseller in Frankreich. Die Romane gehören in das Gebiet des Gruselkrimis; Fantômas, der König des Verbrechens, scheint sich jederzeit unsichtbar machen zu können; die Polizei jagt ihn vergebens. Die Surrealisten erblickten in Fantômas die Verkörperung des moralisch unbelasteten Übermenschen von Nietzsche. Die Romane enthalten viel Handlung und wenig Psychologie. Fantômas wird nie lebendig, er bleibt ein Schatten. Wenn er Sympathie erregt, dann deswegen, weil er zum Proletariat zu gehören scheint und sich straflos gegen die oft ungerechte Staatsordnung, welche die Reichen bevorzugt, auflehnen kann – weil er also den Traum vieler in die Praxis umsetzt. – In den fünf Jahren ihrer Zusammenarbeit haben A. und Souvestre 32 Fantômas-Romane geschrieben, dazu 35 Romane um »Nazen-lair« und 12 Romane um »Titi-le-Moblot«. In drei Tagen etablierten sie den Plan eines Romans, in weiteren drei Tagen diktierten sie den Text; weitere vier Tage galten der Korrektur, also entstand alle zehn Tage ein Roman. Als A. 1919 die Serie allein fortsetzte, ging er etwas langsamer vor.
Was dem Leser der Fantômas-Bücher in der Erinnerung bleibt, ist die unheimliche Atmosphäre, die an Eugène Sue, an die Elendsromane von Balzac und Zola und an Ponson du Terrail *(Les cavaliers de la nuit,* 1855; *Les exploits de Rocambole,* 1859) erinnert. Die Personen hingegen bleiben Schemen – besonders Fantômas, der unter jeder Verkleidung stecken kann. Auch Fantômas' Gegenspieler, Inspecteur Juve, bleibt farblos; er ist zwar klug, aber was nützt es ihm, da er einem Phantom nachzujagen scheint?

Fantômas (1911); *Le mariage de Fantômas* (1912); *La fin de Fantômas* (1913).

ALLEN, BETSY
(*1909)

Pseudonym für Betty Cavanna. Sie schreibt Bücher für Mädchen. Eine ihrer Heldinnen ist Connie Blair aus Philadelphia, ein Teenager. Connie hat vor kurzem die Schule verlassen, arbeitet bei der Reklamefirma Reid & Renshaw und besucht Abendkurse, um sich als Zeichnerin und Malerin auszubilden. Sie besitzt die Instinkte eines gerissenen Detektivs und ermöglicht die Lösung mehrerer Verbrechen.

The Clue in Blue (1948); *The Riddle in Red* (1948); *Puzzle in Purple* (1948); *The Yellow Warning* (1951); *Peril in Pink* (1955).

The Secret of Black Cat Gulch (1948)

Connie reist als Begleiterin der Modezeichnerin Georgia Cameron nach Taos, New Mexico, um sich bei den Indianern Ideen für neue Kleiderfarbkombinationen zu holen. Unterwegs trifft sie Jeff Chandler, der – im Auftrag eines Museums – in Taos einen Mann namens Twisty Schlessinger sucht, der Kenntnisse über eine archäologisch interessante Höhle besitzen soll. Schlessinger ist schwer zu finden; niemand will über ihn Auskunft geben. Da wird Jeff von hinten niedergeschlagen. Als man Schlessinger schließlich in der Höhle in Black Cat Gulch sucht, fallen Schüsse. Connie löst das Rätsel, so daß der Sheriff Schlessinger und seinen Chef, einen geachteten Ladenbesitzer in Taos, festnehmen kann: die beiden hatten in der Höhle Falschgeld hergestellt. Jeff, der in der Höhle gefangengenommen und von Connie befreit worden ist, weiß nun, daß dort archäologische Schätze von ungeheurem Wert liegen (Knochen von prähistorischen Menschen und Tieren).

ALLEN, CHARLES GRANT BLAIRFINDIE
(1848–1899)

Geboren in der Nähe von Kingston (Ontario, Kanada). Er studierte in Oxford (B. A.), blieb in England und veröffentlichte Bücher über Philosophie, Sachbücher und erfolgreiche Romane. In *The Woman Who Did* (1895) geht es um Sex; das Buch schockierte das viktorianische England. Der Held in der Kurzgeschichtensammlung *An African Millionaire* (1897) ist Colonel Clay, ein Gauner-Held und Vorläufer von Raffles und Arsène Lupin. Miss Lois Cayley, die Heldin des Kurzgeschichtenbandes *Miss Cayley's Adventures* (1899), ist einer der ersten weiblichen Detektive der Weltliteratur. A. war ein Freund von Arthur Conan Doyle, dem er kurz vor seinem Tod das noch fragmentarische Manuskript eines Romans übergab. Doyle schrieb den Schluß. Dieser Roman wurde unter dem Titel *Hilda Wade* (1900) veröffentlicht.

Strange Stories (1884); *This Mortal Coil* (1887); *The Beckoning Hand and Other Stories* (1887); *The Jaws of Death* (1889); *Ivan Greet's Masterpiece* (1893); *The Laws of Death* (1893); *Michael's Crag* (1893); *Under Sealed Orders* (1894); *An African Millionaire* (1897); *Miss Cayley's Adventures* (1899); *Hilda Wade* (1900).

ALLINGHAM, MARGERY
(1904–1966)

Geboren in London; sie stammte aus einer Schriftstellerfamilie und wuchs in Essex auf. Sie besuchte eine Privatschule in Cambridge und veröffentlichte ihren ersten Abenteuerroman, bevor sie zwanzig war. 1927 heiratete sie Philip Youngman Carter (1904–1970), den Herausgeber des *Tatler*, der an ihren Krimis mitarbeitete. Nach ihrem Tod vollendete er ihren Roman *Cargo of Eagles* (1968) und schrieb zwei weitere Romane über den Detektiv Albert Campion: *Mr. Campion's Farthing* (1969) und *Mr. Campion's Falcon* (1970).
A.s erste Romane sind voll spannender Handlung; in ihrem ersten Krimi, *The White Cottage Mystery* (1928), kommt Campion noch nicht vor; in *The Crime at Black Dudley* (1929) ist er noch nicht die Hauptperson; erst in *Mystery Mile* (1930) nimmt er die Handlung vollverantwortlich in die Hand. Nach 1934 geht es in den Romanen gemächlicher und psychologisch wahrscheinlicher zu, und ein guter Schuß spöttische Sozialkritik wird beigemischt. – Während des Zweiten Weltkriegs ließ A. ihren Campion fast gänzlich ruhen. Er tritt zwar in *Traitor's Purse* (1941) auf, aber in Büchern wie *Black Plumes* (1940), *Take Two at Bedtime* (1949, in USA *Deadly Duo)* und *No Love Lost* (1954) kommt Campion nicht vor. Später verfaßte A. Krimis im Abstand von etwa drei Jahren. Der Dialog nimmt überhand, die Handlung tritt zurück. A. schrieb nun gehobene Lektüre für die bessere Gesellschaft. Gegen Ende hat Campion zunehmend auch mit der internationalen Spionage zu tun.
Wer ist Albert Campion? Er ist 1900 geboren, stammt aus dem höchsten Adel, verzichtet aber darauf, seine Titel zu führen. In den frühen Werken ist er ein Abenteurer, eine Mischung zwischen Bertie Wooster und Raffles. Nach 1934 wird er seriös, ein vertrauenerweckender Seelenkenner, den jeder zu Rate zieht. Sein Diener ist ein resozialisierter Einbrecher namens Lugg, und die beiden wohnen in der Nähe des Piccadilly, im oberen Stockwerk eines Polizeiwachlokals. Campion heiratet nach 1941 und hat

einen Sohn, der 1968 an der Harvard University studiert. Campion steht in freundlichem Kontakt mit Scotland Yard, zunächst mit Inspector Stanislaus Oates, nach dessen Pensionierung mit Charlie Luke. In den letzten Jahren verkehrt Campion mit L. C. Corkran von der British Intelligence.

Die Campion-Romane: *The Crime at Black Dudley* (1929, in USA *The Black Dudley Murder*); *Mystery Mile* (1930); *Look to the Lady* (1931, in USA *The Gyrth Chalice Mystery*); *Police at the Funeral* (1931); *Sweet Danger* (1933, in USA *Kingdom of Death*); *Death of a Ghost* (1934); *Flowers for the Judge* (1936); *The Case of the Late Pig* (1937); *Dancers in Mourning* (1937); *The Fashion in Shrouds* (1938); *Traitor's Purse* (1941); *Coroner's Pidgin* (1945, in USA *Pearls Before Swine*); *More Work for the Undertaker* (1948); *The Tiger in the Smoke* (1952); *The Beckoning Lady* (1955, in USA *The Estate of the Beckoning Lady*); *Hide My Eyes* (1958, in USA *Tether's End*); *The China Governess* (1962); *The Mind Readers* (1965); *Cargo of Eagles* (1968); *Mr. Campion's Farthing* (1969); *Mr. Campion's Falcon* (1970). – Campion-Kurzgeschichtenbände: *Mr. Campion Criminologist* (1937); *Mr. Campion and Others* (1939); *The Case Book of Mr. Campion* (1947).

Mystery Mile
(1930)

Der amerikanische Richter Crowdy Lobbett hat die Mitglieder des als »Simister« bekannten Verbrecherrings immer wieder zu harten Strafen verurteilt, aber weder der Richter noch die Verurteilten wissen, wer der geheime Chef von »Simister« ist. Endlich wird dem Richter gesagt, die Erzählung von Ali Baba könne ihn auf die richtige Spur bringen. Er hat nun einen »clue«, und von diesem Augenblick an ist der Richter seines Lebens nicht mehr sicher.

Wir treffen ihn in England, wo er sich in den Schutz von Albert Campion begibt, der damals noch ein exzentrischer, bebrillter junger Mann ist. Campion bringt Lobbett auf die mit dem Festland nur durch einen Damm verbundene Insel »Mystery Mile«, von wo Lobbett dann spurlos verschwindet. Der dortige Pfarrer begeht Selbstmord, ein Mädchen wird entführt, der Postbeamte scheint zu »Simister« zu gehören; in London überfallen Campion und seine Freunde das Hauptquartier der Gangster. Als Campion schließlich nach »Mystery Mile« zurückkehrt, geht er in die Falle: der Feind hat sich eingenistet. Der Chef von »Simister« gibt sich Campion zu erkennen, denn dieser scheint keine Chance zu haben, mit dem Leben davonzukommen. Er kommt trotzdem davon, und der Obergangster versinkt im Treibsand. Ein Roman voll Spannung und Aktion; auch für den Freund des Gruselns ein Genuß.

AMBLER, ERIC
(*1909)

Geboren in London. Er bekam ein Stipendium und studierte drei Jahre Ingenieurwissenschaften an der Londoner Universität. Dann gab er das Studium auf und versuchte sich als Dramatiker, Komödiant, Journalist und Werbefachmann. Nach 1938 war er freier Schriftsteller. Von 1940 bis 1946 diente er als Offizier in der Armee. Er ist auch Autor von Filmskripten und Produzent für die J. Arthur Rank Company. Graham Greene hält A. für »unquestionably our best thriller writer«. Auch Alfred Hitchcock und Ian Fleming haben begeistert über A. geschrieben. A.s Spione sind völlig verschieden von den Übermenschen der späteren James-Bond-Schule: es sind realistisch dargestellte Menschen, die, oft gegen ihre Absicht, ins Netz der internationalen Spionage geraten und froh sind, wenn sie am Ende mit heiler Haut davonkommen. A.s berühmtester Roman ist *The Mask of Dimitrios* (1939, in USA *A Coffin for Dimitrios*); dem Genre Detektivroman am nächsten kommt *The Light of Day* (1962) – verfilmt als *Topkapi* (1964). Nach 1950 schrieb A. mehrere Romane zusammen mit Charles Rodda. Sie verwendeten das Pseudonym Eliot Reed. Im Falle von *Passport to Panic* (1958) soll Rodda den ganzen Text allein geschrieben haben.

Die folgende Liste enthält alle Werke A.s: *The Dark Frontier* (1936); *Uncommon Danger* (1937, in USA *Background to Danger*); *Epitaph for a Spy* (1938); *Cause for Alarm* (1938); *The Mask of Dimitrios* (1939, in USA *A Coffin for Dimitrios*); *Journey into Fear* (1940); *Skytip* (1950, von E. Reed, in USA *Tender to Moonlight); Judgment on Deltchef* (1951); *The Schirmer Inheritance* (1953); *The Maras Affair* (1953, von E. Reed); *Charter to Danger* (1954, von E. Reed); *The Night-Comers* (1956, in USA *State of Siege*); *Passport to Panic* (1958, von E. Reed); *Passage of Arms* (1959); *The Light of Day* (1962); *The Ability to Kill and Other Pieces* (1963, Essays); *A Kind of Anger* (1964); *Dirty Story* (1967); *The Intercom Conspiracy* (1969); *The Levanter* (1972); *Doctor Frigo* (1974); *The Siege of the Villa Lipp* (1977).

The Levanter
(1972; dt. *Der Levantiner*, 1973)
Der Levantiner Michael Howell ist ein gerissener Geschäftsmann in Damaskus; seit Generationen hat es seine Familie verstanden, sich den wechselnden politischen Zuständen im Nahen Osten anzupassen. Er selbst bezeichnet sich als »Levantine mongrel«; als solcher sei er aufs Überleben um jeden Preis programmiert. Nach verschiedenen Putschen und Revolutionen hat sich Howell mit der derzeitigen syrischen Regierung arrangiert; wieder blühen die Geschäfte. Aber dann entdeckt er, daß eine palästinensische Terroristengruppe in seiner Fabrik heimlich Bomben und Sprengkörper fabriziert. Fedajin Salah Ghaled zwingt auch Howell zur Kooperation: aus dem Fabrikbesitzer wird ein tüchtiger »Genosse Michael«. Howell beschließt, so lange mitzumachen, bis er genug über den geplanten Coup gegen die Israelis weiß, um Ghaled an den israelischen Geheimdienst zu verraten und sich damit die Gruppe vom Hals zu schaffen. Trotz aller Vorsicht wird er jedoch selbst schließlich in die Konfrontation verwickelt: auf hoher See erschießt Howell Ghaled. Damit ist Howell zwar außer Gefahr; seine Sorge aber ist sein Geschäft. In Arabien hat er ausgespielt. Könnten ihn die Israelis nun nicht etwas mehr loben? Es wäre so nützlich für seine künftigen Geschäftsverbindungen mit Europa! – Die Geschichte wird spannend und mit Ironie teils von Howell selbst, teils von seiner Freundin und teils von einem Reporter erzählt.

AMES, DELANO L.
(*1906)

BARZUN/TAYLOR haben herausgefunden, daß es sich bei A. um einen männlichen Autor handelt. Er hat seit 1932 etwa 20 Krimis veröffentlicht – die meisten nach 1950. In den fünfziger Jahren erschienen zwei deutsche Übersetzungen: *Ihren Mord sollen sie haben* (1951) und *Neun im Verdacht* (1953). A.s Held ist zuerst der Detektiv Dagobert Brown, später (in den sechziger Jahren) der spanische Sergeant Juan Llorca.

They Journey by Night (1932); *Corpse Diplomatique* (1950); *The Man with Three Chins* (1965).

AMILA, JOHN
(*1910)

Pseudonym für Jean Meckert. Geboren in Paris. Bis 1959 nannte er sich John Amila, nachher Jean Amila. Damit sich Krimis in Frankreich verkauften, mußten sie, wenigstens scheinbar, von Engländern oder Amerikanern geschrieben sein. In einigen seiner Krimis unter dem Autorennamen John Amila liest man auf dem Titelblatt: »Adapté de l'américain par Jean Mekkert«. A. ist Autodidakt und gilt als einer der besten Exponenten des »roman noir«. Er hat Dramen und zahlreiche Krimis geschrieben.

Y a pas de Bon Dieu (1949); *La bonne tisane* (1955); *Pitié pour les rats* (1964).

AMIS, KINGSLEY
(*1922)

Geboren in London. Von 1946 bis 1961 Lektor für Anglistik am University College, Swansea. Neben John Osborne und John Wain ist er der bekannteste der »Angry young men«. Berühmt wurde er durch seinen amüsant-sozialkritischen Roman *Lucky Jim* (1954). Nachdem ihm Ian Flemings *Casino Royale* in die Hände gefallen war, begeisterte er sich für James Bond. Ein Jahr nach Flemings Tod gab A. *The James Bond Dossier* (1965) heraus. 1968 folgte sein James-Bond-Roman *Colonel Sun*, den er unter dem Pseudonym Robert Markham veröffentlichte. In diesem Roman geht es vor allem sadistisch zu: den Höhepunkt bildet eine erregende Folterszene. *The Anti-Death League* (1966) und *The Riverside Villas Murder* (1973) fallen in die Kategorie des Krimis.

The Riverside Villas Murder
(1973; dt. *Die Falle am Fluß,* 1974)
Im Mittelpunkt der Geschichte steht Peter Fourneaux, ein vierzehnjähriger Junge, der gern mit selbstgebastelten Flugzeugen spielt und im Begriff ist, sexuell erwachsen zu werden. Sein psychisches Heranreifen ist mit der Lösung des Mordfalls eng verflochten. Peter wirkt unwissentlich bei der Vorbereitung des Mordes mit; zu ihm flüchtet sich das tödlich getroffene Opfer, und er hilft schließlich bei der Überführung des Mörders. Welcher der Bewohner der Riverside Villas hat Mr. Inman, einen kleinen, offenbar boshaften Mann, ermordet? Haben Mr. Hodgson oder Peters Vater ihn getötet, um ein Geheimnis zu bewahren? Worauf hatte Mr. Inman Mr. Trevelyan gegenüber angespielt? Immer mehr dreht sich die Handlung um Peter: Mrs. Trevelyan verführt ihn; der homosexuelle Colonel Manton, mit der Klärung des Falles beauftragt, sieht neidisch zu. Am Ende kommt es an den Tag: Peter hat mit einer Mörderin geschlafen. Kein Wunder, daß er sich nun erwachsen fühlt und der fünfzehnjährigen Daphne einen unterhaltsamen Abend versprechen kann. Ein stellenweise ironisches, mit Sex angereichertes, psychologisch überzeugendes Produkt des Autors von *Lucky Jim.*

ANDERSCH, ALFRED
(*1914)

Geboren in München; dort Besuch des Gymnasiums; Buchhandelslehre; 1933 kam er als Kommunist drei Monate ins KZ Dachau. Wehrdienst nach 1939; er desertierte 1944. Er war Mitglied der »Gruppe 47« und gilt als bedeutender deutscher Autor der Moderne. HAGEN bezeichnet *Die Rote* (1960) und *Sansibar oder der letzte Grund* (1957) als Suspense-Krimis – eine Bezeichnung, die den beiden Werken nur teilweise gerecht wird.

Die Rote
(1960)
Franziska, rothaarig und mit ihrem Mann auf Geschäftsreise in Mailand, entschließt sich plötzlich, ein neues Leben anzufangen: es ist möglich, daß sie ein Kind erwartet, und nun will sie nicht länger mit Herbert, ihrem Mann, und Joachim (ihrem und Herberts Chef) in einem Dreiecksverhältnis leben. Aufs Geratewohl fährt sie nach Venedig, wo sie bald seltsame Menschen kennenlernt – Menschen, für die ebenfalls die Stunde der Entscheidung kommt. Der reiche, homosexuelle Engländer Patrick benützt Franziska, um sich an dem Naziverbrecher Kramer zu rächen. Nachdem er Kramer getötet hat, stellt er jedoch fest, daß der Tod Kramers sein Problem nicht gelöst hat. Fabio, Musiker und Ex-Revolutionär, hat die Gelegenheit versäumt, eine Familie zu gründen. Ihn, den Unbekannten, bittet Franziska um Hilfe, als Patrick Kramer erschossen hat und sie die Gewißheit erhält, daß sie schwanger ist. Fabio bringt sie zu seiner Mutter (die in ärmlichen Verhältnissen lebt) und verschafft ihr eine Stelle als Fabrikarbeiterin. Die »Rote« gilt jetzt als Fabios Freundin. Franziska hat Zufriedenheit gefunden.

ANDERSON, FREDERICK IRVING
(1877–1947)

Geboren in Aurora, Illinois. Reporter und Journalist. Er schrieb Hunderte von Kurzgeschichten für Zeitschriften wie *The Saturday Evening Post;* nur der kleinste Teil davon erschien in drei Bänden:

1. *The Adventures of the Infallible Godahl* (1914). Godahl ist ein perfektionierter Raffles; sein Gehirn übertrifft noch das der »Thinking Machine« (Futrelle). Die sechs in diesem Band gesammelten Geschichten werden vom fiktiven Schriftsteller Oliver Armiston in der Ichform erzählt.
2. *The Notorious Sophie Lang* (1925). Sie ist Godahls weibliches Ebenbild und versessen auf Juwelen. 1934, 1936 und 1937 hat Paramount drei Sophie-Lang-Filme lanciert *(The Notorious Sophie Lang, The Return of Sophie Lang, Sophie Lang Goes West).*
3. *The Book of Murder* (1930). Diesmal löst Armiston die Verbrechen selbst. Die Unterwelt hat sich seine früheren Kurzgeschichten zum Vorbild genommen mit dem Ergebnis, daß die dumme Polizei keine Chance mehr hat, irgend jemandem irgend etwas zu beweisen. Deputy Parr von der New Yorker Polizei legt Armiston die Fälle vor, die dieser oft lösen kann, ohne das Haus zu verlassen.

ANDRESEN, THOMAS
(*1934)

Geboren in Flensburg; hauptberuflich Facharzt für Innere Medizin. Fachpublikationen und gelegentlich freier Mitarbeiter beim *Simplizissimus.* Daneben schrieb er inzwischen mehr als ein Dutzend Krimis. A. gilt als einer der wichtigsten zeitgenössischen Krimiautoren in der BRD.

Hörst du den Uhu? (1969); *Der Anonyme* (1969); *Der Nebel wird dichter* (1970); *Wer badet nachts in meinem Swimmingpool?* (1975); *Nur über Meiners Leiche* (1976).

Eine Tote früh um fünf
(1977)
In der Nähe von Flensburg hat jemand morgens um fünf Uhr eine junge Frau vergraben wollen. Das Mädchen Maike und ein Mann namens Ringo behaupten jedenfalls, eine nackte Leiche in einem Aushub gesehen zu haben. Die Polizei findet keine Leiche, doch eine Vermißtenanzeige trifft ein: Brigitte Franzen, emanzipierte Frau des Studienrats Erwin Franzen, ist verschwunden. Die Untersuchung führt Hauptkommissar Jan Bosch, ein Freund der Franzens und ein ehemaliger Liebhaber Brigittes. Bosch ist schwer herzkrank; sein Kollege Dieter Waschmann unterstützt und belauert ihn. Falls Bosch einen zweiten Herzinfarkt erlitte, würde Waschmann Boschs Stelle einnehmen.
Maike ist sicher, daß die Tote Brigitte ist. Die weiteren Untersuchungen ergeben jedoch einen zweiten möglichen Täterkreis und eine zweite vermißte Frau: Gertie Rademacher. Ringo schwört, die Tote sei Gertie. Als Brigittes Mörder kommt der reiche Pumpenfabrikant Ingo Ivers in Betracht, als der Gerties der vorbestrafte Playboy Albert Antrock, der noch ein paar Millionen mehr besitzt als Ivers. Das groteske Finale des Romans ist sozialkritisch: Ingo Ivers lügt sich geschickt heraus; der einzige Zeuge gegen ihn wird von der Polizei irrtümlicherweise erschossen. Gertie lebt; ob man Antrock einen früheren Mord wird nachweisen können? Bosch ist dafür jedenfalls nicht zuständig. Brigitte bleibt verschwunden. Und wer war die Tote? »Allein in der Bundesrepublik verschwinden jährlich 20 000 Menschen spurlos . . .«

ANKER, JENS
(1883–1957)

Dieser Däne hieß in Wirklichkeit Robert Hansen und erfand den Amateurdetektiv Arne Falk, der – nach LA COUR/MOGENSEN – die Zentralfigur von 27 Krimis ist.

ANTHEIL, GEORGE
(1900–1959)

Geboren in Trenton, New Jersey, Sohn amerikanisch-polnischer Eltern. Der Pianist und Avantgarde-Komponist soll – nach SYMONS – zwei Krimis unter dem Pseudonym Stacey Bishop geschrieben haben. Symons meint ironisch, sie entsprächen etwa A.s Musik, nennt aber nur einen Titel: *Death in the Dark* (1930).

ANTONY, PETER

Pseudonym für das Zwillingspaar Peter Levin Shaffer und Anthony Joshua Shaffer, geboren 1926 in Liverpool. Peter arbeitete 1944–1947 in den Kohlengruben, dann studierte er in Cambridge. 1958 machte ihn sein Drama *Five Finger Exercise* berühmt. Neben anderen Dramen schrieb er *Equus,* ein Stück, das 1974 in New York mehrere Preise gewann. Anthony studierte Jura, wurde Werbefachmann und ging zum Fernsehen. 1972 machte ihn das Drama *Sleuth* (1972 verfilmt mit Laurence Olivier) berühmt. Die Zwillinge haben zusammen drei Krimis verfaßt, deren Held der Privatdetektiv Mr. Verity ist; dieser ist wohlhabend, wohnt in einer Villa in Sussex und hat Inspector Rambler zum Freund. Mr. Verity genießt geschickt ausgeführte Morde so, wie Kunstkenner Bilder großer Meister genießen.

The Woman in the Wardrobe (1951); *How Doth the Little Crocodile* (1952); *Withered Murder* (1955).

APESTÉGUY, PIERRE
(?)

Nach der Liste von PROMIES lagen 1964 fünf von A.s Romanen auf deutsch vor: *Venus flirtet mit dem Tod* (1962), *Venus in Texas* (1964), *Venus fährt ins Wochenende* (1964), *Venus auf Abwegen* (1964) und *Venus rettet ihren Ruf* (1964). Unser französisches Titelverzeichnis enthält ferner die Information, daß A. diese (und weitere) Venus-Romane in Zusammenarbeit mit Monique Henry geschrieben habe. Eine andere Zentralfigur A.s ist Nathalie; die Nathalie-Romane verfaßte A. unter dem Pseudonym Franck Marchal.

SOS Nathalie (1956, von Franck Marchal); *Au nom du père* (1960); *La stupéfiante affaire Vandevelde* (1967).

ARD, WILLIAM
(*1922)

Dieser Amerikaner hat in den Jahren 1951–1962 über 20 Krimis veröffentlicht. BARZUN/TAYLOR besprechen *A Private Party* (1953, in England *Rogue's Murder)* und halten den Roman für ein qualitativ überdurchschnittliches Beispiel der »hartgesottenen« Schule.

The Perfect Frame (1951); *The Root of His Evil* (1957); *Give Me This Woman* (1962).

ARLEN, MICHAEL
(1895–1956)

Pseudonym für Dikràn Kuyumjian. Geboren in Bulgarien. Er kam als Kind nach England und wurde britischer Staatsbürger. Der Roman *The Green Hat* (1924) machte ihn berühmt. A. schrieb nur einen Krimi: *Hell, Said the Duchess* (1934) und die Kurzgeschichtensammlung *The Crooked Coronet* (1937). 1940 veröffentlichte er die Novelle »Gay Falcon«, deren Held, Gay Stanhope Falcon, seinen Lebensunterhalt mit der Ausführung von gefährlichen Aufträgen verdient. Falcon wurde der Held von etwa 15 Filmen (1941–1949) und von Radio- und Fernsehserien der vierziger und fünfziger Jahre. In den ersten Filmen wurde er von George Sanders, dann von Tom Conway, zuletzt von John Calvert gespielt. Gay Falcon erinnert in vielem an Leslie Charteris' »The Saint«, der allerdings ein längeres Leben hatte und dessen bekanntester Filmdarsteller ebenfalls George Sanders war.

ARMSTRONG, ANTHONY
(*1897)

Pseudonym für George Anthony Armstrong Willis. Englischer Humorist und Dramatiker. Er schrieb für *Punch* und hatte Erfolg mit den Krimi-Dramen *Well Caught* (1932), *Ten-Minute Alibi* (1933) und *Mile-Away-Murder* (1937), die alle in London aufgeführt wurden. Von 1927 bis 1933 schrieb er fünf spannungsgeladene Krimis, deren Titel alle das Wort »trail« enthalten und deren Held Jimmy Rezaire heißt. In den vierziger Jahren hat A. nichts und in den fünfziger Jahren nur noch wenig auf dem Gebiet des Krimis veröffentlicht.

The Trail of Fear (1927); *The Secret Trail* (1928); *The Trail of the Lotto* (1929); *The Trail of the Black King* (1931); *Poison Trail* (1933); *No Higher Mountain* (1951); *He Was Found in the Road* (1952); *A Room at the Hotel Ambre* (1956); *The Strange Case of Mr. Pelham* (1957).

ARMSTRONG, CHARLOTTE
(1905–1969)

Geboren in Vulcan, Michigan. Sie studierte an der University of Wisconsin und am Barnard College. 1927 heiratete sie Jack Lewi und versuchte sich als Dramatikerin. 1942 wandte sie sich dem Detektivroman zu. Der Held ihrer ersten drei Krimis ist Professor MacDougal Duff. Aber erst mit dem vierten Krimi hatte sie Erfolg: *The Unsuspected* (1946) wurde 1947 verfilmt. *Mischief* (1950) kam 1952 auf die Leinwand, unter dem Titel *Don't Bother to Knock* (mit Richard Widmark und Marilyn Monroe). 1947 zog A. mit ihrem Mann und den drei Kindern nach Glendale in Kalifornien, wo sie über 20 weitere Romane, zahlreiche Kurzgeschichten und Fernsehskripte für Alfred Hitchcock verfaßte. Sie gilt noch heute als eine der besten amerikanischen Krimi-Autorinnen; viele ihrer Bücher waren Bestseller. Die Spannung ergibt sich bei ihr oft dadurch, daß schwächeren Menschen (Frauen, Kindern) Gefahr droht; der Leser bangt um sie, bis sie endlich gerettet sind.

The Case of the Weird Sisters (1943); *The Trouble in Thor* (1953, Pseud. Jo Valentine); *The Dream Walker* (1955); *The Witch's House*

(1963); *The Gift Shop* (1967); *The Protégé* (1970).

Mischief

(1950; dt. *Der Babysitter,* 1968)

Peter O. Jones und seine Frau Ruth sind aus Brennerton nach New York gekommen, wo Jones bei einem Bankett sprechen muß. Ihre neunjährige Tochter Bunny soll unter Aufsicht einer Verwandten im Hotel zurückbleiben. Diese sagt im letzten Moment ab, aber der ältliche Liftdiener Eddie weiß Rat. Bei ihm und seiner Frau lebt seit einer Weile die neunzehnjährige Nell, eine Nichte, deren Eltern beide umgekommen sind, als ihr Haus abbrannte.

Kaum sind die Eltern Jones weg, öffnet Nell die Koffer, zieht Ruths Kleider und Schmuck an und winkt einem jungen Mann, der gegenüber an einem beleuchteten Fenster steht. Dieser tritt auch bald ins Zimmer. Bunny kommt aus dem Nebenzimmer und stört; Nell ist bereit, Bunny aus dem Fenster zu werfen. Der junge Mann, Jed Towers, merkt bald, daß Nell eine Geistesgestörte ist. Sie kann aber großartig schauspielern und beruhigt Leute, die an die Türe klopfen. Bunny wird gefesselt und geknebelt, so daß man ihr Weinen nicht mehr hört; als Onkel Eddie kommt und den im Badezimmer unfreiwillig versteckten Jed erblickt, wird er von Nell von hinten auf den Kopf geschlagen; er fällt bewußtlos zu Boden. Eine ältliche Lehrerin sieht einiges durchs beleuchtete Fenster, tritt ins Zimmer und läßt sich von Nell bluffen: Jed sei ein Vergewaltiger und Mörder. Jed ist unterdessen geflohen und wird nicht erwischt, da Nell ein falsches Signalement liefert. Bunny weiß natürlich die Wahrheit und Nell will sie eben erwürgen, als die Eltern nach Hause kommen. Auch Jed kommt, vom schlechten Gewissen geplagt, zurück und hilft Mrs. Jones, Nell zu überwältigen. Eddie erwacht wieder zum Bewußtsein und bestätigt jetzt, daß Nell im Verdacht stehe, das Feuer gelegt zu haben, in welchem ihre Eltern verbrannt sind. Am Ende dieser ungeheuer spannenden Horror-Aktion ist niemand gestorben, aber einige sind verletzt. Den oberflächlichen Jed hat der Schock etwas gelehrt: seine ehrliche und gutmeinende Freundin Lyn erscheint ihm in ganz anderem Licht als früher.

ARNAU, FRANK

(1894–1976)

Geboren in Wien als Sohn eines Hoteliers. In seiner Jugend reiste er von einem Land ins andere, wohnte in den väterlichen Hotels und lernte sechs Sprachen. Er wurde Journalist und Redakteur. 1933 emigrierte er über die Schweiz nach England und Brasilien. 1955 kam er zurück, war zuerst beim *Stern,* dann bei der *Abendzeitung* in München. Nach 1970 lebte er in Bissone bei Lugano. Er starb in München. Als Journalist hat sich A. besonders für Polizei- und Gerichtsfälle interessiert und in der Folge mehrere Sachbücher über das Gebiet der Kriminalistik verfaßt: *Kunst der Fälscher, Fälscher der Kunst* (1959), *Das Auge des Gesetzes. Geschichte der Macht und Ohnmacht der Kriminalpolizei* (1962), *Warum Menschen Menschen töten. Die Tat und ihr Motiv* (1964), *Jenseits der Gesetze. Geschichte der Kriminalität* (1966), *Die Straf-Unrechtspflege in der Bundesrepublik* (1967), *Tatmotiv Leidenschaft. Täter gesucht* (1971). Neben etwa 80 anderen Büchern (Romane, Sachbücher, Dramen usw.) hat A. etwa 20 Krimis geschrieben, die in ein Dutzend Sprachen übersetzt worden sind und eine Gesamtauflage von etwa einer Million erzielt haben.

Nur tote Zeugen schweigen (1959); *Der perfekte Mord* (1960); *Heroin A. G.* (1962); *Schuß ohne Echo* (1963); *Der Mord war ein Regiefehler* (1964); *Mit heulenden Sirenen* (1965).

ARP, HANS

(1886–1966)

Geboren in Straßburg. Mitbegründer des Dadaismus in Zürich (1916). Abstrakter Maler und Bildhauer, ebenso berühmt als dadaistischer Lyriker. Im Jahre 1931 schrieb A. zusammen mit Vicente Huidobro (1893–1948), einem in Santiago geborenen chilenischen Lyriker, der seit 1909 zumeist in Paris lebte, drei »novelas ejemplares«, die 1935 zusammen mit zwei weiteren Novellen von Huidobro in Santiago erschienen. Die ersten drei Novellen wurden darauf in französischer Sprache (Paris, 1945) publiziert, von den Autoren selbst übersetzt. 1963 erschienen alle fünf Novellen (mit einem Gedicht auf Huidobro von Arp) in deutscher

Übersetzung unter dem Titel *Drei und drei surreale Geschichten.* Die zweite der gemeinsam verfaßten Novellen heißt »Der Gärtner vom Mitternachtsschloß« und wird als »Kriminalroman« bezeichnet. Es ist eine 14seitige dadaistische Parodie von Krimiklischees. Ein Beispiel von der ersten Seite: »Eine leiche mit weitgeöffnetem mund und noch weiter geöffneten armen lag hier ausgestreckt. An seinem leichten akzent in der art eines *sale étranger* konnte man erraten, daß das opfer ein schweizer war.«

ARTHUR, FRANK
(*1902)

Pseudonym für den Engländer Frank Ebert, geboren in London. Er wurde Staatsbeamter und schrieb Dramen und vier Krimis. Die letzteren spielen auf den Fidschiinseln (Suva); die Zentralfigur ist Inspector Spearpoint.

Who Killed Netta Maull? (1941, späterer Titel *The Suva Harbour Mystery*); *Another Mystery in Suva* (1956); *Murder in the Tropic Night* (1961); *The Throbbing Dark* (1963).

ASHBY, RUBIE CONSTANCE
(*1899)

Unter den etwa 20 Romanen, die sie veröffentlicht hat – zum Teil unter dem Pseudonym Ruby Freugon –, befinden sich vier Krimis, von denen *He Arrived at Dusk* (1933) als einer der besten Gespensterkrimis gilt.

Death on Tiptoe (1930); *Plot Against a Widow* (1932); *He Arrived at Dusk* (1933); *Out Went the Taper* (1934).

ASIMOV, ISAAC
(*1920)

Geboren in Petrowsk, Rußland. Er kam 1923 in die USA, wurde amerikanischer Staatsbürger, studierte an der Columbia University in New York und promovierte im Jahre 1948; heute ist er Professor für Biochemie an der Boston University und wohl der bekannteste amerikanische Autor von Science-fiction. Er schrieb zwei Science-fiction-Krimis mit Elijah Bailey und R. Daneel Olivaw als Helden: *The Caves of Steel* (1954) und *The Naked Sun* (1957). Bailey ist der beste Detektiv der Erde; Olivaw ist ein sehr menschlich-anständiger Roboter-Detektiv mit einem phantastischen Computer-Gehirn. A. schrieb auch einen traditionellen Krimi von hervorragender Qualität, *The Death Dealers* (1958, nach 1968 betitelt *A Whiff of Death).* Sein neuester Detektiv ist der Kellner Henry, seit Januar 1972 in etwa 20 Kurzgeschichten, die meist in *Ellery Queen's Mystery Magazine* erschienen sind. Die erste Sammlung von 12 solchen Erzählungen wurde 1974 publiziert: *Tales of the Black Widowers.* Einmal im Monat treffen sich Thomas Trumbull, Mario Gonzalo, Emmanuel Rubin, Roger Halsted, Geoffrey Avalon und James Drake zu einem Herrenabend im Hotel Milano, wo sie von Henry bedient werden. Einer von ihnen fungiert als Gastgeber und darf einen männlichen Freund mitbringen. Wie in Dürrenmatts *Die Panne* wird der Gast intensiv ausgefragt, aber nicht, um eines Mordes überführt zu werden. Es wird meist ein rätselhafter Fall besprochen, den Henry am Ende löst. So erzählt z. B. ein Gast, wie seine Schwester von Raubmördern umgebracht wurde. Henry beweist darauf klipp und klar, daß ihr Gatte der Mörder ist.

More Tales of the Black Widowers (1976); *Murder at the A. B. A.* (1977).

A Whiff of Death

(1968, zuerst unter dem Titel *The Death Dealers,* 1958; dt. *Experiment mit dem Tod,* 1970)

Louis Brade ist nach elf Jahren noch immer Assistant Professor an einer Universität im amerikanischen Osten. Sein Anstellungsvertrag wird von Jahr zu Jahr verlängert, aber befördert wird er nicht, und er erhält auch keine »tenure«, d. h., er kann jederzeit entlassen werden. Er, seine Frau und die zwölfjährige Tochter leiden unter der Unsicherheit, aber Brade ist eben kein Bluffer: er publiziert wenige, dafür solide Arbeiten. Er weigert sich, aufgeblasene wissenschaftliche Projekte vorzulegen, nur um Geld aus den Wissenschaftsfonds herauszulocken und sich mit Assistenten umgeben zu können. So hat er auch nur vier Doktoranden unter sich, von denen eines Tages einer tot im Labor gefunden wird. Er hat eine giftige Substanz eingeatmet.

Brade weiß sofort, daß Mord vorliegt und wie

der Mord geschehen ist: jemand hat aus einer Serie von zehn Gläsern eines mit einer giftigen Substanz gefüllt. Er weiß auch, daß er – Brade – der Hauptverdächtige sein wird, wenn einmal die Polizei auf die Idee kommt, es handle sich um Mord. Vorderhand glaubt man an einen Unfall: der Student Ralph Neufeld habe zwei Substanzen verwechselt. Später spricht man von Selbstmord. Brade, bisher ein ängstlicher Mensch, der nur nach »tenure« strebte, entwickelt sich im Laufe des Falls zu einem reifen Menschen. Er wird selbstsicherer und läßt sich vom schäbigen Abteilungsleiter und den ehrgeizigen und unkollegialen Professoren nichts mehr bieten; »tenure« wird unwichtig, denn er will den Mörder finden. Und er findet ihn mit Hilfe eines anständigen Detektivs namens Doheny in dem Moment, als Doheny zu dem Schluß gekommen ist, Brade sei doch der Mörder. Der Mörder ist Brades früherer Lehrer, ein emeritierter Professor, dessen Hauptbeschäftigung in der Aufrechterhaltung seines eigenen Ruhmes besteht. Der Student war nämlich eine Niete gewesen; er hatte Versuchsergebnisse gefälscht. Ein Skandal solcher Art hätte Brade und seinem Lehrer geschadet. – Die Motivation scheint, auf den ersten Blick, an den Haaren herbeigezogen. Aber Asimovs Schilderung des Universitätsmilieus wirkt völlig glaubhaft: seine Universität ist der Ort der totalen Verlogenheit und der Umkehrung aller humanistischen Werte.

ATAROW, NIKOLAI SERGEJEWITSCH
(*1907)

Geboren in Wladikawkas; Studium am dortigen Pädagogischen Institut. Seit 1930 Journalist und Autor von erzählender Prosa.

Oberwachtmeister Baschenow (1938); *In unserem Regiment* (1946); *Tod unter einem Pseudonym* (1957).

ATKEY, BERTRAM
(1880–1952)

Geboren in Wiltshire. Sportjournalist. Er schrieb Hunderte von Kriminalerzählungen über Figuren wie Smiler Bunn (einen sympathischen Abenteurer in der Nachfolge von Raffles), den Amateurdetektiv Prosper Fair und Nelson Chiddenham, einen körperlich behinderten Jungen und Hundeliebhaber, der Verbrechen aufklärt. (A.s Bruder Philip Atkey setzte unter dem Pseudonym Barry Perowne Hornungs Raffles-Serie fort.) Neben einem Dutzend Smiler-Bunn-Bändchen hat A. etwa zehn Krimis veröffentlicht. Vieles aber bleibt in Zeitschriften begraben.

Winnie O'Wynn and the Wolves (1921); *The Pyramid of Lead* (1925); *The Midnight Mystery* (1928). – Drei Smiler-Bunn-Bände: *The Amazing Mr. Bunn* (1911); *The Man with the Yellow Eyes* (1923); *The House of Clystevill* (1940).

ATKINSON, ALEX A.
(1916–1962)

Dieser Engländer, Schauspieler von Beruf, schrieb Dramen und Romane, darunter einen vorzüglichen Krimi, der im provinziellen Theatermilieu spielt: *Exit Charlie* (1955).

AUMONIER, STACY
(1887–1928)

Englischer Maler und Schauspieler. Er schrieb einige Kurzgeschichten im Krimi-Genre, die in folgenden zwei Bänden enthalten sind: *Miss Bracegirdle and Others* (1923) und *Baby Grand and Other Stories* (1926).

AUSTIN, ANNE
(*1895)

Diese Amerikanerin schrieb (nach HAGEN) in den Jahren 1929–1939 acht Krimis. Ihre Zentralfigur ist Inspector Dundee, der an der Yale University studiert hat.

Black Pigeon (1929); *Wicked Woman* (1933); *Murdered But Not Dead* (1939).

AUTORENKOLLEKTIVE

Mehrmals haben sich Gruppen von Autoren zusammengetan, um gemeinsam einen Krimi zu verfassen. Ein solches Produkt ist in diesem

Lexikon unter dem Namen Franklin D. Roosevelt erwähnt. Drei weitere Titel, die von Autorenkollektiven produziert worden sind, folgen hier.

The Floating Admiral (1932)
Die Autoren waren alle Mitglieder des Londoner »Detection Club«: G. K. Chesterton, Victor L. Whitechurch, G. D. H. und M. I. Cole, Henry Wade, Agatha Christie, John Rhode, Milward Kennedy, Dorothy Sayers, Ronald Knox, F. W. Crofts, Edgar Jepson, Clemence Dane und Anthony Berkeley.

Ask a Policeman (1933)
Autoren: John Rhode, Helen Simpson, Gladys Mitchell, Dorothy Sayers, Anthony Berkeley und Milward Kennedy.

Double Death (1939)
Autoren: Dorothy Sayers, F. W. Crofts, Valentine Williams, F. Tennyson Jesse, Anthony Armstrong, David Hume. – John Chancellor, James W. Drawbell und William Lees fungierten als Koordinatoren und Herausgeber.

AVALLONE, MICHAEL
(*1924)

Geboren in New York. Vielschreiber von magerer Qualität, der etwa 12 Bücher pro Jahr produziert. Seine bekannteste Figur ist der Privatdetektiv Ed Noon, der in etwa 40 Bänden und 100 Kurzgeschichten erscheint und der u. a. für den amerikanischen Präsidenten arbeitet. A. veröffentlicht daneben unter folgenden Pseudonymen: Mark Dane, Nick Carter, Priscilla Dalton, Dorothea Nile, Edwina Noone, Sidney Stuart. Die Nick-Carter-Serie wies 1972 bereits 70 Titel auf. Wie viele davon A. geschrieben hat, ist nicht klar. Titel wie *A Bullet for Fidel, Hanoi, Operation Che Guevara,* Untertitel wie »A Killmaster Spy Chiller« und Widmungen wie »To the Men of the Secret Services of the United States of America« weisen auf das Niveau hin: Rassismus und Haßliteratur. Durch Humor gemildert sind die Bände der U.N.C.L.E.-Serie; A. hat mehrere davon geschrieben. Die U.N.C.L.E.-Bände (»United Network Command for Law and Enforcement«) basieren auf einer Fernsehserie, deren Helden die beiden Agenten im Stil Bonds sind, Napoleon Solo und Ilya Kuryakin.

China Doll (1964, von Nick Carter); *The Man from U.N.C.L.E.: The Thousand Coffins Affair* (1965); *The Second Secret* (1966, von Edwina Noone). – Drei Ed-Noon-Romane: *The Tall Dolores* (1953); *The February Doll Murders* (1966); *Shoot It Again, Sam* (1972).

AVELINE, CLAUDE
(*1901)

Pseudonym für Augéne Avtsin, der als Sohn russischer Eltern in Paris geboren wurde. Neben vorzüglichen psychologischen und gesellschaftskritischen Romanen, neben Essays, Gedichten und Reiseberichten veröffentlichte er eine Folge von Kriminalromanen. In *Le roman policier* (1964) meinen Boileau-Narcejac, A. sei ein Autor »à part«; A. habe versucht, den Krimi zu erneuern, und sein Versuch sei »riche d'enseignement«.

La double mort de Frédéric Belot (1932); *Voiture 7, place 15* (1937); *Le jet d'eau* (1952).

B

BAGLEY, DESMOND
(*1923)

Geboren in Kendal, England. Gavin Lyall hält ihn für einen der besten Schriftsteller »in the thriller business«. Andere vergleichen ihn mit Alistair MacLean. Er hat seit 1963 ein Dutzend Romane veröffentlicht, die an allen möglichen Punkten der Erde spielen; es handelt sich nicht eigentlich um Krimis – eher um Abenteuer- und Spionageromane.

The Golden Keel (1963); *The High Citadel* (1965).

Landslide
(1967; dt. *Erdrutsch,* 1970)
Robert Boyd ist Geologe, ein Einzelgänger, der im Norden Kanadas nach Rohstoffen sucht. Nur wenn er Geld braucht, sucht er sich kurzfristig einen Job bei irgendeiner Firma. Vor 12 Jahren war Boyd in einen Autounfall verwickelt gewesen, wobei er sein Gedächtnis verloren hatte; ein gewisser John Trinavant, seine Frau Anne und ihr Sohn Frank hatten den jungen Auto-Anhalter Robert Grant mitgenommen, und das Auto war in eine Schlucht gestürzt. Nur Robert hatte die furchtbaren Verbrennungen überlebt. Er nennt sich seither Boyd, hat ein neues Gesicht und anscheinend auch einen neuen und besseren Charakter. Der Zufall führt Boyd nach Fort Farrell, in eine kleine Stadt, die von der Matterson Corporation beherrscht wird. Von Howard Matterson erhält Boyd den Auftrag, ein Tal zu untersuchen, ehe es unter einem Stausee verschwindet. Boyd weist Matterson auf die Möglichkeit eines Erdrutsches hin. Doch Howard ist zu wütend, um auf Boyd zu hören – er ist nämlich eifersüchtig, weil Boyd Clare Trinavant kennengelernt hat, eine entfernte Verwandte des verstorbenen John Trinavant. Howards Vater und John Trinavant waren Geschäftspartner gewesen; nun hat Matterson das Erbe an sich gebracht. Boyd vermutet »foul play«, unternimmt aber zunächst nichts, da er eine Reise in die Vergangenheit scheut. Zwei Jahre später kehrt Boyd nach Fort Farrell zurück, entschlossen, das Geheimnis der Mattersons herauszufinden – falls es ein solches gibt. Er provoziert die Mattersons – Vater, Sohn und Tochter –, indem er das Gerücht ausstreut, er sei möglicherweise Frank Trinavant (Vater Matterson hatte damals die Leichen identifiziert!) und sei gekommen, John Trinavant zu rächen. Nun überstürzen sich die Ereignisse. Nachdem Einschüchterungen nichts nützen, organisiert Howard Matterson eine Menschenjagd. Doch im Busch ist Boyd der Überlegene. Am Ende überlistet er Howard und seine Leute, gewinnt die Unterstützung des alten Matterson und entlarvt Howard und seine Schwester als Verrückte und Mörder. Das Finale bildet der gefürchtete Erdrutsch: der Matterson-Damm bricht; doch Boyd hat die meisten Menschen retten können. Er selbst wird Clare Trinavant heiraten. Ob er nun Robert Grant oder Frank Trinavant ist, spielt keine Rolle mehr – er hat seinen Wert bewiesen. – Der Reiz des Romans liegt im ungewohnten Milieu und den Schilderungen des Lebens im kanadischen Busch.

BAILEY, HENRY CHRISTOPHER
(1878–1961)

Geboren in London. Als Student in Oxford publizierte B. seinen ersten (historischen) Roman, *My Lady of Orange* (1901). Von 1901 bis 1946 war er Journalist beim Londoner *Daily Telegraph.* B. erfand 1920 den Privatdetektiv Reggie Fortune, über den er Dutzende von Kurzgeschichten und einige Romane schrieb – im ganzen 21 Bände, wovon der erste, eine Sammlung von Erzählungen, *Call Mr. Fortune* (1920) heißt. Der letzte Band, ein Roman, erschien 1948 *(Saving a Rope,* in USA *Save a Rope).* Mr. Fortune ist Arzt und Chirurg und berät Scotland Yard (den Direktor des CID, Stanley Lomas, und Superintendent Bell). Fortune zählt zu den populärsten »vornehmen« Detektiven der Zwischenkriegszeit.
Um 1930 erfand B. den gerissenen und skrupellosen Advokaten Joshua Clunk, der die Gesetze so auslegt, wie es für ihn gerade am günstigsten ist. Die Verbrecherwelt erblickt in ihm den

rettenden Verteidiger; Scotland Yard (Superintendent Bell), die Staatsanwälte und Richter hassen ihn aus vollem Herzen, obwohl er gelegentlich bei der Aufklärung eines Mordes hilft. Man denkt an Perry Mason. Clunk tritt zum ersten Mal auf in *Garstons* (1930, in USA *The Garston Murder Case)*. Er ist der Held in elf Romanen und kommt dazu noch im Fortune-Roman *The Great Game* (1939) vor.

Drei Joshua-Clunk-Romane: *The Sullen Sky Mystery* (1935); *The Wrong Man* (1945); *Shrouded Death* (1950). – Drei Reggie-Fortune-Romane: *The Shadow on the Wall* (1934); *The Bishop's Crime* (1940); *The Life Sentence* (1946).

BAKER, RICHARD M.
(*1896)

S. S. Van Dine schrieb das Vorwort zu B.s erstem Krimi. Zwei weitere folgten. B. wird noch heute in akademischen Kreisen geschätzt.

Death Stops the Manuscript (1936); *Death Stops the Rehearsal* (1937); *Death Stops the Bells* (1938).

BALL, JOHN DUDLEY
(*1911)

Geboren in Schenectady, New York; er wuchs in Milwaukee auf. Zuerst war er Pilot von Beruf; während des Krieges diente er als Instrukteur bei der amerikanischen Luftwaffe. Später wurde er Journalist und Radioreporter. Heute lebt er als freier Schriftsteller und wohnt in Encino, Kalifornien.
Sein erster Krimi, *In the Heart of the Night* (1965), erhielt gleich einen »Edgar« und – als er 1966 in England erschien – den »Golden Dagger«. Der Roman wurde 1967 verfilmt (mit Rod Steiger und Sidney Poitier) und preisgekrönt. Held ist der schwarze Detektiv Virgil Tibbs, der bei der Polizei von Pasadena angestellt ist. Er ist keineswegs Rassist, aber Feinde und Freunde tragen dazu bei, daß er (und der Leser) sich immer wieder seiner Hautfarbe bewußt werden. Tibbs ist der Held von zwei weiteren Filmen *(They Call Me Mister Tibbs,* 1970; *The Organization,* 1971; beide mit Poitier), mit deren Entstehung B. aber nichts zu tun hatte. 1974 schrieb B. *Mark One – The Dummy,* einen Spionageroman, dessen Held Ed Nesbitt heißt.

Weitere Virgil-Tibbs-Krimis: *Cool Cottontail* (1966); *Johnny Get Your Gun* (1969, späterer Titel *Death for a Playmate*); *Five Pieces of Jade* (1972); *Phase Three Alert* (1977).

BALLINGER, BILL SANBORN
(*1912)

Er ist Amerikaner, war zuerst Werbefachmann und Radioreporter in Chicago und New York, dann arbeitete er fürs Fernsehen. B. wohnt jetzt in Hollywood und hat 8 Film-, über 150 Fernsehskripte und nahezu 30 Bücher geschrieben. *The Black, Black Hearse* (1955) erschien unter dem Pseudonym Frederic Freyer, *The Doom-Maker* (1959) unter dem Pseudonym B. X. Sanborn. In seinen ersten zwei Romanen ist der Held ein Chicagoer Detektiv namens Barr Breed *(The Body in the Bed,* 1948; *The Body Beautiful,* 1949). In den sechziger Jahren publizierte B. fünf Spionageromane mit dem CIA-Agenten Joachim Hawks als Helden.

Als B.s beste Krimis gelten: *Portrait in Smoke* (1950); *The Tooth and the Nail* (1955); *The Longest Second* (1957). – Drei Hawks-Romane: *Spy at Angkor Wat* (1965); *The Spy in the Jungle* (1965); *The Spy in the Java Sea* (1966).

The Tooth and the Nail
(1955; dt. *Die große Illusion,* 1957)
Der Roman enthält zwei Handlungsstränge; wir lesen abwechselnd je ein Kapitel aus dem einen und dem anderen. Einmal geht es um eine Gerichtsverhandlung, in welcher schließlich der Angeklagte, Humphries, des Mordes schuldig gesprochen und zu lebenslänglicher Haft verurteilt wird. Zum anderen wird die Geschichte Lews erzählt, der als Zauberkünstler im Variété auftritt. Vor seinem billigen Hotel in New York trifft er Tally, die aus Philadelphia hierher geflüchtet ist und ihr Taxi nicht bezahlen kann. Er hilft ihr, vernimmt ihre Geschichte und heiratet sie später. Sie ist von einem Onkel erzogen worden, der Graphiker war und in seiner Senilität Platten zum Druck von 5-, 10- und 20-Dollar-Noten hergestellt hatte – im Auftrag eines Gauners, den sie nicht kennt. Tally

hat die Platten erwischt, bevor der Onkel sie abliefern konnte, und sie an ihrem Arbeitsplatz versteckt. Als sie nach Hause zurückkehrte, war der Onkel tot – angeblich die Treppe hinabgestürzt. Tally war mit den Platten nach New York geflüchtet. Als Lew und Tally eines Tages in Philadelphia gastieren, erkennt der Gauner Tally und bietet telefonisch 25 000 Dollar für die Platten. Lew geht in ein Museum und sucht dort nach einem Versteck. Als er nach Hause zurückkommt, ist Tally aus dem Fenster gestürzt und tot, die Platten sind verschwunden.

Lew schwört Rache. Er braucht lange, bis er herausfindet, wer dieser Doppelmörder ist – ein Mann namens Humphries. Nun bringt er es fertig, als Chauffeur in Humphries' Dienste aufgenommen zu werden; zu diesem Zweck nimmt er die Identität eines vor Jahren gestorbenen Lastwagenführers, Isham Reddick, an. Sein Plan ist, den Mörder seiner Frau umzubringen und dann wieder der Zauberer Lew zu werden. Die Polizei hätte keine Chance, den Mord aufzuklären. Am Ende macht es Lew noch geschickter: er organisiert die Sache so, daß die Polizei glauben muß, Humphries habe Isham Reddick wegen Erpressung erschossen und die Leiche im Ofen verbrannt. Von der (vermutlichen) Leiche sind übrig: ein Finger, ein Zahn und Blut von der richtigen Blutgruppe. Im Zusammenhang kann kein Zweifel bestehen: Humphries ist schuldig. Während Humphries sich in seiner Zelle den Kopf zerbricht, wer dieser Reddick sein könnte und warum ihm, Humphries, das alles passiert ist, fährt Lew (mit einem Finger weniger) nach Westen, um bei einem Zirkus den Clown zu spielen. – Der Roman ist genial aufgebaut – und die Spannung fast unerträglich.

BALMER, EDWIN
(1883–1959)

Geboren in Chicago; er studierte in Chicago und an der Harvard University und wurde Journalist. Von 1927 bis 1949 war er Herausgeber der Zeitschrift *Redbook*. Er schrieb Science-fiction, Kriminalromane und Kriminalerzählungen (etwa ein Dutzend Bände im ganzen) – das meiste in Zusammenarbeit mit William MacHarg oder mit Philip Wylie.

Breath of Scandal (1924); *That Royle Girl* (1925); *The Torn Letter* (1941). – Drei Bände zus. mit William MacHarg: *The Achievements of Luther Trant* (1910); *Blind Man's Eyes* (1916); *The Indian Drum* (1917). – Drei Bände zus. mit Philip Wylie: *Five Fatal Words* (1932); *The Golden Hoard* (1934); *The Shield of Silence* (1936).

BALZAC, HONORÉ DE
(1799–1850)

Geboren in Tours. Schulausbildung in Vendôme und Paris; 1816 Jurastudium, das 1819 abgebrochen wurde. Er begann unter Pseudonymen seine ersten Romane zu schreiben. 1822 Bindung an seine 22 Jahre ältere Geliebte Mme. de Berry. Ab 1829 literarische Berühmtheit (Veröffentlichung von *Le dernier Chouan)*. Kandidierte vergeblich für das Parlament und die Académie Française. Ungeheure Romanproduktion.

Wie Victor Hugo hatte B. keine Sympathie für Polizisten und Detektive. In *Le Père Goriot* (1834/1835) tritt die Figur Vautrin auf, die auf der Person des *jungen* François Eugène Vidocq (1775–1857) basiert, des früheren Sträflings und späteren Chefs der Pariser Sûreté, welcher 1828/1829 seine berühmten *Mémoires* veröffentlichte. B.s Monsieur Gondureau, Chef der Sûreté, der Vautrin schließlich festnimmt, ist dem *späteren* Vidocq nachgebildet. Vidocqs Ebenbild tritt auch in der *Histoire des treize* (1833/1835) und in *Splendeurs et misères des courtisanes* (1839/1847) auf. Weitere Krimi-Elemente finden sich in *Une ténébreuse affaire* (1841).

BANGS, JOHN KENDRICK
(1862–1922)

Amerikanischer Humorist und Journalist, der Parodien und Burlesken schrieb, darunter *R. Holmes and Co.* (1906), worin Sherlocks Sohn auftritt, und *Mrs. Raffles* (1905), worin Mrs. A. J. Van Raffles die Rolle von E. W. Hornungs sympathischem Schurken übernimmt.

Sherlock Holmes tritt auf in: *The Pursuit of the House Boat* (1897); *The Dreamers: A Club*

(1899); *The Enchanted Type-Writer* (1899); *Potted Fiction* (1908).

BARDIN, JOHN FRANKLIN
(*1916)

Geboren in Cincinnati. Der Vater, ein Kohlenhändler, starb, als B. gerade das Universitätsstudium begonnen hatte. B. arbeitete zuerst an der Kasse eines Rollschuhstadions, dann als Angestellter in einer Buchhandlung. In den Jahren 1946–1948 schrieb er drei Krimis, die in ihrer Art einzigartig sind: Studien in Psychopathologie, zum Teil aus dem Blickwinkel des Verrückten geschrieben: *The Deadly Percheron* (1946), *The Last of Philip Banter* (1947), *The Devil Take the Blue Tail Fly* (1948). Julian Symons hat die drei Romane wiederentdeckt und 1976 als *The John Franklin Bardin Omnibus* herausgegeben. Die späteren Krimis von B. (zwei unter seinem richtigen Namen, vier unter dem Pseudonym Gregory Tree) sind konventionell. Von 1955 bis 1976 hat B. nichts veröffentlicht. Dann erschien 1977 *Purloining Tiny*. Er lebt in Chicago – als Herausgeber einer juristischen Zeitschrift.

The Devil Take the Blue Tail Fly
(1948)
Der Leser sieht die Vorgänge mit den Augen und dem Verstand von Ellen Purcell. Wir lernen sie kennen, als sie nach zweijähriger Internierung in der Nervenheilanstalt als provisorisch geheilt entlassen wird. Sie ist eine berühmte Konzertpianistin; ihr Mann, Basil, ist ein ebenso berühmter Dirigent. Nach und nach vernehmen wir, besonders in rückgeblendeten Dialogen mit ihrem Psychiater, die Geschichte von Mrs. Purcell. Die ersten Spuren der Schizophrenie tauchten schon beim dreijährigen Kind auf; sie wurden deutlicher beim pubertären Mädchen. Einmal schickte der Vater Ellen auf ihr Zimmer, um sie dort zu verprügeln. Aus Angst versuchte sie, den Vater sexuell zu verführen. Aus dem College entlief sie mit einem Schlagersänger. In ihrer Abwesenheit starb der Vater, und Ellen hat seither einen Schuldkomplex: sie meint, ihre Handlungsweise habe den Vater getötet. Sie erbte viel Geld, wurde Schülerin von Madame Tedescu, heiratete Basil Purcell und wurde eine berühmte Musikerin – bis sie während eines Konzerts plötzlich durchdrehte. Die nun scheinbar Geheilte begegnet ihrem ehemaligen Freund, dem Schlagersänger, den sie, ohne sich der Tat bewußt zu werden, umbringt. Es fällt kein Verdacht auf sie. Nach ihrem ersten Konzert und nachdem sie entdeckt hat, daß ihr Mann sie betrügt, nimmt die Schizophrenie wieder zu. Sie weiß es und will zu ihrem Arzt flüchten, aber ihr Spiegelwesen, Nelle (Ellen rückwärts buchstabiert), ist schon zu kräftig geworden und nimmt die Sache in die Hand. Während die gute Ellen hilflos zuschaut, lockt Nelle Basil in die Bärengrube im Zoo, wo er umkommt. Nelle (das Böse) hat von jetzt an in ihr die Oberhand. Für Ellen ist keine Heilung mehr möglich.

BARKER, ELSA
(*1906)

Die Zentralfigur dieser Amerikanerin ist Dexter Drake, der zuerst im Krimi *The Cobra Candlestick* (1928) auftritt und dann mehrere Fälle im Kurzgeschichtenband *The C.I.D. of Dexter Drake* (1929) löst – darunter das Rätsel einer komplizierten Geheimschrift (»The Key in Michael«). HAGEN verzeichnet einen dritten Krimiband: *The Redman Cave Murder* (1930).

BARR, ROBERT
(1850–1912)

Geboren in Glasgow. Er kam als Vierjähriger nach Kanada, wuchs in Toronto auf und wurde Journalist in Detroit. 1881 kehrte er nach England zurück und gab – mit Jerome K. Jerome – die Zeitschrift *The Idler* heraus. B. schrieb auch unter dem Pseudonym Luke Sharp. Im ganzen hat er etwa ein Dutzend Bände publiziert, davon die Hälfte Sammlungen von Kurzgeschichten. B. ist bekannt durch seinen Detektiv Eugène Valmont, den komischen Helden der Sammlung *The Triumphs of Eugène Valmont* (1906). Valmont ist Franzose, eingebildet, witzig, exzentrisch und lebt in England. Er erinnert in manchem an Agatha Christies späteren belgischen Detektiv Hercule Poirot.

Drei Romane: *From Whose Bourne* (1893); *Jennie Baxter, Journalist* (1899); *The Girl in the*

Case (1910). – Drei Kurzgeschichtensammlungen: *Strange Happenings* (1883); *The Face and the Mask* (1894); *Revenge!* (1896).

BARRIE, JAMES MATTHEW
(1860–1937)

Geboren in Kirriemuir, Schottland. Dieser später berühmte Dramatiker und Schöpfer Peter Pans begann seine schriftstellerische Laufbahn mit einem Krimi: *Better Dead* (1887).

BARRY, CHARLES
(*1877)

Pseudonym für den Engländer Charles Bryson, der in den Jahren 1925–1951 über 20 Krimis veröffentlicht hat. Seine Zentralfigur ist Inspector Gilmartin.

The Smaller Penny (1925); *The Boat Train Mystery* (1938); *Secrecy at Sandhurst* (1951).

BARTSCH, RUDOLF
(*1929)

Geboren in Rosenberg (Olesno, Polen). Er war zuerst Landarbeiter und Maurer. Ab 1950 besuchte er ein Lehrerbildungsinstitut und 1955 bis 1956 das Institut für Literatur »Johannes R. Becher« in Leipzig. Seither lebt er als freier Schriftsteller in Ost-Berlin und schreibt Romane, Hör- und Fernsehspiele. Sein bisher einziger Krimi: *Der Mann, der über den Hügel steigt* (1973).

BAWDEN, NINA
(*1925)

Pseudonym für die Engländerin Nina Mary Kark, die in den fünfziger Jahren einige Krimis schrieb. BARZUN/TAYLOR besprechen *Who Calls the Tune* (1953) positiv.

Old Flamingo (1954); *Solitary Child* (1956); *Devil by the Sea* (1957).

BEAUMARCHAIS, PIERRE AUGUSTIN CARON DE
(1732–1799)

Geboren in Paris; Dramatiker, heute noch bekannt durch seine Stücke *Le barbier de Séville* (1775) und *La folle journée ou le mariage de Figaro* (1785). Er war in Skandalprozesse verwickelt, verlor 1770 wegen Fälschungen die bürgerlichen Ehrenrechte, und wurde, später rehabilitiert, Geheimagent der Regierung. Kein Wunder, daß er unter dem Einfluß von Voltaires *Zadig* (1747; siehe unter Wilhelm Hauff) auch eine Art Detektivhumoreske schrieb: »Gaieté faite à Londres adressée à l'éditeur de la Chronique du matin« (1776). MESSAC druckt die Erzählung vollständig ab (S. 121–123). Der Ich-Erzähler hat im Theater einen Damenmantel gefunden und schließt aus dessen Größe, Farbe, den am Mantel gefundenen Haaren usw. auf die Besitzerin.

BEEDING, FRANCIS

Pseudonym für John Leslie Palmer (1885–1944) und Hilary Aidan St. George Saunders (1898–1951). Diese beiden Engländer studierten in Oxford und trafen sich beim Völkerbund in Genf, wo sie beschlossen, literarisch zusammenzuarbeiten. Palmer war Journalist, Kritiker und schrieb Romane unter dem Pseudonym Christopher Haddon. Auch Saunders schrieb Bücher (Militärgeschichte) und war einige Jahre lang Bibliothekar. Palmer und Saunders veröffentlichten 31 Titel unter dem gemeinsamen Pseudonym. 14 Titel sind Krimis, die anderen 17 Spionageromane, deren Held Oberst Alastair Granby vom »British Intelligence Service« ist. Der Krimi *The House of Dr. Edwards* (1927) wurde 1945 von Alfred Hitchcock als *Spellbound* verfilmt.

Drei Krimis: *The League of Discontent* (1930); *Death Walks in Eastrepps* (1931); *Take It Crooked* (1932). – Drei Alastair-Granby-Romane: *The Six Proud Walkers* (1928); *The One Sane Man* (1934); *The Nine Waxed Faces* (1936).

Death Walks in Eastrepps
(1931)
Das ruhige Städtchen Eastrepps wird durch eine Reihe von brutalen Morden in Panik versetzt. Zwei ältere Damen und ein Fischer sind mit einer ungewöhnlichen Waffe, einer Art Pickel, ermordet worden. Inspektor Protheroe von der Ortspolizei zieht Inspektor Wilkins von Scotland Yard zu. Dieser verhaftet bald den verrückten Sohn eines Lords, der nach Eastrepps zur Erholung geschickt worden war. Doch als Wilkins wieder in London ist, finden drei weitere Morde statt. Sergeant Ruddock hat mehr Glück als sein Vorgesetzter Protheroe. Er findet neben dem letzten Opfer die Mordwaffe und weiß, woher sie stammt – aus dem Haus des reichen Junggesellen Robert Eldrige. Ruddock stellt fest, daß an jedem Abend, an dem einer der sechs Morde verübt worden ist, Eldrige angeblich in London, in Wirklichkeit aber in Eastrepps gewesen war. Außerdem findet er heraus, daß Eldrige mit einem gewissen James Selby identisch ist, der vor Jahren eine Aktiengesellschaft besessen hat und mit dem gesamten Kapital nach Südamerika verschwunden ist. Die ersten fünf Opfer des Mörders sind alle Aktionäre von Selby gewesen. Beim letzten Toten handelt es sich um einen Journalisten, der entdeckt hatte, daß Eldrige seine Reisen nach London nur vortäuschte. Ruddock durchsucht in Eldriges Abwesenheit dessen Haus. Als er schließlich Scotland Yard Bericht erstattet, legt er auch eine Liste der Ermordeten vor, die seiner Erklärung nach von Eldrige getippt worden sein muß.
Die Indizienbeweise gegen Eldrige/Selby sind erdrückend. Motiv, Waffe und Gelegenheit sind gegeben. Die Jury glaubt der Aussage von Margaret Withers nicht, die schwört, daß Eldrige alle fraglichen Abende in ihrer Gesellschaft verbracht hat. Eldrige wird gehängt.
Doch Margaret geht der Sache weiter nach. Sie darf schließlich bei Scotland Yard die Akten einsehen, die ihr der frisch beförderte Inspektor Ruddock bereitwillig zeigt. Und wirklich entdeckt sie, was allen bisher entgangen ist: die Liste der Opfer und Ruddocks Report sind auf derselben Maschine getippt worden! Nur knapp entgeht Margaret selbst dem skrupellosen Inspektor Ruddock, der am Ende ebenfalls gehängt wird.

BELL, JOSEPHINE
(*1897)

Pseudonym für Doris Bell Collier Ball, geboren in Manchester. Sie studierte Medizin in Cambridge und arbeitete zuerst an einem Londoner Spital. B. heiratete einen Arzt und betrieb eine Praxis bis 1954. Nachdem ihr Mann 1936 gestorben war, hatte sie begonnen, nebenbei Krimis zu schreiben, die oft im Spitalmilieu spielen. Die Zentralfigur in einigen ihrer über 30 Krimis ist Dr. David Wintringham.

Murder in Hospital (1937); *The Summer School Mystery* (1950); *Death of a Con Man* (1968); *The Trouble in Hunter Ward* (1977).

A Well-Known Face
(1960)
Das Ärztetrio Andrew Fuller, Gerald Lovell und Martin Seymour hat eine Art Klinik geleitet. Laut Aussage der Patientin Mrs. Milly Prentice hat Dr. Fuller sie verführt und dann für eine Abtreibung gesorgt. Dr. Fuller ist zurückgetreten und angeblich nach Südamerika gegangen. In Wirklichkeit aber hat er die Vergangenheit Dr. Seymours erforscht, um festzustellen, ob der ihn in diese Zwangslage gebracht habe. Während Fullers Abwesenheit hat Seymour sich in Fullers Frau Julia verliebt und schläft nun regelmäßig mit ihr. Eines Tages wird Dr. Fuller tot – vergiftet – in Julias Wohnzimmer gefunden. Die Hauptverdächtigen sind zuerst Julia und ihr Geliebter. Mrs. Prentice hat unterdessen zugegeben, daß nicht Dr. Fuller sie verführt hatte. Da wird auch sie ermordet. Plötzlich scheinen mehrere Personen an hohen Wetten bei Pferderennen beteiligt gewesen zu sein. Der Agent, der die Wetten abgeschlossen hatte, wird als dritter ermordet.
Die Untersuchung führen, langsam und nicht sehr klug, Inspector Gower, ein gewisser Hugh Manning und der edle, väterliche Claud Warrington-Reeve. Julia wird entlastet; der Verdacht fällt immer stärker auf Martin Seymour. Aber am Ende ist es Gerald Lovell gewesen, der gespielt hat, der Julia hatte besitzen wollen usw. – Das alles ist wenig überzeugend. Seymours Charakter wird je nachdem heller oder dunkler gezeichnet – einmal so, daß man ihm die Morde zutraut, dann wieder anders. Einmal sagt er ausdrücklich, daß er zwei Jahre ohne Julia

weggehen wolle, um eine neue Praxis aufzubauen; später will er das nie gesagt haben. Der Leser wird vom Autor direkt belogen. Gelegentlich werden Gespräche, die dem Leser die Lösung bringen könnten, zwar erwähnt, aber ihr Thema wird einfach übergangen, oder es wird nur der irrelevante Teil des Gesprächs wiedergegeben.

BELL, VICARS
(*1904)

Dieser Engländer war Lehrer von Beruf und hat einige Romane veröffentlicht, daneben pädagogische und theologische Schriften. In den Jahren 1949–1959 schrieb er auch ein halbes Dutzend Krimis.

Death Under the Stars (1949); *Death and the Night Watches* (1955); *Death Walks by the River* (1959).

BELLAIRS, GEORGE
(*1902)

Pseudonym für Harold Blundell, geboren in Heywood, Lancashire. Er studierte Ökonomie an der Londoner Universität und wurde Bankbeamter und schließlich Bankdirektor in Manchester. Seit 1962 lebt er im Ruhestand auf der Isle of Man. Seit 1941 hat er nahezu 50 Krimis geschrieben, deren Held, mit einer Ausnahme, der realistisch dargestellte und vernünftig handelnde Inspector Littlejohn ist, der mit Frau und Hund in London wohnt, aber auch Fälle auf der Isle of Man und in Frankreich löst.

Drei Littlejohn-Romane: *Littlejohn on Leave* (1941); *The Case of the Scared Rabbit* (1946); *Death in the Fearful Night* (1960). – Ohne Littlejohn: *Turmoil in Zion* (1943, in USA *Death Stops the Frolic*).

BELLOC, HILAIRE JOSEPH PETER
(1870–1953)

Geboren in Paris, in England erzogen; Kardinal Newman war einer seiner Lehrer. 1902 wurde er britischer Staatsbürger, 1906 ins Parlament gewählt, das er 1910 aus Protest gegen die Korruption wieder verließ. Gemeinsam mit G. K. Chesterton machte er Propaganda für den Katholizismus, für eine liberale Politik und gegen den Sozialismus. Er war ein gewandter und witziger Polemiker und schrieb etwa 150 Bücher, darunter Historisches, Kindergeschichten, Lyrik, Essays, Biographien usw. Folgende Bände enthalten kriminalistische Elemente:

The Emerald of Catherine the Great (1926); *The Haunted House* (1928); *But Soft – We Are Observed* (1928); *The Missing Masterpiece* (1929).

BENÉT, WILLIAM ROSE
(1886–1950)

Geboren in Fort Hamilton (New York). Der amerikanische Lyriker und Kritiker schrieb einen Roman, den HAGEN in sein Krimikompendium aufgenommen hat: *The First Person Singular* (1922). Ermordet wird niemand; weder Detektive noch Verbrecher kommen vor. Eine der Heldinnen unternimmt einen Selbstmordversuch; am Tag darauf verlobt sie sich. Die Spannung des Romans ergibt sich daraus, daß die Einwohnerschaft der kleinen Stadt Tupton im Staate Pennsylvania und der Leser nicht wissen, wer eine gewisse Mrs. Ventress ist. Als man es dann zu erraten glaubt, ist man in Wirklichkeit auf der falschen Fährte. Am Ende heiraten zwei Paare, und Mrs. Ventress entpuppt sich als eine bekannte Autorin. Leicht ironische, aber doch naive Kolportage.

BENNETT, ARNOLD
(1867–1931)

Geboren in Shelton bei Hanley. Er wuchs in der Gegend der »Five Towns« im nördlichen Staffordshire auf und studierte in London. Nachdem er einige Jahre als Journalist gearbeitet hatte, wurde er 1896 freier Schriftsteller. B. schrieb sehr viel, darunter auch Kolportage. Ins Gebiet des Krimi fallen die Romane *The Grand Babylon Hotel* (1902) und *The Statue. A Story of International Intrigue and Mystery* (1908), wobei der letztere in Zusammenarbeit mit Eden Phillpotts geschrieben wurde. Auch zwei Novellenbände gehören hierher: *The Loot of Cities* (1904), sechs Geschichten um den Detektiv Cecil Thorold (einen Millionär, der kriminelle Methoden verwendet, um der Gerechtigkeit zum Sieg zu verhelfen), und *The Night Visitor and Other Stories* (1931).

BENNETT, MARGOT
(*1912)

Nach HAGEN hat sie in den Jahren 1946–1964 sieben Krimis verfaßt. BARZUN/TAYLOR besprechen *The Man Who Didn't Fly* (1956) mit Wohlwollen.

Time to Change Hats (1946); *The Widow of Bath* (1952); *That Summer's Earthquake* (1964).

BENOÎT, PIERRE
(1886–1962)

Geboren in Albi (Landes). Er studierte Jura und war eine Zeitlang Bibliothekar. Nach dem Zweiten Weltkrieg lebte er als freier Schriftsteller. 1931 wurde er Mitglied der Académie Française. Mit dem Roman *Koenigsmarck* (1918) erzielte er seinen ersten großen Erfolg.

Koenigsmarck
(1918; dt. *Königsmarck,* 1924)
In einem französischen Schützengraben des Ersten Weltkriegs erzählt Leutnant Vignerte dem Ich-Erzähler seine Lebensgeschichte. Obwohl gewarnt, hat Vignerte 1913 die Stelle eines Privatlehrers beim Fürsten von Lautenburg-Detmold in Deutschland angenommen. Dort erforscht er in der Bibliothek die Geschichte Königsmarcks. Dieser hatte eine aus politischen Gründen verheiratete Fürstin geliebt. Die eifersüchtige Begleiterin der Fürstin hatte Königsmarck verraten und heimlich umbringen lassen. Vignerte findet sogar heraus, in welchem Geheimgemach der Leichnam stecken muß und wie ein solches Gemach geöffnet werden kann. Ein ähnliches Gemach findet er im Schloß von Lautenburg-Detmold. Er öffnet es heimlich – und findet ein anderes Skelett!
Die junge, hübsche Fürstin ist eine Russin, der Fürst, ihr erster Gemahl, ist tot, angeblich in Afrika gestorben. Den jetzigen Fürsten, ihren zweiten Gemahl, hatte sie gezwungenermaßen geheiratet. Das Skelett ist das ihres ersten Mannes, den man aus politischen Gründen aus dem Weg geräumt hatte. Mit gefälschten Briefen aus Afrika hatte man die Fürstin getäuscht. Wie im Falle von Königsmarck spielt die Gesellschafterin den Judas: der Fürst verbrennt das Schloß und das Skelett. Mit knapper Not entkommt Vignerte nach Frankreich. Die Fürstin, seine Geliebte, bleibt zurück, um sich zu rächen. Zufällig wird Boose, der Mann, der die falschen Briefe aus Afrika über den Tod des Fürsten gesandt hatte, von den Franzosen gefangen. Man vernimmt, daß die hübsche Fürstin unterdessen ebenfalls beseitigt worden ist. Vignerte hört es nicht mehr: er fällt, bevor er Boose zu Gesicht bekommt.

BENSON, BEN
(um 1920–1959)

Geboren in Boston. Während des Krieges diente er in der Armee; 1947 begann er zu publizieren, Autor von etwa 20 Titeln. Er starb in New York an einem Herzschlag. B. erfand zwei Detektive; der erste ist Inspector Wade Paris, genannt »Old Icewater«, von der Massachusetts State Police. Er kommt in 10 Romanen vor. Niemand kann »Old Icewater« aus der Ruhe bringen. Der zweite heißt Ralph Lindsay, ein junger Polizist bei der Massachusetts State Police, der sich durch seinen Übereifer zu sehr exponiert.

Alibi at Dusk (1951); *Stamped for Murder* (1952); *The Ninth Hour* (1956); *The Running Man* (1957); *The Blonde in Black* (1958); *The Huntress Is Dead* (1960).

BENSON, EUGENE
(*1928)

Geboren in Belfast, Irland. 1954 emigrierte er nach Kanada. Sein Studium verdiente er sich als Tellerwäscher und Verkäufer. Heute ist er Professor für Anglistik an der Guelph University in Ontario. B. ist bekannt als Lyriker und Dramatiker; seine Stücke sind beim Stratford Festival und anderswo aufgeführt worden. Sein erster Roman:

The Bulls of Ronda
(1976)
Der Kanadier Mark Gibson reist nach Spanien, um die nachgelassenen handschriftlichen Gedichte von Lorenzo Gayarre zu finden. Es stellt sich heraus, daß Gayarre keines natürlichen Todes gestorben ist. Von wem ist er ermordet worden? Warum? Zuerst erscheinen die spanische Polizei und ihr dicker Oberst, Cortés, als die Bösewichter. Als ein passiver Held gerät Gibson in immer gefährlichere und undurchsichtigere Situationen, darunter in die Hände von zwei Frauen – einer sinnlichen und »bösen« und einer mehr geistigen, jungfräulichen und »guten«. Die letztere scheint zu gewinnen – aber sie gewinnt im Grunde nichts, denn Gibson verliert am (ironischen!) Ende bei einer Operation zumindest seine Geschlechtsteile, wenn nicht sogar sein Leben.
B. schreibt einen lebendigen und spannenden Stil. Es kommen vor: die hinreißende Beschreibung eines Stierkampfs; ein ruchloser ehemaliger Nazi, der sich scheinbar mit der spanischen Regierung arrangiert hat; die Entführung eines Großindustriellen durch aufständische Basken; eine wilde nächtliche Flucht an die französische Grenze.
Mit sicherer Hand entwirrt B. am Ende die Fäden; das Ergebnis ist völlig unerwartet: Gayarre war kein Freiheitsdichter, sondern ein Polizeispitzel. Nicht die Polizei, die Basken haben ihn ermordet. Die Gedichte enthalten einen »Code« für die Polizei. Das Lösegeld für den Entführten bekommen nicht die Basken; denn der Nazi hat alle betrogen und flieht mit den Millionen. Die sinnliche Frau kommt lebenslänglich ins Gefängnis (symbolisch für Gibson!), und Gibson selbst endet im Spital, wo ihn Cortés, zuletzt sein bester Freund, besucht. Als die »geistige« Frau dann ins Krankenzimmer stürmt, Gibson in die Arme nimmt und »my poor baby« ruft, da hofft der Leser, der arme Kanadier möge die Operation nicht überstehen.

BENSON, GODFREY RATHBONE
(1864–1945)

Englischer Autor und Politiker. Er studierte in Oxford und wurde 1892 ins Parlament gewählt. Er schrieb Biographien von Abraham Lincoln und Theodore Roosevelt. 1911 wurde er geadelt (Baron Charnwood). B. schrieb nur einen Krimi, der aber von Ellery Queen zu den besten der Weltliteratur gerechnet wird: *Tracks in the Snow* (1906). Der Ich-Erzähler, ein Geistlicher, identifiziert den Mörder seines besten Freundes.

BENTLEY, EDMUND CLERIHEW
(1875–1956)

Geboren in London. Er studierte in Oxford und London und war ein Freund von G. K. Chesterton. Zuerst Journalist bei den *Daily News,* später beim *Daily Telegraph.* B. war ein vielseitiger Autor, der auch vier Krimis schrieb; seine Zentralfigur ist Philip Trent. Der erste Trent-Roman gilt als Klassiker der Detektivliteratur.

Trent's Last Case (1913); *Trent's Own Case* (1936); *Trent Intervenes* (1938); *Elephant's Work: An Enigma* (1950).

Trent's Last Case
(1913; dt. *Trents letzter Fall,* 1944, 1958)
Der Maler Philip Trent hat schon mehrere Mordfälle erfolgreich gelöst. Als der amerikanische Großkapitalist Manderson während seiner Ferien in einem englischen Schloß ermordet wird, erklärt sich Trent bereit, den Fall im Auftrag einer Londoner Zeitung zu untersuchen. Als Mörder kommen in Frage die beiden Sekretäre und Mrs. Manderson, sonst scheint niemand ein Motiv zu haben. Trent kombiniert eine geniale und überzeugende Lösung, schreibt sie auf und gibt sie der jungen, hübschen Mrs. Mabel Manderson: schuldig sei der Sekretär Marlowe, der sich auf großartige Weise ein Alibi konstruiert habe. Darauf verreist Trent für einige Monate.
Als er zurückkommt, hört er, daß Mrs. Manderson seinen Bericht unterschlagen hat. Die Polizei hat den Fall als unlösbar aufgegeben, d. h. sie meint, amerikanische Gewerkschaftler hätten die Tat vollbracht (B. steht politisch links und zieht immer wieder übers Großkapital her). Von Marlowe erfährt Trent nun, wie es zugegangen ist: Manderson war eifersüchtig gewesen; er hatte vermutet, Marlowe habe ein Verhältnis mit Mrs. Manderson. Deshalb hatte er seinen Selbstmord so eingefädelt, daß Marlowe nach der Tat als flüchtiger Raubmörder dastehen mußte. In Wirklichkeit aber liebt Marlowe anderswo, und Trent selbst nimmt am Ende Mabel zur Frau.

Später sitzt Marlowe mit Mabels Onkel Nathaniel Cupples zusammen und erklärt ihm den Fall. Da erzählt ihm Cupples, daß in Wirklichkeit er, Cupples, Manderson in Notwehr erschossen habe. Der arme Trent hat sich also zweimal gründlich getäuscht. Kein Wunder, daß er sich ärgert und schwört, dies sei sein letzter Fall gewesen.

BENTLEY, NICOLAS CLERIHEW
(*1907)

Geboren in Highgate, Sohn von E. C. Bentley. B. studierte in London und wurde Maler und bekannter Illustrator. Er ist Direktor des Verlags André Deutsch in London. Nach HAGEN schrieb B. folgende Krimis:

Gammon and Espionage (1938); *Third Party Risk* (1948); *The Tongue-Tied Canary* (1948); *The Floating Dutchman* (1950).

BENTLEY, PHYLLIS
(*1894)

Geboren in Halifax, Yorkshire. Sie studierte in London (B. A. 1914). Zuerst war sie Lehrerin, dann freie Schriftstellerin. Sie schrieb etwa 20 Romane. Ins Gebiet des Krimi gehören der Roman *The House of Moreys* (1953) und die Erzählungen um Miss Marian Phipps. Wie Agatha Christies Miss Marple ist Miss Phipps eine ältliche Jungfer, die das Theater liebt und auf Reisen geht. Die Erzählungen erscheinen seit etwa 1953 in Zeitschriften wie *Ellery Queen's*.

BERCKMAN, EVELYN
(*1900)

Geboren in Philadelphia. Sie studierte Musik. B. ist Komponistin, Dramatikerin und Autorin von etwa 20 Krimis – viele davon mit historischem Hintergrund.

The Evil of Time (1954); *The Beckoning Dream* (1955, späterer Titel *Worse Than Murder*); *The Strange Bedfellow* (1956); *Blind Girl's Buff* (1962); *A Thing That Happens to You* (1964); *The Heir of Starvelings* (1967).

BERESFORD, JOHN DAVYS
(1873–1947)

Geboren in Peterborough, England. Er studierte Architektur und war nach 1907 freier Schriftsteller. Er schrieb Biographien, Schauspiele und viele Romane, darunter einzelne Krimis. Dorothy L. Sayers nahm die Erzählung »The Misanthrope« aus *Nineteen Impressions* (1918) in den *Omnibus of Crime* (1929) auf. HAGEN verzeichnet folgende Romane als Krimis:

The Prisoners of Hartling (1922); *The Monkey-Puzzle* (1925); *The Instrument of Destiny* (1928); *An Innocent Criminal* (1931).

BERGER, HEINZ
(*1928)

Geboren und aufgewachsen in Köln. 1947 ging er nach Ost-Berlin und studierte Germanistik, Anglistik und Komparatistik. Zuerst Verlagslektor, seit 1958 freier Schriftsteller. B. hat Romane und Kinderbücher geschrieben und eine große Zahl von Anthologien und auch literarische Nachschlagewerke herausgegeben. Gelegentlich verwendet er die Pseudonyme Charles P. Henry und K. Heinz. Er hat bisher zwei Krimis verfaßt: *Die Mörder werden alt* (1971) und *Wein für ehrenwerte Männer* (1973).

BERNANOS, GEORGES
(1888–1948)

Geboren in Paris. Er studierte Rechtswissenschaften und Philologie und war Redakteur, bevor er 1914 freiwillig in die Armee ging. Nach dem Krieg arbeitete er als Versicherungsagent, bis der Erfolg des Romans *Sous le soleil de Satan* (1926) es ihm gestattete, als freier Schriftsteller zu leben. 1933 verunglückte er mit dem Motorrad; 1934–1937 lebte er auf Mallorca. Er brauchte dringend Geld und hoffte, es mit einem Krimi zu verdienen: *Un crime* (1935). Aber nicht *Un crime*, sondern *Journal d'un curé de campagne* (1936) brachte ihm den notwendigen Erfolg. Die Jahre 1938–1945 verbrachte B. in Brasilien. Er starb in Paris.

Un crime

(1935; dt. *Ein Verbrechen,* 1935)

In Mégère, einem Dörfchen im Einzugsgebiet von Grenoble, wird die Leiche eines jungen, nur mit Hemd und Hose bekleideten Mannes entdeckt. Danach findet man die Leiche der reichen Besitzerin des dörflichen Herrschaftshauses, Mme. Beauchamp. Auch ihre Haushälterin, Louise, kommt um. Am Ende des Romans erlebt man noch zwei Selbstmorde.

Mme. Louise – so vernimmt man – hatte als Nonne ein Kind zur Welt gebracht. Das jetzt siebzehnjährige Mädchen Evangeline hatte sie bei Mme. Beauchamp eingeführt, in der Hoffnung, es werde dort Ruhe und Sicherheit finden und die Herrin beerben. Der Mörder scheint der neue Pfarrer von Mégère zu sein, der aber in Wirklichkeit gar kein Pfarrer ist. Er ist nämlich eine Frau, die den echten Pfarrer ermordet und mit dessen Kleidern auch seine Identität angenommen hatte. Er (sie) verschwindet aus dem Dorf zusammen mit einem fünfzehnjährigen Ministranten. Gott plagt die sündige Nonne mit Neurosen; ihre uneheliche Tochter ist eine Viper; der falsche Pfarrer endet unter dem Zug – der Teufel wird sich seiner Seele bemächtigen. Der verführte und betrogene Ministrant wird lange im Fegefeuer schmoren müssen.

Wie auch sonst oft bei Bernanos, herrscht eine bedrückende Atmosphäre. Die Nebenpersonen wirken lebendig, die Hauptpersonen überzeugen nicht, und die Handlung ist völlig unglaubhaft. *Un crime* beweist, daß eine eindrucksvolle Atmosphäre und ein vorzüglicher Dialog wenig helfen, wenn das Geschehen nicht überzeugend geplant ist. Nach der Mitte des Romans kann der Leser leicht den Faden verlieren; es erfordert Geduld, das Ende zu lesen, und hat man es endlich erreicht, schüttelt man ungläubig den Kopf.

BESUGLOW, A. / KLAROW, J.

(? / ?)

Diese beiden Autoren haben – in Zusammenarbeit und einzeln – viele Krimis geschrieben. Beide waren im Justizwesen tätig. Die Helden ihrer Bücher sind meistens Richter, Polizisten, Staatsanwälte oder andere Beamte.

Drei gemeinsam verfaßte Krimis: *Das Ende des Chitrow-Marktes* (1967); *Zeit der Verfremdung* (1969); *Dein Name ist ›Diks‹* (1970).

BEUCHLER, KLAUS

(*1926)

Geboren in Kattnitz, Sachsen. Er studierte Germanistik, Wirtschafts- und Kunstgeschichte und wurde Journalist und Reporter. Drei Jahre lang arbeitete er für den Rundfunk der DDR bei den Vereinten Nationen in Genf. Seither lebt er in Ost-Berlin, schreibt Reportagen, Romane, Kinderbücher und anderes. Bisher hat er einen Krimi verfaßt: *Duell mit dem Teufel* (1965).

BEYNON, JANE

(*1915)

Tochter des amerikanischen Malers Arthur Lewis; sie studierte an der University of California und lebt in Los Angeles. Neben anderen Romanen hat sie ein halbes Dutzend Krimis geschrieben, darunter einen unter dem Pseudonym Lange Lewis.

Murder Among Friends (1942, in England *Death Among Friends*); *Cypress Man* (1944); *Passionate Victims* (1952, von Lange Lewis).

BIERCE, AMBROSE

(1842–1914)

Geboren in Horse Cave, Ohio. Er nahm am amerikanischen Bürgerkrieg teil. B. wurde Journalist und Kritiker und schrieb viele Kurzgeschichten. Er liebte das Ironisch-Makabre und das Groteske. Als Beispiel sei die Erzählung »My Favorite Murder« erwähnt: Der Angeklagte erzählt dem Gericht vom Mord an seinem Onkel. Der Onkel hatte ihn und andere Passagiere der Postkutsche ausgeraubt und sich später geweigert, ihm, dem Neffen, das Geraubte zurückzuerstatten. Er schlug den Onkel nieder, durchschnitt ihm die Fußsehnen, steckte ihn in einen Sack, hängte diesen an einen Baum und hetzte einen Schafbock auf den pendelnden Sack, bis der Onkel tot war. Der Angeklagte hat eine Versicherung abgeschlossen gegen den Tod

durch Hängen; der Richter ist Präsident der Lebensversicherungsgesellschaft, und der Angeklagte wird freigesprochen. Im Falle des Mordes an seiner Mutter wird derselbe Angeklagte von der Jury freigesprochen, weil er diesen zweiten Mord bedeutend humaner ausgeführt hat als den ersten.
Folgende Kurzgeschichtenbände enthalten Elemente des Krimi und der Schauergeschichte: *Tales of Soldiers and Civilians* (1891, späterer Titel *In the Midst of Life*) und *Can Such Things Be?* (1893).

BIGGERS, EARL DERR
(1884–1933)

Geboren in Warren, Ohio. Er studierte an der Harvard University (B. A. 1907) und wurde Journalist. 1913 erschien sein erster Krimi: *Seven Keys to Baldpate* – ein großer Erfolg, sowohl als Roman als auch in der Bühnenadaption und als Film. Nach weiteren Krimis schuf B. den liebenswerten chinesischen Detektiv Charlie Chan, der Weltberühmtheit erlangte. Seit dem Ende des 19. Jahrhunderts ist in der populären Literatur Englands und der USA der unheimliche, kluge, gefährliche oder komische Orientale eine der beliebtesten Figuren. B. machte sich diesen Trend zunutze, indem er ihm eine neue Richtung gab: Charlie Chan ist bewußt sympathisch gezeichnet, wenn auch keinesfalls als den Weißen gleichstehend. Die Chan-Romane sind ein interessantes Zeitdokument für rassistische Nuancen in der sozialen Wertskala.
Alle sechs Chan-Romane erschienen zuerst in Fortsetzungen in der *Saturday Evening Post;* fünf wurden verfilmt. Chan ist Detektivinspektor in Honolulu. Er ist verheiratet, hat elf Kinder und spricht Englisch so, wie man es von einem Chinesen erwartet. Charlie kennt seinen Konfuzius auswendig und gibt jederzeit witzig-weise Sprüche von sich. Er ist etwas korpulent, aber schnell; vor allem kann er rasch denken. 1974 veröffentlichte Dennis Lynds (Pseudonym für Michael Collins) einen siebten Chan-Roman, *Charlie Chan Returns,* der auf ein Filmskript von Ed Spielman und Howard Friedlander zurückgeht.
Der erste Charlie-Chan-Roman erschien 1925; die erste Verfilmung kam 1926 auf die Leinwand. Aber wirklich populär wurde Chan 1931, als er zum ersten Mal von Warner Oland gespielt wurde (*Charlie Chan Carries On*). Oland starb 1938, nachdem er Chan in 16 Filmen dargestellt hatte. Sidney Toler wurde Olands Nachfolger. Von 1938 bis 1946, seinem Todesjahr, trat Toler in 22 Chan-Filmen auf. Nach 1944 wurden die Filme schlechter; Chan wurde jetzt amerikanischer FBI-Agent, der oft unwahrscheinliche Anschläge gegen die USA aufdecken muß. Tolers Nachfolger war Roland Winters, der bis 1949 in sechs Chan-Filmen erschien. Chan war der Held von Hörspielserien von 1932 bis Ende der vierziger Jahre, und seit den späten fünfziger Jahren sieht man Chan (und dessen Söhne!) auch im Fernsehen. 1974 gründete Leo Margulies, der auch das *Mike Shayne Mystery Magazine* herausgibt, das *Charlie Chan Mystery Magazine,* das in jeder Nummer neben einer Anzahl von Kurzgeschichten über andere Themen einen (jeweils von verschiedenen Autoren verfaßten) Kurzroman über Charlie Chan bringt.

Die sechs Charlie-Chan-Romane von B.: *The House Without a Key* (1925); *The Chinese Parrot* (1926); *Behind That Curtain* (1928); *The Black Camel* (1929); *Charlie Chan Carries On* (1930); *Keeper of the Keys* (1932). – Andere Krimis: *Seven Keys to Baldpate* (1913); *Love Insurance* (1914); *Inside the Lines* (1915 zus. mit Robert Wells); *The Agony Column* (1916); *Fifty Candles* (1926); *Second Floor Mystery* (1930).

The House Without a Key
(1925; dt. *Das Haus ohne Schlüssel,* 1931)
In diesem ersten Chan-Roman muß Charlie die Hauptrolle mit John Quincy Winterslip teilen. John Quincys Onkel, ein reicher Unternehmer und trotz dunkler Geschäfte hochgeachtet, ist ermordet worden. Liegt der Schlüssel des Geheimnisses in der Vergangenheit? Im Verdacht stehen die Geliebte des Toten, ein verschuldeter Hotelbesitzer, vor dem sich der Tote gefürchtet haben soll, und ein britischer Offizier. Doch der Leser wird nur in die Irre geführt. Erst am Ende bringen neue Hinweise den wirklichen Mörder ans Licht – den Mann, den der Tote sich nicht als Schwiegersohn gewünscht hatte. Die Handlung entbehrt des logischen Zusammenhangs; die einzelnen Personen (außer Chan) sind widersprüchlich charakterisiert und lassen den Leser kalt. Aber Charlie Chan rettet das Ganze.

BINGHAM, JOHN
(*1908)

Geboren in York. Vollständiger Name und Titel dieses Engländers: John Michael Ward Bingham, Seventh Baron Clanmorris. Er hat sich als Journalist betätigt und auch für die Regierung gearbeitet. Von seinen nahezu 20 Krimis lagen 1967 (laut PROMIES) sechs in deutscher Übersetzung vor.

My Name Is Michael Sibley (1952); *Murder Plan Six* (1958); *The Double Agent* (1966); *Ministry of Death* (1977).

BISHOP, MORRIS GILBERT
(*1893)

Geboren in Kentucky, Ph. D. an der Columbia University. Er war als Bibliothekar und im Verlagswesen tätig und schrieb nur einen Krimi, der aber (nach BARZUN/TAYLOR) vorzüglich sein soll: *The Widening Stain* (1942).

BLACKBURN, JOHN
(*1924)

Pseudonym für den Engländer Moldon J. Mott, der in den Jahren 1958–1968 ein Dutzend Krimis verfaßte. BARZUN/TAYLOR besprechen fünf davon.

A Sour Apple Tree (1958); *The Winds of Midnight* (1964, in USA *Murder at Midnight*); *The Young Man from Lima* (1968).

A Scent of New Mown Hay
(1958)
General Kirk, Leiter des britischen Geheimdienstes, erhält beunruhigende Nachrichten über Militärmaßnahmen im Norden Rußlands. Entsetzt ist er, als die Russen ihn und seine amerikanischen Kollegen aufsuchen und um Hilfe bitten: Eine neue Art von Lebewesen, eine Art Pilz, der den menschlichen Körper befällt und zu gräßlichen Mutationen führt, droht die Erde zu entvölkern. Wie viele Tage hat Kirk Zeit, bis der Ostwind die Sporen dieses Pilzwesens von Rußland nach England tragen wird? Bald wird offensichtlich, daß die Wissenschaftler kurzfristig kein Mittel gegen diese Krankheit, die von einem Geruch nach frischgemähtem Heu begleitet wird, finden können. Glück und Klugheit führen Kirk und seine Helfer zur Erkenntnis, daß die Sporen dieses Pestpilzes nicht auf natürlichem Wege entstanden sein können. Eine halbverrückte deutsche Wissenschaftlerin namens Rosa Steinberg hatte kurz vor Ende des Zweiten Weltkriegs an einer solchen biologischen Waffe gearbeitet. Hat Rosa Steinberg überlebt, und hat sie ihr teuflisches Werk vollenden können? Kirk beginnt seine Nachforschungen. Die Spur führt von Deutschland nach England. Inzwischen ist auch in England ein Fall der neuen Mutation aufgetreten. In letzter Minute wird Rosa Steinberg entdeckt. Die Formel des Gegenmittels findet sich in ihrem Besitz. Das Pilzwesen voller Sporen, das in ihrem Haus verschlossen gehalten worden war, wird unschädlich gemacht.

BLACKWOOD, ALGERNON
(1869–1951)

Geboren in Schottland. Er studierte in Edinburgh und kam 1899 nach Kanada. Zuerst war er Farmer, dann Journalist in New York. Sein Interesse galt dem Okkulten, Unerklärlichen. 1910 ging er nach England zurück.
Dr. John Silence ist der hellseherische Detektiv in den fünf Erzählungen des Bandes *John Silence* (1908). In »The Nemesis of Fire« werden der Ich-Erzähler, Mr. Hubbard, und Dr. John Silence auf das einsame Landgut des Obersten Wragge gerufen, der hier mit seiner alten, gelähmten Schwester lebt. Wragges Bruder und der Förster waren vor 20 Jahren in der Nähe eines Forstes mit Verbrennungen im Gesicht tot aufgefunden worden. Seither brechen immer wieder unerklärliche Brände aus, im Forst und im Schloß. Dr. Silence, der magische Kräfte besitzt, kommt der Sache auf die Spur: Wragges Bruder hatte eine ägyptische Mumie gestohlen, der man vor ein paar tausend Jahren ein Feuerelement als Schutz beigegeben hatte. Ferner hatte die Schwester des Obersten der Mumie einen Skarabäus weggenommen. Mit Hilfe von Schweineblut wird das Element gezwungen, Form anzunehmen, und dann teilweise entmachtet. Die in einem düsteren Gang unter dem Forst begrabene Mumie erhält ihr Schmuckstück zurück, wobei sie sich aufrichtet und die Schwester

des Obersten umbringt. Ihre Leiche weist nachher Verbrennungen im Gesicht auf.
In »The Camp of the Dog« verbringt eine Gruppe von Menschen in der Wildnis einer schwedischen Insel zwei Monate Ferien. Der junge Peter Sangree betet die junge Joan Maloney an, die sich aber abweisend verhält. Obwohl es hier keine Tiere gibt, heult nachts ein Hund und versucht, in Joans Zelt einzudringen. Eine grauenhafte Angst bemächtigt sich aller. Hubbard ruft John Silence herbei, der das Rätsel bald löst: Sangree ist in der neuen Umgebung innerlich total verwildert. Nachts verläßt, ihm unbewußt, ein Werwolf seinen Körper und sucht nach Joan. Hubbard und Silence beobachten das Phänomen und folgen ihm, aber sie haben nicht mit Joans Vater gerechnet, der dem Wolf eine Kugel in die Schnauze jagt. Als Sangree erwacht, hat er zwei rote Flecken auf den Wangen. Dort hatte die Kugel die Wolfsschnauze durchschlagen. Da Joan sich nun in Sangree verliebt, ist das Problem gelöst: Der Werwolf kann auch nachts in Sangrees Körper bleiben.

BLAKE, NICHOLAS
(1904–1972)

Pseudonym des bekannten englischen Schriftstellers Cecil Day Lewis. Geboren in Ballintogher, Irland, war er der einzige Sohn eines protestantischen Pastors. Er studierte in Oxford und war Lehrer am Cheltenham College von 1930 bis 1935. Zuerst Kommunist, später gemäßigter Sozialist, lehrte er von 1951 bis 1956 in Oxford, 1964/1965 an der Harvard University. 1968 wurde er von Königin Elizabeth II. zum »Poet Laureate« ernannt. Er hat etwa 20 Bände Lyrik, mehrere Bände Literaturkritik und eine Autobiographie (*The Buried Day,* 1960) verfaßt. 1935 begann er als Nicholas Blake Detektivromane zu schreiben. Unter demselben Pseudonym besprach er regelmäßig Kriminalromane im *Spectator.* B. ist der Autor von 20 Krimis; in 17 davon steht der Detektiv Nigel Strangeways im Mittelpunkt.
Strangeways ist Privatdetektiv und der Neffe eines hilfreichen Onkels, eines hohen Beamten bei Scotland Yard. Strangeways hat eine ähnliche Vergangenheit wie Day Lewis selbst, und der lokale Hintergrund der meisten Fälle ist autobiographisch. Im zweiten Roman (*Thou Shell of Death,* 1936) heiratet der Detektiv Georgia Cavendish, die im fünften Roman (*The Smiler With the Knife,* 1939) die Heldin spielt. Der Autor läßt sie im Zweiten Weltkrieg sterben und gibt seinem Detektiv eine Freundin an die Seite (Clare Massinger), die er aber nie heiratet. In den letzten Büchern hilft Strangeways Inspektor Blount von Scotland Yard; Strangeways arbeitet auch für den britischen Geheimdienst.

Die siebzehn Strangeways-Romane: *A Question of Proof* (1935); *Thou Shell of Death* (1936); *There's Trouble Brewing* (1937); *The Beast Must Die* (1938); *The Smiler with the Knife* (1939); *Malice in Wonderland* (1940, in USA *The Summer Camp Mystery*); *The Case of the Abominable Snowman* (1941, in USA *The Corpse in the Snowman*); *Minute for Murder* (1947); *Head of a Traveler* (1949); *The Dreadful Hollow* (1953); *The Whisper in the Gloom* (1954); *End of Chapter* (1957); *The Widow's Cruise* (1959); *The Worm of Death* (1961); *The Deadly Joker* (1963); *The Sad Variety* (1964); *The Morning after Death* (1966). – Die drei anderen Krimis: *The Starting Point* (1937); *The Tangled Web* (1956, nach 1960 auch: *Death and Daisy Bland*); *A Penknife in My Heart* (1958).

The Sad Variety
(1964; dt. *Ein Engel soll sterben,* 1966)
Der englische Professor Alfred Wragby hat eine Entdeckung gemacht, welche die Russen interessiert. Der Professor, der mit seiner zweiten Frau Elena in einer Pension Ferien macht, wird von Nigel Strangeways überwacht, da man mit der Möglichkeit rechnet, daß die Russen sich an Wragby heranmachen werden. Das tun sie auch. Ihr Agent Petrov setzt die Kommunistin Annie Scott und Paul Cunningham (letzteren durch Erpressung) ein. Wragbys einzige Tochter Lucy wird von diesen beiden entführt und in einem einsamen Landhaus gefangengehalten. Wer in der Pension arbeitet mit den Entführern zusammen, und wo ist Lucy?
Ungeheure Schneestürme, welche die Straßen unpassierbar machen, kommen der Polizei zu Hilfe, die im übrigen ungeschickt operiert. Weder fangen sie die zweite Botschaft der Entführer an Wragby ab, noch überwachen sie diesen, so daß er die Entführer ungestört treffen kann. Immerhin rückt er die Formel nicht heraus, weshalb er beinahe erwürgt wird. Die Klügste

von allen ist die kleine Lucy, die eine Botschaft in Form eines Papierpfeils aus dem Fenster schießt, welche Strangeways schließlich erreicht. Die Verräterin ist Wragbys Frau Elena; ihr hatten die Kommunisten die Auslieferung ihres seinerzeit in Ungarn zurückgelassenen Kindes versprochen, das aber nun, in einer Schneewehe erfroren, gefunden wird. Bei der Rettung von Lucy verliert Elena das Leben; Petrov endet unter einem Traktor, und die beiden Entführer werden verhaftet.

B. führt verschiedene Erzählstränge gleichzeitig weiter: abwechselnd ist der Leser bei Lucy, den Entführern, in der Pension und bei der Polizei. Abgesehen von der Tatsache, daß Elena die Verräterin ist, weiß der Leser immer alles: wo die Entführer sind, wie es Lucy geht, wie die Ermittlungen der Polizei stehen. Die Spannung ergibt sich aus den Fragen: Wird Lucy gefunden werden? Wird die Polizei noch rechtzeitig kommen, oder wird Petrov Lucy vorher ermorden? Lucys vergeblicher Fluchtversuch und die lethargische Dummheit der Polizei steigern die Spannung fast ins Unerträgliche.

BLAKE, SEXTON

Sexton Blake ist der einzige literarische Detektiv, der an Zahl der Publikationen Nick Carter übertrifft. Die erste Sexton-Blake-Erzählung erschien 1893; der Autor war Harry Blyth (1852–1898), der sie unter dem Pseudonym Hal Meredith veröffentlicht hatte. Der englische Detektiv, in vielem eine Imitation von Holmes, wohnt ebenfalls in der Baker Street. Statt Dr. Watson begleitet ihn ein Junge namens Tinker. Unter den etwa 200 Autoren, die im ganzen etwa 4000 Blake-Romane und -Erzählungen geschrieben haben, scheint Edwy Searles Brooks (1889–1965) einer der fruchtbarsten gewesen zu sein; er publizierte 76 Blake-Romane (je etwa 28 000 Wörter) in der Sexton-Blake-Zeitschrift *Union Jack* (seit 1894). Sexton Blake ist auch der Held einer großen Zahl von billigen kurzen wie auch von langen Filmen der Jahre 1909–1945. Der folgende Roman ist abgedruckt im *Seventh Sexton Blake Omnibus* (1969), der noch einen zweiten Blake-Roman (Richard Williams: *The Sniper*) enthält. Datum des Copyrights ist 1967, aber der Roman scheint um 1920 geschrieben worden zu sein.

The Case of the Bismarck Memoirs

(um 1920, von Pierre Quiroule [Pseud. für W. W. Sayer])

Herr von Zimmern deponiert Bismarcks Memoiren, in einem Kistchen verpackt, in einer Londoner Bank. Die Quittung für das Kistchen steckt er in eine Flasche und wirft diese in die Themse. Dann wird er von seinen unbekannten Verfolgern ermordet. 1920, dreißig Jahre später, wird die Flasche gefunden, die Quittung gerät in die falschen Hände, und die Memoiren werden dazu benutzt, Lord Vavasour zu erpressen. In dessen Büro findet sich eine Leiche, im Schloßpark eine zweite. Aus Lord Vavasours Schreibtisch verschwindet ein wichtiger internationaler Geheimvertrag. In dieses Wespennest bringen Sexton Blake und sein Assistent Tinker Ordnung. Blake entwendet den Dieben die Memoiren, und Lord Vavasour entfernt daraus die für ihn peinlichen Stellen. Auch der Vertrag wird wiedergefunden. Lord Vavasour und seine Frau, die des einen Mordes verdächtig waren, werden entlastet. Am Ende gratuliert jedermann bewundernd dem gefeierten Meister aller Detektive, Sexton Blake: Scotland Yard, die französische Agentin, das Foreign Office, der Adel und die Dienerschaft.

BLANK, MATTHIAS
(1881–1928)

Er schrieb unter diesem Namen und unter mehreren Pseudonymen. Laut Adolf Bartels (s. S. 375) begann B. seine schriftstellerische Tätigkeit mit einem Schauspiel, *Detektiv Frank,* und schrieb anschließend mehrere Kriminalromane. Gestorben ist B. in Meißen.

Erlebnisse des Detektiv Frank (1907, 5 Bde.); *Der Glücksucher* (1909); *Der tote Gast* (1910); *Ahasvers Brautfahrt* (1910).

BLIXEN, KAREN
(1885–1962)

Geboren in Rungstedlund bei Kopenhagen. Nach Studien an der Kunstakademie bereiste sie Europa und Afrika. 1913 ließ sie sich in Kenia nieder und betrieb eine Kaffeeplantage. 1931 kehrte sie nach Dänemark zurück. Einen Teil ihrer Werke schrieb sie zuerst englisch; sie benützte mehrere Pseudonyme – z. B. Isak Dinesen und Pierre Andrézel. Unter letzterem schrieb sie den bekannten Thriller *Gengaeldelsens Veje* (1944; dt. *Die Rache der Engel,* 1959).

BLOCH, ROBERT
(*1917)

Geboren in Chicago. Nach Abschluß der Highschool war er elf Jahre lang im Reklamefach tätig. Nebenbei schrieb er für Zeitschriften. Seit 1953 lebt er als freier Schriftsteller. Bekannt wurde er durch den von Hitchcock verfilmten Roman *Psycho* (1959). B. schreibt Krimis und Science-fiction; er hat eine Vorliebe fürs Phantastische, Übernatürliche, Schockierende (in seiner Jugend las er H. P. Lovecraft). Sein erster Roman, *The Scarf* (1947), steht in der Raymond-Chandler-Tradition. Von den über 30 Bänden, die B. veröffentlicht hat, gehört etwa die Hälfte ins Gebiet des Krimi, darunter fünf Kurzgeschichtensammlungen und ein Roman, den er unter dem Pseudonym Collier Young herausbrachte: *The Todd Dossier* (1969).
Seit *Psycho* hat Bloch mehrere Filmskripte verfaßt: *The Couch* (1962), *The Cabinet of Caligari* (1962, nicht zu verwechseln mit dem klassischen deutschen Film), *The Skull* (1965), *The Psychopath* (1966), *The Deadly Bees* (1967) und andere mehr. Auch fürs Fernsehen schreibt er regelmäßig Beiträge – zu den Sendungen *Thriller* und *Alfred Hitchcock Presents.*

The Kidnapper (1954); *The Will to Kill* (1954); *The Dead Beat* (1960); *The Star Stalker* (1968); *Night World* (1972); *American Gothic* (1974).

BLOCHMAN, LAWRENCE GOLDTREE
(1900–1975)

Geboren in San Diego. Er studierte an der University of California, Berkeley, und wurde Journalist. Er war Korrespondent in Japan, Indien, Hongkong und Paris; nach 1928 freier Schriftsteller. Er übersetzte etwa 20 Bücher aus dem Französischen ins Englische und arbeitete auch für Radio und Fernsehen. B. schrieb etwa 20 Krimis, darunter einen Roman und eine Serie von Erzählungen über Dr. Daniel Webster Coffee und seinen Assistenten, den Hindu Dr. Motilal Mookerji, beide Spitalärzte in einer Stadt des Mittelwestens. Die meisten dieser Erzählungen erschienen ursprünglich in *Collier's.*

Die Coffee-Bände: *Diagnosis: Homicide. The Case-Book of Dr. Coffee* (1950, Kurzgeschichten); *Recipe for Homicide* (1952); *Clues for Dr. Coffee: A Second Case-Book* (1964, Kurzgeschichten). – Drei andere Krimis: *Bombay Mail* (1934); *See You at the Morgue* (1941); *Rather Cool for Mayhem* (1951).

BLUM, HANS
(1841–1910)

Geboren in Leipzig, Sohn des liberalen Politikers Robert Blum, der 1848 in Wien als Revolutionär erschossen wurde. Seine Mutter brachte B. in die Schweiz; er wuchs in Bern auf. 1869 wurde er Rechtsanwalt in Leipzig. 1871–1878 gab er die Zeitschrift *Grenzboten,* später die *Annalen des Reichsgerichts* heraus. Von 1874 bis 1894 war er Direktor einer Lebensversicherungsgesellschaft. 1899 zog er sich in die Schweiz (Rheinfelden) zurück. Manche seiner Erzählungen sind Kriminalgeschichten. Die Bände, in denen sie erschienen, heißen:

Dunkle Geschichten (1875); *Geheimnisse eines Verteidigers* (1889); *Aus geheimen Akten* (1889); *Auf dunklen Pfaden* (1892).

BODELSEN, ANDERS
(*1937)

Geboren in Kopenhagen. Er studierte dort Volkswirtschaft, Jura und Literaturwissenschaft und wurde Journalist. B. ist Autor von Romanen, Radio- und Fernsehstücken. 1959 erschien sein erster Roman; 1968 erhielt er den dänischen Literaturpreis. BARZUN/TAYLOR nennen zwei Krimis dieses Autors, die sie hoch einschätzen: *Think of a Number* (1969) und *One Down* (1970). Auf deutsch liegen vor *Villa Sunset* (1964; dt. 1971), *Frysepunktet* (1969; dt. *Brunos tiefgekühlte Tage,* 1971), *Straus* (1971; dt. *Straus oder Der zweitbeste Kriminalschriftsteller von Dänemark,* 1977).

BODKIN, MATTHIAS McDONNELL
(1850–1933)

Gebürtiger Ire, zuerst Advokat, später Richter. Er schrieb einige humoristische Detektiverzählungen und Kriminalromane. Seine Detektive heißen Paul Beck und Dora Myrl; im Roman *The Capture of Paul Beck* (1909) heiraten sie. Die beiden haben einen Sohn, der ebenfalls Verbrechen aufklärt *(Young Beck, a Chip off the Old Block,* 1911, Kurzgeschichten).

Paul Beck, Detective (1898, Kurzgeschichten); *Dora Myrl, the Lady Detective* (1900, Kurzgeschichten); *The Quests of Paul Beck* (1908, Kurzgeschichten); *Pigeon Blood Rubies* (1915).

BÖTTCHER, MAXIMILIAN
(1872–1950)

Geboren in Schönwalde (Mark Brandenburg). Er studierte Landwirtschaft, wurde Journalist und gründete 1908 in Berlin das »Klassische Theater für die höheren Lehranstalten« – späterer Name: »Deutsche Nationalbühne«. Von 1930 bis zu seinem Tod lebte er als freier Schriftsteller in Eisenach. Zumindest sein erster Roman ist ein Krimi: *Schuldig* (1896).

BOILEAU, PIERRE-LOUIS
(*1906)

Geboren in Paris. Besuch einer Handelsschule. 1938 erhielt er den Prix du roman d'aventures für *Le repos de Bacchus* und wandte sich nun dem Krimi zu *(La pierre qui tremble, La promenade de minuit, Six crimes sans assassin, Les trois clochards, Les rendez-vous de Passy* usw.). B. ist bekannt als Autor von psychologischen Kriminalromanen und von theoretischen Schriften über den Krimi. Das meiste seit 1950 hat er in Zusammenarbeit mit Thomas Narcejac (geboren 1908 in Rochefort-sur-Mer) geschrieben. *Sueurs froides* ist 1958 von Hitchcock verfilmt worden: *Vertigo* (mit James Stewart und Kim Novak). Der Roman *Et mon tout est un homme* erhielt 1965 den »Prix de l'humour noir«.

Celle qui n'était plus (1952); *Les louves* (1955); *Et mon tout est un homme* (1964); *La porte au large* (1964); *La vie en miettes* (1972).

Celle qui n'était plus
(1952; dt. *Das Nebelspiel,* 1954)
Dieser Roman ist von Henry-Georges Clouzot unter dem Titel *Les diaboliques* verfilmt worden. Erzählt wird vom Standpunkt dessen, der glaubt, der Mörder zu sein, der aber in Wirklichkeit das Opfer ist.
Die Handlung ist spannend und grauenerregend: Fernand Ravinel hat eine hohe Lebensversicherung auf seine Frau abgeschlossen – und umgekehrt. Wer überlebt, kann sich vom Geld ein Haus in Antibes kaufen und für immer ein geruhsames Leben führen.
Mit seiner Geliebten, Lucienne, einer Freundin seiner Frau, plant Fernand den Mord an seiner Frau, Mireille. Fernand ist im Grunde ein nicht sehr intelligenter und gutmütiger Mensch. Die Initiative liegt in den Händen Luciennes.
Zwei Stunden liegt die ertränkte Mireille im Bade, dann verschwindet ihr Leichnam. Fernand weiß, daß Mireille tot ist, aber andere Leute berichten ihm, daß sie seine Frau erst kürzlich gesehen haben. Auch erhält Fernand Mitteilungen von seiner Frau, die unverkennbar von ihrer Hand geschrieben sind. Das Grauen wird unerträglich, Lucienne läßt ihn im Stich. Zur Gespensterstunde begeht Fernand Selbstmord.
Und nun stellt sich heraus, daß Mireille die Tote nur gespielt hatte: Lucienne und Mireille haben Fernand planmäßig zum Selbstmord getrieben. Die beiden Freundinnen kassieren die Lebensversicherung und begeben sich glückstrahlend nach Antibes!

BONETT, JOHN / BONETT, EMERY
(*1906 / *1906)

Pseudonyme des englischen Ehepaars Hubert Arthur Coulson und Felicity Winifred Carter Coulson, das etwa ein Dutzend Krimis veröffentlicht hat. Er war zuerst Geschäftsmann, sie Schauspielerin gewesen. Seit den sechziger Jahren leben sie an der Costa Brava in Spanien, wo sie die Krimis über den spanischen Inspektor Borges schreiben: *This Side Murder* (1967, in USA *Murder on the Costa Brava*), *The Sound of Murder* (1970). Ihr erster Roman, *High Pavement* (1944, in USA *Old Mrs. Camelot*), ist unter dem Einzelnamen Emery Bonett erschienen.

Dead Lion (1949); *No Grave for a Lady* (1959); *The Private Face of Murder* (1966).

BOOTH, CHARLES GORDON
(*1896)

Dieser Amerikaner hat neben vielen andern Büchern einige Krimis geschrieben. HAGEN verzeichnet acht; BARZUN/TAYLOR besprechen *Murder at High Tide* (1930) positiv.

Sinister House (1926); *The Cat and the Clock* (1935); *Kings Die Hard* (1948).

BOOTHBY, GUY NEWELL
(1867–1905)

Geboren in Adelaide, Australien. Die Schule besuchte er in England. 1894 verließ er Australien endgültig und ließ sich in England nieder. Der ruchlose Doctor Nikola spielt in fünf Romanen eine Rolle. Der Schwindler Simon Carne in *A Prince of Swindlers* (1897) ist ein Vorfahre von A. J. Raffles. B. hat – zwischen 1894 und 1905 – nahezu 20 Bücher veröffentlicht.

Die fünf Nikola-Romane: *A Bid for Fortune, or Dr. Nikola's Vendetta* (1895); *Doctor Nikola* (1896); *The Lust of Hate* (1898); *Doctor Nikola's Experiment* (1899); *Farewell, Nikola* (1901). – Drei andere Krimis: *The Woman of Death* (1900); *My Strangest Case* (1902); *The League of Twelve* (1903).

BORDEAUX, HENRY
(1870–1963)

Geboren in Thonon am Genfer See. Er wurde Rechtsanwalt, nahm als Offizier am Ersten Weltkrieg teil und wurde 1920 in die Académie Française aufgenommen. Er schrieb eine große Menge von Büchern, worunter einzelne ins Gebiet des Krimi fallen.

Valombré (1928) und *Murder-Party, ou Celle qui n'était pas invitée* (1931).

BORGES, JORGE LUIS
(*1899)

Geboren in Buenos Aires; wohl der bedeutendste Dichter Argentiniens im 20. Jahrhundert. Während des Ersten Weltkriegs in Spanien und in der Schweiz, 1921 nach Argentinien zurückgekehrt. In den Jahren 1941/42 schrieb er, zusammen mit Adolfo Bioy Casares, sechs parodistische Kriminalnovellen, die unter dem Pseudonym H. Bustos Domecq erschienen und bald darauf verboten wurden. Der Titel: *Seis problemas para don Isidro Parodi* (dt. *Sechs Aufgaben für Don Isidro Parodi,* 1969).
Don Parodi ist ein italienischer Barbier, der völlig unschuldig und sinnlos seit Jahren im Gefängnis von Buenos Aires sitzt. Seine Haft in der Zelle 273 erträgt er mit Gleichmut. Man hat das Gefühl, er könne jederzeit ausbrechen, aber er sei der Meinung, das Gefängnis sei nicht der schlimmste Aufenthalt in Argentinien. Seine Zelle ist der Treffpunkt von Dichtern, Schauspielern, hohen Beamten und Männern des Großkapitals. Man kommt zu ihm, trägt ihm, möglichst wirr und dem Leser kaum verständlich, komplizierte Fälle vor. Eine Woche später kommt man wieder – und Don Parodi gibt in kurzen und verständlichen Sätzen die Lösung zum besten. Die Fälle sind ebenso unsinnig wie die Lösungen. Neben dem Krimi selbst wird mit jeder Erzählung ein Autor oder eine andere Persönlichkeit parodiert, z. B. Mohammed (recht geschwätzig), Franz Kafka (masochistisch) und Ernest Bramah (Parodie seiner Kai-Lung-Erzählungen). Hinter dem Unsinn verbirgt sich eine gute Portion Kritik an den sozialen und politischen Zuständen, weshalb sich die Zensur des Buches bemächtigte.
Andere Kurzgeschichtenbände mit Kriminalerzählungen: *El jardin de senderos que se bifurcan* (1941); *Ficciones* (1944).

BORROW, GEORGE
(1803–1881)

Geboren in East Dereham. Er ist heute bekannt für seine Reisebücher *Lavengro* (1851) und *Wild Wales* (1862). Fast vergessen ist die Tatsache, daß er einen frühen englischen Pitaval herausgebracht hat: *Celebrated Trials and Remarkable Cases of Criminal Jurisprudence to 1825* (1825, 2 Bde.). Er hat auch Vidocqs Memoiren ins Englische übersetzt.

BOUCHER, ANTHONY
(1911–1968)

Pseudonym für William Anthony Parker White. Er wuchs in Kalifornien auf und wollte ursprünglich Sprachlehrer werden. 1932 B. A., 1934 M. A. in Deutsch. Den Unterricht gab er auf und wurde Journalist. Nach 1937 schrieb er sieben Krimis (darunter zwei unter dem Pseudonym H. H. Holmes), ferner Science-fiction, Essays und eine große Zahl von Buchbesprechungen. Von 1951 bis zu seinem Tod verfaßte er die wöchentliche Rubrik »Criminals at Large« in der *New York Times Book Review.* In diesen zwei Jahrzehnten war er der meistzitierte Krimikritiker der Welt.

The Case of the Seven of Calvary (1937); *The Case of the Crumpled Knave* (1939); *The Case of the Baker Street Irregulars* (1940); *Nine Times Nine* (1940, von H. H. Holmes); *The Case of the Solid Key* (1941); *The Case of the Seven Sneezes* (1942); *Rocket to the Morgue* (1942, von H. H. Holmes).

Lit.: Boucher: Multiplying Villainies. Selected Mystery Criticism 1942–1968, hrsg. von Robert E. Briney und Francis M. Nevins Jr., 1973. – Sincerely, Tony / Faithfully, Vincent. The Correspondence of Anthony Boucher and Vincent Starrett, hrsg. von Robert W. Hahn, 1975.

BOULLE, PIERRE
(*1912)

Geboren in Avignon. Er arbeitete als Ingenieur in Malaya. 1944 entfloh er aus der japanischen Gefangenschaft. *Le pont de la rivière Kwaï* (1952) machte ihn bekannt. Unter seinen spannenden Romanen und Erzählungen fallen einige ins Gebiet der Science-fiction, andere in das des Krimi. Beispiele für letzteres: *Le bourreau* (1954); *Un métier de seigneur* (1960).

BOX, EDGAR
(*1925)

Unter diesem Pseudonym schrieb der bekannte amerikanische Schriftsteller Gore Vidal drei Krimis. Vidal hat einen Namen durch seine Romane *The City and the Pillar* (1948), *Myra Breckinridge* (1968) und *Burr* (1973). Er wurde in West Point, New York, geboren und wuchs in Washington auf. Von 1943 bis 1946 diente er in der Marine. Er verfaßte Dramen und Filmskripte und gehörte 1961–1963 Präsident John F. Kennedys »Council of the Arts« an. 1952 schrieb er schnell hintereinander drei Krimis, die bisher sein einziger Beitrag zur Kriminalliteratur geblieben sind. Sein Detektiv ist Peter Sargeant II, ein Public-Relations-Fachmann und Journalist.

Death in the Fifth Position (1952); *Death before Bedtime* (1953); *Death Likes It Hot* (1954).

Death Likes It Hot
(1954; dt. *Immer diese Morde,* 1963)
Peter Sargeant II ist von Mrs. Veering eingeladen worden, ein Wochende in ihrem Landhaus in Easthampton, Long Island, zu verbringen. Für die anderen Gäste – den Maler Brexton, seine Frau Mildred, das Geschwisterpaar Allie und Fletcher Claypoole und die Journalistin Mary Western Lung – ist Sargeant Hausgast wie sie selbst; in Wirklichkeit soll er jedoch die nächste große Party von Mrs. Veering in der Presse hochspielen. Sargeant bereut schon am ersten Abend, gekommen zu sein: die Atmosphäre ist voller Spannungen. Mrs. Veering ist eine Alkoholikerin; die Ehe der Brextons scheint nicht in Ordnung; Allie Claypoole hängt ungewöhnlich an ihrem Bruder, der wiederum Mildred Brexton seine Aufmerksamkeit widmet. Die dicke Miss Lung stürzt sich auf Sargeant. Am nächsten Vormittag ertrinkt Mildred Brexton beim Schwimmen, Fletcher und ihr Mann haben sie nicht retten können. War es ein Unglücksfall, Selbstmord oder Mord? Ganz Easthampton gerät in Aufregung; von Harvard eilt Allies Neffe, Dick Randan, herbei; auch Sargeants Feundin Liz kann nicht genug über den mysteriösen Tod erfahren. Fletcher Claypoole beschuldigt Brexton, und die Polizei glaubt ihm; Sargeant wird nachts niedergeschlagen. Als er am folgenden Abend mit Dick Randan von einer Party zurückkehrt, finden die beiden die Leiche Fletchers – er ist ermordet worden. Aber erst nach einem weiteren Mordversuch an Allie wird der Verbrecher von Sargeant entlarvt. Unter Gefährdung seines eigenen Lebens stellt Sargeant Dick Randan und entwaffnet ihn. Mildreds Tod war ein Unglücksfall gewesen; als die Polizei

jedoch nach einem Mörder suchte, hatte Randan die Gelegenheit benutzt, sich seines Vormunds Fletcher zu entledigen.

BOYLE, JACK
(?)

Er veröffentlichte 1919 *Boston Blackie,* ein Buch, dessen Held der frühere Zuchthäusler und Einbrecher »Blackie« ist. Kein Safe, das der kluge und gutgelaunte Blackie nicht aufknacken könnte. Blackie hat studiert, er ist ein Wissenschaftler und Gentleman. Seinen Beruf übt er angesichts der Verlogenheit der Gesellschaft mit gutem Gewissen aus. Seine hübsche Frau Mary unterstützt ihn dabei. Blackie hat, abgesehen von seinem Namen, nichts mit Boston zu tun; er lebt und arbeitet in San Francisco. Blackies Berühmtheit beruht nicht auf dem Buch, sondern auf den 14 Filmen, in denen er zwischen 1918 (ein Jahr vor der Buchpublikation) und 1941 auftrat. Zu seinen Darstellern gehörten u. a. Lionel Barrymore und Chester Morris.

BOYLE, KAY
(*1903)

Geboren in St. Paul, Minnesota. In den Jahren 1922–1941 lebte sie meist in Europa. Sie hat zahlreiche Romane und Erzählungen geschrieben; HAGEN bezeichnet zwei ihrer Romane als Krimis: *Monday Night* (1938) und *A Frenchman Must Die* (1946).

BRADDON, GEORGE
(*1903)

Pseudonym für den Engländer George Alexis Bankoff, der in den Jahren 1948–1952 (laut HAGEN) vier Krimis veröffentlichte. BARZUN/TAYLOR besprechen *Judgment Deferred* (1948) positiv.

The Dog It Was That Died (1948); *Murdered Sleep* (1949); *Time Off for Death* (1952).

BRADDON, MARY ELIZABETH
(1837–1915)

Geboren in London. Der Vater war ein Taugenichts. Als sich die Eltern trennten, blieb Mary bei der Mutter. Zwei Jahre war sie Schauspielerin. 1860 Aufführung ihres Dramas *The Lovers of Arcadia* im Strand Theatre. Um 1860 verliebte sie sich in John Maxwell, einen Iren, der als Waisenkind in Limerick aufgewachsen war. Er gab die Zeitschrift *Robin Goodfellow* heraus und brauchte dafür einen Fortsetzungsroman. B. produzierte zu diesem Zweck die ersten Kapitel von *Lady Audley's Secret.* Die Zeitschrift ging ein, bevor Lady Audleys Geschichte weit gediehen war. Im März 1862 begann der Roman – von Anfang an – nochmals im *Sixpenny Magazine* zu erscheinen. Der Verlag Tinsley Brothers wurde aufmerksam und brachte den ganzen Roman am 1. Oktober 1862 in drei Bänden heraus. Der Erfolg war ungeheuer: sieben weitere Auflagen erschienen im gleichen Jahr. Noch 1862 wurde die erste dramatisierte Version aufgeführt, die sich viele Monate lang auf der Bühne hielt. Weitere Dramatisierungen bis 1971; erste Verfilmung 1915.
Maxwell war verheiratet und hatte seine Frau im Irrenhaus interniert. B., die 1861 ein erstes Kind zur Welt brachte, konnte ihn erst 1874 heiraten, als seine erste Frau gestorben war. Bis zu ihrer Heirat war sie vom gesellschaftlichen Leben ausgeschlossen. Sie mußte viel schreiben, um Maxwells Schulden zu bezahlen. Von 1861 bis 1874 gebar sie fünf Kinder, die sie zusammen mit den fünfen aus Maxwells erster und legaler Ehe erziehen mußte.
Um 1871 waren die Schulden abbezahlt, und Maxwell und sie verlegten nun »Miss Braddons« Bücher selbst. Auch nach 1888, als die Firma Simpkin & Marshall den Vertrieb ihrer Bücher übernahm, organisierte B. den Papiereinkauf, das Drucken und Binden selbst – wie nach ihr George Bernard Shaw. Im ganzen schrieb sie etwa 80 Bücher, dazu einige unter anderen Namen. Viele Jahre lang gab sie Maxwells Zeitschrift *Belgravia* heraus; sie schrieb sogar einen Fortsetzungsroman auf französisch für den *Figaro.*
Nach 1870 waren die Maxwells wohlhabend, machten ausgedehnte Reisen und empfingen Conan Doyle, Oscar Wilde und W. E. Hornung. Von dieser Zeit an spielt das Verbrechen in

»Miss Braddons« Büchern eine geringere Rolle, sie wandte sich nun mehr dem historischen und psychologischen Roman zu.

Zu den Romanen mit Krimi-Einschlag gehören: *Aurora Floyd* (1863); *Eleanor's Victory* (1863); *John Marchmont's Legacy* (1863); *Henry Dunbar* (1864); *Birds of Prey* (1867); *Charlotte's Inheritance* (1868); *Lucius Davoren, or Publicans and Sinners* (1873); *The Cloven Foot* (1879); *Wyllard's Weird* (1885); *Thou Art the Man* (1894); *Rough Justice* (1898); *His Darling Sin* (1899).

Lady Audley's Secret
(1862; dt. *Lady Audley's Geheimniß,* 1863)
Der Leser wird zuerst ins Schloß Audley Court eingeführt, wo der 56jährige Sir Michael Audley eben zum zweiten Mal geheiratet hat, und zwar die bildhübsche Hauslehrerin eines benachbarten Arztes, Miss Lucy Graham. Sir Michaels Tochter Alicia geht diese Heirat begreiflicherweise gegen den Strich.
Nun wird der Leser an Bord des Schiffes »Argus« versetzt, auf dem George Talboys von Australien nach England zurückkehrt. Vor Jahren hatte er Frau und Kind verlassen, um in den Goldgruben sein Glück zu versuchen. Er besitzt jetzt 20 000 Pfund. Der gewiegte Leser vermutet sofort, daß Lucy, jetzt Lady Audley, George Talboys' ehemalige Ehefrau sein könnte.
In London trifft George seinen Freund Robert Audley, einen Neffen von Sir Michael. Zusammen suchen sie nach Georges Frau, aber sie finden nur ihr noch frisches Grab, ihren Vater und das Kind. Der Leser vermutet sofort, daß ein falscher Leichnam im Grabe liegt. Sein Verdacht bestätigt sich, als Lady Audley alles tut, um George Talboys nicht unter die Augen zu kommen.
Eines Tages trifft George die Lady doch, und zwar allein. Sie hat danach blaue Flecken an den Handgelenken, George ist und bleibt verschwunden. Robert Audley übernimmt nun die Rolle des Detektivs: er bringt Licht in Lady Audleys Vergangenheit und weist nach, daß sie Talboys' Frau war – und noch ist. Sie läßt sich das nicht ohne weiteres gefallen: sie bricht in Roberts Londoner Wohnung ein, besticht seine Dienerin und deren Mann, zündet das Haus an, in dem Robert schläft usw. Schließlich aber gibt sie klein bei und bekennt, daß ihre Mutter irrsinnig gewesen sei und daß auch sie, wenn sie provoziert werde, die Beherrschung verliere. In einem solchen Moment habe sie George Talboys umgebracht, indem sie ihn in den Ziehbrunnen stürzte.
Der Irrenarzt allerdings erklärt Lady Audley für normal: also nicht Irrsinn, sondern kalte Berechnung, die Sucht nach Wohlstand hatten sie dazu getrieben, ihr Kind zu verlassen, Sir Michael zu heiraten, ihren ersten Mann zu ermorden. Lady Audley wird trotzdem in einem französischen Irrenhaus versorgt, wo sie ein Jahr später stirbt.
Der totgeglaubte George Talboys taucht wieder auf. Er war damals aus dem Brunnen wieder herausgeklettert und entkommen. Sein Vater, der ihn einst verstoßen hatte, als er die hübsche Verbrecherin heiratete, nimmt ihn wieder in Gnaden auf. Robert heiratet Talboys' Schwester Clara; auch Alicia kommt unter die Haube, und nachdem seine böse Frau gestorben ist, sieht sich auch George Talboys nach einem neuen Glück um.
Der Roman ist vorzüglich geschrieben: die Milieuschilderungen sind ausgezeichnet, die Charaktere glaubhaft, und alles ist mit einem Schuß Ironie gewürzt. Miss Braddon selbst führt Wilkie Collins (*The Woman in White,* 1860), Paul de Kock und Alexandre Dumas als Quellen an. Von 1862 bis etwa 1914 war *Lady Audley's Secret* einer der meistgelesenen Romane der Weltliteratur. Auch heute wird er, als Taschenbuch, von Tausenden gekauft und gelesen.

BRADY, OLD KING

Old King Brady ist neben Nick Carter der ehemals wohl populärste literarische Detektiv Amerikas. Seine Taten wurden seit 1885 von der Firma Frank Tousey, New York, in Groschenheftchen publiziert. Der Hauptautor war Francis W. Doughty (1850–1917). – Später hatte Old King Brady als Begleiter Young King Brady, einen vielversprechenden Jüngling, der aber nicht mit dem älteren Mann verwandt war. Ein Beispiel:

The Bradys and the Girl Smuggler; or , Working for the Custom House, by a New York Detective
(1900)
Dieser 32seitige Roman (Großformat; etwa 128 Seiten im Normalformat) wurde als Nr. 79 der

Serie »Secret Service: Old and Young King Brady, Detectives« am 27. Juli 1900 in New York publiziert. Preis: 5 Cents. Verlag: Frank Tousey.

Die Zöllner der USA sind unfähig, den Mann zu entdecken, der Diamanten aus Holland in die USA einschmuggelt. Der Secret Service beauftragt deshalb die beiden Bradys damit, den Mann zu stellen. Er heißt La Croix, ist – wie viele Gauner der Zeit – Frankokanadier, hat eine Frau, eine Tochter und vier männliche Helfer. Auf Seite 9 entdecken die Bradys einen Brief, der alles preisgibt. Der Fall ist geklärt, aber es dauert noch 23 Seiten, bis die naiven Bradys die Schmuggler und die Diamanten endlich erjagt haben. Die beiden Bradys gelten allgemein als Genies; ihre Handlungen beweisen das Gegenteil. Die Handlung ist ungeheuer banal, die Dialoge sind beinahe blödsinnig, Sprache und Phantasie des Autors auf dem Niveau eines Zwölfjährigen.

Der Erfolg der Serie beruhte wohl darauf, daß auch der dümmste Leser sich den Bradys gegenüber überlegen vorkommen konnte. Viele Leser mögen Kinder gewesen sein, welche die Heftchen heimlich kauften.

BRAMAH, ERNEST
(1868–1942)

Pseudonym für Ernest Brammah Smith, geboren in Manchester. Man weiß wenig über sein Leben. Einige Jahre arbeitete er als Bauer; dann wurde er Journalist, anfangs bei der Zeitschrift *To-day,* später Herausgeber eines Blättchens für Theologen: *The Minster.* Zeit seines Lebens hat er die Öffentlichkeit gescheut. Er starb in Somerset.

B. schrieb u. a. ein Buch über seine Erfahrungen als Bauer (*English Farming and Why I Turned It Up,* 1894), einen Science-fiction-Roman unter dem Namen E. B. Smith (*The Secret of the League,* 1907), ein Buch für Münzensammler (*A Guide to the Varieties and Rarity of English Royal Copper Coins, Charles II – Victoria,* 1929). Ferner verfaßte B. mehrere Bücher über die Figur des Kai Lung (das erste hieß *The Wallet of Kai Lung,* 1900). Kai Lung ist ein wandernder Erzähler im alten China, dessen spannende Abenteuergeschichten ihm selbst mehr als einmal das Leben retten.

B. ist vor allem durch seine Max-Carrados-Geschichten bekannt geblieben. Max Carrados ist ein blinder Detektiv. Während er nichts sieht, sind seine anderen Sinne um so besser entwikkelt: er hört und erkennt die leisesten Geräusche; sein Tastsinn ist so fein, daß er großgedruckte Überschriften in der Zeitung lesen kann. Vor allem aber kann er denken und kombinieren.

Die meisten Carrados-Erzählungen sind zuerst in Zeitschriften erschienen. 26 Geschichten sind bekannt: die ersten acht finden sich in *Max Carrados* (1914), die nächsten neun in *The Eyes of Max Carrados* (1924) und weitere acht in *Max Carrados Mysteries* (1927). Der Band *The Specimen Case* (1924) enthält eine einzelne Carrados-Geschichte (»The Bunch of Violets«) neben anderen Kriminalerzählungen. *The Bravo of London* (1934) ist der einzige Carrados-Roman.

BRANCH, PAMELA
(1920–1967)

Geboren in Ceylon. Sie ging in England zur Schule, studierte Kunst und Theater in Paris und London und ging dann nach Kaschmir, wo sie auf einem Hausboot lebte.

Ihre vier Krimis: *The Lion in the Cellar* (1951); *The Wooden Overcoat* (1951); *Murder Every Monday* (1954); *Murder's Little Sister* (1958).

BRAND, CHRISTIANNA
(*1907)

Pseudonym für Mary Christianna Milne Lewis. Geboren wurde sie in Malaya und wuchs zuerst in Indien auf. Dann besuchte sie eine englische Klosterschule. 1924 verlor ihr Vater sein Vermögen, und Christianna hungerte sich viele Jahre lang in allen möglichen Berufen durch. 1941 war sie Verkäuferin und schrieb ihren ersten Krimi, *Death in High Heels,* als Racheakt an einer bösartigen Kollegin. Sie heiratete einen Arzt und schrieb ein Dutzend weitere Krimis, dazu Kurzgeschichten und Romane. Ihr Hauptheld ist Inspektor Cockrill von der Kent-County-Polizei, der in sechs Romanen auftritt. Einer davon, *Green for Danger* (1944) wurde 1946 verfilmt (mit Trevor Howard und Alastair Sim). Julian Symons nahm *Cat and Mouse* (1950) in seine Liste der hundert besten Krimis auf.

Die sechs Cockrill-Romane: *Heads You Lose* (1941); *Green for Danger* (1944); *Suddenly at His Residence* (1946, in USA *The Crooked Wreath*); *Death of Jezebel* (1948); *London Particular* (1952, in USA *Fog of Doubt*); *Tour de Force* (1955). – Drei andere Krimis: *Three-Cornered Halo* (1957); *Starrbelow* (1958, Pseud. China Thompson); *Heaven Knows Who* (1960).

BRANSON, HENRY C.
(?)

B. ist Amerikaner und schrieb 1965 einen Roman, der im Bürgerkrieg spielt: *Salisbury Plain*. Er hat sieben Detektivromane verfaßt; deren Held ist der Privatdetektiv John Bent, ein ehemaliger Arzt, der in New York wohnt und arbeitet.

I'll Eat You Last (1941); *The Pricking Thumb* (1942); *The Case of the Giant Killer* (1944); *Fearful Passage* (1945); *Last Year's Blood* (1947); *The Leaden Bubble* (1949); *Beggar's Choice* (1953).

BREAN, HERBERT
(1907–1973)

Geboren in Detroit. Er studierte an der University of Michigan (B. A. 1929), wurde Journalist und war Mitarbeiter von *Time, Life* und *Fortune*. Er schrieb u. a. *How to Stop Smoking* (1951), *The Mystery Writer's Handbook* (1958), *The Only Diet That Works* (1963), aber auch sieben Krimis. Der Held der ersten vier (1948–1952) ist Reynold Frame – Schriftsteller, Photograph und Detektiv.

Wilders Walk Away (1948); *The Darker the Night* (1949); *Hardly a Man Is Now Alive* (1950); *The Clock Strikes Thirteen* (1952); *A Matter of Fact* (1956, späterer Titel *Dead Sure*; in England *Collar for the Killer*); *The Traces of Brillhart* (1960); *The Traces of Merrilee* (1966).

BRECHBÜHL, BEAT
(*1939)

Geboren in Oppligen, Kanton Bern, Schweiz. Zunächst Schriftsetzer; sein erstes Buch: *Gesunde Predigt eines Dorfbewohners* (1966). Zwischen 1966 und 1974 veröffentlichte er sechs weitere Bücher (Romane und Kurzgeschichten). Er gehört zu den wichtigen Schweizer Autoren der Nach-Dürrenmatt-Generation.

Kneuss
(1970)

Der Untertitel: »Zwei Wochen aus dem Leben eines Träumers und Querulanten, von ihm selber aufgeschrieben.« Kneuss ist ein schnauzbärtiger, völlig unkonventioneller junger Mann. Die Spießer verabscheuen, die Frauen lieben ihn. Er hat ein gutes Herz, hilft einer Fremdarbeiterfamilie und anderen Menschen in Not und liebt seinen Hund. Er fühlt sich frei, da er nichts auf Geld gibt. Sein früherer Schulfreund Eugen Schnaffelmann ist Besitzer einer großen Druckerei geworden. Er besticht Rechte wie Linke (auch Kneuss' Onkel beim Militärdepartement); andere Leute erpreßt er (da er über homosexuelle Beziehungen Bescheid weiß). Er hat Kneuss' frühere Freundin geheiratet und gönnt diesem seine Freiheitsgefühle nicht. Er bietet Kneuss eine glänzende Stelle mit phantastischem Gehalt an, aber Kneuss ist nicht im geringsten interessiert. Als er herausfindet, was für ein kapitalistischer Halunke Eugen ist, beleidigt er ihn sogar auf offener Straße. Eugen duldet keinen Widerspruch. Schon andere, die nicht so wollten wie er, hat er gesellschaftlich unmöglich gemacht oder sogar ermorden lassen. Nun geht es Kneuss an den Kragen. Zwar gelingt es den drei gemieteten Gangstern nicht, ihn umzulegen – sie töten vorläufig nur den Hund. Kurz darauf wird Eugen Schnaffelmann tot aufgefunden, getroffen von einem mit Batterien betriebenen Elektrisierrevolver. Als Täter kommen viele in Frage, aber Kneuss gesteht am Ende ein, daß er der Mörder gewesen ist. Schade, denn die Ermordung war eine weitere »gute« Tat von Kneuss: Schnaffelmann hat seinen Tod mehr als verdient. Hätte sich Kneuss etwas geschickter verhalten, wäre der Mörder unentdeckt geblieben.
Kneuss ist ein Krimi erst in zweiter Linie, vielmehr ein sozialkritischer Schelmenroman – voller Spannung und gespickt mit großartigen humoristischen Szenen.

BREEN, JON L.
(*1943)

Geboren in Alabama, aufgewachsen in Kalifornien. Er studierte Bibliothekswissenschaften und wurde nach dem Militärdienst in Vietnam Bibliothekar am California State College, Dominguez Hills. Sein wissenschaftliches Interesse gilt der Detektivgeschichte; neben Aufsätzen hat er eine Reihe von Kurzgeschichten und Parodien im Krimi-Genre geschrieben, die zum Teil in *Ellery Queen's* erschienen sind.

BREMNER, MARJORIE
(*1916)

Diese Amerikanerin studierte an der University of Chicago und an der Columbia University in New York. Sie war als Psychologin tätig, zunächst in den USA, nach 1946 in London. Seit den fünfziger Jahren arbeitet sie auch journalistisch. Sie hat zwei vorzügliche Krimis verfaßt: *Murder Most Familiar* (1953) und *Murder Amid Proofs* (1955).

BRENNAN, JOSEPH PAYNE
(*1918)

Er ist Amerikaner und arbeitet als Bibliothekar an der Yale University. Er hat sich aufs Unheimliche und Übernatürliche spezialisiert und u. a. den hellseherischen Detektiv Lucius Leffing erfunden, der – im *Casebook of Lucius Leffing* (1973) – 17 verworrene Fälle löst. Das Buch erschien im Verlag Macabre House, der auch B.s *Scream at Midnight* (1963) publizierte. B.s erstes Buch dieser Art war *Nine Horrors and a Dream* (1962).

BRETT, MICHAEL
(*1923)

Pseudonym für den Amerikaner Miles Tripp. Er hat, mit und ohne Pseudonym, etwa 20 Romane veröffentlicht. Die Zentralfigur der meisten Brett-Romane ist der Privatdetektiv Pete McGrath.

Diecast (1963); *Kilo Forty* (1963); *Diamond Kill* (1977). – Drei Pete-McGrath-Romane: *Kill Him Quickly, It's Raining* (1966); *The Flight of the Stiff* (1967); *Slit My Throat Gently* (1968).

BRINKMANN, JÜRGEN
(*1934)

Geboren in Berlin. 1953 verließ er die BRD und studierte Bibliothekswissenschaften in Leipzig. Seit 1966 ist er freier Schriftsteller. Er hat zwei Romane, einige Erzählungen und – unter dem Pseudonym Paul Evertier – einen Krimi geschrieben: *Monsieur bleibt im Schatten* (1971).

BRISTOW, GWEN
(*1903)

Geboren in Marion, South Carolina. Sie studierte Journalistik in New York und arbeitete von 1925 bis 1933 an der *New Orleans Times-Picayune.* 1929 heiratete sie den Reporter Bruce Manning, mit dem zusammen sie vier Krimis schrieb. Später zogen die Mannings nach Hollywood; Manning schrieb und produzierte Filme, und seine Frau verfaßte historische und andere Romane. Die vier Krimis erschienen unter dem Doppelnamen: Gwen Bristow and Bruce Manning.

The Invisible Host (1930); *The Gutenberg Murders* (1931); *The Mardi Gras Murders* (1932); *Two and Two Make Twenty-Two* (1932).

BROOKS, EDWY SEARLES
(1889–1965)

Geboren in London. Er verfaßte über 1000 Romane und Erzählungen für eine große Zahl von Serien. Für die »Nelson Lee Library« schrieb er innerhalb von 16 Jahren 900 Kurzromane, d. h. 18 Millionen Wörter. Er war ausgiebig für die Sexton-Blake-Serie tätig und erfand dort die Figur »Waldo the Wonderman« (76 Romane zu je 28 000 Wörtern). Daneben veröffentlichte er etwa 60 normale Krimis, darunter etwa 40 unter dem Pseudonym Victor Gunn. In den vierziger Jahren erschienen unter dem Namen Victor Gunn mindestens ein halbes Dutzend Krimis mit Inspector Ironsides von

Scotland Yard als Zentralfigur. 1938 erfand B. unter dem Pseudonym Berkeley Gray die Figur des Norman Conquest. Dieser ist ein kühner und gutgelaunter Desperado im Stil von »The Saint«. Er tritt in etwa 50 Büchern auf; das letzte, von Mrs. Brooks vollendet, heißt: *Conquest in Ireland* (1969).

Drei Norman-Conquest-Bücher (von Berkeley Gray): *Mr. Mortimer Gets the Jitters* (1938); *Alias Norman Conquest* (1945); *Conquest in the Underworld* (1962). – Drei Krimis von Victor Gunn: *Footsteps of Death* (1939); *Murder on Ice* (1951); *Death at Traitor's Gate* (1960). – Drei Ironsides-Romane von Victor Gunn: *Ironsides of the Yard* (1940); *Ironsides Sees Red* (1945); *Ironsides on the Spot* (1948).

BROOME, ADAM
(*1888)

Pseudonym für den Engländer Godfrey Warden James, der in den Jahren 1929–1946 ein Dutzend Krimis schrieb. BARZUN/TAYLOR besprechen zwei – mit gemischten Gefühlen.

The Oxford Murders (1929); *The Cambridge Murders* (1936); *Dream Murder* (1946).

BROPHY, JOHN
(1899–1965)

Geboren in Liverpool. Er studierte in Durham. Unter seinen zahlreichen Veröffentlichungen sind zumindest zwei Krimis: *The Day They Robbed the Bank of England* (1959) und *Front Door Key* (1960).

BROWN, CARTER
(*1923)

Pseudonym des (australischen?) Autors Alan Geoffrey Yates. Das Copyright seiner Bücher besitzen die Horwitz Publications in Sidney, Australien. B.s erster Titel ist wohl 1953 erschienen. Für die Jahre 1953–1968 verzeichnet HAGEN annähernd 150 Bücher. Die populären amerikanischen Signet-Taschenbücher widmeten Brown eine eigene Reihe: »The Carter Brown Mystery Series«. Jeder Band hatte 128 Seiten und eine halbnackte Frau auf dem Titelblatt. Die Helden sind, unter anderen, entweder Polizeileutnant Al Wheeler oder der Privatdetektiv Rick Holman. Beide sind Schürzenjäger und wirken in Kalifornien. Es ist wohl eher der geringe Umfang als die Qualität der Romane, welche zwei deutsche Verlage veranlaßt hat, in den Jahren 1959–1967 über 60 von B.s Krimis in Übersetzung herauszubringen (Deschs Mitternachtsbücher und Ullsteins Kriminalromane nach der Liste von PROMIES).

My Mermaid Murmurs Murder (1953); *Angel!* (1962); *Long Time No Leola* (1967).

BROWN, CHARLES BROCKDEN
(1771–1810)

Geboren in Philadelphia. Er wurde Rechtsanwalt, dann freier Schriftsteller; er war der erste Amerikaner, der versuchte, vom Romanschreiben zu leben. Er stand unter dem Einfluß von William Godwin (*Caleb Williams*). Vier seiner sechs Romane enthalten Elemente des Krimi: Mord, rätselhaftes und schauerliches Geschehen, Aufklärung von Verbrechen.

Wieland: or, The Transformation (1798); *Ormond: or, The Secret Witness* (1799); *Edgar Huntley: or, The Memoirs of a Sleep-Walker* (1799); *Arthur Mervyn: or, Memoirs of the Year 1793* (1799/1800).

BROWN, FREDRIC
(1906–1972)

Geboren in Cincinnati. Von 1924 an arbeitete er zumeist als Büroangestellter und Korrektor. Eine chronische Halskrankheit veranlaßte ihn dazu, sich 1949 in Taos, New Mexico, 1954 in Tucson, Arizona, niederzulassen. Zwischen 1938 und 1972 schrieb er Romane, Science-fiction, Krimis und etwa 300 Kurzgeschichten. 1947 erschien sein erster Krimi, *The Fabulous Clipjoint,* in welchem Ed und Am Hunter auftreten. Ambrose ist der Onkel, Edward der Neffe, und zusammen bringen sie den Mörder von Eds Vater zur Strecke. Sie kommen in weiteren sechs Krimis vor. Neben den Hunter-Romanen hat B. mindestens 16 weitere Krimis und zwei Bände Kriminalerzählungen veröffentlicht.

Die sieben Romane um Ed und Am Hunter: *The Fabulous Clipjoint* (1947); *The Dead Ringer* (1948); *Death Has Many Doors* (1951); *The Bloody Moonlight* (1949, in England *Murder in the Moonlight*); *Compliments of a Fiend* (1950); *The Late Lamented* (1959); *Mrs. Murphy's Underpants* (1963). – Drei andere Krimis: *Murder Can Be Fun* (1948); *His Name Was Death* (1954); *The Five-Day Nightmare* (1962).

BROWNE, DOUGLAS GORDON
(*1884)

Sohn des englischen Malers Gordon Browne; er malte zuerst selbst, bevor er den Pinsel mit der Feder vertauschte. Neben anderen Büchern schrieb er in den Jahren 1933–1958 ein gutes Dutzend Krimis. Zwei seiner Zentralfiguren sind Harvey Tuke und Sir Bruton Kames.

The Cotfold Conundrums (1933); *Death Wears a Mask* (1940); *Death in Seven Volumes* (1958).

BROWNE, HOWARD
(*1908)

Geboren in Omaha, Nebraska. Anderthalb Jahrzehnte verbrachte er in Chicago, wo er für einen »Pulp«-Verleger arbeitete. 1956 kam er nach Kalifornien; dort schrieb er Film und Fernsehskripte. Zu seinen Filmen gehören *Portrait of a Mobster* (1961) und *The St. Valentine's Day Massacre* (1967). B. veröffentlichte seine ersten vier Krimis in den Jahren 1946–1949 unter dem Pseudonym John Evans. Der Held in den drei Halo-Romanen ist der Privatdetektiv Paul Pine, der noch ein viertes Mal in B.s sechstem und bisher letztem Krimi, *The Taste of Ashes* (1957), auftaucht.

Halo in Blood (1946); *If You Have Tears* (1947); *Halo for Satan* (1948); *Halo in Brass* (1949); *Thin Air* (1954); *The Taste of Ashes* (1957).

BRUCE, JEAN
(*1921)

Pseudonym für Jean Alexandre Brochet. Dieser Franzose hat etwa gleichzeitig wie Ian Fleming einen in der Folge äußerst populären Agenten erfunden, den Helden zahlreicher Romane: Hubert Bonisseur de la Bath, »colonel au Service Action de l'agence centrale de renseignement des Etats-Unis, la C.I.A.«. Bonisseur ist bekannt unter dem Kennzeichen OSS 117.

OSS 117 voit rouge (1956); *Chinoiseries pour OSS 117* (1957); *Valse viennoise pour OSS 117* (1963).

BRUCE, LEO
(*1903)

Pseudonym für Rupert Croft-Cooke. Geboren in Edenbridge, Kent. Er versuchte sich als Buchhändler, Soldat, im Intelligence Service und als Verleger, schrieb mehrere Sachbücher auf dem Gebiet der Kriminologie und eine mehrbändige Autobiographie unter seinem richtigen Namen. Als Leo Bruce hat er etwa 30 Krimis veröffentlicht, deren Zentralfiguren der absolut vernünftige Inspector Beef und der gerissene Historiker Carolus Deene sind.

A Case for Three Detectives (1936); *Dead for a Ducat* (1956); *Death with Blue Ribbon* (1969).

BRUTON, ERIC
(*1915)

Geboren in London. Er studierte Ingenieurwissenschaften, wurde Herausgeber wissenschaftlicher Zeitschriften und schrieb Bücher über Uhren. Daneben hat er in den Jahren 1957–1965 ein Dutzend Krimis verfaßt, von denen die meisten zur »procedural school« gehören und in London spielen.

Death in Ten-Point Bold (1957); *The Finsbury Mob* (1964); *The Smithfield Slayer* (1965).

BUCHAN, JOHN
(1875–1940)

Geboren in Perth. Er studierte in Glasgow, Oxford und London und trat in den Verlag Thomas Nelson ein. Als sein erstes Buch erschien, war er gerade 20 Jahre alt. Im Ersten Weltkrieg war er bei der Nachrichtenvermittlung tätig, eine Zeitlang als Direktor von Reuter's.

1927 wurde er ins Parlament gewählt und 1935 geadelt (First Baron Tweedsmuir); im selben Jahr 1935 reiste er als Generalgouverneur von Kanada nach Montreal, wo er fünf Jahre später starb. B. schrieb viel, vor allem Biographien und historische Werke. Populär wurde er mit seinen Krimis, deren Hauptheld Richard Hannay ist. Hannays Vorbild soll B.s Freund, General Edmund »Tiny« Ironside, gewesen sein. HAGEN verzeichnet 15 Krimititel von B.; Hannay kommt im Kurzgeschichtenband *The Runagates Club* (1928) und in folgenden vier Romanen vor:

The Thirty-nine Steps (1915); *Greenmantle* (1916); *Mr. Standfast* (1919); *The Three Hostages* (1924).

Lit.: Siehe Yates, Dornford.

The Thirty-nine Steps
(1915; dt. *Die neununddreißig Stufen,* 1967)
Richard Hannay erzählt die spannenden und total unwahrscheinlichen Ereignisse in der Ichform. In der Widmung sagt Buchan, er sei ein begeisterter Leser von Abenteuerheftchen (»dime novels« in Amerika, »shocker« in England). Während einer Krankheit habe er diesen Roman geschrieben – nachdem er alle vorhandenen Heftchen ausgelesen hatte.
In Hannays Londoner Wohnung flüchtet sich ein amerikanischer Agent namens Franklin P. Scudder. Er hat Geheimnisse der Organisation »Black Stone« entdeckt. Diese Organisation verfolgt ihn und läßt sich auch nicht bluffen, als Scudder seinen eigenen Tod inszeniert. Eines Tages findet Hannay den Agenten ermordet in seiner Wohnung. Er findet auch Scudders Notizbuch, in seiner Tabaksdose versteckt. Hannay weiß Scudders Geheimnis, und die »Black-Stone«-Leute stehen schon vor dem Haus, um auch ihn umzulegen. Die Polizei kann er nicht einsetzen, denn diese würde ihn als Mörder Scudders verdächtigen. Hannay flieht in den Kleidern des Milchmanns. Seine erste Station ist ein einsames Gasthaus in Schottland, wo er den Wagen seiner Verfolger stiehlt. Nun findet er Schutz bei einem jungen Adligen, der ihn an seinen Onkel Harry, einen aufgeschlossenen hohen Beamten, verweist. Als nächstes verkleidet sich Hannay als Straßenarbeiter. Dann wird er wieder gejagt und von einem alten Archäologen in seinem Haus versteckt. Aber der Alte ist zufällig der Chef von »Black Stone«. Hannay bricht aus, indem er eine Hauswand in die Luft sprengt. Nun kommt er zu Sir Harry, dem hohen Beamten. Man weiß jetzt, daß die Organisation »Black Stone« die Marinepläne stehlen will, die England im Begriff ist, an Frankreich zu übergeben. »Black Stone« würde sie nach Deutschland bringen. Alle Vorsichtsmaßnahmen werden getroffen; der englische Admiral kommt und liest die Pläne, und Hannay entdeckt, daß der wirkliche englische Admiral anderswo war, daß jemand von »Black Stone« seine Rolle gespielt hat. Um 10.17 Uhr, bei Flut, von einem Haus mit 39 Stufen aus sollen die Pläne per Schiff nach Deutschland gebracht werden – das weiß man aus Scudders Notizbuch. Das Haus findet sich schließlich, und die deutschen Schufte werden gerade noch rechtzeitig erwischt. – In Hitchcocks gleichnamigem Film (1935) ist die Handlung stark geändert.

BUCK, PEARL S.
(1892–1973)

Geboren in Hillsboro, West-Virginia. Bis in die dreißiger Jahre lebte und arbeitete sie als Missionarin in China. 1938 erhielt sie den Nobelpreis. Sie hat sich nicht gescheut, 1938 ihre Kurzgeschichte »Ransom« in *Ellery Queen's* zu publizieren. Sie ist auch die Autorin eines Kriminalromans: *Death in the Castle* (1965).

BULLETT, GERALD WILLIAM
(1894–1958)

Dieser seinerzeit einflußreiche englische Kritiker schrieb unter seinem richtigen Namen und unter dem Pseudonym Sebastian Fox ein halbes Dutzend Krimis.

The Jury (1935); *Odd Woman Out* (1939, von Sebastian Fox); *When the Cat's Away* (1941); *Judgment in Suspense* (1946); *Trouble at Number 7* (1955); *One Man's Poison* (1956, von Sebastian Fox).

BULLIVANT, CECIL HENRY
(*1882)

Dieser Engländer war Journalist und besonders bekannt durch seine Kurzgeschichtensammlung

Garnett Bell: Detective (1920). 1935 publizierte er *The Ticket-of-Leave-Man* – einen Roman, der (laut STEINBRUNNER/PENZLER) auf einem Drama von Tom Taylor aus dem Jahr 1863 beruht. Held ist der Detektiv Hawkshaw, der einem fälschlich Verhafteten zur Freiheit und dem richtigen Schurken zum Zuchthaus verhilft. Andere Krimis von B.:

The Woman Wins (1919); *Millie Lynne – Shop Investigator* (1920, Kurzgeschichten); *Because of the Woman* (1922); *The Fringe of the Law* (1931); *A King of Crooks* (1932).

BULWER-LYTTON, EDWARD GEORGE
(1803–1873)

Geboren in London. Er studierte in Cambridge. 1832–1841 und 1852–1866 war er Mitglied des Parlaments, 1858 Kolonialminister, 1876–1880 Vizekönig von Indien und 1887 Botschafter in Paris. Er schrieb Dramen und ein gutes Dutzend Romane; von diesen ist der populärste *The Last Days of Pompeji* (1835). Zwei seiner frühen Romane haben kriminalistischen Einschlag: *Pelham* (1828) und *Eugene Aram* (1832).

Eugene Aram
(1832; dt. *Eugen Aram*, 1833)

Der Roman, Walter Scott gewidmet, bezieht sich auf eine wirkliche Begebenheit. Im Vorwort von 1840 erwähnt B., William Godwin, der Autor von *Caleb Williams,* habe ihn zuerst darauf aufmerksam gemacht, daß sich der Stoff für einen Roman eigne.

In einem einsamen Weiler, Grassdale, lebt der etwa 35jährige Eugene Aram zurückgezogen und widmet sich der Wissenschaft. Er hat ein kleines, ererbtes Vermögen und ist in die Tochter des Squire Lester, Madeline, verliebt wie sie in ihn. Auch Lesters Neffe, Walter Lester, liebt Madeline, und es ist bald klar, daß er Aram alles andere als freundlich gesinnt ist. Madeline wählt Aram, und Walter wendet sich nun Madelines Schwester Ellinor zu. Zuerst aber begibt sich Walter auf eine Reise, um den Spuren seines schlecht beleumdeten Vaters nachzuforschen, der eines Tages mit Geld und Juwelen, die ihm nicht gehörten, verschwunden war. Er gelangt in das Dorf Knaresbro', wo Walters Vater unter dem Namen Daniel Clarke zum letzten Mal gesehen wurde. Zufällig ist auch Houseman, ein früherer Straßenräuber, dessen Tochter gerade gestorben ist, anwesend.

Daniel Clarke war ein ausgemachter Schurke gewesen, und Houseman hatte ihn umgebracht. Um sich selbst zu entlasten, zeigt Houseman Aram als den Mörder an. Dieser hatte tatsächlich in Knaresbro' gewohnt und war bereit gewesen, Houseman bei der Beraubung von Clarke zu helfen. Aber Aram hatte weder getötet noch den Raub verwertet. Trotz seiner an sich edlen Motive und einer glänzenden, fast alle überzeugenden Verteidigungsrede wird Aram als Mörder verurteilt und gehängt. Madeline stirbt aus Gram. Walter und Ellinor heiraten.

Der Leser weiß bis zum Schluß nicht, ob Aram der Mörder ist oder nicht. Er vernimmt die Wahrheit erst nach der Hinrichtung Arams, als Walter den ihm von Aram hinterlassenen Bericht liest. Das Geschehen ist ungeheuer spannend: Während Walter der Wahrheit immer näher kommt, bereiten Madeline und Aram die Hochzeit vor. Aram wird erst einige Minuten vor der kirchlichen Trauung verhaftet. Nicht Walter ist der Detektiv, sondern Gott, d. h. das Schicksal, das die wohlgeplanten Aktionen Arams immer wieder durchkreuzt und die Umstände so lenkt, daß zu bestimmten Zeiten diejenigen Personen sich zufällig begegnen, die Arams Schicksal besiegeln können und wollen.

BURDETT, CHARLES
(*1815)

Amerikanischer Journalist und Romancier. Er schrieb 1848 *The Gambler: The Policeman's Story,* den vielleicht ersten amerikanischen Detektivroman. Der Inhalt basiert auf dem Mord an Mary Rogers, der Poe zu seiner Erzählung »The Mystery of Marie Rogêt« (1842) inspiriert hatte.

BURGESS, FRANK GELETT
(1866–1951)

Geboren in Boston. Er studierte am Massachusetts Institute of Technology und arbeitete drei Jahre bei der »Southern Pacific Railroad«, bevor er zu schreiben begann: Kinderbücher, Romane und drei Krimis. Mit Will Irwin schrieb er die Kurzgeschichtensammlung *The Picaroons*

(1904). B.s bekanntestes Werk, die Kurzgeschichtensammlung *The Master of Mysteries* (1912), erschien anonym. Der Held der 24 Erzählungen ist der Armenier Astrogon Kerby, genannt »Astro the Seer«. Setzt man die ersten Buchstaben jedes Kapitels zusammen, so ergibt sich der Satz: »The author is Gelett Burgess.« Auch die letzten Buchstaben jedes Kapitels ergeben einen Satz, und der Band soll noch andere versteckte Aussagen enthalten.

Die drei Krimis: *The White Cat* (1907); *Two O'Clock Courage* (1934); *Ladies in Boxes* (1942).

BURKE, THOMAS
(1886–1945)

Geboren in London. Er schrieb Romane und Kurzgeschichten, die im asiatischen Ghetto des Londoner Viertels Limehouse spielen. Unter diesen Chinesen gibt es Arme und Reiche, Helden und Verbrecher. Ellery Queen hat die Kurzgeschichte »The Hands of Mr. Ottermole« (1931) als »the best detective short story of all time« bezeichnet. Die folgenden Bände, ausgenommen *Murder at Elstree,* sind Sammlungen von Kurzgeschichten:

Limehouse Nights (1916); *Whispering Windows* (1920, in USA *More Limehouse Nights*); *East of Mansion House* (1926); *The Bloomsbury Wonder* (1929); *The Pleasantries of Old Quong* (1931, in USA *A Tea-Shop in Limehouse*); *Night Pieces* (1935); *Murder at Elstree* (1936); *Dark Nights* (1943).

»The Hands of Mr. Ottermole«
(in: *The Pleasantries of Old Quong,* 1931)
Ein Unbekannter macht sich eine Freude daraus, in London Leute zu erwürgen. In einer schauerlichen Atmosphäre erleben wir, wie der Würger und eines seiner Opfer sich einander nähern. Die Polizei hat bald Großeinsatz; die Opfer werden jeweils Sekunden nach der Tat von der Polizei entdeckt, aber vom Würger gibt es keine Spur. Ein Journalist, der logisch denken kann, kommt zu dem Schluß, nur der Polizist, der immer so schnell zur Stelle ist, könne der Täter sein. Er sagt dem Sergeanten Ottermole auf den Kopf zu, daß er – Ottermole – der Täter sein müsse. Darauf wird der Journalist prompt erwürgt. Von jetzt an finden keine Morde mehr statt. Ottermole – gleich so vielen anderen Mördern – lebt glücklich weiter.

BURNETT, WILLIAM RILEY
(*1899)

Geboren und aufgewachsen in Springfield, Ohio. Er begann früh zu schreiben. Seinen ersten Bestseller, *Little Caesar* (1929), verfaßte er in Chicago, in dessen Unterwelt die meisten seiner etwa 15 Gangster-Romane spielen. Später ließ er sich in Kalifornien nieder und wurde ein gefeierter Verfasser von Drehbüchern, die zum Teil auf seinen eigenen Erzählungen basieren.

Little Caesar (1929; verfilmt mit Edward G. Robinson, 1930); *The Giant Swing* (1932); *Dark Hazard* (1933); *High Sierra* (1940; verfilmt mit Humphrey Bogart, 1941); *Nobody Lives Forever* (1944; verfilmt mit John Garfield, 1946); *The Asphalt Jungle* (1949; verfilmt mit Sterling Hayden, 1950); *Little Men, Big World* (1951); *Vanity Row* (1952).

BURROUGHS, EDGAR RICE
(1875–1950)

Geboren in Encino, Kalifornien. Er erfand 1914 die Figur des Tarzan, der von den Affen erzogen wird. Unter den vielen Tarzangeschichten, die der ersten folgten, ist zumindest eine Kriminalerzählung zu finden: »Tarzan and the Jungle Murders« (in: *Tarzan and the Castaways,* 1965). Die Erzählung spielt 1938.

BUSH, CHRISTOPHER
(1888–1973)

Pseudonym für Charlie Christmas Bush, der als Sohn von Quäkereltern in East Anglia geboren wurde. Er war zuerst Lehrer, dann freier Schriftsteller und lebte bis zu seinem Tod in Sussex. In den Jahren 1926–1968 veröffentlichte er etwa 70 Krimis, darunter 61 über den Privatdetektiv Ludovic Travers, deren Titel (bis auf fünf Ausnahmen) mit »The Case of the . . .« beginnen. Travers' Freund bei Scotland Yard ist Superintendent Wharton.

The Plumley Inheritance (1926); *The Perfect Murder Case* (1929); *The Case of the Chinese Gong* (1935); *The Case of the Housekeeper's Hair* (1948); *The Case of the Extra Man* (1956); *The Case of the Prodigal Daughter* (1968).

BUTLER, ELLIS PARKER
(1869–1937)

Geboren in Muscatine, Iowa. Er schrieb eine große Zahl humoristischer Erzählungen. Sein Beitrag zum Gebiet des Krimi ist der Humoreskenband *Philo Gubb. Correspondence School Detective* (1918). Gubb bewundert und imitiert Holmes, aber mit wenig Erfolg. Er mag sich verkleiden, wie er will – er wird von jedermann sofort erkannt. Mit Fletcher Pratt zusammen veröffentlichte B. 1935 den Band *The Cunning Mulatto.*

BUTOR, MICHEL
(*1926)

Geboren bei Lille. Nach Tätigkeit als Französischlehrer im Ausland wurde er Verlagslektor, dann Professor in Paris-Vincennes. Als Praktiker und Kritiker ist B. wie Robbe-Grillet dem »nouveau roman« zuzurechnen. In seinem frühen Roman, *L'emploi du temps* (1956), geht es um einen Kriminalfall.

BUZZATI, DINO
(1906–1972)

Geboren in Belluno. Er studierte Jura und wurde Chefredakteur des *Corriere della Sera* (Mailand). B.s literarische Paten sind Franz Kafka und der Surrealismus. Der Roman *Paura alla Scala* (1949) gehört ins Gebiet des Krimi.

BYROM, JAMES
(*1911)

Pseudonym für den Engländer James Guy Bramwell, der zwei Krimis verfaßte, welche BARZUN/TAYLOR als vorzüglich bezeichnen: *Or Be He Dead* (1958) und *Take Only As Directed* (1959).

C

CAIN, JAMES M.

(*1892)

Geboren in Annapolis (Maryland). Er durchlief die üblichen Schulen, besuchte das Washington College, war im Ersten Weltkrieg in Frankreich und arbeitete danach als Journalist und College-Lehrer. Nachdem ihn *The Postman Always Rings Twice* (1934) berühmt gemacht hatte, wurde er Drehbuchautor in Hollywood. *Serenade* (1937) und *Mildred Pierce* (1941) erreichen noch die Qualität des ersten Romans, dann verflacht das Niveau. *Mignon* (1962) ist ein historischer Abenteuerroman aus dem New Orleans des Jahres 1864.

C. schreibt einen knappen, vorzüglichen Stil; besonders gut gelingt es ihm, gewissenlose, hartgesottene Verbrechertypen zu schildern und zu berichten, wie sie denken, warum sie verbrecherisch handeln. Sein Stil und seine »tough guys« haben neben Hammett stark auf den modernen amerikanischen Krimi gewirkt. *Double Indemnity* (mit Edward G. Robinson, Drehbuch von Raymond Chandler und Billy Wilder), *Mildred Pierce* (mit Joan Crawford), *The Postman Always Rings Twice* und *Serenade* sind 1944, 1945, 1946 und 1956 verfilmt worden.

The Postman Always Rings Twice (1934); *Serenade* (1937); *Mildred Pierce* (1941); *Love's Lovely Counterfeit* (1942); *Double Indemnity* (1943); *Past All Dishonour* (1946); *Sinful Woman* (1947); *Butterfly* (1947); *The Moth* (1948); *Galatea* (1953); *The Magician's Wife* (1965); *Rainbow's End* (1975).

The Postman Always Rings Twice

(1934; dt. *Die Rechnung ohne den Wirt*, 1950)
Frank Chambers, ein Vagabund, erzählt in der Ichform. Auf seiner ziellosen Fahrt kommt er zu einer Tankstelle mit Sandwichrestaurant, die einem Griechen gehört, der gerade einen Angestellten sucht. Frank hat keine Lust; als er aber die Frau des Griechen erblickt, einen Sex-Teufel namens Cora, ist es um Frank geschehen – und auch um Cora.

Sie beschließen, den Griechen umzubringen. Ein erster Versuch mißlingt – der Grieche hat noch keinen Verdacht geschöpft. Um so besser gelingt es beim zweiten Mal. Ein geschickter Rechtsanwalt macht sich einen Spaß daraus, seinem Feind, dem Staatsanwalt, eine Niederlage zu bereiten: die Mörder werden freigesprochen. Frank rät nun, alles zu verkaufen und wegzuziehen. Aber Cora hat eine pathologische Angst vor der Armut. Sie will den einzigen Besitz, den sie je hatte, nicht aufgeben. So nimmt das Schicksal seinen Lauf.

Der Verteidiger hat ein Geständnis von Cora in den Akten. Einer seiner Angestellten stiehlt es und beginnt, Frank und Cora zu erpressen. Es gelingt ihnen noch einmal, gemeinsam zu handeln und die Gefahr abzuwehren. Dann ist es aus mit der Solidarität. Sie heiraten zwar, aber Cora hat Angst davor, daß Frank sie ermorden könnte. Er tut es auch, wenngleich unabsichtlich. Aber niemand glaubt an einen Unfall. Frank wird zum Tode verurteilt.

Der Roman ist ein Krimi (im Stil der Perry-Mason-Romane) mit umgekehrten Vorzeichen. Statt des Detektivs erzählt der Verbrecher; in der Distanz stehen nicht die Verbrecher, sondern die Polizisten. Die spannende Frage ist nicht wie sonst »Wer ist der Mörder?«, sondern »Wie verrät sich der Mörder?«. Da wir nur das Innenleben der Mörder kennenlernen und die Sympathie des Lesers immer auf seiten der Figuren ist, die er versteht, wünscht er im Grunde, die Verbrecher würden nicht erwischt.

Double Indemnity

(1943, dt. *Den Haien zum Fraß*, 1957)
Eine ehemalige Krankenschwester, Mrs. Nirdlinger, bringt den Versicherungsagenten Huff dazu, Mr. Nirdlinger zu ermorden. Zuerst betrügen sie Nirdlinger, indem sie ihn unwissentlich eine Unfallversicherung über 25 000 Dollar unterschreiben lassen. Da sich bei einem Eisenbahnunfall die Summe verdoppelt, wird ein solcher äußerst geschickt inszeniert.

Alles wäre in Ordnung, wenn nun nicht persönliche Probleme entstünden: Huff hat sich in Mrs. Nirdlingers Stieftochter verliebt; diese liebt einen Arzt, der sie jedoch im Stich zu lassen

scheint und seine Aufmerksamkeit Mrs. Nirdlinger zuwendet. Ein Kollege von Huff, Keyes, ein raffinierter Kriminalist, ist überzeugt, daß Mrs. Nirdlinger zusammen mit diesem Arzt Nirdlingers »Unfall« inszeniert hatte. Mrs. Nirdlinger wird überwacht. Huff sieht ein, daß er Mrs. Nirdlinger umbringen muß.
Sorgfältig plant er Mrs. Nirdlingers »Unfalltod«. Noch bevor er zur Ausführung kommt, schießt sie auf ihn, trifft ihn jedoch nicht tödlich. Er gesteht nun Keyes alles. Es stellt sich heraus, daß Mrs. Nirdlinger schon als Krankenschwester die erste Frau Nirdlingers und mehrere Kinder aus Erbschaftsgründen ermordet hat.
Keyes muß wegen der Versicherungsgesellschaft einen Skandal um Huff vermeiden. Huff wird auf ein Schiff nach Südamerika gebracht; darauf befindet sich auch Mrs. Nirdlinger. Ein grauenhaftes Ende folgt. Wie im Fall von *The Postman Always Rings Twice* erzählt der Verbrecher (Huff) in der Ichform und schließt den Bericht Minuten vor seinem Tode ab. Wieder handelt es sich um einen »verkehrten« Kriminalroman.

CALEF, NOËL
(*1907)

Von diesem französischen Autor lagen laut PROMIES 1967 sechs Titel in deutscher Übersetzung vor, darunter *Fahrstuhl zum Schafott* (1958).

La bouteille de lait (1955); *Ascenseur pour l'échafaud* (1956); *Innocents et coupables* (1961, Erzählungen).

CAMUS, ALBERT
(1913–1960)

Geboren in Mondovi, Algerien. Dieser französische Nobelpreisträger (1957) verfaßte mit seinem Roman *L'étranger* (1942) einen modernen Krimi in der Art und vom Niveau von Dostojewskis *Schuld und Sühne.*

CANNAN, JOANNA
(*1898)

Pseudonym für die Engländerin Josephine Pullein-Thompson, die ein gutes Dutzend Krimis geschrieben hat. BARZUN/TAYLOR besprechen sieben Titel – einige positiv, andere negativ. Eine der Zentralfiguren ist der mit Ironie geschilderte Inspector Ronald Price.

The High Table (1930); *Death at the ›Dog‹* (1940); *Gin and Murder* (1959).

CANNING, VICTOR
(*1911)

Geboren in Plymouth, England. Er war anfänglich Staatsangestellter und schrieb als Hobby zuerst für Kinder. Seit 1935 hat er etwa 40 Krimis und Spionageromane verfaßt. In mehreren Büchern spielt der Privatdetektiv Rex Carver eine Rolle. Fünf Romane von C. sind verfilmt worden.

Polycarp's Progress (1935); *The Chasm* (1947); *Panther's Moon* (1948; verfilmt als *Spy Hunt,* 1950); *The Dragon Tree* (1958); *The Whip Hand* (1965); *The Great Affair* (1970); *The Doomsday Carrier* (1977).

Doubled in Diamonds
(1966; dt. *Die Opiumbarke,* 1968)
Nur widerwillig übernimmt Detektiv Carver den Auftrag, Arnold Finch zu suchen, dem seine Tante 6000 Pfund hinterlassen hat. Seine Nachforschungen führen Carver zu Finchs Freundin Bertina Brown und in den feudalen Ascanti-Klub, wo Bertina arbeitet und dessen Mitglied Finch ist. Bei seinem Besuch fallen Carver zwei schöne chinesische Zwillingsschwestern auf, die Lieder vortragen, und ein Mr. Ryder Billings, offensichtlich ein einflußreicher Mann. Doch als Carver mit Bertina sprechen will, weist man ihm höflich die Tür. Statt zu verschwinden, durchstöbert Carver das Haus; in der Garderobe der Chinesinnen findet er eine offene Handtasche, darin einen Paß auf den Namen Suma Tung, eine Flugkarte nach Shannon und ein mysteriöses Telegramm aus Panama City. Am nächsten Tag ist Bertina verschwunden. Carver erfährt durch Zufall, daß Finch mit Arthur Fairlawn identisch ist, der von der Polizei im Zusammenhang mit einem großen Diamantendiebstahl gesucht wird. Nun ist Carver wirklich interessiert. Er entdeckt, daß Finch nach Shannon geflogen ist, folgt ihm und erwartet in Shannon Suma Tung. Suma findet als Frau und als chinesische Agentin

Gefallen an Carver. Nach einer Romanze auf einer einsamen Insel wird er in Dienst genommen: Suma will die gestohlenen Diamanten für ihre Regierung kaufen, doch vorher müssen die Steine geschätzt werden. Kaum hat Carver einen Schätzer gefunden, lädt ihn der britische Geheimdienst vor und zwingt ihn, zu »kooperieren«. Carver ist sogar einverstanden, als er erfährt, daß China die Steine mit Drogen bezahlen will. Die Transaktion Drogen gegen Steine soll in Frankreich stattfinden; die erste Station ist Dionne-les-Bains, wo Carver die beiden Chinesinnen in Begleitung von Finch trifft. Sumas Schwester mißtraut Carver; knapp entgeht er dem Tod. Die zweite Station ist ein Schloß, wo die Steine geschätzt werden: Bertina und Billings empfangen die »Gäste«. Wieder entgeht Carver nur knapp einem Mordanschlag. Suma hat jedoch einen weiteren Auftrag für ihn: er soll sie bei der Transaktion, die auf einem Flußschlepper stattfinden soll, schützen. Carver, der immer in Kontakt mit der Polizei ist, läßt sich täuschen. Auch Suma hat sich verrechnet. Sie stirbt mit einem Messer im Rücken. Am Ende bleibt Carver Sieger: Er präsentiert der Polizei die Drogen und die Diamanten und erreicht sogar Straffreiheit für Bertina Brown.

ČAPEK, KAREL
(1890–1938)

Geboren in Kleinschwadowitz, Tschechoslowakei. Er studierte Philosophie, wurde Journalist und Dramaturg. Als Romancier und Dramatiker gelangte er zu internationalem Ansehen. Ins Gebiet des Krimi fallen *Věc Makropulos* (1922; dt. *Die Sache Makropulos*, 1922) und die Erzählungsbände *Povidky z jedné kapsy* und *Povidky z druhé kapsy* (beide 1929, übersetzt von V. Schwarz 1929 als *Aus der einen Tasche in die andere*). 1959 wurden die Erzählungen ein zweites Mal übersetzt von G. Ebner-Eschenhaym. Eine Auswahl von 33 Erzählungen dieser zweiten Version erschien 1963 als *Der gestohlene Kaktus* in Ost-Berlin.
Die Erzählungen sind meist komisch, amüsant, oft grotesk, auf ihre stille Weise bösartig. Die kurzen Geschichten bilden ein Mosaik, eine Art »Comédie humaine« von Prag und Böhmen um 1930. In »Die gestohlenen Papiere« versteckt z. B. ein Oberst höchst geheime Pläne in einer Makkaroni-Büchse in der Speisekammer. Als die Büchse gestohlen wird, werden die besten Agenten eingesetzt, die zu keinem Ergebnis kommen, bis der Oberst mit dem örtlichen Polizisten spricht, der an der Art des Einbruchs sofort erkennt, wer der Täter ist. Er stellt den Dieb zur Rede, der noch jetzt empört darüber ist, statt Teigwaren Papiere gefunden zu haben. Der Oberst, der dem Finder 10 000 Kronen versprochen hatte, gibt dem dankbaren Polizisten 50 Kronen. – Großartig auch »Der Hellseher«: Aus der Handschrift erkennt ein Hellseher genau den Charakter eines Menschen. Ein Staatsanwalt gibt ihm den Brief eines angeblichen Verbrechers. Der Hellseher beschreibt aufs genaueste den Charakter eines Erzhalunken, eines ruchlosen Machtbesessenen. Genau so hat sich der Staatsanwalt den Mann vorgestellt, den er morgen an den Galgen schicken will – seine Ehre steht auf dem Spiel. Später stellt sich heraus, daß der Staatsanwalt dem Hellseher irrtümlich seine eigene Schrift vorgelegt hatte, der Machtbesessene ist also er selbst! Der Staatsanwalt kommt freilich überhaupt nicht auf die Idee, daß er selbst in seiner Perfektion bezweifelt werden könnte; folglich muß der Hellseher ein Hochstapler sein.

CAPES, BERNARD EDWARD JOSEPH
(† 1918)

Chesterton hat die Einleitung zu C.s letztem Krimi, *The Skeleton Key* (1919), geschrieben. HAGEN verzeichnet folgende Werke dieses frühen Krimiautors:

The Mill of Silence (1896); *The Great Skene Mystery* (1907); *Why Did He Do It?* (1910); *Will and the Way* (1910); *Gilead Balm* (1911).

CAPON, PAUL
(*1912)

Geboren in Suffolk. Er wurde Filmproduzent und ist der Autor von etwa 30 Büchern, darunter mehr als zehn Krimis.

The Murder of Jacob Canansey (1947); *Image of Murder* (1949); *Among Those Missing* (1955).

CAPOTE, TRUMAN
(* 1925)

Geboren in New Orleans. Nachdem er sich einige Jahre mit Gelegenheitsarbeiten durchgebracht hatte, errang er schon mit seinem ersten Roman, *Other Voices, Other Rooms* (1948), einen Erfolg. Am bekanntesten wurde C.s Roman *In Cold Blood* (1966), ein genauer Bericht über einen Mordfall in Kansas. C. beschreibt die Täter, die Opfer, das Motiv, die Untersuchung, die Verhaftung der Täter und deren Bestrafung. Man hat den Roman als »realistischen Kriminalroman« – als »Tatsachenkrimi« bezeichnet. Im Unterschied zu den Fällen der *Pitaval*-Schule werden hier *alle* Figuren aller Parteien lebendig und psychologisch überzeugend dargestellt. Im *Pitaval* hatte das Hauptinteresse den Verbrechern, im späteren Krimi den investigierenden Personen gegolten. C. beleuchtet den Fall von allen Seiten.

CARLETON, MARJORIE
(1897–1964)

Diese Amerikanerin wird von BARZUN/TAYLOR zu den besten Krimiautorinnen gerechnet. HAGEN verzeichnet sieben Titel:

Their Dusty Hands (1924); *Cry Wolf* (1945); *Swan Sang Once* (1947); *The Bride Regrets* (1950); *Vanished* (1955); *Night of the Good Children* (1957, späterer Titel *One Night of Terror*); *Dread the Sunset* (1962, späterer Titel *Shadows on the Hill*).

CARMICHAEL, HARRY
(* 1908)

Unter diesem Pseudonym veröffentlichte der Engländer Leopold Horace Ognall einen Teil seiner Krimis, deren Zentralfiguren der Versicherungsinspektor John Piper und der trunksüchtige Journalist Quinn sind. Ognalls anderes Pseudonym ist Hartley Howard. HAGEN verzeichnet 27 Carmichael- und 25 Howard-Krimis, und zwar für die Jahre 1951–1966.

Drei Romane von C.: *Death Leaves a Diary* (1952); *The Late Unlamented* (1961); *A Slightly Bitter Taste* (1968). – Drei Romane von Hartley Howard: *The Last Vanity* (1951); *Deadline* (1959); *The Stretton Case* (1963).

CARR, A. H. Z.
(1902–1971)

Geboren in Chicago. Er studierte in Chicago, an der Columbia University und an der London School of Economics. C. war im Geschäftsleben tätig und Wirtschaftsberater von Roosevelt und Truman. Er schrieb als Hobby romantische Erzählungen, Aufsätze, den Besteller *How to Attract Good Luck* (1952) und Kriminalerzählungen, die in *Ellery Queen's* erschienen und mehrere Preise erhielten. Sein einziger Krimi, *Finding Maubee* (1971) wurde kurz nach C.s Tod mit dem »Edgar«-Preis für den besten Erstlingskrimi ausgezeichnet.

CARR, GLYN
(* 1908)

Pseudonym für den Engländer Frank Showell Styles, der als Geograph Expeditionen in die Arktis und in den Himalaya mitgemacht hat. Neben einem guten Dutzend Krimis hat er Bücher übers Bergsteigen, Kinderbücher, Schauspiele usw. geschrieben. C.s Hauptfigur ist der Schauspieler-Bergsteiger Abercrombie Lewker.

Traitor's Mountain (1946); *Murder on the Matterhorn* (1951); *Fat Man's Agony* (1969).

CARR, JOHN DICKSON
(1906–1977)

Geboren in Uniontown, Pennsylvania. Er schrieb auch unter dem Pseudonym Carter Dickson. Der Vater war Rechtsanwalt. In seiner Jugend las C. Chesterton, Doyle, Futrelle und Leroux und beschloß, Krimi-Autor zu werden. Er studierte am Haverford College, verbrachte ein Jahr in Paris und veröffentlichte 1930 seinen ersten Krimi: *It Walks by Night.* Er heiratete 1931 und ließ sich in England nieder. C. hat über 80 Krimis geschrieben und vier populäre literarische Detektive erfunden:
1. Dr. Gideon Fell kommt in etwa 30 Bänden

vor. So wie Fell stellte C. sich G. K. Chesterton vor, den er nie gesehen hatte: als einen schweren, exzentrischen, klugen Mann, der Alkohol und Tabak liebt, Witze erzählt, mit einem Stock in der Hand, einem breitkrempigen Hut und einem Zwicker auf der Nase. Fell ist Spezialist für die Aufklärung von Morden, die auf scheinbar unmögliche Weise ausgeführt werden.

2. Sir Henry Merrivale ist der Held in etwa 25 Bänden, die C. unter dem Pseudonym Carter Dickson publizierte. Er ist der »Old Man« bei Scotland Yard und benimmt sich alles andere als »vornehm«: er flucht vulgär und freut sich, wenn die Leute schockiert sind. Auch er ist ein dicker, schwerer Mann, glatzköpfig, und er raucht stinkige Zigarren. C. soll an Winston Churchill gedacht haben, als er Merrivale erfand.

3. Henri Bencolin tritt in C.s erstem Roman und in vier weiteren auf (bis 1937). Bencolin ist »juge d'instruction« bei der Pariser Polizei und ermittelt auch privat, wenn ihn ein Fall interessiert. Als typischer Franzose ißt er gerne gut, ist immer elegant gekleidet, höflich zu Damen, klug, etwas exzentrisch und eingebildet – wie Hercule Poirot.

4. Colonel March ist der Chef von Scotland Yards »Department of Queer Complaints« und löst in zwei Kurzgeschichtenbänden neun Fälle: sieben in *The Department of Queer Complaints* (1940, von Carter Dickson) und zwei in *The Men Who Explained Miracles* (1963).

Nach dem Zweiten Weltkrieg schrieb C. *The Life of Sir Arthur Conan Doyle* (1949); zu diesem Zweck durfte er die Familienarchive benutzen. Der jüngste Sohn Doyles, Adrian Conan Doyle, wurde C.s Freund, und zusammen verfaßten sie einen Band neuer Sherlock-Holmes-Geschichten: *More Exploits of Sherlock Holmes* (1954). 1958 kehrten die Carrs in die USA zurück, und zwar nach Greenville, South Carolina. C. hat nur wenig für Radio und Fernsehen geschrieben, und nur drei seiner Titel sind verfilmt worden. Der erste Titel in der folgenden Werkliste ist immer derjenige, in dem der betreffende Detektiv zum ersten Mal auftritt:

Drei Henry-Merrivale-Romane (von Carter Dickson): *The Plague Court Murders* (1934); *My Late Wives* (1946); *The Cavalier's Cup* (1953). – Drei Gideon-Fell-Romane: *Hag's Nook* (1933); *Till Death Do Us Part* (1944); *Dark of the Moon* (1966). – Die fünf Bencolin-Romane: *It Walks by Night* (1930); *Castle Skull* (1931); *The Lost Gallows* (1931); *The Waxworks Murders* (1932, in USA *The Corpse in the Waxworks*); *The Four False Weapons* (1937). – Drei weitere Krimis: *Poison in Jest* (1932); *The Devil in Velvet* (1951); *The Hungry Goblin* (1972, historischer Roman mit Wilkie Collins als Detektiv).

Dark of the Moon

(1966; dt. *Roulett der Rächer,* 1971)

Dr. Fell wird von dem ältlichen Henry Maynard, dem Besitzer von Maynard Hall, eingeladen. Das schloßähnliche Haus liegt auf der James-Insel am Eingang zum Hafen von Charleston – ganz in der Nähe der Stelle, wo Poes Erzählung »The Gold Bug« angesiedelt ist, auf die immer wieder angespielt wird. Außer Dr. Fell sind noch mehrere andere Personen eingeladen. Gespenstische Dinge gehen vor; maskierte Menschen werden gesehen, eine Vogelscheuche verschwindet, und endlich wird der alte Maynard durch einen Schlag auf den Kopf mit einem beilartigen Gegenstand ermordet. Aber niemand hatte sich ihm genähert, es sind keine Spuren am Boden erkennbar. Wer war der Mörder, und wie war es ihm möglich, aus der Entfernung zu töten?

Der Mörder ist einer der Gäste, der den Mord ausgeführt hatte, indem er ein Stück Eisen an einem Seil gegen Maynards Kopf hatte sausen lassen. Das Seil lief durch einen hohen Baum ins Zimmer oberhalb von Maynards Gartenstuhl und war dort befestigt. Das Eisen hatte auf diese Weise den Boden nicht berührt, es war nach dem Mord ins Zimmer gezogen worden und hatte keine Spuren hinterlassen. Dr. Fell braucht mehrere Tage und 250 Seiten, um den Fall aufzudröseln, den man auch auf 10 Seiten hätte erzählen können. Die künstlich erzeugte gespenstische Atmosphäre, die Anspielungen auf parallele Morde vor 100 und vor 300 Jahren und auf Edgar Allan Poe, die unsinnigen Treffen in einem verlassenen Schulhaus usw. – alles das sind Füllsel, und die nichtssagenden Dialoge sind sehr langweilig. Wie oft bei C.: an den Haaren herbeigezogener, wortreich aufgeblasener, unglaubhafter und langweiliger Gespenster- und Kriminalsalat.

CARTER, JOHN FRANKLIN
(1897–1967)

Geboren in Fall River, Massachusetts. Er studierte an der Yale University und wurde Journalist, Reporter und Radiokommentator zuerst in New York, dann in Washington. Er war ein Freund Roosevelts und arbeitete im Zweiten Weltkrieg als Geheimagent. Er schrieb etwa 20 Bücher, darunter sieben Krimis, die er unter dem Pseudonym »Diplomat« veröffentlichte:

Murder in the State Department (1930); *Murder in the Embassy* (1930); *Scandal in the Chancery* (1931); *The Corpse on the White House Lawn* (1932); *Death in the Senate* (1933); *Slow Death at Geneva* (1934); *The Brain Trust Murder* (1935).

CARTER, NICK

Dies ist der Name des berühmtesten literarischen Detektivs Amerikas; an Auflagenhöhe und an Lebensdauer wird er nur von einem einzigen Detektiv der Weltliteratur übertroffen, dem Engländer Sexton Blake.
Der Name Nick Carter war schon in den siebziger Jahren in einigen »dime-novels« der Firma Street & Smith, New York, aufgetaucht. Aber es hatte sich um eine andere Figur gehandelt. Der »richtige« Nick Carter erblickte am 18. September 1886 das Licht der Welt. Die an diesem Datum veröffentlichte Erzählung hieß »The Old Detective's Pupil; or, The Mysterious Crime of Madison Square«, geschrieben von John Russell Coryell (1848–1924), einem Vetter von Ormond Smith, der Teilhaber der Firma war.
Diese erste Nick-Carter-Erzählung war ein Erfolg, und die Auflage von Street & Smith's *New York Weekly* wuchs sprunghaft. Coryell trat in die Firma ein und schrieb noch zwei weitere Nick-Carter-Erzählungen, dazu Geschichten unter dem Namen Bertha M. Clay, dem Pseudonym einer englischen Dame, die eben verstorben war und deren zahlreiche Leserschaft die Firma nicht verlieren wollte.
Street & Smith beschlossen, aus Nick Carter eine eigene wöchentliche Heftchen-Serie zu machen. Zu diesem Zweck wurde Frederic Marmaduke Van Rensselaer Dey (1861–1922) angestellt, der von 1891 an siebzehn Jahre lang mehr als 1000 Nick-Carter-Hefte schrieb. Ein Heft kostete 5 Cents und hatte einen Umfang von 28 Seiten Text plus 4 Seiten Titelei und Umschlag. Die Seite war 30 cm hoch und 22 cm breit. Eine Erzählung bestand aus etwa 25 000 bis 30 000 Wörtern. Dey schrieb also pro Tag etwa 5000 Wörter. Gelegentlich halfen ihm andere Autoren aus, unter ihnen Frederic William Davis und Eugene T. Sawyer. Dey beging 1922 Selbstmord.
Nick Carter ist ein Superman. Wie Old Shatterhand kann er mit einem Faustschlag jeden betäuben. Er boxt, ficht und schießt besser als alle seine Gegner. Wie Karl Mays Helden ist Nick Carter ein sündenfreier Mensch: er trinkt nicht und läßt Frauen in Ruhe. Einmal allerdings heiratete er, aber Dey ließ Nicks Frau bald wieder sterben, weil das Publikum sie nicht annahm. Ähnlich erging es Brett Halliday fünfzig Jahre später, als er seinen Detektiv Mike Shayne heiraten ließ: einige Hefte später mußte sie im Interesse der Auflage das Zeitliche segnen.
Wie später den »hardboiled Dicks«, wird Carter oft übel mitgespielt. Fast in jeder Erzählung wird er gefangen und beinahe umgebracht. Ein großer Teil der Spannung bei der Lektüre besteht darin, daß der Leser um Carters Leben bangt und sich verzweifelt fragt, wie der Detektiv sich diesmal aus der Schlinge ziehen wird.
Nick ist ein Meister der Verkleidung: er trägt immer ein Sortiment von Bärten, Perücken und Brillen bei sich, Jacke und Mantel lassen sich umkehren, so daß er sich innerhalb von Sekunden verwandeln kann. Dazu hat er Revolver, Handschellen, Einbrecherwerkzeuge und eine Notapotheke in seinen großen Manteltaschen. Carter ist ein linguistisches Wunderkind: er spricht Dutzende von Sprachen völlig akzentfrei. Die Situationen, in die Carter gerät, sind haarsträubend. Die Charaktere, denen er begegnet, sind entweder schwarz oder weiß gezeichnet. Der Ort des Geschehens kann von den USA in die Hauptstädte Europas oder nach Sibirien verlegt werden. Wie in den frühen Filmen ist die Verbrecherjagd ein beliebtes Thema.
1906 begann die deutsche Nick-Carter-Serie zu erscheinen. Der Verlag Eichler in Dresden druckte um 1908 bereits 45 000 Exemplare von jedem Heft. Diese erschienen wöchentlich und hatten einen Umfang von 32 Seiten, wobei jede Seite zweispaltig bedruckt war. Ein Heft entsprach im Umfang etwa einem heutigen Taschenbuch von 96 bis 128 Seiten.

Nick Carter war nicht der erste Serien-Detektiv. Die Firma Norman Munro hatte die »Old Cap Collier«-Detektiv-Geschichten schon früher verbreitet, und die Firma Tousey hatte wiederum vorher an »Old Sleuth« gewaltig verdient. Um 1900 war »Old Sleuth« auch in Deutschland populär; Romane über und um ihn erschienen in mehreren deutschen Krimi-Reihen. Neben Nick Carter existierten gleichzeitig: »Young Sleuth«, »Old Opium, the Mongolian Detective«, »Velvet Foot, the Indian Detective« (auch genannt der »Taos Tiger«), »Harlem Jack, the Office-Boy Detective«, »The Hudson River Tunnel Detective«, »Old Broadbrim, the Quaker Detective«, »Sergeant Sparrow«, »Dick Danger«, »Old Thunderbolt«, »Manfred, the Metamorphosist«, »Old Electricity«, »Red Light Will«, »Old Humpey, the Dwarf Detective« und viele andere. Der populärste amerikanische Detektiv neben Carter war »Old King Brady«, der seit November 1885 bei Tousey erschien.
Nach dem Verschwinden der Nick-Carter-Hefte um 1914 lebte Carter im *Nick Carter-Magazine* weiter, das anfangs der dreißiger Jahre einging. Der Carter-Autor dieser Zeitschrift hieß Richard Wormser. In den siebziger Jahren tauchte Nick Carter in einer Serie von bisher etwa 100 Taschenbüchern wieder auf; Carter ist nun ein »Killmaster« geworden, ein blutrünstiger Agent des staatlichen amerikanischen Geheimdienstes, der überall den Kommunismus bekämpft, indem er dessen Anhänger abknallt. Dazwischen befriedigt er Hunderte von Frauen aller Nationalitäten. – Der Band *The Inca Death Squad* (1972) nennt z. B. keinen Autor, hingegen ist er gewidmet »To the Men of the Secret Services of the United States of America«. Geht man fehl, wenn man vermutet, daß die CIA den Vertrieb der Büchlein fördert?
Der Erfolg der Nick-Carter-Groschenhefte in Deutschland seit 1906 blieb nicht ohne Folgen. Als einheimisches Produkt bot sich die Serie »Wanda von Brannburg, Deutschlands Meister Detektivin« an. 1929 erschienen 44 Hefte »Der neue Nick Carter«, diesmal ausschließlich von deutschen Autoren geschrieben. 1930 kamen im Neudruck 50 der ursprünglichen Nick-Carter-Hefte wieder heraus. 1972 erschienen die ersten 25 Hefte der deutschen Nick-Carter-Reihe von 1906 in zwei Bänden als Olms-Reprints.
Nick Carter, Detective, edited with an Introduction by Robert Clurman (1963, Nachdruck von sechs Nick-Carter-Heften der Jahre 1891 bis 1902); *Nick Carter, Amerikas größter Detectiv,* mit einem Vorwort von Hans-Friedrich Foltin (1972, Nachdruck der ersten 25 deutschen Nick-Carter-Hefte von 1906).

Nick Carter, Detective
(1891)
Fünf Jahre nach dem ersten Auftreten Nick Carters im *New York Weekly* begann die »halfdime«-Serie der Nick-Carter-Heftchen zu erscheinen. *Nick Carter, Detective* war der Titel der ersten Nummer, geschrieben von Frederic Dey (vgl. S. 97).
Eugénie La Verde ist erwürgt worden. Die Polizei ist hilflos, und Nick Carter wird eingesetzt. Indem er fortgesetzt Perücke, Hut, Brille und Bart wechselt und den Mantel umdreht, folgt er einem Verdächtigen auf ein Schiff. Dort wird er zuerst von einer Bande von fünf Gangstern gefangen, befreit sich dann aber, indem er sie alle nacheinander kaltstellt. In einem einsamen Haus ermordet die Bande zwei ihrer eigenen Leute. Tony the Strangler versucht nun, Carter aus der Welt zu schaffen. Tony ist ein Schlangenbändiger und trägt immer eine lebendige Kobra bei sich. Aber Carter tötet die Kobra und nimmt Tony gefangen.
In Eugénie La Verdes Haus spielt sich die Schlußszene ab: Eugénie war in Wirklichkeit Tonys Schwester, ebenfalls eine Schlangenbändigerin. Eine 12 Fuß lange Riesenschlange war ihr Lieblingstier, und Eugénies Tod durch die Schlange war ein Mißgeschick gewesen. Ein ähnliches Mißgeschick ereignet sich jetzt: die Schlange kriecht hinter einem Bild hervor. Tony will ihr einen Hasen zu fressen geben, aber dieser läuft aus dem Zimmer, und die hungrige Schlange bringt Tony an Stelle des Hasen um. Die anderen Gauner enden auf dem elektrischen Stuhl.

Scylla, the Sea Robber; or, Nick Carter and the Queen of Sirens
(1905)
Dies ist Nr. 465 des *New Nick Carter Weekly,* erschienen am 25. November 1905 in New York. Preis: 5 Cents. Verlag: Street & Smith. Herausgeber: Chickering Carter. Umfang: 28 Seiten plus 4 Seiten Titelei und Umschlag.
Im New Yorker Hafen werden immer wieder Schiffe ausgeraubt. Eine Dame erscheint jeweils

mit einem Revolver und läßt Geld und andere Wertsachen ins Wasser werfen, wo der Raub von einem Boot aufgenommen wird, das dann spurlos verschwindet. Die Dame springt ins Wasser und verschwindet ebenfalls. Ein Kapitän ist der Dame nachgesprungen, gefangengenommen und mit verbundenen Augen in eine luxuriöse Höhle transportiert worden. Dort hat man ihn betäubt, aber später wieder auf sein Schiff zurückgeschafft. Er hat heute abend ein Rendezvous mit der Seeräuberin auf seinem Schiff. Sie hat versprochen, ihn wieder in die Höhle zu bringen.

Nick Carter verkleidet sich nun so, daß er wie der Kapitän aussieht. Die hübsche Dame holt ihn ab; mit verbundenen Augen wird er in die Höhle geschafft. Dort sind dreizehn hübsche Mädchen versammelt – lauter Piratinnen. Nick erkennt, daß sie durch eine hohle Boje an den Meeresgrund und von dort durch Unterwassertunnels in einen verschütteten Eisenbahntunnel gelangen, wo sie in Saus und Braus leben und ihre geraubten Schätze hüten.

Nick wird erkannt und soll nur freigelassen werden, wenn er verspricht, die Seeräuberinnen nicht zu verraten. Das tut er nicht. Er wird gefesselt, mit einem 100-kg-Gewicht behängt und im Meer versenkt. Bevor ihm die Luft ganz ausgeht, schneidet ihn eine der dreizehn Seeräuberinnen am Meeresgrund los. Nick schwimmt ans Ufer, kommt mit zwölf Polizisten zurück und verhaftet die übrigen zwölf Piratinnen. Die Judassin geht straffrei aus.

Die Wahrscheinlichkeit der Handlung ist gering, aber die Sprache ist flüssig und die Dialoge sind witzig. Man befindet sich auf einem anderen Niveau als z. B. beim dummen »Old King Brady«.

Carruthers, der Verbrecherkönig, oder: Lebendig begraben
(1906)

So lautete der Titel des ersten Heftes der Serie »Nick Carter, Amerika's größter Detectiv«. Preis: 20 Pfennig. Verlag: Eichler, Dresden. Umfang: 28 Seiten plus 4 Seiten Titelei und Umschlag. Das Umschlagbild trägt noch den englischen Titel »The Master Criminal; or, With the Devil in His Eye«. Von Heft 21 an verschwinden die englischen Titel.

Carruthers ist eine Art Dr. Moriarty. Er entreißt der Polizei einen betrügerischen Bankdirektor und versteckt ihn für 25 000 Dollar (von dessen Geld). Carter dringt in das Haus ein, das Carruthers täglich besucht und wo der Bankdirektor versteckt sein soll. Am Boden des Kellers öffnet er einen geheimen Schacht, entdeckt darin die Leiche eines Polizisten und findet einen Gang zum Nachbarhaus, der allerdings in der Mitte verschüttet ist. Als Carter von dieser Stelle in den Keller zurückkehren will, schließt Carruthers die Kellertür zum Schacht und setzt das Haus in Brand. Carter ist unter einem flammenden Haufen Schutt begraben. Aber er öffnet den verschütteten Gang zum Nachbarhaus wieder, indem er mit dem Hut den Schutt in den Brunnenschacht transportiert. Er verhaftet Carruthers und den Bankdirektor. In den folgenden Bänden 2 bis 5 hat sich Carruthers wieder befreit und sich mit Inez Navarro, »dem weiblichen Dämon«, verbunden. Erst in Nr. 5 endet Carruthers definitiv auf dem elektrischen Stuhl.

CASANOVA, GIACOMO
(1725–1798)

Dieser in Venedig geborene Memoirenschreiber wurde 1755 in Venedig wegen Gottlosigkeit eingekerkert. Im folgenden Jahr floh er auf genial-abenteuerliche Weise aus den berüchtigten Bleikammern Venedigs. 1757 Lotteriedirektor in Paris; Reisen in viele europäische Länder; später Polizeiagent. 1788 veröffentlichte er *Histoire de ma fuite,* eine spannende Schilderung seiner Flucht aus dem Gefängnis. Das Buch wurde das Vorbild ähnlicher Eskapaden in unzähligen Kriminalromanen und -erzählungen des 19. und 20. Jahrhunderts.

CASPARY, VERA
(*1899)

Geboren und aufgewachsen in Chicago. Sie hatte sich in mehreren Berufen versucht, bevor sie 1923 Herausgeberin der Zeitschrift *Dance Magazine* wurde. Ihr erster Roman, *The White Girl,* erschien 1929, ihr erstes Drama, *Blind Mice* (Mitautor: Winifred Lenihan), 1931. Sie schrieb eine größere Zahl von Romanen, Stücken und Drehbüchern, bevor 1943 ihr erster Krimi herauskam: *Laura.* In den dreißiger Jahren hatte sie die Drehbücher zu mehreren Kriminalfilmen verfaßt (*The Night of June 13*, 1932; *Such*

Women Are Dangerous, 1934; *Private Scandal,* 1934; *Scandal Street,* 1937). Nach 1943 folgten ein Dutzend Krimis, die zum Teil verfilmt wurden *(Laura,* 1944; *Bedelia,* 1947). Fritz Langs Film *Blue Gardenia* (1953) basiert auf einer Erzählung.

Stranger Than Truth (1946); *The Weeping and the Laughter* (1950, in England *Death Wish*); *The Husband* (1957); *Evvie* (1960); *A Chosen Sparrow* (1964); *The Man Who Loved His Wife* (1966).

CATALAN, HENRI
(?)

Pseudonym für den Franzosen Henry Dupuy-Mazuel, der in den fünfziger Jahren mehrere Krimis um die Detektiv-Nonne Sœur Angèle schrieb. Sie wurden auch ins Englische übersetzt; HAGEN verzeichnet drei englische Romane mit «Sœur Angèle« im Titel.

Le Cas de Sœur Angèle
(1955)
Schwester Angèle ist die Tochter eines Marquis, hat Medizin studiert und ist nun eine Barmherzige Schwester, die an einem französischen Spital in Bethlehem kranke Kinder und Waisen betreut. Bei einem Besuch in Paris, wo sie Spenden sammeln will, wird Schwester Angèle in einen Mordfall verwickelt. Ihr Vetter, der berüchtigte Lebemann Baron d'Orchais, wird getötet, während sie in seinem Rauchsalon auf ihn wartet. Zunächst gerät die Dienerschaft des Barons in Verdacht, aber Schwester Angèle weiß es besser: in einem unbeobachteten Moment hat sie am Tatort Bündel von Liebesbriefen und Fotografien mit Widmungen entdeckt und an sich genommen. Erst als sie ihrem Lehrer und väterlichen Freund Professor Robin erzählt, was sie impulsiv getan hat, wird ihr die Tragweite ihrer Handlung klar. Der Professor erklärt, wenn sie die betroffenen Damen (und deren Familien) vor einem Skandal bewahren und die Polizei trotzdem nicht behindern wolle, müsse sie selbst den Mörder finden. In den folgenden Tagen sucht Schwester Angèle die Schreiberinnen der Liebesbriefe auf und lernt gleichzeitig die Dekadenz der gehobenen Gesellschaft kennen. Immer wieder trifft sie auf die junge, bezaubernde Marie Anne de Courlando. Ist auch sie in die Affäre verwickelt? Schwester Angèle kann nicht glauben, daß auch Marie Anne eine Geliebte von d'Orchais gewesen ist. Schließlich fällt es Angèle wie Schuppen von den Augen: keine der von ihr interviewten Briefschreiberinnen war der Täter, sondern ein Mann, der ein weiteres Briefbündel, Briefe einer Unbekannten, gestohlen hat. Marie Anne scheint diese Frau zu kennen und zu schützen. Es ist Madame de Courlando, die Frau von Marie Annes Onkel. Der Baron d'Orchais hatte sie verführt und sie dann zu erpressen versucht. Schließlich hatte die Dame ihrem Mann alles gestanden. Dieser hatte d'Orchais die Briefe entrissen und, als d'Orchais auf ihn schoß, den zynischen Lebemann in Notwehr getötet. Schwester Angèle erhält von Courlando ein Geständnis, rät ihm, ins Ausland zu fahren, und vertritt seine Sache der Polizei gegenüber. Die Polizei ist wütend, gibt aber vor dem christlichen Plädoyer von Angèle und Professor Robin klein bei. Das Verfahren gegen Courlando wird nicht eröffnet, Marie Anne wird heiraten. Schwester Angèle reist mit großen Spenden nach Bethlehem zurück.

CAYROL, JEAN
(*1911)

Geboren in Bordeaux. Er studierte Jura und Philologie und wurde Bibliothekar. 1939 trat er in den Geheimdienst ein; 1941 war er bei der französischen Widerstandsbewegung, wurde 1942 von den Deutschen verhaftet und bis 1945 im KZ Mauthausen interniert. C. hat Gedichte und Romane geschrieben über eine Welt, die immer sinnloser wird, je mehr sie sich von den Idealen des Christentums abwendet.
Midi-Minuit (1966) ist dem äußeren Geschehen nach ein Krimi. Eine dreißigjährige Frau verläßt nach zwölfjähriger Ehe ihren langweiligen und reichen Mann; sie nimmt ihren elfjährigen Knaben mit und versteckt sich mit ihm in der Nähe ihres früheren Heimatortes Saint-Emilien, der ihr als Paradies erscheint. Sie wagt aber nicht, sich direkt dorthin zu begeben, da ihr Mann sie sicher dort suchen wird. Nachdem sie ihre Wertgegenstände verkauft und das Geld aufgebraucht hat, läßt sie ihren kranken Sohn im Hotel zurück, stiehlt einen Wagen, in dessen Handschuhfach sie zufällig einen Revolver findet, fährt nach Saint-Emilien, stößt prompt auf

ihren Mann und bringt ihn um. Das alles wird im Stil des »nouveau roman« erzählt: Träume, Erinnerungen, Visionen – ein kunstvoll geordnetes Durcheinander.

CECIL, HENRY
(*1902)

Pseudonym für Henry Cecil Leon, geboren in Bayswater, England, Studium der Rechtswissenschaften in Cambridge. Er war Advokat und von 1949 bis 1967 Richter. Nebenbei schrieb er mehrere Romane, ein Sachbuch *(Know About English Law,* 1965), Dramen und etwa zwölf Krimis. In letzteren geht es meistens um ungewöhnliche Rechtsfälle, bei denen gelegentlich die Gauner legal und die »Guten« illegal handeln.

Ways and Means (1952); *According to the Evidence* (1954); *No Bail for the Judge* (1959); *Alibi for a Judge* (1960); *Portrait of a Judge* (1964); *A Woman Named Anne* (1967).

CHAMBERS, PETER
(*1924)

Pseudonym für den Engländer Dennis John Andrew Phillips, der auch unter dem Pseudonym Peter Chester schreibt. HAGEN verzeichnet für die Jahre 1960–1966 ein Dutzend Chambers- und ein halbes Dutzend Chester-Titel. BARZUN/TAYLOR loben *Murder Is for Keeps* (1961).

Drei Krimis von C.: *Murder Is for Keeps* (1961); *The Big Goodbye* (1962); *The Bad Die Young* (1967). – Drei Krimis von Peter Chester: *Murder Forestalled* (1960); *The Pay-Grab Murders* (1962); *Blueprint for Larceny* (1964).

CHANCE, JOHN NEWTON
(*1911)

Die Zentralfigur seiner über 50 Krimis ist Jonathan Blake. BARZUN/TAYLOR halten den Autor für phantasielos: immer wieder werde eine Dame im letzten Moment aus ungeheurer Gefahr gerettet.

Wheels in the Forest (1935); *The Jason Affair* (1954); *The Fate of the Lying Jade* (1968).

CHANDLER, RAYMOND
(1888–1959)

C. ist – neben Dashiell Hammett – der bedeutendste amerikanische Kriminalschriftsteller. Seine sieben Romane gehören ohne Zweifel zur hohen amerikanischen Literatur.
C. wurde am 23. Juli 1888 in Chicago geboren. Nach der Scheidung seiner Eltern kam er 1896 mit seiner Mutter nach England, wo er bis 1905 das Dulwich College besuchte. Geld war vorderhand nicht sein Problem: er bereiste den Kontinent, arbeitete ein halbes Jahr im Marineministerium und war gelegentlich als Journalist tätig. Die mageren literarischen Produkte der Jahre 1908–1912 hat Matthew J. Bruccoli 1973 veröffentlicht *(Raymond Chandler's Early Prose and Poetry).* Vom Autor der witzigen Dialoge und Schöpfer des hartgesottenen und doch gutherzigen Marlowe ist in diesen Skizzen noch nichts zu spüren.
Im Ersten Weltkrieg kämpfte C. zuerst bei den Kanadiern, zuletzt bei der englischen Royal Air Force. 1919 kehrte er in die USA zurück. In den Jahren 1919 bis 1932 lernte er den ruchlosen Geschäftsbetrieb in Amerika kennen. Vor dem Ende dieser Lebensperiode stand er an der Spitze mehrerer Ölgesellschaften. Während der Depression verlor er seine Stellung und begann zu schreiben. 1933 erschien seine erste Erzählung in der Zeitschrift *Black Mask,* C.s erste Veröffentlichung seit 1912. Als sein erster Roman erschien, war er bereits über 50 Jahre alt.
Etwa 1943 wurde C.s Name bekannt. Er folgte einer Einladung nach Hollywood und schrieb Drehbücher für Paramount. Auch die meisten seiner eigenen Romane wurden verfilmt. Zu seinen besten Drehbüchern gehören *Double Indemnity* (nach dem Roman von James M. Cain) und *Strangers on a Train.* Am 26. März 1959 starb C. in La Jolla (Kalifornien).
Zwischen 1933 und 1939 veröffentlichte C. 21 Kurzgeschichten in Zeitschriften. 12 davon erschienen 1950 unter dem Titel *The Simple Art of Murder.* Acht andere gab Philip Durham 1964 heraus. Hatte C. diese acht Erzählungen um 1950 nur vergessen? Keineswegs. Aber er hatte sie »cannibalized«, d. h. er hatte große Teile ihrer Texte in den Romanen verwendet. In *The Big Sleep* (1939) hatte C. die Kurzgeschichten »Killer in the Rain« und »The Curtain« (beide 1935) eingebaut. *Farewell, My Lovely*

(1940) und *The Lady in the Lake* (1943) enthalten einen großen Teil des Textes von je drei Erzählungen.

Während der Detektiv in den Erzählungen ganz verschiedene Namen trägt oder einfach in der Ichform berichtet, ist sein Name in allen sieben Romanen Marlowe. Dieser Marlowe ist ein Einzelgänger, der unter seiner harten, zynischen Schale ein weiches Herz hat. Er besitzt einen untrüglichen Sinn für Gerechtigkeit, und seine Loyalität ist unantastbar. Er hilft denjenigen, die das Recht auf ihrer Seite haben, und das sind meistens die Armen, die Wehrlosen, die Betrogenen, die Ausgenützten – kurz, die Opfer der kapitalistischen Gesellschaft. Nur zu oft muß Marlowe auch gegen die staatlichen Arme der Gerechtigkeit kämpfen – gegen Polizei und Staatsanwalt, die zu blinden Instrumenten der Reichen geworden sind.

Marlowe geht es nicht so sehr um das Überführen des Mörders, sondern um die soziale Gerechtigkeit. Philip Durham formuliert es so: bei C. »wird gemordet, gewiß, aber der Detektiv setzt sein Leben und seinen Beruf aufs Spiel, um soziales Unrecht jeder Art zu korrigieren: um die Schwachen zu schützen, um ethische Maßstäbe aufzurichten, um Leid zu lindern, um zu retten, was von den zerbrechlichen menschlichen Wesen noch zu retten ist.«

Worin C. Dashiell Hammett und Ross Macdonald übertrifft, ist der Dialog. Oft nehmen die witzigen Antworten fast überhand, dann läßt C. Marlowe oder einen anderen Protagonisten ironisch die Hände in die Luft werfen und sagen: »Ach, Gott, schon wieder so ein Witzbold [Smart Aleck]; wenn doch nur endlich einer käme, der normal reden könnte!«

The Big Sleep (1939); *Farewell, My Lovely* (1940); *The High Window* (1942); *The Lady in the Lake* (1943); *The Little Sister* (1949); *The Long Goodbye* (1953); *Playback* (1958).

Lit.: M. J. Bruccoli: Raymond Chandler, A Checklist, 1958 [engl. Bibl.]. – Raymond Chandler Speaking, hrsg. von D. Gardiner und K. S. Walker, 1962 [dt. Chandler über Chandler: Briefe, Aufsätze, Fragmente, 1965 (Bibl. aller engl. Titel C.s und der dt. Übers., Biogr., Briefe von C., eine Kurzgesch., zwei Essays sowie der Anfang seines letzten, unvollendeten Romans)]. – P. Durham, Down These Mean Streets A Man Must Go, 1963 [Biogr.]. – F. MacShane, The Life of Raymond Chandler, 1976.

The Big Sleep

(1939; dt. *Der tiefe Schlaf*, 1958)

General Sternwood, ein alter invalider Kapitalist (Öl), hat sich eine gewisse Integrität bewahrt. Seine jüngere Tochter Carmen wird bereits zum zweiten Mal erpreßt, und Marlowe soll der Sache ein Ende machen.

Marlowe entdeckt zuerst eine pornographische Leihbibliothek, kurz darauf den Leichnam des Besitzers. Carmen schmuggelt sich in Marlowes Zimmer und erwartet den Detektiv im Bett. Sie ist Kind und Teufel in einem: sie lutscht am Daumen und will alles haben, wonach ihr gerade der Sinn steht; sie hat keine sexuellen Hemmungen und säuft bis zur Bewußtlosigkeit – ein geeignetes Objekt für Porno-Photographen und Erpresser.

Unser Detektiv geht Carmen nicht auf den Leim, so wenig wie Rusty Regan, der Mann von Sternwoods anderer Tochter Vivian, sich von ihr hatte einwickeln lassen. Was Vivian hatte, mußte Carmen auch haben, aber Rusty Regan war nicht darauf eingegangen, mit seiner Schwägerin zu schlafen. Seither ist Regan verschwunden. Vivian hatte ihn nicht geliebt, ihr kann das Verschwinden also gleichgültig sein. Man munkelt, Regan sei mit der Frau eines Barbesitzers auf und davon gegangen. General Sternwood ist das Verschwinden seines Schwiegersohnes unangenehm: Regan war nämlich, abgesehen vom Butler, der einzige halbwegs ehrliche und anständige Kerl in der Familie.

Marlowe errät den Wunsch des Generals, daß er auch noch Regan finden soll. Als Carmen ihn, Marlowe, zu den alten Ölbohrlöchern lockt, wo sie ihn erschießen und in der Tiefe verschwinden lassen will, weiß Marlowe, durch wen und wie Regan geendet hat. Es stellt sich heraus, daß auch Vivian es gewußt hatte. Man einigt sich darauf, dem General die Hoffnung zu lassen, daß Regan eines Tages zurückkommen werde. Marlowe besteht darauf, daß Carmen endlich in einer psychiatrischen Klinik versorgt wird.

Ebenso berühmt wie der Roman wurde die Verfilmung von Howard Hawks unter dem gleichen Titel (1946), mit Humphrey Bogart; am Drehbuch hatte William Faulkner mitgearbeitet.

Farewell, My Lovely

(1940; dt. *Betrogen und gesühnt*, 1953)

Ein Riese von Mensch, Moose Malloy, kommt nach acht Jahren Zuchthaus nach Los Angeles

zurück, um seine frühere Geliebte, eine Varieté-sängerin namens Velma, wiederzufinden. Marlowe ist zufällig dabei, als Malloy einen Neger umbringt, der sich geweigert hatte, Malloy Auskunft zu geben.
Wo versteckt sich Malloy? Wo ist Velma, sofern sie noch lebt? Marlowe unternimmt eine Odyssee durch die Welt von Los Angeles; er hat mit drei Arten von Polizisten zu tun: a) korrupten, b) tüchtigen, c) solchen, die alle Hoffnung aufgegeben haben und möglichst wenig tun. Er trifft alte und junge Frauen, ehrliche und verlogene, reiche und arme. Er findet die Leiche einer alten Frau und die eines Schürzenjägers und Erpressers. Marlowe wird mehrmals zusammengeschlagen; man sperrt ihn in einem Irrenhaus ein und versetzt ihn mit Opiumspritzen in einen Zustand der Bewußtlosigkeit. Aber immer wieder rafft er sich auf – wie ein Käfer, der sich aus einem Garten am Fuße eines Wolkenkratzers ins 18. Stockwerk emporgearbeitet hat und nun sinnlos von Zimmerecke zu Zimmerecke wandert.
Marlowe wickelt den Käfer ins Taschentuch und trägt ihn in den Garten zurück. Ähnlich verfährt die höhere Macht, der Marlowe dient: der Detektiv überlebt am Ende auch noch die Gefangennahme auf einem Spielhöllenschiff und schließlich die Konfrontation zwischen Malloy und der ehemaligen Velma, die nun zu den bestsituierten Damen Kaliforniens gehört.

The High Window
(1942; dt. *Das hohe Fenster,* 1952)
Wiederum eine völlig unwahrscheinliche Handlung: eine wertvolle Goldmünze verschwindet. Marlowe soll sie wiederfinden. Auf der Suche gelangt er nacheinander in drei verschiedene Wohnungen, wobei er jedesmal eine Leiche entdeckt. Nicht nur dem Leser, sondern auch der Polizei von Pasadena wird es schließlich zuviel.
Was den Roman lesbar macht, ist Chandlers Sprache: der harte, ironische Stil mit den originellen Bildern, Vergleichen und Wendungen. Einige Personen sind überzeugend geschildert: die ruchlose alte Frau, die alles Böse in sich vereinigt, der Erpresser, die Mitglieder der Unterwelt, die Polizisten.
Mit einiger Skepsis betrachtet man die Figur der passiven Heldin, Merle, eines wahren Schneewittchens, das immer wieder auf die böse Hexe hereinfällt. Dies wird zwar psychologisch begründet, aber die Heldin benimmt sich anfänglich zu energisch, zu »hard-boiled«, als daß man ihr später ihre Naivität völlig abnehmen könnte: sie glaubt allen Ernstes, einen Mord begangen zu haben, und sie gesteht unaufgefordert noch einen zweiten ein.
Als Marlowe ihr beweist, daß sie nie gemordet hat und daß die wirkliche Mörderin die Frau ist, die sich als Merles Wohltäterin aufspielt, will Merle es nicht glauben. C. hat Merle mit widersprüchlichen Eigenschaften ausgestattet: sie ist entweder »tough«: dann kann sie nicht das kindlich-naive Pflänzchen des Schlusses sein. Oder sie ist dumm: dann können wir ihr Schicksal nicht als tragisch empfinden.

The Lady in the Lake
(1943; dt. *Einer weiß mehr,* 1955)
Derace Kingsley, ein älterer Wirtschaftsboß, engagiert Marlowe, um Mrs. Kingsley zu finden. Die junge Schönheit hat ihrem Mann am 14. Juni ein Telegramm aus El Paso gesandt, in dem sie ihm mitteilt, sie sei mit Chris Lavery auf dem Weg nach Mexico, um sich dort scheiden zu lassen und Lavery zu heiraten.
Kingsley ist nicht überrascht; er macht sich erst in dem Moment Sorgen, als er Lavery auf der Straße begegnet und dieser ihm versichert, er wisse weder etwas von einer Reise nach Mexico noch von einem Telegramm aus El Paso.
Marlowes Nachforschungen führen ihn zu einem Privatsee, aus dem er eine weibliche Leiche zieht. Ganz böse ergeht es ihm mit der Polizei von Bay City, wo Lavery wohnt, der bald nach Marlowes Ankunft als Leichnam in der Badewanne entdeckt wird. Der Polizist Degarmo, schon dem Namen nach ein Bösewicht, versucht alles, um Marlowe unschädlich zu machen: er schlägt unseren Detektiv brutal zusammen, begießt ihn mit Schnaps und steckt ihn darauf wegen Fahrens in betrunkenem Zustand ins Gefängnis.
Aber Marlowe kommt der Wahrheit doch auf die Spur: hinter allem steckt eine ruchlose Krankenschwester, die neben Lavery auch die Gattin ihres Arztes umgebracht hat. Degarmo weiß es, aber sie ist seine Geliebte, und er schützt sie um jeden Preis. Diese bösartige Lulu findet ihr gerechtes Ende, und auch Degarmo verläßt am Ende diese Welt. Kingsley bleibt übrig und kann seine geliebte Sekretärin heiraten.

Der Roman gehört zu C.s besten Arbeiten: Der Dialog ist hervorragend, und Nebenfiguren wie Sheriff Patton bleiben unvergeßlich im Gedächtnis.

The Little Sister

(1949; dt. *Die kleine Schwester,* 1953)

Zu Marlowe, dem Detektiv, kommt die »kleine Schwester« Orfamay Quest aus dem Nest Manhattan in Kansas. Sie sucht ihren Bruder Orrin, der vor einigen Monaten in Los Angeles verschwunden ist. Sie spielt die arme Kleine vom Lande, und Marlowe gibt sich mit einem Vorschuß von 20 Dollar zufrieden, denn er hat ein großes Herz für hilflose kleine Leute.

Die Suche führt ihn zuerst in einen finsteren Wohnblock. Bald ist der Hausmeister eine Leiche, ebenso der Mann, der Orrin Quests Wohnung übernommen hat. Ein Arzt setzt Marlowe mit einer vergifteten Zigarette vorübergehend außer Gefecht. Als Marlowe erwacht, steht er vor der dritten Leiche: Orrin.

Neben der Gangster- wird auch die Filmwelt von Hollywood vorgeführt: die ungeheuer Reichen, die allmächtigen Agenten und ihre Sekretärinnen sowie die Erfolglosen, die ihr Leben damit zubringen, in den Vorräumen der Agenten zu warten. Am Ende stellt sich heraus, daß Marlowe und der Leser die Welt verkehrt gesehen haben: der Kleinstädter Orrin hat seine zweite Schwester, die erfolgreiche Schauspielerin Mavis Weld, erpressen wollen. Die »unschuldige« Orfamay hat ihren eigenen Bruder für 1000 Dollar an die Henker verraten. Mavis Weld ist die einzige Anständige weit und breit. Man vernimmt auch, welche Gangster welche Morde ausgeführt haben, und der Arzt bringt am Ende noch den letzten Judas um.

The Long Goodbye

(1953; dt. *Der lange Abschied,* 1954)

Der gute Samariter Marlowe hat Mitleid mit einem stark betrunkenen jungen Mann, der von einer reichen Dame aus dem Auto geworfen wird. Der junge Mann heißt Terry Lennox und wird Marlowes Freund. Lennox ist – als fünfter Mann – mit der verwöhnten Sylvia, Tochter des Multimillionärs Potter, verheiratet, und Marlowe ärgert sich, daß Lennox in dieser Scheinwelt des Großkapitals leben will.

Sylvia wird ermordet, und Marlowe hilft seinem Freund, nach Mexiko zu fliehen. Marlowe ist überzeugt, daß Lennox unschuldig ist, und er beginnt den Fall zu untersuchen. Niemand aber wünscht das, nicht einmal Lennox, und Marlowe gerät von einem Wespennest ins andere.

Der Roman besteht zum großen Teil aus Sozialkritik: die Gesellschaft im Kalifornien der fünfziger Jahre ist korrupt, die Polizei ihr williges Werkzeug. Ehrlichkeit hat keine Chance. Marlowe wird von der Polizei sadistisch gequält: Kapitel 7 beschreibt das Procedere beim »3rd degree«.

Während Marlowe im Gefängnis sitzt, hört er, daß Lennox Selbstmord begangen hat. Aber Marlowe forscht weiter nach. Zu ihm gesellen sich der Journalist Lonnie Morgan, der fürs Leben gern die Wahrheit publizieren möchte, und der ehrliche Polizist Ohls. Manche der folgenden Kapitel haben nichts mit dem Fall Lennox zu tun, aber Chandler benutzt die Gelegenheit, Gefängnisse, Altersheime, Ärzte, Psychologen, treulose Frauen usw. unter die Lupe zu nehmen. Im Interview mit dem Milliardär Potter läßt Chandler den Superkapitalisten selbst zu Worte kommen. Dieser verachtet die amerikanische Bevölkerung, die von Kultur nichts versteht und begeistert den Ramsch kauft, den er – mit ungeheuren Gewinnen – produzieren muß; denn er produziert letzten Endes nur, was die Leute haben wollen.

Nachdem Marlowe kleinere und größere Nebenfälle gelöst hat, gelingt es ihm auch, Eileen Wade des Mordes an Sylvia zu überführen. Eileen hat auch ihren Mann, den Schriftsteller Roger Wade, auf dem Gewissen und löscht sich nun selbst aus. Endlich kommen wir zu Lennox zurück. Eines Tages taucht er lebendig in Marlowes Büro auf. Es stellt sich heraus, daß Eileen Wade, Sylvias Mörderin, die Geliebte von Lennox gewesen war. Er hatte den Mordverdacht von ihr auf sich ablenken wollen. Marlowe verzeiht ihm nicht, daß er ihn, seinen besten Freund, irregeführt hat und kündigt ihm die Freundschaft auf.

Playback

(1958; dt. *Spiel im Dunkel,* 1958)

Marlowe wird vom Rechtsanwalt Clyde Umney beauftragt, einer jungen Dame, die mit dem Zug in Los Angeles ankommt, zu folgen und ihre Adresse festzustellen. Die junge Dame führt Marlowe ins Städtchen Esmeralda, zwanzig Kilometer von San Diego entfernt. Marlowe merkt bald, daß da etwas nicht stimmt: Die Dame wird auch von anderen verfolgt. Es scheint sich um einen Fall von Erpressung zu handeln. Der Detektiv möchte der Dame helfen, aber sie verkennt seine guten Absichten oder ist gar selbst eine Verbrecherin. Sie belügt und mißbraucht Marlowe nach Strich und Faden.

Nach den üblichen Morden stellt sich heraus, daß die junge Dame von ihrem Schwiegervater verfolgt wird, der überzeugt ist, daß sie seinen Sohn umgebracht hat, obwohl der Richter sie freigesprochen hatte. Die Stadt Esmeralda besitzt einen unehrlichen Polizeichef, daneben auch Gangster, Schwindler und Kapitalisten, die rücksichtslos betrügen und bestechen. Am Ende fährt Marlowe nach Los Angeles zurück. Linda Loring, die wir in *The Long Goodbye* als Nebenfigur kennengelernt hatten, ruft aus Paris an: sie hat es sich überlegt, sie liebt Marlowe, sie will ihn heiraten.

Playback ist C.s letzter vollendeter Roman und sein schwächster. Vor seinem Tod hat C. noch vier Kapitel des nächsten Romans geschrieben, die in *Raymond Chandler Speaking* (1962) abgedruckt sind. In diesem Fragment ist Marlowe mit der Multimillionärin Linda Loring glücklich verheiratet und eröffnet in Poodle Springs ein neues Detektivbüro.

CHARTERIS, LESLIE

(*1907)

Pseudonym für Leslie Charles Bowyer Yin. Geboren und aufgewachsen in Singapur als Sohn eines chinesischen Arztes und einer Engländerin. C. kam nach England, um in Cambridge zu studieren; nach einem Jahr brach er die Studien ab und begann zu publizieren. Er verdiente vorerst nicht viel und übte nebenbei verschiedene abenteuerliche Berufe aus. *X Esquire* (1927) war sein erstes Buch, *The White Rider* (1928) das zweite. Das dritte war auch schon das erste über Simon Templar, »The Saint«: *Meet the Tiger* (1928). In der Folge schrieb C. nur noch drei Bücher, in denen »The Saint« nicht auftritt. »The Saint« ist ein hocheleganter, äußerst intelligenter Dandy, ein Robin Hood des 20. Jahrhunderts. Er liebt hübsche Damen und hat Humor, aber vor allem zeichnet ihn sein Sinn für Gerechtigkeit und Fairness aus. Er hilft den Wehrlosen und verfolgt und straft die Schurken, kurz, er handelt so, wie man es von Gott erwarten würde. Seine Heiligkeit hat aber an der Oberfläche nicht viel mit dem Christentum zu tun. Er heißt so, weil er ein gewisses Zeichen bei allen seinen Taten hinterläßt: einen mit wenigen Strichen gezeichneten Hampelmann mit einem Heiligenschein über dem Kopf.

Wenn Templar in London ist, gerät er oft in Konflikt mit der Polizei, mit Chief Inspector Claud Eustace Teal von Scotland Yard. Templars Begleiterin ist meist die hübsche junge Patricia Holm. Als Diener fungiert gelegentlich Hoppy Uniatz, körperlich kräftig und schnell, aber geistig schwerfällig, mit einem fürchterlichen Englisch, das durch bedingungslose Anhänglichkeit ausgeglichen wird.

Von den mehr als sechzig »Saint«-Büchern enthalten etwa die Hälfte mehrere Kurzromane, Novellen und Kurzgeschichten, die in den Jahren 1953–1967 in *The Saint Magazine* erschienen sind. (Die Monatszeitschrift hieß zuerst *The Saint Detective Magazine,* dann *The Saint Mystery Magazine,* zuletzt *The Saint Magazine.*) 1932 ging C. nach USA; von 1933 an schrieb er in Hollywood Drehbücher für Paramount. »The Saint« wurde populär durch Radio und Fernsehen; Roger Moore spielte ihn 120 Stunden lang. Viele dieser Skripten für Moore wurden von anderen Autoren verfaßt. C. ließ einige davon als Kurzromane adaptieren, korrigierte die neue Version selbst und veröffentlichte die Produkte als neue »Saint«-Bücher. Einige dieser Adaptionen sind so gut wie die besten C.-Originale. C. ist zum vierten Mal verheiratet und lebt heute teils in England, teils in Frankreich.

Meet the Tiger (1928, späterer Titel: *The Saint Meets the Tiger*); *Enter the Saint* (1930); *Follow the Saint* (1938); *The Saint Goes West* (1942); *The Saint Around the World* (1956); *Vendetta for the Saint* (1964). – Ohne Simon Templar: *The Bandit* (1929); *Daredevil* (1929); *Lady on a Train* (1945).

Lit.: W. O. G. Lofts/D. Adley, The Saint and Leslie Charteris, 1971.

The Saint Plays With Fire

(1938)

Simon Templar, seine blonde Freundin Patricia Holm, sein einfältiger, aber zielsicher schießender Helfer Hoppi Uniatz und sein Freund Peter Quentin kämpfen gegen einen Ring von Kriegshetzern und Kriegsgewinnlern. Zwar zeigt sich »The Saint« auch in diesem Roman als charmanter Herzensbrecher und als leichtfertiger Quälgeist des Kaugummi kauenden Inspector Teal, aber im Grunde ist die Lage ernst. In Deutschland regieren die Nazis, in Spanien herrscht Diktatur, Italien ist faschistisch, und in Frankreich warten die »Söhne Frankeichs«, die »Blauhemden«, nur auf eine Gelegenheit, um die Regierung zu stürzen. Auch in England sind gewisse Kreise an einem Krieg interessiert; »The Saint« begegnet ihnen ganz zufällig. Als ein englisches Herrenhaus abbrennt, ist Templar in der Nähe und will helfen. Dabei entdeckt er, daß das Feuer absichtlich gelegt worden ist, um einen Mord zu vertuschen. Wer ist der Tote? John Kennet war Kommunist und Pazifist; sein Gastgeber und die anderen Hausgäste sind alle prominent, reich und konservativ. »The Saint« ermittelt folgendes: Der »Financier«, Mr. Luker, hat dem ehemaligen Kriegsminister Algernon Fairweather und dem Brigadegeneral Sir Robert Sangore hochbezahlte Posten in der Rüstungsindustrie verschafft; beide sind von Luker abhängig. John Kennet war der Gruppe unbequem geworden, er hatte von ihrer Verbindung mit den »Blauhemden« erfahren. In Lukers Auftrag und mit Hilfe der schönen, geldgierigen Valerie Woodchester ist Kennet in Fairweathers Landhaus eingeladen worden, wo ihn Luker ermordet hat. Bei der gerichtlichen Untersuchung des Brandes erklärt »The Saint« die Umstände, aber niemand glaubt ihm außer Valerie Woodchester. Von ihr erfährt er, daß Kennet Material gegen Luker, Fairweather und Sangore gesammelt hatte. Die Jagd nach diesem Material beginnt. Als Templar endlich Einsicht nehmen kann, ist es schon fast zu spät. Er und Valerie werden von Luker gefangengenommen, nach Frankreich verschleppt, und dort sollen sie getötet werden. Erst im letzten Augenblick wird der Coup d'État in Frankreich verhindert, und die beiden werden von ihren Freunden und von der französischen Polizei gerettet. Sangore hatte schließlich doch Gewissensbisse bekommen und Templars Freunde alarmiert, ehe er sich selbst erschoß. Der Krieg in Europa ist noch einmal abgewendet.

CHASE, JAMES HADLEY
(*1906)

Pseudonym für René Raymond, geboren in London. Er war Angestellter im Großbuchhandel, als sein erstes (und bestes) Buch erschien: *No Orchids for Miss Blandish* (1939), einer der Bestseller der Kriminalliteratur. Der Roman spielt, wie der Großteil von C.s Romanen, in den USA. Im ersten Teil wird eine Erbin entführt, und einer der Entführer verliebt sich in sie. Im zweiten Teil stöbern der Privatdetektiv Dave Fenner und die Polizei die Entführerbande auf. C. kennt Amerika kaum; sein lokaler Slang stammt aus Wörterbüchern, und den landschaftlichen Hintergrund lernte er durch Landkarten kennen. C. hat etwa 80 Romane geschrieben; selten kommt eine Figur in mehr als zwei Bänden vor. Zwei seiner Bücher erschienen unter den Pseudonymen James L. Docherty und Ambrose Grant, ein Dutzend unter dem Namen Raymond Marshall. Mehrere von C.s Romanen sind verfilmt worden.

He Won't Need It Now (1939, von James L. Docherty); *I'll Get You for This* (1946); *More Deadly Than the Male* (1946, von Ambrose Grant); *Shock Treatment* (1959); *Tell It to the Birds* (1963); *You Have Yourself a Deal* (1966). – Drei Krimis von Raymond Marshall: *The Blondes' Requiem* (1945); *In a Vain Shadow* (1951); *Hit and Run* (1958).

The Double Shuffle
(1952; dt. *Strich durch die Rechnung,* 1955)
Maddux, Chef der Abteilung für Erstattungsanträge einer großen Versicherungsfirma, ist wütend: während seines Urlaubs hat der alte Präsident der Firma alle von den Vertretern abgeschlossenen Versicherungspolicen angenommen, ohne vorher Nachforschungen anzustellen. Besonders eine Police macht Maddux mißtrauisch. Eine gewisse Susan Gellert, ein kleiner Star im Showgeschäft, hat eine Lebensversicherung über 100 000 Dollar abgeschlossen, angeblich nur zu Reklamezwecken und zu einer niedrigen Prämie. Maddux erfährt, daß Susan bei neun weiteren Agenturen gleichlautende Verträge unterzeichnet hat. Er wittert einen geplanten Betrug und Mord. Steve Harmas wird beauftragt, weitere Erkundigungen einzuziehen. Seine Frau Helen begleitet ihn im

Auftrag einer anderen Versicherungsfirma. Zunächst spricht Harmas mit seinem Freund Alan Goodyear, der die Versicherung abgeschlossen hat. Goodyear, der beste Vertreter der Firma, ist empört, da er glaubt, Maddux wolle ihn ärgern; dann aber erteilt er Harmas die gewünschten Auskünfte. Goodyear ist nach wie vor von der Vertrauenswürdigkeit seiner Klientin überzeugt. Doch kaum beginnt Harmas mit seinen Nachforschungen, geschehen die seltsamsten »Zufälle«: Der Hausmeister des Gebäudes, in dem Susans Agent sein Büro hat, wird ermordet. Harmas selbst wird niedergeschlagen, aber er gibt nicht auf. Es stellt sich heraus, daß Susan eine Zwillingsschwester namens Corrine hat, die ihr zum Verwechseln ähnlich sieht und in Argentinien leben soll. Ehe Helen und Harmas den Fall klären können, kommt es zur nächsten Katastrophe: die Schauspielerin Joyce Sherman wird entführt – Goodyear hatte sie für eine halbe Million versichert. Immer mehr verwirren sich die Fäden. Auf einer Insel verunglückt eine junge Frau tödlich. Ist es Susan oder Corrine? Handelt es sich um einen Unfall oder um einen Mord? Die Versicherung muß in beiden Fällen zahlen. Goodyear kündigt. Auch Harmas muß gehen; aber er bleibt hartnäckig. Nach zwei weiteren Morden kommt er endlich den Betrügern auf die Spur.

CHAVETTE, EUGÈNE
(1827–1902)

Pseudonym (Anagramm) für Eugène Vachette. Geboren in Paris. C. schrieb in der Nachfolge Gaboriaus zahlreiche, damals vielgelesene Kriminalromane. Er starb in Montfermeil.

Le procès Pictompin (1865); *Le rémouleur* (1873); *La chambre du crime* (1875); *La recherche d'un pourquoi* (1877); *La bande de la belle Alliette* (1882); *Si j'étais riche* (1886).

CHESTER, GEORGE RANDOLPH
(1869–1924)

Geboren im Staate Ohio. Er versuchte sich in mehreren Berufen, bevor er in zweiter Ehe Lillian de Rimo heiratete, mit der zusammen er mehrere Bücher schrieb. Er wurde Journalist und publizierte in der *Saturday Evening Post*. C. schrieb Dramen, später auch Drehbücher. Er ist der Autor von vier Kurzgeschichtensammlungen, deren Held J. Rufus Wallingford (genannt »Get-Rich-Quick Wallingford«) ist. Dieser bewegt sich auf beiden Seiten der Grenze zwischen Legalität und Illegalität. Was er verdient, gibt er ebensoschnell wieder aus. Er hat eine hübsche Frau namens Fanny und einen Geschäftspartner, Blackie Daw. Den vier Bänden folgte 1921 ein fünfter, an dem C.s Frau mitgearbeitet hatte.

Get-Rich-Quick Wallingford (1908); *Young Wallingford* (1910); *Wallingford and Blackie Daw* (1913); *Wallingford in His Prime* (1913); *Son of Wallingford* (1921).

CHESTERTON, GILBERT KEITH
(1874–1936)

Geboren in London als Sohn reicher Eltern. Er studierte am University College, London, und wurde ein berühmter Journalist, Kritiker und Schriftsteller. Er konvertierte zum Katholizismus, heiratete 1901 und lebte seitdem auf dem Lande. Zu seinen besten Freunden gehörten Hilaire Belloc und E. C. Bentley. Seine vielen humanen (und humoristischen) Kriminalerzählungen haben bis heute nichts von ihrer Lesbarkeit verloren. Der erste Band war *The Club of Queer Trades* (1905). In diesen Klub wird aufgenommen, wer nachweisen kann, daß er einen neuen Beruf erfunden hat – und wer erzählt, wie es dabei zugegangen ist. In *The Man Who Was Thursday* (1908) kämpft Gabriel Syme, Dichter und »philosophischer Polizist«, gegen eine siebenköpfige Anarchistengruppe, deren Mitglieder sich mit den Namen der sieben Wochentage bezeichnen. 1911 erschien der erste Father-Brown-Geschichtenband: *The Innocence of Father Brown*. C. hat fünf Bände mit insgesamt 50 Father-Brown-Erzählungen veröffentlicht. Eine 51. erschien 1948 im Band *Twentieth Century Detective Stories*, herausgegeben von Ellery Queen. Father Brown ist ein liebenswerter Geistlicher, bescheiden und von der Güte Gottes überzeugt. Auf den ersten Blick traut man ihm die scharfe Intelligenz nicht zu, mit der er seine Fälle löst. Was er tut, geschieht zur höheren Ehre Gottes. Er ist nicht an Strafe

und Rache interessiert, sondern an der Wandlung der Menschen zum Guten.
Die Father-Brown-Geschichten sind öfter verfilmt worden – mit Walter Conolly (1934), Alec Guiness (1954), Heinz Rühmann in den sechziger Jahren; mit Kenneth More (1973) und Josef Meinrad für je eine Fernsehserie.

Die Father-Brown-Kurzgeschichtenbände: *The Innocence of Father Brown* (1911); *The Wisdom of Father Brown* (1914); *The Incredulity of Father Brown* (1926); *The Secret of Father Brown* (1927); *The Scandal of Father Brown* (1935). – Andere Kriminalerzählungen, meist Sammelbände: *The Club of Queer Trades* (1905); *The Man Who Was Thursday* (1908, Roman); *Manalive* (1912, Roman); *The Man Who Knew Too Much* (1922); *Tales of the Long Bow* (1925); *The Poet and the Lunatics* (1929); *Four Faultless Felons* (1930); *The Paradoxes of Mr. Pond* (1936).

»The Miracle of Moon Crescent«
(in: *The Incredulity of Father Brown,* 1926)
Der reiche Warren Wynd ist ein genialer Menschenkenner, aber er liebt und achtet die Menschen nicht. Er durchschaut jeden in Sekundenschnelle und weist ihm seine Stelle an. Kein Wunder, daß drei solcherart »abgefertigte« Freunde seinen Tod planen.
Wynd hat eben einen Millionär und seinen eigenen Sekretär aus dem Büro geworfen und läßt verlauten, er sei eine halbe Stunde lang nicht zu sprechen. Die beiden warten vor der Tür. Ein Sektenprediger gesellt sich zu ihnen. Schließlich kommt auch Pater Brown herbei und bittet darum, nachsehen zu dürfen, ob Herr Wynd noch am Leben sei. Großes Gelächter, denn das Büro hat nur diesen einen Ausgang, und der Sekretär und der Millionär haben sich nicht von der Tür entfernt. Man spottet über Gott und seine Wunder. Als aber die Türe schließlich geöffnet wird, ist Wynd verschwunden. Man findet ihn später erhängt im Park. Gegen ihren Willen beginnen die drei Zeugen an Wunder zu glauben. Erst als sie es tun und bei Pater Brown Abbitte leisten, erklärt er den Mord. Einer von Wynds drei Feinden hatte unter dem Fenster eine alte Pistole abgeschossen. Als der neugierige Wynd den Kopf aus dem Fenster streckte, hatte ihm ein anderer vom oberen Stockwerk aus die Schlinge um den Hals geworfen. Der Erhängte war hinuntergelassen worden; dann hatte man ihn an einem Baum im Park aufgeknüpft. Obwohl Pater Brown die Täter kennt, scheint er keinen Augenblick daran gedacht zu haben, sie anzuzeigen.

CHEYNEY, PETER
(1896–1951)

Geboren in London. Er studierte Rechtswissenschaften, wurde im Krieg verwundet und eröffnete nach 1918 ein Detektivbüro. Daneben war er Journalist und schrieb Dutzende von Kurzgeschichten, die unter mehreren Pseudonymen erschienen. Sein erster Krimi, *This Man Is Dangerous,* kam 1936 heraus. In den restlichen 15 Jahren seines Lebens erschienen über 60 weitere Krimis und Spionageromane. C.s zwei Hauptthelden sind Lemmy Caution und Slim Callaghan. Caution erzählt in einer saloppen, cockney-haften Sprache, in der Ichform und im Präsens. Die Caution-Romane sind amüsante stilistische Bravourstücke. Der spätere James Bond scheint vieles von Lemmy Caution geerbt zu haben – unter anderem das unerschütterliche Selbstvertrauen, den Sinn für Humor und Gags, die freche scheinbare Sorglosigkeit und die schnellen, oberflächlichen Beziehungen zu Frauen. Von Callaghan hingegen wird in der dritten Person erzählt. Im Temperament gleicht er Caution; aber während dieser sich mit der internationalen Elite, mit Spionen und Agenten befaßt, ist Callaghan Inhaber einer kleinen Detektivagentur (mit einem treuen Mitarbeiter und einer eifersüchtigen Sekretärin) und schlägt sich in England mit der üblichen Mord-und-Landhaus-Klientel herum. Weitere Detektiv-Figuren C.s sind Bellamy (*Another Little Drink,* 1940), O'Hara (*Dance Without Music,* 1947) und O'Day (*One of Those Things,* 1949). Manche halten die Romane, deren Titel das Wort »dark« enthalten, für C.s beste. Drei Slim-Callaghan-Romane und acht Lemmy-Caution-Erzählungen sind verfilmt worden, die letzteren mit Eddie Constantine in der Hauptrolle.

Drei »dark«-Romane: *Dark Duet* (1942); *The Stars Are Dark* (1943); *Dark Wanton* (1948). – Drei Lemmy-Caution-Romane: *This Man Is Dangerous* (1936); *You'd Be Suprised* (1940); *Never a Dull Moment* (1942). – Drei Slim-Callaghan-Romane: *The Urgent Hangman* (1938); *It Couldn't Matter Less* (1941); *Uneasy Terms* (1946).

Lit.: M. Harrison, Peter Cheyney, Prince of Hokum, 1954.

Uneasy Terms

(1946; dt. *Nach Ihnen, meine Damen,* 1956)
In dem schloßartigen Landgut Dark Spinney wohnen drei hübsche Töchter: Viola, Corinne und Patricia Alardyse. Der Vater ist schon lange tot, und die Mutter hat ihr großes Vermögen Viola vermacht, falls sie auf eine Heirat verzichtet. Heiratet sie aber, so ist Corinne die Erbin, und heiratet diese, so erbt Patricia. Mit diesen Mädchen wohnt Onkel Gervase Stenhurst zusammen, der sich über irgend etwas gewaltig aufregt und den Londoner Privatdetektiv Slim Callaghan anruft. Dieser ist nicht zu Hause, und als Stenhurst ihn eine Stunde später telefonisch in einer Bar erreicht, nimmt das Unheil bereits seinen Lauf: Jemand muß den ersten Anruf Stenhursts mitgehört und inzwischen gehandelt haben, denn als Callaghan sich an den Apparat begeben will, fällt er bewußtlos um. Eine Dame hat ihm eine Tablette ins Glas getan. Darauf wird die Telefonleitung gestört, und als Callaghan in Dark Spinney ankommt, liegt Stenhurst erschossen am Boden.
Viola – so findet Callaghan heraus – hätte kein Recht auf das Geld, denn sie war heimlich verheiratet gewesen, als die Mutter starb. Violas Mann fiel im Krieg. Corinne weiß das und erpreßt Viola ständig. Warum besteht Corinne nicht darauf, daß das Vermögen an sie übergeht? Sie ist ebenfalls heimlich verheiratet, und zwar mit einem obskuren Nachtklubbesitzer. Er war dabei gewesen, als Violas Mann im Krieg umkam. Am Ende erkennt Callaghan, daß Viola das Geld doch rechtmäßig besitzt; denn ihr angeblicher Mann war in Südafrika verheiratet gewesen, als er sie um des Geldes Willen heiratete. Und dann noch eine Entdeckung: Violas bigamistischer Mann ist gar nicht tot; er hat die Identität des an seiner Stelle gestorbenen Freundes angenommen und Corinne geheiratet, um Viola erpressen zu können. Corinne, die schon Stenhurst ermordet hatte (er war ihren Erpressungsversuchen auf die Spur gekommen), bringt nun den dreifach verheirateten Gauner um und sich selbst ebenfalls. Callaghan, der zu Beginn der Untersuchung Beweismittel gefälscht hatte, versöhnt sich mit Inspector Gringall von Scotland Yard und verbringt einige Ferienwochen bei der hübschen Viola; zusätzlich erhält er 1000 Pfund Belohnung.

CHILD, CHARLES B.
(*1903)

Pseudonym für C. Vernon Frost, geboren in London. Er wurde Journalist und schrieb für die »Pulp«-Serien. 1946 begann er mit einer Reihe von Kurzgeschichten über Inspector Chafik J. Chafik von der Polizei in Bagdad. Die Erzählungen erschienen in *Collier's* und *Ellery Queen's,* wurden aber bisher nicht in Buchform herausgegeben.

CHILD, RICHARD WASHBURN
(1881–1935)

Geboren in Worcester, Massachusetts. Er war Diplomat und veröffentlichte Kriminalerzählungen, in denen gelegentlich der Gauner »Paymaster« auftritt.

Fresh Water and Other Stories (1920, Kurzgeschichten); *The Vanishing Men* (1920); *The Velvet Black* (1921, Kurzgeschichten).

CHILDERS, ERSKINE
(1870–1922)

Geboren in London. Nachdem er früh die Eltern verloren hatte, wuchs er bei Verwandten in der Nähe von Dublin auf, die eine Jacht besaßen und bei denen er das Segeln lernte. Er studierte in Cambridge, arbeitete darauf als Büroangestellter im englischen Unterhaus, nahm am Burenkrieg teil und schrieb mehrere Bücher über seine Erlebnisse. Um 1911 gab C. seinen Posten in London auf; er setzte sich von jetzt an aktiv für die irische Unabhängigkeit (»Home Rule«) ein. Immer wieder kaufte er Jachten und befuhr die Nord- und Ostsee. 1914 schmuggelte er 1500 deutsche Mauser-Gewehre nach Irland, was ihn nicht hinderte, während des Ersten Weltkriegs auf seiten Englands zu kämpfen. Er wurde ausgezeichnet und zum Major befördert. Nach dem Sturz de Valeras, dessen Freund C. war, trat er der illegalen republikanischen Armee Irlands bei. Er wurde gefangen, vors Kriegsgericht gestellt und erschossen. Sein einziger Roman, *The Riddle of the Sands* (1903) gilt als erster reiner Spionageroman der Weltliteratur – und als einer der besten.

The Riddle of the Sands. A Record of Secret Service
(1903)
Zwei junge, patriotische Briten sind die Helden der Geschichte: Davies, ein Meister im Segeln, und Carruthers, der vor kurzem seine erste Stellung im Auswärtigen Amt erhalten hat. Davies ist schon seit Wochen auf einer Segeltour in der Nord- und Ostsee, als Carruthers Urlaub bekommt. Da er nicht recht weiß, was er unternehmen soll, kommt ihm Davies' Aufforderung, mit ihm entlang der deutschen Küste zu segeln, gerade recht. Er reist nach Flensburg. Aber zunächst ist die Enttäuschung groß: Davies' Boot, die Dulcibella, ist eine tüchtige, aber keineswegs elegante oder bequeme Jacht. Davies selbst verhält sich reserviert. Schließlich gewöhnt sich Carruthers an das rauhe Seeleben – es ist bereits Oktober –, und Davies schenkt ihm sein Vertrauen.
Davies möchte die deutsche Küste vor Friesland auf geheime militärische Befestigungen hin untersuchen und einen Verräter entlarven. Ehe nämlich Carruthers gekommen ist, hat Davies einen Jachtbesitzer kennengelernt (und sich in dessen Tochter verliebt), der vorgibt, ein Deutscher namens Dollmann zu sein. Davies hält ihn aber für einen Engländer in deutschen Diensten. Dollmann hat Davies mit List daran gehindert, die Kanäle und Sandbänke zwischen Friesland und den Ostfriesischen Inseln zu untersuchen und sogar versucht, Davies umzubringen. Nun ist Davies entschlossen, mit Hilfe seines Freundes der Sache auf den Grund zu gehen. Die beiden erhalten immer mehr Hinweise darauf, daß es ein Geheimnis vor dieser Küste gibt. Zuletzt hat Carruthers als Spion Erfolg: In dichtem Nebel belauscht er eine geheime Zusammenkunft auf einer Sandbank. Er schleicht sich auf das Schiff, mit dem um Mitternacht ein hoher Marineoffizier, ein Ingenieur und eine ungenannte hohe deutsche Persönlichkeit eine Probefahrt machen, und entdeckt das Geheimnis: Für Truppentransporte wird eine neue Art von Kutter gebaut; England steht eine deutsche Invasion bevor. Dollmann, ein ehemaliger Leutnant der britischen Marine, hat Englands Pläne verraten. Doch Carruthers und Davies wissen der deutschen Gefahr zu begegnen. Carruthers setzt das Schiff der Deutschen auf Grund, rudert nach Norderney, wo Davies mit seiner Jacht wartet und wo Dollmann und seine Tochter wohnen. Zu viert segeln sie nach Holland (Dollmann begeht unterwegs Selbstmord) und erreichen schließlich England. Das englische Vaterland ist noch einmal gerettet. Ein Epilog ruft England zur militärischen Wachsamkeit auf.

CHRISTIE, AGATHA
(1890–1976)

Geboren als Mary Clarissa Miller in Torquay (Devon, England). Ihren Vater, einen Amerikaner, verlor sie, als sie noch ein Kind war. Im Alter von 16 Jahren nahm sie Gesangsstunden in Paris. 1914 heiratete sie den Luftwaffenoffizier Archibald Christie. Während des Ersten Weltkrieges arbeitete sie in der Krankenpflege und schrieb in den freien Stunden ihren ersten Krimi, *The Mysterious Affair at Styles*, für den sie lange keinen Verleger fand. 1926 starb C.s Mutter, und die Ehe ging in die Brüche. C. verlor plötzlich ihr Gedächtnis, verschwand und wurde von der Polizei gesucht. 1928 ließ sie sich scheiden und begab sich auf Reisen. Im Lande Ur lernte sie den Archäologen Max Mallowan kennen, den sie 1930 heiratete. Sie war mittlerweile eine der berühmtesten Schriftstellerinnen der Zeit. 1925 hatte sie einen Band Gedichte veröffentlicht (*The Road of Dreams*); als Agatha Christie Mallowan schrieb sie über ihre und Max Mallowans archäologischen Expeditionen nach Syrien (*Come, Tell Me How You Live*, 1946), und unter dem Pseudonym Mary Westmacott veröffentlichte sie ein halbes Dutzend romantische Romane. Aber ihr eigentlicher Erfolg beruht bis heute auf den etwa 80 Krimis (Romane und Kurzgeschichtenbände), die eine Gesamtauflage von 400 Millionen erreicht haben sollen.
Von den 80 Bänden sind etwa die Hälfte dem kleinen, belgischen Detektiv Hercule Poirot gewidmet, der in England lebt und großes Gewicht auf sein logisches Denkvermögen – die »kleinen grauen Zellen« in seinem Gehirn – legt. Anfänglich war Poirot als Karikatur geplant;

man bedenke den Namen: dieser Herkules ist ausgesprochen klein von Gestalt, und sein Kopf erinnert an ein Birnchen. Aber die Leser (und Agatha Christie) schlossen ihn bald ins Herz. Trotz seiner Marotten ist Poirot ein tapferer, tüchtiger und ehrlicher Kerl. Er hat seine Schwächen: es hapert oft mit der englischen Syntax; er ist gelegentlich eingebildet und angeberisch – wie es ein englischer Gentleman von einem Franzosen ohnehin erwartet. Poirots Freund ist Captain Hastings, der wie Dr. Watson anfänglich Poirots Abenteuer in der Ichform erzählt. Später verschwindet der etwas beschränkte Hastings nach Argentinien, und von Poirot ist nun in der dritten Person Singular die Rede. Poirot ist nicht mehr jung, hat einen Diener namens George, eine Sekretärin, die ironischerweise Miss Lemon heißt, und eine originelle, temperamentvolle, nicht ganz zurechnungsfähige Freundin, die Schriftstellerin Ariadne Oliver, eine Selbstkarikatur der Christie. Gelegentlich mißt sich Poirot auch mit internationalen Agenten (*The Big Four*, 1927, u. a.). Er stirbt in dem in den vierziger Jahren geschriebenen und erst 1975 erschienenen Roman *Curtain*.

In einem Dutzend Romanen und mehreren Kurzgeschichten seit 1930 ist die ältliche Miss Jane Marple von St. Mary Mead die Detektivin. Margaret Rutherford hat sie auf die Leinwand gebracht, und wie sie stellt sich der Leser Miss Marple vor: sie schwätzt mit der spießigen Dorfaristokratie am Teetisch, beobachtet dabei aber scharf. Wenn es kritisch wird, schreckt sie vor nichts zurück. Sie ist etwa 70 Jahre alt, hat ein kleines Einkommen und einen netten Neffen, Raymond West, der mit seinen Romanen viel Geld verdient. Andere, seltenere Detektive der C. sind Tuppence und Tommy Beresford, die seit 1922 gelegentlich auftauchen, Harley Quin und Mr. Satterthwaite, die Helden des Kurzgeschichtenbandes *The Mysterious Mr. Quin* (1930), und Parker Pyne, der ebenfalls in Kurzgeschichten auftritt: *Parker Pyne Investigates* (1934, in USA *Mr. Parker Pyne – Detective*). C. hat auch erfolgreiche Dramen geschrieben, darunter *The Mousetrap*, das seit 1952 ununterbrochen in London gespielt wird und damit das erfolgreichste Drama der Welt sein dürfte. Mehrere ihrer Werke sind verfilmt worden, *And Then There Were None* (auch betitelt *Ten Little Indians*) gleich dreimal. – 1977 erschienen ihre Memoiren (*An Autobiography*).

Zwölf Hercule-Poirot-Bücher: *The Mysterious Affair at Styles* (1920); *Murder on the Links* (1923); *The Murder of Roger Ackroyd* (1926); *The Mystery of the Blue Train* (1927); *Peril at End House* (1932); *Murder on the Orient Express* (1934, in USA *Murder in the Calais Coach*); *The A. B. C. Murders* (1936); *Murder in Mesopotamia* (1936); *The Labours of Hercules* (1947, Kurzgeschichten); *Dead Man's Folly* (1956); *The Clocks* (1963); *Third Girl* (1966). – Sechs Miss-Marple-Romane: *Murder at the Vicarage* (1930); *The Body in the Library* (1942); *A Murder Is Announced* (1950); *A Pocket Full of Rye* (1953); *4:50 from Paddington* (1957, in USA *What Mrs. McGillicuddy Saw!*); *A Caribbean Mystery* (1964). – Drei Bände über Tuppence und Tommy Beresford: *The Secret Adversary* (1922); *Partners in Crime* (1930, Kurzgeschichten); *N or M* (1941). – Andere Krimis, die zu C.s besten gehören: *Towards Zero* (1944); *Death Comes as the End* (1945); *Witness for the Prosecution and Other Stories* (1948); *They Came to Baghdad* (1951); *The Pale Horse* (1961); *Endless Night* (1967); *Sleeping Murder* (1976; mit Miss Marple).

Lit.: N. B. Wynne, An Agatha Christie Chronology, 1976.

The Mysterious Affair at Styles

(1920; dt. *Das geheimnisvolle Verbrechen in Styles*, 1929, und *Das fehlende Glied in der Kette*, 1959)

Es ist die Zeit des Ersten Weltkriegs. John Cavendish hat seinen verwundeten Freund Hastings eingeladen, seine Kriegsverletzung auf dem Landsitz Styles Court auszuheilen. Herr auf Styles ist aber nicht John, sondern Johns Stiefmutter, die in späten Jahren den etwas dubiosen Alfred Inglethorp geheiratet hat. Die ganze Familie ist von Mrs. Inglethorp abhängig. Da die alte Dame eigenwillig ist, fehlt es nicht an Spannungen. Evie Howard, Mrs. Inglethorps Gesellschafterin, scheint auf Mr. Inglethorp eifersüchtig zu sein (obwohl er ihr Vetter ist). Sie hält ihn für einen Betrüger, weigert sich, mit ihm zu sprechen, und zieht schließlich unter Protest aus. John hat Schulden, außerdem gibt es in seiner Ehe Schwierigkeiten. Johns Frau Mary scheint sich mit dem geheimnisvollen Dr. Bauerstein zu trösten. Johns jüngerer Bruder Lawrence wirkt ebenfalls bedrückt: Zieht etwa die lebenslustige Cynthia Murdoch, Protégée seiner

Stiefmutter, seinen Bruder John vor? Ehe Hastings die Lage überblicken kann, stirbt Mrs. Inglethorp an Gift. Es ist ohne Zweifel Mord, und John nimmt Hastings' Vorschlag an, dessen alten Freund Poirot mit der »inoffiziellen« Aufklärung des Falles zu beauftragen.
Zunächst sind alle von Poirot enttäuscht. Statt die Schuld Alfred Inglethorps (an die die ganze Familie glaubt) zu beweisen, entlastet er Inglethorp. Nun fällt der Verdacht auf John Cavendish; er wird verhaftet. Mary steht jetzt zu ihrem Mann, obwohl er ihr untreu gewesen ist. Inglethorp dagegen, so findet Poirot heraus, hat seine Frau nicht betrogen. Lawrence möchte Cynthia schützen; Bauerstein wird ebenfalls verhaftet. Wo ist der Mörder? Ein Zufall hilft Poirot: er entdeckt einen Zettel, den der Mörder seinem Komplizen schrieb und den zu vernichten der Mörder keine Gelegenheit mehr gehabt hatte. Evie Howard und ihr Vetter werden vor Gericht gestellt. – Der Leser wird brillant an der Nase herumgeführt. Hastings, der Erzähler, berichtet nicht nur die Ereignisse, sondern auch seine eigenen, oft falschen Schlußfolgerungen, so daß der Leser abwechselnd gültige Fingerzeige und gezielte Fehlinformationen erhält.

Death Comes as the End

(1945; dt. *Rächende Geister,* 1947)

Der Roman spielt in Theben, etwa im Jahre 2000 v. Chr. Beschrieben werden die menschlichen Beziehungen der Bewohner eines großen Landgutes, dessen Besitzer auch Totenpriester ist. Er ist alt, und seine drei Söhne und zwei Schwiegertöchter erwarten, daß der Alte sie bald einmal am Geschäft beteiligt.
Da bringt der Alte eine junge, kluge Konkubine von einer Reise mit, die ihn mit ihrer Schönheit und ihrer schlangenhaften Klugheit völlig beherrscht. Die drei Söhne und die zwei Schwiegertöchter sind der jungen Frau nicht freundlich gesonnen, zumal diese jedermann ihre Macht auf taktlose Weise fühlen läßt.
Nun beginnen die Morde. Ein Mensch nach dem andern wird vergiftet oder stürzt vom Felsen: ein Sohn, die Konkubine, eine Schwiegertochter, ein junger Hirt. Der Leser folgt einem großen Teil der Handlung mit den Augen der unbeteiligten, jung verwitweten Tochter des Oberpriesters, deren Liebesgeschichte parallel zu den Mordhandlungen verläuft. Soll sie den treuen Gutsverwalter oder einen hübschen Luftikus heiraten? Das Glanzstück des Buches bildet die Gestalt der Henet, einer älteren, häßlichen, frustrierten Schwätzerin, die bewußt und zielsicher mit ihrem Mundwerk zu arbeiten weiß. Sie versteht es, überall Haß und Mißtrauen zu erregen, und sie freut sich am ungeheuren Schaden, den sie, verborgen hinter der Maske der Demut, Güte und Ehrlichkeit, anrichtet.
Am Ende stellt sich heraus, daß der älteste Sohn der Übeltäter ist. Er will gerade seine eigene Schwester vom Felsen stoßen, als ihn der Hausverwalter mit dem Pfeil durchbohrt. Nun weiß die junge Witwe auch, wo ihre Zukunft liegt.

4:50 from Paddington

(1957; dt. *16 Uhr 50 ab Paddington,* 1960)

Mrs. McGillicuddy hat vom Zug aus gesehen, wie in einem anderen, vorbeifahrenden Zug eine Frau erwürgt wurde. Mrs. McGillicuddy wendet sich an ihre Freundin, Miss Jane Marple, die als kluge Detektivin herausfindet, wo sich die Leiche befinden muß, nämlich auf dem großen verwilderten Herrensitz der Crackenthorpes.
Wer ist die Tote? Ist sie die Witwe des ältesten Crackenthorpe-Sohnes? Die gesamte Familie Crackenthorpe gerät in Verdacht: der alte Vater, der gesünder ist, als er sich stellt, und der alle seine Kinder überleben möchte; Cedric, der älteste lebende Sohn, der nur darauf wartet, den Familienbesitz verkaufen zu können; Harold, den nur noch eine Erbschaft vor dem Bankrott retten kann; Alfred, der mit einem Fuß im Gefängnis steht; schließlich die stille, scheinbar so harmlose Tochter Emma.
Überraschend wird die gesamte Familie mit Arsen vergiftet. Der Hausarzt, Dr. Quimper, befürchtet, es handle sich um einen seit langem gehegten Plan, und trifft alle möglichen Vorsichtsmaßnahmen. Dennoch sterben zwei Brüder. Ist es Zufall, daß der Schwiegersohn Bryan Eastley, ein »drifter«, immer wieder als Gast auftaucht?
Und warum machen alle Männer der Familie Lucy, der von Miss Marple placierten Haushälterin, mehr oder weniger eindeutige Anträge?
Am Ende inszeniert Miss Marple ein dramatisches Familientreffen: dabei verrät sich der Mörder selbst.

CICERO, MARCUS TULLIUS
(106–43 v. Chr.)

Geboren in Arpinum. Dieser berühmte Staatsmann, Schriftsteller und Redner trat vor Gericht in mehreren Mordprozessen auf, darunter auch als Verteidiger des Cluentius, der des Mordes angeklagt war. BARZUN/TAYLOR meinen zu dieser »Pro A. Cluentio« (66 v. Chr.) betitelten Perry-Mason-Rede: »The tale is a real Raymond Chandler.«

CLARETIE, JULES
(1840–1913)

Dieser Franzose hat in seinem Krimi *L'accusateur* (1897) die Netzhaut eines Ermordeten photographieren lassen und dann auf der Vergrößerung den letzten Blick des Toten ermittelt. Diese geniale Leistung hatte schon Ponson du Terrails Figur Rocambole in *Les tribulations de Shoking* vollbracht (nach MESSAC, S. 640).

Les victimes de Paris (1864); *Un assassin* (1866); *Noel Frambert* (1872); *Le train 17* (1877); *Le pavé de Paris* (1881); *L'accusateur* (1897).

CLAY, JULIEN
(?)

PROMIES verzeichnet zwei deutsche Übersetzungen dieses Franzosen (wohl ein Pseudonym?): *Liebhaber unter sich* (1966) und *Die Fälschung* (1967).

Il n'y a pas de justice (1964); *Du vent dans les toiles* (1965); *Du sang sur le grand livre* (1966); *Du randam dans l'édition* (1968).

CLEEVE, BRIAN
(*1921)

Geboren in Irland. Er lebte eine Zeitlang in Südafrika, bevor er in Dublin promovierte. HAGEN verzeichnet für die Jahre 1961–1967 acht Krimis und Spionageromane.

Assignment to Vengeance (1961); *Death of a Wicked Servant* (1963); *Violent Death of a Bitter Englishman* (1967).

CLEMENTS, EILEEN HELEN
(*1905)

Diese Engländerin hat (nach HAGEN) in den Jahren 1939–1963 20 Krimis und Spionageromane veröffentlicht. BARZUN/TAYLOR besprechen vier davon – eher negativ.

Let Him Die (1939); *The Other Island* (1956); *Let or Hindrance* (1963).

CLEVELY, HUGH DESMOND
(?)

Geboren in Bristol. Er wuchs bei einem Onkel in einem Landpfarrhaus auf. Während des Zweiten Weltkriegs diente er bei der RAF und wurde als »Wing Commander« entlassen. Sein erster Krimi erschien 1930. Um 1970 lagen von ihm über 30 Titel vor, darunter 8 unter dem Pseudonym Tod Claymore. Tod Claymore ist ein fiktiver Autor, Tennisspieler und Detektiv, der in der Ichform erzählt.

Reunion in Florida
(1952, von Tod Claymore; dt. *Wiedersehen in Florida*, 1963)
Claymore und seine neunjährige Tochter Sarah werden von der reichen Witwe Lincoln auf ein Landgut in Florida eingeladen. Hier trifft Tod Claymore seine frühere Geliebte Sabrina, die einen Stewart Hayward, den sie nicht liebt, geheiratet und dafür Tod, den sie liebte, den Laufpaß gegeben hatte. Jetzt vernimmt man, warum: Stewart hatte einen Brief von Sabrina an Tod unterschlagen. Stewart sagt ihr nun selbst die Wahrheit, und die empörte Sabrina verläßt ihren Gatten und fährt weg.
Unterdessen wird Stewart ermordet. Er verbrennt in seinem Bungalow. Die Polizei stellt fest, daß er vorher von hinten in den Kopf geschossen worden war. Die Hauptverdächtigen sind Tod und Sabrina; aber auch andere Mitglieder des Lincoln-Kreises kommen in Frage. Der Sheriff, Mrs. Lincolns Privatdetektiv Vanetti und Tod versuchen, Licht in die Sache zu bringen.
Stewart hat einen Bruder, Jim Hayward, der den reichen Stewart seit Jahren erpreßte. Erst neulich hat Stewart 100 000 Dollar in kleinen Scheinen bei der Bank abgehoben. Wo ist Jim, und wo ist dieses Geld? John Leroy wird

ermordet, als er einen Koffer öffnen will, zu dem Sabrina den Schlüssel verloren hat. War das Geld etwa im Koffer? Tod hat nun einen Verdacht. Zusammen mit Strongbow, einem Freund von Mrs. Lincoln, macht er sich daran, Vanetti zu überwachen. Die hübsche Louella Stevens, die sich in Tod verliebt hat, reist ihnen heimlich nach. Zusammen folgen sie Vanetti in ein einsames Landhaus. Eine Ungeschicktheit Louellas – und schon sind sie und Tod als Gefangene im Haus einer Verbrecherbande. Hier treffen sie 1. Stewart, der gar nicht tot ist, vielmehr hat *er* seinen Bruder Jim ermordet, und Jims Leiche war verbrannt. 2. Vanetti, einen Komplizen von Stewart, der nun, da er die 100 000 Dollar hat, auch Stewart beseitigen wird. 3. Zwei weitere Verbrecher, die mit gezogenen Revolvern herumsitzen.
Nachdem alles aufgeklärt worden ist, wird geschossen. Strongbow greift von außen ein, Vanetti und Stewart enden als Leichen. Sabrina weist Tod ein zweites Mal ab, was ihm durchaus gelegen kommt. Im letzten Kapitel treffen wir ihn auf der Reise zu einem Schloß in Irland – begleitet von Sarah und Louella.

CLIFFORD, FRANCIS
(1917–1975)

Pseudonym für Arthur L. B. Thompson, geboren in Bristol. Er schrieb ein Dutzend Kriminal- und Spionageromane, die mit den Werken von Graham Greene verglichen worden sind.

Overdue (1957); *The Naked Runner* (1965); *All Men Are Lonely Now* (1967).

CLINTON-BADDELEY, VICTOR CLINTON
(1900–1970)

Geboren in Devon. Er studierte in Cambridge, war eine Zeitlang Schauspieler und schrieb fürs Radio und die Bühne. Er ist der Verfasser von drei Studien zur Theatergeschichte und von vier Krimis, deren Zentralfigur der ältliche Cambridger Professor R. V. Davie ist.

Death's Bright Dart (1967); *My Foe Outstretched Beneath the Tree* (1968); *Only a Matter of Time* (1969); *No Case for the Police* (1970).

CLOUSTON, JOSEPH STORER
(1870–1944)

Er schrieb ein halbes Dutzend Krimis, die von BARZUN/TAYLOR als »äußerst gut geschrieben« bezeichnet werden. Eine Zentralfigur ist »The Lunatic«.

The Lunatic at Large (1899); *The Mystery of No. 47* (1912); *The Lunatic Still at Large* (1923).

COBB, BELTON
(*1892)

Geboren in Tunbridge Wells, England. Er schrieb für Zeitschriften und verfaßte mehrere Bücher über Scotland Yard und etwa 40 Krimis. Eine seiner Zentralfiguren ist Inspector Burmann.

Poisoner's Mistake (1936); *With Intent to Kill* (1958); *Lost Without Trace* (1967).

COBB, IRWIN SHREWSBURY
(1876–1944)

Geboren in Paducah, Kentucky. Von 1904 bis 1938 lebte er in New York, nachher in Santa Monica, Kalifornien. Er schrieb etwa 60 Bände Romane und Kurzgeschichten meist humoristischer Art. Der Hauptheld von C.s Kriminalgeschichten ist Judge Priest, dem man in folgenden Titeln begegnet (Sammlungen von Kurzgeschichten):

Back Home (1912); *The Escape of Mr. Trimm* (1913); *Old Judge Priest* (1916); *Snake Doctor and Other Stories* (1923); *Down Yonder with Judge Priest* (1932); *Faith, Hope and Charity* (1934); *Judge Priest Turns Detective* (1937). – Andere Krimis: *Alias Ben Alibi* (1925); *Murder Day by Day* (1933).

COBB, SYLVANUS JR.
(1823–1887)

Geboren im Staate Maine (USA). Er gilt als einer der ersten, der seinen Lebensunterhalt als Autor für die »Pulps« verdiente. C. soll 300 Romane und 1 000 Kurzgeschichten geschrieben haben, worunter die bekanntesten Krimititel sind: *The Gunmaker of Moscow; or, Vladimir the Monk* (1856) und *The Armorer of Tyre* (1895). Der erstgenannte Roman erschien ursprünglich in Fortsetzungen im *New York Ledger* und wurde später von George Aiken dramatisiert.

COCCIOLI, CARLO
(*1920)

Geboren in Livorno, aufgewachsen in Afrika und Rom. Später wohnte er in Neapel, Florenz und Mexiko. Seit 1956 schreibt er einen Teil seiner Werke in französischer Sprache. Einige von C.s zahlreichen Romanen enthalten Krimi-Elemente. HAGEN verzeichnet *La pietra bianca* (1956) als Krimi.

COE, CHARLES FRANCIS
(1890–1956)

Geboren in Buffalo. Er schrieb für die »Pulps« und veröffentlichte zwischen 1927 und 1952 ein gutes Dutzend »hardboiled« Krimis.

Me – Gangster (1927); *G-Man* (1937); *Ashes* (1952).

COHEN, OCTAVIUS ROY
(1891–1959)

Geboren in Charleston, South Carolina. Er studierte Rechtswissenschaften und arbeitete zwei Jahre als Advokat. 1915 wurde er freier Schriftsteller und schrieb humoristische Romane und Erzählungen (vor allem über Neger) und etwa 30 Krimis. Er hat zwei originelle Figuren erfunden: 1. den Neger-Dandy Florian Slappey aus Birmingham, Alabama, der nach New York kommt und dem in Harlem alles Mögliche zustößt. 2. den Detektiv James H. Hanvey, einen Vorläufer von Nero Wolfe, der groß und fett in seinem Stuhl sitzt, in den Zähnen stochert und mit ehemaligen Verbrechern auf bestem Fuße steht.

Kurzgeschichten über Jim Hanvey: *Jim Hanvey, Detective* (1923); *Scrambled Yeggs* (1934). – Kurzgeschichten über Florian Slappey: *Florian Slappey Goes Abroad* (1928). – Drei andere Krimis: *The Crimson Alibi* (1920); *The Townsend Murder Mystery* (1933); *Star Trap* (1960).

COLE, GEORGE DOUGLAS HOWARD / COLE, MARGARET ISABEL
(1889–1959 / *1893)

C. wuchs in Ealing bei London auf, studierte in Oxford und wurde einer der bekanntesten Wirtschaftswissenschaftler Englands. Er war Sozialist, Vorsitzender der Fabian Society (1939 bis 1951), Professor in Oxford und veröffentlichte 1953 eine fünfbändige *History of Socialist Thought*. Daneben schrieb er für den *New Statesman*, veröffentlichte Bücher aus seinem Fachgebiet, sogar einen Band Lyrik (*The Crooked World*, 1933) und eine Operette über den Generalstreik von 1926. 1918 heiratete er Margaret Postgate, die in Cambridge studiert und eine Weile unterrichtet hatte, bevor sie sich ganz dem Sozialismus und dem Krimi zuwandte. Sie schrieb Biographien über Robert Owen und Beatrice Webb und andere historische Bücher. 1972 gab sie eine Biographie ihres Mannes heraus: *The Life of G. D. H. Cole*.
Die Coles schrieben etwa 40 Krimis, teils zur Entspannung, teils um Geld zu verdienen. Der erste Band, *The Brooklyn Murders* (1923), ist der einzige, der unter dem Namen G. D. H. Cole erschien. Alle anderen tragen die Namen beider Autoren. Ihr Hauptdetektiv ist Henry Wilson von Scotland Yard, der einen hohen Politiker eines Verbrechens überführt, worauf Wilson eine Weile als Privatdetektiv fungieren muß. Wilsons Freund ist der Detektiv Everard Blatchington. Auch eine Detektivin kommt vor: Mrs. Warrender.

The Blatchington Tangle (1926); *The Murder at Crome House* (1927); *Superintendent Wilson's Holiday* (1928, Kurzgeschichten); *Death in the Quarry* (1934); *Scandal at School* (1935); *Mrs. Warrender's Profession* (1938); *Toys of Death* (1948).

COLES, MANNING

Pseudonym für Cyril Henry Coles (1899–1965) und Adelaide Frances Oke Manning (1891 bis 1959).

Cyril Coles wurde in London geboren und war im Ersten Weltkrieg, trotz seiner jungen Jahre, als Spion hinter den deutschen Linien tätig. Nach dem Krieg verbrachte er zehn Jahre in Australien. 1928 kehrte er nach England zurück, wo er im folgenden Jahr Mrs. Manning kennenlernte, die literarische Ambitionen hatte. Die Zusammenarbeit der beiden begann allerdings erst 1940, als die ersten 2 von 25 Romanen erschienen. Drei davon sind Geisterromane und kamen in den Jahren 1955–1958 unter dem Pseudonym Francis Gaite heraus. Die anderen 22 sind Krimis. Nach Mrs. Mannings Tod veröffentlichte Coles noch weitere drei Romane und einen Band Kurzgeschichten. Der Hauptheld dieser Werke heißt Tommy Hambledon und arbeitet – wie Coles selbst, der 1958 pensioniert wurde – für die British Intelligence. Tommy ist ein guter Patriot, lernt Deutsch an Ort und Stelle und fügt (bis 1945) den Nazis ziemlich viel Schaden zu.

Drink to Yesterday (1940); *Pray Silence* (1940, in USA *A Toast to Tomorrow*); *Green Hazard* (1945); *Night Train to Paris* (1952); *Death of an Ambassador* (1957); *The House at Pluck's Gutter* (1963).

COLLIER, JOHN
(*1901)

Geboren in London. Er emigrierte nach den USA, wo er in Hollywood lebte und Drehbücher schrieb. Er ist der Autor vieler Kurzgeschichten. Zum Unheimlichen, Grauenerregenden (wie bei Algernon Blackwood) kommen Humor, Witz und Ironie hinzu. Häufig geht es in C.s Kurzgeschichten um Mord. In »Over Insurance« versichern zwei Liebende gegenseitig ihr Leben. Nicht lange danach vergiften sie sich gegenseitig. In »Incident on a Lake« frißt ein Ungeheuer zu jedermanns Freude einen bösartigen Ehedrachen, und in »Old Acquaintance« freut sich der Ehemann vergeblich über den Tod seiner Frau; sie ärgert und betrügt ihn auch noch als Gespenst.

Die wichtigsten Kurzgeschichtensammlungen: *Presenting Moonshine* (1941); *The Touch of Nutmeg and More Unlikely Stories* (1943); *Fancies and Goodnights* (1951).

COLLINS, MICHAEL
(*1924)

Pseudonym für Dennis Lynds, geboren in St. Louis. Er studierte am Hofstra College (B. A.) und an der Syracuse University (M. A., 1951). Bis 1965 war er Herausgeber verschiedener chemischer Zeitschriften. Daneben veröffentlichte er Kurzgeschichten, arbeitete für die »Pulps« und begann, Krimis zu schreiben. Er schreibt auch unter den Pseudonymen William Arden und John Crowe. Als Dennis Lynds hat er den siebten Charlie-Chan-Roman verfaßt (siehe unter Biggers). Als Michael Collins ist er der Autor eines halben Dutzend Krimis in der Art von Ross Macdonald. C.s Held heißt Dan Fortune, ist Privatdetektiv in New York und hat nur einen Arm.

Die Dan-Fortune-Romane: *Act of Fear* (1967); *The Brass Rainbow* (1968); *Night of the Toads* (1970); *Walk a Black Wind* (1971); *Shadow of a Tiger* (1972); *The Blood-Red Dream* (1976)

COLLINS, WILKIE
(1824–1889)

Geboren in London als Sohn eines Landschaftsmalers. Er studierte Jura und wurde Rechtsanwalt (1851), übte aber seinen Beruf nie aus. Er war ein Freund von Dickens und Charles Reade und schrieb ein Dutzend populäre Romane, dazu Dramen und Kurzgeschichten. *The Woman in White* (1860) war eine literarische Sensation: Mäntel, Hüte, Kleiderbürsten, Walzer und Quadrillen wurden danach benannt. Gladstone verschob einen Theaterbesuch, um den Roman fertiglesen zu können, und Thackeray las eine ganze Nacht hindurch – so hatte es ihn gepackt.
Noch spannender ist *The Moonstone* (1868). Wie Ezra Jennings in diesem Roman, so war C. selbst rauschgiftsüchtig. Jeden Abend nahm er ein großes Quantum Opium in der Form von Laudanum in einem Glas zu sich. Eines Tages trank der neugierige Diener George Hello ein halbes Glas von C.s Mixtur – und starb daran.
C. hat nie geheiratet, hatte aber zwei Mätressen, von denen die zweite drei Kinder von C. zur Welt brachte. In den letzten Jahren seines Lebens litt C. an Gicht. Das Laudanum trank er teils, um die

Schmerzen zu betäuben, teils, um sich in schöpferische Stimmung zu versetzen. Er starb in London an einem Gehirnschlag.

The Woman in White

(1860; dt. *Die weiße Frau*, 1864)

Der Haupterzähler und Organisator dieses sechshundertseitigen viktorianischen Krimi und Gruselromans ist Walter Hartright, dessen Name für sich spricht. Verschiedene Personen erzählen jeweils ein Stück des Romans, zum Teil werden sie von Hartright dazu gezwungen. Jeder erzählt nur das, was er selbst aus eigener Anschauung weiß. Damit soll absolute Glaubwürdigkeit suggeriert werden.

Hartright begegnet nachts einer weißgekleideten Frau, die ihn bittet, ihr eine Mietkutsche zu besorgen. Er tut es. Später hört er, daß die Frau aus einem Irrenhaus entlaufen ist.

Bald darauf nimmt Hartright eine Stelle als Zeichenlehrer bei Squire Fairlie in Limmeridge House an der Küste von Cumberland an. Fairlie ist ein herzloser, pathologisch egoistischer und immer kränkelnder Mensch, Onkel von zwei Halbschwestern, der energischen und klugen Marian Halcombe und der hübschen, hilflosen Laura Fairlie. Es versteht sich, daß sich Hartright in die letztere verliebt.

Aber Laura ist schon einem anderen versprochen. Sie soll Sir Percifal Glyde heiraten, so war es am Totenbett von Lauras Vater festgelegt worden. Glyde ist ein ruchloser Schuft, der den Gentleman nur nach außen spielt. Sein Freund Count Fosco, ein dicker, wahrhaft teuflischer Italiener, beherrscht Glyde. Fosco und Glyde brauchen dringend Geld.

Laura versucht alles, um sich vor der Heirat zu drücken, aber Glyde gibt nicht nach. Geheimnisvolle anonyme Briefe warnen Laura vor Glyde, aber die Heirat findet am Ende doch statt. Hartright fährt nach Südamerika.

Laura weigert sich, ein Dokument zu unterschreiben, das es Glyde gestattet hätte, über ihr Geld zu verfügen. Wollen Glyde und Fosco zu Lauras Geld kommen, müssen sie sie beerben, d. h. ermorden.

Die geheimnisvolle weiße Frau war Anne Catherick gewesen, eine uneheliche Tochter von Lauras Vater. Glyde hatte sie ins Irrenhaus gebracht, weil sie – wie auch ihre Mutter – wußte, daß Glyde seinen Titel gar nicht verdiente: er war nämlich unehelich geboren! Anne gleicht Laura aufs Haar; sie ist herzkrank und stirbt. Von Sir Percifal Glyde wird sie als seine Frau Laura identifiziert und als Lady Laura Glyde begraben. An Annes Stelle wird Laura in die Irrenanstalt eingeliefert. Glyde und Fosco beerben Laura.

Die schwer erkrankte Marian Halcombe erholt sich wieder und entdeckt ihre Schwester im Irrenhaus. Onkel Fairlie glaubt nicht daran, daß Laura noch lebt. Er ist auf Glydes Seite und identifiziert perverserweise Laura als Anne Catherick. Hartright kehrt aus Südamerika zurück. Laura, Marian und Hartright verstecken sich vor den Verfolgungen Glydes und Foscos in London. Hartright übernimmt nun die Rolle des Detektivs. Er sucht Anne Cathericks Mutter auf und ist eben dabei, Percifals uneheliche Geburt zu beweisen, als dieser sich selbst samt dem Kirchenregister verbrennt. Nun geht es Fosco und dessen böser Frau an den Kragen. Fosco wird zu einem schriftlichen Geständnis gezwungen. Damit bleibt nun Onkel Fairlie nichts anderes übrig, als die Identität von Laura auch seinerseits zu bestätigen.

Als Fairlie stirbt, wird Laura reich. Fosco, früher Mitglied einer politischen Untergrundbewegung, wird in Paris ermordet. Hartright und Laura hatten schon früher geheiratet; Marian bleibt bei ihnen.

Die einprägsamsten Figuren im Roman sind Count Fosco und Onkel Fairlie. Ihre Beiträge zum Roman sind Meisterwerke der Ironie. Der Roman basiert zum Teil auf dem Fall Douhault, über den Collins in Maurice Méjeans *Recueil des Causes Célèbres* gelesen hatte. Die nächtliche Begegnung Hartrights mit der weißen Frau ist autobiographisch. Es scheint, daß Collins seine erste Geliebte auf diesem Wege kennengelernt hatte. Sie war von einem Mann monatelang gefangengehalten worden, bevor sie eines Nachts hatte fliehen können.

The Moonstone

(1868; dt. *Der Mondstein*, 1869, und *Der Monddiamant*, 1949, 1966)

T. S. Eliot hat diesen fünfhundertseitigen Krimi »the first, the longest, and the best of modern English detective novels« genannt.

In einem kurzen Prolog wird erzählt, wie 1799 die indische Stadt Seringapatam gestürmt wird. Dabei entwendet der englische Offizier John Herncastle den berühmten gelben Diamanten,

der früher die Stirne einer Statue des vierarmigen Mondgottes geziert hatte.
Der erste Hauptteil des Romans spielt im Jahre 1848. Herncastle hatte den Diamanten dem Vater Franklin Blakes zur Aufbewahrung gegeben. Drei indische Brahmanen beobachten Herncastle Tag und Nacht; sie wissen aber, daß Herncastle Anweisung gegeben hatte, der Diamant solle im Falle seiner – Herncastles – Ermordung sofort in sechs Stücke zerschnitten werden. Die drei Inder müssen also auf Herncastles natürliches Ableben warten.
Um sich an Lady Verinder, der Mutter der hübschen Rachel Verinder, zu rächen, vermacht Herncastle den Diamanten Rachel. Herncastle kann sich ausrechnen, daß die drei Inder ihr das Juwel schnell wieder abnehmen werden. Als Herncastle endlich stirbt, gibt Blake den Diamanten seinem Sohn Franklin, der ihn zur Feier von Rachels Geburtstag ins Schloß der Verinders mitbringt. Die Inder sind bereit, Franklin zu überfallen, aber dieser kommt mit einem anderen Zug und gibt Rachel den Diamanten. Bei der Feier sind noch zugegen: Mrs. Verinder, der Arzt Candy, der Schurke Godfrey Ablewhite, der den Frommen spielt und als heiligmäßiger Mensch gilt, dazu die Dienerschaft: der Verwalter Betteredge, der diesen ersten Teil erzählt, und Rosanna Spearman, eine Dienerin, die sich Hals über Kopf in Franklin Blake verliebt.
Am Morgen nach der Geburtstagsfeier ist der Diamant verschwunden. In der Folge erzählen verschiedene Beteiligte je ein Stück der Geschichte, und erst am Schluß überblickt der Leser, was wirklich geschehen ist.
a) Rachel Verinder hat mit eigenen Augen gesehen, daß Franklin Blake nachts mit einer Kerze in ihr Boudoir kam und den Diamanten mitnahm. Sie liebt Franklin und sagt deshalb nichts, aber sie will ihn nun nicht mehr heiraten.
b) Sergeant Cuff, der Detektiv von Scotland Yard, stellt fest, daß das Nachthemd des Diebes mit Farbe von der frischgestrichenen Tür beschmiert sein müsse. Rosanna Spearman versenkt das Nachthemd ihres heimlich Angebeteten im Meer und kommt dabei ums Leben.
c) Der unbewußte Dieb, Franklin Blake, bleibt im dunkeln, bis er vom Assistenten des erkrankten Dr. Candy erfährt, daß der ihm, Blake, am Geburtstagsabend Laudanum (Opium) gegeben habe. Unter dem Einfluß der Droge hatte Franklin Blake – ohne es selbst zu wissen – den Diamanten geholt, um ihn besser vor den Indern zu verstecken. Godfrey Ablewhite hatte ihn dem schlafwandelnden Franklin entwendet und in London versetzt. Der Diamant ist in einem Banksafe. Die Inder wissen es und warten, bis der Diamant abgeholt wird.
d) Beinahe hätte Rachel Godfrey Ablewhite geheiratet.
e) Godfrey löst den Diamanten aus und will ihn nach Amsterdam bringen. Die aufmerksamen Inder erwischen Godfrey und bringen ihn um. Während Rachel und Franklin heiraten, kommt der Monddiamant nach Indien zurück und wird feierlich dem vierarmigen Mondgott wieder auf die Stirne gesetzt.
Die Protagonisten charakterisieren sich durch ihre individuell verschiedene Erzählweise selbst. Besonders gelungen ist die Traktätchen-Verteilerin Drusilla Clack; ihre ironisch geschriebenen Kapitel gehören zum Komischsten, was die englische Literatur zu bieten hat. Der geniale Detektiv und Rosenzüchter Sergeant Cuff, ein Vorläufer des Orchideen-Züchters Nero Wolfe, ist nach einer damals bekannten Figur, dem Inspektor Whicher von Scotland Yard, gestaltet, der den sogenannten »Road Murder« dadurch löste, daß er Nachthemden zählte und den Mord derjenigen Person zuschrieb, die ein Nachthemd zu wenig vorweisen konnte. Gabriel Betteredges »Bibel« ist absurderweise Defoes *Robinson Crusoe*, aus dem er bei jeder passenden und unpassenden Gelegenheit zitiert.

CONNELL, RICHARD EDWARD
(1893–1949)

Geboren im Staate New York. Er studierte an der Harvard University, nahm am Ersten Weltkrieg teil und war Reporter und Journalist, bevor er freier Schriftsteller wurde. 1925 zog er nach Kalifornien und arbeitete für die Filmindustrie. Er schrieb etwa 300 Kurzgeschichten und viele Drehbücher, aber nur einen Krimi (*Murder at Sea*, 1929) und einen Kurzgeschichtenband (*Variety*, 1925).

CONNINGTON, J. J.
(1880–1947)

Pseudonym für Alfred Walter Stewart, geboren in Glasgow. Er studierte in Glasgow, Marburg und London und lehrte ab 1901 Chemie an der Queen's University in Belfast, 1914–1919 in Glasgow; dann erhielt er einen Lehrstuhl in Belfast, den er bis zu seiner Pensionierung (1944) innehatte. Er wurde ein bekannter Wissenschaftler und veröffentlichte mehrere Bücher auf dem Gebiet der Chemie. 1923 begann C. Erzählungen und einen Roman zu schreiben. 1926 erschienen seine ersten beiden Krimis, im folgenden Jahr der dritte. In letzterem tritt Sir Clinton Driffield zum ersten Mal auf. Sir Clinton, die Zentralfigur von 17 Romanen der Jahre 1927–1947, ist Polizeipräsident des Distrikts, spielt gerne Schach und sammelt kriminalwissenschaftliche Bücher. Sein Freund ist der Friedensrichter Squire Wendover. 1939 und 1940 schrieb C. zwei Romane um Mark Brand, einen Rechtsanwalt, der Unschuldige verteidigt, indem er die Schuldigen überführt.

Death at Swaythling Court (1926); *The Dangerfield Talisman* (1926); *The Eye in the Museum* (1929); *Tom Tiddler's Island* (1933, in USA *Gold Brick Island*); *The Counselor* (1939); *Four Defenses* (1940). – Sechs Sir-Clinton-Romane: *Murder in Maze* (1927); *The Sweepstakes Murders* (1931); *The Castleford Conundrum* (1932); *A Minor Operation* (1937); *No Past Is Dead* (1942); *Common Sense Is All You Need* (1947).

CONRAD, JOSEPH
(1857–1924)

Pseudonym für Josef Theodor Konrad Korzeniowski, geboren in Berdiczew in der Ukraine, Sohn polnischer Eltern, mit denen er als Fünfjähriger in die Verbannung nach Sibirien geriet. Dort starben beide Eltern. C. wuchs dann in Krakau auf und ging mit 17 Jahren zur See. 1878 trat er in die britische Marine ein und wurde 1886 britischer Staatsangehöriger und Kapitän. 1895 erschien C.s erster Roman, *Almayer's Folly*. Von da an lebte C. als freier Schriftsteller und wurde neben D. H. Lawrence und James Joyce der bedeutendste englischsprachige Romancier der ersten Hälfte des 20. Jahrhunderts. C. hatte den Kongo und die Malaiischen Inseln bereist und manche seltsame Existenz kennengelernt. Aus seiner eigenen Jugend her wußte er über Spitzel und politische Spionage Bescheid. Kein Wunder, daß sich solche Elemente in mehreren seiner Werke wiederfinden.

The Secret Agent (1907); *A Set of Six* (1908, Erzählungen); *Under Western Eyes* (1911); *The Nature of a Crime* (1924, zus. mit Ford Madox Ford).

The Secret Agent. A Simple Tale
(1907; dt. *Der Geheimagent*, 1927)
In einem kleinen, düsteren Laden in London, der mit einer Wohnung verbunden ist, leben seit sieben Jahren Mr. Verloc, seine junge Frau Winnie, ihr verblödeter Bruder Stevie und Mr. Verlocs Schwiegermutter. Bei Mr. Verloc verkehren die Anarchisten Londons. Er selbst ist ein Doppelagent, d. h. er informiert auf der einen Seite die Polizei, auf der anderen eine Botschaft. Man führt ein geruhsames, spießiges Leben, bis eines Tages Verloc in die Botschaft gerufen wird. Dort macht ihm ein Mr. Vladimir die Hölle heiß: die englische Polizei unternehme nichts gegen die Anarchisten; man müsse diese Polizisten durch einen anarchistischen Anschlag provozieren. Tue er es nicht, so werde sein Gehalt gestoppt. Vladimir meint, der Anschlag müsse sich gegen die immer populärer werdende Wissenschaft richten, z. B. gegen das Observatorium in Greenwich. Der arme Mr. Verloc läßt sich vom anarchistischen »Professor« eine Zeitbombe herstellen. Stevie soll sie ins Observatorium stellen, wo sie nach einer Weile explodieren soll. Aber der dumme Stevie stolpert auf dem Hinweg und sprengt sich selbst in die Luft; weiterer Schaden entsteht nicht.
Der Polizeiinspektor Heat und sein Vorgesetzter, der Assistant Commissioner, haben keine Schwierigkeiten, den Fall aufzuklären: Mr. Verloc gibt sofort alles zu – auch die Rolle, die Vladimir gespielt hat. Es wird nun an den Tag kommen, daß Mr. Verloc ein Agent war, und die Anarchisten werden ihn vielleicht erschießen, wenn er nicht flieht. Er rechnet mit zwei Jahren Gefängnis; dann will er ins Ausland verschwinden. Aber er hat nicht mit Winnie gerechnet, die keine Ahnung vom doppelten Spiel ihres Mannes hat. Sie liebt vor allem Stevie, und sie hat Verloc geheiratet, um Stevie ein Heim und Sicherheit zu geben. Sie stößt Mr. Verloc, dem

Mörder von Stevie, das Messer in die Brust. Was nun?
Winnie will nicht gehängt werden, sondern mit dem Genossen Ossipon nach Frankreich fliehen. Er hat sie seit Jahren lüstern verfolgt. Aber Ossipon ist ein Feigling. Als er die Leiche Verlocs sieht, begleitet er Winnie zum Zug nach dem Kontinent, springt aber im letzten Moment wieder ab. So muß sie allein fahren. Sie begeht auf dem Kanal Selbstmord.
In seinem Vorwort von 1920 erklärte C., daß die Geschichte zum Teil auf Tatsachen beruhe. Ein Anschlag aufs Observatorium in Greenwich war wirklich versucht worden. Ein Verrückter hatte sich dabei in die Luft gejagt, und dessen Schwester hatte später Selbstmord begangen. – Die Qualität des Romans beruht auf der einprägsamen Atmosphäre und auf der realistischen Beschreibung der zwielichtigen Typen, die Mr. Verloc um sich versammelt hat.

COOPER, JAMES FENIMORE
(1789–1851)

Geboren in Burlington, New Jersey. Nach einigen Jahren bei der Handels- und Kriegsmarine, einem vierjährigen Aufenthalt in New York und langen Reisen in Europa schrieb er auf seinem Gut in Cooperstown (Gründung seines Vaters) seine heute noch vielgelesenen Romane. Es scheint, daß die *Lederstrumpf*-Romane zum ersten Mal das Spurenlesen, das dann jeder Pfadfinder erlernen mußte, literarisch populär machten. Aus Spuren (Indizien) Schlüsse zu ziehen – das machten seine Indianer den Detektiven vor.
Andere Romane C.s mit kriminalistischem Einschlag: *The Spy* (1821); *The Ways of the Hour* (1850).

CORELLI, MARIE
(1855–1924)

Geboren in Bayswater, England, aufgewachsen in Frankreich. Mit ihren Trivialromanen hatte sie bald Erfolg. Einige sind Beispiele früher Krimi-Liebesgeschichten. C. starb in Stratford-on-Avon, wo sie etwa seit 1880 gelebt hatte.

The Sorrows of Satan (1895); *The Murder of Delicia* (1896).

CORNIER, VINCENT
(*1898)

Geboren in Redcar, Yorkshire. Er soll schon mit 14 Jahren Dutzende von Artikeln veröffentlicht haben. Während des Ersten Weltkrieges war er bei der Luftwaffe, dann wurde er Journalist und schrieb eine Menge Kurzgeschichten, darunter auch Detektivgeschichten, die in *Ellery Queen's* und anderswo erschienen. Sein Hauptdetektiv ist der Wissenschaftler Barnabas Hildreth, der für die British Intelligence arbeitet und »The Black Monk« genannt wird. Obwohl diese Erzählungen der Jahre 1935–1951 Preise und hohes Lob geerntet haben, sind sie bisher nicht in Buchform erschienen.

»The Brother of Heaven« (in: *Best Crime Stories*, 1934); »O Time in Thy Flight« (in: *Queens Awards*, 6th Series, 1951); »The Mystery of the Westmacott Bullet« (in: *Anthology 1969*, 1968).

CORRINTH, CURT
(1894–1960)

Er nahm als Soldat am Ersten Weltkrieg teil und publizierte zuerst Gedichte, von 1919 an ekstatische Romane: *Auferstehung* (1919), *Trieb* (1919), *Potsdamer Platz* (1919), *Bordell* (1920), *Mo Marova* (1920), *Liljol* (1921), *Mord* (1922, kein Krimi), *Gift* (1923), *Grauen* (1926). Mit *Hellmann der Führer* (1934) wandte sich C. der Nazi-Ideologie zu. Nach 1945 ging er in die DDR und wurde dort mit den Romanen *Die Sache mit Päker* (1956) und *Die Getreuen von Berneburg* (1958) bekannt. *Die unheimliche Wandlung des Alex Roscher* (1941) ist eine Brotarbeit. Während des Zweiten Weltkrieges schrieb C. auch Romane für die Reihe »Jede Woche ein Roman« und »Der Dreißig-Pfennig-Roman«, sowie ein Buch über Heinrich Schliemann für die »Erlebnis-Bücherei«. *Roscher* scheint sein einziger Krimi zu sein.

Die unheimliche Wandlung des Alex Roscher. Kriminalroman
(1941)
Aus dem Paracelsus-Museum in Bremen wird das Diadem der Helena gestohlen. In der Nähe von Aachen ist Alex Roscher einer der besten Zollbeamten. Sein Vater ist ein pensionierter

Zollinspektor und ein aufrechter Bürger. Alex ist mit der schönen, blonden Gerda Nehring verlobt. Plötzlich geht eine Veränderung mit Alex vor. Er vernachläßigt Gerda, besucht ein Nachtlokal, trinkt, hat eine Affäre mit einer Jugendfreundin, die durch und durch kriminell ist. Ja, er läßt sich von einem Gauner, den er an der Grenze erwischt, bestechen. Die Kollegen beginnen ihn zu verachten, der Vater weist ihn aus dem Haus und zeigt seinen Sohn bei der Behörde an. Nur Gerda hält ihm die Treue.
Warum aber reagieren die obersten Behörden nicht und entlassen Roscher? Endlich kommt es heraus: Alex hat den bestechlichen Zöllner nur gespielt, im Auftrag der höchsten Vorgesetzten. So war er bis in die Zentrale der gefürchtetsten und erfolgreichsten Schmugglerorganisation vorgedrungen. Die Jugendfreundin, der Besitzer und die Angestellten eines Aachener Nachtklubs und ein Zahnarzt in Brüssel sind die Häupter der Organisation, die dank Roscher nun alle in flagranti erschossen oder festgenommen werden. Dabei wird auch das Diadem der Helena konfisziert, das ein Amerikaner für eine von ihm geliebte Filmschauspielerin gestohlen und der Bande zum Transport über die Grenze anvertraut hatte. Der Diebstahl war allerdings vergeblich, denn die Schauspielerin hat unterdessen einen Boxer (Weltmeister) geheiratet. Roschers Vater schließt den Sohn wieder ins Herz; Gerda wird seine Frau, und die Nazi-Regierung befördert den jungen Helden zum Zollkommissar.

COTTON, JERRY

Seit 1956 erscheint dieser G-Man, der für die FBI arbeitet, ein original deutsches Produkt, an europäischen Bahnhofkiosken. Gustav Heinrich Lübbe vom Bastei-Verlag steht hinter ihm und teilt mit, die Cotton-Hefte würden in 12 Sprachen übersetzt. Zu den grundsätzlich anonymen Autoren (etwa 30 bisher) zählen Universitätslehrer, Richter, Ärzte usw. Der produktivste Autor hatte schon 1966 200 Hefte verfaßt. Im Gegensatz zu James Bond lassen Frauen Jerry kalt, weshalb er auch von kirchlicher Seite zur Lektüre für Jugendliche empfohlen werden kann. 1978 wurde die Gesamtauflage der in über 1 000 Folgen erschienenen Serie mit 250 Millionen beziffert.

Der Tod im Fadenkreuz
(Heft 819, o. J.)
Mit seinem Sportkarabiner erschießt Terry Polana einen Piloten, der eben im Flugzeug aufsteigen will. Kein Wunder, daß das Flugzeug gegen eine Wand prallt. Nun kommt die Ambulanz, und Polana erschießt den Fahrer; daraufhin rast auch die Ambulanz in die Wand. Als nächstes erschießt Polana einen Mann am Steuer eines schnellfahrenden Wagens auf der Autobahn. Der Wagen gerät auf die Fahrbahn der Gegenrichtung – großer Unfall. Es dauert eine Weile, bis die Polizei, darunter Jerry Cotton, auf die Idee kommt, dies alles sei nicht zufällig geschehen; die Toten seien nicht durch Unfälle umgekommen, sondern aus dem Hinterhalt erschossen worden. Der Schütze kannte seine Opfer nicht, er ist jedenfalls verrückt. Wäre er normal und handelte er in der Folge kaltblütig, so wäre er nie entdeckt worden. Aber Polana kann nicht aufhören, tötet weiter und verhält sich unklug. So gibt es denn eine große Jagd auf ihn, und schließlich beißt ihm ein Hund die Kehle durch.

COURTIER, SIDNEY HOBSON
(1904–1974)

Geboren in Kangaroo Flat, Victoria, Australien. Er studierte an der University of Melbourne und war Lehrer bis zu seiner Pensionierung (1965). Nachdem er jahrzehntelang nur Kurzgeschichten geschrieben hatte, folgte er 1950 dem Beispiel seines Landsmanns Arthur Upfield und begann Krimis zu publizieren, die in Australien spielen. Von seinen etwa 20 Romanen seien drei genannt:

The Glass Spear (1950); *Gently Dust the Corpse* (1960); *Ligny's Lake* (1971).

COX, ANTHONY BERKELEY
(1893–1970)

Man weiß wenig über C. Er war Engländer und schrieb humoristische Skizzen für *Punch*, die 1925 im Band *Jugged Journalism* gesammelt wurden. Darunter befindet sich eine Sherlock-Holmes-Parodie (»Holmes and the Dasher«). Im selben Jahr erschien C.s erster Krimi, *The Layton Court Mystery*, in welchem Roger Sheringham auftritt. Dieser hat in Oxford studiert und ist ein erfolgreicher Schriftsteller; daneben ist er ein geschwätziger, eingebildeter und taktloser Kerl, über den sich der Leser oftmals ärgert. Aber Sheringham löst die meisten seiner Fälle. Er ist der Held in zehn Büchern unter dem Pseudonym Anthony Berkeley. C. hat auch leichte, humoristische Unterhaltungsliteratur unter seinem richtigen Namen veröffentlicht und drei ganz vorzügliche Krimis als Francis Iles: *Malice Aforethought* (1931), *Before the Fact* (1932) und *As for the Woman* (1939). Der zweite Roman wurde von Alfred Hitchcock 1941 als *Suspicion* verfilmt (mit Cary Grant). Als C. 1939 eine Erbschaft machte, gab er das Krimischreiben auf, besprach aber nach wie vor – unter dem Pseudonym Francis Iles – Krimi-Neuerscheinungen in der *Sunday Times*. Sein letztes Buch war *As for the Woman.*

Die Roger-Sheringham-Romane (von Anthony Berkeley): *The Layton Court Mystery* (1925); *The Wychford Poisoning Case* (1926); *Roger Sheringham and the Vane Mystery* (1927, in USA *The Mystery at Lovers' Cave*); *The Silk Stocking Murders* (1928); *The Poisoned Chocolates Case* (1929); *The Second Shot* (1930); *Top Storey Murder* (1931); *Murder in the Basement* (1932); *Jumping Jenny* (1933, in USA *Dead Mrs. Stratton*); *Panic Party* (1934, in USA *Mr. Pidgeon's Island*).

Before the Fact

(1932, von Francis Iles; dt. *Vor der Tat*, 1971)
Auf den ersten vier Zeilen vernimmt man, Lina Aysgarth sei seit acht Jahren verheiratet und habe eben entdeckt, daß ihr Mann ein Mörder ist. Nun wird zurückgeblendet: Lina war ein eher häßliches, nicht sehr kluges Fräulein von 28 Jahren, der Johnny Aysgarth den Hof machte, als er Geld brauchte. Alle – auch Linas Eltern – wußten, daß der hübsche Johnny sie nur wegen ihres Vermögens heiratete, und Linas Vater wußte auch, daß Johnny ein Erzgauner war und wegen unehrenhafter Handlungen aus seinem Klub hinausgeworfen worden war.
Schon auf der Hochzeitsreise bemerkt Lina, wie Johnny zweimal Kellner betrügt. Sie besteht darauf, daß er eine Stellung annimmt und seinen Lebensunterhalt selbst verdient. Als Verwalter eines Gutes wird er bei Veruntreuungen erwischt. Er belügt und betrügt auch Lina, was sie nach und nach entdeckt. Ihre beste Freundin ist Johnnys Geliebte, und die Dienerin hat sogar ein Kind von ihm. Er schwört immer wieder, er werde sich ändern, er werde nicht mehr spielen oder wetten, aber er denkt gar nicht daran, seine Versprechungen zu halten. Er ist skrupellos und betrachtet Lina ausschließlich als Einkommensquelle. Nach dem Tod ihres Vaters setzt sie ihm eine Rente von 500 Pfund im Jahr aus. Später merkt sie, daß Johnny absichtlich den Herzschlag ihres Vaters herbeigeführt hatte. Sie sieht zu, wie er seinen besten Freund (eine Persiflage von P. G. Wodehouses Figur Bertie Wooster) umbringt und dabei 15 000 Pfund verdient.
Als Johnny nun eine hohe Lebensversicherung auf sie abschließt und die Gläubiger mit Sicherheiten auf Linas Vermögen tröstet, weiß sie, daß sie selbst an der Reihe ist. Sie tut nichts dagegen. Sie schreibt noch einen Brief, in dem sie bestätigt, sie habe mit Gift Selbstmord begangen, und wartet dann, bis ihr Johnny das Glas mit dem Gift bringt. Sie trinkt es – mit Liebe für Johnny in den Augen.
Die Spannung ergibt sich daraus, daß der Leser hofft, Linas Schwester Joyce oder ihr Freund Ronald Kirby oder die Krimischriftstellerin Isobel Sedbusk würden hinter die Machenschaften Johnnys kommen. Aber der blufft alle; alle nehmen ihm schließlich seine Liebe zu Lina ab, und am Ende wird er die reiche, dumme und häßliche Frau triumphierend beerben. In diesem Roman kommt der Verbrecher, mit drei Morden auf dem Gewissen, ungeschoren davon, während die »Gute« sterben muß. Der Leser ist an der Nase herumgeführt worden und ärgert sich vielleicht, aber Lina ist so dumm und hilflos, daß man ihren Tod am Ende gerne zur Kenntnis nimmt.

COXE, GEORGE HARMON
(*1901)

Geboren in Olean, New York. Sein Universitätsstudium brach er nach zwei Jahren ab, arbeitete als Holzfäller und in einer Autofabrik und wurde schließlich Journalist. 1935 erschien sein erster Krimi, dem bis heute etwa 60 weitere gefolgt sind. C. hat auch für die »Pulps« geschrieben, an Drehbüchern und bei Radio und Fernsehen mitgearbeitet. Seit 1941 lebt er mit seiner Familie in Old Lyme, Connecticut. C. hat zwei

Detektive erfunden, Zentralfiguren in den meisten seiner Werke: 1. Flashgun Casey kommt in Dutzenden von Kurzgeschichten vor, die in *Black Mask* erschienen sind; er ist auch der Held in fünf Romanen und in einem Kurzgeschichtenband: *Flash Casey, Detective* (1946). Casey ist ein temperamentvoller Zeitungsphotograph und wird von der Polizei mit Mißtrauen behandelt, da er ihr bei zu vielen Morden in den Weg läuft. 2. Kent Murdock ist der bestbezahlte Fotoreporter in Boston, und seine Fotos überführen mehr als einen Verbrecher. Der erste Murdock-Roman erschien 1935. Um 1941 war Murdock verheiratet, aber C. schaffte ihm die Frau bald wieder vom Halse. Murdock tritt in 21 Krimis auf (1935–1969).

Drei Kent-Murdock-Romane: *Murder with Pictures* (1935); *Eye Witness* (1950); *An Easy Way to Go* (1969). – Die fünf Flashgun-Casey-Romane: *Silent Are the Dead* (1942); *Murder for Two* (1943); *Error of Judgment* (1961); *The Man Who Died Too Soon* (1962); *Deadly Image* (1964).

The Silent Witness
(1973; dt. *Ein Zeuge schweigt*, 1974)
Jack Fenner, renommierter Privatdetektiv, nimmt zwei neue Klienten an: Nancy Moore, wichtige Aktionärin der Firma Haskell & Co., und Ben Clayton, Aktionär und Vizepräsident der Firma. Beide Klienten haben guten Grund, Mark Haskell, den Präsidenten der Firma, zu fürchten und zu hassen: Nancy, Marks Halbschwester, wird von diesem unter Druck gesetzt, ihr Stimmrecht in Marks Sinne auszuüben; sie will aber nicht, denn sie befürwortet wie Ben Clayton eine Fusion der Firma mit einer größeren Gesellschaft. Nancy ist bereits von offensichtlich gemieteten Rowdies überfallen worden, und ein gefährlicher Autounfall scheint ebenfalls von Mark inszeniert worden zu sein. Ihr temperamentvoller Freund, Barry Wilbur, hat gedroht, Mark umzubringen. Ben Clayton meint, er werde von Mark nicht nur finanziell ausgenützt, sondern auch noch privat betrogen: durch einen gemeinen Trick hat Mark Bens Frau zur Scheidung überredet und sie selbst geheiratet. Nun will sie wieder zu Ben zurück. Jack Fenner, so wird beschlossen, soll mit Hilfe von Detektiven Mark Haskell bis zur nächsten Generalversammlung der Aktionäre beobachten und weitere Schikanen oder Mordversuche verhindern. Am nächsten Morgen wird Haskell erschossen aufgefunden. Fenners Leute haben nichts Auffälliges bemerkt.
Von allen Verdächtigen hat Ben Clayton das beste Alibi, er hat in dieser Nacht bei Fenner einen Rausch ausgeschlafen. War Ben wirklich die ganze Nacht in Fenners Wohnung gewesen? Am Ende bringt Fenner den Mörder dazu, sich der Polizei freiwillig zu stellen.

COZZENS, JAMES GOULD
(*1903)

Dieser Amerikaner kam in Chicago zur Welt, studierte an der Harvard University und lebt seit 1933 auf einer Farm in New Jersey. Er publiziert seit 1924; berühmt wurde er mit dem Roman *By Love Possessed* (1958). Ellery Queen nahm C.s Roman *The Just and the Unjust* (1942) in die Haycraft-Queen-Liste der besten Krimis 1748 bis 1948 auf.

CRANE, FRANCES
(*1896)

Pseudonym für Frances Kirkwood, geboren in Lawrenceville, Illinois. Sie und ihr Mann haben dort, in Kalifornien und mehrere Jahre in Europa gelebt. Das Büro ihres fiktiven Detektivehepaares Pat und Jean Abbott befindet sich in San Francisco, aber C.s Romane spielen auch in anderen Städten, z. B. in Paris, Mexiko, London. Die hübsche junge Jean möchte ihrem Mann gern bei seiner Arbeit helfen; dabei gerät sie in gefährliche Situationen, aus denen sie Pat jeweils gerade noch rechtzeitig rettet. Die Abbotts kommen in 26 Krimis vor, die in den Jahren 1941–1965 erschienen sind. C. hat auch ein halbes Dutzend Krimis veröffentlicht, in denen die Abbotts nicht auftreten. Drei davon sind:

The Reluctant Sleuth (1961); *Three Days in Hong Kong* (1965); *A Very Quiet Murder* (1966). – Drei Romane um Pat und Jean Abbott: *The Turquoise Shop* (1941); *The Polkadot Murder* (1951); *The Body Beneath a Mandarin Tree* (1965).

CREASEY, JOHN
(1908–1973)

Geboren in Southfields, Surrey. Seine Eltern waren arm, und er versuchte sich in allen möglichen Berufen, bis 1932 sein erstes Buch erschien. In der Folge wurde er der wohl fruchtbarste Krimiautor aller Zeiten: er soll etwa 600 Bücher unter 28 Pseudonymen veröffentlicht haben. Die Qualität ist – von wenigen Ausnahmen abgesehen – entsprechend. Trotzdem fand er ein breites Publikum und konnte es sich bald leisten, abwechselnd in Arizona und London zu leben. Als er starb, hinterließ er Dutzende von abgeschlossenen Romanmanuskripten, die nun nach und nach erscheinen sollen. Er war jedem seiner Verleger um mehrere Bücher voraus gewesen. Im folgenden teilen wir seine Hauptwerke in zehn Gruppen ein:

1. Als John Creasey publizierte er die Inspector-West-Serie. Roger West ist zuerst Inspector, dann Superintendent bei Scotland Yard. Er ist mit Janet verheiratet, mit der er später zwei Kinder hat, welche die Namen von C.s eigenen Kindern tragen: Martin und Richard. In den frühen Romanen kommt Wests Freund Mark Lessing vor, der sich als Privatdetektiv betätigt. Die frühen der über 40 West-Romane sind zum Teil spannend und handlungsreich (wenn auch der Inhalt völlig unglaubhaft ist). In den späteren Romanen verwendet C. immer mehr Zeit auf die Beschreibung von Wests äußerst banalem Familienleben. Die Handlung wird realistischer, die Lektüre aber schläfert ein.

Inspector West Takes Charge (1942); *Inspector West Alone* (1950); *Murder London – South Africa* (1966).

2. Unter dem Namen John Creasey erschienen auch mehr als 50 Bücher über den »Toff«. Dieser ist adelig und niemand anderes als »The Honorable« Richard Rollison. Sein Diener heißt Jolly. Rollison hat eine fortschrittlich gesinnte Tante, Lady Gloria Hurst, bei der er jeweils havarierte und von ihm gerettete Mädchen unterbringen kann. Ferner hat er Beziehungen zu Scotland Yard (Inspector Grice) und zum Proletariat des Londoner East End, wo Bill Ebbutt, der Besitzer einer Box-Turnhalle, sein Freund ist. Wenn es darauf ankommt, kann der »Toff« dort innerhalb von Minuten eine Armee von ihm ergebenen »guten« Rowdies auf die Beine stellen. Und diese braucht er gelegentlich. Der »Toff« ist ein moderner Robin Hood; nachgebildet ist er dem »Saint«, er besitzt aber nicht dessen ironischen Humor.

Introducing the Toff (1938); *The Toff on Board* (1949); *The Toff and the Spider* (1965).

3. Als John Creasey veröffentlichte er ferner 34 Bände um Dr. Stanislaus Alexander Palfrey, Führer einer Widerstandsgruppe, die auf seiten der Alliierten gegen die Nazis und die Japaner, später gegen böse Wissenschaftler und die Übel der modernen Welt kämpft.

Traitor's Doom (1942); *The Plague of Silence* (1958); *The Famine* (1967).

4. Als John Creasey verfaßte er schließlich 28 Romane über das Department Z der British Intelligence, das von Gordon Craigie geleitet wird. Dieser sendet seine Agenten in alle Welt auf Abenteuer aus. Nach dem Krieg vereinigt sich das Department Z mit Dr. Palfreys Organisation Z5 und hindert machtbesessene Wissenschaftler daran, die Erde in ihre Hand zu bekommen.

The Death Miser (1932); *The Department of Death* (1949); *The Black Spiders* (1957).

5. Als J. J. Marric erfand C. die Figur des Superintendent Gideon von Scotland Yard. In diesen Romanen versucht C., exakt und realistisch zu beschreiben, wie ein Scotland-Yard-Inspektor vorgeht. In seiner physischen Schwerfälligkeit erinnert Gideon an Maigret, aber es gelingt C. selten, eine wirklich spannende und glaubhafte Atmosphäre zu schaffen. Die Gideon-Romane gehören – mit den späteren West-Romanen – zu C.s langweiligsten Büchern. Der erste Gideon-Roman, *Gideon's Day* (1955), wurde 1958 mit Jack Hawkins als Gideon verfilmt. 21 weitere Romane folgten.

Gideon's Week (1956); *Gideon's Risk* (1960); *Gideon's River* (1968); *Gideon's Drive* (1976).

6. Als Gordon Ashe schrieb C. 50 Bücher über den großen, dicken Patrick Dawlish, der das Verbrechen bekämpft, wo immer es ihm begegnet. Um 1960 tritt er im Auftrag von Scotland Yard als englischer Delegierter einer internationalen Gruppe bei, die sich »The Crime Haters« nennt und – in den letzten 15 Bänden der Serie – internationale Verbrecher zur Strecke bringt

(man erinnere sich an Edgar Wallaces »Four Just Men«).

The Speaker (1939); *Engagement with Death* (1948); *The Crime Haters* (1960).

7. Als Anthony Morton schuf C. seinen John Mannering, »The Baron«, einen früheren Juwelendieb, jetzt rehabilitiert, glücklich verheiratet und Besitzer des besten Londoner Juwelengeschäfts. Er ist der Held von 47 Büchern. Oft wird er wegen seiner Vergangenheit eines Diebstahls oder eines Mordes verdächtigt und muß fliehen, um nicht verhaftet zu werden. Während er von der Polizei gehetzt wird, muß er seinerseits den wirklichen Halunken folgen und die Beweise seiner Unschuld in die Hände bekommen, bevor er von der Polizei erwischt wird.

Meet the Baron (1937, in USA *The Man in the Blue Mask*); *The Baron Goes Fast* (1954); *The Baron and the Missing Old Masters* (1967); *Help from the Baron* (1977).

8. Als Jeremy York schrieb C. über Superintendent Folly von Scotland Yard. Dieser wird als dicker, verfressener, eingebildeter, unberechenbarer Choleriker geschildert, der jedermann anschreit und sich freut, wenn sich die Leute ärgern. Er ist natürlich genial und löst seine Fälle unfehlbar. In England erschienen die Bände unter dem Namen Michael Halliday.

Find the Body (1945); *Run Away to Murder* (1947); *First a Murder* (1948).

9. Als Kyle Hunt verfaßte C. seit 1965 elf Bücher über den Psychiater-Detektiv Dr. Emmanuel Cellini. Das Pseudonym Hunt gilt nur für die USA; in England erschien die Reihe unter dem Namen Michael Halliday.

Cunning as a Fox (1965); *Wicked as the Devil* (1966); *Sly as the Serpent* (1967).

10. Als Robert Caine Frazer schrieb C. einige Romane über Mark Kilby, der den Kampf mit Syndikaten und dem Mob aufnimmt.

Mark Kilby Solves a Murder (1959); *Mark Kilby and the Miami Mob* (1960); *Mark Kilby Stands Alone* (1962).

C. schrieb ferner unter folgenden Pseudonymen: M. E. Chaber, M. E. Cooke, Norman Deane, Patrick Gill, Charles Hogarth, Brian Hope, Colin Hughes, Abel Mann, Peter Manton, Richard Martin u. a. Der New Yorker Verlag Harper & Row hat 1972 ein Buch über C. veröffentlicht, das Werk- und Pseudonymlisten enthält: *John Creasey, Master of Mystery.*

Inspector West Takes Charge
(1942; dt. *Inspektor West greift ein*, 1951, und *Inspektor West muß handeln*, 1971)
Dies ist der erste Roger-West-Roman. West ist ein nicht besonders kluger, aber hübscher Kerl, in späteren Büchern nennt man ihn »Handsome West«. Er ist mit Janet verheiratet. Hier haben die Wests noch keine Kinder; später sind zwei Söhne da, und mit diesem Familienbetrieb im Hintergrund arbeitet West. Einige der West-Romane sind spannend, weil viel und Unglaubliches geschieht – wie im vorliegenden Buch. Im ersten Kapitel erfährt man, daß drei von den vier Mitgliedern der Familie Prendergast innerhalb der letzten sechs Monate bei seltsamen Unfällen ums Leben gekommen sind. Nur Claude, der krank ist, überlebt. Sollte er auch noch sterben, wäre ein Cousin namens Harrington der Erbe. Die Prendergast-Firma (Tabak) hat vier Direktoren, von denen im Verlaufe des Buches zwei umkommen. Was ist da los?
Inspektor West und sein Freund Mark Lessing, eine Art Privatdetektiv, versuchen es herauszufinden. Unmittelbar neben ihnen werden Leute umgebracht, und West und Lessing schweben meistens in Lebensgefahr: Ein Lift stürzt ab, Menschen werden überfahren, Autos stürzen in Gruben, Leute werden entführt, gefesselt, geknebelt, betäubt, bedroht; es wird eingebrochen, gestohlen usw. Im Zentrum der Handlung steht der Rechtsanwalt Potter, der eine wahre Armee von Gaunern in seinem Dienst beschäftigt. Er sagt einem alten Diener der Prendergast-Familie namens Petrie, wer alles angeblich am Mord der drei Prendergasts beteiligt gewesen sei, worauf Petrie die als schuldig Bezeichneten mit dem Gewehr aus dem Hinterhalt abknallt. Potter will ferner den potentiellen Erben Harrington umbringen lassen und ihn durch einen falschen Harrington ersetzen, um dann sowohl die Tabakfirma als auch Harringtons Formel für die Produktion von synthetischem Gummi in die Hände zu bekommen. Am Ende stellt sich aber heraus, daß Potter nicht nur sein eigenes Spiel getrieben, sondern unter Druck von Claude Prendergast gehandelt hat. Potter und seine Verbrecherbande können schließlich nur in nächtlichen Kämpfen mit Hilfe der Armee überwältigt werden.

Murder With Mushrooms
(1950, von Gordon Ashe)
Die Spannung der Geschichte ist nicht etwa dem logischen Aufbau zu verdanken, sondern Resultat der sich überstürzenden Ereignisse: Morde, Mordanschläge, Entführungen und Verfolgungen wechseln in raschem Tempo. Patrick Dawlish, anscheinend reich und unabhängig, ist an nichts so interessiert wie an der Aufklärung mysteriöser Verbrechen. Diesmal ist es der plötzliche Tod des zweifelhaften Geschäftsmannes und Millionärs Mortimer Kittle, der ihn beschäftigt. Kittles Mutter will nicht glauben, daß dieser zufällig an einer Pilzvergiftung gestorben ist. Der lachende Erbe ist Mortimers armer Vetter Jeremiah Kittle, der von dem unverhofften Reichtum überwältigt zu sein scheint. Kaum ist aber Dawlish auf der Bildfläche erschienen, wird klar, daß irgend jemand irgend etwas zu verbergen hat. Dawlish wird belauert; Jerry Kittles Pflegetochter Prudence Lorne wird überfallen; Dawlishs Helfer werden angegriffen. Welche Rolle spielen die Versicherungsmakler Kemp und Dean? Sind die Versicherungsleute Harrison und Renfrew ehrlich? Wer ist der geheimnisvolle Rossiter, dessen schöne Tochter Kate so gut mit einer Pistole umgehen kann? Nachdem Dawlish seine entführte Frau Felicity gerettet hat, führt die Verfolgungsjagd nach Manchester. Immer einen Schritt vor der Polizei und von ihr unterstützt, entdeckt Dawlish schließlich das ganze Komplott: Kate, die Geliebte von Jeremiah Kittle, hat Mortimer vergiftet. Das Testament ist gefälscht. Dean, Harrison und Kemp waren ebenfalls in die Verschwörung verwickelt. Renfrew ist zu Prudences Erleichterung unschuldig und wird von seiner Schußwunde genesen.

CRISPIN, EDMUND
(*1921)

Pseudonym für Bruce Montgomery. Er ist Engländer und hat in Oxford moderne Sprachen studiert. Von Beruf ist er Musiker, spielt Klavier und Orgel und komponiert. In den Jahren 1944 bis 1953 publizierte er acht Krimis und eine Kurzgeschichtensammlung; seither hat er u. a. eine Science-fiction-Anthologie herausgegeben, im übrigen aber für Film und Radio gearbeitet (auch als Komponist von mehreren Filmmusiken). C.s Hauptheld ist der Oxforder Professor Gervase Fen, der englische Literatur unterrichtet und einen Sportwagen fährt. Er hat ein goldenes Herz, doch ist er nicht immer klug und taktvoll; aber am Ende löst er all seine – oft etwas ironisch aufgezogenen – Fälle. Der Roman *Love Lies Bleeding* (1948) und die Kurzgeschichtensammlung *Beware of the Trains* (1953) gelten als C.s beste Werke. Die anderen sieben Gervase-Fen-Krimis:

The Case of the Gilded Fly (1944, in USA *Obsequies at Oxford*); *Holy Disorders* (1945); *The Moving Toyshop* (1946); *Swan Song* (1947, in USA *Dead and Dumb*); *Buried for Pleasure* (1948); *Frequent Hearses* (1950, in USA *Sudden Vengeance*); *The Long Divorce* (1951).

CROFTS, FREEMAN WILLS
(1879–1957)

Geboren in Dublin. Er wuchs in Nordirland auf und besuchte das College in Belfast. Mit 17 Jahren begann er eine Lehre als Techniker bei der Eisenbahn. Als Oberingenieur kam er 1899 in die Zentralverwaltung der »Belfast and Northern Counties Railway«. 1919, während einer langen Krankheit, schrieb er seinen ersten Krimi (*The Cask*, 1920). Da er erfolgreich war, schrieb C. weiter, gab später seinen Beruf auf und zog sich in ein Landhaus in Guildford (Surrey) zurück, wo er Krimis und anderes verfaßte – etwa 30 Hörspiele, ein Kinderbuch, eine Nacherzählung der Evangelien, etwa 50 Kurzgeschichten und ein Drama. C. hat etwa 40 Krimis geschrieben; über dreißig davon (1924–1957) berichten über die Taten des Inspektors Robert French von Scotland Yard. French ist durchaus kein Genie, sondern arbeitet langsam und sicher, absolut logisch. Er hat einen ausgezeichneten Ruf, denn er hat bisher noch jeden Fall gelöst. French ist ein Vorläufer der sogenannten »procedural school«-Detektive; er geht so vor, wie ein wirklicher Detektiv von Scotland Yard vorgehen würde.

The Ponson Case (1921); *The Pit-Prop Syndicate* (1922); *The Groote Park Murder* (1923). – Drei French-Romane: *Inspector French's Greatest Case* (1924); *The Loss of the Jane Vosper* (1936); *Anything to Declare* (1957).

Crime at Guildford
(1935)
Die Direktoren und obersten Angestellten der Juwelenfirma Nornes Ltd., London, treffen sich in der Privatvilla von Claude Willington Norne in Guildford, um darüber zu beschließen, ob die Firma verkauft werden soll oder nicht. Am nächsten Morgen findet man den Buchhalter erwürgt in seinem Bett – und am Tag darauf stellt sich heraus, daß der Panzerschrank der Firma in London, in dem Juwelen im Wert von einer halben Million Pfund gelegen hatten, leer ist. Dieser Schrank konnte nur mit zwei gleichzeitig eingesteckten Schlüsseln geöffnet werden, wovon der Tote den einen, Norne den zweiten besaß.
Langsam, aber sicher und mit Hilfe von unerwarteten Zeugen löst Inspektor French den Fall. Zwei der Direktoren sind die Verbrecher und Mörder. Nornes Schlüssel verschafften sie sich, indem sie ihn beim Öffnen des Schrankes heimlich photographierten und einen Schlüssel nach der Photographie herstellten. Den zweiten Schlüssel hingegen mußten sie dem Buchhalter abnehmen, diesen dann ermorden und seine Leiche in die Villa einschmuggeln, wo unterdessen ein Schauspieler den Buchhalter verkörpert hatte. French weiß nun, wer die Schuldigen sind und wie die Verbrechen begangen wurden. Wo aber sind die Steine? Er läßt die Verbrecher absichtlich warnen, sie entfliehen auch prompt. French erwischt sie mit ihrer Beute in Amsterdam.

CRONIN, ARCHIBALD JOSEPH
(*1896)

Geboren in Cardross (Schottland). Er nahm als Arzt am Ersten Weltkrieg teil und wurde nach 1930 Romanschriftsteller. Unter seinen oft sozialkritischen Bestsellern findet sich auch ein Titel, der ins Gebiet des Krimi gehört: *Beyond This Place* (1953).

CULLINGFORD, GUY
(*1907)

Pseudonym für die Engländerin Constance Lindsay Taylor, die (nach HAGEN) seit 1952 etwa ein Dutzend Krimis veröffentlicht hat.

If Wishes Were Hearses (1952); *A Touch of Drama* (1960); *Brink of Disaster* (1964).

Post Mortem
(1953; dt. 1977)
Der Roman erschien auch in deutscher Übersetzung unter dem Namen Guy Cullingford. Der Diogenes Verlag publizierte dazu ein Bild der Autorin, ohne aber ihren Namen zu verraten. Der Krimi wird als ein »zynischer literarischer Thriller einer anonymen Thriller-Lady« bezeichnet.
Der Schriftsteller Gilbert Worth wird ermordet. Er kommt als Gespenst wieder zu Bewußtsein. Wer ihn umgebracht hat, weiß er selbst nicht. Als Gespenst sind Türen für ihn kein Hindernis, und er beobachtet über 200 Seiten lang seine Frau, seine Kinder, »Freunde« und Diener, bis er den Täter schließlich entdeckt. Während seiner Untersuchung wird Worth auch bewußt, daß ihn die meisten Menschen seiner Umgebung – mit Recht – für einen hartherzigen, taktlosen Egoisten gehalten haben, dessen Tod von den meisten freudig begrüßt worden ist. Im übrigen gilt sein Tod als Selbstmord. Vor Gericht kommt niemand. Die Lösung ist nicht überraschend: Cherchez la femme!

CUMBERLAND, MARTEN
(*1892)

Geboren in London. Er hat als Journalist gearbeitet und Dramen sowie mehr als 60 Krimis geschrieben. Seine Zentralfigur ist der französische Commissaire Saturnin Dax, den BARZUN/TAYLOR für »interessanter als Maigret« halten (!). C. schreibt auch unter dem Pseudonym Kevin O'Hara.

The Perilous Way (1926); *Hearsed in Death* (1947, in USA *Dilemma for Dax*); *Hate Finds a Way* (1964).

CUNNINGHAM, ALBERT BENJAMIN
(1888–1962)

Dieser Amerikaner schrieb über 20 Krimis, darunter zumindest einen unter dem Pseudonym Estil Dale. BARZUN/TAYLOR erwähnen, daß der Schauplatz meist südlich der Mason-Dixon-Linie liege, die als Grenze zwischen den Nord-

und Südstaaten der USA gilt und schon im Bürgerkrieg eine Rolle spielte.

Murder at Deer Lick (1939); *Death Haunts the Dark Lane* (1948); *The Last Survivor* (1952, von Estil Dale).

CURTIS, PETER
(*1904)

Pseudonym für Norah Lofts, geboren in Shipdam (Norfolk). 1925–1937 Lehrerin, dann freie Schriftstellerin. Neben zahlreichen, populären Romanen schrieb sie, unter Pseudonym, mindestens zwei Krimis, die von BARZUN/TAYLOR gelobt werden: *No Question of Murder* (1959) und *The Witches* (1960; in USA *The Devil's Own*).

CURTISS, URSULA
(*1923)

Sie ist die Tochter der Krimi-Autorin Helen Reilly. Ursula heiratete 1947 John Curtiss, mit dem sie bis 1960 in Massachusetts lebte. Nachher zog die Familie nach New Mexico. Ihr erster Roman, *Voice Out of Darkness*, erschien 1948. Seither hat sie etwa 20 weitere geschrieben. Ihre Krimis sind selten »Whodunits«; es geht in erster Linie ums Erregen von Furcht und Spannung.

The Deadly Climate (1954); *The Forbidden Garden* (1962); *Don't Open the Door* (1968); *In Cold Pursuit* (1977).

D

DAHL, ROALD
(*1916)

Geboren in Llandaff, Südwales. Er arbeitete zuerst für die Firma Shell in Ostafrika, war Assistent des britischen Luftwaffenattachés in Washington während des Zweiten Weltkrieges und ist seither freier Schriftsteller. D. hat Gedichte, Kinderbücher, Romane und Kurzgeschichten geschrieben. HAGEN verzeichnet zwei Bücher mit Kriminalerzählungen: *Someone Like You* (1953) und *Kiss, Kiss* (1960).

DALY, CARROLL JOHN
(1889–1958)

Geboren in Yonkers, New York. Er versuchte sich in allen möglichen, mit Theater und Film verbundenen Berufen, bis er sich selbst ein Kino kaufen konnte. D. schrieb für die »Pulps«, besonders für *Black Mask,* und erfand das Vorbild aller »tough-guy«-Detektive: Race Williams. Dieser erschien zum ersten Mal am 1. Juni 1923 in *Black Mask.* In den nächsten Jahren erlebte er Hunderte von Abenteuern in dieser Zeitschrift und in *Dime Detective,* einige auch in Buchform. Williams ist grob, brutal, aber absolut zuverlässig. Er ist patriotisch, Kommunisten kann er nicht leiden. Er ist furchtlos, und es macht ihm gar nichts aus, Dutzende von Halunken eigenhändig umzubringen. HAGEN verzeichnet 16 Bücher unter D.s Namen. In *Emperor of Evil* (1936) heißt der Detektiv Vee Brown. – Race Williams ist u. a. der Held folgender Romane:

The Snarl of the Beast (1927); *The Amateur Murderer* (1933); *Murder from the East* (1935).

DALY, ELIZABETH
(1879–1967)

Geboren in New York, als Tochter eines Richters. Sie studierte Anglistik am Bryn Mawr College (B. A. 1901) und an der Columbia University (M. A. 1902) und unterrichtete einige Jahre Englisch. Zunächst publizierte sie wenig. Ihr erster Krimi erschien 1940. In den folgenden Jahren bis 1951 schrieb sie 15 weitere Romane. Der Held aller ihrer Krimis ist Henry Gamadge, ein Autor und Bibliophile, der sich in Autographen, Manuskripten, Erstausgaben usw. bestens auskennt.

Unexpected Night (1940); *Murders in Volume Two* (1941); *Arrow Pointing Nowhere* (1944); *Night Walk* (1947); *Death and Letters* (1950); *The Book of the Crime* (1951).

DANIEL, GLYN EDMUND
(*1914)

Geboren in Lampeter, Wales. Er studierte Archäologie in Cambridge (Doktorat 1939). Seit 1938 unterrichtet er sein Fach an der Universität Cambridge. Er hat zahlreiche Artikel und etwa 20 Bücher aus seinem Forschungsgebiet veröffentlicht. Das englische Fernsehen machte ihn in weiten Kreisen populär. D. hat zwei Krimis verfaßt (den ersten unter dem Pseudonym Dilwyn Rees): *The Cambridge Murders* (1948) und *Welcome Death* (1954).

DARD, FRÉDÉRIC
(*1921)

Dieser Franzose schreibt unter seinem richtigen Namen Krimis und Thrillers im Dutzend. Seit 1950 identifiziert er sich auch mit Commissaire San-Antonio. Wie im Falle von Ellery Queen nennen sich der Autor und der in der Ichform erzählende Detektiv beim selben Namen. Von San-Antonio weiß man, daß er von einer gütigen Großmutter, die in Lyon ein kleines Geschäft betrieb, erzogen wurde. San-Antonio, eine getreue Kopie von Peter Cheyneys Lemmy Caution, spricht in einem Argot, das etwas leichter verständlich ist als das in Albert Simonins *Touchez pas au grisbi* (1953) und Auguste Le Bretons *Du rififi chez les hommes* (1953). Er ist leichtlebig, witzig, tollkühn und schläft mit fast allen Frauen, die ihm über den Weg laufen. Er ist der Held von mindestens 70 Romanen und so populär, daß eine Luxusausgabe von San-Antonios »Gesammelten Werken« im Erscheinen begriffen ist.

Le bourreau qui pleure (1956); *Toi le venin* (1957); *Le Monte-charge* (1961). – Drei San-Antonio-Romane: *Laissez tomber la fille* (1950); *De ›A‹ jusqu'à ›Z‹* (1961); *Ça ne s'invente pas* (1972).

Coma
(1959)

Jean Lecoeur, ein französischer Filmagent, fährt nach Hamburg und trifft im Zug die hübsche Gertrud Schicketanz, die in Baden-Baden beim Fremdenverkehrsamt arbeitet. Er verliebt sich Hals über Kopf in sie. Kurz vor Hamburg öffnet er die Türe eines Wagens, um die Aussicht auf die Stadt zu genießen; denn die Wagenfenster sind angelaufen. Der Zug fährt mit 80 Stundenkilometern um eine Kurve, und Jean fällt aus dem Zug.

Nun geschieht folgendes: Gertrud läßt den Verletzten in ihr Haus transportieren, wo sie mit dem unheimlichen Onkel Eloi und ihrer Schwester Minna, deren Gesicht seit einem Bombenangriff entstellt ist, lebt. Jean erwacht mit eingegipsten Beinen. Den Arzt sieht er nie, aber er entdeckt, daß Gertrud seine Briefe vernichtet, daß er gar nicht gelähmt ist, daß Minna ihn liebt. Auf einer nächtlichen Exkursion erwartet man Jeans Ermordung in einem unterirdischen Kirchengewölbe durch Onkel Eloi. Nichts dergleichen geschieht. Schließlich heiraten Jean und Gertrud. Als sie aber im Schlafwagen aus Hamburg rollen, hat Minna Gertruds Platz eingenommen. Jean stürzt aus dem Wagen – abermals in den Schnee. Und der Leser befindet sich wieder am Ort des ersten Sturzes. Jean Lecoeur stirbt. Die ganze Handlung des Romans hat sich innerhalb von Sekunden im Gehirn des Sterbenden abgespielt. Daher der Titel. Aus der Rückschau erlangt nun vieles, was geschehen ist, symbolische Bedeutung.

Les souris ont la peau tendre
(1951)

Wir sind im Jahre 1943, und Commissaire San-Antonio arbeitet für den englischen Geheimdienst. Er kommt nach Brüssel, um einen Verräter in den Rängen des Geheimdienstes umzubringen. Den Kontaktmann in Brüssel findet er tot, von einem Schwert durchbohrt. Eine Dame gibt San-Antonio auf der Straße einen Photoapparat, der ein Bild enthält. Es zeigt einen Schuh und ein Hosenbein des Mörders. Über eine hübsche Agentin kommt der Commissaire dem Kerl auf die Spur: es ist der gesuchte Judas, ein großer Nazi. San-Antonio und die Agentin entfliehen ihm auf abenteuerliche Weise und finden einen Unterschlupf, wo sie sich dem Sex ergeben. Nun soll ein hoher Gestapo-Offizier erschossen werden. Eine Krankenschwester, mit der San-Antonio eben 24 Stunden im Bett verbracht hat, bietet ihre Hilfe an. Im letzten Moment merkt unser Held, daß sie eine österreichische Naziagentin ist. Nur dank der ersten Agentin, die eifersüchtig und deshalb mißtrauisch gewesen war, entkommt er. Die »gute« Agentin und San-Antonio nehmen noch den Judas gefangen und erreichen das englische Flugzeug, das sie zur bestimmten Stunde an der bestimmten Stelle erwartet. Von den englischen Agenten haben drei den Tod gefunden, von den Deutschen sehr viele.

DARK, JAMES
(?)

Von ihm begann 1965 eine Serie von Agentenromanen zu erscheinen, in ihrer Art noch unwahrscheinlicher als die Bond-Romane, zwar ohne Flemings Ironie, aber gut geschrieben und spannend. In den Jahren 1965 – 1967 erschienen sieben Titel, deren Held der Agent Mark Hood ist.

The Bamboo Bomb (1965); *Assignment – Tokyo* (1966, anderer Titel: *Operation Miss – Sat*); *Operation Scuba* (1967).

Throne of Satan
(1967)

Mark Hood ist Agent der in Genf niedergelassenen Agentur Intertrust, welche dafür sorgt, daß keine privaten Halunken Atomwaffen in die Hände bekommen. Die kleinen unterentwickelten Länder haben sich zusammengetan und den Schurken Dominat finanziert, der sich auf der westindischen Insel Dominica im Innern eines

Vulkans eingenistet hat. Von hier aus kann er durch Strahlen die Instrumente der Kriegsschiffe stören und Atomraketen abfeuern. Die kleinen Länder, die bisher bei den USA um Hilfe betteln mußten, werden von jetzt an erpressen können. Dominat ist jedoch besessen und will die Macht nur für sich allein. Er nimmt Hoods Freund Tommy Tremayne gefangen. Hood und der Japaner Murimoto, unübertroffener Meister des Karate, befreien ihn am Ende, wobei Dominat und seine Vorrichtungen vernichtet werden. Zwei Frauen, mit denen Hood gelegentlich schläft, sind Dominats Agentinnen; der ersten wäre es beinahe gelungen, ihm während des Liebesaktes die Nadel ins Herz zu stoßen. Viel Platz beanspruchen die an Science-fiction erinnernden Beschreibungen von Dominats Instrumenten (ein Superbohrer, neuartige Unterseeboote, Todesstrahlen usw.).

DAVID, KURT
(*1924)

Geboren in Reichenau, Oberlausitz. Er diente als Soldat im Zweiten Weltkrieg. Danach war er zuerst kaufmännischer Angestellter und vier Jahre Volkspolizist. Seit 1954 ist er freier Schriftsteller. Er hat Romane, Reise-, Kinder- und Jugendbücher geschrieben und mehrere Preise erhalten. Bisher hat er einen Krimi verfaßt: *Der goldene Rachen* (1960).

DAVIDSON, LIONEL
(*1922)

Dieser Engländer lebt in London und hat mit seinem ersten Roman, *The Night of Wenceslas* (1960), gleich zwei Preise gewonnen. Auch *The Rose of Tibet* (1962) und *A Long Way to Shiloh* (1966, in USA *The Menorah Men*) waren Bestseller. Der zweite Titel stand lange an der Spitze der Bestsellerliste, der erste wurde von Graham Greene gelobt.

The Night of Wenceslas
(1960)

Nicolas Whistler ist ein nicht sehr mutiger, harmloser, liebenswürdiger Faulpelz, der darauf wartet, daß sein reicher Onkel Bela etwas für ihn tut oder daß sonst ein Glücksfall ihn von seinem langweiligen, schlechtbezahlten Job erlöst. Da greift das Schicksal ein: Emigranten aus der Tschechoslowakei suchen einen Kurier, der eine geheime Formel zur Glasherstellung aus Prag nach London schmuggelt. Die »Geschäftsleute« spielen dem naiven Nicolas Geld in die Hände, das er ausgibt und dann nicht zurückzahlen kann, und erpressen ihn auf diese Art, die Reise zu unternehmen. Am Ende fährt Nicolas ganz gern nach Prag. Die Reise verläuft glatt; Nicolas werden nur die »bombenförmigen« Brüste der gigantischen Vlasta Simenova gefährlich. Nicolas' »Arbeitgeber« jedoch scheinen nicht ganz zufrieden zu sein: die Formel sei nicht vollständig, eine zweite Reise notwendig. Diesmal reist Nicolas mit mehr Selbstvertrauen, aber nach einer Reihe komischer Zwischenfälle entdeckt er, daß man ihn getäuscht hat, daß er als feindlicher Kurier mit englischen Atom-Geheimnissen nach Prag geschickt worden ist. Er vernichtet die Geheimnachrichten, und es beginnt eine abenteuerliche Flucht vor der tschechoslowakischen Staatspolizei. In letzter Minute rettet sich Nicolas ins britische Konsulat in Prag, das ihn nicht sehr begeistert aufnimmt. Als Nicolas am Ende gegen zwei Agenten der Gegenseite ausgetauscht wird, ist er von seinem Müßiggang kuriert und gewillt, in Zukunft sein Leben mit ernsthafter Arbeit zu verdienen. – Der Roman zeichnet sich durch eine gekonnte Mischung von Komik, Humor und Spannung aus. Er erhielt den Preis der »Crime Critics« als bester Thriller des Jahres und den Preis der Autoren als bester Erstlingsroman des Jahres.

DAVIS, DOROTHY SALISBURY
(*1916)

Geboren in Chicago. Sie machte den B. A. am Barat College, arbeitete im Reklamefach und als Bibliothekarin, bis 1949 ihr erster Krimi erschien. Seither hat sie etwa 20 Krimis und viele Kurzgeschichten geschrieben, von denen einige Preise erhalten haben. Sie ist eine der besten Autorinnen, mit einem ausgesprochenen Sinn für Sozialkritik.

The Judas Cat (1949); *The Clay Hand* (1950); *A Town of Masks* (1952); *The Pale Betrayer* (1965); *Where the Dark Streets Go* (1969); *Shock Wave* (1972).

The Little Brothers
(1973; dt. *Die Slumlords von New York,* 1974)

Angie Palermo wächst im New Yorker »Little Italy« auf, in einer Welt, in der das »Familiensystem« der Mafia ebenso eine Realität ist wie Nationalgefühl und Loyalität. Der ehemalige KZ-Häftling Grossman, der mit Heiligenstatuen handelt, paßt eigentlich ganz und gar nicht hierher. Warum betreibt er nicht einen Trödlerladen im jüdischen Ghetto? Der sechzehnjährige Angie ist im Begriff, erwachsen zu werden; der Klub der »Little Brothers« will ihn auf Vorschlag von Ric Bellini aufnehmen. Als »Bewährungsprobe« erhält er die Aufgabe, Grossman eine Woche lang dem »bösen Blick« auszusetzen: Grossman verdiene es, bestraft zu werden. Angie findet es leicht, Grossman zu hassen; der Alte »puscht« Drogen und mißhandelt seine Katze. Schließlich bekommt Angie Angst. Was wird mit Grossman geschehen? Wird sich der »böse Blick« nicht gegen Angie selbst wenden? Auf der Flucht vor Grossman, vor Angies dominierender Mutter und vor dem tyrannischen Ric trifft Angie das Mädchen Alice, bei dem er die Nacht verbringt. Am nächsten Morgen erfährt Angie, daß Grossman ermordet worden ist.

Die Polizeiuntersuchung spiegelt die rassischen, sozialen und politisch-kriminellen Strömungen, die das Leben im italienischen Ghetto bestimmen. Der mit dem Fall beauftragte Leutnant ist Jude, sein Mitarbeiter Italiener. Loyalität steht gegen Loyalität, »Familie« im echten Sinn gegen »Familie« im kriminellen Sinn. Angie findet überall Sympathie, aber seine Probleme kann nur er selbst klären. Er selbst muß sich von seiner Mutter lösen und sich aus Rics Einfluß befreien, der ihn belogen und betrogen hat. Ric hat nämlich Grossman getötet, weil Grossman nicht länger Rics invaliden Vater als Mittelsmann zur Mafia hatte benutzen wollen. Rics Vater hatte infolgedessen weniger Geld gehabt und seinem Sohn das Leben zur Hölle gemacht. Im Grunde genommen hat Ric Grossman anstelle seines Vaters getötet. Ric möchte Angie zwingen, sein Freund oder wenigstens sein Komplize zu sein. Angie haßt Ric mehr denn je, als dieser ihm den Mord gesteht. Doch er beherrscht seine eigene Mordlust und flieht. Bei einem Priester findet er schließlich Zuflucht und Ruhe.

DAVIS, RICHARD HARDING
(1864–1916)

Geboren in Philadelphia. Amerikanischer Reporter, Dramatiker, Romanschriftsteller. In seinen elf Kurzgeschichtensammlungen finden sich einige frühe Kriminalerzählungen. Die drei bekanntesten (sie hängen zusammen) enthält der Band: *In the Fog* (1901).

DECREST, JACQUES
(*1893)

Pseudonym für den Franzosen Jacques-Napoléon Faure-Biguet, der etwa 20 vorzügliche Krimis in der Art von Agatha Christie verfaßte. D.s Zentralfigur ist Commissaire Gilles.

Les trois jeunes filles de Vienne (1934); *L'oiseau poignard* (1936); *La petite fille de Bois-Colombes* (1936).

Les chambres sans serrures
(1948)

Zu Commissaire Gilles kommt ein gewisser Martin Cazeneuve und will wissen, was aus Marie Aistienne geworden ist. Vor elf Jahren war ihr Mann, Robert Aistienne, verhaftet worden, da er zugab, 300 000 Francs gestohlen zu haben. Marie Aistiennes Geliebter, mit dem sie Robert vor und nach dem scheinbaren Diebstahl betrogen hatte, hieß Paul Viélot. Nachdem Robert sein erstes von fünf Jahren im Gefängnis verbracht hatte, war Viélot ermordet worden. Marie hatte ein Alibi, Robert war im Gefängnis; sie wurden also nicht verdächtigt.

Nachforschungen ergeben, daß Marie wohl in einem Konzentrationslager umgekommen ist (sie hatte nach Spanien fliehen wollen). Cazeneuve bricht wieder in den Orient auf und schickt Gilles einen aufklärenden Brief. Cazeneuve ist niemand anders als Robert (was der Leser schon lange ahnt). Er hatte damals geglaubt, Marie habe das Geld gestohlen, und aus Liebe zu ihr die Sache auf sich genommen. Erst im Gefängnis war ihm aufgegangen, daß Viélot der Dieb gewesen sein mußte. Robert hatte sich eine Nacht unbemerkt aus dem Gefängnis entfernt und Viélot umgebracht. Später floh er und schrieb Marie die Wahrheit. – Verwässerter Maigret.

deFORD, MIRIAM ALLEN
(1888–1975)

Geboren in Philadelphia. Sie lebte später meistens in Kalifornien, wo sie als Reporterin bekannt wurde. Seit 1960 hat sie mehrere Bücher über historische Verbrechen und Verbrecher (u. a. *The Real Bonnie and Clyde,* 1968) publiziert. Krimis hat sie nicht verfaßt, hingegen eine größere Zahl von Kriminal-Kurzgeschichten, von denen 17 in folgendem Band erschienen: *The Theme Is Murder* (1967).

DE FOREST, JOHN WILLIAM
(1826–1906)

Geboren in Seymour, Connecticut. Er kämpfte als Hauptmann im Bürgerkrieg und verfaßte historische Romane und Reisebücher. Er schrieb auch einen der ersten amerikanischen Krimis: *The Wetherel Affair* (1873).

DEIGHTON, LEN
(*1929)

Geboren in London. Er war zuerst Koch und veröffentlichte 1965 ein Kochbuch. Später arbeitete er als Kellner, Lehrer und Photograph, bis er mit seinen ersten Büchern Erfolg hatte. Drei wurden mit Michael Caine verfilmt. – Seine Zentralfigur heißt Harry Palmer.

The Ipcress File (1962); *Horse under Water* (1963); *Funeral in Berlin* (1964); *The Billion Dollar Brain* (1966); *An Expensive Place to Die* (1967); *Spy Story* (1974).

The Ipcress File
(1962; dt. *Ipcress – streng geheim,* 1965)
Der Ich-Erzähler der Geschichte, der seine Abenteuer mit viel Humor und Selbstironie berichtet, ist nicht der typische Übermensch-Spion, sondern ein harmloser britischer Regierungsangestellter. So wenigstens scheint es am Anfang, als er den Auftrag erhält, von einem Agenten namens Jay einen entführten Wissenschaftler zurückzukaufen, und dabei nur knapp seiner eigenen Verhaftung entgeht. Je länger er in seiner geheimen Nachrichtenabteilung arbeitet, desto schwieriger scheint es zu werden, Jay fassen zu können. Immer mehr britische Wissenschaftler werden entführt oder verlassen sogar freiwillig das Land. Dalby, der Chef unseres Helden, nimmt ihn mit zu einem geheimen amerikanischen Bombenversuch auf einem entlegenen Atoll. Auch die Amerikaner haben Probleme: Geheiminformationen werden verraten, der Bombenversuch selbst soll sabotiert werden. Ein Netz zieht sich um unseren Helden zusammen. Als der Bombenversuch wirklich verhindert wird, ist es vorbei mit dem gemütlichen Agentenleben auf Spesen: er wird von den Amerikanern verhaftet und nach allen Regeln der Kunst »bearbeitet«. Er gesteht nichts. Schließlich wird er »ausgetauscht«. Als er aus einer langen Betäubung erwacht, erklärt man ihm, er sei in einem ungarischen Gefängnis. Doch so schnell ist unser braver Agent nicht besiegt: er widersteht der versuchten Gehirnwäsche und entflieht.
Er ist in London! Mit viel Glück gelingt es ihm, die Schuldigen anzuzeigen – Jay und Dalby, seinen eigenen Chef. Die beiden hatten eine »Wissenschaftler-Börse« angelegt. Die Wissenschaftler wurden einer Gehirnwäsche unterzogen und dann an den meistbietenden Interessenten verkauft. Dalby begeht Selbstmord. Jay aber arbeitet weiter, nun allerdings ohne Gehirnwäsche und im Dienste der britischen Regierung. Ein hoher Gönner Jays bleibt unentdeckt . . .

DE LA TORRE, LILLIAN
(*1902)

Geboren in New York. Sie besuchte das College und erhielt 1927 den M. A. von der Columbia University. 1932 heiratete sie einen Anglistikprofessor. Sie schrieb teils Bücher über historische Verbrechen, teils Kriminalgeschichten über das 18. Jahrhundert. James Boswell erzählt bei ihr die Taten seines berühmten Detektivs Dr. Samuel Johnson. Viele dieser Erzählungen erschienen zuerst in *Ellery Queen's* und später gesammelt in zwei Bänden:

Dr. Sam Johnson, Detector (1946); *The Detections of Dr. Sam Johnson* (1960). – Drei andere Krimis: *Elizabeth Is Missing* (1945); *The Heir of Douglas* (1952); *The Truth about Belle Gunness* (1955).

DEMING, RICHARD
(*1915)

Dieser Amerikaner hat unter seinem richtigen Namen und unter dem Pseudonym Max Franklin Romane, Krimis und Kinderbücher veröffentlicht. Für die Jahre 1953–1964 verzeichnet HAGEN 22 Titel. Seit 1968 hat D. ein weiteres Dutzend Krimis veröffentlicht; in etwa der Hälfte davon sind die Mitglieder der »Mod Squad« die Zentralfiguren.

The Gallows in My Garden (1952); *Tweak the Devil's Nose* (1953); *This Game of Murder* (1964); *The Mod Squad: A Groovy Way to Die* (1968); *The Mod Squad: The Hit* (1970); *To Kill a Queen* (1975).

DENNISTON, ELINORE
(*1900)

Sie hat unter dem Pseudonym Dennis Allan in den Jahren 1936 – 1946 ein halbes Dutzend Krimis geschrieben, seit 1953 bis heute etwa 20 Krimis unter dem Namen Rae Foley.

Drei Romane von Dennis Allan: *The House of Treason* (1936); *Brandon Is Missing* (1938); *Dead to Rights* (1946). – Drei Romane von Rae Foley: *Man in the Shadows* (1953); *Repent at Leasure* (1962); *Scared to Death* (1966).

The Brownstone House
(1974, von Rae Foley)
Für Susan Lockwood beginnt die Geschichte mit einer Mädchenfreundschaft und endet mit Morden. Im College waren Susan, Winifred Winston und Hope Phelps die »Unzertrennlichen« gewesen. Als sich der umschwärmte Dr. Lawrence Garland in Susan verliebte, hatte Susan ihn abgewiesen und ihn Hope überlassen, da diese ihr erklärt hatte, sie liebe Garland inständig und habe nur noch kurze Zeit zu leben. Hope heiratet Garland; er gibt seine Stelle auf und erhält von Hopes Vater, einer mächtigen, aber undurchsichtigen Persönlichkeit, die Leitung einer Kunstgalerie. Susan möchte die Freundschaft mit Hope nicht weiter pflegen, doch Hope bittet sie dringend, eine Wohnung in einem Haus, das ihr gehört, zu beziehen. Susan gibt nach. Auch Winifred zieht in eine Wohnung in diesem braunen Backsteinhaus. Kurz darauf wird Hopes Vater, Marshall Phelps, tot in seiner Wohnung gefunden. War es Unfall oder Mord?
Susan beginnt, sich Gedanken zu machen. Welche Rolle hatte Phelps in Wirtschaft und Politik gespielt? War er nicht für die Ermordung eines Präsidentschaftskandidaten verantwortlich? Winifred, so erkennt Susan, ist geschwätzig, boshaft und kleptoman. Nur Lawrence Garland bleibt – für Susan – ein strahlender Held. Nach dem Tod von Marshall Phelps zieht sein Sekretär, Hart Adams, in das Backsteinhaus. Hope scheint nun plötzlich eifersüchtig auf Susan zu sein. Sie macht Susan eine Szene. Am folgenden Tag wird Hope ermordet aufgefunden. Hat Winifred, die Hope offensichtlich erpreßte, den Mord begangen? Oder Lawrence? Susan selbst steht unter Verdacht. Das nächste Opfer ist Winifred, sie muß belastendes Material gegen den Mörder gefunden haben. Als Susan eines Nachts einfällt, was Winifred gefunden haben könnte, durchsucht sie die Wohnung der Toten und stößt auf ein Tonband. Aber auch der Mörder ist zur Stelle. In letzter Minute wird Susan gerettet. Hart Adams, Komplize von Marshall Phelps, von Hope verschmäht und gedemütigt, von Winifred gefährdet, ist der gesuchte Mörder.

DERLETH, AUGUST
(1909–1971)

Geboren in Sauk City, Wisconsin. Er gründete 1940 einen Verlag. Bis zu seinem Tod soll D. im Jahr durchschnittlich eine Million Wörter geschrieben haben. Er ist der Autor von etwa 130 Bänden, wovon etwa 20 ins Gebiet des Krimi fallen. 1929 bat D. Conan Doyle um die Erlaubnis, die Sherlock-Holmes-Geschichten weiterführen zu dürfen. Er erhielt sie, und seit 1929 erscheinen D.s Erzählungen um Solar Pons, der Holmes gleicht und dessen Taten Dr. Lyndon Parker (bei Doyle Dr. Watson) erzählt. D. hat auch unter den Pseudonymen Tally Mason und Stephen Grendon veröffentlicht.

Drei von den zehn Solar-Pons-Büchern: *›In re: Sherlock Holmes‹: The Adventures of Solar Pons* (1945); *The Return of Solar Pons* (1958); *The Chronicles of Solar Pons* (1973). – Drei andere Krimis: *Death Stalks the Wakely Family* (1934, in USA *Murder Stalks the Wakely Family*); *No Future for Luana* (1945); *Travellers by Night* (1967).

DEVINE, DAVID MCDONALD
(*1920)

Geboren in Greenock, Schottland. Er studierte in Glasgow und London und wurde Registrar der St. Andrews University. Seit 1961, als sein erster Krimi erschien, hat er ein gutes Dutzend »Whodunits« verfaßt. Die ersten sechs Krimis erschienen unter dem Namen D. M. Devine, die folgenden unter dem Namen Dominic Devine.

My Brother's Killer (1961); *The Royston Affair* (1964); *Dead Trouble* (1971).

DEWEY, THOMAS BLANCHARD
(*1915)

Geboren in Elkhart, Indiana. Er wuchs in Ohio, Michigan, Illinois, Kansas und Iowa auf. Nach dem Zweiten Weltkrieg wohnte er mit seiner Frau und einem Kind in Hollywood, wo er etwa drei Dutzend Krimis schrieb, dazu Erzählungen für *Ellery Queen's Mystery Magazine, Argosy* und *Cosmopolitan.* Heute lehrt er im English Department der Arizona State University. D. hat zwei Detektive erfunden, die er immer wieder einsetzt: Pete Schofield (verheiratet) und »Mac« (Mac Robinson). Der erste ist der Held in bisher 10, der zweite in 15 Romanen. D.s Romane spielen zumeist im mittleren Westen, gelegentlich in Kalifornien. D. hat auch unter dem Pseudonym Tom Brandt (zwei Romane) und Cord Wainer (einen Roman) geschrieben.

Drei Romane mit Pete Schofield: *Too Hot for Hawaii* (1960); *The Golden Hooligan* (1961, in England *Mexican Slayride*); *Nude in Nevada* (1965). – Drei Romane mit »Mac«: *A Sad Song Singing* (1963); *Death and Taxes* (1967); *The Love-Death Thing* (1970).

Death and Taxes
(1967; dt. *Tod und Steuern,* 1968)

Ex-Gangster Marco Paul will seiner Tochter Geld vererben, und zwar steuerfrei. Sein Sohn hat in Harvard studiert und ist wohlversorgt, ebenso seine zweite Frau. Da Marco aber nie ganz vom alten »Geschäft« hat lassen können, hat er noch eine Million zu vererben – in bar. Privatdetektiv »Mac« soll die Transaktion durchführen. Doch Marco wird erschossen, ehe »Mac« weiß, wo das Geld ist. Ist Marcos rechte Hand, Leo Lockwood, mit im Spiel? Nein, denn er ist das nächste Opfer. Nun machen die Mörder Jagd auf Mac. Seine Wohnung wird durchsucht, er selbst entführt und halblahm geschlagen; sein Freund Donovan von der Polizei wird lebensgefährlich verwundet. Marcos honoriger Sohn kann »Mac« nicht helfen. Ebensowenig Paula, Marcos Tochter. Der Verdacht fällt auf Frank Garnero, den früheren Freund und Rivalen Marcos, und auf Marilyn Lockwood, Leos Witwe und die Geliebte Marcos. Paula wird entführt. »Mac« folgt der Spur in eine Hochgarage. In der folgenden Schießerei bleibt »Mac« Sieger. Wer stand hinter den Killern? Natürlich der honorige Sohn.

DICKENS, CHARLES
(1812–1870)

Geboren in Landport bei Portsea. Die Familie war so arm, daß der Vater wegen seiner Schulden ins Gefängnis mußte. Schon mit 12 Jahren kam D. in die Fabrik. Eine Erbschaft machte der Not ein Ende; D. ging noch drei Jahre zur Schule und wurde dann Journalist und endlich freier Schriftsteller. In mehreren seiner Romane geht es um Verbrechen, ihre Aufdeckung und die Bestrafung der Verbrecher – man denke an die Heeps in *David Copperfield* (1849–1850), an *Oliver Twist* (1837–1838), *Barnaby Rudge* (1840 bis 1841), *Great Expectations* (1861), *Our Mutual Friend* (1864–1865) oder an die Erzählung »Hunted Down« (1859). In *Bleak House* (1852 bis 1853) führt D. Inspector Bucket ein, einen nicht sehr klugen, wenig sympathischen, aber ehrlichen und strebsamen Beamten, der mit allseitiger Hilfe das Rätsel schließlich lösen kann. Wie so vielen englischen Detektiven nach ihm fehlt es Bucket an Takt, er ist eingebildet und spleenig. D.s letztes Werk sollte ein Kriminalroman werden, *The Mystery of Edwin Drood* (1870); D. konnte vor seinem Tod nur noch die ersten sechs Kapitel schreiben. Man hat den Roman zu Ende geführt; aber es ist nicht zu ermitteln, wie sich D. das Ende wirklich gedacht hat.

DICKINSON, PETER
(*1927)

D. ist Engländer, wurde in Afrika geboren und wuchs in Südafrika und Rhodesien auf. Er studierte in Cambridge, war Redakteur bei *Punch* und lebt heute in London als freier Schriftsteller. Bisher hat er zehn Krimis geschrieben, die meistens in ausgefallenen Milieus spielen. Die Hauptfigur der ersten fünf Romane ist der ältliche Superintendent Pibble.

Skin Deep (1968, in USA *The Glass-sided Ants' Nest*); *The Lizard in the Cup* (1972); *The Lively Deed* (1975); *Walking Dead* (1977).

The Poison Oracle
(1974)
Schauplatz und Hintergrund dieses Krimi sind – wie bei Dickinson fast immer – bizarr, exotisch und faszinierend. Der Held und Detektiv in der Geschichte ist diesmal nicht Jimmy Pibble, sondern der polyglotte Sprachpsychologe und Zoologe Wesley Morris. Auf Einladung seines Mäzens und Freundes, des in England erzogenen Sultans von Q'Kut, lebt Morris im Palast des Sultans und untersucht die Möglichkeit sprachähnlicher Kommunikation zwischen Schimpansen und Menschen. Sein geliebtes Versuchstier, Dinah, zeigt vielversprechende Fortschritte. Doch die Ruhe im Palast wird gestört, Flugzeugentführer machen auf dem Flugplatz von Q'Kut eine Notlandung. Der Sultan behält die einzige überlebende Terroristin, Anne, als Geliebte. Gleichzeitig entwickeln sich Spannungen zwischen den arabischen Höflingen und den Leibwächtern des Sultans, die aus den Marschen kommen. Die Araber vermuten im Marschland Öl. Als der Sultan kurz darauf ermordet wird, fällt der Verdacht auf die Marschleute. Bürgerkrieg in Q'Kut erscheint unvermeidlich, falls der Mord nicht aufgeklärt wird. Anne ist inzwischen mit einem Leibwächter im Marschland verschwunden. Morris, der die Sprache der Marschleute beherrscht, wird vom Sohn des Sultans und seinem Premierminister Bin Zair ins Marschland geschickt und lernt dort das außergewöhnliche Leben eines primitiven Stammes kennen. Er erhält eine eingeborene Frau und muß sich einem Test unterziehen: ist er ein Hexer oder nicht? Das Gift-Orakel (die Bewegungen einer vergifteten Ente werden interpretiert) verläuft anders als erwartet. Der entflohene Leibwächter und seine Blutsbrüder retten Morris, dessen Frau und das Schimpansenweibchen Dinah auf eine Insel, wo Anne wartet (sie ist jetzt die Geliebte des Leibwächters). Schließlich wird Morris in den Palast zurückgebracht und klärt dort den Mord auf. Seine Zeugin ist die Äffin Dinah, die in ihrer Symbolsprache den Mörder nennt. Krieg ist vermieden, das Marschland wird entwässert und »zivilisiert«. Phantasie, Ironie und Kulturkritik haben sich in diesem Krimi zu einer modernen Fabel verbunden.

DILNOT, GEORGE
(*1883)

Dieser Engländer soll der erste Scotland-Yard-Beamte gewesen sein, der Krimis schrieb. Er benutzte auch den Namen Frank Froest. In den Jahren 1914–1942 müssen über 20 Bände von ihm erschienen sein.

The Grell Mystery (1913); *The Lazy Detective* (1926); *Counter-Spy* (1942).

DINE, S. S. VAN
(1888–1939)

Pseudonym für Willard Huntington Wright, geboren in Charlottesville, Virginia. Er studierte an Harvard, in München und Paris. D. begann als Kunstkritiker bei der *Los Angeles Times* und wurde bald Herausgeber der snobistischen Zeitschrift *The Smart Set*. Als er in den Jahren 1923–1925 schwer herzkrank das Bett hüten mußte, las er Krimis (er besaß zuletzt eine Sammlung von 2000 Bänden). Er beschloß, selbst Krimis für eine anspruchsvollere Schicht von Lesern zu schreiben. Seine vornehmen Freunde durften davon nichts erfahren, deshalb das Pseudonym. Maxwell Perkins, der Lektor des Verlags Scribner, der später Thomas Wolfe lancierte, setzte sich für D. ein; dessen Detektiv, Philo Vance, ein Snob erster Klasse, wurde bald weltberühmt. Nach STEINBRUNNER/PENZLER schrieb D. von jedem Roman zuerst eine Kurzversion von 10 000 Wörtern; diese erste Version erweiterte D. auf 30 000 Wörter zur zweiten, dann die zweite Version auf 60 000 Wörter zur dritten und veröffentlichten Version. D.s letztes

Buch, *The Winter Murder Case* (1939), gedieh nur bis zur zweiten Version.
Philo Vance, der berühmteste amerikanische Detektiv der zwanziger und dreißiger Jahre, ist wie sein Autor ein Snob, ein Gourmet, ein Mann von tadellosem Geschmack, ein hochgebildeter Zyniker. Der Staatsanwalt Markham nimmt ihn bei der Aufklärung von Mordfällen als Begleiter mit; ihnen hilft der etwas beschränkte Sergeant Heath von der New Yorker Polizei. Heath läuft hoffnungsvoll allen erdenklichen Spuren nach, während Vance vornehm lächelnd diesen Kinderspielen zusieht und am Ende gönnerhaft den Fall löst. D. hat zwölf Philo-Vance-Romane geschrieben, die in den Jahren 1926–1939 erschienen sind und von denen die meisten – oft mehr als einmal – verfilmt worden sind.

Die zwölf Philo-Vance-Romane: *The Benson Murder Case* (1926); *The ›Canary‹ Murder Case* (1927); *The Greene Murder Case* (1928); *The Bishop Murder Case* (1929); *The Scarab Murder Case* (1930); *The Kennel Murder Case* (1931); *The Dragon Murder Case* (1933); *The Casino Murder Case* (1934); *The Kidnap Murder Case* (1936); *The Garden Murder Case* (1937); *The Gracie Allen Murder Case* (1938); *The Winter Murder Case* (1939).

Lit.: Jon Tuska, Philo Vance: The Life and Times of S. S. Van Dine, 1971

The ›Canary‹ Murder Case

(1927; dt. *Mordakte Kanarienvogel*, 1973)

Ermordet worden ist Margaret Odell, genannt »The Canary«, eine hübsche Sängerin. Kenneth Spotswoode hat sie in ihre Wohnung begleitet, noch eine halbe Stunde bei ihr verbracht und sich dann verabschiedet. Als er beim Portier vorbeigehen will, hören er und der Portier Schreie. Sie eilen beide zu Miss Odells Wohnungstür, aber sie sagt, ohne aufzumachen, es sei alles in Ordnung. Am nächsten Morgen findet man die Sängerin tot in der Wohnung. Als Mörder kommen noch drei weitere Liebhaber aus der besseren Gesellschaft und ein Dieb in Frage. Nur der Dieb war am Portier vorbeigegangen, aber schon nach einer Minute zurückgekehrt; die Seitentür des Hauses war abgeschlossen.
Wie ist der Mörder in Miss Odells Wohnung gekommen? Es stellt sich heraus, daß der Dieb die Seitentüre von innen aufgemacht hat und nachher von draußen ungesehen wieder ins Haus und in die Wohnung gelangt ist. Er hat, in einem Kasten versteckt, den Mord mit angesehen. Nachher hat er sich durch die Seitentüre entfernt und diese mit Hilfe einer Schnur und einer Pinzette von außen verriegelt, so daß es aussah, als sei die Türe von innen verriegelt worden. Dann hat er den Mörder zu erpressen versucht und ist dabei als zweiter umgebracht worden.
Drei kommen immer noch als Mörder in Frage. Philo Vance beobachtet die drei nun bei einem von ihm organisierten Kartenspiel. An der Art des Spielens merkt er, daß Spotswoode der Mörder sein muß. Aber wie hat dieser es angestellt? Vance findet eine Schallplatte in Miss Odells Wohnung. Spotswoode hat Miss Odell erwürgt, ihn belastende Briefe an sich genommen, die Platte aufgelegt und die Wohnung verlassen. Als die Schreie von der Grammophonplatte ertönten, ist er mit dem Portier als Zeugen zurückgeeilt; beide haben die Frauenstimme durch die Türe (natürlich vom Grammophon gespielt) gehört. Spotswoode hatte also ein Alibi: Als er die Wohnung verließ, lebte Miss Odell noch. Als der Dieb ihn erpressen wollte, brachte ihn Spotswoode um. Philo Vance gibt Spotswoode die Chance, sich eine Kugel in den Kopf zu jagen.
Wie immer ist Philo Vance von Van Dine, dem Autor, begleitet, der die Geschichte in der Ichform erzählt. Vance seinerseits beteiligt sich an der Untersuchung als Freund des New Yorker Staatsanwalts John F.-X. Markham. Die staatlichen Polizeibeamten folgen voller Enthusiasmus den falschen Spuren, während Vance den Fall unnötig langsam und unnötig wortreich löst.
The ›Canary‹ Murder Case ist interessant analysiert in: Theodor Reik, *The Unknown Murderer* (1945).

DISNEY, DORIS MILES

(1907–1976)

Geboren in Glastonbury, Connecticut. Sie heiratete 1936 und veröffentlichte ihr erstes Buch 1943. Ihr Mann fiel im Zweiten Weltkrieg. D. war seither freie Schriftstellerin und wohnte in Fredericksburg, Virginia. Sie hat über 40 Krimis geschrieben. Der Held in dreien davon ist Postinspektor David Madden. Der Versicherungsinspektor Jefferson Dimarco kommt in acht Krimis vor.

A Compound for Death (1943); *Do Unto Others* (1953); *Do Not Fold, Spindle or Mutilate* (1970, in England *Death by Computer*). – Die drei David-Madden-Romane: *Unappointed Rounds* (1956, in England *The Post Office Case*); *Black Mail* (1958); *Mrs. Meeker's Money* (1961). – Drei Jefferson-Dimarco-Krimis: *Dark Road* (1946); *Find the Woman* (1962); *The Chandler Policy* (1971).

Fire at Will
(1950)
Widerwillig lässt sich der Kriminalbeamte Jim O'Neill von seinem Nachbarn überreden, dem Veteranenverein seines Städtchens auszuhelfen: bei einem Begräbnis fehlt ein Schütze für eine Ehrensalve. Ironie des Schicksals: vor Jims Augen wird dabei eine alte Dame, Anna Ellery, erschossen. Diese gehörte einer vornehmen puritanischen Familie an und stand in gutem Ruf. O'Neill kann zunächst weder ein Motiv noch die tödliche Kugel, noch die Mordwaffe finden. Die Mitglieder der Familie Ellery – die vier Enkelinnen Elinor, Teresa, Blanche und Joan, die Schwägerin Laura, deren Sohn Harry, Elinors und Teresas Ehemänner – scheinen über jeden Verdacht erhaben. Am Ende entdeckt O'Neill zwei Wege, die zur Lösung führen. Er identifiziert die Mordwaffe und findet das Motiv für die Tat, das seine Wurzeln in der Familiengeschichte der Ellerys hat. Indem O'Neill den Fall der Anna Ellery löst, gelingt es ihm, einen weiteren Mord und den Verbleib einer Vermißten aufzuklären.

DISNEY, DOROTHY CAMERON
(*1903)

Geboren in Oklahoma. Sie studierte in New York und versuchte sich in mehreren Berufen. Ihr erster Krimi erschien 1936. Diesem sind bis heute etwa ein Dutzend gefolgt.

Death in the Back Seat (1936); *Crimson Friday* (1943); *No Next of Kin* (1959).

DJACENKO, BORIS
(*1917)

Geboren und aufgewachsen in Riga. Er war schon in der Jugend Kommunist und wurde deswegen aus dem Gymnasium und von der Universität verwiesen. Nach abenteuerlichen Fahrten durch mehrere Länder Europas fiel er 1940 im französischen Internierungslager Le Vernet den Nazis in die Hände. Während der restlichen Jahre des Krieges verrichtete er Zwangsarbeit in Deutschland. 1945 wurde er Bürgermeister in Töplitz, später freier Schriftsteller in Ost-Berlin. Er schreibt Romane, Erzählungen und vorzügliche Krimis. Die ersten vier der folgenden Liste sind unter dem Pseudonym P. Addams erschienen:

Das geborgte Gesicht (1963); *Die enthauptete Mona Lisa* (1965); *Engel für zehn Shilling* (1967); *Diamant im Storchennest* (1969); *Mord im Schloss* (1971).

DODERER, HEIMITO VON
(1896–1966)

Geboren in Weidlingau, Niederösterreich. Er wuchs in Wien auf und geriet 1916 in russische Kriegsgefangenschaft. Nach der Rückkehr aus Sibirien (1920) studierte D. Geschichte und arbeitete als freier Schriftsteller. Er gilt neben Kafka, Broch und Musil als einer der großen Romanciers Österreichs im 20. Jahrhundert. Seine Hauptwerke: *Die Strudlhofstiege* (1951) und *Die Dämonen* (1957). Einer seiner frühen Romane ist eine Mischung von Entwicklungsroman und Krimi:

Ein Mord, den jeder begeht
(1938)
Beschrieben wird zuerst die Jugend des Conrad Castiletz. Der junge Mann fährt zu einer Verwandten auf Besuch. Nachts in der Eisenbahn befindet er sich in einem Abteil mit lustigen jungen Leuten. Sie veranlassen Conrad dazu, einen Totenkopf an einem Spazierstock aus dem Fenster und vor das Fenster des Nachbarabteils zu halten. Das geschieht in einem Tunnel, und zwei der Kumpane gehen in den Gang hinaus, um das Erschrecken der Reisenden zu beobachten. Im Nachbarabteil sitzt nur eine junge Dame. Conrad vergißt die Geschichte bald, macht Karriere, heiratet und findet heraus, daß seine Frau eine hübsche Schwester gehabt hatte, die ermordet worden war. Die Täter waren nie entdeckt worden. Etwas treibt Conrad dazu, diesen Mord aufzuklären. Die Spuren führen ihn zu jenem Totenkopftunnel, zum Datum jener

Nacht, zum selben Zug, in denselben Wagen. Er selbst hatte den Mord ausgeführt – ohne es zu wissen! Er findet die Mitreisenden jener Nacht wieder, und er vernimmt folgendes: Die Dame im Abteil hatte mit einer Schmuckschatulle in der Hand am Fenster gestanden. Als sie den Totenkopf erblickte, verlor sie vor Schreck die Balance, beugte den Kopf aus dem Fenster und schlug sich an der Tunnelwand die Stirne ein. Sie stürzte tot ins Abteil zurück; der Schmuck fiel aus dem Fenster. Die beiden jungen Leute, die das alles beobachtet hatten, stiegen an der nächsten Station (Heilbronn) aus und holten den Schmuck vom Bahngeleise. Auf der letzten Seite büßt Conrad mit seinem Leben. Wer einer Schuld bis auf den Grund nachspürt, findet am Ende den Verantwortlichen: sich selbst.

DÖBLIN, ALFRED
(1878–1957)

Geboren in Stettin. 1888 kam er nach Berlin. Nach dem Abitur studierte er Medizin und wurde Nervenarzt. Mitbegründer der expressionistischen Zeitschrift *Der Sturm*. 1933 Flucht über Zürich nach Paris, später nach den USA. Nach dem Zweiten Weltkrieg Rückkehr nach Deutschland. Er starb vergessen und isoliert in Emmendingen/Br.

Berlin Alexanderplatz (1929) ist sein bekanntestes Buch, u. a. eine Mord- und Gangstergeschichte, deren Zentralfigur, Franz Biberkopf, etwas unglücklicher operiert als sein französischer Kollege Chéri-Bibi. D. hat auch einen Band in der Reihe »Außenseiter der Gesellschaft. Die Verbrechen der Gegenwart« geschrieben: *Die beiden Freundinnen und ihr Giftmord* (1924). Es handelt sich um einen frühen Tatsachenkrimi, eine Gattung, die später mit Truman Capotes *In Cold Blood* (1966) salonfähig wurde.

DOHERTY, EDWARD JOSEPH
(1890–1975)

Geboren in Chicago. Er war zuerst Journalist, später Geistlicher und starb in Renfrew, Ontario. Er ist der Autor zweier Krimis: *The Broadway Murders* (1929) und *The Corpse Who Wouldn't Die* (1945).

DOMINIQUE, (ANTOINE)
(*1917)

Pseudonym für Dominique Ponchardier, einen französischen Diplomaten (1965 Botschafter in Bolivien), der zahlreiche Romane um »Le Gorille« geschrieben hat. »Le Gorille« hat den Auftrag, Menschen umzubringen und dadurch die westliche Zivilisation zu retten.

La valse des gorilles (1955); *Le Gorille tatoué* (1958); *Le Gorille a mordu l'archevêque* (1960).

DONOVAN, DICK
(1843–1934)

Pseudonym für Joyce Emmerson Preston Muddock, geboren in Southampton. Er war Journalist, bereiste die ganze Welt und veröffentlichte etwa 50 Bände auf dem Gebiet der Kriminalliteratur. Besonders berühmt waren seine Kurzgeschichten, die zum großen Teil im *Strand* erschienen.

Vier Kurzgeschichtenbände: *The Chronicles of Michael Danevitch of the Russian Secret Service* (1897); *The Record of Vincent Trill of the Detective Service* (1899); *The Adventures of Tyler Tatlock, Private Detective* (1900); *The Triumphs of Fabian Field, Criminologist* (1912). – Drei Krimis: *The Man from Manchester* (1890); *The Mystery of Jamaica Terrace* (1896); *The Knutsford Mystery* (1906).

DOSTOJEWSKI, FJODOR MICHAILOWITSCH
(1821–1881)

Geboren in Moskau. Nach Ingenieursausbildung und Militärdienst seit 1844 freier Schriftsteller. Später verhaftet, zum Tode verurteilt, begnadigt; Zwangsarbeit, Zuchthaus, wiederum Soldat. Langsam wachsender literarischer Ruhm, schließlich als einer der größten Romanschriftsteller weltweit anerkannt.

Schuld und Sühne (1866) und *Die Brüder Karamasow* (1879/1880) sind weit mehr als Krimis. Es geht um die psychologische Lage von Mördern. Wer die Mörder am Ende überführt, ist ihr eigenes Gewissen. Der Einfluß dieser Romane auf die Weltliteratur kann nicht hoch genug eingeschätzt werden.

DOUGLASS, DONALD MCNUTT
(*1899)

Geboren in Houston, Texas. Er studierte an der Yale University und wurde Inhaber eines Architekturbüros. Er lebt in Connecticut. HAGEN verzeichnet folgende Bücher:

Grand Inquisitor (1925); *The Falcon's Flight* (1929); *Rebecca's Pride* (1956); *Many Brave Hearts* (1958); *Saba's Treasure* (1961).

Rebecca's Pride

(1956; dt. *Calypso Song,* 1958)
Dieser Roman erhielt den »Edgar«-Preis als bester Krimi des Jahres 1956.
Auf einer Insel, die in der Nähe von Barbados liegen könnte, hat sich der Kapitalist Fordyce Wales angekauft. Er besitzt das meiste Land und nimmt der Familie Von Schook ihre Villa, »Rebecca's Pride«, weg. Eines Tages wird er ermordet aufgefunden, d. h. das Gesicht ist derart eingeschlagen, daß es unkenntlich ist; der Körper ist von Würmern zerfressen.
Die CIA nimmt die Sache in die Hand, aber die lokale Polizei – der Captain Bolivar Manchenil (Neger, zehn Kinder) und Sergeant O'Toole – löst am Ende den Fall, wenn auch nicht sehr elegant. Bolivar Manchenil ist wirklich zu dumm; der kluge Leser ist ihm gewöhnlich weit voraus.
Zur Familie Von Schook gehören drei Brüder, von denen der eine die hübsche Estralita geheiratet hat, die mit beiden Schwägern schläft, worauf diese sich duellieren und gegenseitig umbringen. Estralitas Gemahl richtet seine Frau dann so zu, daß er nie mehr eifersüchtig zu sein braucht. Die Von Schooks haben auch eine Tochter namens Hannah. Fordyce will sie heiraten. Nach seinem Tod findet man heraus, daß er vierzig Millionen Dollar auf sie übertragen hatte. Fordyces Geschäfte gingen schlecht, das Geld wäre sonst verloren und Fordyce ein Bettler gewesen.
Der Leser weiß schon lange, daß Fordyce seinen Tod inszeniert hat. Schließlich merkt auch die Polizei, daß der Tote ein von Fordyce ermordeter, verschwundener Maler ist. Fordyce versteckt sich in den Bergen. Er kidnappt Hannah und entkommt beinahe auf einem Schiff. Schließlich trifft eine Kugel Bolivars das Benzinreservoir im Kiel des Schiffes, und Fordyce wird zerfetzt. – Der Autor schreibt amüsant, bringt Songs aus Westindien und beschreibt die »Steelband«-Musik. Noch dümmer als Bolivar Manchenil sind die CIA-Agenten. Manchenil tritt in *Many Brave Hearts* wieder auf.

DOYLE, ARTHUR CONAN
(1859–1930)

Geboren am 22. Mai 1859 in Edinburgh. Sein Vater war Kunstmaler. D. besuchte das von Jesuiten geführte College in Stonyhurst, wo er auch Deutsch lernte. Nach bestandener Abschlußprüfung verbrachte er ein Jahr im Jesuitengymnasium Feldkirch (Österreich), bevor er das Medizinstudium in Edinburgh aufnahm. Zu D.s frühester Lektüre zählten die Novellen von Bret Harte und Edgar Allan Poe. Unter ihrem Einfluß schrieb er seine ersten Erzählungen, darunter die Novelle »The Mystery of Sasassa Valley«, die im Oktober 1879 in *Chambers' Journal* erschien.
1880 fuhr D. als Schiffschirurg auf einem Walfischfänger in die Arktis. 1881 erhielt er sein Diplom als Arzt. Nach einer weiteren Reise als Schiffsarzt nach Afrika eröffnete D. eine Praxis in Southsea bei Portsmouth. Als Arzt hatte er nur wenig Erfolg; seine reichliche freie Zeit benutzte er zum Schreiben von Romanen und Novellen. Er schloß auch seine Doktorarbeit ab und erhielt im Juli 1885 den Doktortitel. Im selben Jahr heiratete er Louise Hawkins. D. hatte Wilkie Collins und die Romane von Gaboriau gelesen und schrieb nun – 1886 oder 1887 – selbst einen Krimi: *A Study in Scarlet.* Darin treten Dr. Watson und Sherlock Holmes zum ersten Mal auf. D. hatte einen Freund namens Watson in Portsmouth, von dem er den Namen borgte, und Holmes soll nach D.s Lehrer, Dr. Joseph Bell, gezeichnet sein.
Im Januar 1889 wurde die Tochter Mary Louise geboren; ein Sohn, Kingsley, folgte 1892. Der Herausgeber von *Lippincott's Magazine* (Philadelphia) hatte *A Study in Scarlet* gelesen und bat D., einen weiteren, aber nicht zu langen Holmes-Roman zu schreiben, der in einer einzelnen Nummer der Zeitschrift Platz fände. D. produzierte den Roman *The Sign of Four,* der im Februar 1890 erschien. Im selben Jahr gab D. seine Praxis auf, reiste nach Wien, um neue Methoden der Augenchirurgie zu studieren und

ließ sich im Frühling 1891 in London nieder. Er beschloß jetzt, den Arztberuf an den Nagel zu hängen und in Zukunft nur noch zu schreiben.

George Newnes hatte eben eine neue Monatszeitschrift gegründet, *Strand.* Herausgeber war Greenhough Smith. D.s literarischer Agent A. P. Watt sandte die Holmes-Erzählung »A Scandal in Bohemia« an Smith, der 35 Pfund dafür bezahlte und sie in der Juli-Nummer 1891 druckte. Die Erzählung machte D. berühmt und verhalf der Zeitschrift zum Erfolg. D. hatte sechs Holmes-Erzählungen geplant, ließ sich aber überreden, noch weitere sechs zu schreiben, nachdem man ihm 50 Pfund pro Stück anbot. D. hielt zeit seines Lebens nicht viel von Sherlock Holmes. Es ärgerte ihn, daß seine historischen Romane, auf die er all seine Sorgfalt wandte, weniger Erfolg hatten, während man ihn von überall her bedrängte, weitere Holmes-Geschichten zu schreiben. Im Februar 1892 verlangte er 1000 Pfund für weitere 12 Erzählungen in der Annahme, kein vernünftiger Verleger würde darauf eingehen. Aber sein Angebot wurde umgehend akzeptiert.

1893 unternahm D. eine Reise in die Schweiz, besuchte die Reichenbach-Fälle bei Meiringen und beschloß, in der letzten Erzählung der zweiten Serie Holmes ein für allemal aus dem Weg zu schaffen: der Detektiv stürzt den Wasserfall hinunter. – Es stellte sich heraus, daß D.s Frau an Tuberkulose litt. D. begleitete sie nach Davos, wo er tapfer neben ihr aushielt und nebenbei einer der ersten Skisportler in der Schweiz wurde. 1894 unternahm er seine erste Vorlesungstournee durch die Vereinigten Staaten, die ihm Erfolg und Geld einbrachte. D. war nun ein reicher Mann. Holmes verhalf auch D.s anderen Werken zum Erfolg. 1896 bauten sich die Doyles ein Landhaus in Hindhead, das als günstiger Ort für Tuberkulosekranke galt.

Im Burenkrieg begab sich D. nach Südafrika und pflegte die Verwundeten. Als nach dem Krieg die internationale Presse über die angeblichen Kriegsverbrechen der englischen Soldaten herfiel, verteidigte D. die englische Armee in einem Pamphlet. Im April 1901 wanderte D. mit seinem Freund Fletcher Robinson übers Moor, das den Hintergrund für den dritten Holmes-Roman abgeben sollte: *The Hound of the Baskervilles.* Er erschien in Fortsetzungen, von August 1901 bis April 1902, im *Strand.* Im Frühjahr 1903 bot man D. aus Amerika 30 000 Dollar, falls er Holmes wiederauferstehen und sechs weitere Abenteuer erleben lasse. Vom *Strand* wurde ihm zusätzlich eine weitere große Summe offeriert. D. nahm an. In der Erzählung »The Empty House« erscheint Holmes wieder bei Watson und erklärt, daß er am Reichenbach-Fall nicht zu Tode gestürzt sei, sondern sich gerettet und nachher versteckt habe, um seinen Feinden – Professor Moriartys Leuten – zu entgehen. Dieser Erzählung folgten noch 32 weitere. Als D. starb, lagen 56 Holmes-Erzählungen (in fünf Bänden gesammelt) und vier Holmes-Romane vor. Holmes feierte auch auf dem Theater Erfolge; William Gillette war der bekannteste Holmes-Darsteller.

Louise starb 1906, und im Jahre darauf heiratete D. Jean Leckie, die er seit einem Jahrzehnt gekannt und geliebt hatte. Jean schenkte ihm drei Kinder, darunter Adrian Conan Doyle, der später einige weitere Sherlock-Holmes-Erzählungen verfaßte *(The Exploits of Sherlock Holmes,* 1954). D. war nun eine bekannte Persönlichkeit, ähnlich wie G. B. Shaw. Zweimal ließ er sich als Kandidat für die Wahlen ins Parlament aufstellen, und zweimal verlor er nur knapp. Mehrmals setzte er sich für Menschen ein, die zu Unrecht verurteilt worden waren. In Artikeln und Leserbriefen nahm er zu den Ereignissen des Tages Stellung. Er kannte und beeinflußte die politischen und sogar die militärischen Führer Englands.

Ein großer Erfolg wurden D.s Erzählungen um Professor Challenger, besonders *The Lost World.* Den vierten und letzten Holmes-Roman schrieb D. 1914 *(The Valley of Fear)*; wieder erschien der Roman in Fortsetzungen im *Strand.* Noch vor Ausbruch des Ersten Weltkriegs machte D. auf Einladung der »Grand Trunk Railway« eine Reise durch Kanada. Nach England zurückgekehrt, stellte sich D. sofort der Armee zur Verfügung. Die Front erlebte er allerdings nur als Journalist. Während des Krieges sprach er mit Hunderten von Offizieren und Soldaten und schrieb auf der Grundlage dieser Interviews eine Kriegsgeschichte aus erster Hand. Kurz nach dem Krieg verlor D. seinen Sohn Kingsley und seinen Bruder Innes. 1921 starb sein Schwager E. W. Hornung, dessen erster Band mit Raffles-Erzählungen 1899 erschienen war. Diese Schicksalsschläge verstärkten D.s Interesse am Spiritualismus. Im letzten

Jahrzehnt seines Lebens schrieb und sprach D. hauptsächlich über spiritualistische Dinge, in Australien, den USA, Afrika, Skandinavien. D. starb am 7. Juli 1930 in seinem Landhaus Windlesham bei Crowborough in Sussex.
Poe und Gaboriau sind die Pioniere der Detektivgeschichte; aber D. hat zum ersten Mal einen Detektiv geschaffen, der populär und unvergeßlich wurde. Wen könnte man neben Sherlock Holmes stellen? Vielleicht Chandlers Marlowe und Simenons Maigret – sonst wohl niemanden. Es gibt fast keinen Autor, der D. nicht verpflichtet wäre: Jacques Futrelles »Thinking Machine« ist noch intelligenter als Holmes; Raffles und Arsène Lupin sind Sherlocks mit umgekehrten Vorzeichen. Aber im Grunde ist fast jeder englische literarische Detektiv ein mehr oder weniger gut verkleideter Sherlock Holmes (Dr. Thorndyke, Poirot, die Inspektoren French, Appleby, Alleyn, Lord Peter Wimsey, Albert Campion, sogar Miss Marple). Erst mit Maigrets Milieu-Methode in Frankreich und den Hammett-Detektiven und Philip Marlowe in den USA hat der Krimi Dimensionen erhalten, die über D. hinausführen.
D.s Sherlock-Holmes-Romane und -Erzählungen erschienen in Deutschland seit 1894 beim Verlag Robert Lutz, Stuttgart, zuerst in der Serie »Sammlung ausgewählter Kriminal- und Detektivromane«, später in der Reihe »Lutz' Kriminal- und Detektivromane«. Seit 1907 erschienen im Verlagshaus für Volksliteratur und Kunst (Berlin) etwa 230 Groschenhefte, zuerst unter dem Titel »Detektiv Sherlock Holmes und seine weltberühmten Abenteuer« (Nr. 1 bis 10), dann unter dem Titel »Sherlock Holmes. Aus den Geheimakten des Welt-Detektivs«. Die Hefte umfaßten 32 Seiten und kosteten 20 Pfennig. Alle wurden von deutschen Autoren geschrieben. Holmes ist zu einem Kraftprotz geworden, und sein Helfer ist nicht mehr der brave Dr. Watson, sondern ein neunzehnjähriger Jüngling namens Harry Taxon. Im Ersten Weltkrieg wurde die deutsche Holmes-Serie (wie auch die über Raffles) verboten. 1925 und 1929/1930 brachte derselbe Verlag nochmals zwei Serien von Holmes-Geschichten auf den Markt. 1973 druckte Hans-Friedrich Foltin fünfzehn frühe Holmes-Heftchen aus den Jahren 1907/1908 nach, darunter Nr. 42: »Der Mädchenmörder von Boston« – ein Heft, das einen Skandal auslöste. Ein Metzger lockt lesbische Frauen ins Haus, schlachtet und verarbeitet sie und verkauft sie in Form von Würsten. Man sieht: der deutsche Holmes hat kaum mehr etwas mit D.s Detektiv gemeinsam.

A Study in Scarlet (1887); *The Sign of Four* (1890); *The Adventures of Sherlock Holmes* (1892, 12 Erzählungen); *The Memoirs of Sherlock Holmes* (1893, 11 Erzählungen); *The Hound of the Baskervilles* (1902); *The Return of Sherlock Holmes* (1905, 13 Erzählungen); *The Valley of Fear* (1915); *His Last Bow* (1917, 8 Erzählungen); *The Case-Book of Sherlock Holmes* (1927, 12 Erzählungen).

Lit.: J. D. Carr, The Life of Sir Arthur Conan Doyle, 1949, 1975. – W. S. Baring-Gould, The Annotated Sherlock Holmes, 2 Bde., 1967. – D. M. Dakin, A Sherlock Holmes Commentary, 1972. – M. Harrison, The London of Sherlock Holmes, 1972. – R. B. De Waal, The World Bibliography of Sherlock Holmes and Dr. Watson, 1974 (Liste von über 6000 Werken!).

A Study in Scarlet
(1887; dt. *Späte Rache,* 1894)

Dr. John H. Watson ist der Ich-Erzähler. Watson hat 1878 seinen Arzttitel erhalten und in der Kolonialarmee gedient. Jetzt ist er beurlaubt und sieht sich in London nach einer billigen Wohnung um. Sein Freund Stamford bringt Watson mit Sherlock Holmes zusammen, der in einem chemischen Labor arbeitet und ebenfalls eine Wohnung sucht. Gemeinsam beziehen Watson und Holmes die nachher berühmten Gemächer an der Baker Street 221B.
Alles, was Holmes tut, sehen wir zuerst durch die Brille Watsons; aber Watson ist beschränkt, und nach einer Weile trauen wir den Worten Watsons weniger als den Handlungen von Holmes, auch wenn wir sie im Moment so wenig verstehen können wie Watson. Diese amüsante Situation trägt zum Erfolg der Holmes-Romane und -Erzählungen bei.
Holmes ist ein Genie. Das alltägliche Leben kommt ihm so langweilig vor, daß er sich große Injektionen von Morphium und Kokain verabreicht, um es überhaupt ertragen zu können. Nur wenn er einen interessanten Fall bearbeiten kann, der seinen ganzen Einsatz erfordert, kann er auf die Drogen verzichten. Holmes ist ein Virtuose auf der Violine, kennt sich in der Chemie aus, hat ein Buch über Zigarrenasche geschrieben, interessiert sich für alle Aspekte der Kriminalistik, aber er hat wenig Sinn für

Literatur, Philosophie, Politik. Er ist ein guter Boxer und Fechter.
Gleich in diesem ersten Roman diskutieren Watson und Holmes Poes Detektiv Dupin und Gaboriaus Polizisten Lecoq, die Conan Doyle stark beeinflußt haben. Holmes hält beide Detektive für Nieten. Nachdem Doyle Watson und Holmes zwei Kapitel lang ausführlich beschrieben hat, beginnt im dritten die Kriminalhandlung: Enoch J. Drebber wird als Leiche in einem leerstehenden Haus gefunden. Die Scotland-Yard-Detektive Gregson und Lestrade rufen Holmes zu Hilfe. Gregson und Lestrade lassen jeweils Holmes das Problem lösen, nehmen aber anschließend in der Öffentlichkeit die Aufklärung des Falles als eigenes Verdienst in Anspruch. Holmes hat nichts dagegen, obwohl er sonst alles andere als bescheiden ist. Ein zweiter Leichnam wird entdeckt: Mr. Joseph Stangerson, Drebbers Sekretär. Die Polizei weiß nicht mehr aus noch ein, aber Holmes lockt den Mörder mit einem Inserat ins Haus.
Im zweiten Teil des Romans erzählt der Mörder seine Geschichte: In einer Wüste am Fuße der Rocky Mountains hatten die Mormonen John Ferrier und dessen Adoptivtochter Lucy vor dem Verdursten gerettet, unter der Bedingung, daß sie Mormonen würden. Später hatte sich Lucy mit dem Nichtmormonen Jefferson Hope verlobt, der sie nach der Rückkehr aus den Goldgruben heiraten will.
Nun verlangen die Mormonen, daß Lucy sich entweder dem Harem von Drebber oder dem von Stangerson beigeselle. Jefferson Hope kommt zurück, und er, Lucy und Ferrier fliehen, werden aber eingeholt. Ferrier wird von Stangerson getötet, Lucy muß Drebber heiraten, stirbt aber wenig später.
Hope wartet geduldig, bis er sich rächen kann. Er folgt Drebber und Stangerson um die halbe Welt und erwischt sie schließlich in London. Er ist herzkrank, und der sympathische Doppelmörder stirbt friedlich, bevor die Gerichte ihm etwas anhaben können.
Der Roman enthält schon Ideen und Theorien, die Autoren wie Wallace und Dürrenmatt später ausführlicher illustrieren werden; so muß man z. B. die Gerechtigkeit unter Umständen selbst in die Hand nehmen. »I determined that I should be judge, jury, and executioner all rolled into one«, sagte Jefferson Hope. Er glaubt allerdings an einen letztlich gerechten Gott. Hope trägt ein »Duell« aus, bei dem er und Stangerson zwischen zwei Pillen wählen, deren eine giftig, die andere harmlos ist. »Let us see if there is justice upon the earth, or if we are ruled by chance«, sagte Hope. Stangerson erwischt die Giftpille, Gott ist gerecht. Hope konstatiert: »Providence would never have allowed his guilty hand to pick out anything but the poison.« (Immerhin hatte »Providence« vorher zugelassen, daß Lucy und Ferrier schuldlos umgebracht wurden!)
Jefferson Hope hat schon die Attitüde von Wallaces »Four Just Men« und von Dürrenmatts vier Pensionierten in *Die Panne:* »You may consider me to be a murderer; but I hold that I am just as much an officer of justice as you are.« Dieselbe Mormonenthematik – aber mit Happy-End – findet man bei Zane Grey (*Riders of the Purple Sage,* 1912).

The Sign of Four
(1890; dt. *Das Zeichen der Vier,* 1894)
Holmes spritzt sich dreimal am Tag Drogen ein, weil ihm seine Existenz so trostlos vorkommt. Er erklärt Watson, daß er neben einem Buch über Zigarrenasche auch Arbeiten über Fußspuren und Pflasterabdrücke und über das Aussehen von Händen geschrieben habe, u. a. darüber, wie man von der Hand auf den Beruf eines Menschen schließen könne.
Im zweiten Kapitel beginnt die Handlung: Miss Mary Morstan erscheint in der Baker Street. Ihr Vater war Offizier in den Kolonien gewesen, nach London zurückgekehrt und dann plötzlich verschwunden. Darauf war Miss Morstan jedes Jahr eine wertvolle Perle von »Unbekannt« zugeschickt worden. Jetzt wird sie aufgefordert, sich mit zwei Freunden vor dem Lyceum-Theater einzufinden.
Holmes und Watson begleiten sie. Eine Kutsche führt die drei Personen zum Haus von Thaddeus Sholto. Dieser ist ein ehrlicher Mann und teilt den dreien mit, daß sein Vater einen Schatz gehabt habe, der zur Hälfte Marys Vater gehört hätte. Marys Vater war an einem Herzschlag gestorben, als er bei Sholto seine Hälfte des Schatzes hatte abholen wollen. Als später der alte Sholto starb, wußten die zwei Söhne, Bartholomew und Thaddeus, lange nicht, wo der Schatz versteckt war. Endlich hatten sie ihn unter dem Dach eingemauert gefunden. Jetzt will Thaddeus Mary die Hälfte des Schatzes geben; alle setzen sich in die Kutsche und fahren

zu Bartholomew. Als sie ankommen, ist dieser eben mit einem Giftpfeil ermordet worden. Der Schatz ist verschwunden.
Während die Polizei Thaddeus und die Hausangestellten verhaftet, verfolgen Holmes und Watson die Spur der wirklichen Mörder mit Hilfe eines Hundes. Sie stellen fest, daß die Mörder auf einem kleinen Dampfboot namens »Aurora« auf der Themse geflohen sind. Holmes beschäftigt eine Bande von Gassenjungen. Diese finden schließlich das Boot. Nun bringt Holmes die Polizei (diesmal Inspector Athelney Jones) auf die richtige Spur. Mit einem Polizeidampfboot wird die »Aurora« verfolgt.
Ein Südseezwerg läßt noch einen zweiten vergifteten Pfeil fliegen; dann wird er selbst angeschossen und ertrinkt. Das Holzbein Jonathan Small hat den Schatz in die Themse geworfen, damit die Polizei ihn nicht in die Hände bekommt. Small erzählt nun seine Geschichte, die an Wilkie Collins' *Moonstone* erinnert: Er und drei Soldaten (The Four) hatten den Schatz in Indien durch Mord in ihren Besitz gebracht und versteckt. Darauf waren sie verhaftet und zu lebenslänglicher Haft auf einer Insel verurteilt worden. Sholto und Morstan hatten als Offiziere die Soldaten der Insel befehligt. Small hatte den beiden Offizieren das Versteck des Schatzes verraten – unter der Bedingung, fliehen zu dürfen. Sholto hatte den Schatz geholt und sich nicht mehr um die Gefangenen gekümmert. Small war es trotzdem gelungen, auszubrechen, aber Sholto war schon tot gewesen. Small hatte nun versucht, den Schatz wieder in seinen Besitz zu bringen. Der Tod Bartholomews war nicht beabsichtigt gewesen: der Zwerg hatte ihn in Panik umgebracht.
Small wandert ins Zuchthaus, und Watson heiratet Miss Mary Morstan – zum Entsetzen von Holmes, der in seiner Verzweiflung über solches Spießertum wieder zur Kokain-Flasche greift.

The Hound of the Baskervilles

(1902; dt. *Der Hund von Baskerville,* 1905)

Dies ist der bekannteste und beste von D.s vier Sherlock-Holmes-Romanen. Am Rande des großen Moores von Dartmoor liegt das Schloß der Baskervilles. Sir Charles ist eben eines seltsamen Todes gestorben: er muß auf dem Moor etwas Furchtbares gesehen haben, vor dem er mit schreckverzerrtem Gesicht davonlief, bis ein Herzschlag seiner Flucht ein Ende bereitete. Nur noch ein einziger Baskerville ist übrig: der junge Sir Henry, der aus Kanada zurückkehrt und das Schloß bezieht. Wird auch ihn der Fluch der Baskervilles einholen – der ungeheuerliche Hund, den schon mehrere Bauern auf dem Moor erblickt haben und dessen unheimliches Geheul manchmal vom Moor her erklingt? Sherlock Holmes wird um Hilfe gebeten. Er schickt Watson als Sir Henrys Begleiter nach Baskerville Hall, verbietet Sir Henry, das Moor zu betreten und schärft Watson ein, Sir Henry nicht aus den Augen zu lassen.
Den größten Teil der spannenden Handlung vernehmen wir aus den Berichten, die Watson an Holmes schickt, welcher angeblich in London ist. In Wirklichkeit wohnt Holmes in einer alten Steinhütte auf dem Moor.
Jenseits des Moors lebt ein gewisser Stapleton, ein Naturforscher, der auf dem Moor nach Schmetterlingen jagt und mit allen Tücken des Sumpfes vertraut ist. Er hat eine hübsche Schwester, in die sich Sir Henry prompt verliebt. Sie bittet ihn – Sir Henry –, Baskerville Hall zu verlassen, denn er schwebe in Gefahr.
Da ist ferner der Diener Barrymore, dessen Frau in der Nacht weint und der nachts Lichtsignale nach dem Moor sendet, die von dort erwidert werden. Es stellt sich heraus, daß ein entsprungener Sträfling, der sich auf dem Moor versteckt, ein Bruder von Mrs. Barrymore ist und daß die Barrymores ihn mit Lebensmitteln und Kleidern versorgen.
Der Verdacht fällt nun auf Stapleton, besonders nachdem Holmes erfährt, daß dessen Schwester, die Sir Henry ködern soll, in Wirklichkeit Stapletons Frau ist. Stapleton hat eine Geliebte, die damals Sir Charles ersucht hatte, sie um 22 Uhr am Tor des Gartens zum Moor zu treffen, wobei dann der Hund aufgetaucht war. Holmes findet sogar heraus, daß Stapleton der unbekannte Sohn des verkrachten Roger Baskerville ist und daß nach Sir Henrys Tod das Vermögen der Baskervilles an Stapleton fallen würde.
Doch wie den Verbrecher überführen? Zuerst einmal erledigt der Hund den Sträfling, der alte Kleider von Sir Henry trägt. Schreiend flieht der Verbrecher vor dem Untier und bricht sich im Fallen das Genick. Bei der Leiche trifft Stapleton auf Holmes und Watson, aber dem Schurken ist auch diesmal nichts zu beweisen. Da stellt Holmes eine Falle: Sir Henry läßt sich zum Abendessen bei den Stapletons einladen. Hol-

mes und Watson geben vor, unverrichteter Dinge nach London zurückzukehren. Auf dem nächtlichen Heimweg übers Moor wird Stapleton den Hund auf Sir Henry hetzen. So geschieht es auch, aber Holmes ist da und erschießt den Hund, ein ungeheures Tier, dessen Maul und Augen im Dunkeln grauenhaft leuchten, weil Stapleton sie mit Phosphor bestrichen hatte. Stapletons Frau hatte Sir Henry wieder warnen wollen und war von ihrem Mann geschlagen und gefesselt worden. Stapleton versinkt im Sumpf. Sir Henry geht mit seinem Leibarzt auf eine Weltreise, um sich vom Schrecken zu erholen.

The Valley of Fear
(1915; dt. *Das Tal des Grauens,* 1926)
Der Roman besteht aus zwei Teilen: im ersten untersuchen Holmes und Watson die Ermordung des Besitzers von Schloß Birlstone. Der Tote, dessen Gesicht verstümmelt ist, soll John Douglas sein; wenigstens behaupten das seine Frau und sein Freund Cecil Barker. Holmes findet heraus, daß Douglas noch lebt und sich im Haus versteckt. Wer ist der Tote?
Der zweite Teil des Romans gibt Auskunft darüber. 1875 war John McMurdo in das häßliche Tal von Vermissa gekommen, in dem verschiedene Firmen Eisengruben betreiben. McMurdo ist Mitglied des Chicagoer »Ancient Order of Freemen«. Es handelt sich um eine sonst eher harmlose Art von Freimaurerloge, die allerdings in Vermissa Valley zu einer Mordorganisation entartet ist. McMurdo tritt trotzdem der dortigen Loge bei und nimmt bald an Mordexkursionen teil. Innerhalb kurzer Zeit wird er ein Führer der »Brüder«. Er liebt ein grundanständiges Mädchen, das nicht begreift, warum McMurdo Mitglied der übelbeleumdeten Bande sein will.
Es stellt sich heraus, daß McMurdo niemand anderes ist als der berühmte Pinkerton-Detektiv Birdy Edwards. In einem intelligenten Coup liefert er die Führer der Mörderbande an die Behörden aus. Nicht alle werden zum Tode verurteilt, und die Loge findet schließlich Edwards als John Douglas in England. Nur: Edwards hatte sich nicht überraschen lassen und seinen Mörder zuerst umgelegt.
Wäre Holmes nicht gewesen, hätte man den Toten als John Douglas begraben, und der Verfolgte hätte in Zukunft vielleicht Ruhe gehabt. Holmes warnt Edwards-McMurdo-Douglas, und dieser flieht nach Kapstadt. Auf der Reise geht er über Bord und verschwindet spurlos. Holmes weiß, daß hinter diesem Verbrechen wie auch hinter der Bande im Vermissatal nur Professor Moriarty stecken kann.
In seiner Doyle-Biographie vermutet John Dickson Carr, der amerikanische Detektiv William J. Burns habe D. die Geschichte von den Mollie Maguires in Pennsylvania (1876) bei einem Besuch im April 1913 erzählt. Die Anregung zu diesem Roman hätte D. auch in Allan Pinkertons 1877 veröffentlichtem Buch *The Mollie Maguires and the Detectives* finden können. Die Kohlenarbeiter in Pennsylvania hatten sich organisieren wollen; aber die Unternehmer hatten mit Hilfe von Pinkerton-Leuten alle Streikversuche erfolgreich gebrochen. Natürlich sind die Sympathien des Autors völlig auf seiten der Arbeitgeber, des Großkapitals; Sozialisten sind in Pinkertons Augen eo ipso Verbrecher, und Gewerkschaften sind Mörderbanden. D. hat diese Schwarzweißmalerei kritiklos in seinen Roman übernommen.

DREISER, THEODORE
(1871–1945)

Geboren in Terre Haute, Indiana. Er ist der bedeutendste amerikanische Romancier der naturalistischen Schule. Sein wichtigster Roman, *An American Tragedy* (1925), schildert die Geschichte von Clyde Griffiths, der ein armes Mädchen verführt hat, welches nun ein Kind erwartet. Um die reiche Sandra Finchley heiraten zu können, muß Griffiths seine erste Geliebte ermorden. Sie ertrinkt in der Folge ohne seine Beihilfe, aber Griffiths wird trotzdem verhaftet und schuldig gesprochen. Eine solche Tragödie hatte sich 1906 am Big Moose Lake in den Adirondacks wirklich abgespielt.

DRONKE, ERNST
(1822–1891)

Geboren in Koblenz. Er studierte in Marburg (Dr. jur.). 1845 wurde er als Sozialist aus Berlin ausgewiesen, 1846 in Koblenz verhaftet und wegen Majestätsbeleidigung zu zwei Jahren Zuchthaus verurteilt. 1848 floh er nach Brüssel, wo er Marx und Engels traf. Er arbeitete an der

Neuen Rheinischen Zeitung mit; von 1849 bis 1853 war er mit Marx in London. 1857 ließ er sich in Glasgow als Kaufmann nieder, reiste in die USA, heiratete, hatte acht Kinder und starb in Liverpool. 1846 erschienen D.s *Polizei-Geschichten,* die 1850 neu aufgelegt und 1968 nachgedruckt wurden. Es handelt sich um sieben Novellen, in denen die Grausamkeit und Unmenschlichkeit einer Behörde und ihrer Angestellten dargestellt werden – einer Behörde, deren Aufgabe es zu sein scheint, die Armen zu verfolgen und die Unglücklichen aus dem Weg zu schaffen. Diese Art von Polizeibeamten finden wir im modernen amerikanischen Krimi wieder, z. B. bei Ross Macdonald.

DROSTE-HÜLSHOFF, ANNETTE VON
(1797–1848)

Geboren auf Schloß Hülshoff bei Münster in Westfalen, erhielt sie eine vorzügliche Ausbildung und wurde eine der großen deutschen Lyrikerinnen, die mit vielen bedeutenden Dichtern und Gelehrten ihrer Zeit bekannt war. Sie schrieb 1842 »Die Judenbuche«, eine der glänzendsten Kriminalnovellen des 19. Jahrhunderts.

DU BOISGOBEY, FORTUNÉ
(1821–1891)

Berühmter französischer Krimiautor in der Nachfolge Gaboriaus, dessen Detektiv, Monsieur Lecoq, auch der Held von Du B.s *La vieillesse de Monsieur Lecoq* (1878) ist (Gaboriau war 1873 gestorben). Du B. veröffentlichte mindestens 30 Sensationskrimis, die damals auch in England und in Deutschland großen Erfolg hatten. Neben anderen erfand Du B. den Pariser Detektiv Piédouche.

Le Forçat Colonel (1872); *Le coup de pouce* (1875); *La main coupée* (1880); *Le coup d'oeil de M. Piédouche* (1883); *Décapitée* (1888); *Le plongeur* (1889).

La voilette bleue
(1885; dt. *Der blaue Schleier,* um 1887)
Der Roman spielt im Jahre 1874. Der Arzt Daubrac und sein Freund, Baron Mériadec, stehen vor dem Pariser Spital neben der Kathedrale Notre-Dame und blicken zu den Türmen hinauf. Sie sehen die Tochter des Turmhüters sowie einen Herrn und eine Dame hinaufsteigen. Bald darauf fällt die Dame übers Geländer hinunter. Ihr Körper ist bis zur Unkenntlichkeit zerschmettert. Ein Maler namens Jean Fabreguette hat ebenfalls hinaufgeblickt und gesehen, wie der Mann die Dame über die Brüstung gestoßen hat. Man paßt den vom Turm heruntersteigenden Herrn ab, aber es ist nicht der Mörder: es ist Saint-Briac, ein Freund des Untersuchungsrichters Malverne. Saint-Briac ist mit einer anderen Dame oben gewesen. Er weigert sich zu sagen, wer die zweite Dame war (nämlich die Frau des Untersuchungsrichters). Nun findet man noch ein neunjähriges Kind namens Sascha. Man weiß jetzt: die Tote ist die Mutter des Kindes, eine Russin, die ihrem Mann nach Paris gefolgt ist. Der Mörder ist ihr Mann, Paul Konstantinowitsch, der die Frau los sein wollte. Er ist ein Schurke, ein Falschspieler von Beruf. Mériadec, Daubrac, Fabreguette, Saint-Briac und Rosa Verdier, die Tochter des Schließers, machen sich auf die Spur von Konstantinowitsch. Der aber ist schlau: Er denunziert Saint-Briac bei Malverne als Liebhaber von dessen Frau. Konstantinowitschs Diener setzt Fabreguette gefangen und ermordet Sascha. Bei einem Duell auf einem Turm von Notre-Dame erschießt Konstantinowitsch Saint-Briac. Dann stürzt er selbst zu Tode. Malverne quält seine ungetreue Frau für den Rest ihres Lebens, Daubrac heiratet Rosa, Fabreguette rettet sich aus dem Gefängnis und wird ein berühmter Maler.

DÜRRENMATT, FRIEDRICH
(*1921)

Geboren im Pfarrhaus von Konolfingen (Kanton Bern). Er besuchte die Schulen dort, im Nachbardorf Großhöchstetten und in Bern (Matura), studierte einige Semester in Zürich und in Bern und versuchte sich dann als Maler und als Journalist, bevor ihn seine Dramen weltberühmt machten (*Der Besuch der alten Dame,* 1956; *Die Physiker,* 1962). 1950 schrieb D. seinen ersten Krimi für die Zeitschrift *Der Beobachter: Der Richter und sein Henker,* dem sogleich ein zweiter folgte: *Der Verdacht.* Der Held in beiden Romanen ist Kommissär Bärlach von der Berner

Kantonspolizei. Er steht vor der Pensionierung, hat Krebs und nur noch ein Jahr zu leben. In *Die Panne* (1956) feiern Edgar Wallace' »Four Just Men« Wiederauferstehung. Bei D. sind es vier Greise (Staatsanwalt, Verteidiger, Richter, Henker), welche Reisende aufnehmen und verhören. In diesem Falle stellt sich nun heraus, daß der Reisende, ohne es wirklich gewußt zu haben, ein Mörder ist. Der vierte und bisher letzte Krimi, *Das Versprechen,* erschien 1958 und basiert auf einem Drehbuch, das D. für Lazar Wechsler geschrieben hatte: *Es geschah am hellichten Tag* (Praesens-Film).

Der Richter und sein Henker
(1951)
Kommissär Bärlach und der internationale Gangster Gastmann haben sich als junge Menschen gekannt. Gastmann hat seither ein Leben des Verbrechens geführt. Auf der Ebene der hohen internationalen Politik und des Großkapitals, auf der er sich bewegt, spielt das Bürgerliche Gesetzbuch kaum eine Rolle. Bärlach sieht hilflos zu. Jetzt sind sie beide etwa 60 Jahre alt, und Bärlach (der nicht mehr lange zu leben hat) beschließt, Gastmann zu erledigen. Er setzt seinen besten Beamten auf Gastmann an. Dieser wird von einem anderen Polizisten aus Eifersucht ermordet. Bärlach erkennt den Schuldigen und organisiert nun die Dinge derart, daß der Mordverdacht auf Gastmann fallen muß. Um sich zu entlasten, muß der wirkliche Mörder diesen falschen Verdacht intensivieren und schließlich Gastmann abknallen. Bärlach hat sein Ziel erreicht: Gerechtigkeit – aber nur durch Betrug und Lüge.

Der Verdacht
(1952)
Bärlach ist operiert worden und liegt im Spital. Er liest Zeitschriften und merkt an einer alten Photographie, daß der geachtete Zürcher Arzt Emmenberger, Inhaber einer Klinik für reiche alte Leute, niemand anderes ist als der berüchtigte Nazi-Arzt Dr. Nehle, der im Konzentrationslager Stutthof seine Patienten ohne Narkose zu Tode operiert hatte. Bärlach läßt sich in Emmenbergers Spital überführen, wird aber vom Arzt durchschaut und soll am nächsten Morgen sterben. Im letzten Augenblick wird Bärlach gerettet. – Der Roman ist kein »Whodunit«, sondern ein »How-does-he-get-out«. D. geht es in erster Linie darum, zu ergründen, was einen Menschen zuerst zum Nihilisten, dann zum Sadisten machen kann.

Das Versprechen
(1958)
An einem Mädchen wird ein Lustmord begangen. Vor zwei und vor fünf Jahren waren ähnliche Verbrechen geschehen, jeweils an der Straße Zürich-Chur. Inspektor Matthäi schließt daraus, daß der Mörder diese Strecke regelmäßig befahren müsse. Er läßt sich mit einer Haushälterin und ihrem Mädchen als Tankwart an der Straße Zürich-Chur nieder. Das Mädchen spielt am Straßenrand und ist der Lockvogel. Tatsächlich beißt der Lustmörder an und verabredet mit dem Mädchen ein Rendezvous im Wald. Die Polizei wartet, aber – im Unterschied zur Filmhandlung – der Mörder erscheint nicht. Viele Jahre später stellt sich heraus, daß er am Morgen des betreffenden Tages einen tödlichen Unfall gehabt hatte. Inspektor Matthäi ist unterdessen Alkoholiker geworden. – D. hat dem Roman den Untertitel »Requiem auf den Kriminalroman« gegeben. Das Plot hatte er wohl im wenige Jahre früher erschienenen Simenon-Roman *Maigret tend un piège* (1955) gefunden.

DUMAS, ALEXANDRE (der Ältere)
(1802–1870)

Geboren in Villers-Cotterets. Keine nennenswerte Schulbildung, Arbeit in einem Pariser Advokatenbüro, 1822 beim Herzog von Orléans. Seit 1829 (Uraufführung seines ersten Dramas *Henry III et sa cour)* schlagartig als Dramatiker berühmt. Später glühender Republikaner, Teilnahme am italienischen Unabhängigkeitskampf. Literarisch in Vergessenheit geraten und arm gestorben.
Ähnlich wie im Falle von Eugène Sue kann D.s Wirkung auf den Krimi kaum überschätzt werden. Das Thema des Mannes, an dem ein Unrecht begangen wurde und der zurückkommt und sich rächt, ist in der Kriminalliteratur gang und gäbe – seit D.s *Le comte de Monte-Cristo* (1845/1846). D. gab von 1839 an die Serie *Les crimes célèbres* heraus. 1854 veröffentlichte er *Les Mohicans de Paris,* in denen der Detektiv Jackal auftritt. MESSAC meint, Jackal befinde sich auf dem halben Wege zwischen Vidocq und

Monsieur Lecoq. Eine der ersten Passagen »reiner, wissenschaftlicher Deduktion« hat Dorothy L. Sayers in *Le Vicomte de Bragelonne* (1847) gefunden (Kap. 155).

DU MAURIER, DAPHNE
(*1907)

Geboren in London. Ihr Großvater war George du Maurier, Autor des berühmten Pariser Bohème-Romans *Trilby* (1894), ihr Vater ein bekannter Schauspieler. Sie heiratete 1932 einen hohen Offizier, Frederick Arthur Montague Browning II, der 1965 starb. *Rebecca* (1938) wurde ihr bekanntester Roman und erreichte eine Auflage von mehreren Millionen Exemplaren. Alfred Hitchcock verfilmte ihn 1940. Du M. schrieb viele Romane – historische und Liebesgeschichten. Ins Gebiet des Geheimnisvoll-Verbrecherischen gehören:

Jamaica Inn (1936); *My Cousin Rachel* (1951); *The Scapegoat* (1957); *The House on the Strand* (1969); *Echoes from the Macabre* (1977).

Rebecca
(1938; dt. 1940)
Der Roman wird von der zweiten Frau Maxim de Winters in der Ichform erzählt. Wir treffen sie zuerst als blutjunge Gesellschafterin der reichen Frau van Hopper in Monte Carlo. Das junge Mädchen lernt den reichen, zweiundvierzigjährigen Maxim kennen, den Besitzer des berühmten Schlosses Manderley an der Küste Cornwalls. Seine erste Frau Rebecca, ein Ausbund an Schönheit und Intelligenz, ist bei einem Bootsunfall ums Leben gekommen. Unser Aschenbrödel heiratet de Winter.
Das Leben in Manderley wird ihr zum Alptraum. Im Vergleich zu Rebecca fühlt sich die Erzählerin als ein Niemand. Von Mrs. Danvers, der Haushälterin, wird sie gehaßt, verachtet und auf sadistische Weise gequält. Die zweite Mrs. de Winter hat wenig Freunde.
Durch einen Zufall wird Rebeccas Boot mit einem Leichnam in der Kabine auf dem Meeresgrund entdeckt und gehoben. Maxim hatte früher eine halbverweste Wasserleiche als Rebecca identifiziert. Kein Zweifel: der Leichnam in der Kabine ist Rebecca. Warum hat Maxim früher gelogen?
Maxim gesteht seiner zweiten Frau, daß er Rebecca ermordet hat. Rebecca war nämlich eine Hure gewesen. Als sie Maxim gesagt hatte, sie werde bald das Kind eines andern zur Welt bringen, welches Manderley erben werde, war es Maxim zuviel geworden. Der Mörder erzählt seine Leiden so überzeugend, daß er die volle Sympathie des Lesers und auch die seiner eigenen zweiten Frau gewinnt.
Rebeccas Vetter Favell will Maxim erpressen. Als dieser die Polizei ruft, klagt Favell Maxim des Mordes an. Es stellt sich heraus, daß Rebeccas letzter Besuch einem Arzt gegolten hatte, der feststellte, daß sie unheilbar krank sei. Rebecca hat also wahrscheinlich Selbstmord begangen. Der Leser weiß es allerdings besser.
Mrs. Danvers, die Rebecca sklavisch ergeben gewesen war, hatte Favell unterstützt. Als die Anklage gegen Maxim zusammenbricht, steckt Mrs. Danvers in ihrer Wut das Schloß in Brand. Manderley brennt ab, und de Winter und seine zweite Frau ziehen ruhelos – aber nicht unglücklich – in der Welt umher.

DUNCAN, WILLIAM MURDOCK
(1909–1975)

Geboren in Glasgow. Er schrieb Krimis im Dutzend unter seinem richtigen Namen und den Pseudonymen: John Cassells, Neill Graham, Martin Locke, Peter Malloch und Lovat Marshall. HAGEN verzeichnet allein für die Jahre 1944–1966 etwa hundert Titel.

The Doctor Deals with Murder (1944); *Say It with Murder* (1956, von Neill Graham); *Murder of the Man Next Door* (1966, von Peter Malloch).

DUNSANY, LORD
(1878–1957)

Pseudonym für Edward John Moreton Drax Plunkett. Geboren in London. Nach seines Vaters Tod, 1899, wurde er Eighteenth Baron Dunsany. Seine Eltern waren Irländer. Er wurde in Eton erzogen und kämpfte im Burenkrieg und im Ersten Weltkrieg. Er widmete sein Leben der Jagd und anderen Sportarten und reiste viel. Er schrieb Dramen, Romane, Kurzgeschichten,

zum Teil Phantastisches und Groteskes. In das Gebiet des Krimi fallen einige Kurzgeschichten; die meisten sind gesammelt in *The Little Tales of Smethers and Other Stories* (1952).
Smethers reist für eine Fleischgewürzfabrik und wohnt mit dem genialen Mr. Linley zusammen, der seltsame Verbrechen aufdeckt. D. läßt Smethers, der nicht viel klüger ist als Watson, die Fälle berichten; sie sind äußerst komisch. In »Two Bottles of Relish« zum Beispiel hat ein Mann ein Häuschen gemietet. Plötzlich verschwindet seine Frau. Tagtäglich betätigt er sich nun als Baumfäller und Holzhacker. Wo ist die Frau? Man findet keine Spur von ihr. Aber Linley merkt es: Der Mann ist Vegetarier, aber er hat zwei Flaschen Fleischgewürz gekauft. Er hat seine Frau zerhackt und gefressen! Und warum die Holzhackerei? Um sich Appetit zu machen! Die Smethers-Geschichten erschienen in mehreren deutschen Ausgaben, z. B. in *Jorkens borgt sich einen Whiskey* (1968) und *Smethers erzählt Mordgeschichten* (1972).

DURBRIDGE, FRANCIS
(*1912)

Dieser Engländer hat etwa zwei Dutzend Krimis veröffentlicht, zum größten Teil unter seinem richtigen Namen, aber auch in Zusammenarbeit mit James D. R. McConnell (*1915) unter dem Pseudonym Paul Temple. Dies ist auch der Name von D.s erstem Detektiv, der seit 1938 in acht Büchern erscheint und der Held von drei Spielfilmen geworden ist (1946–1952). Ein späterer Detektiv von D. heißt Tim Frazer. – D. ist den Fernsehzuschauern in Deutschland, Österreich und der Schweiz durch spektakuläre Fernsehkrimis in Fortsetzungen ein Begriff (z. B. *Das Halstuch, Es ist soweit, Tim Frazer, Der Schlüssel, Melissa).*

Send for Paul Temple (1938); *News of Paul Temple* (1940); *Paul Temple Intervenes* (1944); *The Tyler Mystery* (1959, von Paul Temple); *The World of Tim Frazer* (1962); *Tim Frazer Again* (1964).

DURIAN, WOLF
(1892–1969)

Pseudonym für Wolfgang Bechtle, geboren in Stuttgart. Er interessierte sich für Zoologie und Botanik, bereiste den amerikanischen Westen und gab nach 1924 die Jugendzeitschrift *Der heitere Fridolin* heraus. Nach 1945 war er Mitarbeiter der *Täglichen Rundschau* und der *Berliner Zeitung* und wohnte in Ost-Berlin. Er hat viele Jugend- und Kinderbücher geschrieben, begann aber seine Karriere mit einem Krimi: *Die Hand durchs Fenster* (1918).

DYER, GEORGE
(*1903)

Dieser Amerikaner hat in den dreißiger Jahren ein halbes Dutzend Krimis verfaßt; die Mordfälle werden von einer Gruppe von Gleichgesinnten gelöst (»The Catalyst Club«), die Spezialisten auf verschiedenen Wissensgebieten sind.

The Five Fragments (1932); *The Catalyst Club* (1936); *The People Ask Death* (1940).

E

EBERHART, MIGNON GOOD
(*1899)

Geboren als Mignon Good in Lincoln, Nebraska. Sie studierte an der Wesleyan University, bevor sie Alison C. Eberhart heiratete. E.s erster Krimi erschien 1929 *(The Patient in Room 18)*. Seither hat sie über 50 weitere veröffentlicht. In den ersten Büchern sind die Helden a) die Detektivin Susan Dare, b) der Polizeidetektiv Lance O'Leary und seine Helferin, eine ältliche Krankenschwester namens Sarah Keate, die in späteren Romanen auch gelegentlich allein auftritt *(Wolf in Man's Clothing,* 1942; *Man Missing,* 1954). Nurse Sarah Keate (in den meisten Filmen: Keating) war die Heldin von sechs Filmen der dreißiger Jahre (1935–1938).

The Cases of Susan Dare (1934, Kurzgeschichten); *Postmark Murder* (1956); *The Woman on the Roof* (1968). – Drei Lance O'Leary-Sarah Keate-Romane: *While the Patient Slept* (1930); *The Mystery of Hunting's End* (1930); *Murder by an Aristocrat* (1933, in England *Murder of My Patient*).

The Unknown Quantity
(1953; dt. *Gefährliche Schatten,* 1957)
Wie viele andere Romane der E. basiert die Geschichte auf einem einfachen Rezept: Edler Held rettet hilflose Heroine aus den Klauen eines Verbrechers. Sarah Travers ist seit fünf Jahren mit dem Ölmagnaten Arthur Travers verheiratet; die Ehe scheint nicht besonders glücklich zu sein. Zwischen Arthur und Sarah besteht offensichtlich kein Vertrauensverhältnis. Als Arthur Sarah eine phantastische Geschichte von einer Geheimmission im Auftrag der Regierung erzählt und sie bittet, sie möge um *seiner* persönlichen Sicherheit willen eine Woche lang einen anderen Mann für Arthur ausgeben, ahnt der Leser sofort Schlimmes. Sarah jedoch glaubt alles, wundert sich über nichts und tut, wie ihr geheißen. Der von Arthur angeheuerte Ersatzmann James Dixon, ein Rechtsanwalt, mißtraut zwar dem »Regierungsauftrag« Arthurs, verliebt sich jedoch in Sarah und spielt mit. Bald wird Arthurs schlechter Charakter offenbar. Sein Plan zielt darauf ab, sich zwei Erpresser vom Hals zu schaffen. Dixon soll sein Alibi sichern. Doch um sein Alibi richtig arrangieren zu können, muß Travers zusätzlich einen Mord begehen, und dieser Mord führt schließlich zum Scheitern seines Planes. Am Ende wird Travers auf der Flucht erschossen. Die Stärke des Romans liegt nicht etwa im logischen Aufbau – bis zuletzt verhalten sich Sarah und Dixon außerordentlich dumm –, sondern in der verzweifelten Spannung des Lesers, der alles besser weiß, nicht eingreifen kann und sich vor Ärger die Haare rauft.

ECKE, WOLFGANG
(* 1927)

Geboren in Radebeul, »dort, wo Karl May starb«. Mit 13 Jahren kommt er in ein »militärisches Internat«, nach dem Zweiten Weltkrieg Studium an der Dresdner Hochschule für Musik und Theater, 1946 von dort relegiert. Danach Betätigung als Dolmetscher, Seemann, Schmuggler, Kellner, Schlagzeuger, Reporter, Werbemanager und Behördenangestellter, 1955 erstes Hörspiel, seither Hunderte von Hörspielen, Funkerzählungen, Dokumentationen, die in 14 Sprachen übersetzt und von 16 europäischen Radiostationen gesendet wurden. E. gilt heute als der bekannteste deutsche Jugendkrimi-Autor (auch auf Schallplatten und in Puzzles), der für den Verkauf von über einer Million Taschenbüchern »Das Goldene Taschenbuch« (des Otto Maier Verlages) erhielt. E. hat den Warenhausdetektiv Perry Clifton erfunden, er gibt »Wolfgang Eckes Kriminalmagazin«, die Serien »Club der Detektive« (Kriminalfälle zum Selberlösen) und »Wer knackt die Nuß« (Kriminalfälle in Hörspielform) heraus.

Drei Perry-Clifton-Romane: *Perry Clifton oder Der Herr in den grauen Beinkleidern* (1969); *Perry Clifton und das Geheimnis der weißen Raben* (1970); *Das unheimliche Haus von Hackston* (1975).

EGGLESTON, EDWARD
(1837–1902)

Geboren in Vevay, Indiana. Er wurde Methodistenprediger und schrieb später Kinderbücher sowie historische Erzählungen und Romane, darunter einen der frühen amerikanischen Krimis: *The Mystery of Metropolisville* (1873).

ELGERS, PAUL
(*1915)

Pseudonym für Paul Schmidt-Elgers, geboren in Berlin. Er wurde Drogist, nahm am Zweiten Weltkrieg teil und kehrte 1948 aus der sowjetischen Kriegsgefangenschaft zurück. 1959 wurde er Schriftsteller im volkseigenen Betrieb Maxhütte (Unterwellenborn), dann Lektor beim Greifenverlag in Rudolstadt. Seit 1966 ist er freier Schriftsteller. Er schrieb Erzählungen und einige Romane, darunter zwei historische und zwei Krimis: *Die Katze mit den blauen Augen* (1974) und *Der Fall Kaspar Trümpy* (1977).

ELLIN, STANLEY
(*1916)

Geboren in New York. Er studierte am Brooklyn College und versuchte sich in allen möglichen Berufen, bevor er in die Armee eintrat. Nach dem Zweiten Weltkrieg wurde er freier Schriftsteller. Er ist ein verhältnismäßig langsamer Arbeiter. Für sieben seiner Kurzgeschichten und für zwei seiner etwa 10 Romane hat er Preise erhalten, darunter 1975 den »Grand Prix de Littérature Policière« (für die französische Übersetzung von *Mirror, Mirror on the Wall,* 1972). Drei Romane sind verfilmt worden.

Dreadful Summit (1948; verfilmt als *The Big Night,* 1951); *The Key to Nicholas Street* (1952; verfilmt als *Leda,* 1961); *House of Cards* (1967; verfilmt unter demselben Titel, 1968). – Die zwei Kurzgeschichtensammlungen: *Mystery Stories* (1956); *The Blessington Method* (1964).– *The Luxembourg Run* (1977).

ENDORE, GUY
(1901–1970)

Dieser Engländer hat (nach HAGEN) vier Krimis verfaßt. BARZUN/TAYLOR besprechen die letzten drei, ziemlich positiv. *The Werewolf of Paris* (1933) war ein Bestseller.

The Man from Limbo (1931); *Methinks the Lady* (1945); *Detour Through Devon* (1959, in USA *Detour at Night*).

ENDRÈBE, MAURICE BERNARD
(*1918)

Pseudonym für Maurice Bernard Derbène. Er schreibt Krimis und übersetzt Krimis aus dem Englischen. Nach PROMIES lagen 1967 zwei von E.s Büchern deutsch vor: *Das Fest des Todes* (1961) und *Mordmartre* (1966).

Le crime à votre porte (1944); *La pire des choses* (1947); *La vieille dame sans merci* (1952); *La morte-saison* (1954); *Gondoles pour le cimetière* (1955); *Sauf erreur ou homicide* (1957); *Le fromage de Hollande* (1961).

ERPENBECK, FRITZ
(*1897)

Geboren in Mainz. Er besuchte das Gymnasium in Osnabrück, war Soldat und bildete sich nach dem Ersten Weltkrieg als Schauspieler aus. Nach 1921 arbeitete er als Schauspieler und Dramaturg, nach 1929 als Journalist und Reporter. Da er 1927 in die KPD eingetreten war, mußte er sich 1933 in Sicherheit bringen. Über Prag kam er nach Moskau, wo er bis 1945 an den Zeitschriften *Das Wort* und *Internationale Literatur. Deutsche Blätter* mitarbeitete. Nach dem Krieg war E. Redakteur mehrerer Zeitungen und Dramaturg. Neben einigen zeitgeschichtlichen Romanen hat E. in den sechziger Jahren eine ganze Anzahl Krimis geschrieben – ebenso theoretische Arbeiten über den Kriminalroman. E.s Zentralfigur ist Hauptmann Peter Brückner, der von Oberleutnant Becker unterstützt wird.

Künstlerpensionat Boulanka (1964, verfilmt von Kurt Bortfeld); *Tödliche Bilanz* (1965); *Aus dem Hinterhalt* (1967); *Nadeln im Heu* (1968); *Der Fall Fatima* (1969).

ESTEVEN, JOHN
(1888–1944)

Pseudonym für den Amerikaner Samuel Shellabarger, der Professor an der Princeton University war und historische und andere Romane schrieb. Nur seine (laut HAGEN sieben) Krimis veröffentlichte er unter Pseudonym.

The Door of Death (1928); *By Night at Dinsmore* (1935); *Assurance Double Sure* (1939).

EUSTIS, HELEN
(*1916)

Geboren in Cincinnati, Ohio. Sie studierte am Smith College in Massachusetts und veröffentlichte 1946 ihren ersten Krimi, *The Horizontal Man.* 1954 folgte ihr zweites Buch, *The Fool Killer,* das 1968 verfilmt wurde. Seither hat sie nichts in Buchform veröffentlicht.

EXBRAYAT, CHARLES
(*1906)

Dieser Franzose hat mindestens 80 Krimis geschrieben; die meisten enthalten einen guten Schuß Humor. 1958 erhielt er den »Grand Prix du Roman d'Aventures« für *Vous souvenez-vous de Paco?*

Le quadrille de Bologne (1961); *Des demoiselles imprudentes. Roman policier classique* (1961); *Avanti la mùsica. Roman policier humoristique* (1961); *Une ravissante idiote* (1962); *Quel gâchis, inspecteur!* (1963); *Le dernier des salauds* (1967).

Les dames du Creusot
(1966)
Der Held des Romans ist Tony Hordain, vor Jahren ein glänzender Journalist, jetzt Säufer. Ein rücksichtsloser Autofahrer hatte den Tod von Tonys Frau und seinem Kind verschuldet; seither trinkt er. Als in Le Creusot ein Arbeiterkind vom Wagen einer stadtbekannten Persönlichkeit überfahren wird, schickt die Lyoner Zeitung »L'Eveil« Tony hin. Die Sekretärin des Chefredakteurs, Denise Vannac, liebt Tony und setzt sich immer wieder für ihn ein.
In Le Creusot sieht man Tony ungern. Niemand will über den Fall reden: weder der vornehme Albert Gigny, der den Mordwagen gefahren hat, noch dessen hübsche Sekretärin, Andrée Javerdat, die Gignys Geliebte sein soll, noch die Eltern des toten Kindes, noch der Polizeichef – ein Jugendfreund von Tony. Es kommt so weit, daß der Polizeichef den Zeitungsbesitzer in Lyon anruft und ihm mitteilt, Tony habe Gigny erpressen wollen. Tony wird abberufen. Von der kleinen Schwester des Toten aber hatte er noch erfahren, wie die Sache sich wirklich abgespielt hatte: Eine Frau hatte am Steuer gesessen, war auf den Gehsteig gefahren und hatte dabei das Kind getötet. Ein Mann hatte die Leiche auf die Straße getragen und den Wagen auf die Straße gefahren, so daß es aussah, als ob das Kind auf die Straße gelaufen wäre. Tony hält den Mann für Gigny, die Frau für Andrée.
Tonys Chef schenkt ihm Glauben und schickt ihn ein zweites Mal nach Le Creusot. Und jetzt, nachdem auch Andrée ermordet worden ist, bringt er die Wahrheit an den Tag. Die Fahrerin war Gignys Frau, ein Teufelsweib, geliebt von ihrem Ehemann, während sie ihn verabscheute und ihn mit einem anderen betrog. Der Mann war dieser andere. Als sie das Kind überfahren hatte, holte sie ihren Mann per Telefon herbei; er sollte sich schuldig erklären. Gigny gehorchte. Die Gesellschaft von Le Creusot wird entlarvt. Voller Ekel kehren Tony und der Leser nach Lyon zurück. Den ersteren erwartet dort die anständige Denise.

F

FABIAN, FRANZ
(*1922)

Pseudonym für Franz Mielke, geboren in Arnswalde. Einen Teil des Zweiten Weltkrieges verbrachte er im Gefängnis. Seit 1949 ist er freier Schriftsteller. F. ist Mitarbeiter an der Hochschule für Film und Fernsehen der DDR und leitet einen Zirkel schreibender Arbeiter (mehrere Anthologien). Er hat Romane, Biographien und anderes geschrieben, daneben auch einen Krimi: *Heute noch wirst du sterben* (1959).
F. ist der Herausgeber der Anthologie *Das verlorene Gewissen* (1953, Kriminalerzählungen der Weltliteratur), und er übersetzte Mark Twains *Tom Sawyer, Detective* (*Tom Sawyer der Detektiv,* 1955).

FALLADA, HANS
(1893–1947)

Pseudonym für Rudolf Ditzen, geboren in Greifswald als Sohn eines Landrichters. F. studierte Landwirtschaft und schrieb nach 1932 (*Kleiner Mann – was nun?)* Bestseller auf Bestseller, Romane in flüssigem proletarischem Stil, zumeist um kleine Leute. Einer seiner humorvollsten und rührendsten Romane ist *Wer einmal aus dem Blechnapf frißt* (1934), in welchem eine ganze Reihe von gutherzigen und sympathischen Kriminellen geschildert wird.

FARJEON, BENJAMIN LEOPOLD
(1838–1903)

Geboren in London. Eine Zeitlang war er Journalist in Australien und Neuseeland. Nach England zurückgekehrt, schrieb er erfolgreiche melodramatische Romane, darunter etwa ein Dutzend mit starkem Krimi-Einschlag:

The Great Porter Square: A Mystery (1884); *Three Times Tried* (1886); *Devlin the Barber* (1888); *The Mystery of M. Felix* (1890); *Samuel Boyd of Catchpole Square* (1899); *The Mystery of the Royal Mail* (1902).

FARJEON, JOSEPH JEFFERSON
(1883–1955)

Dieser Engländer schrieb unter seinem richtigen Namen und unter dem Pseudonym Anthony Swift etwa 80 Krimis.

The Mountain Mystery (1925); *End of an Author* (1939, in USA *Death in the Inkwell*); *The Caravan Adventure* (1955).

FAULKNER, WILLIAM
(1897–1962)

Geboren in New Albany, Mississippi; 1918 Pilot ohne Kriegsteilnahme; Studium der englischen und französischen Literatur. Er verbrachte den größten Teil seines Lebens im Staate Mississippi, den er zur Szenerie seines Werkes machte, welches ihm 1950 den Nobelpreis eintrug. Seine Romane und Erzählungen schildern in erster Linie Morbidität und Perversität der Menschen; dabei versteht sich, daß Elemente des Krimi oft vorkommen. Im Roman *Intruder in the Dust* (1948) hilft Chick Mallison seinem Onkel, Gavin Stevens (Staatsanwalt von Yoknapatawpha County), die Unschuld eines Negers zu beweisen, dem man einen Mord in die Schuhe schieben wollte. Der gleiche Chick Mallison erzählt die sechs Novellen in *Knight's Gambit* (1949), in denen weitere edle Taten von Gavin Stevens geschildert werden. F.s Figur Gavin Stevens soll auf M. D. Posts »Uncle Abner« basieren.

Sanctuary (1931); *Intruder in the Dust* (1948); *Knight's Gambit* (1949).

FAUST, FREDERICK
(1892–1944)

Dieser Amerikaner war bekannt unter seinem Pseudonym Max Brand, unter dem er zahllose

Wildwestromane und einen Krimi schrieb. Er hat Dr. Kildare erfunden und Millionen von Wörtern für die »Pulps« geschrieben, darunter auch Kriminalgeschichten. In Buchform liegen sechs Krimis unter drei Pseudonymen vor:

Cross over Nine (1935, von Walter C. Butler); *The Night Flower* (1936, von Walter C. Butler); *Secret Agent Number One* (1936, von Frederick Frost); *Spy Meets Spy* (1937, von Frederick Frost); *The Bamboo Whistle* (1937, von Frederick Frost); *Six Golden Angels* (1937, von Max Brand).

FEARING, KENNETH
(1902–1961)

Geboren in Oak Park, Illinois. Er studierte an der University of Wisconsin und arbeitete als Journalist zuerst in Chicago, dann in New York. F. gilt als einer der führenden amerikanischen Lyriker seiner Zeit *(Collected Poems,* 1940). Er schrieb mehrere Romane, darunter gute Krimis, von denen einer – *The Big Clock* (1946) – mit Charles Laughton verfilmt wurde (1948).

Dagger of the Mind (1941); *Clark Gifford's Body* (1942); *The Loneliest Girl in the World* (1951); *The Generous Heart* (1954); *The Crozart Story* (1960).

FERRARS, ELIZABETH X.
(*1907)

Pseudonym für Morna Doris Brown, geboren als Morna Doris MacTaggart in Rangun, Burma. Sie studierte Journalistik an der Universität London und veröffentlichte in den Jahren 1928–1940 mehrere Romane, bevor sie 1940, als E. X. Ferrars, Krimis zu schreiben begann. Jetzt wohnt sie in Edinburgh. Sie hat etwa 40 Krimis verfaßt; man hat ihr vorgeworfen, ihre Plots seien gar zu durchsichtig.

Give the Corpse a Bad Name (1940); *Remove the Bodies* (1940, in USA *No Rehearsals for Murder*); *The March Hare Murders* (1949); *Enough to Kill a Horse* (1955); *Seeing Double* (1962); *No Peace for the Wicked* (1966); *The Pretty Pink Shroud* (1977).

FÉVAL, PAUL HENRI CORENTIN
(1817–1887)

Geboren in Rennes. Inspiriert von Sue schrieb er eine große Zahl von populären Romanen, in denen es von Geheimnissen, Verkleidungen, Verbrechen und Morden wimmelt. Diese Schauergeschichten hatten einen großen Einfluß auf die Entwicklung des französischen Krimi, besonders F.s Roman *Le bossu* (1858).

Les mystères de Londres (1844); *Le fils du diable* (1847); *Le capitaine Fantôme* (1862).

FIELD, MOIRA
(*1917)

Diese Engländerin studierte in Heidelberg und Oxford, heiratete den Schauspieler Jonathan Field, wurde Sekretärin des chinesischen Botschafters in Den Haag und schließlich Leiterin der Forschungsabteilung bei der *Encyclopaedia Britannica* (London). Sie schrieb nur einen Krimi, der aber von BARZUN/TAYLOR außerordentlich gelobt wird: *Foreign Body* (1950).

FISH, ROBERT L.
(*1912)

Geboren in Cleveland. Er arbeitete lange Jahre als Techniker in Brasilien. Seinen ersten Krimi schrieb er 1962: *The Fugitive.* Der Held ist Captain José Da Silva, Detektiv der Polizei von Rio de Janeiro, der bis 1975 in weiteren neun Krimis auftritt. F. hat zwei Bände Sherlock-Holmes-Parodien geschrieben (*The Incredible Schlock Homes,* 1966; *The Memoirs of Schlock Homes,* 1974). 1967 erfand F. den größten Schmuggler aller Zeiten, Kek Huuygens, der bisher in vier Romanen aufgetreten ist. Unter dem Pseudonym Robert L. Pike hat F. Romane und Erzählungen im Stil von Ed McBain geschrieben, die – bei F. – im 52. Revier spielen und deren Held Lieutenant Clancy ist. *Mute Witness* (1963) wurde als *Bullitt* (1968, mit Steve McQueen) verfilmt. Als R. L. Pike hat F. auch das Fragment eines Spionageromans von Jack London vollendet und als *The Assassination Bureau, Ltd.* (1963) veröffentlicht.

Drei Da-Silva-Romane: *Isle of the Snakes* (1963); *The Xavier Affair* (1969); *Trouble in Paradise* (1975). – Die vier Kek-Huuygens-Romane: *The Hochmann Miniatures* (1967); *Whirligig* (1970); *Tricks of the Trade* (1972); *The Wager* (1974). – Drei Romane von Robert L. Pike: *The Shrunken Head* (1963); *The Quarry* (1964); *Police Blotter* (1965).

Bank Job

(1974, von Robert L. Pike)

Donnerstag, 14.58 Uhr: In San Francisco wird ein sorgfältig geplanter Banküberfall kühl und gekonnt ausgeführt. Der Bankmanager wird gezwungen, einen Spezialkoffer mit Löhnen auszuhändigen. Doch im letzten Augenblick taucht ein Polizist auf; der vierte Bankräuber schießt auf ihn, wird aber selbst von einer Kugel getroffen. Seine Komplizen ziehen ihn ins Auto und entkommen. Leutnant James Reardon übernimmt den Fall; ihm fällt die Präzision des »Manövers« auf, und er vermutet, eine Gruppe von ehemaligen Kriegskameraden könnte dafür verantwortlich sein. Da der angeschossene Polizist stirbt, arbeitet der staatliche Sicherheitsapparat auf Hochtouren. Das Glück ist auf Seiten der Polizei: man findet das Auto der Bankräuber mit der Leiche des vierten Mannes. Reardon hatte recht: Alle vier waren Kameraden in Vietnam gewesen. Aber was war ihr Motiv? Der Tote und zwei seiner Komplizen sind angesehene Millionäre! Auch Will Gilchrist, der vierte, hat eine gute Stelle. Die Polizei muß sich schließlich an ihn halten, denn die beiden andern Bankräuber-Millionäre werden ermordet. Die Polizei braucht ein Geständnis; sie hat keine ausreichenden Beweise. Als Reardon schließlich Gilchrist in dessen eigenem Hause stellt, erreicht die Handlung ihren überraschenden Höhepunkt. Am Ende wird der Gerechtigkeit Genüge getan, doch nicht ganz so, wie Leutnant Reardon es geplant hatte . . .

FISHER, RUDOLPH

(1897–1934)

Geboren in Washington, D. C. Er war Neger, studierte an der Brown University und wurde Arzt. Nebenbei schrieb er für bekannte amerikanische Zeitschriften wie *Atlantic Monthly, American Mercury* und *Story*. Sein Roman *The Walls of Jericho* erschien 1928. F. ist auch Autor des einzigen Neger-Detektivromans vor 1960 (in diesem Jahr begannen Chester Himes' Bücher zu erscheinen):

The Conjure-Man Dies. A Mystery Tale of Dark Harlem

(1932)

Das Milieu ist ärmstes Harlem; der Roman spielt ausschließlich unter Negern. Der beschränkte Jinx Jenkins und sein Freund Bubber Brown, ein Privatdetektiv ohne Erfahrung und ohne Arbeit, sind das komische Paar; sie sprechen Negerdialekt. Dr. John Archer und die Polizisten stellen die »obere« Schicht dar. Zentralfigur ist Frimbo, ein Wahrsager, der über einer Begräbnisanstalt wohnt und dessen Leiche von Jinx gefunden wird. Später verschwindet die Leiche. Im weiteren Verlauf taucht Frimbo wieder lebendig auf, nur um am Ende des Buches doch noch umgebracht zu werden. Die Handlung ist amüsant, spannend. Kein Leser kann auch nur ahnen, was vorgefallen ist, und doch wird zum Schluß alles logisch aufgeklärt. Eingeschoben sind Passagen über Frimbos afrikanische Vergangenheit. Es gibt kluge Abhandlungen übers Fälschen von Blutgruppentests und über Spiritismus, und man erfährt, wie Fingerabdrücke künstlich von einem zum anderen Ort übertragen werden können. Der Roman ist ein absolutes Unikum und in der Charakterisierung der Harlem-Neger und der Wiedergabe ihrer Redeweise von hohem literarischem Niveau.

FISHER, STEVE

(*1912)

Stephen Gould Fisher diente vier Jahre in der amerikanischen Marine, bevor er in den dreißiger Jahren nach New York kam, um sich als Schriftsteller durchzubringen. Er schrieb für die »Pulps«, aber auch für bessere Zeitschriften und veröffentlichte sein erstes Buch, *Spend the Night* (1935), unter dem Pseudonym Grant Lane. Drei andere Krimis der Jahre 1936–1940 erschienen unter dem Namen Stephen Gould. Von den übrigen Büchern (F. hat im ganzen ein Dutzend geschrieben) ist *I Wake Up Screaming* (1941) am bekanntesten. Es wurde im selben Jahr (mit Betty Grable und Victor Mature) verfilmt; eine neue Version des Films erschien 1953 *(Vicki)*. In den vierziger Jahren kam F. nach Hollywood, wo er seither für Film und Fernsehen arbeitet. Er schrieb z. B. die Drehbücher zu Raymond Chandlers *The Lady in the Lake* (1946) und zu *Dead Reckoning* (1947, mit Humphrey Bogart).

The Night before Murder (1939); *Winter Kill* (1946); *The Big Dream* (1970). – Die drei Krimis von Stephen Gould: *Murder of the Admiral* (1936); *Murder of the Pigboat Skipper* (1937); *Homicide Johnny* (1940).

FITZGERALD, FRANCIS SCOTT
(1896–1940)

Geboren in St. Paul, Minnesota. Er studierte in Princeton. 1920–1925 machten ihn seine ersten Bücher berühmt (*This Side of Paradise,* 1920; *Tales of the Jazz Age,* 1922; *The Great Gatsby,* 1925). Alkohol und seine spätere Tätigkeit in Hollywood trugen zum frühen Ende bei. Mit dreizehn Jahren hat F. eine Detektivgeschichte geschrieben, die 1960 in 750 Exemplaren – anscheinend unrechtmäßig – veröffentlicht wurde.

FITZGERALD, KEVIN
(?)

Dieser Engländer hat (nach HAGEN) in den Jahren 1948–1960 ein halbes Dutzend Krimis verfaßt. Nach PROMIES lagen 1967 zwei davon in deutscher Übersetzung vor: *Die Gangsterbraut* (1964) und *Satan in Weiß* (1967).

Not So Quickly (1948); *It's Safe in England* (1949); *A Throne of Bayonets* (1952); *Quiet Under the Sun* (1953); *It's Different in July* (1955); *Dangerous To Lean Out* (1960).

FITZGERALD, NIGEL
(*1906)

Geboren in Charleville bei Cork. Er studierte in Dublin. BARZUN/TAYLOR besprechen alle zehn bei HAGEN verzeichneten Krimis, zumeist negativ.

Midsummer Malice (1953); *The Student Body* (1958); *The Day of the Adder* (1963, späterer Titel *Echo Answers Murder*).

FLEMING, IAN
(1908–1964)

Geboren in London. Er war der Sohn reicher englischer Eltern und wuchs standesgemäß auf. F. besuchte die Schulen in Eton und Sandhurst, darauf eine kleine, private Lehrpension in Kitzbühel. Aufenthalte in München und Genf schlossen sich an. F. lernte deutsch und französisch und schrieb sich als Hörer an den Universitäten Genf und München ein. 1931 machte er die Aufnahmeprüfung für den englischen diplomatischen Dienst. Er war auf dem 25. Platz (von 62) und wurde nicht angenommen. Nach einem Zwischenspiel bei der Nachrichtenagentur Reuter, für die er 1933 nach Moskau reiste, trat F. ins Geschäftsleben der Londoner Hochfinanz ein. Zuerst arbeitete er bei einer Bank; von 1935 an war er »junior partner« der Börsenmakler Rowe & Pitman.
Während des Zweiten Weltkriegs arbeitete F. als Verbindungsoffizier in leitender Stellung unter Admiral Godfrey (Vorbild für James Bonds Chef M) beim Geheimdienst der britischen Marine. Er war erfolgreich und verließ die Armee 1945 als »Commander«. Nun trat F. in den Dienst des englischen Zeitungskönigs Lord Kemsley und organisierte für ihn einen internationalen Nachrichtendienst. F. wurde sehr gut bezahlt. Eine Bedingung seiner Anstellung war, daß F. jedes Jahr zwei Monate in seiner Villa auf Jamaika Ferien machen durfte.
F. war bisher ein überzeugter Junggeselle gewesen und hatte unzählige Geliebte gehabt. 1952 heiratete er Anne Charteris (Lady Rothermere), die sich zu diesem Zweck scheiden lassen mußte. Seine Stellung bei Lord Kemsley veränderte sich: Seine Nachrichtenagentur wurde weniger wichtig, dafür arbeitete er vermehrt bei der *Sunday Times* mit. Von 1953 an erschienen seine James-Bond-Romane. Gegen Ende der fünfziger Jahre wurden sie Bestseller; F. erlebte nur noch den Beginn der großen Filmerfolge – als schwer herzkranker Mann.
Erst die Verfilmungen von F.s Büchern Anfang der sechziger Jahre stempelten Bond zum Superhelden von internationalem Format. Mit ihrer spektakulären Aufmachung unterstrichen sie nur zu deutlich, worauf das Erfolgsrezept des Autors beruhte. F. entlehnte vieles von bewährten Vorbildern, z. B. aus den exotischen Spionageromanen von E. Phillips Oppenheim und

Eric Ambler, machte stilistische Anleihen bei Hammet und Chandler und lernte von der einprägsamen Szenerie Kiplings. Die zwielichtigen Verbrecher und Abenteurer Amblers und Oppenheims wuchsen sich bei F. zu wahren Teufeln aus, welche die westliche Welt vernichten wollen: KGB-Sowjetagenten, Nazideutsche, Asiaten usw.

James Bond, britischer Agent mit Dienstnummer 007, die ihm das Töten nach eigenem Ermessen erlaubt, wird fast immer von seinem Chef M auf ein geplantes gigantisches Verbrechen angesetzt. Mit einem unerschöpflichen Arsenal von Waffen und Tricks bewegt sich Bond zum mondänen Schauplatz des möglichen Verbrechens. Mit unerwarteten Einfällen besiegt er dann die Verbrecher und erobert nebenbei die Frauen von der hübscheren Sorte. Er ist ein zynischer Snob. Die übertreibenden Schilderungen, die der Autor mit augenzwinkernder Ironie hintupft, sind in den deutschen Ausgaben leider oft wegübersetzt worden. Nach F.s Tod hat der englische Romancier Kingsley Amis im Einverständnis mit den Erben ein gekonntes Plagiat *(Colonel Sun,* 1968) verfaßt; der Roman erschien unter dem Pseudonym Robert Markham. F.s eigenwillige Modernisierung der »harten Schule«, vor allem die kantigen Dialoge und die parodistisch-psychologischen Beobachtungen des Drachentöters Bond haben zahllose Nachahmer gefunden.

Abgesehen von den 14 Büchern um James Bond hat F. veröffentlicht: ein Kinderbuch (*Chitty-Chitty-Bang-Bang,* 1964), eine Sammlung von Städtereportagen (*Thrilling Cities,* 1963) und eine Sammlung von Berichten über den Diamantenschmuggel (*The Diamond Smugglers,* 1957).

Casino Royale (1953); *Live and Let Die* (1954); *Moonraker* (1955); *Diamonds Are Forever* (1956); *From Russia with Love* (1957); *Dr. No* (1958); *Goldfinger* (1959); *For Your Eyes Only* (1960, Erzählungen); *Thunderball* (1961); *The Spy Who Loved Me* (1962); *On Her Majesty's Secret Service* (1963); *You Only Live Twice* (1964); *The Man with the Golden Gun* (1965); *Octopussy and the Living Daylights* (1966, in USA *Octopussy*).

Lit.: K. Amis, The James Bond Dossier, 1965. – J. Pearson, Alias James Bond – The Life of Ian Fleming, 1966.

Goldfinger
(1959; dt. *James Bond contra Goldfinger,* 1964)

In Miami hilft Bond zufällig dem Besitzer eines mondänen Hotels, einen Falschspieler zu entlarven. Der eindrucksvoll-grotesken Figur von Auric Goldfinger, der sich mit einem raffinierten Trick unrechtmäßig bereichert hat, begegnet Bond wieder, nachdem er ins Hauptquartier in London zurückgekehrt ist. Goldfinger sei der reichste Mann Englands, habe ausschließlich in Goldbarren investiert, und seine Herkunft sei verdächtig (ein jüdischer Baltenrusse), meint Bonds Chef M. – Bond begegnet dem Mann »zufällig« auf dem Golfplatz, wo er nun seinerseits Goldfinger übers Ohr haut. Bei einem Abendessen wird 007 von Goldfinger auch ein koreanischer Diener vorgestellt, dessen Karatekünste unseren Helden beeindrucken. Bond folgt Goldfinger nach Genf und sichert sich die Hilfe einer hübschen Frau, die auch auf Goldfingers Fährte ist. Beide werden entdeckt und von Goldfinger gefangengenommen. Sie sollen zwar getötet werden, aber vorderhand ist Goldfinger noch auf Kooperation angewiesen. Denn der gigantische Schieber hat sein Geld nur deshalb so vermehrt, um das größte Verbrechen des 20. Jahrhunderts in der Sparte Diebstahl inszenieren zu können. Als Bond in New York in seiner neuen Stellung als Goldfingers Sekretär arbeitet, steht er plötzlich auch noch der Elite des amerikanischen Gangstertums gegenüber. Es versteht sich, daß Bond am Ende alle überwindet: den Karateakrobaten, die Gangster und sogar Goldfinger, der, wie sich herausstellt, auch noch ein KGB-Agent gewesen ist.

FLEMING, JOAN
(*1908)

Sie hat seit 1953 über 20 Krimis von teils vorzüglicher Qualität veröffentlicht.

The Good and the Bad (1953); *The Man Who Looked Back* (1953); *Miss Bones* (1959); *No Bones About It* (1967).

You Won't Let Me Finnish
(1973)

Auf den Stufen zur Botschaft eines kleinen südamerikanischen Landes in Helsinki liegt eines Morgens ein Unbekannter, dem man das Ohr abgeschnitten hat. Er schreit vor Schmerz. Der Botschafter Joris Toda nimmt den Verletzten auf. Der Mann hat keinerlei Ausweise bei sich, aber eine Aktentasche voller Dollarnoten, von denen er nichts zu wissen scheint; er behauptet, sein Gedächtnis verloren zu haben. Toda ermittelt, daß er Hector Irlam heißt, sich auf der Fähre von Stockholm nach Helsinki mit der amerikanischen Kosmetikerin Dolly Darling und dem finnischen Holzarbeiter Pekka befreundet, betrunken und zerstritten hat. Das (gestohlene?) Geld gehört Pekka. Dolly sollte es durch den Zoll schmuggeln, hat es aber dem betrunkenen Hector zugesteckt. Pekka will das Geld zurückhaben und bedroht Dolly. Schließlich findet Dolly Hector, aber das Geld hat der Botschafter verwahrt. Dolly will in panischer Angst vor Pekka fliehen, der gewalttätig ist (er hat Hector das Ohr abgeschnitten). Scheinbar zufällig treffen Dolly und Hector (der sein Gedächtnis inzwischen wiedererlangt hat) den alten »Onkel Vanya«, einen zerlumpten Strolch, der ihnen Hilfe verspricht. (Vanya ist stets von einem drogensüchtigen »Neffen« begleitet, dessen er sich annimmt: wenn der eine stirbt, sucht er sich den nächsten.) Vanya bringt seinen derzeitigen »Neffen«, Dolly und Hector auf eine unbewohnte Insel, kehrt selbst aber nach Helsinki zurück. Auf der Insel entwickeln sich chaotische Zustände: kein Wasser, keine Nahrung, kein Schiff, keine Drogen. Inzwischen findet der Botschafter Pekka, der sich als rauher, aber netter Naturbursche entpuppt. Dolly und Hector tauchen ebenfalls wieder auf. Dolly wird Pekka heiraten. Hector wird nicht zu Frau und Kindern zurückkehren, sondern als Musiker in Finnland bleiben. Auch »Onkel Vanya« wird gefunden: der gutmütige Alte entpuppt sich als Spion und Mörder. Ehe er jedoch alle seine Verbrechen und Pläne gestehen kann, stirbt er. – Reizvolle Schilderung von sozialen Zuständen und Naturstimmungen in und um Helsinki.

FLETCHER, JOSEPH SMITH
(1863–1935)

Geboren in Halifax, Yorkshire. Er wurde Journalist und Schriftsteller und schrieb Lyrik, Biographien, Romane und etwa 100 Krimis. Der amerikanische Präsident Woodrow Wilson las mit Begeisterung *The Middle Temple Murder* (1918). F. hat mehrere Detektive erfunden, die entweder – wie Archer Dawe und Paul Campenhaye – in Kurzgeschichtensammlungen oder – wie Roger Camberwell – in mehreren Romanen vorkommen.

The Death That Lurks Unseen (1899); *The Adventures of Archer Dawe, Sleuth-Hound* (1909); *Paul Campenhaye, Specialist in Criminology* (1914); *Sea Fog* (1925); *The Yorkshire Moorland Murder* (1930). – Drei Roger-Camberwell-Romane: *The Murder of the Ninth Baronet* (1932); *The Ebony Box* (1934); *The Eleventh Hour* (1935).

FLYNT, JOSIAH
(1869–1907)

Pseudonym für Josiah Flynt Willard. Geboren in Appleton, Wisconsin. Er zog als Landstreicher durch die USA und Europa, wobei er gelegentlich mit den Gesetzen in Konflikt geriet. 1900 gab er einen Kurzgeschichtenband heraus, dessen Mitautor sich Francis Walton nannte: *The Powers That Prey*. Walton (1866–1907) hieß in Wirklichkeit Alfred Hodder. Die beiden anderen Bände von F.: *Notes of an Itinerant Policeman* (1900) und *The Rise of Ruderick Clowd* (1903).

FONTANE, THEODOR
(1819–1898)

Geboren in Neuruppin. 1836–1840 Apothekerlehre; Militärdienst; Apotheker in Berlin. In den fünfziger Jahren längere Zeit als Journalist in England. 1864, 1866 und 1870/1871 Kriegsberichterstatter. Nach 1862 schrieb er seine *Wanderungen durch die Mark Brandenburg*. 1876 Akademiesekretär in Berlin, dann bis zu seinem Tod freier Schriftsteller (1870–1889 Theaterkritiken für die *Vossische Zeitung)*. F.s erster Roman erschien 1878. Er gehört zu den Realisten und hat einen ausgeprägten Sinn für Sozialkritik. Kein Wunder, daß mehrere Werke Elemente des Krimi aufweisen. Die Erzählungen *Grete Minde* (1880) und *Ellernklipp* (1881), beide nach Chroniken verfaßt, sind zunächst zu nennen. In der ersten Novelle steckt Grete in verständlicher Wut über das Unrecht, das man ihr angetan hat, ihre Heimatstadt in Brand. In der zweiten tötet der eifersüchtige Vater seinen Sohn und heiratet die Pflegetochter. Das schlechte Gewissen treibt ihn später zum Selbstmord.

Der Roman *Unterm Birnbaum* (1885) ist ein früher Kriminalroman. Die Hradscheks stecken bis über die Ohren in Schulden. Der reiche Weinreisende Szulski kommt vorbei, und Hradschek zahlt ihm vor Zeugen eine größere Summe. Am folgenden Tag sieht man eine Figur, die wie Hradschek gekleidet ist, dessen Wagen besteigen und wegfahren. Der Wagen stürzt in die Oder. Szulskis Leichnam wird nicht gefunden, hingegen wird Frau Hradschek gesehen, die vom Unfallort in die Stadt zurückkehrt. Eine böse Nachbarin gibt nun an, Hradschek habe nachts unter dem Birnbaum gegraben. Man forscht nach und findet die Leiche eines Franzosen aus den Kriegen vor 1815. Den Hradscheks kann nichts bewiesen werden. Bald stirbt die Frau; der Mann endet im Keller seines Hauses, wo man schließlich auf Szulskis Leiche stößt.

Der Roman *Quitt* erschien zuerst in der *Gartenlaube* (1890) und im folgenden Jahr als Buch. Der Handwerker Lehnert Menz erschießt – halb vorsätzlich und halb aus Notwehr – den Förster Opitz. Seit Jahren hatte zwischen beiden Streit geherrscht. Der kleinliche, eitle Opitz hatte stets den Vertreter der staatlichen Ordnung herausgekehrt, während Menz sich immer mehr in seiner Freiheit beengt und in seiner Ehre gekränkt fühlte. Menz flieht nach Amerika, wo er sich einigermaßen durchschlägt. Bei der Mennonitenfamilie Hornbostel findet er endlich Ruhe, Verständnis und Liebe. Er will die Tochter Ruth heiraten. Doch das Schicksal gönnt ihm soviel Glück nicht mehr: Menz ist offensichtlich verflucht wie Kain. Als Ruths Bruder Toby von einem Ausflug nicht rechtzeitg zurückkehrt, geht Menz ihn suchen. Er stürzt in den Bergen ab, renkt sich die Hüfte aus und stirbt ebenso langsam, schmerzvoll und allein wie einst sein Opfer Opitz. Menz nimmt diesen Schicksalsspruch an; seine letzte Hoffnung ist, er sei nun »quitt«.

FOOTNER, WILLIAM HULBERT
(1879–1944)

Geboren in Hamilton, Ontario. Er wuchs in New York auf und wurde Journalist zuerst in New York, dann in Westkanada (Alberta). Er schrieb über 40 Krimis. Eine seiner Serienfiguren ist die bildhübsche Madame Rosika Storey, die mit weiblicher Psychologie vorgeht. Amos Lee Mappin, ein Amateurdetektiv, ist F.s zweiter Serienheld.

Drei Rosika-Storey-Bücher: *The Underdogs* (1925); *Madame Storey* (1926, Kurzgeschichten); *Dangerous Cargo* (1934). – Drei Mappin-Romane: *The Death of a Celebrity* (1938); *The Murder That Had Everything* (1939); *Orchids to Murder* (1945).

FORBES, STANTON
(*1923)

Geboren als DeLoris Stanton in Kansas City. Sie wuchs in Wichita (Kansas) auf, arbeitete als Journalistin in Oklahoma und war bis 1973 Mitherausgeberin einer Lokalzeitung in Massachusetts *(The Wellesley Townsman)*. Sie begann mit Kurzgeschichten, die unter dem Namen Dee Forbes erschienen. Darauf schrieb sie in Zusammenarbeit mit Helen Rydell vier Krimis, die unter dem Pseudonym Forbes Rydell veröffentlicht wurden. Der erste Krimi unter ihrem eigenen Namen erschien 1963: *Grieve for the Past*. Sie schreibt auch Krimis unter dem Pseudonym Tobias Wells über Detektiv Knute Severson von der Polizei in Boston.

Grieve for the Past (1963); *Relative to Death* (1965); *Encounter Darkness* (1967). – Drei Knute Severson-Romane (von Tobias Wells): *A Matter of Love and Death* (1966); *Dead by the Light of the Moon* (1967); *What Should You Know of Dying* (1967).

Brenda's Murder
(1973, von Tobias Wells)
Brenda ist mit ihrem Mann, Knute Severson, und dem Baby Leif in das Städtchen Wellesley gezogen. Nun ist sie im Begriff, sich einen Platz in der dortigen »Gesellschaft« zu erobern. Die reiche, gepflegte Lucille Copeland, Vorsitzende des örtlichen Frauenvereins, hat Brenda gebe-

ten, ihr bei der Organisation einer Besichtigungstour der interessantesten Villen und Anwesen von Wellesley zu helfen, und besorgt sogar einen Babysitter für Brenda: den sechzehnjährigen, zuverlässigen Jeff Ordway. Als Brendas Mann, Detektiv bei der Bostoner Polizei, kurz vor der großen Tour nach Washington reisen muß, besucht Brenda die Cocktailparty bei Lucille allein. Mr. Copeland wirkt elegant, aber auch etwas leichtfertig. Am nächsten Tag, dem Tag der großen Besichtigung, wird Lucille von Brenda im Keller eines der besichtigten Häuser ermordet aufgefunden. Die Polizei ist ratlos. Sollte Lucilles Mann der Mörder sein? Auch Brenda selbst wird in den Fall verwickelt: der Anwalt von Copeland ist Brendas früherer Arbeitgeber und Geliebter; er möchte Brenda zurückgewinnen. Knutes Abwesenheit verlängert sich. Da wird Brenda selbst entführt. Als Knute von Brendas Entführung benachrichtigt wird, fliegt er zurück und nimmt die Sache selbst in die Hand. In letzter Minute wird Brenda von Knute gerettet.

FORD, PAUL LEICESTER
(1865–1902)

Dieser Amerikaner begann als Historiker, schrieb darauf populäre Romane und einen Krimi, bevor er von einem enterbten Bruder ermordet wurde.

The Great K. and A. Train Robbery (1896).

FORESTER, CECIL SCOTT
(1899–1966)

Geboren in Kairo. Er besuchte – wie Chandler – das Dulwich College in England. F. ist berühmt für seine Bücher um Horatio Hornblower. Bevor er diese schrieb, hatte er 1926 *Payment Deferred* veröffentlicht, einen Krimi, der 1932 mit Charles Laughton verfilmt wurde. *Plain Murder* (1930) war ein weiterer Versuch F.s auf dem Gebiet des Kriminalromans. Er hat auch Kriminalerzählungen (z. B. »The Letters in Evidence«, 1937) publiziert.

FRANCIS, DICK
(*1920)

Geboren auf einer Farm in Pembrokeshire, Wales. Sein Vater war Leiter, dann Besitzer von Ställen, wo Rennpferde ausgebildet und für ihre Besitzer gepflegt wurden. Es ist die Welt, die F. in seinen Romanen immer wieder beschreibt.
F. ritt schon als Kind. Im Alter von 15 Jahren verließ er die Schule und arbeitete bei seinem Vater, bis er 1940 in die Royal Air Force eintrat. Nach einigen Jahren Dienst am Boden ließ er sich als Pilot ausbilden und flog von 1944 bis 1946 Jagdflugzeuge und Bomber. Nach zwei Jahren als Amateur- wurde er Berufsjockey (1948) und war 1953/1954 Champion Jockey (er gewann in diesem Jahr mehr Rennen als irgendein anderer Jockey). 1956 wurde er beinahe Sieger im »Grand National«-Rennen auf einem Pferd der Königinmutter. Alle Hindernisse waren überwunden, er führte mit großem Vorsprung; da, einige Meter vor dem Ziel, ging das Pferd zu Boden. Warum? F. äußert seine Vermutungen und reproduziert Aufnahmen aus dem Rennfilm in seiner Autobiographie *The Sport of Queens* (1957). 1957 gab F. das Berufsreiten auf und wurde Sportreporter beim *Sunday Express*. 1962 erschien sein erster Krimi, *Dead Cert*.
Alle seine Romane haben mit Rennpferden zu tun. Wer die Autobiographie liest, stellt sofort fest, wieviel Material davon in die Romane eingegangen ist: seine Frau Mary litt an Kinderlähmung (*Forfeit*); er besuchte Rennställe in den USA (*Blood Sport*); er flog viermotorige Flugzeuge *(Flying Finish)* etc. Die Tatsache, daß ein Jockey den Mut verliert *(Nerve)*, Bestechungsversuche und tödliche Unfälle *(Dead Cert)* werden gleichfalls in der Autobiographie erwähnt, schließlich auch das Drogenproblem *(For Kicks)*.
Während das Milieu immer authentisch und überzeugend dargestellt wird, ist die Figur des Erzählers oft weniger glaubwürdig. Erzählt wird immer vom jeweiligen Helden selbst und in der Ichform, er wechselt aber von Roman zu Roman. F.s Helden haben eine Tendenz zum Masochismus, die Feinde des Helden zum Sadismus. Unendlich ausführlich wird beschrieben, wie der Held gemartert wird. Die Spannung ist dann fast unerträglich: Wie kommt er wieder frei? Gelegentlich führt der Held den Fall an Krücken zu

Ende (*Enquiry*); fast immer kommt er beinahe um oder wird zumindest fürchterlich zusammengeschlagen.
Neben dem offensichtlichen Hang zum Masochismus gibt es bei F. eine zweite Schwäche. Der Held muß sich zeitweise außerordentlich dumm anstellen, um seinen Feinden in die Hände zu fallen. Der Leser merkt die plumpe Falle, F.s Held aber nicht. Er bekommt also seine wohlverdiente Strafe für allzugroße Dummheit. Die folgende Liste enthält alle Krimis von F.:

Dead Cert (1962); *Nerve* (1964); *For Kicks* (1965); *Odds Against* (1965); *Flying Finish* (1966); *Blood Sport* (1967); *Forfeit* (1968); *Enquiry* (1969); *Rat Race* (1970); *Bonecrack* (1971); *Smokescreen* (1972); *Slay-Ride* (1973); *Knockdown* (1974); *High Stakes* (1975); *Jigsaw* (1976); *In the Frame* (1977).

Dead Cert

(1962; dt. *Aufs falsche Pferd gesetzt,* 1962)
Der Ich-Erzähler, Alan York, ist ein steinreicher, junger Geschäftsmann, der Reitpferde besitzt und als Jockey bei Amateurrennen reitet. Sein bester Freund, Bill Davidson, stürzt beim Sprung über ein Hindernis vom Pferd und verunglückt tödlich. Nur der hinter Bill reitende Allan hat gesehen, daß Bill wegen eines Drahtes gestürzt war, den man – etwas höher noch als das Hindernis – gespannt hatte. Als Alan später mit Zeugen zum Hindernis zurückkehrt, ist der Draht verschwunden.
Aber York gibt nicht auf. Er ist einer Bande in Brighton auf der Spur, deren Hauptquartier eine Radiotaxizentrale ist und deren Mitglieder Taxifahrer sind. Die Bande hat früher von »protection« gelebt; jetzt gibt sie sich damit ab, Pferderennen zu »fixen«. Mindestens zwei Jockeys nehmen Befehle entgegen, ihre Pferde am Gewinnen zu hindern – wofür sie gut bezahlt werden. Davidson hatte sich nicht kaufen lassen, deshalb der Draht.
Alan wird von der Bande gewarnt, er solle den Fall Davidson ruhen lassen. Er tut es nicht und stürzt nun selbst über einen Draht – glücklicherweise nicht tödlich. Die Bande läßt einen Jockey, der zuviel weiß, erstechen. Alan gibt vor, mit dem Sterbenden noch gesprochen zu haben, und nun sind Dutzende von Taxis hinter ihm her, die ihn mit seinem Pferd in einem Wald umzingeln. Er muß getötet werden. Aber Alan bricht aus, überführt den Bandenchef, liefert die Bande der Polizei aus und heiratet die unschuldige Nichte des Obergangsters.

Slay-Ride

(1973; dt. *Ein Jockei auf Tauchstation,* 1974)
Der Ich-Erzähler, David Cleveland, ist Detektiv bei der Untersuchungsabteilung des englischen Jockey-Club. Der englische Jockey Robert Sherman, der von Zeit zu Zeit nach Oslo fährt, um für norwegische Rennstallbesitzer zu reiten, ist spurlos verschwunden; gleichzeitig ist der Tageskassengewinn der Rennbahn Oslo abhanden gekommen. In Norwegen meint man, Sherman habe sich mit dem Geld aus dem Staub gemacht. David Cleveland wird also nach Oslo geschickt. Schon im ersten Kapitel entrinnt er nur knapp einem Mordversuch. Während Cleveland der Wahrheit langsam näher kommt, folgen weitere Attentate auf ihn. Bald wird klar, daß Sherman kein Dieb ist. Dann wird seine Leiche gefunden. Nun stellt sich heraus, daß er im Glauben, es seien pornographische Bilder, Berichte über Ölbohrungen geschmuggelt hat, die einen potentiellen Wert von Millionen besitzen.
Der Mann, der hinter dem Schwindel steckt, taucht aus dem Nebel auf; Clevelands angeblicher Freund entpuppt sich als Judas. Der Zeuge, der alles beweisen kann, ist in einer verschneiten Hütte im Gebirge versteckt. Drei Parteien – zwei Mörder, der Judas und Cleveland – sind gleichzeitig unterwegs zu ihm. In der gut beschriebenen wilden Landschaft rollt das spannende, ebensowilde Geschehen ab, wobei zwei der Beteiligten den Tod finden. Es versteht sich, daß der Zeuge und der Detektiv nicht unter den Opfern sind.

FRANK, LEONHARD

(1882–1961)

Geboren in Würzburg. Zunächst in verschiedenen Berufen tätig. Von 1920 bis 1933 freier Schriftsteller in Berlin. Dann Flucht über die Schweiz und Frankreich nach den USA. 1950 Rückkehr nach Deutschland. F. gilt als expressionistischer Romancier und hatte mit seinem Buch *Die Räuberbande* (1914) den größten Erfolg. »Die Ursache« (1915) ist ein frühes Beispiel der expressionistischen Vatermordliteratur, einer Reihe von Werken, in denen Jugendliche repressive Väter, Lehrer u. a. töten, da diese die neue Generation daran hindern wollen, ihrem Wesen gemäß zu leben. Franz Kafka, Arnolt Bronnen, Franz Werfel und andere haben Werke dieser Art verfaßt. In F.s Novelle rächt sich ein ehemaliger Schüler an einem bösartigen Lehrer, der durch seine Ungerechtigkeit und seinen Sadismus vielen Jugendlichen traumatische Erlebnisse vermittelt hat.

FRANKAU, GILBERT
(1884–1952)

Engländer, in Eton erzogen, folgte seinem Vater in den Tabakhandel. Eine seiner beiden Töchter ist die englische Romanschriftstellerin Pamela Frankau. Er hat zwei Krimis und einige Sammlungen von Detektiverzählungen geschrieben:

The Lonely Man (1932); *Winter of Discontent* (1941, in USA *Air Ministry, Room 28*). – Die Kurzgeschichtenbände: *Concerning Peter Jackson and Others* (1931); *Wine, Women, and Waiters* (1932); *Secret Services* (1934); *Experiments in Crime and Other Stories* (1937).

FRANZOS, KARL EMIL
(1848–1904)

Geboren in Czortków, Galizien. Er studierte Jura in Wien und Graz und wurde Journalist in Wien, später freier Schriftsteller. 1886 gründete er in Berlin die Zeitschrift *Deutsche Dichtung,* deren Redakteur er ab 1887 war. F. hat 1879 Georg Büchner wiederentdeckt und viele Reiseskizzen, Novellen und sozialkritische Romane geschrieben. Zu seinen besten zählt der in der Ukraine spielende Roman *Ein Kampf ums Recht* (1882, 2 Bde.). Der Dorfälteste, ein zweiter Kohlhaas, setzt sich gegen die Unterdrückung und schamlose Ausbeutung durch die Großgrundbesitzer zur Wehr, erklärt »um des Rechtes Willen« dem Kaiser den Krieg – und geht unter.

FREELING, NICOLAS
(*1927)

Geboren in London. Er wuchs in Frankreich auf, studierte in Dublin und lebte eine Zeitlang in den Niederlanden. Bevor er zu schreiben begann, hatte er 15 Jahre lang im Hotelfach gearbeitet. 1970 erschien eine erste Autobiographie: *The Kitchen.* F. hat den Amsterdamer Polizeiinspektor Van der Valk erfunden, der in manchem an Simenons Maigret erinnert. Zu Beginn des 2. Teils von *A Long Silence* erklärt F., daß Van der Valk und dessen Frau Arlette auf wirkliche Personen zurückzuführen sind. F., damals Koch in Amsterdam, hatte aus dem Hotel Lebensmittel mit nach Hause genommen. Ein böswilliger Vorgesetzter hatte ihn verhaften und verurteilen lassen (drei Wochen Gefängnis). Der Inspektor, der den Fall erledigte und später F.s Freund wurde, war das Vorbild für Van der Valk. Der Inspektor ist der Held von 10 Romanen (1962 bis 1972), im letzten verliert er sein Leben. Seit 1973 haben der Polizeibeamte Henri Castang und seine Frau Vera den Platz von Van der Valk eingenommen.
F. hat auch einige Kriminalromane verfaßt, in denen weder Van der Valk noch Castang auftreten:

Valparaiso (1964); *The Dresden Green* (1967); *This Is the Castle* (1968); *A Dressing of Diamond* (1973); *The Bugles Blowing* (1975). – Drei Romane über Van der Valk: *Death in Amsterdam* (1962, in USA *Love in Amsterdam*); *Strike Out Where Not Applicable* (1967); *A Long Silence* (1972, in USA *Auprès de ma Blonde*).

A Long Silence
(1972; dt. *Van der Valk muß schweigen,* 1972)
Kommissar Van der Valk findet in diesem Roman sein Ende. Schon seit einiger Zeit ist er seines Berufes müde. Die Gesellschaft verfällt zusehends; bei der Polizei nimmt die Bürokratie überhand; er selbst hat den Höhepunkt seiner Karriere überschritten. Als man ihm einen Posten als Mitglied einer Kommission anbietet, die eine Rechtsreform auf europäischer Basis untersuchen soll, nimmt er sofort an. Doch in seinem neuen Büro in Den Haag langweilt er sich ebenfalls. Eines Tages kommt ein junger Mann namens Richard Oddinga mit einer fast banalen Geschichte zu ihm, und Van der Valk beschließt, der Sache nachzugehen und sich als Privatdetektiv zu versuchen. Hat Larry Saint, Kompagnon des Juweliergeschäfts Prins, Richard wirklich eine teure Uhr zugespielt, damit Richard diese

stehle? Und wenn ja, weshalb? Ist etwas faul im Juweliergeschäft Prins? Van der Valks Nachforschungen werden von absurden Zufällen begleitet, und der absurdeste scheint zu sein, daß Van der Valk eines Abends in Den Haag erschossen wird. Die Polizei findet weder ein Motiv für den Mord noch den Täter. Arlette, Van der Valks französische Gattin, gibt jedoch nicht auf. Der Tod ihres Mannes wäre eher zu verwinden, glaubt sie, wenn sie wüßte, warum er sterben mußte. Ihre früheren Amsterdamer Freunde unterstützen sie, und mit Hilfe alter Notizbücher Van der Valks kommen sie gemeinsam Richard und Larry auf die Spur. Larry hat Richard zum Mord getrieben, um seine eigene Großartigkeit zu beweisen und um sich Richard als gefügiges Werkzeug für später zu sichern. Arlettes Freunde wollen Larry töten; aber Arlette sucht Larry selbst auf – sie kann die letzte Entscheidung nicht anderen überlassen. Ehe ein weiterer Mord geschieht, greift die Polizei ein. Larry, der nicht ganz normal zu sein scheint, wird verurteilt werden. Van der Valks Tod war somit doch nicht sinnlos, und die Polizei hat ihren Wert als Institution erneut bewiesen. Arlette wird ein neues Leben anfangen.

FREEMAN, RICHARD AUSTIN
(1862–1943)

Geboren in London; Medizinstudium. Sieben Jahre lang arbeitete er in Afrika, dann zwang ihn seine Gesundheit, nach England zurückzukehren. Seine afrikanische Zeit beschrieb er in *Travels and Life in Ashanti and Jaman* (1898). Die ersten Kriminalgeschichten schrieb F. in Zusammenarbeit mit John James Pitcairn (1860 bis 1936); ihr gemeinsames Pseudonym war Clifford Ashdown und ihr erstes Buch *The Adventures of Romney Pringle* (1902). F.s Hauptfigur, Dr. John Evelyn Thorndyke, tritt zum ersten Mal 1907 auf *(The Red Thumb Mark)*. Er ist der Held von über 20 weiteren Romanen und von einem halben Dutzend Kurzgeschichtenbänden (1907–1942). Thorndyke ist Gerichtsmediziner, der ein kleines Laboratorium in seiner Handtasche mit sich herumträgt. Er geht sorgfältiger und wissenschaftlicher vor als Holmes, dafür auch langsamer und langweiliger. Seine Fälle werden zum Teil von Dr. Christopher Jervis erzählt, der noch weniger merkt als Watson. Klüger ist Thorndykes Assistent Nathaniel Polton.

Neben den Thorndyke-Geschichten hat F. etwa 10 weitere Krimis und mehrere Bände Erzählungen um einige Raffles-Figuren geschrieben, darunter:

The Further Adventures of Romney Pringle (1969; zuerst 1903 in *Cassell's Magazine* – 6 Erzählungen); *A Savant's Vendetta* (1914, in USA *The Uttermost Farthing*); *The Exploits of Danby Croker* (1916); *The Surprising Experiences of Mr. Shuttlebury Cobb* (1927). – Drei Thorndyke-Romane: *A Silent Witness* (1914); *The Cat's Eye* (1923); *The Jacob Street Mystery* (1942, in USA *The Unconscious Witness*).

Lit.: N. Donaldson, In Search of Dr. Thorndyke, 1971.

The Penrose Mystery
(1936)

Mr. Daniel Penrose ist verschwunden. Ist er verreist, oder ist er das Opfer eines Verbrechens geworden? Der Rechtsanwalt Lockhart erzählt die Vorgeschichte des Falles Penrose: Er hatte Penrose in einem Antiquitätengeschäft kennengelernt, das einem gewissen David Parrott gehörte und dessen bester Kunde Penrose war. Eine Mrs. Deodatus Pettigrew hatte den Laden geführt. Nach dem Verschwinden Penroses war das Geschäft geschlossen worden. Penrose war ein begeisterter Sammler gewesen und hatte Lockhart eingeladen, seine Schätze zu besichtigen. Zu Lockharts Überraschung hatte Penrose ganz unsachverständig gesammelt. Neben einer Menge wertloser Kuriosa hatte er auch eine Sammlung außerordentlich wertvoller Steine besessen. Als in das Haus des verschwundenen Penrose eingebrochen wird, wendet sich Penroses Anwalt an Dr. John Thorndyke um Rat.
Von diesem Punkt an wird der Fall von Thorndykes Freund Dr. med. Christopher Jervis berichtet. Zunächst scheint es, als hätte Penrose seine eigene Sammlung gestohlen. Thorndyke stellt fest, daß Penrose an einer illegalen Ausgrabung beteiligt gewesen war und daß er seine wertvollsten Steine von einem Dieb gekauft hatte. Dann jedoch mehren sich die Zeichen dafür, daß Penrose ermordet worden ist. Thorndyke verfolgt die Spur von Penrose bis zu der Stätte der illegalen Ausgrabungen und entdeckt dort die Leiche. Als Mörder kommen in Frage: Deodatus Pettigrew, der bei dem Diebstahl und beim

Verkauf der Steine beteiligt gewesen war, und Parrott, der um die Ausgrabungen gewußt hatte. Deodatus Pettigrew meldet sich inzwischen als Erbe von Penrose.
Bei der Konfrontation aller Beteiligten stellt sich schließlich heraus, daß Pettigrew tatsächlich ein legaler Erbe von Penrose, aber auch mit Parrott identisch und daher Penroses Mörder ist. Als er sich überführt sieht, erliegt er einem Herzschlag. Das Motiv für seine Tat war weniger Habsucht als Furcht vor Entdeckung. Als Penrose Lockhart seine Steinsammlung zeigte, mißachtete er die Diskretion, die er Parrott versprochen hatte.

FREMLIN, CELIA
(*1914)

Pseudonym für die Engländerin Celia Margaret Goller, die seit 1958 etwa ein Dutzend psychologische Thrillers geschrieben hat.

The Hours before Dawn (1958); *The Trouble Makers* (1963); *The Jealous One* (1965); *The Long Shadow* (1976).

FREY, ALEXANDER MORITZ
(1881–1957)

Geboren in München. Er wuchs in Mannheim auf und studierte in Heidelberg. 1918–1933 war er freier Schriftsteller in München; 1933 floh er nach Salzburg, 1938 in die Schweiz, wo er sich in Basel niederließ. Er starb in Zürich. Während seiner expressionistischen Jahre schrieb er Grotesken, die oft kriminalistische Elemente enthalten. Grotesken ähnlicher Art schrieben viele Expressionisten, z. B. Alfred Lemm (1889 bis 1918; *Mord,* 2 Bde., 1918), Mynona (Salomo Friedländer, 1871–1946, zahlreiche Bände) und andere.

Dunkle Gänge (1913, Novellen); *Solnemann der Unsichtbare* (1914, Roman); *Der Mörder ohne die Tat* (1918, Novellen).

FRIEDMANN, FRITZ
(1852–1915)

Geboren in Berlin als Sohn eines Rittergutsbesitzers. Er studierte Jura und war seit 1880 Anwalt in Berlin. 1895 flüchtete er vor dem Richter und den Gläubigern nach Frankreich. 1898–1900 war er in Amerika. 1900 gründete er in Brüssel ein Anwaltsbüro und gab eine Handelszeitschrift heraus. Neben anderen Romanen, einer Autobiographie und der Studie *Verbrechen und Krankheit im Roman und auf der Bühne* (1889) schrieb F. zumindest einen Krimi: *Gräfin Ilse* (1896). F. verwendete auch das Pseudonym Erich Hohenziel.

FROME, DAVID
(*1898)

Pseudonym für Zenith Jones Brown; bekannt auch unter dem Pseudonym Leslie Ford. Sie wurde in Smith River, Kalifornien, geboren und wuchs in Tacoma, Washington, auf. Nach dem Studium in Seattle (B. A.) heiratete sie den Anglistik-Professor Ford K. Brown. Mrs. Brown schrieb ihren ersten Krimi, *Murder of an Old Man* (1929), in England und veröffentlichte ihn unter dem Pseudonym David Frome. Ihr englischer Detektiv heißt Evan Pinkerton und ist der Held in einem Dutzend Büchern (1930–1950). Seit 1931 wohnen die Browns in Annapolis, Maryland. Nun schrieb Mrs. Brown auch Krimis, die in den USA spielen, unter dem Pseudonym Leslie Ford. Seit 1937 sind Leslie Fords Hauptthelden Grace Latham und Colonel John Primrose (etwa 15 Krimis). Die erste kommt jeweils einem Verbrechen auf die Spur und gerät in höchste Gefahr, aus der sie der Colonel gerade noch rechtzeitig rettet.

Drei Evan-Pinkerton-Romane (von David Frome): *The Hammersmith Murders* (1930, in England *Mr. Pinkerton Returns*); *Mr. Pinkerton Has the Clue* (1936); *Homicide House* (1950, in England *Murder on the Square*). – Drei Romane über Grace Latham und Colonel Primrose (von Leslie Ford): *Ill-Met by Moonlight* (1937); *All for the Love of a Lady* (1944, in England *Crack of Dawn*); *Washington Whispers Murder* (1953, in England *The Lying Jade*).

Mr. Pinkerton Solves the Eel Pie Murders
(1933, von David Frome)
Mr. Evan Pinkerton ist ein »Welshman«, ein wohlsituierter, verschüchterter Herr im besten Alter. Als Kind war er von seiner Tante terrori-

siert worden, darauf von den bösen Buben in der Schule (er war eine Zeitlang Lehrer gewesen), zuletzt von seiner Frau, die in London eine Pension geführt hatte und nun glücklicherweise gestorben ist. Einer ihrer Pensionäre war der junge J. Humphrey Bull gewesen, heute Inspektor bei Scotland Yard. Bull hat inzwischen geheiratet, und Pinkerton ist ein häufiger Benützer des Bullschen Gästezimmers.
Mit kindlicher Freude verfolgt Pinkerton Bulls Kriminalfälle und erteilt hier und dort einen guten Rat, der zur Lösung beiträgt. Im übrigen geht er oft ins Kino, was ihm seine Frau früher verboten hatte.
Am Ufer einer Insel wird die Leiche einer hübschen jungen Frau entdeckt. Erst nach Tagen wird der Leichnam identifiziert: es handelt sich um Mrs. Sheila Campbell, geschieden. Wer ist der Mörder? Die Schwester Dorothy, die Sheila haßte und verachtete? Ihr Exgatte, der ihr Alimente zahlen mußte? Dessen Frau? Mr. Barington, dessen Mätresse Sheila gewesen war? Baringtons eifersüchtige Frau? Der Klubbesitzer di Maggio, dem Sheila im Spiel eine große Summe abgenommen hatte? (Sie hatte entdeckt, daß di Maggios Roulettetisch mit Magneten reguliert wurde, und hatte den Betrüger mit dessen eigenen Waffen geschlagen.)
Di Maggio ist es nicht gewesen, denn er wird erschossen. Pinkerton verliebt sich in ein anscheinend stilles, bescheidenes Mädchen. Dann teilt er Bull mit, wie man den Doppelmörder in eine Falle locken könnte. Wer am Ende in die Falle läuft, ist Pinkertons Geliebte! Das alles ist spannend und mit viel Ironie erzählt.

The Woman in Black
(1947, von Leslie Ford; dt. *Die Frau in Schwarz,* 1952)
Grace Latham, die Heldin, eine etwa vierzigjährige, hübsche Witwe, verwickelt sich wie so oft in einen Mordfall in Washington. Ermordet wird die »Frau in Schwarz«, angeblich Mrs. Bertha Taylor (in Wirklichkeit deren Tochter). Die etwa fünfzehn handelnden Personen besuchen sich nun gegenseitig, 29 Kapitel lang, schwätzen wenig Wichtiges und sehr viel Unwichtiges und erleben noch zwei weitere Morde. Die Geschichte, die sich am Ende ergibt, ist von phänomenaler Unwahrscheinlichkeit. Ellery B. Seymour ist von dem steinreichen Bluffer und Präsidentschaftskandidaten Enoch B. Stubblefield beleidigt worden. Danach läßt er sich von Stubblefield anstellen, arbeitet sich über die Jahre zur zweithöchsten Position hinauf und plant Stubblefields geschäftlichen Ruin. Die hübsche Susan Kent verkauft ohne Wissen ihres Mannes, eines Chemikers, laufend dessen wissenschaftliche Notizblätter an Seymour, was ihr und ihrem Mann ein ziemlich luxuriöses Leben gestattet. Theodore Hallet, voller Minderwertigkeitskomplexe, hat sich zum Organisator von Stubblefields Präsidentschaftskampagne aufgeschwungen. Die »schwarze Dame« ist seine Geliebte. Captain Albert Lamb vertritt die Polizei, unterstützt durch Colonel Primroses Freund und Diener, Sergeant Phineas T. Buck, der auf die Freundschaft zwischen Grace Latham und Primrose eifersüchtig ist. Der Colonel selbst tritt diesmal nicht auf: er liegt mit Masern im Krankenhaus.
Der Mörder ist der kleine Theodore Hallet, der zuerst die Geliebte, dann einen Leibwächter von Stubblefield und zuletzt wegen einer Beleidigung den Präsidentschaftskandidaten selbst umbringt. Theodore erhängt sich im Badezimmer. Dorothy Hallet wußte, daß ihr Mann der Schuldige war, hatte aber nichts gesagt. Im Grunde ist aber an allem Seymour schuld, denn er hatte die »schwarze Dame«, Tochter eines Opfers von Stubblefield, dazu aufgehetzt, diesen durch unliebsame Auftritte zu quälen. Das unübersehbare Durcheinander der ersten 230 Seiten ist dafür verantwortlich, daß manche Leser auf den dreißig letzten Seiten nicht merken werden, was für ein Unsinn ihnen vorher vorgesetzt worden ist.

FULLER, ROY
(*1912)

Geboren in Oldham. Er studierte Jura und diente als Offizier im Zweiten Weltkrieg. F. machte sich vor allem durch seine Lyrik und seine Literaturkritik einen Namen und war 1968 bis 1973 Professor für Lyrik in Oxford. Neben Jugendbüchern schrieb er auch drei Krimis:

With My Little Eye (1948); *The Second Curtain* (1953); *Fantasy and Fugue* (1954).

FULLER, TIMOTHY
(*1914)

Dieser Amerikaner schrieb zwischen 1936 und 1950 fünf Krimis. Seine Zentralfigur ist Jupiter Jones. BARZUN/TAYLOR loben die letzten drei Titel.

Harvard Has a Homicide (1936); *Three-Thirds of a Ghost* (1941); *Reunion with Murder* (1941); *This Is Murder, Mr. Jones* (1943); *Keep Cool, Mr. Jones* (1950).

FUTRELLE, JACQUES
(1875–1912)

Geboren in Pike County, Georgia. Er war als Journalist und beim Theater tätig und schrieb leichte Romane, Krimis und Erzählungen. Überlebt haben nur die Kurzgeschichten um Professor August S. F. X. Van Dusen, genannt »The Thinking Machine«. Dieser denkt so ungeheuer logisch, daß er schon beim ersten Schachspiel seines Lebens gegen einen erfahrenen Meister gewinnt. Van Dusen ist ein Wissenschaftler mit unverhältnismäßig großem Kopf und hoher Stirn, hinter der sich ein computerähnliches Gehirn verbirgt. Am berühmtesten ist die Erzählung »The Problem of Cell 13«; Van Dusen entrinnt aus einer streng bewachten Gefängniszelle und gewinnt damit eine Wette. – F. ging mit der »Titanic« unter, während seine Frau gerettet wurde.

The Simple Case of Susan (1908); *The Diamond Master* (1909); *The High Hand* (1911). – Die drei Van-Dusen-Bücher: *The Chase of the Golden Plate* (1906); *The Thinking Machine* (1907, Kurzgeschichten); *The Thinking Machine on the Case* (1908, Kurzgeschichten, in England: *The Professor on the Case*).
Andere Van-Dusen-Erzählungen erschienen in Zeitschriften und wurden später in *Ellery Queen's* neu gedruckt. Drei davon sind 1973 in Buchform erschienen: zwei in *Best ›Thinking Machine‹ Detective Stories* (hrsg. von E. F. Bleiler), eine in *The Crooked Counties* (hrsg. von Hugh Greene); E. F. Bleiler gab 1976 weitere 13 Van-Dusen-Geschichten heraus (*Great Cases of the Thinking Machine*); 12 davon waren 1906–1908 im *Sunday Magazine* erschienen.

GABORIAU, EMILE
(1832–1873)

Geboren in Saujon. Er wurde Sekretär von Paul Féval, der neben Alexandre Dumas einer der populärsten französischen Romanciers der Zeit war. G. besuchte Gefängnisse und Gerichte und schrieb dann die betreffenden Kapitel für Féval. 1859 machte sich G. selbständig und begann, seine eigenen Romane als Feuilletons zu publizieren. Bekannt ist er noch heute für seinen achten Roman, *L'Affaire Lerouge* (1866, als Feuilletonroman schon 1863), in dem zum ersten Mal der Polizeidetektiv Monsieur Lecoq auftritt. Lecoq ist hier noch nicht der eigentliche Held, denn es ist Père Tabaret, der dem verlogenen Aristokraten auf die Schliche kommt. In den folgenden Romanen tritt der Amateurdetektiv Tabaret in den Hintergrund. Lecoq wird intelligenter und gerät deswegen bald in Konflikt mit seinem Vorgesetzten (ein Leitmotiv auch bei Simenons Maigret). Lecoq ist der erste wichtige Polizeidetektiv der Weltliteratur; sein Einfluß war enorm. Er tritt in einem halben Dutzend zum Teil sehr umfangreicher Romane auf.

L'Affaire Lerouge (1866); *Le Dossier No. 113* (1867); *Le Crime d'Orcival* (1867); *Les Esclaves de Paris* (1868); *Monsieur Lecoq* (1869); *Le Petit Vieux de Batignolles* (1876).

Monsieur Lecoq
(1869; dt. *Herr Lecoq*, 1869)

Die Ereignisse dieses Romans spielen sich zur Zeit der schnell wechselnden Machtverhältnisse nach der Französischen Revolution ab. In einer übel beleumdeten Spelunke in einer Vorstadt von Paris überrascht die Polizei bei einer Razzia einen Mörder. Ein schäbig gekleideter Mann hat soeben zwei ebenso schäbige Kerle erschossen; ein dritter hat sich im Fallen verletzt und stirbt wenige Minuten später. Der Mörder plädiert für Notwehr. Die Wirtin und der sterbende junge Mann bestätigen, daß er sich hatte verteidigen müssen. Für den eitlen und ziemlich dummen Inspektor Gevrol ist die Sache klar: ein Kampf zwischen betrunkenen Ganoven; weitere Untersuchungen erübrigen sich. Doch der junge Polizeidetektiv Lecoq ist stutzig geworden. Warum ist der unbekannte Mörder, der jede Erklärung verweigert, nicht sofort geflohen? Woher stammt der Diamantring auf dem Boden? Anhand von Spuren im Schnee stellt Lecoq fest, daß zwei Frauen in der Spelunke gewesen waren. Er vermutet, daß die Frauen und der Mörder nicht sind, was sie zu sein vorgeben, und daß sie einer hohen sozialen Schicht angehören. Gevrol nimmt Lecoq nicht ernst und überläßt ihm den Fall, dessen Leitung der vornehme Magistrat Maurice d'Escorval übernimmt. Nach einer ersten Unterredung mit dem Gefangenen übergibt d'Escorval die Untersuchung seinem Kollegen Segmuller; Lecoq wird gesagt, daß d'Escorval sich das Bein gebrochen habe. Segmuller und Lecoq arbeiten gut zusammen, aber sie sind den Künsten und Listen des Gefangenen, der sich jetzt als ein Findling namens Mai ausgibt, nicht gewachsen. Überdies hintertreibt Gevrol die Bemühungen Lecoqs. Um doch noch der Wahrheit auf die Spur zu kommen, läßt man den Gefangenen schließlich frei. Lecoq folgt ihm, bis der Gefangene über eine Mauer in den Garten des Duc de Sairmeuse springt und verschwindet. Der Amateurdetektiv Monsieur Tabaret bestätigt schließlich Lecoq gegenüber, was dieser nicht zu denken gewagt hatte: Mai ist der Herzog von Sairmeuse.

In der Folge erfahren die Leser – und am Ende auch Lecoq – die Hintergründe des Verbrechens: Marie-Anne Lacheneur ist die einzige Frau, die Martial de Sairmeuse je geliebt hat. Sie hat heimlich Maurice d'Escorval geheiratet. Durch die politischen Wirren der Zeit werden die Liebenden getrennt; ihr Kind verschwindet. Marie-Anne wird vergiftet. Ihr Bruder Jean, aber auch der Herzog von Sairmeuse schwören Rache. Die Mörderin bleibt unentdeckt – es ist des Herzogs Frau Blanche. Der Sohn ihres Komplizen, Chupin, erpreßt Blanche jahrelang: Nach Chupins Tod setzt dessen Witwe, die Wirtin der Spelunke, die Erpressungen fort. Über Chupin entdeckt Jean Lacheneur schließlich die Spur Blanches. Als Rache will er einen Skandal inszenieren und den Namen Sairmeuse

unmöglich machen. Blanche und eine Dienerin kommen, wie geplant, in die Spelunke. Martial folgt ihnen. Jean hat jedoch unterwegs einen Unfall und bleibt aus. Die Komplizen wollen Blanche ausrauben. Da greift Martial de Sairmeuse ein, tötet die Ganoven und verhilft den Frauen zur Flucht. In diesem Moment stürmt die Polizei ins Haus.
Blanche vergiftet sich kurz darauf selbst. Maurice d'Escorval findet seinen Sohn wieder. Lecoq gelingt es schließlich doch, Martial zu überführen; er trägt aber auch zum Freispruch Martials bei. Da Blanche tot ist, wird ein Skandal vermieden. Lecoq wird zum Inspektor befördert.

GALEN, PHILIPP
(1813–1899)

Pseudonym für Karl Ernst Philipp Lange, geboren in Potsdam. Er studierte Medizin und war Chirurg an der Charité, dann Militärarzt. 1878 trat er als Oberstabsarzt in den Ruhestand. Sein früher Roman, *Der Irre von St. James* (1854) ist ein spannender Krimi, den man mit gutem Gewissen neben Wilkie Collins' *The Woman in White* (1860) stellen kann.

GALLICO, PAUL WILLIAM
(1897–1976)

Geboren in New York als Sohn eines italienischen Musikers und einer Österreicherin. Nachdem er in USA ein bekannter Sportjournalist gewesen war, zog er 1939 als freier Schriftsteller nach England, später an die Riviera. Er starb in Monaco. Viele seiner Romane waren Bestseller. Ins Gebiet des Krimi gehören:

The Adventures of Hiram Holliday (1939); *Trial by Terror* (1952); *Too Many Ghosts* (1959); *The Hand of Mary Constable* (1964).

GALWEY, GEOFFREY VALENTINE
(*1912)

Geboren in Madras. Er studierte in Oxford, wurde Reklameberater und später Direktor der Firma Lovell & Rupert Curtis. Die Zentralfigur seiner drei Krimis ist Chief Inspector Bourne.

Murder on Leave (1946); *The Lift and the Drop* (1948); *Full Fathom Five* (1951).

GARDNER, ERLE STANLEY
(1889–1970)

Geboren in Malden, Massachusetts. Sein Vater war Ingenieur und wechselte seinen Aufenthaltsort öfter. Die Highschool besuchte G. in Kalifornien, wo er Rechtswissenschaften studierte und 1911 Advokat wurde. Er praktizierte in Oxnard (Kalifornien) und hatte bald einen ausgezeichneten Ruf als Strafverteidiger; er nahm sich besonders um Personen aus der Unterschicht an (Mexikaner, Chinesen). 1918 gab er den Beruf vorübergehend auf und wurde Reisender. Drei Jahre später nahm er in Ventura (Kalifornien) den Rechtsanwaltsberuf wieder auf. Gleichzeitig begann er, Romane und Kurzgeschichten zu schreiben – nie weniger als 4000 Wörter pro Tag. Von 1923 bis 1932 verkaufte er Hunderte von Kurzgeschichten an die »Pulps« und andere Zeitschriften, darunter *Black Mask*. Dabei benützte er mindestens sechs Pseudonyme (Charles M. Green, Robert Parr, Kyle Corning, Les Tillray, Charles J. Kenny, Carleton Kendrake). Er verdiente nicht übel dabei; um 1932 bereits über 20 000 Dollar im Jahr. 1933 erschien der erste Perry-Mason-Roman; von jetzt an war G. ein reicher Mann. Er kaufte sich ein Landgut mit vier Quadratkilometern Land. Hier beschäftigte er sechs Sekretärinnen und ein Dutzend weitere Personen. Seit 1930 war seine Hauptsekretärin Agnes Jean Bethell, die er 1968 heiratete. Masons Sekretärin Della Street soll ihr Spiegelbild sein. Im Unterschied zu Mason war G. schon vor 1930 verheiratet gewesen; er lebte aber seit den dreißiger Jahren getrennt von seiner Frau. Auch Agnes Bethell war im Unterschied zu Della Street vor 1930 verheiratet gewesen.
1948 gründete G. den »Court of Last Resort«, eine private Hilfsgesellschaft, die Menschen beistand, die möglicherweise zu Unrecht verurteilt worden waren. G. verhalf einigen zu nachträglichen Freisprüchen; die Fälle schildert er in *The Court of Last Resort* (1952).
Abgesehen von mehreren Serienfiguren seiner »Pulp«-Zeit (die Rechtsanwälte Ken Corning und Peter Wennick; Speed Dash, the human fly; Sidney Zoom mit seinem Polizeihund Rip; Ed

Jenkins, der unsichtbare Gauner; Hard Rock Hogan; Senor Arnaz de Lobo; die Schwindler Lester Leith und Paul Pry; the Patent Leather Kid) hat G. drei Serienkonstellationen erfunden:

1. Perry Mason, der berühmteste und berüchtigtste Strafverteidiger von Los Angeles. Der Staatsanwalt und die Polizei sind seine bitteren Feinde. Immer wieder wollen sie sich die Sache leicht machen, packen den bequemsten Verdächtigen, stellen ihn unter Anklage und versuchen, ihn eines Mordes zu überführen. Sie ärgern sich maßlos, wenn Perry Mason am Ende beweist, daß der Angeklagte unschuldig ist, und angibt, wer der wirkliche Schuldige ist. Perrys hilfreiche Freunde sind seine hübsche Sekretärin Della Street und Paul Drake, der im gleichen Gebäude wie Perry ein Detektivbüro betreibt. Perrys Feinde sind Hamilton Burger, der Staatsanwalt, und in geringerem Maße Leutnant Tragg von der Polizei. Mason gewinnt alle Fälle, wenn er auch manchmal der Gerechtigkeit nur dadurch zum Sieg verhelfen kann, daß er selbst die Gesetze bricht. Von den über 80 Perry-Mason-Büchern sind sechs verfilmt worden (1934–1937). In den Jahren 1957–1973 erschien Mason in etwa 200 Fernsehfilmen.

The Case of the Velvet Claws (1933); *The Case of the Stuttering Bishop* (1936); *The Case of the Empty Tin* (1941); *The Case of the Fandancer's Horse* (1947); *The Case of the Bigamous Spouse* (1961); *The Case of the Postponed Murder* (1973).

2. Unter dem Pseudonym A. A. Fair schrieb G. etwa 30 Romane über die Detektivpartner Bertha Cool und Donald Lam. Bertha ist etwa sechzig Jahre alt, korpulent und überaus geldgierig. Viel Verstand hat sie nicht, und sie ist jederzeit bereit, ihren Partner zu verraten, wenn die Polizei sie unter Druck setzt. Donald Lam ist ein kleiner kluger Kerl, tapfer, ein früherer Rechtsanwalt, in den sich die hübschen Kundinnen und die treue Sekretärin Elsie Brand verlieben. Die Polizei hingegen haßt Lam wie die Pest, da es ihr mit Lam geht wie dem Staatsanwalt mit Mason. Wenn es sich machen läßt, versucht die Polizei (Lieutenant Sellers), Lam als Mörder hinzustellen. Wie Creaseys »Baron« muß Lam gleichzeitig vor der Polizei flüchten und den richtigen Mörder finden. Am Ende übergibt Lam der Polizei den Schuldigen, worauf man Lam laufen läßt. Selbstverständlich fällt das Verdienst der Mordaufklärung Sellers zu. Was das Geld betrifft, so steckt es Bertha ein. Die aufregenden Ereignisse werden von Lam mit viel Witz und Ironie in der Ichform erzählt.

The Bigger They Come (1939, in England *Lam to the Slaughter*); *Double or Quits* (1941); *Fools Die on Friday* (1947); *The Count of Nine* (1958); *Fish or Cut Bait* (1963); *All Grass Isn't Green* (1970).

3. D. A. Doug Selby ist ein Staatsanwalt (D. A. = District Attorney) in Madison County (Kalifornien), der Held von neun Romanen der Jahre 1937–1949. Er klärt mehrere Morde auf und bringt die Schuldigen vor Gericht. Die Journalistin Sylvia Martin hilft ihm dabei. Der D. A. wird vom Volk gewählt, und meistens muß Selby gegen mächtige politische Gegner vorgehen. Verlöre er einen Fall, so wäre es aus mit seiner Karriere. Die ungeheure Spannung ergibt sich daraus, daß es oft bis kurz vor Schluß so aussieht, als ob er diesmal doch den kürzeren ziehen könnte.

The D. A. Calls It Murder (1937); *The D. A. Cooks a Goose* (1942); *The D. A. Breaks an Egg* (1949).

Lit.: A. Johnston, The Case of Erle Stanley Gardner, 1947.

Pass the Gravy

(1959, von A. A. Fair; dt. *Von Fall zu Fall*, 1963)

Die fünfzehnjährige Sandra Eden sucht bei der Privatdetektivfirma Cool & Lam Hilfe. Bertha Cool – »so weich und freundlich wie ein Rolle Stacheldraht« – schickt Sandra weg, sobald sie merkt, daß Sandra kein Geld hat. Donald Lam aber hört Sandra an: Ihr Onkel Amos Gage, ein Quartalssäufer, ist von seiner letzten Sauftour nicht zurückgekommen. Sandra und ihre Mutter, die von Amos finanziell unterstützt werden, machen sich Sorgen. Sitzt Amos Gage im Gefängnis? Gage würde in zwei Wochen ein Vermögen erben, falls er nicht bis dahin eines größeren Verbrechens überführt wird. Lam beschließt – trotz Bertha Cool –, den Edens zu helfen. Zunächst jedoch kümmert er sich um einen anderen Auftrag: er muß Daphne Beckleys Gatten Malcolm finden. Malcolm ist am selben Tag verschwunden wie Amos Gage. Auf der Heimfahrt hatte er einen Mann und eine hübsche Blondine mitgenommen, war aber nie zu Hause angekommen. Daphne möchte wissen, ob sie nun eine wohlhabende Witwe ist (ihr Mann hat eine hohe Lebensversicherung abgeschlossen), oder ob sie eine gewinnversprechende Scheidungsklage einreichen kann. Beides wäre ihr recht. Lam findet heraus, daß sich Beckley und Gage ähnlich sehen und daß Gage der Mann war, den Beckley mitgenommen hatte. Kann das noch Zufall sein? Lam entdeckt schließlich Gage in Reno; seine Geschichte klingt unglaubhaft. Als nächstes findet Lam an dem von Gage bezeichneten Ort Beckleys Leiche; er ist erschlagen worden. Nun kommt die Polizei ins Spiel und macht dank der Hilfe Lams bei der Untersuchung schnelle Fortschritte. Gage wird verhaftet und angeklagt. Als er auch Donald Lam mit hineinziehen will, spielt dieser seinen letzten Trumpf aus und entlarvt den wahren Mörder: Daphne. Sie und Malcolm hatten ursprünglich Amos Gage töten, dessen Leiche als die von Malcolm ausgeben und die Versicherung kassieren wollen. Als Malcolm im kritischen Moment die Nerven verlor, hatte Daphne ihn anstelle von Amos Gage umgebracht.

The Case of the Postponed Murder
(1973; dt. *Perry Mason und der tote Skipper,* 1974)
Zu Perry Mason, dem berühmten Rechtsanwalt, kommt Mae Farr (die sich als ihre Schwester ausgibt, aber Mason läßt sich nicht bluffen). Ihr Chef, Penn Wentworth, beschuldigt sie, einen Scheck gefälscht zu haben. Etwas stimmt da nicht. Aber bevor Mason die Sache untersuchen kann, wird Wentworth ermordet auf seiner Jacht gefunden, die im Pazifik treibt. Es folgt der übliche Kampf zwischen der Staatsanwaltschaft und Mason. Der Staatsanwalt ernennt zum Sündenbock zuerst Harold Anders, einen Jugendfreund von Mae, der sie liebt und der Wentworth erschossen haben soll, als dieser gerade versuchte, Mae zu vergewaltigen. Als Mason diese Theorie als haltlos widerlegt, wird Mae selbst zur Mörderin gestempelt. Aber Mason hat unterdessen drei weitere Möglichkeiten erwogen, und am Schluß ist der Mörder weder Wentworths schurkischer Partner noch Mrs. Wentworths neuer Liebhaber mit dem Wasserflugzeug, sondern eine Sportlerin namens Hazel Tooms, der Wentworth die Heirat versprochen hatte, dieses Versprechen aber nicht hatte halten wollen. Sie hatte ihn auf offenem Meer erschossen und war dann ans Ufer geschwommen. Mae und Anders heiraten, die Staatsanwälte gehen beschämt und voller Haß auf Mason nach Hause, und Mason erklärt seiner Sekretärin Della Street und seinem Freund, dem Detektiv Paul Drake, wie er der Wahrheit auf die Spur gekommen ist.

GARDNER, JOHN
(?)

Dieser Amerikaner begann 1964 mit *The Liquidator.* Erfolg hatte er mit dem 1969 erschienenen Krimi *A Complete State of Death,* mit Charles Bronson und Martin Balsam verfilmt.

Understrike (1965); *Amber Nine* (1966).

A Complete State of Death
(1969; dt. *Nur tote Gangster schweigen,* 1971)
Der Held ist der Londoner Detektivinspektor John Derek Torry; sein Vater war Italiener gewesen und hatte Torrini geheißen. Torry ist zu temperamentvoll und vergißt sich oft in seiner Wut, d. h. es kommt vor, daß er gewisse Halunken (die es allerdings verdienen) bewußtlos schlägt. Das tut er auch deshalb, weil er sich für den Tod eines Kollegen verantwortlich fühlt und diese Schuld auf andere projiziert. Als Torry noch bei der New Yorker Polizei gewesen war, hatte er einen Gangster in Schach halten müssen, sich aber einen Augenblick ablenken lassen. In dieser Sekunde hatte der Gangster Torrys Freund erschossen. Torry ist katholisch, hat ein schlechtes Gewissen, wenn er bei einer Hure gewesen ist, und möchte seine Freundin Sue heiraten, bevor er sie besitzt. Sie ist aber nicht gläubig und hat es nicht schwer, ihn zu verführen. Soll er sie nun heiraten? Wie kann er eine solche Frau seinen katholisch-bigotten Eltern vorführen? Die Frage bleibt offen.
Wegen seines unbeherrschten Temperaments ist Torry seinen Vorgesetzten – Superintendent Tickermann ausgenommen – unheimlich; man will ihn entlassen. Seine direkte, grobe, ehrliche Art hat aber auch Vorteile. Er läßt sich von seinen Vorgesetzten nicht einschüchtern und hält nach wie vor einen gewissen General Wexton für den Leiter einer neuen, mafiaartigen Verbrecherorganisation. Diese Hartnäckigkeit führt schließlich teilweise zum Ziel. Der Gang-

sterboß wird verhaftet, und einer von vier geplanten Bankeinbrüchen wird verhindert. – Gardner bringt abwechselnd Szenen aus dem Leben Torrys, aus dem Polizeibetrieb und den Aktivitäten der Gangster (die von Amerika aus kontrolliert werden). Von Szene zu Szene kommen sich die Bankräuber und die Detektive näher, bis sie sich an Shakespeares Geburtstagsfest in Stratford treffen. Der Erfolg der Polizei ist nur ein Teilerfolg: die amerikanische Oberleitung wird nicht berührt, und der große Teil der Bankräuber entrinnt – wie geplant.

GARNER, HUGH
(*1913)

Geboren in England, kam er im Alter von sechs Jahren nach Toronto, Kanada. 1929 kehrte er der Schule den Rücken und versuchte sich in verschiedenen Berufen. Während des Bürgerkrieges kämpfte er in Spanien. In den fünfziger Jahren wurde er zu einem der angesehensten Autoren der kanadischen Literatur. Von seinen bisher acht Romanen fallen drei ins Gebiet des Krimi:

The Sin Sniper (1970); *A Nice Place to Visit* (1970); *Death in Don Mills* (1975).

Death in Don Mills
(1975)

In der Kammer neben dem Lift, wo die Müllsäkke abgestellt sind, wird Zelda Greenless gefunden – als nackte Leiche. Die Polizei findet heraus, daß sie vergiftet wurde. Als sie bereits tot war, hat man sie noch von hinten durchbohrt. Inspektor Walter Dumont und Detektiv Bill Zotas machen sich auf, um etwas über die Tote zu erfahren. Sie scheint eine Alkoholikerin gewesen zu sein und soll mit Jugendlichen geschlafen haben. Sie ist aber beliebt gewesen, und auch ihr Chef, ein Arzt, hat sie geschätzt. Mit den Detektiven lernt der Leser das Mittelstandsmilieu dieses Vororts von Toronto kennen: Verlogenheit, drogensüchtige Schüler usw. Der serbische Hauswart gesteht als erster: er hat gesehen, wie Craig Hardley, ein Angestellter bei der Börse, zu Zelda hineingegangen ist. Hardley hatte anscheinend die betrunkene Zelda vergewaltigen wollen – nur war sie schon tot gewesen. Warum hat Hardley sie erstochen? Warum der Haß? Hardley hat einen siebzehnjährigen Sohn, Dwayne, der homosexuell ist. Vor dieser Schande schließt Hardley bewußt die Augen und glaubt seinem Sohn, als dieser ihm erklärt, er schlafe mit Zelda – während er in Wirklichkeit bei seinem Freund Piet Langenzent ist. Auch Piet glaubt Dwaynes Lüge; in seiner Eifersucht hat er Zelda vergiftet. Zelda, so stellt sich heraus, war eine Art anonyme Sozialfürsorgerin gewesen, die vielen Jugendlichen des Stadtviertels geholfen hatte. Die »aufrechten« Bürger hingegen, die auf sie herabgeblickt hatten, werden als übles Gesindel entlarvt.

GARVE, ANDREW
(*1908)

Pseudonym für Paul Winterton, geboren in Leicester. Studium an der London School of Economics und an der Universität London. Er wurde Journalist und Reporter; von 1942 bis 1945 war er Korrespondent in Moskau. Sein erster Krimi erschien 1938 unter dem Pseudonym Roger Bax: *Death Beneath Jerusalem.* Unter demselben Namen veröffentlichte er fünf weitere Krimis, den letzten 1951 *(A Grave Case of Murder).* Zwischen 1958 und 1961 schrieb er vier Bücher unter dem Pseudonym Paul Somers, deren Held ein junger Reporter ist. Aber wirklich erfolgreich wurde Winterton nur als Andrew Garve. Unter diesem Pseudonym hat er 1950 drei und seither etwa dreißig weitere Krimis veröffentlicht.

Murder in Moscow (1950); *No Tears for Hilda* (1950); *No Mask for Murder* (1950, in USA *Fontego's Folly*); *Beginner's Luck* (1958, von Paul Somers); *The Golden Deed* (1961); *Hide and Go Seek* (1966); *The Ascent of D-13* (1969).

Frame-up
(1964; dt. *Alibi Tigerkatze,* 1968)

Der reiche Sonntagsmaler John Lumsden ist erwürgt worden. Nur drei Personen kommen als Mörder in Frage: Lumsdens Neffe Michael Ransley, Lumsdens Protégé George Otway und Lumsdens Haushälterin Kathie Bowen. Aber Kathie hat kein Motiv. Kurz ehe er ermordet wurde, hatte sich Lumsden mit Kathie verlobt, und sie konnte nicht mit Sicherheit wissen, daß er ein neues Testament zu ihren Gunsten gemacht hatte. Ransley und Otway dagegen waren sicher, daß sie nach dem bisherigen Testament erben würden, und hatten allen Grund, eine Heirat Lumsdens zu verhindern. Inspektor Blair schwankt zwischen Otway und Ransley. Otway hat ein Alibi, aber auch Ransley ist nichts zu beweisen. Als die beiden Verdächtigen von dem neuen Testament erfahren, dringen sie nachts in Lumsdens Haus ein: Blair kann Otway gerade noch daran hindern, Ransley zu erwürgen. Nachdem die Polizei sich nun über Otways Charakter im klaren ist, gelingt es ihr auch, das Alibi zu zerstören, das Otway mit Hilfe seiner Frau inszeniert hatte.

GASPEY, THOMAS
(1788–1871)

Dieser Engländer war Journalist zuerst beim *Morning Chronicle,* dann bei der *Sunday Times,* deren Herausgeber und Miteigentümer er wurde. Er schrieb Lyrik und einige Romane, darunter einen frühen Krimi: *The History of George Godfrey* (1828). Godfrey wird für ein Verbrechen verurteilt, das er nicht begangen hat, und nach Australien deportiert. Er kehrt zurück, und ihm geschieht Gerechtigkeit.

GAULT, WILLIAM CAMPBELL
(*1910)

Geboren in Milwaukee. Er lebt seit langem in Kalifornien und soll Hunderte von Kriminalerzählungen in den »Pulps« veröffentlicht haben, bevor 1952 sein erster Krimi erschien: *Don't Cry for Me,* der den »Edgar« als bester Erstlingskrimi des Jahres erhielt. G. hat dann in den Jahren 1952–1964 über 20 Krimis veröffentlicht. 1955 tritt zum ersten Mal der Detektiv Brock »the Rock« Callahan auf *(Ring Around Rosa).* Ein anderer Detektiv, Joe Puma, kommt zum ersten Mal in *End of a Call Girl* (1958) vor. G. trägt eine ausgesprochen sozialkritische, sogar zynische Haltung gegenüber dem Leben in Kalifornien zur Schau.

The Bloody Bokhara (1952, anderer Titel *The Bloodstained Bokhara*); *Death out of Focus* (1959); *The Checkered Flag* (1964).

GEROULD, GORDON HALL
(1877–1953)

Nach BARZUN/TAYLOR schrieb dieser amerikanische Professor für englische Literaturgeschichte nur einen Krimi, der in Washington spielt und die Technik von Leslie Ford (siehe unter David Frome) um zehn Jahre vorausnimmt: *A Midsummer Mystery* (1925).

GHERMAN (AUCH GERMAN), JURI PAWLOWITSCH
(1910–1967)

Geboren in Riga. Mit dreizehn Jahren verließ er die Schule; schon 1926 begann er zu publizieren. Der Roman *Unsere Bekannten* (1936) beschreibt die Tätigkeit des Geheimdienstes in den zwanziger Jahren. G. hat zahlreiche Jugendkrimis geschrieben, deren Helden die Polizei und die Cheka sind.

GIBSON, WALTER B.
(*1897)

Dieser Amerikaner wurde Journalist und schrieb Artikel und Bücher über Zauberei. Houdini soll ihn als Ghostwriter benützt haben. 1931 erfand G. »The Shadow«, eine der populärsten Übermensch-Figuren der »Pulps«. Die Zeitschrift *The Shadow* erschien von 1931 bis 1949 zuerst monatlich, dann vierzehntägig. Unter dem Pseudonym Maxwell Grant schrieb G. nahezu 300 Kurzromane über diesen schwer faßbaren Helden. Die Person des »Shadow« machte mehrere Wandlungen durch, bevor sie sich endgültig als Lamont Cranston entpuppte, als Millionär, der hypnotisieren und sich so auch für andere unsichtbar machen kann. Seine Freundin und Helferin ist Margot Lane. »The Shadow« war der Held mehrerer Filme in den Jahren 1937 bis 1958. Nach 1962 erschien ein Dutzend Bücher über den »Shadow« – diesmal unter G.s richtigem Namen:

The Return of the Shadow (1962); *The Shadow Strikes* (1964); *The Shadow: Destination Moon* (1967).

Lit.: F. Eisgruber Jr., Gangland's Doom, The Shadow of the Pulps, 1974.

GIELGUD, VAL HENRY
(*1900)

Er ist der ältere Bruder des berühmten Schauspielers Sir John Gielgud. G. studierte in Oxford und war von 1929 bis zu seiner Pensionierung 1964 Leiter der Hörspielabteilung der BBC. Er hat viele Bücher publiziert: Romane, Autobiographisches, Bücher übers Hörspiel und ein gutes Dutzend Krimis. In den dreißiger Jahren schrieb G. auch einige Krimis in Zusammenarbeit mit Holt Marvell (Pseudonym für Eric Maschwitz), deren Held Inspector Simon Spears von der CID ist.

The Broken Men (1933); *Death at Broadcasting House* (1934, zus. mit Holt Marvell, in USA *London Calling*); *Cat* (1956); *The Goggle-Box Affair* (1963, in USA *Through a Glass Darkly*); *The Black Sambo Affair* (1972); *In Such a Night . . .* (1974).

Prinvest London
(1965)

Ex-Inspector Gregory Pellew hat zusammen mit seinem Freund Humphrey Clymping in London ein Detektivbüro eröffnet; tonangebend im Unternehmen ist jedoch Humphreys Mutter, Lady Hannington. Der erste Auftrag besteht darin, die Frau eines Wirtschaftsbosses, deren Leben angeblich bedroht ist, zu schützen. Die Dame wird von ihrem Mann auf eine Kreuzfahrt durch die Ägäis geschickt, an der »zufällig« auch die Detektive (samt Mutter) teilnehmen. Da die Klientin nicht in Gefahr gerät, wenden sich die Detektive der Verbrecherjagd zu. Einige der Passagiere scheinen Spione und/oder Erpresser zu sein. Die von Logik (oder Humor) nicht belastete Handlung endet mit zwei Morden: Pellew, Clymping und ein weiterer patriotischer Gentleman bringen einen angeblichen Ost-Spion um, während Lady Hannington diskret einen Arzt von zweifelhaftem Ruf vergiftet. Der Dank des Vaterlandes ist allen gewiß.

GILBERT, ANTHONY
(1899–1973)

Pseudonym für die Engländerin Lucy Beatrice Malleson. Sie publizierte unter den Pseudonymen Anthony Gilbert (Krimis) und Anne Meredith (andere Bücher). Unter dem ersten Namen hat sie seit 1927 etwa 60 Krimis geschrieben; in den frühesten spielt der junge Politiker Scott Egerton den Detektiv. Seit 1936 ist Arthur Crook ihr Hauptheld (über 50 Bücher!). Wie Perry Mason ist er Advokat, leistet aber einen großen Teil der detektivischen Laufarbeit selbst, d. h. er fährt mit seinem auffälligen Auto den Spuren nach. In seiner gewollt unkonventionellen Haltung steht er im Gegensatz zu den Gentlemen-Detektiven der Christie, Marsh und Allingham.

The Tragedy at Freyne (1927); *Death at Four Corners* (1929); *The Body on the Beam* (1932). – Drei Arthur-Crook-Romane: *Murder by Experts* (1936); *And Death Came Too* (1956); *Tenant for the Tomb* (1971).

A Nice Little Killing
(1973)

Das Au-pair-Mädchen Jan lernt in London den Rechtsanwalt Crook kennen; sie erzählt ihm ihr Unglück. Ihr Freund Nikki, mit dem sie nach Athen hatte fliegen wollen, ist im letzten Moment nicht aufgetaucht. Crook rät ihr, zu ihrer Gastfamilie in Buzzard Minor zurückzukehren. Jan folgt seinem Rat, kommt aber bald wieder nach London zurück, nachdem sie das Haus ausgeraubt und die Haushälterin, Mrs. Brown, ermordet im Besenschrank gefunden hat. Alle anderen Familienmitglieder sind verreist. Ehe Jans Ferien in London zu Ende sind, erkennt sie, in welche Lage sie geraten ist. Sie bittet Crook um Hilfe und kehrt wieder nach Buzzard Minor zurück. Die Frau des Hauses würde sie am liebsten entlassen, aber der Mann und die beiden Kinder hängen an Jan. Ein weiterer Mord und ein weiterer Einbruch folgen. Schließlich versucht der Mörder sogar, Jan zu beseitigen; die Kinder retten sie. Die Polizei ergreift, ebenfalls mit Hilfe der Kinder, den Täter.

GILBERT, MICHAEL
(*1912)

Geboren in Billinghay, Lincolnshire. Er studierte Rechtswissenschaften an der Londoner Universität, nahm am Zweiten Weltkrieg teil und geriet in Italien in deutsche Kriegsgefangenschaft. 1947 trat er in ein Anwaltsbüro ein. Er war Raymond Chandlers Rechtsberater und setzte dessen Testament auf. Die Lektüre von Cyril Hares *Tragedy at Law* (1942) soll G. zum Schreiben von Krimis angeregt haben. Er verfaßte Hunderte von Kurzgeschichten, die in *Ellery Queen's* und anderswo erschienen sind. Sein erster Krimi war *Close Quarters* (1947). Seither hat er über 20 Bände veröffentlicht.

Smallbone Deceased (1950); *The Crack in the Teacup* (1966); *The Body of a Girl* (1972); *Petrella at Q* (1977, 12 Erzählungen).

GILLETTE, WILLIAM
(1855–1937)

Dieser berühmte amerikanische Schauspieler, der auf der Bühne Sherlock Holmes verkörperte, schrieb einen Krimi: *The Astounding Crime on Torrington Road* (1927).

GILMAN, DOROTHY
(?)

Pseudonym für Dorothy G. Butters. Diese Amerikanerin hat Agatha Christies Miss Marple in der Gestalt der Mrs. Pollifax nach den USA versetzt, wo sie, statt lokale Verbrechen aufzuklären, im großen Stil für die CIA arbeitet.

The Unexpected Mrs. Pollifax (1966); *Uncertain Voyage* (1967); *The Elusive Mrs. Pollifax* (1971); *Mrs. Pollifax on Safari* (1977).

The Elusive Mrs. Pollifax
(1971; dt. *Mrs. Pollifax, der Agentenschreck,* 1973)
Wie Miss Marple ist Mrs. Pollifax eine schlaue, unternehmungslustige ältere Dame, die schon öfters für den CIA Aufträge erledigt hat. Diesmal wird sie als Kurier nach Bulgarien geschickt; sie soll dort den Mitgliedern einer Untergrundbewegung falsche Pässe bringen. Schon in Belgrad wird die Lage kompliziert: Mrs. Pollifax lernt am Flughafen Philip Trenda kennen, der ihr ein mysteriöses Stück Papier zuspielt. In Sofia erregt Mrs. Pollifax die Aufmerksamkeit der Geheimpolizei; in ihr Hotelzimmer wird eingebrochen und auf sie selbst ein Mordanschlag verübt. Trotzdem nimmt sie – wie arrangiert – Kontakt mit einem Mann namens Tsanko auf. Auf dem Weg zum verabredeten Treffen entgeht sie wieder nur knapp dem Tod; Tsanko tötet ihre beiden Verfolger. Es stellt sich heraus, daß Philip Trenda inzwischen verhaftet worden ist; die Geheimpolizei will von seinem Vater Lösegeld erpressen. Mrs. Pollifax überredet Tsanko und seine Leute, ins Gefängnis einzubrechen und Trenda und Tsankos Freunde zu befreien. Das Unglaubliche gelingt; der für Mrs. Pollifax verantwortliche CIA-Beamte staunt voller Bewunderung.

GIOVANNI, JOSÉ
(*1923)

Von diesem französischen Autor wurde *Le trou* (1958) als *Das Loch* (1964) in deutscher Übersetzung veröffentlicht.

Le deuxième souffle (1958); *Histoire de fou* (1959); *Les aventuriers* (1960); *Le haut fer* (1962); *Meurtre au sommet* (1964).

GLADE, HEINZ
(*1922)

Geboren in Magdeburg; nach dem Abitur Soldat. 1947 aus russischer Kriegsgefangenschaft entlassen, war er zuerst Journalist; seit 1957 ist er freier Schriftsteller. Neben Reiseberichten und Reportagen hat er auch Kriminalerzählungen verfaßt: *Perlen, Sekt und alter Ford* (1969) und *Fahndung nach Blond* (1969).

GLAUSER, FRIEDRICH
(1896–1938)

Geboren in Wien. G.s bestimmendes Jugenderlebnis war der Tod seiner Mutter, als er vierzehn Jahre alt war. Der entwurzelte, gefährdete Jugendliche kommt in allen seinen Krimis vor. G. führte ein Außenseiterleben, nicht ohne gelegentliche Versuche, sich in der bürgerlichen Gesellschaft zurechtzufinden. 1916 war er an der Gründung des Zürcher Dada beteiligt – sein Name erschien auf mehreren Manifesten. Nach einem abgebrochenen Studium der Chemie in Zürich trat er in die Fremdenlegion ein (Marokko), war später Tellerwäscher in Paris, dann

Krankenwärter in Belgien (1923). 1926 schloß er eine Gärtnerlehre in der Schweiz ab. Er mußte zeitweilig in die Pflegeanstalt Bel-Air in Münsingen bei Bern eingeliefert werden, wo er psychiatrisch behandelt wurde. G. war rauschgiftsüchtig und starb, nachdem er eben als Schriftsteller einige Achtungserfolge errungen hatte.
Alle seine Kriminalromane enthalten viel Autobiographisches. G.s Romanfiguren stammen aus den mittleren und unteren Schichten des Kleinbürgertums. Ort und Zeit: die Schweiz zwischen den beiden Weltkriegen. G.s Zentralfigur, Polizeiwachtmeister Studer, ist in offensichtlicher Anlehnung an Simenons Maigret konzipiert. Intuition und gesunder Menschenverstand helfen Studer, die meist tragischen Fälle zu lösen: einfache Menschen sind Opfer der Umstände geworden. Die obere Gesellschaftsschicht erscheint als verlogen und wird bitter karikiert. Neben Kriminalromanen hat G. einen autobiographischen Roman über seine Erlebnisse in der Fremdenlegion und einen Band Erzählungen veröffentlicht. Studer ist der Held in fünf Romanen und einigen Kurzgeschichten. In *Der Tee der drei alten Damen* (1940) tritt er nicht auf.

Wachtmeister Studer (1936); *Matto regiert* (1936); *Die Fieberkurve* (1938); *Der Chinese* (1938); *Der Tee der drei alten Damen* (1940); *Krock u. Co.* (1941).

Lit.: E. Jaksch, Friedrich Glauser. Anwalt der Außenseiter. 1976.

Wachtmeister Studer
(1936)
Wachtmeister Studer kann den des Mordes verdächtigten Gärtnerlehrling Erwin Schlumpf am Selbstmord hindern. Schlumpf soll den Handlungsreisenden Witschi (Kaffee und Seife) ermordet haben. Obwohl einige Indizien diesen Verdacht zu stützen scheinen, fallen Studer gewisse Unstimmigkeiten auf, und er überzeugt seinen Vorgesetzten von der Notwendigkeit, eine Untersuchung im Dörfchen Gerzenstein durchzuführen. Der Kontakt mit Witschis Familie bestärkt das Unbehagen Studers noch: die Tochter Sonja wird erpreßt, der Sohn nützt eine ältere Serviertochter schamlos aus, und die Witwe kann oder will nicht erklären, weshalb ihr Mann in der Mordnacht eine relativ hohe Geldsumme bei sich trug. Der Gemeindepräsident Aeschbacher wird zum wichtigsten Gegenspieler Studers. Ihm scheint es nur darum zu gehen, daß die Untersuchung möglichst schnell abgeschlossen wird, so daß das Leben im Dorf wieder seinen ruhigen Gang gehen kann. Aber Studer läßt sich nicht ablenken. Nachdem er mehrere falsche Fährten verfolgt hat, hilft ihm eine gerichtsmedizinische Analyse auf die Spur. Er stellt den Täter, verzichtet aber auf eine öffentliche Anklage gegen ihn.

GLUCK, SINCLAIR
(*1887)

Zwischen 1916 und 1937 hat er zumindest 17 Krimis veröffentlicht, von denen in den Jahren 1924–1937 neun in der *New York Times Book Review* besprochen wurden. Den ersten Roman hat er unter dem Pseudonym Melrod Denning geschrieben.

The Majesty of the Law (1916, von Melrod Denning); *The House of the Missing* (1922); *A Delicate Case of Murder* (1937).

The Last Trap. A Detective Story
(1928)
Die junge, hübsche Elsa Carson wohnt bei ihren Onkeln Henry und Charles Carson. Die beiden Onkel haben vor irgend etwas Angst, und Elsa berichtet das ihrem Freund, dem pensionierten Kommissar Paul Bernard, dessen Hintergarten an den der Carsons grenzt. In der folgenden Nacht wird Henry Carson ermordet. Als Mörder kommen in Frage: Bernards Untermieter Peter Blake, der ein chemisches Labor betreibt; der neue Butler Foot mit seiner unsauberen Vergangenheit; Elsas Tante Tallman, die nebenan wohnt und die Elsa in der Gestalt erkannt zu haben glaubt, welche nachts aus Onkel Henrys Zimmer huschte; eine früher von Henry betrogene Liebhaberin; ein Zimmermädchen; die Köchin; Arthur Bell, dessen Familie in einem Slum-Haus, das den Carsons gehörte, verbrannt war; der überlebende Onkel Charles und Elsa selbst.
Die Untersuchung übernimmt der junge Detektiv Landis, der sich von Bernard assistieren läßt. Im Verlaufe der Untersuchung wird auch noch Foot ermordet. Es stellt sich heraus, daß die beiden Onkel nicht nur Geizkragen, sondern ausgemachte Schurken waren. Sie hatten Miets-

kasernen besessen, welche Charles angezündet hatte, um das Versicherungsgeld zu kassieren. Daß Leute dabei verbrannten, war ihm gleichgültig. Bernard stellt Charles eine Falle, wobei er selbst und Landis beinahe verbrennen.
Der Leser verdächtigt zuerst Mrs. Tallman, dann das Zimmermädchen, darauf Elsa, aber ganz sicher nicht Onkel Charles. Charles begeht Selbstmord, und man denkt erleichtert, alles sei nun gelöst, als Landis Bernard im Vertrauen auf den Kopf zusagt, er – Bernard – habe Henry umgebracht, und zwar mit Kohlendioxyd. Henry sei schon tot gewesen, als Charles ihm das Stilett in den Rücken gestoßen habe. Bernard gibt den Mord zu. Er habe die beiden verbrecherischen Onkel sein ganzes Leben lang verfolgt, ihnen aber nie etwas nachweisen können. Landis findet Bernards Tat gerechtfertigt und zeigt ihn nicht an, im Gegenteil: er spricht ihm seine Bewunderung aus!
Der Leser glaubt natürlich Bernard, bis dieser dann mit Mrs. Tallman spricht und sagt, er wisse schon, daß sie es sei, die Henry mit CO_2 vergiftet habe, er habe jedoch die Schuld auf sich genommen. Aber auch Mrs. Tallman hat den Mord nicht begangen. Sie hatte nur eines Tages so vor sich hin gesagt: »Wenn doch jemand diesen Kerl Henry umbringen würde!« Das hatte der getreue chinesische Diener gehört und das CO_2 in Henrys Zimmer geleitet. Der getreue Diener erhält Befehl, in Zukunft niemanden mehr umzubringen. Mrs. Tallman und Bernard heiraten, ebenso Elsa und Landis.

GODEY, JOHN
(*1912)

Pseudonym für Morton Freedgood, geboren in Brooklyn. Er studierte in New York und diente im Zweiten Weltkrieg als Infanterist. Seither arbeitet er als Reklameberater für Filmgesellschaften. Unter seinem richtigen Namen hat er einen Roman und einen Band Memoiren veröffentlicht, unter dem Pseudonym John Godey Kurzgeschichten und ein halbes Dutzend Krimis, meist satirischer Art.

The Man in Question (1951); *This Year's Death* (1953); *A Thrill a Minute with Jack Albany* (1967; verfilmt als *Never a Dull Moment*, mit Dick Van Dyke, 1968); *Never Put Off Till Tomorrow What You Can Kill Today* (1970); *The Taking of Pelham One Two Three* (1973; verfilmt mit Walter Matthau, 1974).

GODWIN, WILLIAM
(1756–1836)

Geboren in Wisbech als siebtes von dreizehn Kindern. Von 1777 bis 1782 war er kalvinistischer Prediger. 1782 kam er nach London, wo er bis zu seinem Tode lebte und sein Brot als Schriftsteller – auf dem Gebiet der Ökonomie, Philosophie, Biographie und des Romans – verdiente. Er heiratete die Frauenrechtlerin Mary Wollstonecraft, die nach der Geburt der Tochter Mary (1797) starb. Mary brannte 1814 mit dem Dichter Shelley durch. G. heiratete 1801 ein zweites Mal, und zwar eine Frau, die zwei Töchter in die Ehe mitbrachte. Eine von ihnen, Jane, begleitete Shelley und Mary nach Frankreich und hatte eine Affäre mit – und ein Kind von – Lord Byron.
G. kannte die meisten Autoren der englischen Literatur, die um 1790–1830 in London verkehrten: Coleridge, Hazlitt, Lamb, Shelley, Byron, Wordsworth, Southey, Bulwer-Lytton, und er beeinflußte manchen von ihnen. Er gilt als Theoretiker der englischen Romantik.
Things As They Are; or, The Adventures of Caleb Williams (1794) ist in mancher Hinsicht eine Illustration von G.s Theorien über die Gerechtigkeit, die er 1793 in seinem Buch *Enquiry Concerning the Principles of Political Justice* niedergelegt hatte, und gilt als erster Krimi der Weltliteratur. Der Roman wurde von George Colman (1762–1836) dramatisiert *(The Iron Chest)* und war auf der Bühne äußerst erfolgreich.

Things As They Are; or, The Adventures of Caleb Williams
(1794; dt. *Caleb Williams oder Die Dinge wie sie sind*, 1931)
Der Roman besteht aus drei Teilen. 1832 erklärte G., daß er ihn von hinten nach vorn geschrieben habe: zuerst den dritten Teil, dann den zweiten, schließlich den ersten. Zuerst hatte G. in der dritten Person erzählt; das änderte er später: in der veröffentlichten Version berichtet Caleb die Geschichte in der Ichform. G. geht es darum, zu demonstrieren, wie ein Unschuldiger

vom Gesetz verfolgt wird, während das Gesetz den Schuldigen deckt. Der Mörder genießt bis übers Ende des Buches hinaus die Sympathie der englischen Gesellschaft, obwohl er an seiner Stelle zwei Unschuldige hat hängen und den Mitwisser des Mordes (Caleb) auf sadistische Weise hat verfolgen lassen.
1832 nannte G. seine Quellen: den *Newgate Calendar, Lives of the Pirates,* das Kompendium *God's Revenge Against Murder* und *The Adventures of Mademoiselle de St. Phale.* G.s Roman ist zugleich Krimi und Gruselroman (»gothic novel«).
1. Teil: Caleb tritt in den Dienst von Squire Falkland und vernimmt dessen Geschichte. Mr. Tyrrel, Falklands Nachbar, ist ein Phänomen an Grausamkeit und Gemeinheit gewesen. Tyrrel hat Falkland zutiefst gehaßt – grundlos, so wie der Teufel das Gute haßt, und er hat ein Mädchen in den Tod getrieben, nur weil es Falkland liebte. Tyrrel hat schließlich Falkland in aller Öffentlichkeit wiederholt zu Boden geschlagen. Da findet man eines Tages Tyrrels Leiche; jemand hat ihn nachts von hinten erstochen. Falkland hat geschworen, daß er es nicht gewesen sei. An seiner Stelle sind der ehrliche Hawkins und sein Sohn gehängt worden, zwei Menschen, die Tyrrel auf ähnliche Weise gequält hat und die allen Grund gehabt hätten, Falkland umzubringen.
2. Teil: Der neugierige Caleb will dem Mord auf den Grund kommen. Falkland gesteht ihm schließlich seine Schuld unter vier Augen, bereut aber kurz darauf seine Offenheit. Caleb denkt nicht daran, Falkland zu verraten, aber Falkland traut Caleb nicht und hält ihn gefangen. Caleb entflieht. Falkland läßt ihn verhaften und ins Gefängnis stecken. Er sagt, Caleb habe ihn bestohlen. Kein Mensch schenkt Caleb Glauben.
3. Teil: Caleb entflieht aus dem Gefängnis, lebt unter Räubern, flieht nach London, will England verlassen, aber Falklands Schergen bleiben ihm immer auf der Spur. Dieses unbarmherzige Spiel der Katze mit der Maus nimmt erst ein Ende, als Caleb vor Gericht geht und Falkland anklagt. Als Falkland erscheint, bereut Caleb seinen Verrat. Der Squire ist dem Tode nahe und jeder Strafe entrückt. Immerhin gesteht er den Mord und entlastet Caleb.

GOODIS, DAVID
(1917–1967)

Dieser Amerikaner schrieb ein halbes Dutzend Krimis, die an der Westküste spielen und in die Nähe der »procedural school« gehören.

Dark Passage (1946); *Of Missing Persons* (1950); *Somebody's Done For* (1967).

GORDON, MILDRED / GORDON, GORDON
(*1912 / *1912)

Diese beiden Amerikaner lernten sich als Studenten an der University of Arizona kennen und heirateten. Beide wurden Journalisten; Gordon gab den *Tucson Daily Citizen,* Mildred das *Arizona Magazine* heraus. Im Zweiten Weltkrieg war Gordon Agent beim FBI, während Mildred einen Krimi schrieb: *The Little Man Who Wasn't There* (1946). In der Folge verfaßten sie ihre Bücher gemeinsam. Großen Erfolg hatten sie 1950 mit *The FBI Story.* Ihre Agenten der fünfziger Jahre sind kluge und tapfere Leute; nach 1960 werden sie mit mehr Ironie geschildert.

Case File: FBI (1953); *The Big Frame* (1957); *Operation Terror* (1961, anderer Titel *Experiment in Terror*); *Undercover Cat* (1963); *Undercover Cat Prowls Again* (1966).

GORDON, NEIL
(1895–1941)

Pseudonym für den Engländer Archibald Gordon Macdonell, der auch unter dem Pseudonym John Cameron schrieb. HAGEN verzeichnet elf Krimis; BARZUN/TAYLOR loben *The Silent Murders* (1929) sehr.

The Professor's Poison (1927); *The Shakespeare Murders* (1933); *Crew of the Anaconda* (1940).

GOULART, RON
(*1933)

Dieser Amerikaner studierte Anfang der fünfziger Jahre an der University of California in

Berkeley. Er arbeitete zehn Jahre lang als Reklameberater und schrieb nebenbei Kurzgeschichten für die »Pulps« und andere Zeitschriften. Um 1965 wurde er freier Schriftsteller und zog nach Connecticut, wo er heute ein ländliches Leben führt. Er hat zahlreiche Science-fiction-Romane und Krimis geschrieben. 1965 gab er die Anthologie *The Hardboiled Dicks* heraus, eine Auswahl von Erzählungen aus den amerikanischen »Pulp«-Zeitschriften. Sein Buch *Cheap Thrills* (1972) ist eine Geschichte der »Pulp«-Zeitschriften; es enthält Kapitel über »The Shadow«, über »Pulp«-Agenten und »Pulp«-Detektive. – Zu den Krimis gehören die Romane um den Hollywood-Detektiv John Easy. Als erster erschien:

If Dying Was All
(1971; dt. *Einsam nur ins letzte Bett,* 1973)
Die Tochter des alten, einsamen Frederic McCleary hat vor fünf Jahren Selbstmord begangen; sie hat einen Brief an ihren Vater hinterlassen und ist von einer Jacht aus in den Pazifik gesprungen. Den Leichnam hat man nie gefunden. Jetzt erhält McCleary zwei Briefe von ihr; er solle sie in Manzana treffen. McCleary fährt hin, aber seine Tochter Jackie taucht nicht auf. Er wendet sich an John Easy; dieser soll Jackie finden.
Die beiden Briefe sind gefälscht; sie sind geschrieben worden, um McCleary aus seinem Haus zu locken, da man das Haus durchsuchen will. Easy spricht mit allen Leuten, die damals auf der Jacht gewesen sind. Einer von diesen wird jetzt ermordet, und nun kommt es an den Tag: McClearys Tochter wollte damals mit dem jungen Booth Graither, der 100 000 Dollar in bar und Diamanten im Wert von 200 000 Dollar bei sich hatte, durchbrennen. Ihr Selbstmord war inszeniert; die jungen Leute auf der Jacht waren eingeweiht und hatten je 2000 Dollar für ihr Schweigen erhalten. Jackie und Booth wollten sich auf einer Insel treffen und dann nach Mexiko verschwinden. Aber einer der jungen Leute auf der Jacht hatte das Liebespaar ermordet und Geld und Steine an sich gebracht. Fünf Jahre später war Booths Leichnam gefunden worden, und erst jetzt können sich die ehemaligen Jachtpassagiere sagen, daß wohl auch Jackie ermordet wurde und das Geld und die Diamanten irgendwo versteckt sein könnten. Deshalb die Haussuchung bei Jackies Vater. Easy lockt den Mörder auf die Insel und liefert ihn dann der Polizei ab. – Das alles wird leicht ironisch erzählt, auch Sexliebhaber kommen auf ihre Kosten.

GOULD, CHESTER
(*1900)

Er erfand Dick Tracy, den berühmtesten Detektiv der Comic strips. Dieser trat zum ersten Mal am 4. Oktober 1931 in der *Chicago Tribune* auf. Heute soll er regelmäßig in 800 Zeitungen mit einer Leserschaft von 100 Millionen erscheinen. Sein Vorname wurde zu einer der gängigsten amerikanischen Bezeichnungen für Detektive: »Dick«. Von 1937 bis 1947 war Tracy der Held von acht Spielfilmen; in denselben Jahren hörte man ihn regelmäßig am Radio, und später erschien er auch im Fernsehen.

GRABOW, HEINRICH
(*1853)

Geboren in Eppendorf bei Chemnitz, 1873 Journalist, 1878 Redakteur, von 1889 bis 1898 Herausgeber des *Hirschberger Tageblattes* (Schlesien), später Schriftsteller in Breslau. Er schrieb – zum Teil unter dem Pseudonym Heinrich d'Altona – Humoresken, Dramen und zumindest einen Krimi: *Irrwege des Rechts* (1897).

GRAEME, BRUCE
(*1900)

Pseudonym für Graham Montague Jeffries, aufgewachsen in England. Trotz seiner Jugend leistete er Kriegsdienst; danach wurde er Journalist und Schriftsteller. 1925 hatte er mit seinem Kurzgeschichtenband *Blackshirt* Erfolg. Blackshirt ist kein anderer als der vornehme Richard Verrell, der – wenn er irgendwo einbricht – schwarze Kleidung und eine schwarze Maske trägt. Er ist eine Art Robin Hood; er beraubt die Reichen, ist aber selbst gar nicht geldgierig und tut viel Gutes. Von den etwa 60 Krimis, die G. geschrieben hat, befassen sich ein Viertel mit Blackshirt. Um 1943 *(Calling Lord Blackshirt)* hatte G. genug von der Figur und übergab sie seinem Sohn, dem Krimiautor Roderic Jeffries, der – unter dem Pseudonym Roderic Graeme – etwa 20 weitere Bände über Blackshirt schrieb. – G. hat Dickens' *The Mystery of Edwin Drood* vollendet (*Epilogue,* 1933) und auch unter den Pseudonymen Peter Bourne und David Graeme veröffentlicht.

Hate Ship (1928); *The Disappearance of Roger Tremayne* (1937); *Encore Allain* (1941); *Mr. Whimset Buys a Gun* (1953); *Soldiers of Fortune* (1962, von Peter Bourne); *The Undetective* (1963). – Drei Bücher über Blackshirt: *The Return of Blackshirt* (1927); *Blackshirt the Audacious* (1935); *Blackshirt Strikes Back* (1940).

GRAFTON, CORNELIUS WARREN
(*1909)

Dieser Amerikaner schrieb während des Zweiten Weltkriegs drei Krimis, die BARZUN/TAYLOR als vorzüglich bezeichnen. Die Zentralfigur der beiden letzten ist der Rechtsanwalt-Detektiv Gilmore Henry.

Beyond a Reasonable Doubt (1940); *The Rat Began to Gnaw the Rope* (1943); *The Rope Began to Hang the Butcher* (1944).

GREEN, ANNA KATHARINE
(1846–1935)

Geboren in Brooklyn. Sie besuchte das College, heiratete einen Möbelfabrikanten und lebte mit ihrer Familie in Buffalo; ihr Vater war ein bekannter Strafverteidiger. Ihr erster Krimi machte sie berühmt: *The Leavenworth Case. A Lawyer's Story* (1878). Sie hat 40 weitere Krimis geschrieben; der Polizeidetektiv Ebenezer Gryce, der zusammen mit dem Rechtsanwalt Everett Raymond den Fall Leavenworth löst, kommt in 12 weiteren Krimis vor. G. hat auch eine Detektivin erfunden: Violet Strange. *The Leavenworth Case* galt lange als erster von einer Frau geschriebener Krimi; aber STEINBRUNNER/PENZLER sprechen diese Ehre dem Roman *The Dead Letter* (1867) von Seeley Regester zu.

The Sword of Damocles (1881); *Doctor Izard* (1895); *The Step on the Stair* (1923). – Drei Ebenezer-Gryce-Romane: *A Strange Disappearance* (1880); *That Affair Next Door* (1897); *The Mystery of the Hasty Arrow* (1917).

The Leavenworth Case: A Lawyer's Story
(1878; dt. *Der Mordfall Leavenworth,* 1944)
Mr. Leavenworth, ein reicher Junggeselle, ist erschossen in seiner Bibliothek aufgefunden worden. Selbstmord ist ausgeschlossen. Bei der Untersuchung, die sofort am Tatort stattfindet, fällt der Verdacht auf die anderen Bewohner des Hauses: die beiden jungen, schönen Nichten des Toten, Eleanore und Mary, den Sekretär Harwell und die Dienerschaft. Alle werden vom Untersuchungsrichter verhört. Die Indizien sowie ihre eigene Aussage scheinen Eleanore Leavenworth am meisten zu belasten. Der junge Anwalt, Mr. Raymond, der sich auf den ersten Blick in Eleanore verliebt hat, will nicht an ihre Schuld glauben; er möchte auf eigene Faust Nachforschungen anstellen. Der Detektiv Gryce überredet ihn aber, mit ihm zusammenzuarbeiten. Gryce ist zwar klug und listig, aber er hat ein Handicap: er kann sich nicht wie ein Gentleman benehmen und braucht deshalb Raymond, um den gesellschaftlichen Hintergrund der Beteiligten zu erkunden. Eleanore wird zunächst nicht verhaftet, da man sich noch wichtige Informationen von der Dienerin Hannah erhofft, die seit der Mordnacht verschwunden ist. Im weiteren Verlauf der Untersuchung ergibt sich, daß Eleanore jemanden zu schützen scheint. Ist es ihre Cousine Mary? Mary ist die Alleinerbin von Leavenworth und scheint ein Geheimnis zu verbergen. In welcher Beziehung steht ein gewisser Henry Clavering zu Mary? Clavering war am Abend der Mordnacht unter falschem Namen im Haus gewesen; Harwell bezeichnet ihn als den Mörder. Als Hannah endlich gefunden wird (sie scheint Selbstmord begangen zu haben), deutet ihr Abschiedsbrief ebenfalls auf Clavering als den Schuldigen. Gryce ist der Situation gewachsen; er stellt dem Mörder eine Falle. Wenn die schöne Mary keine Mörderin ist, wird der echte Verbrecher sicher nicht zusehen, wie sie verhaftet wird! Am Ende bekennt Harwell den Mord an Leavenworth und an Hannah und seine unselige Liebe zu Mary. Mary dagegen, die von all dem nichts wußte, bittet Clavering – den Mann, den sie gegen den Willen ihres Onkels heimlich geheiratet und dann um des Erbes willen verleugnet hatte – um Verzeihung. Mr. Raymond und Eleanore werden ein glückliches Paar.

GREENE, GRAHAM
(*1904)

Geboren in Berkhamsted, Hertfordshire, Großneffe von R. L. Stevenson. Er studierte in Oxford und arbeitete zuerst für die *Times,* später für andere Zeitschriften. 1934 trat er zum Katholizismus über. In seinen Büchern geht es um Psychologie, um das Gewissen der Menschen, die Spuren der göttlichen Macht, weniger um spannendes Geschehen an sich. G. selbst teilt seine Werke in zwei Gruppen ein: die seriösen und die »Entertainments«. Die meisten Werke beider Gruppen können als Krimis bezeichnet werden. Ein großer Teil von G.s Romanen ist verfilmt worden; einige Verfilmungen gehören zu den Höhepunkten der Filmgeschichte, z. B. *The Third Man* (1949, mit Orson Welles unter der Regie von Carol Reed) und *Our Man in Havana* (1959, mit Alec Guinness, ebenfalls unter Regie von Carol Reed). G. gehört zu den Großen der englischen Literatur der Gegenwart. Er hat über 30 Bände veröffentlicht; die bekanntesten im Krimi-Genre sind:

The Man Within (1929); *Stamboul Train* (1932, in USA *Orient Express*); *A Gun for Sale* (1936, in USA *This Gun for Hire*); *Brighton Rock* (1938); *The Confidential Agent* (1939); *The Power and the Glory* (1940, in USA *The Labyrinthine Ways*); *The Ministry of Fear* (1943); *The Heart of the Matter* (1948); *The Third Man* (1950); *The End of the Affair* (1951); *Our Man in Havana* (1958); *The Comedians* (1966); *Travels with My Aunt* (1969). – Die besten Kurzgeschichten enthält der Band *21 Stories* (1954).

Brighton Rock
(1938; dt. *Am Abgrund des Lebens,* 1950)
Der siebzehnjährige Pinkie übernimmt die Leitung einer Bande in Brighton. Seine erste Tat als Bandenführer ist ein Mord. Zuerst scheint sich niemand um den Ermordeten zu kümmern, nicht einmal die Polizei. Doch dann heftet sich Ida Arnold, eine üppige, lebensfrohe Frau, die stets zwischen Recht und Unrecht zu unterscheiden weiß, an Pinkies Fersen. Pinkie sucht sich abzusichern: er ermordet einen seiner Kumpane, der zuviel redet, und heiratet das Serviermädchen Rose, damit sie nicht gegen ihn aussagen kann. Rose ist naiv-gut und liebt Pinkie, der seinerseits nur das Böse liebt. Sie weiß, daß Pinkie ein Mörder ist; sie will lieber mit ihm in die Hölle als ohne ihn in den Himmel kommen. Zusehends treibt Ida Arnold Pinkie in die Enge; immer mehr Bandenmitglieder fallen von ihm ab. Aus unterdrücktem Haß gegen Rose und in seinem Bedürfnis nach Sicherheit beschließt Pinkie, Rose zum Selbstmord zu zwingen. Doch Ida Arnold interveniert: Pinkies Vitriol trifft ihn selbst, und *er* begeht nun Selbstmord. Rose bereut, sich nicht – wie Pinkie wollte – getötet zu haben. Sie hat noch immer Hoffnung fürs Leben; sie glaubt weiter, Pinkie habe sie geliebt. Zu Hause wartet auf sie eine letzte Nachricht von Pinkie, das Bekenntnis seines Hasses.

GREINER-MAI, HERBERT
(*1927)

Geboren in Lauscha. Er war gerade noch alt genug, um eingezogen zu werden und in russische Kriegsgefangenschaft zu geraten. Nach dem Abitur studierte er Anglistik und Germanistik und ist seit 1964 Lektor beim Aufbau-Verlag. Er hat Kinderbücher geschrieben, an verschiedenen Lexika mitgearbeitet und sich besonders um den Krimi verdient gemacht. Mit H.-J. Kruse gab er die dreibändige Anthologie *Die deutsche Kriminalerzählung bis zur Gegenwart* (1967–1969) heraus, die manchen glücklichen Fund enthält. 1971 gab er Ricarda Huchs *Der Fall Deruga* neu heraus, und 1973 – wieder mit H.-J. Kruse – den Band *Das Rote Gasthaus. Französische Kriminalgeschichten.*

GRIBBLE, LEONARD REGINALD
(*1908)

Dieser Engländer soll seit 1929 – unter seinem wirklichen Namen und unter den Pseudonymen Leo Grex, Louis Grey, Landon Grant, Dexter Muir und Sterry Browning – über 200 Krimis veröffentlicht haben. HAGEN verzeichnet unter allen Namen zusammen 62 Titel. G. hat den Scotland-Yard-Inspector Anthony Slade erfunden.

The Gillespie Suicide Mystery (1929, anderer Titel *The Terrace Suicide Mystery*); *The Case of the Marsden Rubies* (1929); *The Case-Book of*

Anthony Slade (1937); *The Arsenal Stadium Mystery* (1939, von Leo Grex); *They Kidnapped Stanley Mathews* (1950); *Superintendent Slade Investigates* (1957).

GRIERSON, EDWARD
(*1914)

Geboren in Bedford, England. Studium der Rechtswissenschaften in Oxford, Advokat bis 1939. Von 1939 bis 1946 diente er in der Armee, die er als Oberstleutnant verließ. Seither schreibt er. *Reputation for a Song* (1952) wurde von der Zeitung *Daily Mail* als Buch des Monats gewählt; auch die »Book Society« nahm den Roman unter ihre Titel auf. Andere Krimis von G.:

The Second Man (1956); *The Massingham Affair* (1963); *A Crime of One's Own* (1967).

Reputation for a Song
(1952)

Das erste Kapitel spielt im Gerichtssaal: Rupert Laurence Anderson ist angeklagt, seinen Vater ermordet zu haben. Nun wird rückgeblendet. Der Autor schildert das Familienleben des später ermordeten Rober Hemsley Anderson, eines wohlmeinenden, etwas spießigen Juristen. Seine Frau ist ein wahrer Teufel, sie beherrscht ihren Mann völlig. Immer wieder vertraut er ihr, die ihn ständig belügt und betrügt. Von den drei Kindern ist nur die älteste Tochter Roberts Kind. Sie liebt ihren Vater, und deshalb verpfuscht ihr die Mutter bewußt zwei Heiratschancen. Die zwei anderen Kinder stammen von einem anderen Mann, aber Robert Anderson vernimmt dies erst kurz vor seinem Tode. Jetzt verläßt er seine Frau. Als diese sieht, daß sie ihre Macht über Robert endgültig verloren hat, hetzt sie ihren Sohn Rupert gegen den Vater auf. In seinem ihm von der Mutter eingepflanzten Haß ermordet er den Vater.
Nun folgt die Gerichtsverhandlung, die so spannend ist wie bei Perry Mason. Der Leser weiß, daß Rupert ein Mörder ist. Aber im Verein mit Ruperts wirklichem Vater und der total verlogenen Mrs. Anderson wird die Jury davon überzeugt, daß Robert Anderson ein wahrer Mr. Hyde gewesen ist, der Mrs. Anderson wegen einer anderen Frau verlassen hat. Ruperts Mätresse, ein Barmädchen, macht eine falsche Zeugenaussage: Anderson sei an jenem Abend total betrunken gewesen. Mrs. Anderson schildert ihren Mann als einen wahren Schurken, während das Publikum Tränen des Mitleids über die verlogene Frau vergießt. Rupert erzählt, wohlinstruiert, wie er den Vater bitten wollte, zur Mutter zurückzukehren. Der Vater habe ihn darauf in seiner Trunkenheit angegriffen, und er – Rupert – habe ihn darauf in Notwehr erschlagen. Als dann die Mutter noch erzählt, wie Robert seinen Sohn und sie selbst schon früher tätlich angegriffen habe, ist die Jury überzeugt: Rupert wird freigesprochen, die schurkische Mutter bemitleidet und bewundert. Der früher berechtigterweise gute Ruf des ermordeten Robert H. Anderson ist endgültig zerstört.

GRIFFITH, JOHN CHETWYND
(1859–1906)

Dieser Engländer schrieb Romane und Erzählungen, die zum Teil ins Gebiet der Science-fiction fallen. Frühe Kriminalerzählungen enthält der Band *Knaves of Diamonds being Tales of Mine and Veld* (1899). Eine davon, »Five Hundred Carats«, nahm Hugh Greene in seine Anthologie *More Rivals of Sherlock Holmes: Cosmopolitan Crimes* (1971) auf. Inspector Lipinzki in Südafrika berichtet dem Ich-Erzähler Fälle, die sich in den Diamantengruben von Kimberley abgespielt haben.

GRIFFITHS, ARTHUR GEORGE FREDERICK
(1838–1908)

HAGEN verzeichnet folgende Krimis der Jahre 1884–1906: *Fast and Loose* (1884–1885), *Locked Up* (1887), *The Wrong Road* (1888), *The Rome Express* (1896) und *The Passenger from Calais* (1906). Wahrscheinlich hat er noch weitere Krimis verfaßt, denn »Kühn's Romanbibliothek« z. B. brachte folgende Titel von G. heraus: *Zimmer Nr. 99* (1899) und *Die Bankräuber* (1901).

GROLLER, BALDUIN
(1848–1916)

Pseudonym für Albert Goldscheider, geboren in Arad, Ungarn. Nach dem Abitur in Dresden studierte er in Wien Philosophie und Jura. Nach 1871 war er Redakteur mehrerer Zeitungen und Zeitschriften. Er schrieb leichte Unterhaltungsliteratur, Romane und Novellen, in den letzten Jahren vor allem Detektivgeschichten. Sein Detektiv heißt Dagobert Trostler und wurde »der wienerische Sherlock Holmes« genannt.

Detektiv Dagoberts Taten und Abenteuer (6 Bde., 1910–1912).

GRONER, AUGUSTE
(1850–1929)

Geboren als Auguste Kopallik in Wien, seit 1876 Volksschullehrerin in Wien. Sie heiratete 1879 und redigierte nach 1894 die *Österreichische Jugendzeitung*. Seit 1888 schrieb sie Novellen und Romane, darunter nach 1894 Kriminalromane und -erzählungen. Sie soll auch die Pseudonyme Olaf Björnson, M. Renorga und A. von der Paura verwendet haben. Von zweien ihrer Bücher scheinen englische Übersetzungen herausgekommen zu sein: *Joe Müller, the Austrian Detective* (1910) und *The Man with the Black Corde* (1911).

Kriminalnovellen (1894); *Neue Kriminalnovellen* (1896); *Wer ist es? Der seltsame Schatten* (1898, zwei Kriminalnovellen); *Der alte Herr* (1898, Kriminalnovelle); *Warum ist das Licht verlöscht?* (1899, Kriminalroman); *Das Skelett* (1900, Kriminalnovelle); *Das Pharaonenarmband* (1900, Kriminalroman); *Das Geheimnis des Apothekerhauses* (1904); *Die junge Witwe* (1904); *Am Verlobungstage* (1904); *Die blaue Dame* (1905); *Warenhaus Gross & Co.* (1906); *Der Mann mit den vielen Namen* (1907); *Die schwarze Schnur* (1908); *Der rote Merkur* (1909); *Das Kreuz der Welser* (1912); *Teynebogen* (1927); *Ein Justizirrtum* (1928).

GRUBER, FRANK
(1904–1969)

Geboren in Elmer, Minnesota. Er verdiente seinen Lebensunterhalt als »Pulp«-Autor. Seine Anfänge schildert er drastisch in seiner Autobiographie: *The Pulp Jungle* (1967). Er hat etwa 300 Kurzgeschichten und etwa 70 Krimis veröffentlicht und dazu zahllose Film- und Fernsehskripte geschrieben. Zu seinen Figuren gehören: 1. Oliver Quade. Quade hat alle Enzyklopädien jeweils viermal gelesen und absolut alles im Gedächtnis behalten. Man kann ihn nach den entlegensten Einzelheiten auf allen Gebieten der Wissenschaft fragen: Steht die Angabe in irgendeiner Enzyklopädie, so weiß er die Antwort. 2. Die Amateurdetektive Johnny Fletcher und Sam Cragg. Sie verkaufen das Buch »Every Man a Samson« (über Muskeltraining) und lösen nebenbei Mordfälle. Ihr erstes und bestes Abenteuer: *The French Key* (1940). 3. Simon Lash, der Privatdetektiv. – G. hat auch unter den Pseudonymen Stephen Acre, Charles K. Boston und John K. Vedder veröffentlicht.

The Laughing Fox (1940); *The Lonesome Badger* (1954); *The Twilight Man* (1967). – Über Oliver Quade: *Brass Knuckles* (1966, Kurzgeschichten). – Über Simon Lash: *Simon Lash, Private Detective* (1941, Kurzgeschichten).

»Death on Eagles Crag«
(in: *Black Mask*, Dez. 1937)

Im einsamen Ferienhotel Eagles Crag wird ein Mann tot aufgefunden. Neben der Leiche liegt eine tote Klapperschlange, und die Leiche hält einen Stock in der rechten Hand. Quade sieht sofort, daß es Mord ist: der Tote war Linkshänder, und die blutigen Punkte des angeblichen Schlangenbisses liegen zu weit auseinander: sie stammen von einer Nadel. Nun kommen vier flüchtige Gangster und besetzen das Hotel. Es gibt kein Telefon, aber Quade alarmiert das nächste Dorf, indem er mit einem Spiegel Morsezeichen sendet. Der Tote war ein Verbrecher, der 80 000 Dollar gestohlen hatte. Wo sind sie? Die Gangster geben Quade 15 Minuten, das Geld zu finden, sonst werde er umgebracht. Er findet es. Der Mörder des Diebes ist ein Student, der das Geld in seinen Besitz genommen hat. Er wird vom Gangsterführer erschossen. Die Gangster erhalten freien Abzug im Austausch gegen die als Geiseln gefangenen Hotelgäste, sie kommen aber nicht weit. Quade hatte die Pneus ihres Autos mit einer gummiauflösenden Flüssigkeit bestrichen.

GRÜN, MAX VON DER
(*1926)

Geboren als Sohn eines Schuhmachers in Bayreuth. Er geriet in amerikanische Kriegsgefangenschaft und weilte bis 1947 in Lagern in Texas, Louisiana und New Mexico. Nach Deutschland zurückgekehrt, war er zunächst Bauarbeiter, dann – von 1951 bis 1963 – Bergarbeiter. Er ist Mitbegründer der »Gruppe 61«, deren Mitglieder sich schriftstellerisch mit der Welt des Arbeiters beschäftigen. Von der bürgerlichen Literaturkritik wird er verächtlich behandelt. Geschätzt wird er von den linken Intellektuellen und lesenden Arbeitern. G. behauptet, daß die Kapitalisten mit den Arbeitern nur deshalb unmenschlich umgehen können, weil es diesen an Intelligenz, Geduld und vor allem an Solidarität mangelt. Natürlich gehören Unfälle, Verbrechen und Polizei zum Standardinventar seiner Romane und Erzählungen, die seit 1962 erscheinen.

Stellenweise Glatteis
(1973)
Die zehnjährige Tochter des Bauunternehmers Schöller wird ermordet im Wald gefunden. Sofort wird ein italienischer Fremdarbeiter verdächtigt und eingesperrt. Das Los der Fremdarbeiter und die Haltung der Deutschen ihnen gegenüber wird kühl und sachlich beschrieben. Der Mörder ist ein Türke.
Der Held und Ich-Erzähler heißt Karl Maiwald, früher Lastwagenfahrer der Firma. Er hat vom Fahren einen Bandscheibenschaden und wird jetzt in der Werkgarage beschäftigt. Er ist gewählter Betriebsrat. Zufällig entdeckt er, daß die Fernsprechanlage im Werk auch eine Abhöranlage ist. Die Privatgespräche der Arbeiter werden abgehört, getippt, und die Akten liegen in einem Schrank. Karl stiehlt die Akten eines Nachts und teilt den Kollegen die Sache bei einer Weihnachtsfeier mit. Große Empörung: die Anlage wird zerstört, die Sache der Gewerkschaft gemeldet, Karl fristlos entlassen, der Direktor in die Zentralverwaltung befördert. Karl gewinnt vor dem Arbeitsgericht und wird wieder eingestellt. Aber in Sachen Abhöranlage geschieht nichts. Die Gewerkschaft reicht keine Klage ein. Die Kollegen wollen jetzt Ruhe haben, das ist ihnen wichtiger als Gerechtigkeit. Nun verbrennt Karl die Akten. Damit hat er sein Druckmittel aus der Hand gegeben; er wird entlassen. Keiner der Kollegen rührt einen Finger für ihn. Zwar führen Arbeiter von andern Firmen einen Protestmarsch durch – aber wozu? Es stellt sich heraus, daß die Gewerkschaft Maiwalds Firma gekauft hat – sie möchte nicht wegen der Abhöranlage in schlechten Ruf geraten.
Interessant ist Maiwalds Haltung den Kommunisten gegenüber. Obwohl ein Kommunist einer der wenigen ist, der ihm hilft, hält sich Maiwald von ihm fern und schreitet nicht ein, als man jenen mißhandelt. Maiwald betrügt seine Frau (und umgekehrt), er säuft. Seine Feinde in der Verwaltung belügt er; im übrigen ist er ehrlich. Andere Krimi-Elemente neben dem Lustmord und dem zentralen Erzählstrang um die Abhöranlage: versuchter Versicherungsschwindel, Brandstiftung, Bausabotage, Korruption bei der Firma und bei der Gewerkschaft.

GULIK, ROBERT HANS VAN
(1910–1967)

Geboren in Zutphen, Holland. Er studierte Jura und orientalische Sprachen in Leiden und Utrecht und promovierte 1935. G. trat in den diplomatischen Dienst ein und war bis 1942 im Fernen Osten. Nach dem Zweiten Weltkrieg wurde er nach Washington, Syrien und Malaya entsandt, 1965 als Botschafter nach Japan. G. übersetzte mehrere Werke aus dem Chinesischen und schrieb Bücher über chinesische Malerei, Literatur und Geschichte. 1941–1945 übersetzte er einen chinesischen Krimi aus dem 18. Jahrhundert – *Dee Goong An. An Ancient Chinese Detective Story* –, den er 1949, mit einer Einleitung versehen, herausgab (s. auch S. 22 f.). Es geht dabei um Fälle, die Judge Dee löst. Danach schrieb G. selbst eine Serie von Romanen, Novellen und Kurzgeschichten um Judge Dee, die zum Teil auf wirklichen historischen Fällen basieren. Die literarisch hochstehenden Romane spielen in einem wissenschaftlich exakt erforschten und dargestellten Milieu. Zu den meisten Romanen hat G. Illustrationen gezeichnet, die genau der Zeichenkunst der Zeit Dees entsprechen (630–700). Dee hieß in Wirklichkeit Ti Jen-chieh (wobei Ti der Familienname ist); er war zu seiner Zeit ein berühmter

Richter und Detektiv unter der Tang-Dynastie. 676 wurde er oberster Richter in Peking.
Dee ist eigentlich Richter von Beruf, zunächst in verschiedenen Provinzstädten, später in der Hauptstadt. Mit seinen Helfern, meistens kräftigen Boxern oder »reformierten« früheren Verbrechern, klärt er Verbrechen auf, verhaftet die Schuldigen und urteilt sie auch gleich ab. Dees Gehilfen sind Hoong Liang, Ma Joong, Chiao Tai und Tao Gan. Dee ist verheiratet, er hat drei Frauen. Abgesehen von *Dee Goong An* ist Judge Dee der Held in 16 Büchern von G.

The Chinese Bell Murders (1951); *The Chinese Nail Murders* (1957); *The Haunted Monastery* (1961); *The Monkey and the Tiger* (1965, zwei Novellen); *Judge Dee at Work* (1967, Kurzgeschichten); *Poets and Murder* (1968).

The Lacquer Screen
(1962)
Wie in allen Kriminalromanen G.s ist auch in diesem der chinesische Richter Dee die Hauptperson. Wir lernen einen jungen, unternehmungslustigen Dee kennen, der seinen ersten Posten als Distriktsvorsteher bekleidet, ein paar Tage Urlaub genommen hat und inkognito, nur von seinem Leutnant, dem ehemaligen Straßenräuber Chiao Tai, begleitet, in den Distrikt Wei-ping reist. Dort besucht er den Dichter und Kollegen Teng, der krank zu sein scheint und Dee ziemlich kurz abfertigt. Doch Dee wird es nicht langweilig: In der Stadt erfahren er und Chiao von dem mysteriösen Selbstmord eines Kaufmanns namens Ko; sie werden von einem Gauner namens Kun-shan angesprochen, der Dee und Chiao für verkappte Straßenräuber hält und sie für eine Erpressung engagieren will; sie lernen den Chef der Bettlergilde kennen und hören von einer Leiche am Stadtrand! Dee sieht sich die Leiche an und kommt zur Überzeugung, daß es sich um Tengs Frau handelt. Als Dee noch am selben Abend Teng aufsucht, macht dieser ihm das Geständnis, er habe seine Frau wahrscheinlich in einem Anfall von (ererbtem) Wahnsinn getötet. Dee hat Mitleid und verspricht seine Hilfe, denn er ist nicht sicher, ob Teng sich zu Recht als Mörder bezichtigt.
Er erbittet sich nur einen Tag für seine Nachforschungen; in dieser Zeit klärt Dee alle Verbrechen auf, von denen er inzwischen erfahren hat. Der Dieb Kun-shan hat Tengs Frau ermordet. Kun-shan ist ein pathologischer Fall; für ihn beantragt Dee die mildeste Form der Todesstrafe. Der Selbstmörder Ko ist in Wirklichkeit von seiner Frau und ihrem Geliebten erstochen worden. Auch diese beiden erwartet die Todesstrafe. Der Mann, den Kun-shan hatte erpressen wollen, hatte Ko um viel Geld betrogen; auch er wird zur Rechenschaft gezogen. Doch nicht alle Bösen werden bestraft. Ehe Dee die Stadt verläßt, spricht er nochmals mit Teng unter vier Augen. Er sagt ihm auf den Kopf zu, daß er, Teng, auf äußerst raffinierte Weise selbst seine Frau habe ermorden wollen, da er impotent, mißgünstig und eitel sei. Kun-shan sei ihm nur zuvorgekommen. Teng leugnet. Angewidert verläßt Dee mit Chiao die Stadt. Tengs Ruhm als Distriktsvorsteher und Dichter wird weiter steigen.

HACKLÄNDER, FRIEDRICH WILHELM
(1816–1877)

Geboren bei Aachen. Nach einer Karriere als Kaufmann, Soldat, Reisebegleiter, Beamter, Hofrat, Journalist und Romancier wurde er 1861 geadelt und lebte fortan als freier Schriftsteller in Stuttgart und am Starnberger See. Die Qualität seiner zahlreichen Werke war gering, der Erfolg enorm. Er schrieb 1851 das Lustspiel *Der geheime Agent;* in seinem vierbändigen Roman *Europäisches Sclavenleben* (1854) soll – nach SCHIMMELPFENNIG – der erste Gentleman-Einbrecher im Stil von Raffles vorkommen.

HAGGARD, SIR HENRY RIDER
(1856–1925)

Geboren in Norfolk. Er verbrachte mehrere Jahre in Afrika; nach seiner Rückkehr nach England zuerst Jurist, dann freier Schriftsteller. Seine Abenteuerromane (*King Solomon's Mines,* 1885; *She,* 1887) machten ihn berühmt. Er hat auch einen mustergültigen Krimi verfaßt: *Mr. Meeson's Will* (1888).

HAGGARD, WILLIAM
(*1907)

Pseudonym für Richard Henry Michael Clayton, geboren in Surrey. Er studierte in Oxford und ging als Jurist nach Indien. Als der Krieg ausbrach, hatte er es zum Richter gebracht. Er diente in der indischen Armee; nach 1945 kam er als Regierungsbeamter nach England zurück. Seit 1958 hat H. etwa 20 Bücher geschrieben; es sind Spionage- und Agentenromane, deren Zentralfigur zumeist der Oberst Charles Russell ist, der Chef des obersten strategischen Geheimdienstes von Großbritannien. Im Vergleich zu James Bond ist er eine eher farblose, dafür realistischere Figur. Bei H. wird mehr mit dem Kopf als mit Gags gearbeitet; auch die Charakterisierung der handelnden Menschen ist überzeugender als bei Fleming; aber H. fehlt Flemings Ironie.

Drei Charles-Russell-Romane: *Slow Burner* (1958); *The High Wire* (1963); *The Scorpion's Trail* (1975).

The Conspirators
(1967)

Über der englischen Küste ist ein amerikanisches Flugzeug explodiert, das eine nicht entsicherte Wasserstoffbombe an Bord hatte. Die Bombe wird von den Amerikanern an der Küste geborgen und abtransportiert. Die Kommunisten lassen sich die Gelegenheit nicht entgehen, Unruhe zu stiften. In der Öffentlichkeit wird die Frage hochgespielt, ob es wirklich nur *eine* Bombe gewesen sei – und ob nicht, wie vor einiger Zeit in Spanien, noch eine zweite Bombe vorhanden sein sollte. Der Sprengkopf der Bombe liegt noch irgendwo an der Küste. Die Amerikaner suchen ihn; das tut auch Bridget Deshmukh, Mitglied der englischen kommunistischen Partei. Die Amerikaner kommen Bridget zuvor, aber sie informiert ihre Parteileitung. Der russische Drahtzieher der Partei, ein »Diplomat«, plant darauf einen gewagten Coup, um die guten englisch-amerikanischen Beziehungen zu stören. Ein russisches Unterseeboot bringt nachts an eine einsame Bucht – nahe der Stelle, wo die Bombe geborgen worden war – ein amerikanisches Schlauchboot mit einem kleinen Atomsprengkopf, der später gezündet werden soll. In der Öffentlichkeit hieße es dann, eine amerikanische Atombombe sei explodiert. In letzter Minute gelingt es dem englischen Geheimdienst unter der Leitung von Colonel Charles Russell, den Plan zu vereiteln. Man tauscht das Innere des russischen Sprengkopfs in aller Eile aus, fängt die vier gelandeten Russen ab und zwingt sie, die anscheinend unberührte Bombe wieder mitzunehmen. 1:0 für England. Das russische Unterseeboot verschwindet, die Öffentlichkeit erfährt nichts, der russische »Diplomat« wird vom Kreml nach Indien strafversetzt.

HALLIDAY, BRETT
(1904–1977)

Pseudonym für Davis Dresser, geboren in Chicago und aufgewachsen in Texas. Schulen besuchte er nur dann, wenn er nicht gerade in der Armee oder auf abenteuerlichen Reisen war. Um 1927 begann er für die »Pulps« zu schreiben – über die Liebe, Wild-West usw. 1938 erschien sein erster Krimi, *Mum's the Word for Murder,* unter dem Pseudonym Asa Baker. H. benutzte auch die Pseudonyme Don Davis und Hal Debrett – das letztere steht für das Autorenteam Brett Halliday und Kathleen Rollins. Kathleen war H.s zweite Frau. Auch die erste (Helen McCloy) und die dritte (Mary Savage) haben Krimis geschrieben. In seiner »Pulp«-Zeit hatte H. auch folgende Pseudonyme benutzt: Matthew Blood, Sylvia Carson, Kathryn Culver, Anthony Scott, Peter Shelley und Anderson Wayne.
1939 kam H.s erster Mike-Shayne-Roman heraus. Shayne, ein Privatdetektiv, der sein Büro in Miami hat, ist ein großer, rothaariger Kerl, grundehrlich, eine Zeitlang sogar verheiratet. Er ist nicht immer sehr klug; besonders am Anfang der Bücher geht er in jede Falle und wird jedesmal zusammengeschlagen. Gegen Ende der Romane beginnt er klüger zu kombinieren und löst alle seine Fälle. Shaynes Freund ist der trunksüchtige Timothy Rourke; seine treue Sekretärin heißt Lucy Hamilton. Shayne steht gut mit Will Gentry, dem obersten Polizeidetektiv von Miami; aber Peter Painter, der Polizeichef von Miami Beach, ist sein unversöhnlicher Feind und wartet auf den Augenblick, da er Shayne einen Mord in die Schuhe schieben kann. H. hat etwa 70 Shayne-Romane geschrieben, dazu eine Unzahl von Shayne-Kurzromanen, die monatlich im *Mike Shayne Mystery Magazine* erscheinen. In den vierziger Jahren sind einige Shayne-Romane verfilmt worden; der populäre Shayne wurde als Detektiv sogar in die Verfilmungen (beide 1942) von Clayton Rawsons *The Footprints on the Ceiling* und Raymond Chandlers *The High Window* eingeführt. Die Shayne-Geschichten wurden auch über Radio und Fernsehen (1960, 32 Stunden lang) verbreitet.

Sechs Mike-Shayne-Romane: *Dividend on Death* (1939); *The Private Practice of Michael Shayne* (1940); *A Taste for Violence* (1949); *The Careless Corpse* (1961); *Guilty as Hell* (1967); *Last Seen Hitchhiking* (1974). – Die Romane ohne Mike Shayne: *Mum's the Word for Murder* (1939, von Asa Baker); *The Kissed Corpse* (1939, von Asa Baker); *Death on Treasure Trail* (1941, von Don Davis); *Before I Wake* (1949, von Hal Debrett); *A Lonely Way to Die* (1950, von Hal Debrett).

Michael Shayne's Long Chance
(1944)
Michael Shaynes geliebte Frau Phyllis ist umgekommen, und Mike überläßt sich eine Weile dem Alkohol und der Verzweiflung. Sein Freund, der Journalist Tim Rourke, weckt ihn aus seiner Lethargie, indem er ihn dazu überredet, nach New Orleans zu fahren und John P. Littles Tochter zu überwachen. Shayne kennt New Orleans von früher her und nimmt die Beziehungen zu guten (McCracken, Quinlan) und zu korrupten (Denton) Polizeiinspektoren wieder auf. Littles Tochter wird umgebracht und Mike als Mörder verdächtigt. Leutnant Denton, der mit den Rauschgifthändlern und Bordellbesitzern im Bunde ist, gelingt es beinahe, Shayne zu »erledigen«. Er läßt ihn zweimal halbtotschlagen, und zweimal wird Shayne durch einen »Mickey Finn« (drogenhaltiges Getränk) außer Gefecht gesetzt. Um ihn erpressen zu können, läßt Denton Shayne und ein Mädchen zusammen nackt photographieren. Das Mädchen ist niemand anders als Lucy Hamilton, die hier zum ersten Mal vorkommt und in den meisten späteren Romanen H.s als Shaynes Sekretärin fungiert.
Gegen Ende versammelt Shayne alle Beteiligten in Inspector Quinlans Büro, beweist, daß die Tote gar nicht Littles Tochter und daß Little selbst der Mörder ist. Littles Tochter war vor einem Monat als Wasserleiche aufgetaucht. Die Lebensversicherung (50 000 Dollar) wäre an Littles Schwägerin gegangen. Diese ist unterdessen gestorben, und Little selbst erhält das Geld. Er hat Margo Macon nach New Orleans geschickt, Shayne Margos Bild gegeben, so daß er diese als Littles Tochter identifizieren konnte, und Margo dann umgebracht. Denton, der Rauschgifthändler Rudy Soule, der ruchlose Henri – sie alle kommen vorderhand ungestraft davon. Aber Shayne entschließt sich, in New Orleans zu bleiben und, mit Lucy als Sekretärin, ein Detektivbüro zu eröffnen.

HAMILTON, BRUCE
(*1900)

Dieser Engländer studierte am University College, London, unterrichtete Geschichte und wurde später Rektor einer Schule auf Barbados. Neben andern Büchern veröffentlichte er auch einige Krimis, die von Erle Stanley Gardner und anderen gepriesen wurden:

To Be Hanged (1930); *Middle Class Murder* (1937, in USA *Dead Reckoning*); *Traitor's Way* (1939); *Let Him Have Judgment* (1948, in USA *The Hanging Judge*); *Too Much of Water* (1958).

HAMILTON, DONALD
(*1916)

Geboren in Uppsala (Schweden). Im Alter von acht Jahren kam er in die USA, studierte Chemie an der University of Chicago (B. Sc. 1938), trat in die Armee ein und wurde nach dem Zweiten Weltkrieg freier Schriftsteller. Er wohnt mit seiner Familie in Santa Fe. H. hat Artikel und Bücher über Jagd und Photographie, ein halbes Dutzend Western und eine Anzahl Krimis geschrieben. Berühmt wurde er durch die Matt-Helm-Serie, die 1960 zu erscheinen begann und bis heute auf 17 Romane angewachsen ist. Helm ist der amerikanische James Bond. Sein Chef ist »Mac« in Washington, dessen CIA ähnliche Organisation gelegentlich unter verräterischen oder dummen Politikern zu leiden hat. Vier Matt-Helm-Romane sind mit Dean Martin verfilmt worden.

Assassins Have Starry Eyes (1946, späterer Titel *Assignment Murder*); *Murder Twice Told* (1947); *Date With Darkness* (1947); *The Steel Mirror* (1948); *The Night Walker* (1954); *Line of Fire* (1955). – Sechs Matt-Helm-Romane: *Death of a Citizen* (1960); *The Wrecking Crew* (1960); *The Ambushers* (1963); *The Devastators* (1965); *The Interlopers* (1969); *The Terminators* (1975).

The Retaliators
(1976)

Geheimagent Matt Helm (Deckname Eric) will gerade in die Ferien fahren, als er entdeckt, daß ein unbekannter »Wohltäter« 40 000 Dollar auf sein Konto eingezahlt hat. Infolgedessen ist er als bestochener Verräter denunziert worden, und die Sicherheitspolizei ist ihm bereits auf den Fersen. Zwei Kollegen sind auf die gleiche Weise ausgebootet worden: Roger ist verhaftet, Norma über die mexikanische Grenze entkommen. Als Ersatzmann übernimmt Eric die Mission der beiden, nämlich in Mexiko einen bezahlten Killer namens Ernemann auszuschalten. Eric versucht gleichzeitig, herauszufinden, wer für so viel Geld Agenten kaltstellen will. Zunächst bringt die junge, reiche Mrs. O'Hearn Eric eine Botschaft von ihrem Bruder Roger. Dann überstürzen sich die Ereignisse. Eric nimmt einen Sicherheitsbeamten, der ihn verfolgt, als Geisel fest und erfährt, daß Roger umgekommen ist. Der Sicherheitspolizeichef Euler scheint ein schlechtes Gewissen zu haben; denn er läßt Eric die mexikanische Grenze passieren. In Mexiko arbeitet Eric mit seinem Kollegen Ramón zusammen. Eric wird von Mrs. O'Hearn begleitet, deren Mann einem mächtigen internationalen Syndikat angehört und in Mexiko mit einem General namens Diáz politische Pläne schmiedet. Der Killer Ernemann hat den Auftrag, Diáz zu erschießen. Da Diáz politisch eine zwielichtige Figur ist, überläßt Ramón mit Erleichterung diesen Ernemann Eric. Ernemann ist schwer aufzuspüren, und Eric gerät in seltsame Hinterhalte. Und wer ist überhaupt Ernemanns Auftraggeber? Am Ende gibt es ein Blutbad: ein junger Chinese, offensichtlich ein Helfer Ernemanns, schießt General Diáz und seine Begleitung nieder, einschließlich eines jungen Piloten, der einmal Mrs. O'Hearn den Hof gemacht hatte. Darauf tötet Ernemann Mr. O'Hearn. Eric erschießt seinerseits Ernemann und den Chinesen. Damit hat Eric seinen Auftrag erfüllt; sein Chef, Ramón und Mrs. O'Hearn sind sehr zufrieden mit ihm.

Was waren die Hintergründe? Ernemann hatte drei Auftraggeber: 1. einen gewissen Mr. Soo, der Eric ausschalten wollte, 2. die mexikanische Geheimpolizei, die Diáz loszuwerden versuchte, 3. Mrs. O'Hearn, die sich an ihrem treulosen Liebhaber und an ihrem Mann rächen wollte. Mrs. O'Hearn hatte auch das »Bestechungsgeld« auf die Konten ihres Bruders, Normas und Erics einzahlen lassen, um die drei Agenten vorübergehend matt zu setzen. – Ein Thriller, in dem kapitalistische Verbrecher und Agenten einmal unter sich sind, abgesehen von den zwei chinesischen Randfiguren, die mysteriös bleiben.

HAMILTON, PATRICK
(1904–1962)

Geboren in Sussex. Er versuchte sich zuerst beim Theater, dann arbeitete er als Büroangestellter in London. Nach 1925 schrieb er Romane, Dramen und Hörspiele. Auf dem Gebiet des Krimi wurde er bekannt durch *Hangover Square* (1942), einen Roman um einen verbrecherischen Schizophrenen und seine böse Geliebte.

HAMMETT, DASHIELL
(1894–1961)

Geboren am 27. Mai 1894 im amerikanischen Staat Maryland. Er wuchs in Baltimore auf, verließ die Schule als Vierzehnjähriger und verdiente sein Geld mit verschiedenen Jobs: als Bote bei der Baltimore & Ohio Railway, als Rangierarbeiter, Zeitungsverkäufer, Angestellter in einer Fabrik und am Hafen. Schließlich wurde er Detektiv bei der berühmten Firma Pinkerton. Im Ersten Weltkrieg diente er als Unteroffizier. Eine Grippeerkrankung hatte Tuberkulose zur Folge; nach Kriegsende verbrachte H. einige Jahre in Militärkrankenhäusern, bevor er zu Pinkerton zurückkehrte. 1922 hatte er zu schreiben begonnen. Seine ersten Erzählungen wurden in H. L. Menckens Zeitschrift *The Smart Set* und in dem damals führenden Organ für Kriminalgeschichten, *Black Mask*, gedruckt.
Zwischen 1929 und 1934 erschienen H.s fünf Romane, die ihn berühmt machten: *Red Harvest* (1929), *The Dain Curse* (1929), *The Maltese Falcon* (1930, dreimal verfilmt, 1941 mit Humphrey Bogart), *The Glass Key* (1931) und *The Thin Man* (1934). Nach 1933 schrieb H. kaum noch. Er begann zu trinken. Während des Zweiten Weltkriegs diente er noch einmal zwei Jahre in Alaska. In den vierziger Jahren erschienen einige Bände mit Novellen, die H. in seiner produktiven Periode (1922–1934) verfaßt hatte. 1951 verbrachte H. fünf Monate im Gefängnis, da er sich geweigert hatte, die Namen derer zu verraten, die einen Beitrag zu einem Fonds geleistet hatten, den er mitverwaltete. Der Fonds diente dazu, Kaution für verhaftete »Civil-Rights«-Kämpfer zu stellen. H. war überzeugter Marxist und wahrscheinlich Mitglied der kommunistischen Partei. Seit 1945 war der Alkohol sein Hauptproblem. H. starb am 10. Januar 1961 an Lungenkrebs.
Im folgenden Jahr veröffentlichte H.s Freundin Lillian Hellman neun von H.s Novellen aus den Jahren 1923–1927 unter dem Titel *The Big Knockover*. Der Band enthält auch ein späteres Romanfragment (»Tulip«) und Frau Hellmans Erinnerungen an H., der sein Leben verlassen und in Armut beschloß. H. hat über 50 Novellen geschrieben; »The Continental Op« (Op = Operative) ist üblicherweise sein Detektiv; dreimal tritt in den Novellen auch Sam Spade auf. In den Jahren 1927 – 1929 hat H. etwa 50 Detektivromane in der *Saturday Review of Literature* besprochen.
H.s Einfluß auf den amerikanischen Kriminalroman kann gar nicht überschätzt werden. Raymond Chandler und Ross Macdonald stammen in direkter Linie von ihm ab. Seine Detektive Ned Beaumont *(The Glass Key)*, Nick Charles *(The Thin Man)*, Sam Spade *(The Maltese Falcon)* und »The Continental Op« (in den beiden anderen Romanen und den meisten Novellen) haben ein für allemal Maßstäbe gesetzt. H. verwendet kurze Sätze und findet immer das treffende Wort. Seine Dialoge (zwar nicht so witzig wie die Chandlers) sind knapp und erinnern an den frühen Hemingway. H. liest sich leicht. Bei ihm zeigt sich besonders deutlich, daß es bei einem guten Krimi weniger um die Story an sich geht als um den Stil, in dem sie geschrieben ist. Gerade daran aber hat H. ebensohart gearbeitet wie Flaubert. H. und Chandler werden nach wie vor von vielen als Vorbilder betrachtet.

Die fünf Romane: *Red Harvest* (1929); *The Dain Curse* (1929); *The Maltese Falcon* (1930); *The Glass Key* (1931); *The Thin Man* (1934).

Lit.: E. H. Mundell (Hrsg.), A List of the Original Appearances of D. H.'s Magazine Work, 1968. – W. F. Nolan, Dashiell Hammett: A Casebook, 1969.

Red Harvest
(1929; dt. *Bluternte*, 1952)
Der Ich-Erzähler ist ein Detektiv, der im Dienst der Continental Detective Agency steht und dessen Name nie erwähnt wird. Er wird einfach »the Continental Op« genannt. Der Leser vernimmt im Laufe des Romans, daß er klein, dick und ungefähr vierzig Jahre alt ist.

Es geht um Korruption in der Stadt Personville, genannt »Poisonville«. Der Roman beginnt mit einem Mord: Donald Willson, der die zunehmende Korruption bekämpft hat, wird tot aufgefunden. Elihu Willson, der Vater des Ermordeten und der mächtigste Mann in der Stadt, stellt den Detektiv an. Elihu will herausfinden, wer seinen Sohn getötet hat.
Der getötete Donald Willson hatte begonnen, in seiner Zeitung auf die Bestechungsmethoden in Personville hinzuweisen. Er wußte aber nicht, daß sein eigener Vater in diese unehrlichen Geschäfte verwickelt war. Der Detektiv findet heraus, daß der Polizeidirektor Noonan, ein Spieler namens Whisper und die Dirne Dinah Brand, eine der wenigen sympathischen Personen im Roman, wichtige Rollen gespielt haben. Dinah Brand besitzt Beweise, die gegen viele Persönlichkeiten der Stadt verwendet werden könnten. Kein Wunder, daß sie umgebracht wird.
Am Ende des Romans hat man den Eindruck, daß fast alle Bewohner der Stadt korrupt sind und daß nur ein großes Blutbad helfen kann. Dieses findet alsbald statt. Es bleiben übrig: der Detektiv und der alte Elihu Willson, der doch nicht ganz so korrupt gewesen war.

The Dain Curse
(1929; dt. *Der Fluch des Hauses Dain,* 1954)
Diamanten sind gestohlen worden, und der »Continental Op« soll für die Versicherungsgesellschaft der Sache auf den Grund gehen. Aber die Diamanten werden bald zur Nebensache. Edgar Leggett begeht, so scheint es, Selbstmord. Man streitet sich um einen Revolver; dabei erschießt sich Mrs. Leggett. Als nächstes muß der Detektiv die junge Gabrielle Leggett überwachen. In einem seltsam-unheimlichen Tempel erblickt er sie mit einem blutigen Degen. Sie sagt, sie habe ihren Arzt damit erstochen, was nicht stimmen dürfte. Später kommt der Detektiv dazu, wie der Tempelvorsteher seiner Frau den Garaus machen will; der Continental Op schießt ihn nieder.
Gabrielle heiratet Eric Collinson, der bald als Leiche gefunden wird, während Gabrielle verschwunden bleibt. Sie scheint irgendwo gefangengehalten zu werden. Schließlich bringt der Detektiv die Wahrheit an den Tag: Hinter allem steckt der Autor Fitzstephen, der Gabrielle gern für sich gehabt hätte und die scheinbaren Selbstmorde von Leggett und Mrs. Leggett inszeniert hat. Er hat auch die Tempelszene mit der Ermordung des Arztes vorgetäuscht und Eric Collinson ins Jenseits befördert. Gabrielle beginnt ein neues Leben.

The Maltese Falcon
(1930; dt. *Der Malteser Falke,* 1951)
Dieser gilt als H.s bester Roman, allein schon wegen des unvergeßlichen Detektivs Sam Spade. Die weibliche Hauptfigur, Brigid O'Shaugnessy, bittet Spade und dessen Partner Archer um Hilfe, weil sie Angst vor einem gewissen Herrn Thursby hat. Am selben Abend wird Archer umgebracht. Wer hat ihn erschossen? Auch Thursby taucht nun als Leiche auf. Spade findet Brigid sehr attraktiv und beginnt ein Verhältnis mit ihr; er weiß aber im Grunde genau, daß sie nie ehrlich mit ihm ist. Erst später findet er heraus, daß Brigid eine Skulptur sucht, einen goldenen Falken aus dem 16. Jahrhundert, der Millionen von Dollar wert ist.
Nicht nur Brigid, sondern auch andere suchen diesen wertvollen Falken, z. B. Joel Cairo, ein verweichlichter Grieche, der sich parfümiert, Pastillen lutscht und sehr gefährlich ist. Auch Caspar Gutman, ein fetter, anscheinend freundlicher Mann, der zusammen mit seiner schönen Tochter und einem jungen Gangster namens Wilmer reist, interessiert sich dafür.
Brigid verschwindet. Cairo und Gutman versprechen Sam Spade eine Menge Geld, wenn er den Vogel fände. Der Falke soll sich auf einem Schiff befinden. Da stolpert der Kapitän dieses Schiffes sterbend in Spades Büro: er hat den gesuchten Falken unterm Arm. Jetzt kommt Spade der Wahrheit auf die Spur. Es wird klar, daß Spade die einzige ehrliche Person des Romans ist. Alle anderen lügen und morden des Geldes wegen. Es stellt sich heraus, daß Wilmer den Kapitän erschossen hat; aber Brigid ist die Mörderin von Archer. Sie glaubt, daß Spades Liebe zu ihr ihm so viel bedeute, daß er schweigen werde. Sie hat sich getäuscht. Spade gehört zur »harten Schule« der Detektive; Ehrlichkeit geht über Sentimentalität. Sein Gewissen sagt ihm, daß er den Tod seines Partners rächen muß. Daher übergibt er Brigid und die anderen der Polizei. Der Falke ist eine Fälschung; der echte Falke ist wahrscheinlich in Rußland geblieben, wo die ganze Intrige begonnen hat.

The Glass Key
(1931; dt. *Der gläserne Schlüssel,* 1953)
Es geht um politische Machenschaften in einer amerikanischen Stadt. Wahlen stehen bevor. Paul Madvig ist der »Big Boss«, und Ned Beaumont ist sein Freund und der Detektiv der Geschichte.
Taylor Henry, Sohn des Senators Henry, liegt tot auf der Straße. Paul Madvig hat sich vor kurzem mit ihm zerstritten. Taylor hat Madvigs Schwester Opal den Hof gemacht, und das hat Madvig nicht gepaßt. Ist er der Mörder? Opal ist überzeugt davon, ebenso Taylor Henrys Schwester Janet.
Ned Beaumont forscht nach und stößt in ein Wespennest. Er kommt mit einem blauen Auge davon. Nun gesteht Paul Madvig den Mord, aber Ned glaubt ihm kein Wort. Am Ende findet Ned die Wahrheit heraus.

The Thin Man
(1934; dt. *Der dünne Mann,* 1952)
Nick Charles, der Hauptdetektiv, erzählt die Geschichte selbst. Er ist klug, witzig und gelegentlich zynisch – genau wie seine Frau Nora. Der Erfinder Clyde Wynant ist verschwunden. Man entdeckt die Leiche von Wynants Sekretärin, von Kugeln durchlöchert. Sie scheint die Freundin eines Gangsters gewesen zu sein. Wer ist der Mörder? Wynants Tochter Dorothy, die mit einem Revolver herumläuft, oder ihre Mutter, Mimi Jorgensen, die frühere Frau von Wynant, welche die Sekretärin (und Geliebte) ihres Mannes gehaßt hatte?
Wynants Rechtsanwalt, Macaulay, erhält einen Brief von Wynant; Nick Charles solle die Untersuchung übernehmen. Wynants Sohn erhält den nächsten Brief. Die Briefe sind gefälscht, und Nick Charles macht der Verwirrung ein Ende, als er die Leiche des »dünnen Mannes« – Clyde Wynants – in dessen Werkstatt entdeckt. Es ist Macaulay, der Wynant und seine Sekretärin ermordet hat. Motiv: Diebstahl von Wertpapieren.

HANNAY, JAMES OWEN
(1865–1950)

Dieser Geistliche der anglikanischen Kirche veröffentlichte unter seinem richtigen Namen und unter dem Pseudonym George A. Birmingham etwa 60 Bücher, darunter auch einige Krimis:

The Search Party (1909); *The Island Mystery* (1918); *The Major's Candlesticks* (1929); *Wild Justice* (1930); *The Hymn Tune Mystery* (1931).

HANSHEW, THOMAS W.
(1857–1916)

Amerikaner, schrieb für die Nick-Carter-»Pulps«, dazu eigene Krimis und mehrere Bände über Hamilton Cleek, »The Man of the Forty Faces«. Cleek kann seinen Gesichtsausdruck so schnell und wirkungsvoll verändern, daß ihn auch die besten Freunde nicht mehr erkennen. Er spezialisiert sich aufs Öffnen von Kassenschränken und wird auch »The Vanishing Cracksman« genannt. Zwischen 1910 und 1916 schrieb H. drei Bände Cleek-Kurzgeschichten. Mary E. Hanshew (H.s Frau) und Hazel Phillips Hanshew benutzten die Figur zu weiteren neun Büchern (1915, 1918–1932).

Beautiful, But Dangerous; or The Heir of Shadowdene (1891); *The Mallison Mystery* (1903); *The Shadow of a Dead Man* (1906). – Die drei Hamilton-Cleek-Bände von H.: *The Man of the Forty Faces* (1910, in USA *Cleek, the Master Detective*); *Cleek of Scotland Yard* (1914); *Cleek's Greatest Riddles* (1916, in USA *Cleek's Government Cases*).

HARDEL, GERHARD
(*1912)

Geboren in Bromberg (Polen). Er studierte Geschichte und Volkswirtschaft und wurde Wirtschaftsberater (1938). Im Zweiten Weltkrieg war er Soldat, dann Redakteur und später freier Schriftsteller. Er hat mehrere Preise erhalten. Neben Kinderbüchern und Erzählungen hat er auch einen Krimi geschrieben: *Das Geheimnis eines langen Lebens* (1953).

HARDY, ARTHUR SHERBURNE
(1847–1930)

Dieser Amerikaner unterrichtete zuerst Ingenieurwissenschaften am Iowa College und in

Dartmouth. Er wurde Herausgeber des *Cosmopolitan Magazine* und später Diplomat. Neben vielen andern Werken hat er einen Band Erzählungen um Inspector Joly geschrieben (*Diane and Her Friends,* 1914) und einen Krimi: *No. 13, Rue du Bon Diable* (1917).

HARE, CYRIL
(1900 – 1958)

Pseudonym für Alfred Alexander Gordon Clark, geboren in Mickleham, England. Er studierte in Rugby und Oxford und wurde 1924 Rechtsanwalt, später Richter. 1937 erschien sein erster Krimi: *Tenant for Death.* Er schrieb acht weitere Krimis und etwa 50 Kurzgeschichten. Der Detektiv in den ersten drei Romanen ist Inspector Mallet von Scotland Yard. 1942 wird ihm Francis Pettigrew zur Seite gestellt – ein kluger, aber finanziell wenig erfolgreicher Rechtsanwalt, der in allen folgenden Romanen *(An English Murder* ausgenommen) auftritt. 1959 hat Michael Gilbert 30 von H.s Kurzgeschichten gesammelt und herausgegeben: *The Best Detective Stories of Cyril Hare.*

Die neun Romane: *Tenant for Death* (1937); *Death Is No Sportsman* (1938); *Suicide Excepted* (1939); *Tragedy at Law* (1942); *With a Bare Bodkin* (1946); *When the Wind Blows* (1949, in USA *The Wind Blows Death*); *An English Murder* (1951); *The Yew Tree's Shade* (1954, in USA *Death Walks the Woods*); *He Should Have Died Hereafter* (1958, in USA *Untimely Death*).

HARKENTHAL, GERHARD
(*1914)

Geboren in Aschersleben, wo er heute als Rechtsanwalt lebt. Auf dem Gebiet der Literatur gilt sein Interesse vor allem dem historischen und dem modernen Kriminalroman und den Problemen des Rechts.

Rendezvous mit dem Tod (1962); *Canal-Story* (1964); *Galgenfrist* (1965); *Im Würgegriff* (1966); *River Passage* (1972).

HARRINGTON, JOSEPH
(*1903)

Geboren in Newark, lange Zeit Reporter in New York, lebt heute in Florida. Er hat drei Krimis geschrieben, die Musterbeispiele der »procedural school« sind. Sergeant Francis X. Kerrigan und die Polizeidetektivin Jane Boardman lösen ihre Fälle durch Hausbesuche, sorgfältige Erkundigungen und geduldiges Nachprüfen der ihnen gemachten Angaben.

The Last Known Address (1965); *Blind Spot* (1966); *The Last Doorbell* (1969).

HARRIS, HERBERT
(*1911)

Dieser Engländer soll 3500 Kurzgeschichten in Zeitschriften veröffentlicht haben – meistens auf dem Gebiet der Kriminalliteratur –, also ein Weltrekord. H. scheint aber nur zwei Krimis geschrieben zu haben. HAGEN nennt *Who Kill to Live* (1962); STEINBRUNNER/PENZLER fügen hinzu: *The Angry Battalion* (1973).

HARRISON, MICHAEL
(*1907)

Engländer, hat insgesamt mehr als 50 Bücher veröffentlicht, darunter eine Biographie, *Peter Cheyney: Prince of Hokum* (1954), sowie *In the Footsteps of Sherlock Holmes* (1960). Er hat Kurzgeschichten um Edgar Allan Poes Detektiv Dupin geschrieben: *The Exploits of the Chevalier Dupin* (1968, in England *Murders in the Rue Royale*); HAGEN verzeichnet folgende Krimis:

Heads I Win (1956); *No Smoke, No Flame* (1956); *They Hadn't a Clue* (1956).

HART, FRANCES NEWBOLD NOYES
(1890–1943)

Geboren in Silver Spring, Maryland, als Frances Noyes. Sie heiratete Edward Henry Hart 1921. H. schrieb drei Krimis; der erste, *The Bellamy Trial* (1927), erschien in Fortsetzungen in der *Saturday Evening Post* und machte sie berühmt; der Roman wurde verfilmt (1929) und dramatisiert (1931).

Ihre zwei späteren Krimis sind *Hide in the Dark* (1929) und *The Crooked Lane* (1934).

HARTMANN-PLÖN, KARL
(1829–1899)

Geboren in Plön als Sohn eines Apothekers. Nachdem er 1849 in der schleswig-holsteinischen Armee gekämpft hatte, studierte er Medizin, promovierte 1857 und wurde im folgenden Jahr Arzt in Heide (Dithmarschen). Neben zahlreichen anderen Romanen veröffentlichte er einen »Nordfriesischen Kriminalroman«: *Haß und Liebe sind eins,* 1897.

HASTINGS, MACDONALD
(*1909)

Dieser Engländer war Journalist und Redakteur, arbeitete fürs Radio und schrieb Kinderbücher. Auf dem Gebiet des Krimi verfaßte er fünf Bücher über Montague Cork, Direktor einer Versicherungsgesellschaft, der allen Arten von Schwindlern auf die Spur kommt.

Cork on the Water (1951); *Cork in Bottle* (1953); *Cork and the Serpent* (1955); *Cork in the Doghouse* (1957); *Cork on the Telly* (1966, in USA *Cork on Location*).

HAUFF, WILHELM
(1802–1827)

Geboren in Stuttgart. Er studierte in Tübingen (Dr. phil., 1825) und war Hauslehrer, zuletzt Redakteur bei Cottas *Morgenblatt.* Das zweite Märchen im Zyklus »Der Scheik von Alexandria und seine Sklaven« heißt »Abner der Jude, der nichts gesehen hat«. H. nimmt darin ein Thema auf, das er in Voltaires (1694–1778) Roman *Zadig* (1747) gelesen hatte:
Im dritten Kapitel von Voltaires Roman geht Zadig im Wald spazieren. Eunuchen und Offiziere der Königin begegnen ihm und fragen, ob er nicht das entlaufene Hündchen der Königin gesehen habe. Zadig beschreibt ihnen das Hündchen genau, will es aber nicht gesehen haben. Fast gleichzeitig eilen die Stallbeamten des Königs herbei und fragen Zadig, ob er das entlaufene Pferd des Königs gesehen habe. Er beschreibt ihnen das Pferd, will es aber nicht gesehen haben. Die Beamten verhaften Zadig und schleppen ihn vor den König; sie halten ihn für den Dieb. Zadig erklärt, wie er aus den Spuren des Hündchens hatte schließen können, daß dieses trächtig war, lange Ohren hatte und hinkte. Aus den Spuren hatte er auch auf die Größe und Eigenschaften des Pferdes, auf die Beschaffenheit des Zaums und auf den Beschlag der Hufe schließen können. Zadigs Strafe ist zwar gering; er nimmt sich aber vor, in Zukunft keine Auskunft mehr zu geben. Als ein Gefangener entspringt, sieht ihn Zadig von seinem Fenster aus, er schweigt aber. Nun beweist man ihm, daß er den Gefangenen gesehen hat, und bestraft ihn für sein Schweigen. Zadig schließt daraus auf die Absurdität des Lebens: Man kann machen, was man will, es ist immer falsch.
H. hat aus dieser Episode eine in sich geschlossene Erzählung gemacht. Zadig hat er in einen Juden, den entsprungenen Gefangenen in einen Neger verwandelt. Der Jude wird viel drastischer bestraft als Zadig, und sein Unglück wird von Schnurri, dem Spaßmacher, schadenfroh kommentiert. Die Moral von der Geschichte wird rassistisch eingeengt: Abner leidet nicht, weil das Leben absurd, sondern weil er als Jude pfiffig und verschlagen ist. »Daß aber doch zuweilen ein Jude durch seine Pfiffe zu Schaden kommt, bewies Abner, als er eines Tages zum Thore von Marokko hinaus spazieren ging.« – MESSAC hat nachgewiesen, daß Voltaires Anekdote über italienische und persische Versionen und über die Märchen von *Tausendundeiner Nacht* bis ins jüdische Schrifttum des 3. Jahrhunderts zurückverfolgt werden kann (S. 17–29).
H.s Novelle »Die Sängerin« (1827) ist ebenfalls eine Kriminalerzählung.

HAWTHORNE, JULIAN
(1846–1934)

Sohn des amerikanischen Klassikers Nathaniel Hawthorne, ein Vielschreiber, der drei bis vier Bücher pro Jahr herausbringt. Ins Gebiet des Krimi gehören drei Kurzgeschichtensammlungen und eine Serie von Romanen über die New Yorker Polizei.

Die drei Bände Kurzgeschichten: *Prince Saroni's Wife* (1884); *David Poindexter's Disappearance and Other Tales* (1888); *Six Cent Sam's* (1893). – Drei Krimis: *A Tragic Mystery* (1887); *The Great Bank Robbery* (1887); *Section 558; or, the Fatal Letter* (1888).

HAYCRAFT, HOWARD
(*1905)

Geboren in Minnesota. Bekannter Verleger und Bibliograph. Er schrieb *The Life and Times of the Detective Story* (1941), mit einer Liste der besten und bedeutendsten Krimiliteratur der Welt, die Ellery Queen später erweiterte. Die Liste von 167 Werken wurde bekannt als »The Haycraft-Queen Definitive Library of Detective-Crime-Mystery Fiction: Two Centuries of Cornerstones, 1748–1948«. – H. gab 1946 eine Anthologie von 53 Essays verschiedener Autoren über den Krimi heraus: *The Art of the Mystery Story.*

HEAD, MATTHEW
(*1907)

Pseudonym für John Canaday, geboren in Fort Scott, Kansas. Er wurde Journalist und Kunstkritiker. In den Jahren 1943–1955 schrieb er sieben Krimis unter dem Pseudonym Matthew Head.

The Smell of Money (1943); *Congo Venus* (1950); *Murder at the Flea Club* (1955)

HEARD, HENRY FITZGERALD
(1889–1971)

Geboren in London, Studium in Cambridge. Unter dem Namen Gerald Heard veröffentlichte er eine Anzahl Bücher auf verschiedenen Wissensgebieten. 1937 ging er in die USA (Kalifornien). Aldous Huxley hat ihn in der Figur des William Propter in *After Many a Summer Dies the Swan* (1939) beschrieben. Ein halbes Dutzend von H.s Büchern fallen ins Gebiet des Krimi. In dreien davon ist der Held der pensionierte Bienenzüchter Mr. Mycroft, der Sherlock Holmes aufs Haar gleicht; wir erinnern uns, daß Holmes' älterer Bruder Mycroft hieß.

Murder by Reflection (1942); *The Great Fog: Weird Tales of Terror* (1944); *Black Fox* (1951). – Die drei Mycroft-Krimis: *A Taste for Honey* (1941); *Reply Paid* (1942); *The Notched Hairpin* (1949).

HEARSON, HARRY
(*1907)

Dieser englische Journalist war Herausgeber des *Sketch* bis 1959. Zusammen mit John Courtenay Trewin veröffentlichte er 1951 eine der besten Roman-Parodien auf den Gruselkrimi: *An Evening at the Larches* (1951). Der Karikaturist Ronald Searle lieferte die Illustrationen.

HEBERDEN, MARY VIOLET
(*1906)

Diese Amerikanerin hat in den Jahren 1939 bis 1953 über 30 Krimis veröffentlicht, darunter einige unter dem Pseudonym Charles Leonard. Eine ihrer Zentralfiguren ist der Privatdetektiv Desmond Shannon.

Death on the Doormat (1939); *Vicious Pattern* (1945); *Murder Unlimited* (1953).

HECHT, BEN
(1893–1964)

Geboren in New York, bekannt als Autor von Romanen, Dramen, der Autobiographie *A Child of the Century* (1954) und als Verfasser von Drehbüchern, z. B. des Filmskripts für den ersten Gangsterfilm, *Underworld* (1927). Mehrere seiner Kurzgeschichtenbände enthalten Erzählungen mit kriminalistischem Einschlag. H. hat auch zwei Kriminalromane geschrieben: *The Florentine Dagger* (1923) und *I Hate Actors* (1944, späterer Titel *The Hollywood Mystery*).

HELD, WOLFGANG
(*1930)

Geboren in Weimar, Volkspolizist, später Journalist und seit 1965 freier Schrifststeller. Er schrieb Romane, Erzählungen, Kinderbücher und Drehbücher, darunter das Skript für den Kriminalfilm *12 Uhr mittags kommt der Boss* (1968) und den Kriminalroman *Der letzte Gast* (1968).

HELLER, FRANK
(1886–1947)

Pseudonym für Gunnar Serner, geboren in Lösen, Blekinge. LA COUR/MOGENSEN nennen ihn Schwedens führenden Krimiautor seiner Zeit. Er erfand a) den schwedischen Raffles namens Filip Collin, Zentralfigur mehrerer Bücher, und b) den Freud-Jünger und Detektiv mit dem symbolischen Namen Dr. Zimmertür. H.s Meisterwerk sei der Krimi *Kejsarens gamla kläder* (1918), eine dänisch-schwedisch-chinesische Intrige, die in Kopenhagen spielt. HAGEN verzeichnet vier englische Übersetzungen.

Hr Collins affärer i London (1914; dt. 1917); *Doktor Z* (1926; dt. *Die Diagnosen des Dr. Z.*, 1928); *Tre mördare inträda* (1939; dt. *Drei Mörder treten ein,* 1941).

HENRICKS, PAUL
(?)

Pseudonym für Dr. Edward Hoop, Studiendirektor in Rendsburg. Er hat Hörspiele und zumindest zwei Krimis geschrieben: *7 Tage Frist für Schramm* (verfilmt von Alfred Vohrer) und *Eine Maßnahme gegen Franz* (1977). Am letzten Krimi sollen vier Schüler des Autors mitgearbeitet haben.

HENRY, O.
(1862–1910)

Pseudonym für William Sidney Porter, geboren in Greensboro, North Carolina. Mit zwanzig Jahren geriet er nach Austin, Texas, arbeitete zuerst auf einer Ranch, dann als Bankangestellter. Er wurde später angeklagt, Geld veruntreut zu haben (weniger als 1000 Dollar). Statt sich dem Gericht zu stellen, floh er nach Südamerika. Als er seine sterbende Frau besuchte, wurde er verhaftet und zu fünf Jahren Zuchthaus verurteilt. 1899 erschien seine erste Erzählung – in *McClure's.* Nach seiner Entlassung (1901) zog O. H. nach New York. Trunksucht und Tuberkulose sind für seinen frühen Tod mitverantwortlich.
O. H. ist der bekannteste amerikanische Autor von Kurzgeschichten; seit 1918 werden die besten Kurzgeschichten jedes Jahres mit dem O.-Henry-Preis ausgezeichnet. Er hat knapp 300 geschrieben, fast alle im letzten Jahrzehnt seines Lebens. Manche davon sind Kriminalgeschichten. Als beste in dieser Art gelten »A Retrieved Reformation« (in *Roads of Destiny,* 1909) und 12 der 14 Erzählungen in *The Gentle Grafter* (1908).
In »A Retrieved Reformation« kommt Jimmy Valentine, der beste Safeknacker der USA, nach Elmore. Dort erblickt er Annabel Adams, die Tochter des Bankdirektors, und beschließt, ein anderer Mensch zu werden. Als Ralph D. Spencer eröffnet er ein Schuhgeschäft, wird von jedermann respektiert und steht kurz vor der Verheiratung mit Annabel, als der Detektiv Ben Price eintrifft, der Jimmy auf den Fersen ist. Gerade jetzt passiert es, daß die beiden Kinder von Annabels Schwester in der Bank spielen und eines das andere im Stahlschrank einschließt! Wenn Jimmy nichts tut, erstickt das Kind. Aber er hat ein gutes Herz; mit seinen Spezialwerkzeugen öffnet er den Tresor in zehn Minuten. Ben Price sieht zu. Als Jimmy fertig ist, geht er auf den Detektiv zu und sagt, er sei nun bereit, mitzukommen. Aber Ben hat auch ein Herz. Er gibt vor, Jimmy nicht zu erkennen, und geht davon. Diese Erzählung wurde 1910 als *Alias Jimmy Valentine* dramatisiert, das Stück war ungeheuer erfolgreich und wurde 1920 und 1928 verfilmt. Zwei weitere Jimmy-Valentine-Filme wurden 1936 und 1942 gedreht.
Die Haupthelden in *The Gentle Grafter* sind die liebenswerten und humorvollen Schwindler Jeff Peters und Andy Tucker. In »The Exact Science of Matrimony« preisen die beiden durch Heiratsannoncen eine »reiche« Witwe an. Die 2000 Dollar, die sie besitzt, haben Jeff und Andy ihr geliehen. Nachdem die beiden 5000 Dollar verdient haben, brechen sie das Projekt ab. Die Witwe hat sich unterdessen in einen gewissen William Wilkinson wirklich verliebt; dieser will sie aber erst heiraten, wenn er die 2000 Dollar in Empfang genommen hat. Jeff überredet Andy dazu, daß sie ihr gemeinsam die 2000 Dollar schenken. Später merkt Jeff, daß der gewisse William Wilkinson niemand anders gewesen ist als Andy, der nicht nur die Witwe, sondern auch seinen gutherzigen Freund Jeff betrogen hat!
Der Band *Sixes and Sevens* (1911) enthält zwei – nicht sehr gute – Holmes-Parodien: »The Sleuths« und »The Adventures of Shamrock

Jolnes«. Im Band *Rolling Stones* (1913) finden sich zwei frühe (und äußerst schwache) Detektivgeschichten O. H.s (1894 geschrieben), deren Held der französische Detektiv Tictocq ist.

HERRMANN, KLAUS
(1903–1972)

Geboren in Guben. Journalist, Verlagslektor, später beim Rundfunk und als Übersetzer tätig. 1949 siedelte er von Oberbayern nach Weimar über. In den letzten zwei Jahrzehnten hat er viele historische und Gesellschafts-Romane veröffentlicht und einen Krimi: *Die dunkelblauen Hüte* (1963).

HEY, RICHARD
(*1926)

Geboren in Bonn, Studium der Theaterwissenschaft, Musik und Philosophie. Er schreibt fürs Theater, Radio und Fernsehen; mehrfach mit Preisen bedacht (1955 Schiller-Preis, 1960 Gerhart-Hauptmann-Preis, 1965 Hörspielpreis der Kriegsblinden). In letzter Zeit verfaßt H. auch sozialkritische Krimis, die von der Kritik teilweise enthusiastisch begrüßt wurden, z. B. *Ein Mord am Lietzensee* (1973).

Engelmacher & Co.
(1975)
Hauptfigur: Die Berliner Oberkommissarin Katharina Ledermacher; sie lebt von ihrem Mann getrennt und mit einem fortschrittlichen Deutschlehrer zusammen. Tochter Kathinka aus erster Ehe versucht sich vom »Elternhaus« zu emanzipieren, lernt die Liebe kennen und solidarisiert sich mit jungen Hausbesetzern, was die Polizistin-Mutter in Bedrängnis bringt. Ort der Handlung: West-Berlin. Zeit: Unmittelbar nach der Entführung des CDU-Politikers Lorenz.
Vordergründig geht es um die Aufklärung eines Todesfalls durch verunglückte Abtreibung, aber vor allem kommt es dem Autor auf die kritische Schilderung von sozialen Zu- und Mißständen an. Die Geschichte bewegt sich ständig in Grenzbereichen der Legalität: Abtreibung, durch die neue Gesetzgebung zumindest prinzipiell möglich, ist immer noch ein dunkles Geschäft. Hier wird es auf makaber übersteigerte Weise in einem mit Gardinen verhangenen, von Einsatz zu Einsatz rollenden VW-Kombi betrieben. Spekulation mit alten, unter Denkmalschutz stehenden Häusern, deren Abbruch idealistisch gesinnte junge Leute verhindern wollen. Aber sie lassen sich von obskuren Baulöwen und Wirtschaftskriminellen mißbrauchen; die Anführer der Hausbesetzer sind bezahlt, die Konflikte mit der Polizei vorprogrammiert. Am Ende jagen sie das Haus, das sie zu schützen meinen, in die Luft und kommen gerade noch mit dem Leben davon. Die polizeiliche Arbeit leidet unter dem Wirrwarr der Kompetenzen, und jede Abteilung bis zum Bundeskriminalamt hinauf kann sich nur behaupten, indem sie sich gelegentlich etwas außerhalb der Legalität bewegt. Aber auch auf diese Weise werden nur die kleinen Fische gefangen, und die großen muß man trotz besserer Einsicht entwischen lassen.
In dieser deprimierenden, aber keineswegs spannungslosen Atmosphäre versucht die »Ledermacherin« ihrer Pflicht nachzukommen und doch Mensch (Frau) zu bleiben. Ohne sie wäre das Panorama der gegenwärtigen deutschen Kriminalliteratur ärmer.

HEYER, GEORGETTE
(1902–1974)

Diese Engländerin (nach 1925 Mrs. George Ronald Rougier) verfaßte etwa 40 historische Romane; der erste, den sie im Alter von siebzehn Jahren geschrieben hatte, erschien 1921 *(The Black Moth: A Romance of the 18th Century)*. Daneben gibt es von ihr etwa ein Dutzend Krimis, die meist einen guten Schuß Ironie enthalten und in denen Superintendent Hannasyde und/oder Inspector Hemingway sich um Wahrheitsfindung bemühen. H.s erster Krimi erschien unter dem Pseudonym Stella Martin.

The Transformation of Philip Jettan (1923, von Stella Martin); *Death in the Stocks* (1935, in USA *Merely Murder*); *A Blunt Instrument* (1938); *Envious Casca* (1941); *Duplicate Death* (1951); *Pistols for Two* (1964).

Why Shoot a Butler?
(1953)
Auf dem Weg zum Landgut seiner Verwandten findet der Rechtsanwalt Frank Amberley einen

Toten. Neben dem Erschossenen steht ein erschrockenes hübsches Mädchen, Shirley Brown, mit einer Pistole in der Hand. Sie kann aber nicht die Mörderin sein, wie Amberley feststellt. Später erfährt er, der Tote sei Dawson, der Butler von Basil und Joan Fountain; die Fountains haben vor ein paar Jahren von ihrem Onkel einen Herrensitz in der Nachbarschaft geerbt. Shirley Brown und ihr trunksüchtiger Bruder Mark wohnen auch in der Nähe; die beiden umgibt ein Geheimnis. Zu einem Kostümfest der Fountains kommt auch Shirley – uneingeladen – und durchsucht eine Kommode. Basils Kammerdiener Collins sucht offensichtlich dasselbe wie Shirley; beide finden nichts.
Die Polizei kommt mit der Aufklärung des Mordes an Dawson nicht weiter und bittet Amberley um Hilfe. Als Mark eines Abends betrunken zu den Fountains kommt und Collins mit der Pistole bedroht, durchschaut Amberley die Zusammenhänge. Da sich Shirley von ihm jedoch nicht helfen lassen will, beschränkt er sich darauf, sie und ihren Bruder zu schützen, so gut er kann. Trotzdem wird zuerst Mark ermordet, dann Collins. Schließlich rettet Amberley Shirley in allerletzter Sekunde vor dem Tod.
Wie erklärt sich das alles? Dawson und Collins hatten das letzte Testament von Basils Onkel unterschlagen, je eine Hälfte genommen und Basil erpreßt. Als Dawson Kontakt mit Shirley und Mark Brown, den rechtmäßigen Erben, aufnahm, wurde er von Collins ermordet. Die Browns verhandelten mit Collins. Basil erfuhr davon und ermordete Mark und Collins. Der Mord an Shirley gelang ihm nicht mehr; daraufhin beging Basil Selbstmord.

HICHENS, ROBERT SMYTHE
(1864–1950)

Geboren in Speldhurst, Kent. Er studierte Musik und Journalistik und lebte längere Zeit in Ägypten und in der Schweiz. Er starb in Zürich. H. schrieb Dramen und Romane, die zum Teil verfilmt wurden. Bekannt wurde sein Krimi *The Paradine Case* (1933).
Seine lange Novelle »How Love Came to Professor Guildea« (aus *Tongues of Conscience,* 1900) erschien 1929 in Dorothy L. Sayers' *Omnibus of Crime* und 1941 im ersten *Pocket Book of Mystery Stories.* Ins Haus des Professors, der zwar der Welt mit seinen Erfindungen Gutes tut, der aber niemanden liebt und von niemandem geliebt wird, schleicht sich ein unheimlicher Geist, der vom Papagei des Professors gehört, gesehen und imitiert wird, vom Professor aber nur gespürt, nicht gesehen wird. Vielleicht handelt es sich um eine verrückte alte Frau. Der Professor erträgt diesen physischen Kontakt nicht. Den Rat seines Freundes, eines Priesters, diese »Liebe« anzunehmen, kann er nicht befolgen. Statt zu lieben, haßt er immer mehr; schließlich verläßt ihn der Geist, der Professor bleibt tot zurück.

HIGHSMITH, PATRICIA
(*1921)

Geboren in Fort Worth, Texas, aufgewachsen in New York, Studium am Barnard College. Nach 1945 wurde sie freie Schriftstellerin und lebt seit etwa 1960 in Europa (England und Frankreich). Gleich ihr erster Roman, *Strangers on a Train* (1950) war ein Bestseller und wurde 1951 von Alfred Hitchcock verfilmt. Bisher hat sie etwa 20 Romane und viele Kurzgeschichten geschrieben. Es geht bei ihr um ungewöhnliche Verbrechen, die von psychologisch überzeugend beschriebenen, absonderlichen Menschen begangen werden. Die Spannung ist oft fast unerträglich. Als *Purple Noon* wurde der Roman *The Talented Mr. Ripley* (1955) verfilmt, der 1957 den »Grand Prix de Littérature Policière« erhalten hatte. Der gänzlich amoralische Mr. Ripley ist auch der Held zweier späterer Romane und des Films *Der amerikanische Freund* (1976) von Wim Wenders nach *Ripley's Game* (1974). Nach dem Krimi *The Blunderer* (1954) wurde *Enough Rope* (1966) gedreht.

A Game for the Living (1958); *The Glass Cell* (1964); *The Story-Teller* (1965); *The Tremor of Forgery* (1969); *Ripley Under Ground* (1970); *Ripley's Game* (1974).

The Glass Cell
(1964; dt. *Das unsichtbare Gitter,* 1966)
Für Philip Carter ist die Strafe *vor* dem Verbrechen gekommen: man hat ihn für eine Unterschlagung verurteilt, die er nicht begangen hat. Im Gefängnis wird er gefoltert, so daß er seine Daumen nicht mehr gebrauchen und ohne Mor-

phium nicht mehr leben kann. Das Morphium ist ihm auch willkommen, weil es seine Eifersucht und Sorge betäubt: Der Rechtsanwalt Sullivan gibt vor, sich seines Falles anzunehmen, kümmert sich jedoch vor allem um Carters Frau Hazel. Langsam ändert sich Carters Charakter: aus einem gutmütigen, etwas zu sorglosen, fröhlichen Menschen wird ein kalter, undurchschaubarer Mann. Als Carters einziger Freund im Gefängnis bei einem Aufruhr getötet wird, ermordet Carter einen der Mörder, ohne entdeckt zu werden. Nach sechs Jahren wird Carter entlassen. Bald findet er heraus, daß seine Frau ihn mit Sullivan betrogen hat und weiter betrügt. Er liebt Hazel noch; aber die Welt erscheint ihm als ein großes Gefängnis mit unmenschlichen Gesetzen. Nur kennt er jetzt diese Gesetze; Sullivan wird von Carter ermordet. Einem Zeugen, der Carter erpressen will, geht es nicht besser. Und es scheint, daß Carter nun tatsächlich die »Spielregeln der Welt« beherrscht: das Glück stellt sich auf seine Seite. Die Polizei kann ihm nichts anhaben. Hazel, die die Wahrheit ahnt, liebt ihn wieder.

HILL, HEADON
(1857–1924)

Pseudonym für den Engländer Francis Edward Grainger, der Dutzende von heute verschollenen Krimis und Kurzgeschichtenbänden, mit den damals üblichen exzentrischen Detektivhelden, veröffentlichte. Seine Bücher gehören heute zu den gesuchtesten Titeln der Krimisammler.

Guilty Gold (1896); *By a Hair's Breadth* (1897); *Caged, the Romance of a Lunatic Asylum* (1900); *The Epson Mystery* (1908); *The Monksglade Mystery* (1910); *Spriggs the Cracksman* (1912). – Kurzgeschichtenbände um Detektiv Sebastian Zambra: *Clues from a Detective's Camera* (1893); *Zambra, the Detective* (1894); *The Divinations of Kala Persad and Other Stories* (1895).

HILTON, JAMES
(1900–1954)

Geboren in Leigh, Lancashire, aufgewachsen in London, Studium in Cambridge. *Good-Bye, Mr. Chips* (1934) machte ihn berühmt. H. schrieb einen vorzüglichen Krimi, *Murder at School* (1931) unter dem Pseudonym Glen Trevor. Der Roman erschien in den USA 1935 als *Was It Murder?* unter H.s richtigem Namen. Zwei andere Romane, beide verfilmt, enthalten Elemente des Krimi: *Rage in Heaven* (1932); *We Are Not Alone* (1937).

HIMES, CHESTER
(*1909)

Geboren in Jefferson City, Missouri. Er studierte an der Ohio State University und wurde Journalist in Cleveland. Seit 1945 erscheinen seine stark sozialkritischen Romane. H. ist Neger und weist immer wieder auf die nach wie vor praktizierte Rassendiskriminierung in den USA hin. 1953 wanderte er nach Europa aus (Frankreich). Seit 1959 hat er mehrere vorzügliche Krimis geschrieben.

The Crazy Kill (1959); *The Real Cool Killers* (1959); *The Big Gold Dream* (1960); *Cotton Comes to Harlem* (1964); *All Shot Up* (1966); *The Heat's On* (1966).

Run Man Run
(1966; dt. *Lauf, Nigger, lauf,* 1968)
Der 28jährige Detektiv Matt Walker ist schizophren und ein Negerhasser. Er und sein Schwager Brock sind Angestellte der New Yorker Polizei. Als Walker eines Nachts betrunken ist und nicht mehr weiß, wo er sein Auto geparkt hat, erschießt er zwei Neger, die Angestellten eines Restaurants. Ein dritter Neger, Jimmy, der als Zeuge dabei ist, wird angeschossen, kann sich aber retten. Brock weiß, daß Walker der Mörder ist. Es fällt ihm aber gar nicht ein, wegen der Neger seinen Verwandten der Gerechtigkeit auszuliefern. Der verwundete Neger macht seine Aussage, aber niemand glaubt ihm. Ganz offen folgt Walker Jimmy mit dem Revolver in der Tasche, um ihn bei der ersten besten Gelegenheit auch noch zu beseitigen. Die Polizei rührt keinen Finger. Auch die Geliebte schenkt Jimmy keinen Glauben und schläft sogar mit Walker. Jimmy wird ein zweites Mal angeschossen, bevor Brock schließlich seinen Schwager abknallen muß, nachdem Walker auch auf ihn geschossen hatte.

Dieser vorzügliche und spannende Roman vermittelt einen tiefen Einblick ins Milieu von Harlem, in die verzweifelte, demütigende Situation der Neger und in die ungeheuerliche Korruption der New Yorker Polizei.

HITCHCOCK, ALFRED
(*1899)

Berühmter Produzent von Kriminalfilmen. Er leitete Krimi-Programme im Radio und Fernsehen, und unter seinem Namen erscheinen seit den fünfziger Jahren Kriminalanthologien und die Zeitschrift *Alfred Hitchcock's Mystery Magazine.* Die Bände der deutschen Version, *Alfred Hitchcocks Kriminalmagazin,* enthalten jeweils eine Auswahl aus mehreren Nummern der amerikanischen Originalzeitschrift. Auch eine Reihe von Jugendkrimis (dt. Titel *Die drei ??? und ...*) erscheinen unter seinem Namen.

HOCH, EDWARD D.
(*1930)

Geboren in Rochester, New York, wo er aufwuchs, studierte und auch heute lebt. Er verdiente seinen Lebensunterhalt zuerst als Reklamefachmann und schrieb nebenbei. Seit 1968 ist er freier Schriftsteller. Er hat bisher vier Romane und etwa 400 Kurzgeschichten verfaßt. Ein Teil der letzteren handelt von Serienfiguren: Captain Leopold, der Spion Rand, der exzentrische Dieb Nick Velvet, der archaische Detektiv Simon Ark.

The Shattered Raven (1969); *The Transvection Machine* (1971); *The Fellowship of the Hand* (1973); *The Frankenstein Factory* (1975). – Zwei Kurzgeschichtenbände über Simon Ark: *The Judge of Hades* (1971); *City of Brass* (1971). – Über Rand und Velvet: *The Spy and the Thief* (1971, 14 Erzählungen).

HODGKIN, MARION R.
(?)

Ihr Vater, Dr. Peyton Rous, war Arzt in New York und Nobelpreisträger. 1944 heiratete sie Alan Hodgkin, einen englischen Physiologen, der den Nobelpreis 1965 erhielt. Sie lebt in Cambridge und hat zwei Krimis verfaßt: *Student Body* (1949) und *Dead Indeed* (1956).

HODGSON, WILLIAM HOPE
(1875–1918)

Geboren in Essex. Er fuhr acht Jahre lang zu See und lebte später in Südfrankreich. 1914 meldete er sich zur Armee und verlor sein Leben im letzten Kriegsjahr. Wie Algernon Blackwood interessierte er sich fürs Okkulte, Gespensterhafte und Unheimliche. Er erfand zwei Figuren, die Helden von Kurzgeschichtenbänden wurden: den Schmugglerkapitän Gault und Carnacki, der scheinbar übernatürliche Verbrechen aufklärt.
In »The Horse of the Invisible« zum Beispiel geht es um die Sage, daß ein Geisterpferd erscheine und die erstgeborene Tochter der Familie Hisgins jeweils kurz vor ihrer Heirat umbringe. Schon fünfmal in den letzten Jahrhunderten war es so geschehen. Wieder will eine Tochter heiraten, und Carnacki wird ins Schloß gerufen. Haarsträubende, grauenhafte Dinge geschehen. Carnacki überführt am Ende einen enttäuschten Liebhaber, der für einen Teil des Spuks verantwortlich gewesen war; aber mehrere Dinge können nicht geklärt werden. Die Heirat wird schnell vollzogen, und nun hat das Geisterpferd seine Macht verloren.

Carnacki, the Ghost Finder (1913); *Captain Gault: Being the Exceedingly Private Log of a Sea-Captain* (1917).

HOFFMANN, E. T. A.
(1776–1822)

Geboren in Königsberg als Sohn eines Advokaten. Besuch des Gymnasiums in Königsberg, Studium der Rechtswissenschaften ebenda. 1798 Kammergerichtsreferendar in Berlin, 1800 Assessor in Posen, 1804 aus dem Staatsdienst entlassen. Danach freischaffender Musiker (Kapellmeister), Zeichner, Literat und Kritiker (Musikkritiken). Seit 1816 bis zu seinem Tod Regierungsrat am Berliner Kammergericht und Mittelpunkt der Tafelrunde der Serapionsbrüder. Zu seinen berühmtesten Romanen gehören *Die Elixiere des Teufels* (ab 1815), *Lebens-An-*

sichten des Katers Murr . . . (ab 1820), *Meister Floh* (1822). »Das Fräulein von Scudéry« (aus dem ersten Band der *Serapionsbrüder,* 1819) ist ein klassisches Beispiel der frühen Kriminalnovelle. Auch »Das Majorat« (1817, aus den *Nachtstücken*) ist hier zu nennen.

HOLDEN, GENEVIEVE
(*1919)

Pseudonym für die Amerikanerin Genevieve Long Pou, deren wenige Krimis zumeist in den Südstaaten spielen. BARZUN/TAYLOR loben *Deadlier Than the Male* (1961).

Killer Loose! (1953); *Something's Happened to Kate* (1958); *Don't Go In Alone* (1965).

HOLDING, ELIZABETH SANXAY
(1889–1955)

Als Elizabeth Sanxay in Brooklyn geboren und dort aufgewachsen. Sie heiratete 1913 George E. Holding, einen englischen Regierungsbeamten, mit dem sie viele Jahre auf den Bermudas lebte. H. begann mit romantischen Romanen. 1929 erschien ihr erster Krimi: *Miasma.* Sie schrieb etwa 20 weitere, als letzten *Widows Mite* (1953).

The Strange Crime in Bermuda (1937); *Kill Joy* (1942); *Too Many Battles* (1951).

HOLT, VICTORIA
(*1906)

Pseudonym für Eleanor Burford Hibbert, geboren in London, wo sie noch heute lebt. Sie hat Dutzende von erfolgreichen, spannenden Romanen veröffentlicht unter ihrem richtigen Namen und den Pseudonymen Elbur Ford, Victoria Holt und Kathleen Kellow. Manche Romane, besonders die unter dem Holt-Pseudonym, enthalten Elemente des Krimi. H. scheint bewußt in der Art von Daphne du Maurier zu schreiben.

Poison in Pimlico (1950, von Elbur Ford); *Danse Macabre* (1952, von Kathleen Kellow); *Mistress of Mellyn* (1960).

HOLTEI, KARL VON
(1798–1880)

Geboren in Breslau. Einige Jahre studierte er Jura, ohne Abschluß, wurde dann Schauspieler. Er schlug sich in Berlin und Breslau als Dramaturg, Schauspieler, Shakespeare-Rezitator und Dichter durch, bis er 1876 in ein katholisches Kloster eintrat. H. schrieb viele Dramen, Gedichte, Romane, autobiographische Schriften und Erzählungen. 1861 gab er sechs Bändchen *Kriminalgeschichten* heraus. Als seine beste Novelle gilt »Ein Mord in Riga«.

HOLTON, LEONARD
(*1915)

Pseudonym für Leonard Patrick O'Connor Wibberley, geboren in Irland. Er bereiste die ganze Welt, war Auslandskorrespondent in den USA und wurde 1954 freier Schriftsteller. Er soll nahezu 100 Bücher produziert haben, davon die Hälfte für Jugendliche. Das Holton-Pseudonym benutzt er für seine Krimis. Andere Pseudonyme: Christopher Webb, Patrick O'Connor. H. hat den Priester-Detektiv Joseph Bredder erfunden, der in Los Angeles tätig ist. Er ist ein Freund des Polizeileutnants Minardi. Wie Chestertons Father Brown geht es diesem Franziskaner in erster Linie um die Bekehrung der Verbrecher. Bisher hat H. 10 Bredder-Romane geschrieben.

The Saint Maker (1959); *Out of the Depths* (1966); *The Devil to Play* (1973).

HOMES, GEOFFREY
(*1901)

Pseudonym für Daniel Mainwaring, geboren in Kalifornien. Er studierte am Fresno State College, war zunächst Journalist und ging dann zum Film; Autor von Drehbüchern mehrerer bekannter Filme. In den Jahren 1936–1946 veröffentlichte er ein Dutzend Krimis, gemäßigte »tough-guy«-Romane. Zuerst ist der Reporter Robin Bishop als Detektiv tätig, später Humphrey Campbell, der für eine Agentur arbeitet, die verschwundene Personen aufspürt.

Finders Keepers (1940); *Hill of the Terrified Monk* (1943); *Build My Gallows High* (1946). –

Drei Robin-Bishop-Romane: *The Doctor Died at Dusk* (1936); *The Man Who Murdered Himself* (1936); *The Man Who Didn't Exist* (1937).

HORLER, SYDNEY
(1888–1954)

Geboren in Leytonstone, Essex. Er wuchs in Bristol auf und wurde Journalist. 1920 erschien sein erster Roman, *Goal;* 1925 sein erster Krimi, *The Mystery of No. 1.* Diesem folgten etwa 150 weitere, zum Teil unter den Pseudonymen Peter Cavendish und Martin Heritage. H. hat mehrere Serienfiguren erfunden: 1. The Honorable Timothy Overbury »Tiger« Standish, eine Mischung aus Bulldog Drummond, The Toff und The Saint, 2. Ian Heath, einen englischen Geheimagenten, 3. Gerald Frost, genannt »Nighthawk«, der bösen Damen ihre Juwelen entwendet.

The Curse of Doone (1928); *Danger Preferred* (1942); *The Dark Hostess* (1955). – Drei Tiger-Standish-Romane: *Tiger Standish* (1932); *Tiger Standish Takes the Field* (1939); *Tiger Standish Has a Party* (1943). – Drei Nighthawk-Bücher: *They Called Him Nighthawk* (1937); *Nighthawk Mops Up* (1944); *Nighthawk Swears Vengeance* (1954).

The Man in the Cloak
(1951)

Um 1950 lebt der Schauspieler Robert Wynnton mit seiner Haushälterin Margaret zufrieden in London. Nach einem langen, erfolgreichen Theater-Engagement denkt er eben daran, Ferien zu machen. Da greift das Schicksal ein. Wynnton war im Krieg Geheimagent gewesen, und sein ehemaliger Chef Sir William Allison (»Sir Bill«) bittet ihn nun, noch einmal einen Auftrag zu übernehmen. Er soll einen Mann finden und, wenn nötig, töten, der sich »The Wrecker« nennt und mit seinen Anhängern den Ruin Englands plant. Wynnton zögert. Als aber sein Kriegskamerad Seth Clover ihn aufsucht und ihm Details von den Machtergreifungsplänen des »Wreckers« erzählt, und als Clover kurz darauf ermordet wird, beschließt Wynnton, diesen Bösewicht zur Strecke zu bringen.
Den ersten Verdächtigen legt Wynnton kurzerhand um. Dann aber wird er der Gejagte: auf für Wynnton (und den Leser) unersichtliche Weise wissen die Helfer des »Wrecker« stets, wo Wynnton zu finden ist. Als er sich endlich gerettet glaubt, muß er feststellen, daß er nun selbst in die Hände des Gegners gefallen ist. Der »Wrecker« – er heißt Sebastian Sarke – erklärt einleuchtend, daß Wynnton zwar nicht zu den Hellsten gehöre, er ihn seines Mutes wegen jedoch gern als Verbündeten gewinnen möchte. Die Entscheidung fällt bei einem großen Empfang während einer Satansmesse in der Villa von Sarke. Dieser, seine deutschen Naziverbündeten in England und der zukünftige Diktator auf dem Kontinent (ein verräterischer deutscher Jude) wollen den Termin für die Machtübernahme in Europa festlegen. Doch der bucklige Jude entpuppt sich bei seinem Eintritt als Sir Bill. Englische Soldaten stürmen das Haus. Das Nest wird ausgeräumt und niedergebrannt. Als einziger entkommt Sarke, und am Ende entschuldigt Sir Bill sogar dessen Handeln mit der Beschränktheit und dem Egoismus der Massen und der allzu großen Toleranz der Regierung, die sogar Kommunisten im Lande dulde.

HORNUNG, ERNEST WILLIAM
(1866–1921)

Geboren in Middlesbrough, Yorkshire. Im Alter von achtzehn Jahren fuhr er nach Australien in der Hoffnung, seine angegriffene Gesundheit zu verbessern. Zwei Jahre später kehrte er nach England zurück und heiratete Conan Doyles Schwester. In den Jahren nach 1894 schrieb er ein Dutzend Abenteuerromane und Erzählungen über Australien und einige Romane und Kurzgeschichten, die in England spielen.
H.s Unsterblichkeit beruht auf der von ihm geschaffenen Figur des A. J. Raffles, der unter den sympathischen Schwindlern eine ähnliche Bedeutung erlangt hat wie Sherlock Holmes unter den Detektiven. Raffles' Abenteuer werden von seinem Freund Bunny Manders erzählt. Raffles hat einmal in Australien in der Not einen Diebstahl begangen; seither ist diese Aktivität bei ihm zur Leidenschaft geworden. Er hat kein schlechtes Gewissen, denn er ist der Meinung, daß die Güter dieser Welt ungerecht verteilt sind. Oft stiehlt Raffles auch aus moralisch unanfechtbaren Gründen, etwa um einem Betrogenen zum Recht zu verhelfen. Er verkehrt

zeitweilig in der besten Gesellschaft und ist ein begeisterter Kricketspieler. H. hat vier Raffles-Bücher geschrieben, drei Bände mit Erzählungen und einen Roman. Mit Eugene Presbrey verfaßte H. ein Drama, *Raffles, the Amateur Cracksman,* das nach 1900 in England und Amerika Triumphe feierte. 1933 erhielt Barry Perowne die Erlaubnis, die Raffles-Figur neu zu verwenden. Von 1934 bis 1940 veröffentlichte er acht Bücher über Raffles, denen er 1974 und 1977 ein neuntes und zehntes folgen ließ. Raffles wurde der Held mehrerer Filme, und 1975 schrieb Graham Greene eine Komödie: *The Return of A. J. Raffles.*

Die vier Raffles-Bände von H. (nur der vierte ist ein Roman): *The Amateur Cracksman* (1899); *The Black Mask* (1901, in USA *Raffles: Further Adventures of the Amateur Cracksman*); *A Thief in the Night* (1905); *Mr. Justice Raffles* (1909). – Andere Krimibücher (nur das erste ist ein Roman): *The Shadow of a Rope* (1902); *The Camera Fiend* (1911); *The Crime Doctor* (1914); *Old Offenders and a Few Old Scores* (1923).

HOUSEHOLD, GEOFFREY
(*1900)

Geborener Engländer, landete auf Umwegen in den USA, wo er zwei Jahre für die »Pulps« schrieb. Dann kehrte er nach England zurück. H. machte sich einen Namen mit Thrillern, in denen häufig Elemente des Krimi und des Spionageromans vorkommen und die oft mit großen Verfolgungsjagden abschließen.

Rogue Male (1939); *A Time to Kill* (1951); *Olura* (1965); *Hostage: London; The Diary of Julian Despard* (1977).

Watcher in the Shadows
(1960)

Die Vergangenheit holt Charles Dennim ein: Jemand, der herausgefunden hat, daß Dennim während des Krieges Gestapo-Offizier in Buchenwald gewesen ist, trachtet ihm nach dem Leben. Was aber der Unbekannte nicht weiß, ist, daß Dennim – damals noch Graf von Dennim aus österreichischem Uradel – den ganzen Krieg hindurch britischer Agent war. Dennim, der jetzt als Zoologe arbeitet und die britische Nationalität angenommen hat, beschließt, sich seinem Feind zu stellen und ihn, wenn nötig, in Notwehr zu töten. (Einem Mordanschlag mittels einer Briefbombe ist Dennim nur durch Zufall entgangen.) Dennim wählt sich als »Kampfterrain« eine abgelegene ländliche Gegend. Sein Verfolger stellt sich prompt ein. Zunächst erringt keiner der Gegner einen Vorteil. Nach einer Pause kommt es zur zweiten, diesmal offenen Konfrontation. Dennims Verfolger ist der französische Widerstandskämpfer Saint Sabas – ebenfalls aus uraltem Adel –, dessen Frau von den Deutschen umgebracht worden ist. Da Saint Sabas den Erklärungen Dennims nicht glaubt, schlägt dieser ein Duell vor. Den nervenaufreibenden, stundenlangen Kampf gewinnt am Ende Dennim; Saint Sabas stirbt einen melodramatischen, heroischen Tod.

HRUSCHKA, ANNIE
(1867–1929)

Pseudonym für Erich Ebenstein. Über diesen österreichischen Salonschriftsteller ist wenig bekannt. Nach einigen Versuchen mit Gesellschaftsromanen um die Jahrhundertwende, die nicht sehr erfolgreich waren, schrieb er 1909 seinen ersten Kriminalroman, *Das Erbe des Kommandanten.* H. pflegte dann dieses Genre bis zu seinem Tode (etwa 15 Krimis), verfaßte aber daneben noch etwa 70 Unterhaltungsromane.
Stereotype Motive und fast immer gleichbleibende Schauplätze haben es nicht verhindert, daß H.s Krimis einen weiten Leserkreis erreichten. Doppelgänger, verlorener Sohn, Erbschaft und Happy-End im adeligen Kreise sind die Versatzstücke aus dem Salonroman jener Zeit, die der Autor erfolgreich in seine Kriminalromane einbrachte. Es wird zwar ab und zu geschossen, aber meist bewegt sich alles im Rahmen adeliger und bürgerlicher Tugenden. Der verworfene Bösewicht wird jeweils rechtzeitig vor Romanschluß von den »Guten« entlarvt.

Der graue Mann (1911); *Das verschwundene Testament* (1918); *Der Feind aus dem Dunkel* (1926); *Der Tote aus Brasilien* (1927); *Das silberne Auto* (1928); *Das Rätsel von Schloss Kronstein* (1930).

HUBBARD, PHILIP MAITLAND
(*1910)

Dieser Engländer studierte in Oxfort, war in der britischen Verwaltung in Indien tätig und lebt seit deren Auflösung als freier Schriftsteller in Dorset. Seit 1963 hat er etwa ein Dutzend Krimis verfaßt und auch für *Punch* geschrieben. BARZUN/TAYLOR besprechen drei Krimis – Taylor positiv, Barzun negativ. Einige von ihnen liegen auch in deutscher Übersetzung vor.

Flush as May (1963); *Picture of Millie* (1964, in USA *Portrait of Millie*); *A Hive of Glass* (1965); *High Tide* (1970); *The Graveyard* (1975).

HUBIN, ALLEN J.
(*1936)

Er lebt als Chemiker in Minneapolis, besitzt eine der besten Krimisammlungen der Welt und gibt *The Armchair Detective* heraus (seit 1967), eine Vierteljahresschrift, die der wissenschaftlichen Erforschung des Krimi gewidmet ist. Er hat auch Anthologien publiziert und Krimibesprechungen für die *New York Times Book Review* geschrieben.

HUBY, FELIX
(*1938)

Pseudonym für Eberhard Hungerbühler, Stuttgarter Korrespondent des *Spiegel* und Autor von Sachbüchern und von zwei Krimis: *Der Atomkrieg in Weihersbronn* (1977) und *Tod im Tauerntunnel* (1977).

HUCH, RICARDA
(1864–1947)

Geboren in Braunschweig. Sie studierte in Zürich Geschichte (Dr. phil. 1891) und heiratete in erster Ehe einen italienischen Zahnarzt. H. gilt als eine der führenden deutschen Schriftstellerinnen dieses Jahrhunderts. 1910 veröffentlichte sie ihre Erzählung in Briefen »Der letzte Sommer«, eine spannende psychologische Studie um Gründe und Hintergründe, Vorbereitung und Durchführung eines Attentats. Die Brieferzählung spielt im zaristischen Rußland kurz vor der Revolution. – Der Roman *Der Fall Deruga* (1917) wird in manchen Literaturgeschichten als Kriminalroman bezeichnet. Er erschien damals in den »Gelben Ullstein-Büchern« für eine Mark.

Der Fall Deruga
(1917)

In München ist Dr. Deruga wegen Totschlags angeklagt: im Affekt soll er seine unheilbar kranke, geschiedene Frau getötet haben. Der Staatsanwalt hofft, auf vorsätzlichen Mord plädieren zu können; denn Deruga hat Schulden und ist der Alleinerbe des stattlichen Vermögens seiner ehemaligen Frau. Im Verlauf der Gerichtsverhandlung lernt das Publikum (und der Leser) den ungewöhnlichen Charakter und Lebensweg Derugas kennen. Deruga ist Italiener und von Natur ganz anders als die biederen Münchner. Er ist temperamentvoll und erscheint bald als Menschenfeind, bald als Menschenfreund. Alle Frauenherzen fliegen Deruga zu – am Ende sogar das der Baronin Truschkowitz, die dafür verantwortlich ist, daß Deruga angeklagt wurde. Schließlich stellt sich heraus, daß Deruga seine Frau wirklich getötet hat – aber aus Liebe, auf ihr ausdrückliches Verlangen hin. Deruga wird freigesprochen, aber er ist längst des Lebens überdrüssig. Sogar die Liebe der jungen, unverdorbenen Tochter der Baronin schlägt er aus. Er begeht Selbstmord. Deruga ist der Typ des romantischen Menschen, der sich in der bürgerlichen Alltagswelt nicht zurechtfinden kann.

HUGHES, DOROTHY BELLE
(*1904)

Geboren als Dorothy Belle Flanagan in Kansas City. Sie studierte an mehreren Universitäten und ließ sich nach ihrer Verheiratung in Santa Fe nieder. 1931 begann sie mit einem Band Gedichte und publizierte 1939 eine Geschichte der University of New Mexico (über die ersten fünfzig Jahre). Im folgenden Jahr begann sie ihre Karriere als Krimi- und Thriller-Autorin mit *The So Blue Marble* (1940). In den Jahren 1940 bis 1947 veröffentlichte sie elf Romane; drei weitere folgten 1950, 1952 und 1963. Daneben schrieb sie unzählige Buchrezensionen für Zeitungen wie die *Los Angeles Times* und *The New York Herald Tribune*. Drei ihrer Romane sind verfilmt worden.

The Cross-Eyed Bear (1940); *Ride the Pink Horse* (1946); *In a Lonely Place* (1947; verfilmt 1950 mit Humphrey Bogart); *The Expendable Man* (1963).

HUGO, VICTOR
(1802–1885)

Geboren in Besançon, gehört er zu den großen Klassikern der französischen Literatur. Der umfangreiche, zeitkritische Roman *Les Misérables* (1862) ist zur Hauptsache die Geschichte des gutherzigen Jean Valjean, der wegen einer Bagatelle zuerst zu fünf Jahren, dann zu neunzehn Jahren Zwangsarbeit verurteilt wird. Seine zweite Flucht gelingt. Er beginnt ein neues Leben und wird ein geachteter und beliebter Bürgermeister, der allen nur Gutes tut. An seine Fersen aber hat sich ein herzloser, teuflischer Polizist namens Javert geheftet, der Valjean von Ort zu Ort hetzt. Javert dürfte der hassenswerteste Detektiv der Weltliteratur sein. – Ein weiteres Werk mit kriminalistischen Elementen ist *Le dernier jour d'un condamné* (1829).

HULL, HELEN ROSE
(† 1971)

Diese Amerikanerin gewann den »College Faculty Prize« mit ihrem ersten Krimi, der im Universitätsmilieu spielt und dessen Held ein Anglistikprofessor ist. HAGEN verzeichnet nur noch einen zweiten, späteren Titel.

A Tapping on the Wall (1960); *Close Her Pale Blue Eyes* (1963).

HULL, RICHARD
(1896–1973)

Pseudonym für Richard Henry Sampson, geboren in London. Mit achtzehn Jahren kam er in die Schützengräben von Frankreich. Nach dem Ersten Weltkrieg war er Buchhalter. Anfang der dreißiger Jahre begann er zu schreiben; sein erster Krimi war *The Murder of My Aunt*, 1934. Bis 1953 hatte H. 15 Krimis geschrieben. Meist erzählt der gerissene und ruchlose Mörder in der Ichform. Es ist natürlich schockierend für den Leser, die Gedanken und Motive dieses gewissenlosen Menschen direkt und ungefiltert serviert zu bekommen, da man doch gewohnt ist, dem Verbrecher mit Hilfe des Detektivs langsam näherzukommen. H. hat, wie auch James M. Cain, Francis Iles, C. E. Vulliamy, seine Krimis mit Erfolg von der ungewohnten Seite her aufgezogen.

Keep It Quiet (1935); *My Own Murderer* (1940); *The Martineau Murders* (1953).

HUME, DAVID
(1900–1945)

Pseudonym für den Engländer John Victor Turner, der auch unter dem Pseudonym Nicholas Brady veröffentlichte. Für die Jahre 1932 bis 1946 verzeichnet HAGEN über 40 Titel.

The House of Strange Guests (1932); *Death Before Honour* (1939); *Heading for a Wreath* (1946).

HUME, FERGUS WRIGHT
(1859–1932)

Geborener Engländer, zog mit seinen Eltern nach Neuseeland, wo er an der University of Otago studierte und Rechtsanwalt wurde. Die Lektüre von Gaboriau regte ihn zu seinem ersten Krimi an: *The Mystery of a Hansom Cab*, der 1886 in Melbourne, im folgenden Jahr in England und in Amerika erschien und der Mystery-Bestseller des 19. Jahrhunderts wurde. H. soll noch weitere 130 Romane geschrieben haben. Seine erfolgreichste Zentralfigur ist die Amateurdetektivin Hagar Stanley in der Kurzgeschichtensammlung von 1898.

The Lone Inn (1894); *The Crimson Cryptogram* (1900); *The Millionaire Mystery* (1901). – Zwei Kurzgeschichtensammlungen: *The Dwarf's Chamber* (1896); *Hagar of the Pawn-Shop* (1898).

HUNT, EVERETTE HOWARD
(*1918)

Studium an der Brown University. Während und nach dem Zweiten Weltkrieg war er amerikanischer Geheimagent und führte in Paris, Tokio, Wien, Montevideo und anderswo Aufträge der CIA aus. 1971 Berater bei Präsident Nixon; 1973 für seine Mittäterschaft beim Einbruch in der Zentrale der Demokratischen Partei verurteilt. Seine Frau kam 1972 bei einem Flugzeugabsturz ums Leben. Nach STEINBRUNNER/PENZLER schrieb H. auch unter den Pseudonymen: Robert Dietrich, Gordon Davis und David St. John. HAGEN meint hingegen, Robert Dietrich sei der richtige Name, alle anderen seien Pseudonyme. Als St. John schrieb H. ein Dutzend Romane über Peter Ward, der in Washington ein Anwaltsbüro betreibt, in Wirklichkeit aber für die CIA arbeitet. Robert Dietrich nennt sich H. als Autor einer Reihe von Krimis über Steve Bentley, einen Buchhalter-Detektiv in Washington.

Lovers Are Losers (1953); *The Violent Ones* (1958); *Where Murder Waits* (1965, von Gordon Davis). – Drei Krimis von Robert Dietrich: *Be My Victim* (1957); *Murder on Her Mind* (1960); *Steve Bentley's Calypso Caper* (1961). – Drei Peter-Ward-Romane (von David St. John): *Festival for Spies* (1965); *The Venus Probe* (1966); *One of Our Agents Is Missing* (1967).

One of Our Agents Is Missing
(1967)
Der Roman kam zuerst unter dem Pseudonym David St. John heraus. Als H. wegen Watergate verurteilt wurde, erschien das Buch im Juli 1973 in zweiter Auflage mit einem gelben Streifen auf dem blauen Umschlagdeckel: »Convicted Watergate Conspirator«. Ebenfalls auf dem Umschlag liest man, daß H. ein früherer CIA-Agent sei, der unter dem Pseudonym David St. John geschrieben habe.
H.s Held ist der CIA-Agent Peter Ward. In Tokio ist der CIA-Agent Schuyler Brooks spurlos verschwunden. Mrs. Brooks in New York hat ein Baby, und so entschließt sich Ward, der ein gutes Herz hat, seine Ferien abzubrechen, nach Tokio zu fahren und Brooks zu suchen. Er quartiert sich in Brooks' Wohnung ein, wo er auf dessen hübsche Geliebte Miyoki trifft. Diese beschäftigt als Dienerin die herkulisch starke Matsuko.
Nicht lange, und es meldet sich der zweifelhafte Agent Saburo Kato. Am folgenden Tag erhält Ward eine Botschaft, er solle Brooks in einem Bad treffen. Der Leser weiß, daß es eine Falle ist. Ward aber merkt es nicht und muß einen Zweikampf mit einem Riesen austragen, der ihn ermorden will. Da gleich nachher Saburo Kato im Bad auftaucht, ist nun klar, was für eine Rolle dieser Agent spielt.
Jetzt taucht der Agent Jules Corman auf, ein braver Amerikaner. Er hat Kontakt mit dem russischen Agenten Klisko. Kliskos Sohn ist in Russland wegen einer Bagatelle verurteilt worden, und Klisko ist infolgedessen bereit, seinen russischen Satellitensender und -empfänger gegen Asyl plus eine Million Dollar an die Amerikaner zu verkaufen. Ward wird beauftragt, den Handel durchzuführen. Es gelingt, nachdem Kato und Corman sich gegenseitig umgebracht haben. Nun können die Amerikaner die russischen Berichte abhören und sogar gezielte Berichte nach Moskau senden.
Als nächstes versucht Matsuko, Ward im Bad zu ermorden. Es gelingt ihr beinahe. In letzter Sekunde taucht Brooks auf und rettet seinen Freund. Brooks hatte gemerkt, daß Miyoki eine feindliche Agentin war. Er hatte im Haus Mikrophone versteckt und war dann verschwunden, in eine Wohnung in der Nähe. Von dort hatte er alles abgehört, was bei Miyoki geredet wurde. So konnte er auch schließlich Ward retten. Außerdem hatte er vernommen, wo der geheimnisvolle Kin Tamura, der größte Agent aller Zeiten, wohne. Brooks und Ward suchen den alten Mann auf und treffen dort auch Miyoki, die Tamuras Tochter ist. Sie ist noch radikaler als ihr Vater, erschießt diesen und verwundet Brooks, bevor sie flieht.

HUNTER, ALAN
(*1922)

Geboren in Norwich, England, wo er heute lebt. Er diente bei der Luftwaffe und arbeitete nach dem Zweiten Weltkrieg als Buchhändler. 1945 veröffentlichte er einen Band Gedichte, 1955 erschien sein erster Krimi, *Gently Does It*. Seither hat er etwa 20 weitere Krimis geschrieben, alle über Superintendent Gently von New

Scotland Yard, einen klugen, sympathischen Menschen, der in manchem Maigret gleicht. Mit Geduld und Einfühlungsvermögen lernt er die am Verbrechen Beteiligten und ihr Milieu kennen und stößt so auf den Schuldigen.

Gently by the Shore (1956); *Gently Floating* (1963); *Gently North-West* (1967).

Gently With the Ladies
(1965; dt. *Gefährliche Damen,* 1971)
Zu Superintendent Gently kommt John Sigismund Fazakerly. Es ist Montag, und seit Freitag wird er gesucht – als Mörder von Mrs. Clytie Fazakerly. Er sagt, er wisse nichts vom Mord; er sei seit Freitag mit seinem Boot nach Holland und zurück gesegelt. Erst am Morgen habe er vom Mord gehört, als er die Zeitung gelesen habe. Gently glaubt ihm nicht und beschließt, der Sache auf den Grund zu gehen.
Seine Besuche bei Clyties Freundinnen und Verwandten bringen ihn in ein Milieu reicher, skrupelloser Lesbierinnen. Wer nicht will, wie sie wollen, dem geht es an den Kragen. Ein Mädchen fällt der Eifersucht zum Opfer: sie wird als Diebin hingestellt, verliert ihre Stelle und muß auswandern. Clytie hat ihren Tod verdient, und der Leser würde sich freuen, wenn die herzlose und perverse Sybil Bannister, die einen reichen Mann um seines Geldes willen geheiratet und dann gleich in den Tod getrieben hatte, des Mordes überführt würde. Aber sie war es nicht, auch nicht John, nicht dessen Geliebte und nicht Clyties Halbschwester. Vielmehr hatte sich ein französisches Dienstmädchen gegen die gewaltsame Annäherung Clyties zur Wehr gesetzt.
Wie Simenon gelingt es H., dieses perverse Milieu glaubhaft darzustellen. Sybil Bannister zum Beispiel wirkt dreidimensional und entsetzenerregend. Auch der schwache John, der es nur als geistig Minderbemittelter in diesem Milieu aushalten konnte, wirkt völlig glaubhaft.

HUTCHISON, HORACE GORDON
(1859–1932?)

HAGEN führt nur einen Krimi dieses Engländers an *(The Mystery of the Summer House,* 1919). BARZUN/TAYLOR loben *The Fate of Osmond Brett* (1924) und verzeichnen noch folgende vier Titel:

Murder in Monk's Wood (1926); *The Foreign Secretary Who Vanished* (1927); *The Crime and the Confessor* (1928); *The Twins Murder Case* (1930).

HUXLEY, ALDOUS
(1894–1963)

Geboren in Godalming, Surrey. Erziehung in Eton; Studium in Oxford; Dozent für englische Literatur in Oxford. Er gilt als einer der bedeutendsten englischen Romanciers dieses Jahrhunderts. Seit 1938 wohnte er meistens in Kalifornien; er starb in Hollywood.
Sein Novellenband *Mortal Coils* (1922) enthält die Erzählung »The Gioconda Smile«, die auf einem wirklichen Gerichtsfall basieren soll. Mr. Huttons Frau ist eine jammernde Invalide, und es ist kein Wunder, daß Mr. Hutton sich eine Geliebte hält: die junge, hüsche Doris, die dazu noch wirklich in ihn verliebt ist. Der älteren und reicheren Miss Spence gegenüber verhält sich Hutton ironisch-galant. Miss Spence aber bildet sich ein, Hutton liebe sie wirklich, und ermordet Mrs. Hutton mit Gift. Als er nun Doris heiratet und Miss Spence von sich weist, klagt diese Hutton an, er habe seine Frau vergiftet, um Doris heiraten zu können. Hutton wird prompt hingerichtet, und erst nach seinem Tod gesteht Miss Spence ihrem Arzt die Tat. Dieser drückt beide Augen zu.

HUXLEY, ELSPETH
(*1907)

Geboren in Kenia, Studium der Agrarwissenschaften in Reading (England) und an der Cornell University (USA). Ihr Mann, Gervas Huxley, war Tee-Experte; mit ihm bereiste sie die ganze Welt. Sie hat Autobiographisches, Reisebücher, Biographien, Wissenschaftliches, Romane – und einige Krimis geschrieben. In den ersten drei Krimis tritt Superintendent Vachell auf:

Murder at Government House (1937); *Murder on Safari* (1938); *Death of an Aryan* (1939, in USA *The African Poison Murders); The Merry Hippo* (1963, in USA *The Incident at the Merry Hippo); A Man from Nowhere* (1964).

HYAN, HANS
(1868–1944)

Geboren in Berlin. Er schrieb von 1900 an mehrere Krimis und eine Sherlock-Holmes-Parodie: *Sherlock Holmes als Erzieher* (1909).

Spitzbuben (1900); *Der falsche Mandarin* (1901); *Erbschleicher* (1907); *Der Millionenschwindler. Ein Berliner Börsenroman* (1907).

HYNE, CHARLES JOHN CUTCLIFFE WRIGHT
(1866–1944)

Geboren in Gloucestershire, Studium in Cambridge. Er bereiste die ganze Welt und schrieb Romane und Erzählungen, darunter einige mit kriminalistischem Einschlag. Er erfand Captain Kettle, der zum ersten Mal in *Honour of Thieves* (1895) auftritt, und den Detektiv Horrocks, der in einigen Erzählungen des Bandes *Mr. Horrocks, Purser* (1902) die Kriminalfälle löst.

I

IAMS, JACK
(*1910)

Geboren als Samuel H. Iams, aufgewachsen in Waynesburg, Pennsylvania. Er publizierte einige komische Romane, bevor der Krieg ihn in den Kongo, nach Portugal und Belgien führte. Sein erster Krimi, *The Body Missed the Boat,* erschien 1947. In den folgenden acht Jahren schrieb er weitere acht Krimis, die zumeist einen guten Schuß Satire enthalten.

Girl Meets Body (1947); *Do Not Murder Before Christmas* (1949); *A Corpse of the Old School* (1955).

INNES, HAMMOND
(*1913)

Geboren als Ralph Hammond-Innes in Horsham, Sussex. Er schrieb unter zwei Pseudonymen: Ralph Hammond und Hammond Innes. Unter dem zweiten wurde er berühmt. Die meisten seiner etwa 40 Bücher sind Abenteuerromane mit Krimi-Elementen. Mehrere Romane wurden verfilmt.

Air Disaster (1938); *Campbell's Kingdom* (1952); *The »Mary Deare«* (1956, in USA *The Wreck of the Mary Deare*).

The Golden Soak
(1973; dt. *Das Gold der Wüste,* 1973)
Die Geschichte spielt in Australien und ist ebensosehr ein Abenteuerroman wie ein Krimi. Alec Falls, ein Bergwerksbesitzer und Geologe, der in England lebt, steht vor dem Bankrott, da seine australische Mine erschöpft ist. Er beschließt, ein neues Leben zu beginnen. Er täuscht seinen eigenen Tod vor, zündet sein Haus an und taucht in Australien unter. Seine Frau kassiert die Lebensversicherung.
In Australien hat die Suche nach Zinn, Nickel und Kupfer den Goldrausch abgelöst. Als Alec Falls Janet Garrety und ihren Vater auf der Außenstation Jarra Jarra besucht, stößt er auf Geheimnisse: Warum läßt Ed Garrety niemanden in sein altes Goldbergwerk? Wie ist McIlroy, der Partner von Garretys Vater, wirklich umgekommen? Gibt es »McIlroy's Monster«, eine sagenhafte Kupfermine in der Wüste, tatsächlich? Während Falls diese Geheimnisse nach und nach aufklärt, ändert er sich selbst allmählich. Die Begegnungen mit dem tragischen Helden Ed Garrety, dem verzweifelten Idealisten Kennie Culpin, mit skrupellosen Geldmachern wie Kadek und Chris Culpin bringen ihn zu der Überzeugung, daß das Land selbst, die Bewahrung der Grasnarbe und der Umwelt, wichtiger ist als die Ausbeutung des Bodens. Der Einsturz der alten Goldmine »Golden Soak« wirkt sich für Jarra Jarra vorteilhaft aus: Wie zur Zeit der Eingeborenen fließt wieder Wasser an die Oberfläche; das Vieh kann vor dem Verdursten gerettet werden. Falls beschließt, bei Janet zu bleiben und Jarra Jarra wieder grün und fruchtbar zu machen. Die Einkünfte aus einer neuen Mine und aus »McIlroy's Monster« werden dem Land zugute kommen, nicht der Gier der Menschen.

INNES, MICHAEL
(*1906)

Pseudonym für John Innes Mackintosh Stewart, geboren in Edinburgh. I. studierte englische Literatur in Oxford (B. A. 1929) und unterrichtete englische Literatur zuerst in Leeds, dann zehn Jahre lang in Adelaide, Australien, darauf in Belfast und seit 1949 in Oxford. Unter seinem richtigen Namen hat er mehrere literaturkritische und bibliographische Werke und einige Romane und Kurzgeschichten veröffentlicht. Sein Pseudonym braucht er nur für seine Krimis, deren erster 1936 erschien. Seither hat er etwa 30 weitere Bände geschrieben. Der Held ist in allen John Appleby von Scotland Yard, der sich vorzüglich in der englischen Literatur auskennt. I. hält den Krimi für »Escape Literature« und hat sich nach den ersten drei oder vier Romanen wenig um die Wahrscheinlichkeit seiner Plots und die glaubhafte Charakterisierung seiner Personen gekümmert. Auch die Satire hat ihre Spitze verloren.

Death at the President's Lodging (1936, in USA *Seven Suspects*); *Hamlet, Revenge!* (1937); *Lament for a Maker* (1938); *A Night of Errors* (1947); *Silence Observed* (1961); *Appleby's Other Story* (1974); *The Gay Phoenix* (1977).

Operation Pax

(1951, in USA *The Paper Thunderbolt;* dt. *Unternehmen Pax,* 1966)

Es kommen vor: die vornehme Klinik, in der Patienten so behandelt werden, daß sie nicht mehr in die Welt zurückkehren; die Wunderdroge, die den Menschen zum stumpfsinnigen Tier machen kann und die von skrupellosen Verbrechern mißbraucht zu werden droht; unbesonnene, aber tapfere junge Leute; unterirdische Keller, Feuersbrünste, Verfolgungen. Sir John Appleby, I.s Detektiv, spielt diesmal eine Nebenrolle. In der ersten Hälfte des Romans wird beschrieben, wie sich der kleine Ganove Routh in die ominöse Klinik verirrt und wieder entflieht. Der zweite Teil spielt hauptsächlich im Universitätsmilieu von Oxford. Applebys Schwester Jane und ihr mutiger Begleiter Roger Remnant verhelfen der Gerechtigkeit zum Sieg. I. versucht, ironische Distanz zu halten; aber das melodramatische Element nimmt gegen Ende überhand.

JACOBS, WILLIAM WYMARK
(1863–1943)

Geboren in London. Er schrieb Romane und Schauspiele, hauptsächlich über Seeleute. Zwei Kurzgeschichtenbände enthalten je einige Kriminalerzählungen: *The Lady of the Barge* (1902) und *Sea Whispers* (1926).

JACQUES, NORBERT
(1880–1954)

Geboren in Luxemburg. Er studierte in Bonn, wurde Journalist in Hamburg und später freier Schriftsteller. Bis 1945 wohnte er auf seinem Gut bei Lindau, später in Hamburg. Er schrieb Reise- und Abenteuerromane, Novellen und Reisereportagen. J. ist der Schöpfer von Dr. Mabuse *(Dr. Mabuse, der Spieler,* 1921), einer Figur, deren sich Fritz Lang bemächtigt hat. 1922 brachte Lang den Film *Dr. Mabuse, der Spieler* auf die Leinwand, 1933 *Das Testament des Dr. Mabuse.* In den Jahren 1961–1963 wurden in Deutschland fünf weitere Mabuse-Filme gedreht; in den ersten dreien davon spielte Gert Fröbe die Hauptrolle. Lang kehrte 1958 aus den USA nach Deutschland zurück und drehte 1960 seinen letzten Mabuse-Film *Die tausend Augen des Dr. Mabuse* (ebenfalls mit Fröbe).

JAMES, HENRY
(1843–1916)

Geboren in New York. Erzogen in USA und Europa, Jurastudium in Harvard; 1864 begann er zu schreiben. Von 1869 an lebte er meist in Europa, nach 1882 in England. 1915 wurde er britischer Staatsbürger; er starb in London. Autor vieler psychologisch und stilistisch hervorragender Romane. BARZUN/TAYLOR halten *The Other House* (1896) für einen Krimi der Spitzenklasse.

JAMES, MONTAGUE RHODES
(1862–1936)

Geboren in Goodnestone, Kent. Er studierte in Cambridge, war von 1893 bis 1908 Museumsdirektor, später Provost in Eton. Er katalogisierte die Manuskripte mehrerer englischer Bibliotheken, erhielt vier Ehrendoktorate und war Mitglied der britischen Akademie. Nebenbei schrieb er etwa drei Dutzend Geistergeschichten und andere Erzählungen, darunter auch Kriminalnovellen, die Eingang in mehrere Anthologien gefunden haben.

Ghost Stories of an Antiquary (1904); *More Ghost Stories of an Antiquary* (1911); *A Thin Ghost* (1919, Kurzgeschichten); *The Five Jars* (1922, Kurzgeschichten).

JAMES, PHYLLIS D.
(*1920)

Geboren in Oxford. Sie arbeitete bis 1968 in der Krankenhausverwaltung, danach beim Innenministerium. Seit 1962 hat sie sechs Krimis und mehrere Kurzgeschichten geschrieben, die zum Teil Preise erhalten haben. Ihre Zentralfigur ist Inspector Adam Dalgleish.

Cover Her Face (1962); *Unnatural Causes* (1967); *Shroud for a Nightingale* (1971).

JAPRISOT, SÉBASTIEN
(*1931)

Pseudonym für Jean Baptiste Rossi. Dieser Franzose schrieb in den sechziger Jahren eine Reihe von Krimis, die zuerst in preiswerten Serien erschienen, später jedoch auch vom angesehenen Verlagshaus Gallimard neu herausgebracht wurden. Daneben veröffentlichte er andere Romane und das Erotikum *L'Odyssexe* (als Mitautor). BARZUN/TAYLOR loben den Roman *Compartiment de tueurs* und dessen Verfilmung. In einem ankommenden Zug am Gare de Lyon in Paris wird eine Leiche entdeckt.

Inspektor Grazzioni und sein Helfer Jean-Loup Gabert gehen mit Erfolg den Spuren der Mitpassagiere nach.

Piège pour Cendrillon (1962); *Compartiment de tueurs* (1962); *La dame dans l'auto avec des lunettes et un fusil* (1966); *Adieu, l'ami* (1968).

JARRETT, CORA
(*1877)

Geboren als Cora Hardy in Norfolk, Virginia; B. A. (1899). Sie studierte in Oxford und Paris und unterrichtete Englisch und Griechisch bis zu ihrer Heirat. Romane und Kurzgeschichten verfaßte sie zum Teil unter dem Pseudonym Faraday Keene.

Night Over Fitch's Pond (1933); *Pattern in Black and Red* (1934, von Faraday Keene); *Strange Houses* (1936).

JEFFRIES, RODERIC
(*1926)

Geboren in England als Sohn des Krimiautors Graham Montague Jeffries (Bruce Graeme). Er ist Jurist, verdient aber seinen Lebensunterhalt als Autor von Krimis, Kinder- und andern Büchern und als Mitarbeiter bei Radio und Fernsehen. J. hat mehrere Bücher über die von seinem Vater erfundene Figur »Blackshirt« geschrieben (unter dem Pseudonym Roderic Graeme). Seine anderen Krimis hat er unter seinem richtigen Namen und unter folgenden Pseudonymen publiziert: Peter Alding, Jeffrey Ashford, Graham Hastings. Von J. liegen etwa 40 Bände vor.

Counsel for the Defence (1961, von Jeffrey Ashford); *The Benefits of Death* (1963); *Forget What You Saw* (1967, von Jeffrey Ashford). – Drei Blackshirt-Bücher (von Roderic Graeme): *Concerning Blackshirt* (1952); *Blackshirt Sets the Pace* (1959); *Blackshirt Saves the Day* (1964).

JENSEN, JOHANNES V.
(1873–1950)

Geboren in Farsö (Jütland). Er studierte Medizin, ohne Abschluß, reiste 1896 in die USA und war später Zeitungskorrespondent. Er schrieb Lyrik, Essays, Erzählungen und Romane. 1944 erhielt er den Nobelpreis. Sein Roman *Madame d'Ora* (1904; dt. 1907) ist ein Detektivroman.

JEPSON, SELWYN
(*1899)

Der erste Krimi dieses Engländers war *The Qualified Adventurer* (1922). J. hat etwa 30 Krimis und über 100 Kurzgeschichten verfaßt, daneben Skripte für Film, Radio und Fernsehen. Sein Roman *Man Running* (1948, in USA *Outrun the Constable*) wurde von Alfred Hitchcock als *Stage Fright* (1950) verfilmt. Die Heldin des Romans, Eve Gill, kommt auch in einigen anderen Büchern vor (*The Golden Dart,* 1949; *The Hungry Spider,* 1950).

The Sutton Papers (1924); *Keep Murder Quiet* (1940); *Fear in the Wind* (1964).

JESSE, F. TENNYSON
(1889–1958)

Geborene Engländerin; Journalistin. Sie verbrachte mehrere Jahre in den USA. Seit 1913 schrieb sie Romane und andere Bücher (darunter mehrere Berichte über Kriminalfälle) und den Band *Murder and Its Motives* (1924). Zwei Bände fallen in die Kategorie des Krimi: die Kurzgeschichtensammlung *The Solange Stories* (1931, um die französische Detektivin Solange Fontaine) und *A Pin to See the Peepshow* (1934), ein Roman über einen Kriminalfall des Jahres 1922.

JOHNS, VERONICA PARKER
(*1907)

Diese Amerikanerin hat fünf Krimis und eine Anzahl Kurzgeschichten geschrieben, von denen drei Preise erhielten. Seit 1964 betreibt sie in New York einen Handel mit Meeresmuscheln (siehe ihre Autobiographie: *She Sells Sea Shells*, 1968).

Hush, Gabriel (1940); *Shady Doings* (1941); *The Singing Widow* (1941); *Murder by the Day* (1953); *Servant's Problem* (1958).

JOHNSON, EMIL RICHARD
(*1929)

Dieser Amerikaner hat, nach zwei Vorstrafen, bei einem Raubüberfall jemanden umgebracht und ist zu vierzig Jahren Zuchthaus im Staatsgefängnis Minnesota verurteilt worden. Dort schreibt er seither vorzügliche Krimis: *Silver Street* (1968); *Mongo's Back in Town* (1968); *The Inside Man* (1969); *Cage Five Is Going to Break* (1970).

JOHNSON, OWEN
(1878–1952)

Geboren in New York; Studium an der Yale University. Er schrieb Romane und Kinderbücher, auch einen Band Kriminalerzählungen (*Murder in Any Degree*, 1913) und zwei Krimis: *Max Fargus* (1906) und *The Sixtyfirst Second* (1913).

K

KÄSTNER, ERICH
(1899–1974)

Geboren in Dresden, Soldat im Ersten Weltkrieg, Germanistikstudium (Dr. phil. 1925); Redakteur; seit 1927 freier Schriftsteller. 1929 veröffentlichte er den seither populärsten deutschen Kinderkrimi: *Emil und die Detektive.*

KANE, BOB
(?)

Dieser Amerikaner erfand 1939 die Figur des Batman. Hinter dieser gespenstischen Person, die die bösen Leute erschreckt, versteckt sich der reiche Bruce Wayne, dessen Eltern von Kriminellen erschossen worden sind und der nun einen intensiven Krieg gegen das Verbrechen führt. 1940 gesellt sich der junge Dick Grayson zu Bruce Wayne, die nun zusammen als Batman und Robin fungieren. Ihr Schlupfwinkel und Arsenal befindet sich in einem Gewölbe unter ihrer Villa. Später wohnen sie in einem Penthouse.

KANE, FRANK
(1921–1968)

Pseudonym für H. H. Bittner; Amerikaner; weiteres Pseudonym Frank Boyd. Sein erster Krimi, *About Face,* dürfte 1947 erschienen sein. Seither hat er etwa 50 weitere publiziert. Die Zentralfigur in vielen seiner Romane ist der Detektiv Johnny Liddell, »tough«, unverheiratet, ein unverbesserlicher Schürzenjäger. Seine rothaarige Sekretärin scheint ihren Chef gleichzeitig zu lieben und zu hassen. Liddell ist klug, unbestechlich, nicht geldgierig und schießt schnell. Es fehlt ihm aber die charakterliche Tiefe von Marlowe, Liddell bleibt bloße Romanfigur.

Green Light for Death (1949); *Johnny Liddell's Morgue* (1959); *Margin for Terror* (1967).

Johnny Come Lately
(1963)

Die ersten drei Kapitel schildern die Ereignisse, die zum Mord an Elvin Martin führen. Der schon ältliche, steinreiche Martin hat die junge, hübsche Elsa in zweiter Ehe geheiratet, eine »Hosteß« in einem Spielsalon in Carsonette City. Sie betrügt ihren Gatten, wo es nur geht. Elvin erkennt die Schlechtigkeit seiner zweiten Frau, verliebt sich in seine anständige Sekretärin und stellt den Detektiv Murphy an, um Material gegen Elsa zu sammeln, damit er sich ohne finanzielle Opfer von Elsa scheiden lassen kann. Murphy entpuppt sich als Gauner: Er sammelt zwar das Material, verkauft es aber an Elsa. Elsa weiß nun, daß sie die reiche Erbschaft verlieren wird, wenn nicht Elvin stirbt, bevor er die Scheidung einleiten kann.
Elsas früherer Chef, Bobby Michaelis in Carsonette City, verweist sie an das »Mordbüro« des dicken Mr. Tolly, dessen Chauffeur Wentworth ein professioneller Killer ist. Für seine Dienste verlangt Tolly 20 Prozent von der Erbschaft. Wentworth stürzt Elvin Martin eine Treppe hinunter. Die Polizei und die Versicherung sind überzeugt, daß es sich um einen Unfall handelt. Aber Elvin Martins Tochter ist sicher, daß ihre Stiefmutter Elsa dahintersteckt, obwohl diese ein gutes Alibi hat. Die Tochter stellt Johnny Liddell an, dem es tatsächlich gelingt, den Mord aufzuklären. Dabei erschießt er Wentworth, der – nach Martin – auch Murphy getötet hat. Elsa bringt Mr. Tolly um und begeht Selbstmord. Zwischendurch waren Wentworth und Liddell mit Elsa ins Bett gegangen. Sie war übrigens auch nahe daran gewesen, Tolly zu heiraten.

KANE, HENRY
(* 1918)

Geboren in New York. Er war Rechtsanwalt, bevor 1947 sein erster Krimi erschien *(A Halo for Nobody,* späterer Titel *Martinis and Murder).* Seither hat K. Romane, Kurzgeschichten, Fernsehskripte und etwa 70 Krimis verfaßt. Seine Hauptfigur ist der Privatdetektiv Peter

Chambers, zuerst ein »tough guy« im Stil von Marlowe, aber im Vergleich mit ihm ein zu seichter Charakter und zu sehr an Sex interessiert. Ein anderer Detektiv K.s ist der ältliche Inspector McGregor, der früher bei der New Yorker Polizei gearbeitet hat.

Armchair in Hell (1948); *Sleep Without Dreams* (1958); *Unholy Trio* (1967). – Die drei McGregor-Romane: *Other Sins Only Speak* (1965, anderer Titel *The Midnight Man*); *Conceal and Disguise* (1966); *Laughter in the Alehouse* (1968).

Private Eyeful

(1959; dt. *Schüsse im Gericht,* 1962)
Marla Trent ist ungewöhnlich sexy und Chefin des Detektivbüros »Marla Trent Enterprises«. Ihr Freund und Untergebener ist der große Wee Willie Winkle, einer der wenigen Männer, mit denen Marla nicht schläft. Sie ist die geschiedene Frau des Polizeiinspektors Andrew King, der Marla in seinem Büro hilft, so gut er kann, und sie dabei auf dem Teppich vergewaltigt – sofern man Marla vergewaltigen muß.
Geschehen ist folgendes: Zwei Banditen haben die Kasse eines italienischen Ladens ausgeraubt und dabei die Frau des Besitzers umgebracht. Der Besitzer identifiziert Tony Jurillo als Mörder, und Tony kommt nach Sing Sing. Tonys Schwester stellt Marla an; sie soll die Unschuld ihres Bruders beweisen. Da sagt der zum Tode verurteilte Mörder Tom Randall aus, er sei einer der beiden Kassenräuber gewesen, sein Kumpan aber nicht Tony Jurillo. Das Gericht wird einberufen. Während der Verhandlung erschießt Randall den Staatsanwalt, und als man Randall fragt, woher er die Waffe habe, zeigt er auf den Verteidiger. Da es tatsächlich der Privatrevolver des Verteidigers ist, wird dieser verhaftet, und Marla erhält nun von ihm 5000 Dollar, um zu beweisen, daß Randall gelogen hat. Sie tut es; der Verteidiger wird freigesprochen, Tony Jurillo ebenfalls, und wer Randall die Waffe gegeben hat (die er vorher dem Verteidiger gestohlen hatte) ist der gleiche, der die Kasse ausgeraubt hat: ein Mann namens Frank Blake. Der hübsche Dr. Harvey Britt, ein Schönheitschirurg, spielt beim Freispruch eine Rolle, und am Ende des Buches hüpft Marla mit ihm ins Bett.

KANTOR, MacKINLEY
(* 1904)

Geboren in Webster City, Iowa. Er begann als »Pulp«-Autor von Detektivgeschichten, bevor er seine bekannten historischen und politischen Romane schrieb. Seine gesammelten Kriminalerzählungen findet man in *It's About Crime* (1960). Seine zwei Krimis sind vorzüglich; der erste ist 1960 mit Doris Day verfilmt worden: *Midnight Lace* (1948); *Signal Thirty-two* (1950).

KASSAK, FRED
(* 1928)

Pseudonym für den Franzosen Pierre Humblot. 1977 lagen vier Titel deutsch vor – darunter *Mord in Fortsetzungen* (1963).

Estocade à Stockholm (1958); *Carambolages* (1959); *Crêpe Suzette* (1959); *Une chaumière et un meurtre* (1961).

KAUL, FRIEDRICH KARL
(* 1906)

Geboren in Posen. Er studierte Rechtswissenschaften (Dr. jur. 1931), verbrachte die Jahre 1935–1937 im Konzentrationslager und wanderte darauf nach Südamerika aus. 1945 kehrte er zurück und wurde Anwalt. Er hat zahlreiche Berichte über historische und gegenwärtige Verbrechen geschrieben (*Der Pitaval der Weimarer Republik,* 3 Bde., 1953–1961); ähnliche Bände über Verbrechen in Bonn (1964) und Berlin (1965) folgten. K. schrieb Schauspiele und Dutzende von Fernsehspielen (in Zusammenarbeit mit W. Jupé), in denen jeweils ein »Fall« behandelt wird, z. B. »Der Fall Hofle« (1960). Er hat auch einige Krimis verfaßt:

Der Ring (1954); *Der Weg ins Nichts* (1955); *Ein Pitaval* (1966, 20 Fälle 1894–1964).

KAWERIN, WENJAMIN ALEXANDROWITSCH
(* 1902)

Pseudonym für W. A. Zilberg, geboren in Pskow. Studium der Orientalistik und Musik

(Violine). Seine frühen Schriften sind stark von Poe und E. T. A. Hoffmann beeinflußt. Seit Stalins Tod spielt K. eine wichtige Rolle in der Liberalisierung auf dem Gebiet der Künste. Sein bekanntestes Werk ist der Roman *Zwei Kapitäne,* für den er 1946 den Staatspreis erhielt.

Das Ende einer Bande (1926); *Das große Spiel* (1927); *Erfüllung der Wünsche* (1935–1938).

KEATING, HENRY REYMOND FITZWALTER
(* 1926)

Geboren in St. Leonards-on-Sea, Sussex; Journalist. 1960 gab er seine Stellung bei der *Times* auf und lebt seither als freier Schriftsteller. Sein erster Krimi erschien 1959. Seit 1964 ist K.s Hauptheld Inspector Ganesh Ghote in Bombay, der das Werk eines ehemaligen österreichischen Professors der Kriminalistik, Hans Groß, auswendig kennt: *Handbuch für Untersuchungsrichter als System der Kriminalistik.* Das Buch war 1893 zum ersten Mal erschienen, hatte mehrere Umarbeitungen und Neuauflagen erlebt (die siebte 1922, die letzte 1954) und kommt auch in Krimis von C. P. Snow, Simenon *(Les Mémoires de Maigret),* Friedrich Glauser und Erle Stanley Gardner *(The D. A. Cooks a Goose)* vor. Wenn Ghote nicht weiter weiß, ruft er sich die betreffenden Regeln von Groß in Erinnerung und geht entsprechend vor. In den Jahren 1964–1977 ist Ghote in zehn Krimis aufgetreten.

Death and the Visiting Firemen (1959); *Death of a Fat God* (1962); *Is Skin Deep, Is Fatal* (1965). – Vier Inspector-Ghote-Romane: *The Perfect Murder* (1964); *Inspector Ghote Plays a Joker* (1969); *Bats Fly Up for Inspector Ghote* (1974); *Filmi, Filmi, Inspector Ghoti* (1977).

Inspector Ghote Plays a Joker
(1969)
Im Zoo von Bombay sind drei von vier Flamingos erschossen worden; die vier waren ein Geschenk des amerikanischen Konsuls. Das »Ministerium für Polizei und Kunst« ist beunruhigt. Ghote soll das Leben des vierten Flamingos schützen. Dieser wird vor seinen Augen abgeknallt. Ghote findet heraus, daß der Schütze auf einem nahen Turm gestanden hat, und nimmt an, daß es sich um dieselbe Person handelt, die in letzter Zeit schon an drei anderen Streichen beteiligt war. 1. Als der Besitzer des voraussichtlichen Siegers im indischen »National« (Pferderennen) am Morgen in seinen Rennstall kam, stand ein Esel an der Stelle, wo das Rennpferd hätte stehen sollen. 2. Einem indischen Fakir war eingeredet worden, daß er auf dem Wasser wandeln könne. Von unten her hatte man ein Glas bis an die Wasseroberfläche geschoben, wobei der Fakir den Trick nicht bemerkte. Als er vor Tausenden von Zuschauern wieder auf dem Wasser wandeln wollte, entfernte der Witzbold das Glas, und der Fakir wäre beinahe ertrunken. 3. Ein Chemiker meinte entdeckt zu haben, wie man auf einfache Weise Meerwasser in Trinkwasser verwandeln könne. Als man aber den Apparat prüfte, entdeckte man eine versteckte Pumpe, die Leitungswasser in die Maschine leitete und das Meerwasser entfernte. Der Tunichtgut hatte diese Pumpe ohne Wissen des Chemikers installiert.
Ghote hat keine Schwierigkeiten herauszufinden, wer hinter alledem steckt. Als dieser Gauner aber ermordet wird, dauert es eine Weile, bis er den Mörder verhaften kann. Der nicht sehr kluge Ghote wird von dem außergewöhnlich dummen Sergeanten Desai begleitet, der es am Ende zu höchsten Ehren bringt.

KEELER, HARRY STEPHEN
(1890-1967)

Geboren in Chicago; dort betrieb seine Mutter eine Pension. Von Beruf Elektriker; Schreiben war für ihn zunächst nur Hobby. Von 1919 bis 1940 war er Herausgeber der Zeitschrift *10-Story-Book.* Sein erstes Buch, *The Voice of the Seven Sparrows,* erschien 1924, sein letztes in englischer Sprache 1953 *(Stand By – London Calling).* HAGEN verzeichnet etwa 60 Buchtitel für die Zeit dazwischen. Es scheint, daß K. mehr Erfolg im Ausland hatte; denn nach 1953, als seine Bücher in Amerika nicht mehr veröffentlicht wurden, schrieb er trotzdem für seine spanischen und portugiesischen Übersetzer weiter. STEINBRUNNER/PENZLER beschreiben K.s Arbeitsweise: Bis etwa 1935 verarbeitete er seine in den Jahren 1914-1924 geschriebenen Kurzgeschichten zu Romanen; danach verwendete er pro Roman je ein Bündel von Zeitungsnotizen, die er als besonders exzentrisch über die Jahre hin gesammelt hatte, und machte daraus einen Roman. Natürlich ließ sich das nur durch unwahrscheinliche Zufälle, verrückte Gesetze, absurde Testamente und Verträge zustande bringen. Man denkt an Jean Paul. Immerhin wird alles Geschehen am Ende des Buches, allerdings in diesem exzentrischen Rahmen, logisch erklärt.

The Spectacles of Mr. Cagliostro (1926, anderer Titel *The Blue Spectacles*); *X Jones* (1936, in USA *X Jones of Scotland Yard*); *Cheung, Detective* (1938, in USA *Y. Cheung, Business Detective*); *The Steeltown Strangler* (1950).

KEENE, CAROLYN

Unter diesem Pseudonym schrieben Edward L. Stratemeyer (1862–1930) und später seine Tochter Harriet S. Adams (geb. 1893). Er wurde in Elizabeth, New Jersey, geboren und begann als »Pulp«-Autor. 1906 gründete er sein eigenes Syndikat und produzierte in der Folge einen großen Teil der amerikanischen Jugendliteratur. Er selbst soll 400 Jugendbücher verfaßt haben. Für Hunderte von weiteren Büchern skizzierte er den Inhalt und ließ den Text von anderen schreiben. Seine beiden Töchter führten die Firma nach 1930 weiter; seit 1942 ist Harriet S. Adams die alleinige Leiterin. Ins Gebiet des Krimi fallen zwei (von Dutzenden von) Serien:
1. Die Hardy Boys. Stratemeyer schrieb unter dem Pseudonym Franklin W. Dixon die ersten neun Romane; die folgenden 50 Bücher wurden in Auftrag gegeben. Die Jungen lösen nationale und internationale Fälle; sie haben ein Auto, ein Boot und ein Privatflugzeug zur Verfügung.
2. Nancy Drew. Dieser Teenager ist die Heldin von über 50 Jugendkrimis und einigen Filmen. Ihr erster Fall ist *The Secret of the Old Clock* (1930). Stratemeyer schrieb die ersten drei Bücher über sie, Harriet S. Adams alle weiteren.

KEENE, DAY
(* 1904)

HAGEN verzeichnet von diesem Amerikaner 23 Krimis (1949–1966). Alle scheinen übersetzt worden zu sein, denn die Liste von PROMIES weist ebenfalls 23 Titel auf (1967). BARZUN/TAYLOR besprechen einen Roman von K. (*So Dead My Lovely,* 1959), und zwar positiv. Biographische Angaben sind auch in den deutschen Ausgaben seiner Werke nicht zu finden.

Framed in Guilt (1949); *Miami 59* (1959); *Mrs. Homicide* (1966).

KEITH, DAVID
(* 1906)

Unter diesem Pseudonym schrieb der amerikanische Literaturwissenschaftler und Romancier Francis Steegmuller drei Krimis:

A Matter of Iodine (1940); *A Matter of Accent* (1943); *The Blue Harpsichord* (1949).

KELLY, MARY COOLICAN
(* 1927)

BARZUN/TAYLOR besprechen fünf ihrer Krimis und haben eine hohe Meinung von dieser Engländerin. In den Jahren 1956–1966 hat sie (nach HAGEN) sieben Bücher veröffentlicht.

A Cold Coming (1956); *Dead Man's Riddle* (1957); *The Christmas Egg* (1958); *Due to a Death* (1962); *The Spoilt Kill* (1962); *March to the Gallows* (1964); *Dead Corse* (1966)

KEMELMAN, HARRY
(* 1908)

Geboren in Boston; Studium an der Boston University und in Harvard. Er war Verkäufer, Lehrer und Beamter. Jetzt ist er Professor am State College in Boston. K. schrieb seine erste Kurzgeschichte 1947. Diese und sieben andere Erzählungen um den Anglistikprofessor und Detektiv Nicky Welt erschienen 1967 im Band *The Nine-Mile Walk.* K. ist ein berühmter Mann, seit im Jahre 1964 sein erster Roman um Rabbi David Small erschien. Dieser und die folgenden Rabbi-Romane waren allesamt Bestseller. Schon vom zweiten Roman an ist die Kriminalhandlung weniger wichtig als die liebevoll-humoristische Beschreibung des Milieus: Barnard's Crossing in Massachusetts, wo der Rabbi lebt und wirkt. Der Polizeichef des Städtchens, der

Katholik Hugh Lanigan, ist Small freundlich gesinnt, während einige von Smalls Pfarrkindern den ehrlichen und etwas ungewöhnlichen Gottesmann gerne loswären.

Die sechs Rabbi-Small-Romane: *Friday the Rabbi Slept Late* (1964); *Saturday the Rabbi Went Hungry* (1966); *Sunday the Rabbi Stayed Home* (1969); *Monday the Rabbi Took Off* (1972); *Tuesday the Rabbi Saw Red* (1973); *Wednesday the Rabbi Got Wet* (1976).

Friday the Rabbi Slept Late
(1964; dt. *Am Freitag schlief der Rabbi lang,* 1966)
Seit fast einem Jahr ist David Small der Rabbi der jüdischen Gemeinde in Barnard's Crossing. Nun hat der Verwaltungsrat der Synagoge darüber zu beschließen, ob der Vertrag des Rabbi um ein weiteres Jahr verlängert werden soll. Es sieht nicht gut aus für David Small: viele finden, der Rabbi sei zu jung, zu wenig gefällig, zu sehr der Typ des weltfremden Gelehrten. Ehe eine Entscheidung getroffen wird, geschieht ein Mord. An einem Freitagmorgen wird vor der Synagoge ein junges Mädchen, Elspeth Bleech, ermordet aufgefunden. Ist Stanley, der Hausmeister der Synagoge, der Täter? Oder der Geschäftsmann Melvin Bronstein? Auch der Rabbi steht unter Verdacht: er ist in der Nacht am Tatort gewesen, und der Polizist William Norman bestreitet, den Rabbi auf dem Heimweg getroffen zu haben. Am Freitagmorgen ist Small später als üblich in der Synagoge erschienen. Doch dann gewinnt der Rabbi die Sympathie des Polizeichefs von Barnard's Crossing und hilft ihm bei der Aufklärung des Falles. Bronstein, der verhaftet worden ist, wird wieder freigelassen, und der Rabbi findet mit talmudischer Logik den echten Mörder: Der Polizist Norman, der Liebe Elspeths überdrüssig, hatte sich mit einer anderen verlobt. Als Elspeth behauptete, sie sei von ihm schwanger, hatte er sie erwürgt. Der Rabbi beweist somit der Stadt, daß kein Grund zum Antisemitismus vorliegt, und zugleich überzeugt er seine Gemeinde, daß ein gelehrter Rabbi seinen Mann in der Welt stehen kann, wenn er ehrlich, klug und uneigennützig ist.

KENDRICK, BAYNARD HARDWICK
(* 1894)

Geboren in Philadelphia; Studium der Rechtswissenschaften. Von 1921 bis 1932 hatte er leitende Stellungen im Geschäftsleben inne; dann beschloß er, freier Schriftsteller zu werden. 1934 erschien sein erster Krimi: *Blood on Lake Louisa.* 1937 erfand K. den blinden Privatdetektiv Duncan Maclain, der mit seiner Sekretärin Rena und ihrem Mann, Duncans Freund Spud Savage, in New York wohnt. Maclain hat zwei Blindenhunde, und er kann auf ein Geräusch hin schießen und treffen. In der Freizeit liest er Bücher in Brailleschrift und hört Musik. In den Jahren 1937–1961 erschienen dreizehn Bücher über Maclain. In weiteren neun Krimis von K. kommt der blinde Detektiv nicht vor. K.s bisher letzter Roman ist *Flight from a Firing Wall* (1966). K. lebt heute in Florida.

Eleven of Diamonds (1936); *The Tunnel* (1949); *The Spear-Gun Murders* (1961). – Drei Duncan-Maclain-Romane: *The Whistling Hangman* (1937); *You Diet Today* (1952); *Frankincense and Murder* (1961).

KENNEDY, MILWARD
(1894-1968)

Pseudonym für Milward Rodon Kennedy Burge; Studium in Oxford. Er schlug die Beamtenlaufbahn ein, arbeitete in London, Kairo und Ottawa und zog sich nach seiner Pensionierung (1960) nach Sussex zurück. Er hat etwa fünfzehn Krimis geschrieben, fast alle in den Jahren 1929–1937.

The Bleston Mystery (1929); *I'll Be Judge, I'll Be Jury* (1937); *Escape to Quebec* (1946).

KENNY, PAUL

Pseudonym für die beiden Franzosen (oder Belgier?) Paul Libert und Gaston Gandenpanhuyse. Sie haben den Agenten Francis Coplan erfunden, den Helden zahlreicher Romane, die seit den sechziger Jahren in den Éditions Fleuve Noir erscheinen.

Coplan se révolte (1968); *Coplan fait coup double* (1969).

KERSH, GERALD
(1911–1968)

Geboren in Teddington-on-Thames. Er versuchte sich in allen möglichen handwerklichen Berufen, bevor er Schriftsteller wurde. Nach dem Zweiten Weltkrieg lebte er in den USA (Cragsmoor, New York). K. schrieb Hunderte von Kurzgeschichten, darunter eine Serie über den Dieb und Schwindler Karmesin. Ins Gebiet des Krimi gehören *Night and the City* (1938) und *The Great Wash* (1953, in USA *The Secret Murders*).

KIM, ROMAN NIKOLAJEWITSCH
(1899–1967)

Geboren in Wladiwostok. Er wuchs in Japan auf und kehrte 1917 nach Rußland zurück. K. schloß 1923 seine Studien an der Universität Wladiwostok ab. Sein Hauptinteresse galt der japanischen und der chinesischen Literatur. Seine zahlreichen Romane sind oft übersetzt worden; in vielen geht es um Spionage und politische Intrigen.

In Sun Chon wurde ein Notizbuch gefunden (1951); *Das Mädchen aus Hiroshima* (1954); *Lies und verbrenne!* (1962); *Ein geheimnisvolles Ultimatum* (1969, Kurzgeschichten und Kurzromane).

KING, CHARLES DALY
(1895–1963)

Geboren in New York; Studium an der Yale University, Promotion in Psychologie. Er veröffentlichte mehrere wissenschaftliche Arbeiten auf seinem Forschungsgebiet und schrieb daneben in den Jahren 1932–1940 sieben Krimibände. Seine Hauptfigur ist der Detektiv Michael Lord von der New Yorker Polizei.

The Obelists at Sea (1932); *The Obelists en Route* (1934); *The Obelists Fly High* (1935); *The Curious Mr. Tarrant* (1935, Kurzgeschichten); *The Careless Corpse* (1937); *The Arrogant Alibi* (1938); *Bermuda Burial* (1940).

KING, RUFUS
(1893–1966)

Geboren in New York. Er kämpfte im Ersten Weltkrieg und begann mit Kurzgeschichten für »Pulps« und Zeitschriften. Seine erste Serienfigur war Reginald de Puyster, der mit einem Vermögen von 20 Millionen Dollar der reichste Detektiv der Weltliteratur sein dürfte. K.s erste Krimis erschienen 1927. 1929 kam der erste Roman über Lieutenant Valcour von der New Yorker Polizei heraus: *Murder by the Clock.* Bis 1939 folgten weitere zehn Bücher über Valcour. Im Kurzgeschichtenband *Diagnosis: Murder* (1941) ist der Landarzt Dr. Colin Starr der Detektiv. Der Hauptheld von K.s letzten drei Bänden (Erzählungen) ist Stuff Discroll, der seine Fälle in der Gegend zwischen Miami und Fort Lauderdale löst.

Mystery De Luxe (1927, anderer Titel *Murder De Luxe*); *Museum Piece Nr. 13* (1946); *The Case of the Redoubled Cross* (1949). – Drei Valcour-Romane: *Murder by Latitude* (1930); *The Lesser Antilles Case* (1934); *Murder Masks Miami* (1939). – Die drei Erzählbände um Stuff Discroll: *Malice in Wonderland* (1958); *The Steps to Murder* (1960); *The Faces of Danger* (1964).

KIPLING, RUDYARD
(1865–1936)

Geboren in Bombay, in England erzogen. Als Journalist zunächst in Indien tätig. Nach ausgedehnten Reisen heiratete er 1892 eine Amerikanerin und wohnte mit ihr vier Jahre in Vermont. Dann kehrte er nach England zurück. Die Winter verbrachte er in Südafrika oder auf dem europäischen Kontinent. 1907 erhielt K. den Nobelpreis. Seine vielen Kurzgeschichten, in denen K. exotische, oft grausame Inhalte in knapper, lakonischer Sprache darstellt, beeinflußten noch Ian Fleming. Als Kriminalerzählungen werden meistens die Rachegeschichten »The Limitations of Pambé Serang« oder »Dray Wara Yow Dee« anthologisiert. Ellery Queen bezeichnet die Erzählungen um Strickland als Detektivgeschichten.

KITCHIN, CLIFFORD HENRY BENN
(1895–1967)

Geboren in Harrogate. Er studierte in Oxford, wurde Rechtsanwalt und schrieb eine größere Zahl von Romanen, darunter mindestens drei Krimis. Der Held und Detektiv in diesen ist Malcolm Warren, ein junger Börsenmakler.

Death of My Aunt (1929); *Crime at Christmas* (1935); *Death of His Uncle* (1939).

KLEINE, DOROTHEA
(* 1928)

Geboren in Krappitz, Schlesien, als Dorothea Morawietz. Sie wurde Redakteurin, auch Gerichtsreporterin, wohnt in Cottbus und schrieb folgende Krimis:

Ohne Chance (1964); *Mord im Haus am See* (1966); *Einer spielt falsch* (1968).

KLEIST, HEINRICH VON
(1777–1811)

Geboren in Frankfurt an der Oder. Von 1792 bis 1799 war er Berufssoldat. Dann trat er aus der Armee aus, studierte, begann zu schreiben, reiste, wurde krank, geriet in französische Gefangenschaft. 1810 gründete er mit A. Müller die *Berliner Abendblätter*. Er endete durch Selbstmord. Die Komödie *Der zerbrochene Krug* (1811) behandelt das beliebte Thema vom Richter/Polizisten/Detektiv, der einen Fall untersucht, bei welchem er selbst der schuldige Teil ist. *Michael Kohlhaas* (1810) ist eine frühe Rachegeschichte, welcher *Le comte de Monte Cristo* von Alexandre Dumas nur an Umfang überlegen ist. Die Kurzgeschichte »Der Findling« (1811) ist als Kriminalerzählung in Anthologien aufgenommen worden.

KNOTT, FREDERICK M. P.
(* 1918)

Geboren in China. Mit zehn Jahren kam er nach England; er studierte Jura in Cambridge, nahm am Zweiten Weltkrieg teil und trat später in die Rank-Organisation ein (Film). 1954 emigrierte er nach Amerika. Er hat keine Kriminalromane geschrieben, dafür erfolgreiche Krimi-Dramen und -Filmskripte wie *Dial M for Murder* (1952), *Write Me a Murder* (1961) und *Wait until Dark* (1966).

KNOX, BILL
(* 1928)

Von 1958 bis 1967 schrieb dieser Engländer (laut HAGEN) unter seinem richtigen Namen und unter dem Pseudonym Robert MacLeod über 20 Krimis. BARZUN/TAYLOR besprechen drei davon, eher negativ.

The Cockatoo Crime (1959); *The Scavengers* (1964); *Justice on the Rocks* (1967); *Pilot Error* (1977).

The Iron Sanctuary
(1966, von Robert MacLeod)
Ein Geheimagent der UN, Robert Tollogo, ist bei einem Flugzeugabsturz in Afrika ums Leben gekommen. Da Tollogo einem Waffenhandelsring großen Stils auf der Spur war, wird Talos Cord, ebenfalls Agent der UN, nach El Wabir geschickt, um den Fall aufzuklären. Es stellt sich heraus, daß Tollogo zuletzt einen Job bei der Mid-Con-Petroleumgesellschaft angenommen hatte; die örtlichen Vertreter dieser Gesellschaft – Jean und Hal Berry – geraten in Verdacht. Bereits in der ersten Nacht, die Cord in El Wabir verbringt, werden zwei Angestellte der Mid-Con ermordet. Da Hal Berry zur Zeit nicht in El Wabir ist, vermutet Cord, daß es sich bei den Waffenhändlern um eine größere Organisation handelt. Der mächtigste Mann in der Gegend ist der Großgrundbesitzer Lucas Darrald; er verweigert Cord Zutritt zu seinem »Wildreservat«. Cord stellt fest, daß Darrald und sein Prokurist Nyeme das Gebiet als Munitionslager und Übungsplatz für Guerillas benutzen; Hal Berry transportiert ihre Truppen von und zur Küste. Doch Cord sind die Gangster nicht gewachsen. Mit Hilfe der örtlichen Polizei gelingt es ihm, den nächsten Waffenverkauf zu verhindern und die Waffen zu vernichten. Die Guerillas werden mit rotem Nebel und Tränengas getäuscht. Darrald und Nyeme töten sich gegenseitig.

KNOX, RONALD ARBUTHNOTT
(1888–1957)

Geboren in Kibworth, Leicestershire. Sein Vater und sein Großvater waren Bischöfe der anglikanischen Kirche gewesen. Er studierte Theologie in Oxford und wurde anglikanischer Geistlicher. 1917 konvertierte er zum Katholizismus und wurde 1919 zum Priester geweiht. K. war Studentenseelsorger in Oxford bis 1939, als er begann, die Heilige Schrift neu zu übersetzen. Neben anderen Büchern schrieb er sechs Krimis und einige Aufsätze über den Krimi, z. B. die Aufstellung der zehn Gebote des Fair Play, an die sich der Krimiautor seinen Lesern gegenüber halten muß.

The Viaduct Murder (1925); *The Three Taps* (1927); *The Footsteps at the Lock* (1928); *The Body in the Silo* (1933, in USA *Settled Out of Court*); *Still Dead* (1934); *Double-Cross Purposes* (1937).

Lit.: Evelyn Waugh, The Life of Ronald Knox, 1959.

The Three Taps
(1927; dt. *Die drei Gashähne,* 1962)
Miles Bredon ist der Privatdetektiv der angesehenen Versicherungsfirma »Indescribable«. Er hat diesmal den Auftrag, den Tod des Industriellen Jephthah Mottram zu untersuchen. War es Selbstmord oder Mord? Mottram hatte eine hohe Versicherung abgeschlossen: im Falle seines Todes vor dem 65. Lebensjahr sollte sein Erbe eine halbe Million erhalten. Bei Selbstmord zahlt die Versicherung allerdings nichts. Mottram ist in einem Landgasthof ums Leben gekommen; einige Zeichen deuten auf Selbstmord, andere auf Mord. Am Ende stellt Bredon fest, daß Mottram Opfer eines Unfalls geworden ist. Mottram hat Selbstmord vortäuschen und dann verschwinden wollen, um die Ehrlichkeit seines Erben, eines katholischen Bischofs, auf die Probe zu stellen. In der Verwirrung hat Mottram jedoch die drei Gashähne in seinem Zimmer nicht richtig geschlossen. Der Wind hatte das Fenster zugeweht, und Mottram war entschlafen. Bredons Untersuchung erweist die Ehrlichkeit des Bischofs und die Rechtmäßigkeit seines Versicherungsanspruchs. Diesmal hat Bredon der »Indescribable« kein Geld gespart.

KRAFT, ROBERT
(1869–1916)

Sein Übermensch-Detektiv Nobody war in den Jahren 1905-1910 ein Begriff. *Detektiv Nobody's Erlebnisse und Reiseabenteuer. Nach seinen Tagebüchern bearbeitet* brachte der Verlag G. H. Münchmeyer in Dresden als Kolportagehefte heraus. Die erste Serie bestand aus 60 Lieferungen und erschien in den Jahren 1904/1905. Die zweite Serie (50 Lieferungen) folgte 1906.

KRASNER, WILLIAM
(* 1917)

Dieser Amerikaner schrieb, wenn man HAGEN und BARZUN/TAYLOR zusammennimmt, vier Krimis. *The Gambler* (1946) soll auch vom literarischen Standpunkt aus vorzüglich sein.

Walk the Dark Streets (1949); *North of Welfare* (1956); *Stag Party* (1959).

KRUMGOLD, JOSEPH
(* 1908)

Geboren in Jersey City; Studium an der New York University. Seit 1928 lebt er in Hollywood und hat Kinderbücher und Filmskripts geschrieben. Er ist der Autor eines vorzüglichen Krimi: *Thanks to Murder* (1935).

KUBY, ERICH
(* 1910)

Geboren in Baden-Baden. Seit Ende des Zweiten Weltkriegs war er Redakteur bei mehreren Zeitungen. Er hat fürs Radio, fürs Fernsehen, für die Bühne und Erzählungen geschrieben. Berühmt wurde K. als Autor des Romans *Rosemarie* (1958, englisch 1960), der noch im gleichen Jahr 1958 von Rolf Thiele verfilmt wurde als *Das Mädchen Rosemarie.* Es geht um den Mord an einer Hure, die als Industriespionin fungiert. Das Buch fällt in die Kategorie der »real crime stories«.

KÜCHLER, MANFRED
(* 1931)

Geboren in Ziegenrück an der Saale. Er war zuerst Bauschlosser, studierte dann Germanistik und Anglistik und wurde 1970 Cheflektor des Verlages Volk und Welt in Berlin. Unter dem Pseudonym Manfred G. Abel schrieb er einen Krimi: *Bankraub 12.55 h* (1972).

KÜSTER, KARL-HEINZ
(* 1925)

Geboren in Leipzig. Er wurde kaufmännischer Angestellter; seit der Rückkehr aus der französischen Kriegsgefangenschaft war er in verschiedenen Funktionen beim Leipziger Messeamt tätig. Er schrieb 1959 seinen ersten Krimi, *Spione am Laufsteg;* seither hat er mehrere Abenteuerromane und drei weitere Krimis verfaßt:

Schrotthafen (1962); *Mach mit oder stirb!* (1965); *Das Gespenst von Black Rose Castle* (1973).

KUPRIN, ALEXANDER IWANOWITSCH
(1870–1938)

Geboren in Narowtschat. 1894 verließ er den Militärdienst und wurde freier Schriftsteller. Neben vielen anderen Werken, in denen er vor allem das soziale Elend und den Zerfall der Moral schildert, schrieb er einen Spionageroman, *Hauptmann Rybnikow* (1906), der 1956 verfilmt wurde.

KURZ, HERMANN
(1813–1873)

Geboren in Reutlingen. In Armut aufgewachsen, studierte er Theologie, gab aber seinen Beruf 1836 auf und wurde Journalist in Stuttgart, später Redakteur, dann Bibliothekar. Die Autorin Isolde Kurz ist seine Tochter. Neben Gedichten, Novellen und historischen Romanen schrieb K. einen Roman, der ins Gebiet des Krimis gehört: *Der Sonnenwirt* (1854). Der Held ist – wie in Schillers »Verbrecher aus verlorener Ehre« – der historische Gastwirtssohn Johann Friedrich Schwan (1729-1760), der aus finanzieller Not und aus Protest Räuber wurde, als ihm Vater und Kirche verboten, Christine Müller zu heiraten. Mehrmals wurde er gefangen und entkam; seinen hartnäckigsten Verfolger, Hohenecker, erschoß er. 1760 wurde er zum Tode verurteilt und hingerichtet.

KUTTNER, HENRY
(1914–1958)

Geboren in Los Angeles; Studium an der University of Southern California. Er schrieb in Zusammenarbeit mit seiner Frau, Catherine L. Moore, zwei Krimis unter dem Pseudonym Lewis Padgett, ferner einen Roman unter dem Pseudonym Will Garth (*Dr. Cyclops,* 1940). Für seine Science-fiction und eine Serie von Krimis gebrauchte K. seinen richtigen Namen. Der Held dieser Romane ist der psychoanalysierende Detektiv Michael Gray.

The Brass Ring (1946, von Lewis Padgett); *The Day He Died* (1947, von Lewis Padgett). – Drei Michael-Gray-Romane: *The Murder of Ann Avery* (1956); *The Murder of a Mistress* (1957); *The Murder of a Wife* (1958).

-KY
(?)

Unter diesem Pseudonym schreibt ein vorzüglicher junger Autor Krimis, Kurzgeschichten und Hörspiele. -ky sagte über sich selbst: »Als ich gemerkt habe, daß ich den großen Roman des 20. Jahrhunderts doch nicht schaffen würde, dachte ich, versuch's doch mal mit einem Krimi. Als ich dahinterkam, daß das auch nicht leichter war, war es bereits zu spät.« Ulrich Greiwe hat -ky den »linkesten und frischsten Könner unter Deutschlands Spannungsschreibern« genannt – vielleicht auch deshalb, weil er einer der wenigen ist, von denen auch einmal ein Buch in der DDR erscheint. -ky stellt besonders Jugendliche psychologisch überzeugend dar; möglicherweise ist er Studienrat von Beruf. Er meint es ernst mit der Sozialkritik, und er gibt dem Leser neben der obligaten Spannung Stoff zum Nachdenken. -kys Stil erinnert oft an Fallada; am besten sind die Dialoge; jeder redet auf dem Niveau seiner

Klasse, gelegentlich spricht man Platt oder Berlinerisch.

Einer von uns beiden (1972); *Ein Toter führt Regie* (1974); *Mitunter mörderisch* (1976, vier Novellen).

Es reicht doch, wenn nur einer stirbt
(1975)
Herbert Plaggenmeyer, Sohn eines amerikanischen Besatzungssoldaten (Neger, in die USA zurückgekehrt) und einer Deutschen (heute Prostituierte in Hamburg), hatte Corinna geheiratet und war endlich glücklich gewesen. Da wird Corinna von einem Mercedes angefahren und getötet. Der Fahrer flieht. Als Mörder kommen in Frage: 1. Dr. Carpano, Klinikdirektor. 2. Ernst-Georg Bleckwehl, Autohändler. Beide leugnen, und die Polizei gibt sich keine große Mühe – es sind ja beide honorige Mitglieder der Gesellschaft der kleinen Stadt Bramme und Umgebung.
Da geht Herbert mit einer Bombe in der Tasche und einem Revolver in der Hand ins Gymnasium und nimmt eine Schulklasse als Geiseln. -ky schildert nun minutiös, was geschieht, und zeichnet daneben das Milieu mehrerer repräsentativer Leute von Bramme; ein überzeugendes, aber erschreckendes Bild westdeutscher Mentalität entsteht. Herbert ist völlig glaubhaft, aber alles andere als ein Held. Am Ende ist uns der wahre Mörder sympathischer. Eine böse Karikatur ist der Klassenlehrer; -ky macht sich und dem Leser die Freude, ihn zum Schluß – wenn auch völlig unmotiviert – von einem Lastwagen überfahren zu lassen.

KYD, THOMAS
(1901–1976)

Pseudonym für Alfred Bennett Harbage, geboren in Philadelphia, wo er auch aufwuchs und Anglistik studierte (Ph. D. 1929). Er lehrte zuerst an der University of Pennsylvania, nach 1947 an Columbia und von 1952 bis 1970 an Havard. K. gilt als vorzüglicher Shakespeareforscher. Er hat vier Krimis veröffentlicht:

Blood Is a Beggar (1946); *Blood of Vintage* (1947); *Blood on the Bosom* (1948); *Cover His Face* (1949).

L

LACY, ED
(1911–1968)

Pseudonym für Len Zinberg, geboren in New York. Dort verbrachte er auch sein Leben, und die meisten seiner etwa 20 Krimis spielen in dieser Stadt. Er hat auch andere Romane geschrieben und Hunderte von Kurzgeschichten in Zeitschriften veröffentlicht. Sein erster Krimi ist *The Best That Ever Did It* (1955). In *Room to Swing* (1957) ist sein Detektiv ein sympathischer Neger namens Toussaint Moore.

Death in Passing (1959); *Double Trouble* (1964), *Sin in Their Blood* (1966)

LA MARE, WALTER JOHN DE
(1873–1956)

Geboren in Charlton, Kent. Er arbeitete zuerst bei einer Ölgesellschaft; 1908 wurde er freier Schriftsteller. Er schrieb Romane, Kinderbücher, Gedichte. Die spannenden Erzählungen aus seinem Kurzgeschichtenband *The Riddle* (1923) erscheinen bis heute in manchen Krimi-Anthologien.

LANDON, CHRISTOPHER
(* 1911)

BARZUN/TAYLOR besprechen fünf der sieben zwischen 1954 und 1963 erschienenen Krimis dieses Engländers; er erntet mehr Tadel als Lob.

Flag in the City (1954); *The Mirror Room* (1960); *Dead Men Rise Up Never* (1963).

LANG, FRITZ
(1890–1976)

In Österreich geborener, weltbekannter Filmregisseur, der zuerst in Deutschland, dann in Hollywood berühmte Kriminalfilme drehte, z. B. drei Filme um Dr. Mabuse (siehe unter Jacques, Norbert), dann Filme wie *Man Hunt* (1941, nach Geoffrey Households *Rogue Male*), *The Woman in the Window* (1944, nach J. H. Wallis: *Once Off Guard*), *Secret Beyond the Door* (1948, nach Rufus Kings *Museum Piece No. 13*) und andere mehr. 1958 kehrte er vorübergehend nach Deutschland zurück. L. starb in Los Angeles.

LANHAM, EDWIN
(* 1904)

Geboren in Texas. Er studierte zuerst Malerei in Paris, wurde später Journalist und freier Schriftsteller und lebt in Connecticut. Seit 1946 hat er über ein Dutzend Krimis geschrieben. BARZUN/TAYLOR besprechen *Death of a Corinthian* (1953) positiv.

Slug It Slay (1946); *Double Jeopardy* (1959); *Monkey on a Chain* (1963).

LARDNER, RING
(1885–1933)

Geboren in Niles, Michigan. Er war Sportjournalist in Chicago, Boston und New York und schrieb – in einem ähnlichen Jargon wie Damon Runyon – Dutzende von pessimistisch-satirischen Kurzgeschichten. Einige davon fallen ins Gebiet des Krimis und sind anthologisiert worden, z. B. »Haircut« aus *The Love Nest and Other Stories* (1926).

LATHEN, EMMA

Pseudonym für das Autorenduo Mary J. Latsis und Martha Hennissart, die weder ihr Alter noch ihre Adressen verraten wollen. Beide studierten in Harvard und waren Krimifans. Mary Latsis ist Anwältin, Martha Henissart Nationalökonomin. Alle ihre Krimis spielen im gehobenen Finanzmilieu, und die beiden Autorinnen befürchten wohl zu Recht, ihre Kunden würden es übel aufnehmen, wenn sie wüßten, daß ihre Finanz- und Rechtsberaterinnen sie – die Kunden – als Figuren in einem Krimi verwerten könnten. Seit

1961 haben M. J. L. und M. H. 16 Romane veröffentlicht, deren Held und Detektiv John Putnam Thatcher ist, ein Vizepräsident der Sloan Guaranty Trust Company. Er ist etwa sechzig Jahre alt, spielt aber noch Tennis und weiß in Sachen Finanztransaktionen Bescheid wie kein anderer. 1970 haben die beiden Damen – unter dem Pseudonym R. B. Dominic – eine neue Serie von Krimis begonnen, deren Held ein Abgeordneter aus Ohio ist.

Banking on Death (1961); *Come to Dust* (1968); *By Hook or by Crook* (1975).

Banking on Death
(1961; dt. *Freitag, der Dreizehnte,* 1962)
Thatcher empfängt den Besuch von Arthur Schneider. Dessen Problem: Es gibt einen Schneider-Trust, eine große Summe Geldes, die unter den Erben verteilt werden soll. Einer der Erben aber, Robert Schneider, ist seit fünfzehn Jahren verschwunden. Bevor das Geld verteilt werden kann, muß er gefunden werden. Man findet ihn, d. h. seine Familie; denn Robert selbst ist vor zwei Wochen ermordet worden. Thatcher forscht nach. Er bekommt heraus, daß Robert Schneider kein liebenswerter Mensch gewesen war. Seine Frau hatte er verlassen, dafür die Frau eines Geschäftsfreundes übernommen. Seine Geschäftspartner haßten ihn. Wer ist der Mörder? Thatcher besucht alle, die ein Motiv hatten, und prüft ihre Alibis. Am Ende bleibt die Schuld an Arthur hängen. Motiv: Robert hatte das Geld aus dem Trust dazu benutzen wollen, seine Verwandten zu ruinieren. Die Liebesgeschichte zwischen dem jungen Nicolls und Arthur Schneiders Tochter Jane bringt eine romantische Note in den Krimi.

LATIMER, JONATHAN WYATT
(*1906)

Geboren in Chicago. B. A. am Knox College (Galesburg, Illinois), Journalist in Chicago. Um 1938 kam er nach Hollywood und schrieb Drehbücher, u. a. für Hammetts *Glass Key* (1942) und für die Perry-Mason-Fernsehserie. Als Krimiautor ist Hammett sein Vorbild. L. schrieb fünf Romane über den hartgesottenen Privatdetektiv Bill Crane, der von Chicago aus agiert. Drei der fünf Romane sind verfilmt worden. Im ganzen hat L. etwa ein Dutzend Krimis veröffentlicht.

The Search for My Great Uncle's Head (1937); *Sinners and Shrouds* (1955); *Solomon's Vineyard* (1961). – Die fünf Bill-Crane-Romane: *Murder in the Madhouse* (1934); *Headed for a Hearse* (1935); *The Lady in the Morgue* (1936); *The Dead Don't Care* (1938); *Red Gardenias* (1939).

LAWRENCE, HILDA
(* 1906)

Geboren als Hildegarde Kronmiller in Baltimore. Sie arbeitete bei einem Verlag in New York und schrieb in den Jahren 1944–1947 fünf ausgezeichnete Krimis, deren Hauptheld der Detektiv Mark East ist. Seither hat sie keinen Roman mehr veröffentlicht.

Blood Upon the Snow (1944); *A Time to Die* (1945); *The Pavilion* (1946); *Duet of Death* (1947, anderer Titel *Composition for Four Hands*); *Death of a Doll* (1947).

LEACOCK, STEPHEN
(1869–1944)

Geboren in Swanmoor, Hampshire. 1876 kam er nach Kanada, wo er auf einer Farm in Ontario aufwuchs. Er studierte in Toronto und war von 1903 bis 1936 Professor für Soziologie und Politische Wissenschaften an der McGill University in Montreal. Er schrieb viele Bände humoristischer Skizzen und gilt als der kanadische Mark Twain. Der Band *Nonsense Novels* (1911) enthält eine der besten Krimiparodien der Weltliteratur: »Maddened by Mystery; or, the Defective Detective«.

Andere Kriminalhumoresken erscheinen in: *Further Foolishness* (1916); *Frenzied Fiction* (1918); *Short Circuits* (1928); *Last Leaves* (1945).

LEBLANC, MAURICE
(1864–1941)

Geboren in Rouen. Er studierte Rechtswissenschaften, verdiente aber seinen Lebensunterhalt als Romancier und Journalist. L.s Schwester war die Geliebte von Maeterlinck. L. schrieb auch Dramen und Kurzgeschichten. 1906 erfand er – im Anschluß an Hornungs Raffles – den charmanten französischen Dieb und Schwindler Arsène Lupin, der L. berühmt machte. Lupin stiehlt nicht etwa aus Geldgier: es ist sein Sport und sein Hobby, die Polizei an der Nase herumzuführen. Er führt auch den Leser an der Nase herum: Lupin kann sich genial verkleiden. Gelegentlich weiß man bis gegen Ende eines Buches nicht, wer Lupin ist (und ob er sich überhaupt unter den Akteuren befindet). Als falscher M. Lenormand wird er sogar Chef der Sûreté und bleibt es vier Jahre lang, wobei er gewissenhaft Lupins Taten aufzuklären versucht. Lupins Gegner bei der Polizei ist Inspecteur Ganimard von der Sûreté. Wie fast alle sympathischen Gauner der Literatur wird Lupin gegen Lebensende ein »Gerechter«, d. h. er geht auf die Seite des Gesetzes über und hilft der Polizei, Gangster zu fangen. Lupin ist der Held von etwa 30 Bänden. Boileau-Narcejac haben in den siebziger Jahren Arsène Lupin wieder auferweckt und zum Helden einiger ihrer Erzählungen gemacht. (*Arsène Lupin: Le Secret d'Eunerville.*)

Arsène Lupin: Gentleman-Cambrioleur (1907, Kurzgeschichten); *Arsène Lupin contre Herlock Sholmes* (1908, Kurzgeschichten); *L'aiguille creuse* (1909).

Le bouchon de cristal

(1912; dt. *Der Kristallstöpsel oder Die Mißgeschicke des Arsène Lupin,* 1971)

Lupin und seine zwei Bandenmitglieder Gilbert und Vaucheray führen einen Einbruch in die Villa des Deputierten Daubrecq durch. Sie werden erwischt. Lupin gelingt es, die Polizisten zu täuschen und zu entkommen; Gilbert und Vaucheray werden ins Gefängnis gesteckt.

Gilbert hatte Lupin noch einen Pfropfen aus Kristall gegeben; Lupin vernimmt erst später, als man ihm den Pfropfen gestohlen hat, daß in dem betreffenden Pfropfen eine Liste versteckt ist, die die Namen von 27 Deputierten enthält, welche in einen großen Schwindel verwickelt sind. Daubrecq, im Besitz dieser Liste, übt eine ungeheure Macht über diese 27 Kollegen aus.

Nun taucht Clarisse Mergy auf. Daubrecq hatte sie geliebt, aber sie hatte einen anderen geheiratet, von dem sie zwei Söhne hat: Gilbert ist einer von ihnen. Daubrecq hat sich an ihr gerächt, indem er ihren Mann in den Selbstmord trieb, Gilbert auf die schiefe Bahn brachte und jetzt dafür sorgt, daß Gilbert zum Tod verurteilt wird. Ferner hatte er den zweiten Sohn (siebenjährig) entführt.

Daubrecq ist ein skrupelloser, aber hochintelligenter Kerl. Lupin verliert anfänglich jeden Kampf und jedes Spiel. Um Gilberts Hinrichtung zu verhindern, gibt es nur eine Möglichkeit: die Liste der 27 Namen. Im Austausch gegen diese würde Gilbert statt zum Tode zur Deportation verurteilt werden. Auf der Folter stößt Daubrecq den Namen »Mary . . .« aus. Lupin findet einen Tabaksbeutel mit »Maryland«-Tabak, darin einen Pfropfen, darin eine Liste. Er gibt sie ab, aber die Liste ist gefälscht! Nur noch wenige Stunden bleiben bis zur Hinrichtung. In letzter Minute stoppt Lupin den Henker. Lupin und Clarisse haben die Liste doch noch gefunden – im Glasauge Daubrecqs! Einige Wochen später verhilft Lupin Gilbert zur Flucht. Er und seine Mutter beginnen in Algerien ein neues Leben.

Die Handlung ist ganz unwahrscheinlich, die Spannung oft unerträglich; wer keinen Sinn für Ironie hat, ärgert sich fürchterlich über die ständigen Rückschläge, die Lupin in Kauf nehmen muß.

LE BRETON, AUGUSTE

(* 1913)

Geboren in Lesneven. Er wuchs in Waisenhäusern und Strafanstalten auf. In Büchern wie *Les hauts murs* (1954) und *La loi des rues* (1955) beschreibt er das Milieu. Berühmt wurde Le B. mit seinem im Argot geschriebenen Krimi *Du rififi chez les hommes* (1953), der auch als Film großen Erfolg hatte. Das Argot-Wörterbuch im Anhang des Romans erweiterte Le B. später zu einem selbständigen Dictionnaire: *Langue verte et noirs desseins* (1960). Le B. schrieb ein Dutzend weitere Rififi-Bände (rififi heißt etwa: Kampf bis aufs Messer) und andere, zum Teil vorzügliche Krimis.

Razzia sur la chnouf (1954); *Le rouge est mis* (1954); *Du rififi au Mexique* (1963); *Du rififi à Hong-Kong* (1964); *Du rififi à Barcelone* (1964).

Du rififi chez les hommes
(1953; dt. *Rififi,* 1959)
Der an Tuberkulose erkrankte Tony le Stéphanois, der große Jo le Suédois, Mario und Marios Freund, der kleine César, eigens aus Mailand gekommen, brechen durch die Decke in ein Juweliergeschäft ein und entwenden aus dem Safe einen Sack großer Diamanten. Alles läuft glatt ab, und Jo fährt nach England, um den Mann zu holen, der ihnen die Steine (zum halben Wert) abkaufen wird. Weder die Polizei noch jemand anders weiß, wer die glücklichen Diebe sind. Aber César verrät alles: er hat für sich persönlich noch einen Stein gestohlen; diesen schenkt er einer Hure, in die er sich verliebt hat; diese ist mit der ruchlosen Sora-Bande befreundet. Die Soras wissen nun, wer die Diamanten hat, und beschließen, sie an sich zu bringen. Sie fangen César und quälen ihn so lange, bis er ihnen sagt, wo die Steine sind. Die Soras überfallen die Wohnung, töten zwei Frauen, finden aber die Steine nicht. Mario stirbt als nächster. Nun entführen die Soras Jos Kind. Jo und Tony geben den Soras das unterdessen für die Steine erhaltene Geld, aber einer der Sora-Brüder ist damit nicht zufrieden. Jo stirbt als dritter, Tony als letzter. Das Kind überlebt. Auch alle Soras sind umgekommen. Die Moral ist die gleiche wie in *Touchez pas au grisbi* (Simonin). Auch die Sprache, welche die Gauner sprechen, ist dieselbe (das Buch hat ebenfalls ein Argot-Glossar am Ende). Die Geschichte mit dem entführten Kind und die Empörung der Unterwelt über diese Entführung sind eher sentimental-kitschig; der sonst realistische Roman endet auf einem falschen Ton.

LE CARRÉ, JOHN
(* 1931)

Pseudonym für David John Moore Cornwell, geboren in Poole, Dorsetshire. Er studierte in Bern und Oxford, arbeitete fürs englische Außenministerium und verbrachte dabei längere Zeit (1961–1964) in Bonn und Hamburg – deshalb seine Kenntnis der deutschen Verhältnisse; die meisten seiner Romane spielen in den beiden Teilen Deutschlands. Der Welterfolg von *The Spy Who Came in from the Cold* (1963) erlaubte es ihm, seinen Posten aufzugeben und freier Schriftsteller zu werden (1964). Le C., selbst eine Zeitlang im Spionagedienst, kennt die Gedanken- und Gefühlswelt der Spione, meistens von der Gesellschaft verstoßener, im Grunde problematischer und unglücklicher Individuen. Seine Zentralfigur ist der sympathische Engländer George Smiley; in *A Murder of Quality* (1962) ist er mehr Detektiv, in anderen Romanen Agent. In *Tinker, Tailor, Soldier, Spy* (1974) muß er einen russischen Agenten, der sich in den britischen Geheimdienst eingeschmuggelt hat, finden und entlarven.

Call for the Dead (1961); *A Murder of Quality* (1962); *The Spy Who Came in from the Cold* (1963); *The Looking Glass War* (1965); *A Small Town in Germany* (1968); *The Naive and Sentimental Lover* (1971); *Tinker, Tailor, Soldier, Spy* (1974); *The Honourable Schoolboy* (1977).

A Murder of Quality
(1962; dt. *Ein Mord erster Klasse,* 1966)
Miss Brimley, Herausgeberin der kleinen Zeitschrift »The Christian Voice«, erhält einen Brief von einer Leserin. In diesem Brief bittet Stella Rode um Hilfe; sie habe Angst, daß ihr Mann sie umbringen werde. Miss Brimley wendet sich an einen alten Bekannten, George Smiley, »a clever and self-effacing member of Security«. Aber es ist zu spät: Stella Rode ist auf brutale Weise getötet worden. Den Hintergrund in diesem Roman bildet die »Carne-School«, eine der berühmtesten fiktiven englischen Privatschulen. Mr. Rode, Stellas Mann, ist Lehrer an dieser Schule, obgleich er sich in dem vornehmen Milieu nicht wirklich wohl fühlt.
Wer hat Stella ermordet? Es ist möglich, daß eine leichtsinnige Frau, Mad Janie, schuldig ist. Rode steht natürlich auch unter Verdacht. Dann findet Smiley etwas Interessantes heraus: Rode hatte ein gespanntes Verhältnis zu seiner Frau. Stella stand zwar im Ruf, eine gute, christliche Frau zu sein, aber im Grunde war sie ehrgeizig und bösartig. Sie hatte sogar versucht, ihrem eigenen Mann zu schaden. Aber es war nicht Rode, sondern Fielding, ein alter Lehrer, der Stella ermordete. Sie hatte wahrscheinlich von einem viele Jahre zurückliegenden homosexuellen Verhältnis Fieldings gewußt und ihn damit unter Druck gesetzt. Smiley entdeckt die Wahrheit, und Fielding wird verhaftet. Der Leser bekommt einen äußerst schlechten Eindruck von dieser berühmten Schule.

LE FANU, JOSEPH SHERIDAN
(1814–1873)

Geboren in Dublin als Sohn eines Pastors. Er studierte Rechtswissenschaften, übte aber nie einen juristischen Beruf aus. 1838 erschien seine erste Kurzgeschichte, 1845 sein erster Roman – in der Tradition von Walter Scott. 1861 kaufte Le F. das *Dublin University Magazine,* worin er bis zu seinem Tode seine Romane in Fortsetzungen erscheinen ließ. Die besten sind: *The House by the Churchyard* (1861/1862), *Wylder's Hand* (1863/1864), *Uncle Silas* (1865 unter dem Titel *Maud Ruthyn and Uncle Silas*), *All in the Dark* (1866), *The Wyvern Mystery* (1869), *Checkmate* (1871).
Es handelt sich dabei um »Gothic Novels of Mystery«, wobei die Betonung auf »gothic« und nicht auf »mystery« liegt. Le F.s Erzählung »Carmilla« (1871) hat Bram Stokers *Dracula* (1897) inspiriert; *Uncle Silas* war das Vorbild für Arthur Conan Doyles *The Firm of Girdlestone* (1889).

Uncle Silas. A Tale of Bartram-Haugh
(1865; dt. *Onkel Silas von Bartram-Haugh,* 1867)
Maud Ruthyn erzählt den Roman in der Ichform. Ihr Onkel Silas, der auf dem düsteren Schloß Bartram-Haugh wohnt, soll einen gewissen Mr. Charke umgebracht haben, der ihn – Silas – finanziell in der Hand hatte. Das Zimmer, in dem Charke ermordet wurde, war aber von innen abgeschlossen gewesen, so daß auf Selbstmord erkannt werden mußte. Mauds Vater, Austin Ruthyn, hält Silas für einen Verschwender, aber nicht für einen Mörder. Als Austin stirbt, kommt die neunzehnjährige Maud als Mündel aufs Schloß ihres Onkels. Falls sie stirbt, fällt ihr riesiges Vermögen an den Onkel, der vorgibt, ein äußerst frommer, heiligmäßiger Christ geworden zu sein.
Dudley, der Sohn von Silas, wird von Maud als zukünftiger Gatte zurückgewiesen. Nun planen der schurkische Silas und der ruchlose Dudley die Ermordung von Maud. Die Spannung wächst ins Unerträgliche, aber ermordet wird schließlich die bösartige Gouvernante, die irrtümlich den Schlaftrunk genossen und sich ins falsche Bett gelegt hatte. Der Mord wird im gleichen Zimmer begangen, in welchem seinerzeit Charke seinen Tod gefunden hatte. Es stellt sich nun heraus, daß Silas damals mit Hilfe einer Attrappe ins Zimmer gelangt war. Silas bringt sich mit Opium ums Leben; Dudley flieht nach Australien; Maud heiratet einen Lord.
Weder die Polizei noch Detektive werden bemüht. Mauds Freunde lassen Silas gewähren, und Maud fällt von einer Ohnmacht in die andere. Der liebe Gott oder der Zufall sind am glücklichen Ende schuld: die guten Menschen sind nämlich so ungeheuerlich dumm, daß sie gegen Silas überhaupt keine Chance haben. Der »Whodunit«-Aspekt des Buches ist nebensächlich; es geht dem Autor in erster Linie darum, dem Leser das Gruseln beizubringen.

LEM, STANISLAW
(* 1921)

Geboren in Lemberg, Polen. Er studierte Medizin in Lemberg und Krakau und arbeitete als Arzt. L. gilt als einer der bedeutendsten Science-fiction-Autoren. Er schrieb zumindest einen Krimi, der 1978 in deutscher Übersetzung erschien: *Die Untersuchung.*

LEONHARDT, ARNE
(* 1931)

Geboren in Chemnitz; 1953 Lehrer, seit 1961 freier Schriftsteller. L. machte sich besonders mit Hörspielen einen Namen und erhielt mehrere Preise. Daneben verfaßte er auch zwei Krimis: *Geständnis um Mitternacht* (1961); *Die sizilianische Viper* (1967).

LE QUEUX, WILLIAM TUFNELL
(1864–1927)

Geboren in London. Er war Zeitungskorrespondent, soll sein ganzes Leben lang für den British Secret Service gearbeitet haben und einer der Pioniere der drahtlosen Nachrichtenübermittlung gewesen sein. Nach 1891 hat er über 100 Bücher geschrieben, zum Teil utopische Spionageromane (die Russen und die Franzosen verbünden sich, um in England einzumarschieren). Er hat auch mehrere Bände Kurzgeschichten um Raffles-Figuren und um Detektive veröffentlicht.

Guilty Bonds (1891); *The Great War in England in 1897* (1894); *The Invasion of 1910* (1905); *Revelations of the Secret Service* (1907); *The Great Plot* (1907); *Spies of the Kaiser* (1909). – Kurzgeschichtenbände um Serienfiguren: *Confessions of a Ladies' Man. Being the Adventures of Cuthbert Croom of His Majesty's Diplomatic Service* (1905); *The Count's Chauffeur* (1907); *The Lady in the Car* (1909); *Cinders of Harley Street* (1916); *Mysteries of a Great City* (1920); *The Secret Telephone* (1921); *Bleke, the Butler: Being the Exciting Adventures of Robert Bleke* (1924); *The Crimes Club* (1927).

Lit.: N. St. B. Sladen, The Real Le Queux, 1938.

LEROUX, GASTON
(1868–1927)

Geboren in Paris. Zuerst studierte er Rechtswissenschaften, dann wurde er Journalist. Als er eine Million erbte, machte er Reisen, verlor einen Teil des Vermögens beim Spiel und kehrte zum Journalismus zurück. Nach 1907 machten ihn seine Romane berühmt und reich. Er wohnte und starb in einer Villa bei Nizza. Jedesmal, wenn er wieder ein Werk abgeschlossen hatte – er schrieb etwa 50 Bücher –, soll er einen Schuß aus dem Fenster seines Arbeitszimmers abgegeben haben. Zu seinen bekannten Figuren gehören der »gute Gangster« Chéri-Bibi (fünf Bände) und Rouletabille, der Weltberühmtheit erlangt hat (acht Bände). Rouletabille heißt eigentlich Joseph Josephin und ist erst achtzehn Jahre alt, als er das Geheimnis von Leroux' berühmtestem Roman löst: *Le mystère de la chambre jaune* (1907).

Drei weitere Romane um Rouletabille: *Rouletabille chez le Tsar* (1913); *Le château noir* (1916); *Les étranges noces de Rouletabille* (1916). – Andere bekannte Romane: *La double vie de Théophraste Longuet* (1904); *Le fantôme de l'Opéra* (1910).

Le mystère de la chambre jaune
(1907; dt. *Das geheimnisvolle Zimmer*, 1927)

Erzählt wird der Roman von Monsieur Sainclair, einem Freund des Helden Joseph Josephin, genannt Rouletabille. In einer Dépendence des Schlosses Glandier ist Mademoiselle Mathilde Stangerson, die Tochter des Schloßherrn, beinahe erwürgt worden. Ein Schlag an die Schläfe hat ihr das Bewußtsein geraubt. Der Schloßherr ist Chemiker, und Mathilde hilft ihm im Labor. Man hört Hilferufe aus ihrem Zimmer. Man eilt herbei und findet die Türe ihres Zimmers von innen verriegelt; an der Wand des Zimmers sind blutige Spuren einer Hand zu sehen; die Möbel sind umgestürzt; am Boden liegt eine Keule. – L. wollte Poes »The Murders in the Rue Morgue« an Rätselhaftigkeit übertreffen: auch dort ein von innen verschlossenes Zimmer. Erste Frage in beiden Fällen: Wie konnte der Mörder entkommen? Zweite Frage: Wer ist der Mörder? Im Falle von Mathilde Stangerson sind verdächtig: der alte Hausmeister, le père Jacques; Robert Darzac, Mlle. Stangersons Geliebter, ein Physikprofessor; ein Förster, der später ermordet wird. Völlig über jeden Verdacht erhaben ist eigentlich nur Frédéric Larsan, der Detektiv aus Paris. Tatsächlich aber ist dieser der Würger (und Mörder des Försters). Er hatte seine Hände um Mathildes Hals gelegt, als ein Schuß losging, und war daraufhin geflohen. Sie selbst hatte hinter ihm die Türe abgeschlossen und war dann in Ohnmacht gefallen. Später hat sie einen Alptraum, wacht auf, schießt, schreit um Hilfe, fällt mit dem Kopf auf die Nachttischkante und verliert das Bewußtsein von neuem. Kein Wunder, daß man niemanden bei ihr findet. Der großzügige Rouletabille läßt Larsan, der in Wirklichkeit ein verkleideter Verbrecher namens Ballmeyer ist, laufen. Das ist ein Fehler, wie der nächste Roman beweist.

Le parfum de la dame au noir
(1908; dt. *Das Parfum der Dame in Schwarz*, 1928)

Zwei Jahre sind vergangen. Darzac und Mathilde heiraten und begeben sich auf Hochzeitsreise. Plötzlich erblicken sie Larsan; sie und Rouletabille hatten gehört, er sei in Neufundland umgekommen. Die meisten Personen des früheren Romans treffen sich in einem unheimlichen Schloß an der Küste bei Mentone. Man vernimmt nun Rouletabilles Lebensgeschichte: Er ist in Wirklichkeit Larsans Sohn, und Mathilde ist seine Mutter! Larsan will Mathilde entführen, und man trifft alle Vorbereitungen, um das Schloß hermetisch abzuschließen. Unter welcher Maske wird Larsan erscheinen? Sogar der Erzähler und Rouletabille kommen in Verdacht, Larsan zu sein. Am Ende stellt sich heraus, daß

Larsan Darzac in einem Irrenhaus versorgt hat und von Anfang an als Darzac dabeigewesen ist! Rouletabille kann natürlich seinen Vater nicht umbringen – das wäre gegen die Regeln, und Mutter Mathilde könnte das nicht ertragen. Larsan nimmt Gift und räumt sich selbst aus dem Weg. Rouletabille macht sich auf nach Rußland, wo der Zar seiner Hilfe bedarf.

LESSKOW, NIKOLAI SEMJONOWITSCH
(1831–1895)

Geboren in Gorochow. Nach dem Besuch des Gymnasiums arbeitete er einige Jahre beim Kriminalgericht Orel, dann als Beamter in Kiew. Im Auftrag einer englischen Firma reiste er mehrere Jahre lang in ganz Rußland umher. Zu seinen frühen Werken gehört die spannende Erzählung um die mehrfache Mörderin Katerina Lwowna Jsmailowa: *Lady Macbeth von Mzensk* (1866; dt. 1922). Katerina übertrifft an Ruchlosigkeit noch ihre französische Parallelfigur Thérèse Raquin (Zola).

LETSCHE, CURT
(* 1912)

Geboren in Zürich. Er besuchte das Gymnasium in Ulm und wurde Buchhändler. 1939–1945 im Zuchthaus wegen »Vorbereitung zum Hochverrat«. 1957 siedelte er in die DDR über; dort zuerst als Bibliothekar, seit 1960 als freier Schriftsteller tätig. Er hat u. a. Krimis und utopische Romane mit kriminalistischem Einschlag verfaßt.

Der graue Regenmantel (1960); *Schwarze Spitzen* (1966); *Das geheime Verhör* (1967); *Verleumdung eines Sterns* (1968); *Der Mann aus dem Eis* (1971); *Das andere Gesicht* (1976).

LEVIN, IRA
(* 1929)

Geboren in New York. Studium an der New York University. Er hat mehrere Broadway Shows, einige Dramen und ein halbes Dutzend Romane geschrieben. Die Verfilmung von *Rosemary's Baby* (1968) war ein Welterfolg. Man hat L.s Romane »neo-gothic« genannt, d. h. es geht bei ihm in erster Linie ums Gruseln.

A Kiss Before Dying (1953); *Rosemary's Baby* (1968); *The Stepford Wives* (1972).

LEVIN, MEYER
(* 1905)

Geboren in Chicago. Er wuchs in jüdischen und italienischen Slums auf, wurde Journalist und Autor bekannter sozialkritischer Proletarierromane. *Compulsion* (1956) ist ein Krimi, der auf dem Fall Leopold und Loeb des Jahres 1924 beruht. Zwei Halbwüchsige, Söhne reicher Eltern, hatten aus purem Sadismus den vierzehnjährigen Bobby Franks ermordet. Sie wollten beweisen, daß sie bereits intelligent genug seien, um die Polizei hinters Licht zu führen. Loeb starb 1936 im Zuchthaus, Leopold wurde 1958 begnadigt.

LEVITSCHNIGG, HEINRICH RITTER VON
(1810–1862)

Geboren in Wien. Nach unabgeschlossenen Studien wurde er 1830 Soldat. 1834 nahm er seinen Abschied vom Militär und lebte als Journalist und Schriftsteller in Wien. Zehn Jahre nach Sues *Les mystères de Paris* erschien L.s vierbändiger Roman *Die Geheimnisse von Pest* (1852). L.s Krimis gehören zu den frühesten der Weltliteratur:

Der Diebsfänger (1860); *Der Gang zum Giftbaum* (1862); *Die Leiche im Koffer* (1863).

LEWIS, ALFRED HENRY
(1858–1914)

Geboren in Cleveland. Er erfand die Figur des »Old Cattleman«, über den er nach 1890 Erzählungen in Zeitungen und Zeitschriften veröffentlichte. Diese wurden später in einem halben Dutzend Bänden gesammelt; der erste hieß: *Wolfville* (1897). Im Kurzgeschichtenband *Confessions of a Detective* (1906) ist Inspektor Val der Held.

LEWIS, MATTHEW GREGORY
(1775–1818)

Geboren in London, Studium in Oxford, Parlamentsmitglied. Er hatte großes Interesse an der deutschen Literatur, übersetzte Schiller, besuchte Goethe und beeinflußte E. T. A. Hoffmann. Seinen berühmten und einflußreichen Schauerroman *Ambrosio; or, the Monk* (1796) hatte er im Alter von zwanzig Jahren geschrieben. Dieser Mönch nimmt seine Geliebte, Mathilda, mit ins Kloster. Verbrechen folgt auf Verbrechen, bis ihm die Inquisition auf die Spur kommt. Ambrosio hat am Ende weniger Glück beim lieben Gott als Goethes Faust.

LINCOLN, ABRAHAM
(1809–1865)

Dieser sechzehnte Präsident der Vereinigten Staaten war zunächst Rechtsanwalt. In der Zeitschrift *Whig,* die in Quincy, Illinois, erschien, veröffentlichte er, der ein Bewunderer Edgar Allan Poes war, am 15. April 1846 eine vorzügliche Kriminalnovelle: »The Trailor Murder Mystery«. Sie basiert auf einem Fall, bei dem Lincoln als Verteidiger mitgewirkt hatte. Ein Mann namens Fisher verschwindet spurlos; die drei Brüder Trailor werden des Mordes verdächtigt. Einer, Henry, wird so lange und intensiv verhört, bis er gesteht, seine Brüder hätten den Mord begangen. Die Indizien und Umstände scheinen keinen Zweifel zuzulassen; den beiden Brüdern steht der Tod durch Erhängen bevor. Bis Fisher wieder auftaucht . . .
Diese Novelle wurde im März 1952 in *Ellery Queen's* und 1977 in Dilys Winns *Murder Ink* nachgedruckt.

LININGTON, ELIZABETH
(* 1921)

Geboren in Aurora, Illinois, aufgewachsen in Hollywood. In den fünfziger Jahren veröffentlichte sie mehrere historische Romane. L. ist Rechtsextremistin und Mitglied der »John Birch Society«. 1960 erschien ihr erster Krimi *Case Pending* unter dem Pseudonym Dell Shannon. Der Held ist Polizeileutnant Luis Mendoza von der Polizei in Los Angeles, der viel Geld geerbt hat und seinen Beruf aus purem Idealismus ausübt. Er kommt in etwa 30 Krimis vor; alle gehören zur »procedural school«. L. hat etwa ein Dutzend Krimis unter dem Pseudonym Leslie Egan veröffentlicht (Serienfiguren: Sergeant Andrew Clock von der Polizei in Los Angeles und dessen Freund, der Advokat Jesse Falkenstein; der Polizist und spätere Detektiv Vic Varallo). 1961 erschien ein Krimi unter dem Pseudonym Anne Blaisdell *(Nightmare)*. Die Krimis unter ihrem richtigen Namen spielen in Hollywood (Serienfiguren: Ivor Maddox, die Polizistin Susan Carstairs, der Detektiv César Rodriguez, der ständig Krimis liest). Nach STEINBRUNNER/PENZLER publiziert sie pro Jahr drei Krimis, wobei sie auf jeden nur zwei Wochen verwendet – so daß ihr viel Zeit zum Politisieren bleibt.

Against the Evidence (1962, von Leslie Egan); *Greenmask* (1964); *Date with Death* (1966); *Perchance of Death* (1977). – Drei Luis-Mendoza-Romane: *The Ace of Spades* (1961); *Kill with Kindness* (1968); *Deuces Wild* (1975).

No Evil Angel
(1964)
Wir sind in Hollywood beim Polizeiposten Wilcox Street. Die Polizistin Susan Carstairs, der gutmütige Ivor Maddox, der sich aber bei Gelegenheit nicht scheut, einen bösartigen Jugendlichen handgreiflich zu belehren, und der Minimalist César Rodriguez, der sich drückt, wo er kann, und Krimis liest, arbeiten hier für Recht und Gerechtigkeit. In diesem Roman lösen sie drei Fälle, die sehr geschickt verwoben sind. 1. Ein hübscher junger Mann wird vergiftet. Man findet heraus, daß er mehr Geld und Schmuck hat, als er haben sollte. Die Spur führt in ein Damenmodegeschäft, von dort in ein reich ausgestattetes Appartement, wo die Modespezialistin ältere Damen mit jungen Herren zusammenbringt. Mordmotiv: Eifersucht. 2. Eine bösartige alte Frau reist per Bus vom Osten der Staaten nach Los Angeles, kommt aber nie an. Was ist passiert? Sie ist doch angekommen; aber ihr Mann hat ihr böses Mundwerk nicht mehr ertragen können. Er hat sie ermordet und eingemauert. Doch der Verwesungsgeruch hat sich durch die Mauer hindurch bemerkbar gemacht. 3. Eine Dreizehnjährige verschwindet, ebenso ein etwa neunzehnjähriger, geistig äu-

ßerst beschränkter Italiener. Er hat gar keine Eltern und sie nur eine Mutter, die sich aber nie um die Tochter gekümmert hat. Die beiden Psychopathen werden Freunde und ermorden nun, wer ihnen gerade über den Weg läuft. Sie morden, weil es ihnen Freude macht; unbewußt rächen sie sich für ihre lieblose Erziehung. Da keine erkennbaren Motive vorliegen, bringen die beiden »dummen Kinder« eine ganze Reihe von Menschen um, bevor sie gefaßt werden. Ein guter Roman; alle drei Fälle sind psychologisch glaubhaft dargestellt.

LIPATOW, WIL WLADIMIROWITSCH
(* 1927)

Geboren in Tschita (Ostsibirien). L., der auch unter dem Pseudonym W. Almasow veröffentlicht, studierte am Pädagogischen Institut in Tomsk. 1951 wurde er Journalist. Seine ersten Kurzgeschichten erschienen 1956. Seit 1967 lebt er in Moskau. Berühmt machte ihn ein Zyklus von Detektivromanen, *Der Dorfdetektiv* (1967).

LOCKRIDGE, RICHARD
(* 1898)

Geboren in St. Joseph (Missouri); Studium an der University of Missouri. Seine Karriere begann er als Reporter in Kansas City. 1922 kam er nach New York und heiratete Frances Louise Davis. 1936 gab er einen Kurzgeschichtenband *Mr. and Mrs. North* heraus mit Erzählungen um ein Verlegerehepaar, die zuvor (1932) im *New Yorker* erschienen waren. L. und seine Frau waren Krimifans, und Frances beschloß, selbst einen Krimi zu schreiben. Richard schlug vor, die Charaktere und das Milieu von Mr. und Mrs. North zu verwenden. In den Jahren 1940–1963 (Frances starb 1963) erschienen 27 Krimis um Mr. und Mrs. North, welche R. und F. Lockridge zusammen verfaßten. Der Erfolg regte die beiden Autoren zu weiteren Serien an: Inspector Merton Heimrich von der New Yorker Polizei begann seine literarische Karriere 1947 in *Think of Death.* Der Detektiv Nathan Shapiro von der New Yorker Polizei und Bernie Simmons von der New Yorker Staatsanwaltschaft sind ebenfalls Serienfiguren. Die Lockridges haben auch unter dem Pseudonym Francis Richards veröffentlicht. Im ganzen haben sie – zum Teil einzeln, meist zusammen – etwa 70 Krimis verfaßt.

Burnt Offerings (1955, von Francis Richards); *Squire of Death* (1965, in England von Francis Richards); *Preach No More* (1971). – Drei Romane um Mr. and Mrs. North: *The Norths Meet Murder* (1940); *Dead as a Dinosaur* (1952); *Murder by the Book* (1963).

Murder in a Hurry
(1950; dt. *Morgen vormittag komme ich . . .*, 1957)

Pam und Jerry North, die verheiratet sind und der Polizei bei der Aufklärung von Verbrechen helfen, treffen Liza O'Brien, eine Malerin, die Katzen für ein Buch zeichnet. Sie porträtiert auch die Katze der Norths. Der Vater von Lizas Verlobtem ist ein alter Herr namens J. K. Halder, ein Tierliebhaber, der Frau und Kinder verlassen hat, um eine Tierhandlung zu betreiben. Liza findet ihn tot in seinem Geschäft: Mord. Der Polizeidetektiv Bill Weigand und die Norths machen sich an die Arbeit. Halder war reich; man schaut sich also zuerst bei den Erben um. Als nächster wird Halders Freund Felix Sneddiger umgebracht, wahrscheinlich weil er wußte, wer der Mörder war. Als Liza die verwaisten Tiere im Laden füttert, wird auch sie von hinten niedergeschlagen. Ihr Verlobter erscheint im letzten Augenblick und rettet sie. Nun verwenden die Polizei und die Norths Liza als Lockvogel: Der Mörder geht in die Falle. Es ist Colonel Whiteside, dessen Frau Halders Tochter ist und erben wird. Halder hatte sein Testament ändern wollen, weil seine Tochter sein Hündchen schlecht behandelt hatte.

LOEST, ERICH
(* 1926)

Geboren in Mittweida, Sachsen. Im Zweiten Weltkrieg zwei Jahre Soldat. Danach Journalist bei der *Leipziger Volkszeitung* und seit 1950 freier Schriftsteller (u. a. Kurzgeschichten). Elemente des Krimi finden sich schon im Roman *Die Westmark fällt weiter* (1952). L. hat mehrere Krimis geschrieben, zum Teil unter dem Pseudonym Hans Walldorf. In den letzteren ist George Varney von Scotland Yard der Held; in L.s neuestem Krimi tritt der Karatespezialist und Privatdetektiv Pat Oakins auf.

Der grüne Zettel (1967, von Hans Walldorf); *Der Mörder saß im Wembley-Stadion* (1967); *Das Waffenkarussell* (1968, von Hans Walldorf); *Oakins macht Karriere* (1976).

LONDON, JACK
(1876–1916)

Pseudonym für John Griffith, geboren in San Francisco und in Armut aufgewachsen. Nach der Jahrhundertwende hatte er großen Erfolg mit seinen Erzählungen und Romanen. L. war Sozialist, lebte auf großem Fuße und trank. Er beging Selbstmord. Ins Gebiet des Krimi gehört das Romanfragment *The Assassination Bureau Ltd.;* Robert L. Fish vollendete und veröffentlichte den Roman 1963. Zwei Mordgeschichten ganz exquisiter Art sind »Moonface« und »The Leopard Man's Story«. In der ersten richtet der Mörder einen Hund so ab, daß dieser ins Wasser geworfene Gegenstände apportiert; dann schenkt der Mörder den Hund seinem Opfer, wohl wissend, daß dieser Dynamit mit Zeitzünder ins Wasser zu werfen pflegt, um Fische zu fangen. Der Hund apportiert die Bombe und jagt den Mann und sich selbst in die Luft. In der zweiten Geschichte streut der Mörder seinem Opfer Niespulver aufs Haar. Als dieser wie üblich den Kopf in den Rachen des zahmen Löwen steckt, muß letzterer niesen . . .

LONGMATE, NORMAN
(* 1925)

Dieser Engländer studierte in Oxford, wurde Journalist und lebt in Surrey. BARZUN/TAYLOR besprechen vier von fünf Krimis, die er in den Jahren 1957–1961 veröffentlicht hat, drei davon positiv. Seine Zentralfiguren sind Superintendent Bradbury und Sergeant Chris.

Death Won't Wash (1957); *A Head for Death* (1958); *Strip Death Naked* (1959); *Vote for Death* (1960); *Death in Office* (1961).

LORAC, E. C. R.
(1894–1958)

Pseudonym für die Engländerin Edith Caroline Rivett. Von 1931 bis zu ihrem Tod veröffentlichte sie über 70 Krimis, den größten Teil unter dem Pseudonym L., den Rest (etwa 20) unter dem Namen Carol Carnac. Ihre Zentralfiguren sind Inspector Julian Rivers und Chief Inspector Robert Macdonald. Der letztere ist Schotte und agiert gelegentlich im ländlichen Milieu.

Murder on the Burrows (1931); *The Murder at Mornington* (1937, von Carol Carnac); *Murder Among Members* (1955, von Carol Carnac). – Drei Robert-Macdonald-Romane: *Bats in the Belfry* (1937); *Murder in the Mill-Race* (1952, in USA *Speak Justly of the Dead*); *Crook o' Lune* (1953, in USA *Shepherd's Crook*).

LOVECRAFT, HOWARD PHILLIPS
(1890–1937)

Geboren in Providence, Rhode Island; bekannt als Autor von makabren Horrorgeschichten. Er gilt auch als Science-fiction-Pionier. In mehreren seiner – zum großen Teil posthum erschienenen – Bücher finden sich Elemente des Krimi.

Zwei Kurzgeschichtenbände: *The Dunwich Horror* (1945); *The Case of Charles Dexter Ward* (1952).

LOVESAY, PETER
(* 1936)

Dieser Engländer studierte Anglistik an der University of Reading und ist heute im Londoner Erziehungswesen tätig. Unter Mitwirkung seiner Frau schreibt er seit 1970 eine Serie von Krimis, die alle in den letzten Jahrzehnten des 19. Jahrhunderts spielen. Die Ideen und das Milieu verschafft er sich durch das Studium der Tageszeitungen jener Zeit, die in der zum British Museum gehörenden »Newspaper Library« in Colindale (Vorort von London) aufliegen. Die Detektive in seinen bisherigen Büchern sind Sergeant Cribb und Constable Thackeray.

Wobble to Death (1970); *The Detective Wore Silk Drawers* (1971); *Abracadaver* (1972); *Mad Hatter's Holiday* (1973); *The Tick of Death* (1974).

LOWNDES, MRS. MARIE BELLOC
(1868–1947)

Sie war die Schwester von Hilaire Belloc und begann schon mit sechzehn Jahren zu schreiben. Viele ihrer romantischen und historischen Romane wurden Bestseller. Sie schrieb auch vorzügliche Krimis, die sich – wie *The Lodger* (1913) – durch genaue Charakterisierung der wenigen handelnden Figuren, durch Spannung und überzeugende Milieuschilderung auszeichnen.

The Chink in the Armour (1912); *The Terriford Mystery* (1924); *The Story of Ivy* (1927); *The Lonely House* (1931); *Letty Linton* (1931); *Lizzie Borden. A Study in Conjecture* (1939).

The Lodger
(1913; dt. *Der sanfte Untermieter,* 1969)
Der Roman wurde 1911 zuerst als Kurzgeschichte geschrieben. Ein Jack the Ripper stürzt London in Panik. Da meldet sich bei den armen Buntings ein Untermieter, der sich Mr. Sleuth nennt. Er ist freundlich, großzügig mit Geld, aber er hat seltsame Gewohnheiten: Er geht nachts aus, und er verbrennt seltsam riechende Sachen im Gasofen seines Zimmers und nachts in der Küche. Der Leser kommt bald auf die Idee, daß das der Mörder sein könnte. Auch Mrs. Bunting denkt an diese Möglichkeit, aber sie schweigt – zunächst wegen des Geldes, das er bezahlt. Auch als eine Belohnung ausgesetzt wird, verrät sie Sleuth nicht; denn er ist ihr ans Herz gewachsen. Die Spannung wird dadurch erhöht, daß die junge, hübsche Daisy zu Besuch kommt – an sich ein naheliegendes Opfer für Sleuth –, und dadurch, daß Daisys Freund, Joe Chandler, der sie oft besucht, ein Detektiv bei Scotland Yard ist. Es geschieht aber nichts, bis Sleuth mit Mrs. Bunting und Daisy die Chamber of Horrors in Madame Tussauds Wachsfigurenkabinett besucht. Dort hören die drei ein Gespräch zwischen einem hohen englischen Polizeioffizier und seinem französischen Gast mit an. Sir John weiß, wer der Frauenmörder ist: ein aus einem Irrenhaus entsprungener Geistesgestörter, der schon früher, in Leipzig und in Liverpool, Sexualmorde begangen hat. Aus Sleuths Reaktion schließen der Leser und Mrs. Bunting, daß Sleuth dieser Mann ist. Sleuth entflieht und wird nie gefunden. Mrs. Bunting verrät nichts; es tut ihr leid, daß Sleuth denken muß, sie hätte ihn verraten wollen. Der Roman wurde mehrmals verfilmt, zum ersten Mal 1926 von Alfred Hitchcock.

LUSTGARTEN, EDGAR MARCUS
(* 1907)

Geboren in Manchester. Er studierte in Oxford und eröffnete 1932 in Manchester ein Anwaltsbüro. 1939 gab er seine Praxis auf und ging nach London, wo er bei der BBC arbeitete. Nachdem es mit der Kriegspropaganda am Radio vorbei war, produzierte er Hörspiele über berühmte Gerichtsfälle und schrieb Romane, darunter einige hervorragende Krimis und einige Bücher über wirkliche Verbrechen.

A Case to Answer (1947, in USA *One More Unfortunate*); *Blondie Iscariot* (1948); *Game for Three Losers* (1952). – Drei Bücher über wirkliche Verbrechen: *Verdict in Dispute* (1949); *The Woman in the Case* (1955); *The Business of Murder* (1968).

LYALL, GAVIN
(* 1932)

Geboren in Birmingham; Studium in Cambridge. Er wurde Journalist, arbeitete fürs Fernsehen und ist seit 1963 freier Schriftsteller. In seiner Militärzeit (1951–1953) war er Pilot, und er kennt sich in vielen Gegenden der Welt aus. Er hat Spionageromane und Krimis geschrieben. Auch in letzteren wimmelt es von Jagden auf Menschen und von Abenteuern.

The Wrong Side of the Sky (1961); *The Most Dangerous Game* (1963); *Shooting Script* (1966); *Midnight Plus One* (1965).

Blame the Dead
(1972)
James Card, Sachberater in Sicherheitsfragen und ehemaliger Abwehroffizier, hat sich als Leibwächter verdingt. Doch Martin Fenwick, sein Schützling, wird vor seinen Augen aus dem Hinterhalt erschossen. Card beschließt, der Sache auf den Grund zu gehen. Warum war Fenwick nicht – wie geplant – dazu gekommen, ein gewisses Paket zu übergeben? Wen hatte

Fenwick treffen wollen? Der Inhalt des Pakets sagt Card nichts, es ist ein Kinderbuch. Doch verschiedene Leute sind sehr an diesem Buch interessiert, z. B. Fenwicks Firma (eine Abteilung der Lloyd-Versicherungen) und verschiedene Gangster. Card wird verfolgt, überfallen; man gibt ihm Wahrheitsdrogen. Jetzt ist er mehr denn je entschlossen, die Sache aufzuklären. Der Papierkorb von Fenwicks Frau enthält den ersten Anhaltspunkt: einen Brief Steens, eines Geschäftspartners von Fenwick in Norwegen. In Bergen scheint Card den richtigen Leuten auf die Spur zu kommen; Steen wird ermordet – mit Cards eigener Pistole. Aber Card ist schlauer als die Gangster. Er findet heraus, welches Buch Fenwick eigentlich hatte übergeben sollen, das Logbuch eines Schiffes, das in einen Zusammenstoß verwickelt war und bei Lloyd versichert ist. Was besagt das Logbuch? Kann es die Bezahlung der Versicherungssumme in Frage stellen? Der Erste Ingenieur des havarierten Schiffes scheint der einzige Überlebende zu sein, der Aufschluß geben kann. Er verschwindet. Eine lebensgefährliche Jagd über verschneite Bergstraßen Norwegens führt zum Höhepunkt der Handlung und hat die befriedigende Lösung der rätselhaften Ereignisse zur Folge.

LYNCH, LAWRENCE L.
(?)

Pseudonym für die Amerikanerin Emma Murdock Van Deventer. Nach HAGEN hat sie in den Jahren 1884–1916 18 Krimi-Bände veröffentlicht. Sie erfand eine ganze Reihe von Detektiven, die in folgenden Büchern erscheinen: 1. den Privatdetektiv Francis Ferrars in *Shadowed by Three* (1884) und *The Last Stroke* (1896); 2. den Privatdetektiv Neil J. Bathhurst in *The Diamond Coterie* (1884); 3. Stanhope von der berittenen Polizei in *A Mountain Mystery; or, The Outlaws of the Rockies* (1886); 4. Carl Masters von der Polizei in Chicago in *Against Odds* (1894); 5. den früheren Advokaten und Privatdetektiv Kenneth Jasper in *No Proof* (1895).

Andere Krimis: *Dangerous Ground; or, The Rival Detectives* (1887); *Lost Witness; or, The Mystery of Leah Paget* (1890); *Moina, a Detective Story* (1891); *A Slender Clue; or, The Mystery of the Mardi Gras* (1892); *The Woman Who Dared* (1902); *A Sealed Verdict* (1916).

LYNDE, FRANCIS
(1856–1930)

Geboren in Lewiston, New York. Er schrieb Romane und Kurzgeschichten über den amerikanischen Westen, darunter die Krimis *Blind Man's Buff* (1928), *Young Blood* (1929) und eine Sammlung von sechs Erzählungen über *Scientific Sprague* (1912). Calvin Sprague, an sich Regierungsbeamter und Chemiker, löst sechs Kriminalfälle im Zusammenhang mit einer neuen Eisenbahnlinie in Nevada.

M

MAASS, JOACHIM
(1901–1972)

Geboren in Hamburg. Zuerst Journalist, dann freier Schriftsteller. 1939 emigrierte er in die USA, wo er am Mount Holyoke College in Massachusetts Deutsch unterrichtete. 1951 kehrte er nach Deutschland zurück und emigrierte später von neuem. Er starb in New York. Viele halten M.s Roman *Der Fall Gouffé* (1952) für seinen besten. Er ist – neben Wassermanns *Der Fall Maurizius* – einer der umfangreichsten Krimis der Weltliteratur: Im Paris der achtziger Jahre des 19. Jahrhunderts ist der wohlhabende Steuerberater und Revisor Gouffe umgekommen. Nach dem Mörder fahnden Goron, Chef der Sûreté, und Jacquemar, Schwager und Erbe des Toten. Schließlich findet man in England die wahrscheinliche Mörderin: die hübsche, faszinierende und skrupellose Gabriele Bompard. Diese lenkt den Verdacht geschickt auf ihren damaligen Freund, der aus Amerika herbeigeschleppt wird. Der Advokat Rebattu verteidigt die Bompard vor Gericht; sie wird freigesprochen, ihr Freund verurteilt. Die Jury hat sich bluffen lassen, und der Leser lernt: Im Recht sein heißt noch lange nicht Recht bekommen. Goron und Jacquemar sind hilflos.
Im zweiten Teil folgt Jacquemar der Bompard und ihrem neuen Freund nach den USA, von Haß erfüllt und doch ihren Reizen verfallen. Das Ende bleibt offen: Sie schießt auf ihn; vielleicht stirbt Jacquemar, vielleicht auch nicht.

M[a]c = Mc

McALLISTER, ALISTER
(1877–1943)

Geboren in Dublin. Er schrieb Romane, Dramen, Kurzgeschichten und verfaßte auch etwa 15 Krimis, von denen diejenigen um Colonel Gore die besten sind. Vier Krimis erschienen unter dem Pseudonym Lynn Brock.
The Deductions of Colonel Gore (1924); *Colonel Gore's Second Case* (1925); *Colonel Gore's Third Case* (1925, in USA *The Kink*); *The Dagwort Coombe Murder* (1929); *Nightmare* (1932); *Riddle of the Roost* (1939, von Lynn Brock).

McBAIN, ED
(* 1926)

Geboren als Salvatore A. Lombino in New York, Sohn italienischer Eltern. Später änderte er seinen Namen, und heute heißt er legal Evan Hunter. Die Schulen besuchte er in New York. Von 1944 bis 1946 diente er bei der Marine; nachher studierte er am Hunter College in New York (B. A. 1950). M. begann als Lehrer in einer Berufsschule; sein Bestseller *The Blackboard Jungle* (1954) beruht auf seinen pädagogischen Erfahrungen.
M. versuchte sich als Maler und als Pianist; er arbeitete bei der Verwaltung des Touring Club und als Lieferant en gros von Hummern. Eine Anstellung bei einem literarischen Agenten brachte ihn auf die richtige Spur: Seit 1952 publiziert M. Romane, von denen einige Bestseller geworden sind (*Strangers When We Meet,* 1958; *A Matter of Conviction,* 1959).
M. hat fünf Krimis unter dem Pseudonym Richard Marsten und je einen unter den Pseudonymen Hunt Collins und Curt Cannon veröffentlicht. Bekannt ist M. für seine Serie um die Polizisten des 87. Reviers – Romane, die seit 1956 unter dem Namen Ed McBain erscheinen und heute die Zahl Dreißig erreicht haben. Es handelt sich um klassische Beispiele der »police procedural school«, d. h. um realistische Romane, in denen Durchschnittspolizisten (kluge und dumme, ehrliche und korrupte) so handeln, wie sie – nach M.s Ansicht – in einer New Yorker Bezirkszentrale in Wirklichkeit handeln würden.
M. schreibt: »Die Stadt auf diesen Seiten ist fiktiv. Die Leute, die Örtlichkeiten sind alle frei erfunden. Hingegen basiert die Polizeiroutine auf der heute üblichen Untersuchungstechnik.«
Der sympathischste der Detektive ist Steve

Carella, der amüsanteste Meyer Meyer; als schwarzes Schaf fungiert Andy Parker. M.s 87. Revier hat fünf Filme inspiriert, darunter *Fuzz* (1972).

Murder in the Navy (1953, von Richard Marsten); *Cut Me In* (1954, von Hunt Collins); *I'm Cannon – For Hire* (1958, von Curt Cannon). – Fünf Romane um das 87. Revier: *Cop Hater* (1956); *Ten Plus One* (1963); *Bread* (1974); *So Long as You Both Shall Live* (1976); *Long Time No See* (1977).

King's Ransom

(1959; dt. *Kings Lösegeld,* 1964)

Der Erzähler führt den Leser in drei verschiedene Milieus ein: 1. das Haus des reichen und ruchlosen Spekulanten King, dessen Sohn entführt werden soll (die Entführer nehmen irrtümlich den Sohn von Kings Chauffeur mit), 2. das Farmhaus der drei Entführer, 3. das Polizeilokal im 87. Bezirk mit seinen Detektiven, unter diesen M.s Hauptheld: Steve Carella.

Nach dem Muster von *No Orchids for Miss Blandish* (siehe unter Chase) werden die Vorgänge bei den Entführern *und* bei den Opfern gezeigt. Der Leser weiß immer, was in den drei Milieus vor sich geht. Die Spannung ergibt sich aus folgenden Punkten: a) Wird King das Lösegeld für den Chauffeurssohn bezahlen oder nicht? Wenn nicht, werden Kings Frau und Kings Sohn ihn angeekelt verlassen? b) Von den drei Entführern ist einer psychopathisch, zwei machen unfreiwillig mit. Wird der Psychopath das Kind am Leben lassen? c) Wie findet Carella die Entführer?

M. schreibt naturalistisch: die Dialoge sind nicht witzig wie bei Chandler, aber natürlich. Die Lösung des Falles ist nicht Carellas Verdienst, sondern Folge eines nicht unwahrscheinlichen Zufalls. Schlechte Menschen gibt es in allen Milieus (King, sein Assistent, der eine Entführer), ebenso gute (Kings Frau und Sohn, der Chauffeur, zwei der Entführer). Unter den Polizisten gibt es Idealisten wie Carella, daneben gleichgültige Minimalisten. Mit Recht hat der amerikanische Krimikritiker Anthony Boucher die Romane um das 87. Revier »the best of today's procedural school of police stories« genannt.

See Them Die

(1960; dt. *Heißer Sonntagmorgen,* 1963)

Die Handlung rollt am Morgen und frühen Nachmittag eines Sonntags im 87. Revier ab. Es ist sehr heiß. Mehrere Erzählstränge laufen parallel:

1. Der anfangs betrunkene Matrose Jeff sucht eine Prostituierte. Statt dessen findet er das Mädchen China und verliebt sich in sie, wie sie sich in ihn. Sie wollen sich um 12 Uhr treffen. Ein Mitglied von Zips Bande hält China auf. Sie kommt zu spät. Jeff hat unterdessen eine Prostituierte gefunden; er und China werden sich nicht mehr begegnen.
2. Zip will, um Prestige zu gewinnen, Alfredo Gomez ermorden. Ein anständiges Bandenmitglied verhindert diesen sinnlosen Mord.
3. Das Versteck des Mörders Miranda wird von der Polizei entdeckt; das Haus ist umzingelt. Zip stößt einen Warnruf aus, der dem Detektiv Hernandez das Leben kostet. Der blutrünstige Detektiv Andy Parker jagt dem sterbenden Miranda noch einige Schüsse in den Kopf. Der sympathische Steve Carella kommt mit dem Leben davon.

Es ist ein spannender Roman auf literarisch gehobenem Niveau. Die Analyse des Denkens von Jugendlichen, die auf dem Wege sind, Verbrecher zu werden (Zip und Konsorten), ist hervorragend.

McCLOY, HELEN

(* 1904)

Geboren in New York. Sie besuchte eine Quäker-Schule und setzte ihre Studien in Europa fort, wo sie zu schreiben begann, zuerst als Journalistin für Zeitungen und Zeitschriften. Um 1935 kehrte sie in die USA zurück und war eine Zeitlang mit dem Krimiautor Brett Halliday verheiratet. M. hat seit 1938 über 20 Krimis geschrieben, zwölf davon über Dr. Basil Willing, einen Psychiater, der die Staatsanwaltschaft des Bezirks Manhattan berät. Er ist ein vorzüglicher Menschenkenner und merkt bald, wenn ihn jemand belügen will.

Dance of Death (1938); *Through a Glass Darkly* (1950); *Mr. Splitfoot* (1968); *The Impostor* (1977).

Cue for Murder
(1942)
Hinter dem Royalty Theatre in New York befindet sich der kleine Laden des Messerschleifers Marcus Lazarus, in den eines Tages eingebrochen wird. Gestohlen wird nichts, aber der Kanarienvogel ist aus seinem Käfig befreit und fliegt im Laden herum. Kurz darauf findet im Theater die Premiere von Sardous Stück *Fédora* statt. Im ersten Akt liegt ein sterbender Mann auf einem Sofa. Er braucht nichts zu sagen und sich nie zu bewegen. Am Ende des ersten Aktes finden die Schauspieler heraus, daß der Mann auf dem Sofa eine wirkliche Leiche ist. Er ist von einem von ihnen erstochen worden.
Dr. Basil Willing recherchiert. Mit ihm lernt der Leser die Persönlichkeiten und die Geschichte der betreffenden Schauspieler kennen. Der Tote ist ein reicher Playboy, der eben seine Frau gegen die Starschauspielerin auswechseln wollte. Auch sein Testament wollte er ändern. Zwei weitere Schauspieler kommen als Mörder mit Motiven in Frage. Das Stück wird ein zweites Mal aufgeführt, und wieder wird der Schauspieler, der den Sterbenden verkörpert, ermordet. Erneut wurde vorher bei Lazarus eingebrochen, ein Messer geschliffen und der Kanarienvogel befreit.
Zwei »Clues« ermöglichen es Willing, den Mörder festzunehmen: 1. Eine Fliege setzt sich nicht etwa auf das Blut der Messerklinge, sondern auf den Messergriff, der süß duftet, weil ein schwitzender Zuckerkranker den Griff gehalten hatte. 2. Wer einen Kanarienvogel aus dem Käfig befreit, war selbst einmal im Gefängnis. Der Mörder heißt Leonard Martin. Als der Star, Wanda Morley, in Chicago ein Kind überfuhr, hatte er sich ans Steuer gesetzt, und als die Polizei kam, war er an Wandas Stelle ein Jahr ins Gefängnis gewandert. Mit seiner Karriere war es aus. Statt dankbar zu sein, versuchte Wanda, den reichen Playboy Ingelow zu heiraten. Kein Wunder, daß Martin beschloß, Ingelow den Garaus zu machen, als er hörte, dieser werde die Rolle des Sterbenden übernehmen. Der zweite Darsteller hatte gemeint, den Mörder zu kennen, und das hatte ihm das Leben gekostet. Wer alles gewußt, aber aus begreiflichen Gründen nichts gesagt hatte, war Wanda Morley.

McCOY, HORACE
(1897–1955)

Geboren in Pegram, Tennessee. In den Jahren 1909–1914 arbeitete er zuerst als Zeitungsverkäufer, dann als Taxifahrer in New Orleans und Dallas. Während des Ersten Weltkrieges diente er in Frankreich bei den amerikanischen Fliegertruppen. In die USA zurückgekehrt, arbeitete er als Journalist in Dallas und begann, Kurzgeschichten für *Black Mask* und andere Zeitschriften zu schreiben. Diese frühen Erzählungen erschienen – in französischer Übersetzung – in den Bänden *Les Rangers du Ciel* und *Black Mask Stories* (beide 1975). In englischer Sprache liegen diese Erzählungen noch nicht in Buchform vor. 1929 verlor M. seine Stellung und zog nach Kalifornien, wo er sich als Orangenpflükker, Leibwächter, Barmixer durchbrachte. 1935 erschien der erste seiner sechs Romane, und M. erhielt eine Stelle als Drehbuchautor in Hollywood, wo er 1955 starb. M. ist weder bei STEINBRUNNER/PENZLER noch bei HAGEN, noch in anderen wissenschaftlichen Werken englischer oder amerikanischer Autoren zu finden, während er in Frankreich höchstes Ansehen genießt; dort vergleicht man ihn mit Hemingway, Chandler und Hammett. Es stellt sich heraus, daß M. Kommunist war.

They Shoot Horses, Don't They? (1935); *No Pockets in a Shroud* (1937); *I Should Have Stayed Home* (1938); *Kiss Tomorrow Good-Bye* (1948); *Scalpel* (1952); *Corruption City* (1959).

They Shoot Horses, Don't They?
(1935; dt. *Ums nackte Leben,* 1955)
Der Ich-Erzähler, Robert Syberten, trifft in Hollywood Gloria Bettie – eine nicht sehr hübsche Pessimistin. Beide gehören zu den armen Teufeln, die in der Hoffnung nach Hollywood gekommen sind, Arbeit beim Film zu finden, und die nun hungern müssen. Sie nehmen als Paar bei einem Tanzmarathon teil, da sie dabei dreimal am Tag gratis vom Veranstalter Essen erhalten. Nach mehreren Wochen sind sie unter den letzten 20 durchhaltenden Paaren. Das letzte Paar soll 1000 Dollar erhalten. Aber Gloria strahlt eine derartige Lebensmüdigkeit aus, daß sie den gutherzig-optimistischen Robert schließlich dazu bringt, sie aus Mitleid zu erschießen. Obwohl er es aus Mitleid und auf ihre

Bitte hin tut, wird er als Mörder hingerichtet werden.
Der größte Teil des Romans ist dem Tanzmarathon gewidmet, einer bestialischen Sache, die am Ende vom Staat verboten wird. Die letzten 20 Paare erhalten je 50 Dollar für ihre mehrwöchigen Qualen und für das Opfer ihrer Gesundheit. Die amerikanische Gesellschaft ist – nach M. – an ihrem moralischen Tiefpunkt angelangt.

McCUTCHEON, GEORGE BARR
(1866–1928)

Geboren in der Nähe von Lafayette, Indiana. Er studierte eine Weile an der Purdue University; dann wurde er Journalist. Er schrieb Dramen und Romane, darunter den Bestseller *Graustark* (1901). Zwei Bücher gehören ins Gebiet des Krimi: der Held in beiden ist Anderson Crow, der fast alle öffentlichen Ämter des Städtchens Tinkletown (N. Y.) bekleidet. Er ist auch Oberhaupt der Polizei und Detektiv – auf den ersten Blick ein wenig sinnvoller Beruf, denn seit Jahren sind in Tinkletown und Umgebung keine Verbrechen verübt worden.

The Daughter of Anderson Crow (1907); *Anderson Crow, Detective* (1920, Kurzgeschichten).

McCUTCHEON, HUGH
(* 1909)

Geboren in Glasgow. In den Jahren 1951-1967 veröffentlichte er mehr als ein Dutzend Krimis.

The Angel of Light (1951, in USA *Murder at the Angel*); *Cover Her Face* (1955); *Killer's Moon* (1966, in USA *And the Moon Was Full*).

MacDONALD, JOHN D.
(* 1916)

Geboren in Sharon, Pennsylvania; Studium an der Syracuse University und in Harvard. 1940 trat er in die Armee ein, die er 1946 als hoher Offizier verließ. Er begann nun, für die »Pulps« zu schreiben und verkaufte auch Kurzgeschichten an »bessere« Zeitschriften wie *Esquire* und *Collier's*. 1949 zog er nach Florida. M.s erster Krimi erschien 1950, unmittelbar als Taschenbuch, wie die meisten seiner anderen Romane. In den Jahren seit 1950 hat er etwa 50 Krimis geschrieben, darunter siebzehn über den heute weltberühmten Amateurdetektiv Travis McGee. Dieser wohnt auf seiner Jacht »The Busted Flush«, die in Fort Lauderdale vor Anker liegt. An ihn wendet sich, wer auf verbrecherische Weise um sein Eigentum geprellt worden ist. Travis nimmt das Geld den Gangstern wieder ab – immer unter Einsatz seines Lebens. Als Belohnung erhält Travis einen Teil der Moneten. Meistens fällt auch noch eine hübsche Frau für ihn ab, gewöhnlich eine psychisch Gestörte, die er mit liebevoller Sextherapie zur Lebensfreude bekehrt. Im Grunde ist er ein Einzelgänger, der wenig Freunde braucht. Sein bester ist der loyale, komische und kluge Jude Meyer, ein begabter Wirtschaftsfachmann, der ebenfalls am Rande der Gesellschaft lebt.

Judge Me Not (1951); *The Crossroads* (1959); *The Last One Left* (1967). – Drei Travis-McGee-Romane: *The Deep Blue Good-Bye* (1964); *Dress Her in Indigo* (1969); *The Turquoise Lament* (1973).

The Dreadful Lemon Sky
(1974)

Auf die Jacht von Travis McGee schleicht sich nachts die 30jährige Carrie Milligan. Travis hatte mit ihr vor Jahren ein Verhältnis gehabt. Sie bringt ihm eine Schachtel mit nahezu 100 000 Dollar; er soll das Geld aufbewahren, wofür sie ihm 10 000 Dollar extra gibt. Falls sie sterbe, bevor sie das Geld wieder abholen könne, solle er es ihrer Schwester, Susan Dobrovsky, geben. Einige Tage später lesen Travis und sein Freund Meyer in der Zeitung, daß Carrie Milligan in der Stadt Bayside von einem Lastwagen überfahren worden ist. Sie beschließen, mit der Jacht nach Bayside zu fahren. Der Besitzer des Bootshafens in Bayside, Cal Birdsong, versucht gleich am ersten Tag, Travis umzubringen. Nicht lange, und Cal Birdsong ist eine Leiche. Dessen Frau, die hübsche Cindy, und Travis unterhalten nun ein Liebesverhältnis. Travis McGee nimmt an, Carries Geld stamme aus dem Drogenhandel. Er findet schließlich heraus, was geschehen ist. Der junge, reiche Rechtsanwalt Freddy van Harn hat ein Privatflugzeug. Er holte die Drogen in Jamaika ab und warf sie unterwegs in schwimmenden Säcken ins Meer, wo Cal Birdsong und

Jack Omaha sie mit ihrer Jacht auffischten. In Bay City transportierte Omahas Sekretärin Carrie Milligan die Säcke per Auto zu Walter J. Demos, dem Verwalter eines großen Wohnkomplexes, in dem Hunderte von reichen jungen Amerikanern den falschen Werten des Lebens nachlaufen.

Nun war folgendes passiert: Jack Omaha war ein Drogensack aus dem Flugzeug auf den Kopf gefallen und hatte ihm das Genick gebrochen. Man hatte die Leiche im Meer versenkt und ausgegeben, er sei mit dem Geld seiner Firma nach Südamerika ausgerissen. Omahas Partner Hascomb wirft die Mitwisserin Carrie Milligan vor einen Lastwagen. Nun hat er freie Hand: Er nimmt seinerseits alles Geld aus der Firma, gibt an, Omaha habe es gestohlen, und erklärt Konkurs. McGee kommt Hascomb auf die Spur; Hascomb erschießt bei seiner Verhaftung einen Inspektor. Wer hat Cal Birdsong umgebracht? Ein junger Mann namens Jason, der nicht mehr zusehen wollte, wie Cal seine Frau mißhandelte. McGee besucht auch Freddy van Harn. Dieser hat eben eine Grube ausgehoben, um ein Pferd zu begraben. Unter dem Pferd findet McGee die Leiche von Jason. Nun versucht van Harn, McGee umzubringen; es gelingt ihm nicht. McGee fesselt Freddy und läßt ihn liegen – ohne böse Absicht. Die roten Ameisen machen dem wehrlosen van Harn den Garaus. Ermordet worden sind also: Carrie Milligan (von Hascomb); Cal Birdsong (von Jason); Jason (von van Harn); van Harn (von den Ameisen); Jack Omaha (vom fallenden Sack); Inspector Scorf (von Hascomb); Hascomb wird wohl auf den elektrischen Stuhl kommen.

Nebenbei kritisiert M. scharf die Ruchlosigkeit der Politiker, die Kerle wie van Harn schützen, und die seichte Lebensart der amerikanischen Bevölkerung. Wer M. gelesen hat, macht in Zukunft einen großen Bogen um Florida.

MacDONALD, PHILIP
(* 1896)

Geboren in England; im Ersten Weltkrieg Kriegsdienst bei der Kavallerie in Mesopotamien. 1931 zog er nach Hollywood und arbeitete für die Filmindustrie. Die ersten zwei Krimis schrieb er zusammen mit seinem Vater, Ronald MacDonald, unter dem Pseudonym Oliver Fleming: *Ambrotox and Limping Dick,* 1920; *The Spandan Quid,* 1923. Unter seinem richtigen Namen erschien 1924 der erste von seinen Krimis um Colonel Anthony Gethryn: *The Rasp.* Zwölf weitere Bände über Gethryn folgten. In den dreißiger Jahren hat M. auch drei Romane unter dem Pseudonym Martin Porlock und einen als Anthony Lawless (*Harbour,* 1931) geschrieben. Zusammen mit A. Boyd Correll verfaßte er *The Dark Wheel* (1948). Mehrere von M.s Romanen sind erfolgreich verfilmt worden, z. B. *The List of Adrian Messenger* (1959; verfilmt 1963, mit Kirk Douglas). Manche halten M. auch für einen der besten Kurzgeschichtenautoren seiner Zeit.

Rynox (1930, in USA *The Rynox Murder Mystery*); *Escape* (1932); *Guest in the House* (1955). – Die drei Romane von Martin Porlock: *Mystery at Friar's Pardon* (1931); *Mystery at Kensington Gore* (1932); *X. vs. Rex* (1933, in USA *The Mystery of the Dead Police*). – Drei Colonel-Gethryn-Romane: *The White Crow* (1928); *Death on My Left* (1933); *The List of Adrian Messenger* (1959). – Drei Kurzgeschichtenbände: *Fingers of Fear and Other Stories* (1953); *Man Out of the Rain and Other Stories* (1955); *Death and Chicanery* (1962).

The List of Adrian Messenger
(1959; dt. *Die Totenliste,* 1961)

Adrian Messenger, Großneffe des reichen Marquis von Gleneyre, bittet seinen alten Freund, Brigadegeneral Firth, der nun für Scotland Yard tätig ist, um Hilfe. Er gibt ihm eine Liste mit zehn Namen. Firth soll inoffiziell Nachforschungen über diese zehn Namen anstellen. Mehr will Messenger im Augenblick nicht verraten. 24 Stunden später fliegt Messenger in Richtung Kalifornien. Das Flugzeug stürzt ab: Sabotage. Ein Überlebender bringt eine letzte, verstümmelte Nachricht Messengers. Firth findet heraus, daß von den zehn Leuten auf Messengers Liste neun in den vergangenen fünf Jahren gestorben sind, alle angeblich durch Unfälle. Zufall oder geplante Verbrechen? Welches Motiv könnte ein Mörder haben? Die Polizei zieht Colonel Anthony Gethryn, M.s Edeldetektiv, hinzu. Langsam wird die Bedeutung der Botschaft Messengers klar: das Leben des Marquis von Gleneyre und das seines jungen Erben Derek sind gefährdet. Es stellt sich auch heraus, daß die zehn Namen den Mitgliedern einer speziellen Gruppe von Kriegskameraden Messengers gehören. Die zehn kannten offensichtlich während des Krieges die Identität des Mörders und werden nun von ihm beseitigt. Die Polizei arbeitet fieberhaft gegen die Zeit, kann jedoch weitere Morde nicht verhindern; sogar der alte Marquis von Gleneyre erleidet einen tödlichen »Unfall«. Inzwischen ist klargeworden, daß der Verbrecher aus einer mißratenen Seitenlinie der Gleneyres stammen muß. Sein Ziel, selbst Marquis von Gleneyre zu werden, erreicht er jedoch nicht. Bei seinem Versuch, das letzte Hindernis auf seinem Weg, den jungen Derek, auszuschalten, wird er selbst das Opfer eines »Unfalls«, den Anthony Gethryn und Freunde der Gleneyres sorgfältig inszeniert haben.

MacDONALD, ROSS
(* 1915)

Pseudonym für Kenneth Millar, geboren in Los Gatos, Kalifornien. Der Vater war Journalist. Die Eltern trennten sich, und M. verbrachte seine Jugend in Kanada. Er wurde von einem Verwandten zum anderen, von einer Schule in die andere abgeschoben. 1927–1929 lebte er in einem Knabeninstitut in Winnipeg; 1929/1930 wohnte er bei einer Tante in Medicine Hat, Alberta. Darauf zog er zu seiner Mutter in Kitchener, Ontario, wo er die Highschool 1932 abschloß. An seine Jugend denkt M. mit Bitternis zurück: In den ersten 16 Jahren seines Lebens hatte er in nicht weniger als 50 verschiedenen Zimmern gewohnt.
M. las Detektivgeschichten schon im Alter von 12 Jahren. Er begeisterte sich für Dashiell Hammett, Dostojewski und den kanadischen Humoristen Stephen Leacock. Seine erste veröffentlichte Erzählung (erschienen 1931 im *Grumbler,* einer Publikation seiner Highschool) war eine Sherlock-Holmes-Parodie im Stil von Leacock. In derselben Nummer des *Grumbler* veröffentlichte M.s spätere Frau, damals Margaret Sturm, ihre erste Erzählung.
M. studierte an der University of Western Ontario. 1936 verließ er die Universität und fuhr für ein Jahr nach Europa, wo er auch zwei Monate im Deutschland Hitlers verbrachte – eine Erfahrung, die er in seinem ersten Buch, *The Dark Tunnel,* verwertete. Im Jahr darauf kehrte er nach Kanada zurück, erhielt 1938 seinen B. A. und heiratete im gleichen Jahr Margaret Sturm. Im Herbst 1938 schrieb sich M. an der University of Toronto ein, um das Diplom als Highschool-Lehrer zu erwerben. Aber Margaret und er waren entschlossen, Schriftsteller zu werden. 1939 begann M. für die Torontoer Wochenzeitschrift *Saturday Night* zu schreiben. Im Winter unterrichtete er in Ontario, im Sommer studierte er an der University of Michigan. Unterdessen schrieb seine Frau unter dem Namen Margaret Millar ihre ersten Kriminalromane. Sie hatte Erfolg, und schon 1941 konnte M. den Lehrberuf an den Nagel hängen und sich ganz seinen Studien widmen. Er promovierte in Anglistik mit einer Dissertation über Coleridge. An der University of Michigan schrieb er auch – im Herbst 1943 – *The Dark Tunnel.* Im Jahr darauf trat er in die Marine ein (er war zu Anfang des Krieges abgewiesen worden), und seinen zweiten Roman, *Trouble Follows Me,* schrieb er an Bord eines Kriegsschiffes im Pazifik.
Unterdessen war Margaret mit der 1939 geborenen Tochter nach Kalifornien gezogen; als M. im März 1946 aus dem Kriegsdienst entlassen wurde, ließen sie sich in Santa Barbara nieder, wo sie noch heute wohnen.
M.s erste vier Romane erschienen unter dem Namen Kenneth Millar, der fünfte unter dem Pseudonym John Macdonald; vom sechsten bis zehnten Buch nannte sich unser Autor John Ross Macdonald, im elften Ross MacDonald, und vom zwölften an Ross Macdonald. Bisher liegen 24 Originalbände vor.
M. gilt als Erbe Dashiell Hammetts und Raymond Chandlers, deren Werke er als vorbildlich betrachtet. Sein Privatdetektiv Lew Archer, der vom fünften Roman an (*The Moving Target,* 1949) in 18 von 20 Werken M.s auftritt, ist in seiner ganzen Art nach Chandlers Philip Marlowe gestaltet. Manche Kritiker halten M. für einen der besten amerikanischen Autoren der Gegenwart und stellen ihn sogar über Hammett und Chandler.
Im ersten Roman, *The Dark Tunnel,* entlarvt Dr. Robert Branch, ein Anglistikprofessor an der Midwestern University, einen Ring von Nazi-Spionen, die mit dem deutschen Fachbereich der Universität in Verbindung stehen. Auch der zweite Roman, *Trouble Follows Me,* spielt im Amerika des Zweiten Weltkriegs. Der junge Marineoffizier Sam Drake hat Urlaub; drei von

seinen Bekannten werden ermordet – man weiß nicht, ob es sich um eine schwarze Terrorgruppe, um Spionage oder um private Motive handelt. Sam Drake, wie schon Dr. Branch, ist gewissermaßen eine autobiographische Projektion M.s. – 1946 schrieb M. *Blue City* (1947) und *The Three Roads* (1948). Im ersteren Roman kehrt Johnny Weather aus dem Krieg zurück. Sein Vater ist ermordet worden. Weder die Polizei noch die junge Witwe scheinen daran interessiert zu sein, den Fall aufzuklären, und Johnny wird klargemacht, daß es gefährlich wäre, die schlafenden Hunde zu wecken. Johnny aber nimmt es mit den korrupten Politikern auf und veranstaltet ein »reinigendes Blutbad«. Vorbild für diesen Roman ist Dashiell Hammetts *Red Harvest* (1929).

The Three Roads enthält ein psychologisches Rätsel und seine Lösung. Bret Taylor war besinnungslos neben der Leiche seiner Frau gefunden worden. Er stand unter Schockwirkung. Nach mehreren Monaten wird er aus der Klinik entlassen und sucht nun den Mord aufzuklären. Es gelingt ihm am Ende: Er selbst war, aus entschuldbaren Gründen, der Mörder. – Die zu dick und zu simplifiziert aufgetragene Psychologie und die Erzählweise in der dritten Person liegen M. nicht. Er merkte es selbst. Von seinem fünften Roman an erzählt M. durch den Mund des Privatdetektivs Lew Archer in der ersten Person. Ausnahmen sind die Romane *The Ferguson Affair* (1960; der in der Ichform erzählende Detektiv ist von Beruf Rechtsanwalt und heißt William Gunnarson) und *Meet Me at the Morgue* (1953; Howard Cross bringt einen Entführer und Mörder zur Strecke und nimmt dabei die sozialen Zustände der Zeit unter die Lupe).

M. erreicht wohl 90 Prozent seiner amerikanischen Leserschaft durch die Bantam-Taschenbuchausgaben seiner Romane. Auf dem Titelumschlag liest man, daß Lew Archer »the hardest of the hard-boiled dicks«, »the loner with the lethal gun« sei. Das ist nicht richtig. In den Romanen der fünfziger Jahre hat Archer gelegentlich durchaus noch geschossen oder jemanden mit den Fäusten bearbeitet. Aber seit etwa 1960 ist Archer ein Mann, der immer mehr einsteckt und immer weniger austeilt. Archer ist einmal verheiratet gewesen; die Frau hat ihn verlassen. Es war für Archer ein furchtbarer Schlag. Noch in seinem drittletzten Roman, *The Underground Man* (1971), erinnert er sich, wie ihm Sue eines Tages den Rechtsanwalt mit den Scheidungsformularen ins Haus gesandt hatte. Archer ist nicht reich, könnte es aber sein, wenn er seine Geschäfte anders betriebe. Geld bedeutet ihm nichts. Was führt ihn dazu, sein Leben für seine Klienten einzusetzen? Im *Galton Case* (1959) fragt Dr. Dineen: »Warum sollte ein Mensch von Ihrem Kaliber sein Leben mit dieser Art von Arbeit verbringen? Verdienen Sie viel Geld?« Archer: »Genug, um davon leben zu können. Ich mache meine Arbeit nicht des Geldes wegen. Ich mache sie, weil ich sie machen will.« Eine weitere Antwort ist in *The Doomsters* (1958) zu finden. In diesem Roman hilft Archer einem verfolgten Jungen und denkt dabei an einen alten Polizisten, der ihm seinerzeit, als er noch ein Junge war, geholfen hatte. In seiner Jugend war Archer ein kleiner Gangster und Mitglied einer Diebsbande gewesen, später Detektiv bei der Polizei von Long Beach. Er hatte dort einen guten Ruf genossen; nach einigen Jahren war er ausgetreten, vermutlich weil er kompromißlos ehrlich bleiben wollte. Das war nur dann möglich, wenn er unabhängig arbeiten konnte. Archer ist im Grunde ein Werkzeug der göttlichen Gerechtigkeit, aber er ist es unbewußt. Religion bedeutet ihm nichts. Er hat zuviel vom Leben gesehen, um noch Illusionen zu haben, doch ist er kein Sadist, kein Zyniker. Er ist stolz auf seine Integrität und ärgert sich, wenn jemand meint, ihn bestechen zu können. Er ist witzig, schlagfertig und durchschaut die Verlogenheit der meisten Menschen mit scharfem Blick.

M.s Lew-Archer-Bücher bilden eine »Comédie Humaine« der kalifornischen Gesellschaft seit 1950. Kalifornien ist *The Barbarous Coast* (1956). Die Triebkraft hinter vielen Verbrechen ist der Dollar (*The Far Side of the Dollar*, 1965; *Black Money*, 1966). Eine furchtbare Rolle spielen beherrschende Mütter, die ihre Kinder ins Verderben führen, und ehrgeizige Frauen, die ihre Männer zu Verbrechern machen.

The Dark Tunnel (1944, von Kenneth Millar, anderer Titel *I Die Slowly*); *Trouble Follows Me* (1946, von Kenneth Millar, anderer Titel *Night Train*); *Blue City* (1947, von Kenneth Millar); *The Three Roads* (1948, von Kenneth Millar); *Meet Me at the Morgue* (1953, in England *Experiment with Evil*); *The Ferguson Affair*

(1960). – Die Lew-Archer-Romane: *The Moving Target* (1949, von John Macdonald; verfilmt als *Harper*, mit Paul Newman); *The Drowning Pool* (1950); *The Way Some People Die* (1951); *The Ivory Grin* (1952, anderer Titel *Marked for Murder*); *Find a Victim* (1954); *The Name Is Archer* (1955, Kurzgeschichten); *The Barbarous Coast* (1956); *The Doomsters* (1958); *The Galton Case* (1959); *The Wycherly Woman* (1961); *The Zebra-striped Hearse* (1962); *The Chill* (1964); *The Far Side of the Dollar* (1965); *Black Money* (1966); *The Instant Enemy* (1968); *The Goodbye Look* (1969); *The Underground Man* (1971); *Sleeping Beauty* (1973); *The Blue Hammer* (1975).

Lit.: Matthew J. Bruccoli, Kenneth Millar / Ross Macdonald. A Checklist, 1971. – Peter Wolfe, Dreamers Who Live Their Dreams: The World of Ross Macdonald's Novels, 1977.

The Moving Target

(1949; dt. *Das wandernde Ziel,* 1954, und *Reiche sterben auch nicht anders,* 1970)

M.s fünfter Roman, aber der erste, in dem sein Detektiv Lew Archer auftritt. Der reiche Mr. Sampson wird entführt. Das Lösegeld beträgt 100 000 Dollar und wird pünktlich abgeliefert. Sampson wird trotzdem umgebracht – von seinem besten Freund. Sozialkritik ist das Hauptthema; die verlogene Welt der Reichen wird mit den Augen des ärmeren, aber ehrlichen Detektivs Lew Archer betrachtet und entlarvt: die erfolglose, alternde Filmschauspielerin; der Rechtsanwalt, der gerne reich werden möchte; die Ehe der Sampsons und das Produkt dieser »Lüge«: die liebeshungrige Tochter; die Gangster, die unter dem Deckmantel der Religion billige Arbeitskräfte aus Mexico einschmuggeln; die vielen unglücklichen Menschen, die ihre Integrität im Dienste des Mammons verloren haben.

The Drowning Pool

(1950; dt. *Wer zögert, ist verloren,* 1950, und *Kein Öl für Mrs. Slocum,* 1970)

Maude Slocum hat einen anonymen Brief an ihren Gatten abgefangen, worin diesem gesagt wird, daß seine Frau ihn betrüge. Sie nimmt Archer in ihren Dienst. Maudes Gatte James Slocum ist, wie sich herausstellt, homosexuell und hat Verhältnisse mit hübschen Theaterleuten. Wie sind dann aber James und Maude zu ihrer Teenager-Tochter gekommen? Ralph Knudsen, der Polizeichef von Nopal Valley, ist der wirkliche Vater.

Im Nopal Valley fließt das Öl. James Slocums Mutter Olivia besitzt große Grundstücke, aber sie gibt das Land nicht zur Ausbeutung her. James und Maude wohnen bei Olivia in bescheidenem Stil; würde das Land verkauft, wären sie unendlich reich.

Olivia wird ertrunken im Schwimmbassin gefunden. Knudsen kennt den Mörder, aber er verdächtigt bewußt einen Unschuldigen und treibt diesen in den Tod. Archer meint, daß die Ölgesellschaften hinter dem Mord stecken; denn diese wissen wohl, daß James ihnen das Land nach Olivias Tod verkaufen wird.

Auf spannende Weise und unter höchster Lebensgefahr bringt Archer den Direktor der Ölgesellschaft und seine verbrecherischen Trabanten ins Jenseits. Er macht es wie Bärlach in Dürrenmatts *Der Richter und sein Henker*: er hetzt die Frau des Kapitalisten auf ihren Mann, und diese führt den Mord prompt aus.

Auch Maude kommt noch ums Leben: sie begeht Selbstmord, als sie vernimmt, daß ihre eigene Tochter ihre Großmutter ins Wasser gestoßen hat. M. zeichnet eine Gesellschaft, in der die einen psychisch krank und degeneriert, die anderen ruchlose Gauner sind: Gangster, Polizisten und Großkapital ziehen am gleichen Strick. Archer überlebt durch Zufall.

The Barbarous Coast

(1956; dt. *Sprungbrett ins Nichts,* 1966, und *Die Küste der Barbaren,* 1976)

Die »barbarische Küste« ist die Pazifikküste bei Los Angeles. Der Direktor des exklusiven Channel Club, Basset, läßt den Privatdetektiv Lew Archer kommen. Basset wird von einem jungen Mann bedroht, der George Wall heißt und von Beruf Journalist in Toronto ist. Es stellt sich heraus, daß Basset Archers Schutz nicht braucht: Archer vermittelt zwischen Basset und Wall; nun nimmt Wall den Detektiv in seinen Dienst.

Wall hat vor einem Jahr Hester Campbell geheiratet. Eines Tages hat Hester ihren Mann verlassen und ist aus Toronto verschwunden. Einige Zeit später hat sie ihn aus Kalifornien angerufen und um Hilfe gebeten. Wall ist herbeigeeilt, aber er kann seine Frau nicht finden. Sie hat beim Channel Club gearbeitet; Basset ist ihr väterlicher Freund gewesen; aber vor einigen

Wochen ist sie plötzlich aus dem Club verschwunden. Wall hatte gemeint, Basset wisse, wo Hester zu finden sei, und weigere sich, es ihm zu sagen – deshalb seine frühere Wut auf den Direktor.
Es folgt eine Odyssee durch Los Angeles, Hollywood und Las Vegas. Hester kommt um, ebenso ihr Freund, ein Filmschauspieler, dazu ein Gangster namens Stern.
Hester war damals nach Kanada gefahren und hatte Wall geheiratet, nachdem eine Freundin von ihr in der Nähe des Channel Club ermordet worden war. Archer findet nun heraus, daß der damalige Mord alles ins Rollen gebracht hat. Die geistesgestörte Frau des reichen Filmbonzen Graff soll den Mord begangen haben. Natürlich wird Graff seither erpreßt.
Archer wird mehrmals halb totgeschlagen; Wall endet als Patient in einem Krankenhaus in Las Vegas. Aber am Ende deckt der Detektiv doch alles auf: die geistesgestörte Mrs. Isobel Graff ist keine Mörderin, obwohl sie es selbst geglaubt hat. Der mehrfache Mörder wird von einer ehrlichen Haut umgelegt, und Archer arrangiert die Dinge so, daß der fünfte und letzte Mord als berechtigte Tötung, als Folge von Selbstverteidigung, gelten kann.
In diesem Roman hat M. sein im Titel festgelegtes Ziel erreicht: der Autor erweckt im Leser ein Gefühl des Ekels vor dieser verlogenen, skrupellosen Welt des Reichtums. Unter der schönen Oberfläche wüten Sadismus, Gemeinheit, Gier und Egoismus.

The Far Side of the Dollar
(1965; dt. *Die Kehrseite des Dollars,* 1971)
Tom Hillmann ist aus Dr. Spontis Privatschulheim ausgebrochen. Lew Archer wird beauftragt, den Jüngling zu finden. Auf der Suche deckt Archer die Verdorbenheit der »besseren« Gesellschaft Kaliforniens auf. Hier geht es um das Verhältnis von Eltern und Kindern. Wie sollen diese in einer Atmosphäre der Lüge ihren jugendlichen Idealismus bewahren?
Wessen Sohn ist Tom Hillmann? Archer versucht es herauszufinden und kommt dabei mit Erpressern und Gangstern in Kontakt. Vater Hillmann führt ein Leben völliger Verlogenheit. Seine Frau liebt er nicht; er hat früher einmal eine Freundin seiner Geliebten verführt. Diese Freundin, mit einem Betrüger verheiratet, ist die wirkliche Mutter von Tom. Hillmann hat Tom adoptiert, ohne seiner Frau zu sagen, daß Tom sein natürlicher Sohn ist. Erpressung und Mord sind die Folgen. Tom und Archer kommen der Wahrheit auf die Spur, ebenso Frau Hillmann, die sich am Ende als die Ruchloseste von allen entpuppt.
Feigheit, Gemeinheit, Lüge – das sind auch in diesem Roman die Merkmale der Gesellschaft. Dazu kommen Komplexe, Impotenz, psychische Abnormitäten, Grausamkeit, Fanatismus, Lieblosigkeit. Die Teenager Tom und seine Jugendfreundin Stella stellen vereinzelte, schwache Lichtblicke im ekelhaften Treiben der sogenannten »Society« dar.

McDUFF, DAVID
(* 1905)

Der Autor dürfte ein amerikanischer College-Professor sein. Der folgende Krimi, der in Delaware spielt, ist der einzige des Autors geblieben: *Murder Strikes Three* (1937).

McGERR, PATRICIA
(?)

HAGEN verzeichnet 12 Krimis dieser Amerikanerin. BARZUN/TAYLOR besprechen fünf davon, alle verhältnismäßig positiv. Der von PROMIES erwähnte Roman *Achtung! Verräter* (1967) scheint eine Übersetzung von *Is There a Traitor in the House* (1964) zu sein.

Pick Your Victim (1946); *Fatal in My Fashion* (1954); *Stranger with My Face* (1968).

McGIVERN, WILLIAM PETER
(* 1924)

Geboren in Chicago. Er begann mit Texten für die »Pulps«; später plazierte er Kurzgeschichten in besseren Zeitschriften und wandte sich Radio und Fernsehen zu. In den späten sechziger Jahren kam er nach Hollywood und gehört heute zu den bekannteren Drehbuchautoren. M. hat seit 1948 über 20 Krimis geschrieben; die meisten gehören zur Schule der »hard-boileds«; fünf sind verfilmt worden. Am bekanntesten ist *The Big Heat* (1952), ein Krimi, über den Fritz Lang 1953 einen Film mit demselben Titel drehte. M. schrieb auch einen Roman unter dem Pseudonym Bill Peters (*Blondes Die Young*, 1953).

But Death Runs Faster (1948); *The Big Heat* (1952); *Rogue Cop* (1954); *Killer on the Turnpike and Other Stories* (1961); *A Choice of Assassins* (1963); *The Caper of the Golden Bulls* (1966).

McGUIRE, DOMINIC PAUL
(* 1903)

Aufgewachsen in Adelaide (Australien). Vor dem Zweiten Weltkrieg war er Universitätsdozent; von 1940 bis 1946 diente er bei der Marine. Danach war er im diplomatischen Dienst tätig, zuletzt als Botschafter in Italien und beim Heiligen Stuhl. In den Jahren 1931–1940 schrieb er sechzehn Krimis, daneben ein Buch über Gerard Manley Hopkins. Was er nach 1940 veröffentlichte, hat nichts mehr mit »fiction« zu tun, hingegen schrieb seine Frau, Frances Margaret Cheadle McGuire, 1963 noch einen Krimi: *Time in the End*.

Murder in Bostall (1931, in USA *The Black Rose Murder*); *Burial Service* (1938, in USA *A Funeral in Eden*); *The Spanish Steps* (1940, in USA *Enter Three Witches*).

MacHARG, WILLIAM BRIGGS
(1872–1951)

Geboren in Dover Plains, New York. Er studierte an der University of Michigan, wurde Journalist in Chicago und schließlich freier Schriftsteller. Neben erfolgreichen Romanen schrieb er auch – zum Teil in Zusammenarbeit mit Edwin Balmer – Krimis und Kurzgeschichten. Der Band *The Affairs of O'Malley* (1940) enthält 33 amüsante, kurze Erzählungen um den Detektiv O'Malley, der Fälle löst, die er anfänglich selbst für nicht lösbar hält.

MACHEN, ARTHUR
(1863–1947)

Pseudonym für den Waliser Arthur Llewellyn Jones. Er lebte in London, war zeitweise Lehrer, Schauspieler, Journalist und arbeitete für einen Verlag. M. schrieb zahlreiche Bücher, vor allem Makabres, aber auch Essays und Autobiographisches. Ins Gebiet des Krimi fallen die Erzählungen um zwei Amateurdetektive in *The Three Impostors* (1895).

MacINNES, HELEN
(* 1907)

Geboren in Glasgow. Dort und in London Studium der Sprachen und Bibliothekswissenschaft. 1932 heiratete sie den Philologen Gilbert Highet, mit dem sie 1937 nach USA übersiedelte. Seither lebt sie in Amerika. Ihre nahezu 20 Romane sind vorzüglich geschriebene Kreuzungen zwischen Thriller und Spionageroman. Es gelingt ihr meistens, das Milieu völlig glaubhaft darzustellen. Die Amerikaner sind fast immer die »Guten«, während Nazis und Kommunisten zu etwa gleichen Teilen die Bösewichter liefern. Drei ihrer Romane sind verfilmt worden, am besten vielleicht *The Venetian Affair* (1967, mit Elke Sommer und Boris Karloff).

Above Suspicion (1941); *I and My True Love* (1952); *The Venetian Affair* (1963); *The Salzburg Connection* (1968); *Message from Málaga* (1971); *The Snare of the Hunter* (1974).

The Salzburg Connection
(1968; dt. *In Salzburg stirbt nur Jedermann*, 1970)

Nicht weit von Salzburg liegt der Finstersee, der ein finsteres Geheimnis birgt: eine Kiste mit Dossiers von Leuten, die vor und während des Krieges mit den Nazis kollaboriert haben. Noch immer bewacht eine Nazi-Organisation, die eine neue Machtergreifung plant, den See, denn zu gegebener Zeit könnten diese Leute wieder zur Kollaboration erpreßt werden. Aus demselben Grund könnten sich kommunistische Agenten für das Material interessieren. Aber außer den Nazis weiß nur Robert Bryant von der Kiste, und er unternimmt zwanzig Jahre lang nichts. Dann jedoch trifft er seinen ehemaligen Kollegen vom britischen Spionagedienst, Yates, und beschließt, die Kiste zu bergen und den Briten oder Amerikanern zu übergeben. Zwar gelingt ihm das schwere Werk, und er versteckt die Kiste an einem anderen Platz, aber ehe er sich in Sicherheit bringen kann, wird er von den Nazis umgelegt. Yates, ein Verräter, hatte Informationen nach Warschau gefunkt, die von den Nazis abgehört worden waren. Der amerikanische Rechtsanwalt Bill Mathison, der auch Beziehungen zur CIA in Washington hat, deckt beinahe zufällig die wahre Funktion von Yates auf, worauf Yates und seine Sekretärin »beseitigt« werden. Die kommunistischen Agenten verbünden sich mit den Nazis; doch alle Anstrengungen (sie töten noch Bryants Frau und schlagen ihren Bruder zum Krüppel) sind vergeblich: Am Ende gelangt die Kiste in die richtigen Hände. Alle Nazis kommen um; das kommunistische Agentennetz ist zerrissen.

McINTYRE, JOHN THOMAS
(1871–1951)

Dieser Engländer schrieb unter seinem richtigen Namen eine Serie von Romanen und Erzählungen im Stil von Arthur Conan Doyle, deren Zentralfigur der Detektiv Ashton-Kirk ist. Während des Zweiten Weltkrieges veröffentlichte M. mehrere Krimis unter dem Pseudonym Kerry O'Neil.

Ashton-Kirk, Investigator (1910); *Ashton-Kirk, Secret Agent* (1916); *Death at Dakar* (1943, von Kerry O'Neil).

MacKENZIE, DONALD
(* 1908)

PROMIES gibt an, daß M. Kanadier sei, und verzeichnet zehn deutsche Übersetzungen für die Jahre 1959–1966. Nach HAGEN lagen 1967 15 englische Krimis von M. vor.

Occupation: Thief (1956); *Dangerous Silence* (1960); *Death Is a Friend* (1967); *Raven and the Kamikaze* (1977).

McKENZIE, DONALD J.
(?)

Er wird in keiner Krimi-Enzyklopädie erwähnt. Seine Werke scheinen aber wenigstens von historischem Interesse zu sein. Die folgenden Bücher erschienen in New York:

A Past Master of Crime; or, Detective Bush's Clever Work (1899); *Under His Thumb; or, The Rival Detective's Clews* (1899); *The Workingman Detective; or, A Crime against the Poor* (1899); *The Reporter Detective* (1900).

MacLEAN, ALISTAIR
(* 1922)

Geboren in Schottland. Er diente in der Marine, studierte nach dem Zweiten Weltkrieg an der University of Glasgow und war bis 1957 Lehrer. Seither ist er freier Schriftsteller. Einige seiner frühen Bücher waren Bestseller und wurden verfilmt. M. hat auch das Pseudonym Ian Stuart verwendet. Seine besten Abenteuerromane enthalten Elemente des Krimi und des Spionageromans.

H. M. S. Ulysses (1955); *The Guns of Navarone* (1957); *The Black Strike* (1961, von Ian Stuart); *Where Eagles Dare* (1967); *The Way to Dusty Death* (1973).

The Satan Bug
(1962, von Ian Stuart; dt. *Der Satanskäfer,* 1970)

In Mordon, Englands geheimem Labor für biologische Waffen, herrscht Alarmstufe I: Neun Behälter mit den gefährlichsten Giftstoffen sind entwendet worden. Eine der Bakterienkulturen – genannt »The Satan Bug« – ist fähig, alles Leben auf der Welt auszulöschen, denn noch hat man kein Mittel gefunden, diese Bakterien zu neutralisieren. Es scheint sich um einen raffiniert geplanten Einbruch zu handeln; der leitende Sicherheitsbeamte und der leitende Arzt sind beide vergiftet worden. Die »Spezialabteilung« der CID übernimmt die Leitung im Labor und holt Pierre Cavell, den ehemaligen Sicherheitschef des Labors, zu Hilfe. Pierre Cavell ist nicht überall beliebt, aber da er klug, erfahren und mutig ist, kann man ihn jetzt nicht entbehren. Er entdeckt, daß der mysteriöse Einbrecher Helfer im Labor gehabt haben muß. Aber wer von den Forschern ist schuldig? Und was sind die Absichten des Einbrechers? Handelt es sich um einen Verrückten? Als Cavell dem Verbrecher endlich auf die Spur kommt, entführt dieser Cavells Frau. Doch Cavell gibt nicht auf. Er findet heraus, daß hinter dem Diebstahl einer der geachtetsten Ärzte des Labors steht: Dr. Gregori, der eigentlich Scarlatti heißt. Scarlatti ist nicht verrückt, aber krankhaft geltungssüchtig. Vor Jahren war er in Amerika ein »König der Verbrecher« gewesen; dann hatte die Justiz ihn wegen Steuerhinterziehung geschnappt und deportiert. In Italien war Scarlatti zu seinem eigentlichen Beruf, zur biologischen Forschung, zurückgekehrt und hatte sich schließlich in Mordon »eingeschlichen«. Sein Plan ist gigantisch: Mit dem »Satan Bug« will er die englische Regierung erpressen, ganz London für 24 Stunden räumen zu lassen. In dieser Zeit sollen alle seine Verbrecherfreunde, die schon vorher nach London gerufen worden sind, die Banken ausrauben und dann aufs Festland fliehen. Damit wäre Scarlattis »guter« Name wieder hergestellt. Cavell vereitelt unter ständiger Lebensgefahr diesen Plan; wohlbehalten bringt er die Bakterienkulturen zurück. Auch seine Frau kann er retten. In der dramatischen Schlußszene läßt sich Scarlatti, als er sein Spiel verloren sieht, aus dem Helikopter fallen.

McLEAN, ALLAN CAMPBELL
(* 1922)

Dieser Engländer verfaßte in den Jahren 1956–1961 ein halbes Dutzend guter Krimis; seine Zentralfigur ist Inspector MacLeod.

The Carpet-Slipper Murder (1956); *Death on All-Hallows* (1958); *The Snow on the Ben* (1961).

MacLEOD, ANGUS
(* 1906)

Geboren in Wester Ross, Schottland. Er studierte in Edinburgh und ist seit 1952 freier Schriftsteller. Seit 1958 verfaßte er einige Krimis.

The Body's Guest (1958); *The Tough and the Tender* (1960); *Blessed Above Women* (1965).

McMULLEN, MARY
(* 1920)

Geboren in Yonkers, New York, als Mary Reilly. Ihre Mutter, Helen Reilly, und ihre Schwester, Ursula Curtiss, haben beide Krimis geschrieben. M. hat bisher vier Romane veröffentlicht:

Stranglehold (1951, in England *Death of Miss X*); *The Doom Campaign* (1974); *A Country Kind of Death* (1975); *A Dangerous Funeral* (1977).

McNEILE, HERMAN CYRIL
(1888–1937)

Dieser Engländer war der Sohn eines Marineoffiziers. Er trat 1907 in die Armee ein, die er 1919 als Oberstleutnant verließ. Unter dem Pseudonym »Sapper« veröffentlichte er 1920 sein erstes Buch über Bulldog Drummond. Dieser heißt in Wirklichkeit Hugh Drummond und diente im Ersten Weltkrieg in der englischen Armee. Er schießt und boxt vortrefflich und ist ein großer Patriot. Zu seinen Helfern gehören der Diener Tenny, der vornehme Algie und Colonel Neilson von Scotland Yard. Drummond beschützt England vor ungeheuerlichen Anschlägen der Russen und der Deutschen. Sein größter Gegner ist Carl Peterson, der sich zu ihm verhält wie Moriarty zu Sherlock Holmes. M. hat zehn Drummond-Romane geschrieben; nach M.s Tod führte Gerard Fairlie die Reihe fort (sieben Romane in den Jahren 1938–1954). Bulldog-Drummond-Filme gibt es seit 1922. Noch 1967 wurden *Deadlier Than the Male* (mit Elke Sommer) und 1971 *Some Girls Do* (mit Robert Morley) gedreht. Sie schließen eine Serie von etwa 30 Filmen ab. M. hat auch andere Figuren erfunden, unter ihnen Jim Maitland und Ronald Standish, die Helden von mehreren Romanen und Kurzgeschichtenbänden.

The Island of Terror (1930, in USA *Guardians of the Treasure); Jim Maitland* (1932); *Ronald Standish* (1933); *Ask for Ronald Standish* (1936). – Drei Bulldog-Drummond-Romane: *Bulldog Drummond* (1920); *The Female of the Species* (1928); *Challenge* (1937).

Lit.: Siehe Yates, Dornford.

MacVEIGH, SUE
(* 1898)

Pseudonym für die Amerikanerin Elizabeth Nearing, die einen Eisenbahningenieur geheiratet hat. Ihre (nach HAGEN) vier Krimis spielen im Staate New York, und zwar im Eisenbahnmilieu. Ihr Detektiv heißt Andy MacVeigh, dessen Abenteuer seine Frau (Sue MacVeigh) in der ersten Person erzählt.

Murder Under Construction (1939); *The Grand Central Murder* (1939); *Streamlined Murder* (1940); *The Corpse and the Three Ex-Husbands* (1941).

MacVICAR, ANGUS
(* 1908)

Geboren in Duror, Argyll. Er hat in Glasgow studiert und nach BARZUN/TAYLOR etwa 30 Krimis verfaßt, die zum Teil in Schottland spielen.

Death by the Mistletoe (1934); *Fugitive's Road* (1949); *Murder at the Open* (1965).

MAGER, HASSO
(* 1920)

Geboren in Chemnitz. Er wurde Soldat und geriet in russische Kriegsgefangenschaft. Nach dem Krieg arbeitete er in verschiedenen Berufen, bis er zum Rechtsstudium zugelassen wurde. Von 1951 bis 1960 war er Staatsanwalt, danach freier Schriftsteller, Publizist und Kritiker. Neben Erzählungen und Romanen hat er ein Buch über den Krimi und einen Krimi geschrieben: *Krimi und crimen – Zur Moral der Unmoral* (1969) und *Bartuschek ist nicht mehr da* (1973).

Bartuschek ist nicht mehr da
(1973)
Zehn Jahre ist Dr. Bruno Bartuschek bereits tot, aber er ist noch nicht vergessen. Vier Personen schildern ihre Erinnerungen an Bartuschek, seine Familie und seinen Arbeitskreis: seine Frau Sophie, sein jüngerer Freund und Kollege Dr. Bergmann, sein Mörder und der Oberleutnant Zandner von der Volkspolizei. Ausgehend vom Ort und vom Tag des Mordes selbst, erhellen die Berichte aus verschiedenen Perspektiven allmählich die Umstände, die zur Ermordung Bartuscheks führten: Bartuschek heiratete seine um viele Jahre jüngere Sekretärin – nicht aus Liebe, sondern weil er im Grunde eine Privatsekretärin haben wollte. Sophie ihrerseits nahm seinen Antrag an, weil sie so dem Kind, das sie von einem anderen erwartete, einen zahlungskräftigen Vater und sich selbst ein luxuriöses Leben verschaffen konnte.
Sophie hat eine Schwester, Vera, die sexuell haltlos ist und schon früh mit dem Gesetz in Konflikt geriet. Nach Sophies Heirat erpreßt Vera Sophie gelegentlich, denn Bartuschek weiß weder, daß Sophie eine unsolide Schwester hat, noch, daß er nicht der Vater seines Sohnes ist. Als Vera, inzwischen von ihrer Familie verstoßen, wieder einmal aus dem Gefängnis kommt, lernt sie Fred Schneidereit kennen. Schneidereit hat – wie sein Vater – in den Westen fliehen wollen, sich aber dazu ausgerechnet den 13. August ausgesucht, an dem die Grenze nach Westberlin geschlossen wurde. Vera versetzt Schneidereit in einen bisher nicht gekannten sexuellen Rausch und weckt sadistische Züge in ihm. Nachdem Schneidereit Vera geheiratet hat, will er Veras kriminelle Neigungen »klug« organisieren. Sophie wird nun systematisch erpreßt. Als Schneidereit jedoch auch Bartuschek erpressen will, kommt er an den Falschen; voller Wut erschlägt ihn Schneidereit.
Die eigentlichen Schuldigen im Roman sind Schneidereits Vater und der Vater der Schwestern Vera und Sophie. Sie sind verbitterte, selbstsüchtige alte Nazis geblieben, die ihre Kinder auf die falsche Bahn gedrängt haben. Nach zehn Jahren seiner lebenslänglichen Haft beginnt das sogar Schneidereit einzusehen, und auch Sophie erkennt, daß sie ihr Leben lang eine berechnende Schmarotzerin gewesen ist.

MAKLIARSKI, MICHAIL BORISOWITSCH
(* 1909)

Geboren in Odessa. Dramatiker und Drehbuchautor. Er studierte am Gorki-Institut und unterrichtet dort Filmkunst seit 1960. Seine Helden sind gewöhnlich Geheimagenten. Für den Film *Erlebnisse eines Geheimagenten* (1947, in Zusammenarbeit mit M. Bleiman) erhielt M. den Staatspreis. Neben zahlreichen Kriminaldramen und -filmen verfaßte M. folgende Kriminalerzählungen: *In einer Stadt am Meer* (1950); *Die Uhr des Favoriten* (1959, zus. mit D. Cholendro).

MALET, LÉON
(* 1909)

Geboren in Montpellier. Er wird von Boileau-Narcejac als der Erfinder des französischen »roman noir« bezeichnet. Nach Anfängen als surrealistischer Lyriker schrieb M. zahlreiche Romane im Stil Peter Cheyneys, wobei der Detektiv Nestor Burma Cheyneys Slim Callaghan entspricht. In den fünfziger Jahren verfaßte M. 16 Bände einer Serie, die er »Les Nouveaux Mystères de Paris« nannte. Mehrere dieser Krimis wurden verfilmt.

Drei Romane mit Nestor Burma: *120, rue de la gare* (1943); *Nestor Burma contre C. Q. F. D.* (1945); *L'homme au sang bleu* (1945). – Drei Romane der Serie »Les Nouveaux Mystères de Paris«: *Le soleil naît derrière le Louvre* (1954); *Le sapin pousse dans les caves* (1955); *Du Rebecca Rue des Rosiers* (1958).

MARCIN, MAX
(1879–1948)

Geboren in Posen. Er wanderte mit seinen Eltern nach Amerika aus und wurde ein erfolgreicher Dramatiker. Auf dem Gebiet des Krimi erfand er Dr. Ordway, genannt »The Crime Doctor«. Dieser gab sein Debut 1940 im Radio und war danach der Held von zehn Filmen (1943–1949). Ordway ist Psychiater und Detektiv. Mit Freud in der Hand kam er durchs ganze Land.

MAREK, JIRI
(* 1914)

Geboren in Prag. 1948 gab er den Lehrerberuf auf und wurde Journalist. Von 1954 bis 1959 war er Direktor beim tschechischen Staatsfilm und darauf Dozent für tschechische Literatur am Journalistischen Institut in Prag. Heute ist er freier Schriftsteller, hat Romane veröffentlicht und arbeitet beim Fernsehen. Ins Gebiet des Krimi fällt sein Prager Pitaval *Panoptikum Starých Kriminálních Příběhú* (1968), der 1972 in Ost-Berlin erschien: *Panoptikum alter Kriminalfälle*. Es handelt sich um 17 vorzügliche, spannende Kriminalfälle, die mit viel Humor und Ironie erzählt werden. Marek gibt an, er habe die Fälle aus alten, vergilbten Zeitungsbänden der Zeit der k. u. k. Monarchie ausgegraben. Das ist möglich; viele der Ereignisse sind an sich trivial und alltäglich. Was die 17 Erzählungen zu einmaligen Kunstwerken macht, ist die Schilderung der kleinbürgerlichen Polizisten- und Beamtentypen, die mit einer an Doderer und Mehring erinnernden, liebevollen Ironie dargestellt werden. Trotz ihrer Stupidität gelingt es ihnen, die nicht weniger beschränkten Sünder zur Strecke zu bringen.

Ein Inspektor in »Der Mörder« ist ein leidenschaftlicher Fischer, der sich über fremde Angler schwarz ärgert und sie alle immer wieder zum Vorzeigen der Anglererlaubnis anhält. Schlechte Menschen stempelt er automatisch als Fischer ohne Angelschein ab. Als im nahen Wald ein Mörder sein Unwesen zu treiben beginnt, sagt sich der Inspektor: ein Angler, der nicht hierher gehört. Und so ist es auch.

In der Erzählung »Wer spart, hat mehr vom Leben« entflieht ein Dieb mit einem Sortiment herrlicher Juwelen. Aber er ist geizig und fällt deswegen dem Schlafwagenschaffner des Zuges Prag – Rom auf. Nachdem er diesen Schaffner noch nach einem möglichst billigen Hotel in Rom gefragt hat, ist es für die Polizei nicht schwer, den Dieb zu finden, der ihnen sonst – wäre er nicht so geizig – gewiß durch die Lappen gegangen wäre.

MARKHAM, VIRGIL
(* 1899)

Er schrieb in den Jahren 1928–1936 etwa zehn Krimis; BARZUN/TAYLOR lasen zwei und preisen beide (den zweiten und dritten der folgenden Titel):

Death in the Dusk (1928); *The Black Door* (1930); *Inspector Rusby's Finale* (1933); *Snatch* (1936).

MARLOWE, DAN JAMES
(* 1914)

Geboren in Lowell, Massachusetts. Er hatte Erfolg im Geschäftsleben, hängte 1957 seinen Beruf an den Nagel, zog sich nach Harbor Beach (Michigan) zurück und begann zu schreiben. Seit 1959 hat er etwa zwei Dutzend Krimis verfaßt.

In den ersten Büchern ist der Held der New Yorker Detektiv Johnny Killain. Eine spätere Serienfigur ist Earl Drake, der Mann ohne Gesicht. 1976 erschien der zwölfte der Drake-Romane, deren Titel seit dem dritten Buch alle mit »Operation« beginnen.

Drei Johnny-Killain-Romane: *Doorway to Death* (1959); *Killer with a Key* (1959); *Doom Service* (1960). – Drei Bücher um Earl Drake: *The Name of the Game Is Death* (1962); *One Endless Hour* (1968); *Flashpoint* (1970, anderer Titel *Operation Flashpoint*); *Operation Counterpunch* (1976).

MARQUAND, JOHN P.
(1893–1960)

Geboren in Wilmington, Delaware; Studium in Harvard. Er wurde Journalist und begann als Autor mit Kurzgeschichten und Krimis. Er erfand den japanischen Agenten Mr. I. O. Moto, der in sechs Romanen auftritt, von denen fünf zuerst in der *Saturday Evening Post* in Fortsetzungen erschienen sind. In den Jahren 1937–1939 war Moto – in der Person von Peter Lorre – der Held von acht Filmen. Mit Pearl Harbour verschwand der japanische Agent von der amerikanischen Bildfläche. Erst 1957 tauchte er wieder auf (in einem Roman; 1965 auch in einem Film: *The Return of Mr. Moto*). M.s Ruhm beruht heute nicht so sehr auf der Moto-Figur, sondern auf seinen kritisch-spöttischen Romanen über die »bessere« Gesellschaft in und um Boston. Sein berühmtester Roman, *The Late George Apley,* wurde 1937 mit dem Pulitzer-Preis ausgezeichnet.

The Black Cargo (1925); *Warning Hill* (1930); *Ming Yellow* (1935). – Die Mr.-Moto-Romane: *No Hero* (1935, in England *Mr. Moto Takes a Hand*); *Thank You, Mr. Moto* (1936); *Think Fast, Mr. Moto* (1937); *Mr. Moto Is So Sorry* (1938); *Last Laugh, Mr. Moto* (1942); *Stopover: Tokyo* (1957, anderer Titel *The Last of Mr. Moto*).

Mr. Moto Is So Sorry
(1938)
Kurz vor Ausbruch des Zweiten Weltkriegs: Japan hat die Mandschurei unter seine Kontrolle gebracht und möchte seine Wirtschaftshoheit weiter auf China ausdehnen. Aber wird Sowjetrußland einen weiteren »Zwischenfall« hinnehmen? Um dies aus erster Hand zu erfahren, ist Mr. Moto in geheimer Mission unterwegs. Auf dem Schiff von Japan nach Korea wird er auf zwei Amerikaner aufmerksam, die – wie er – in die Mongolei reisen wollen: Miss Dillaway und Mr. Calvin Gates. Der kleine, zierliche, höfliche Japaner hat Gates schnell durchschaut: Gates ist eine Art moderner Don Quichote auf großer Fahrt. Da Mr. Moto nicht nur höflich, sondern auch sehr klug und skrupellos ist, zögert er nicht, Gates, der sich in Miss Dillaway verliebt hat, zu seinem Werkzeug zu machen. Es geht darum, ein Zigarettenetui mit einer verschlüsselten Nachricht über japanische Pläne den Russen in die Hände zu spielen, um ihre Reaktion feststellen zu können. Für Gates bringt die lange Reise per Schiff, Bahn und Flugzeug Abenteuer auf Abenteuer. Zu seiner eigenen Überraschung stellt er fest, daß ihm das neue Leben gefällt. Am Ende triumphiert Mr. Moto über alle Gegenspieler: über seine eigenen fanatischen Kollegen aus dem Militärdepartement und über die Agenten in russischen Diensten. Er erzwingt eine Unterredung mit dem russischen General Shirov und trifft mit ihm ein Abkommen. Als er und Shirov schließlich durch Funk erfahren, daß Rußland nichts unternehmen wird, erschießt sich General Shirov. Der Weg für eine weitere Expansion Japans scheint offen zu sein.

MARSH, NGAIO
(* 1899)

Geboren als Edith Ngaio Marsh in Christchurch, Neuseeland. Sie versuchte sich zuerst als Schauspielerin und Dramatikerin. 1928 kam sie nach England und arbeitete als Innendekorateurin. 1934 erschien ihr erster Krimi. Kurz darauf kehrte sie nach Neuseeland zurück. Sie widmet etwa die Hälfte des Jahres dem Theater, die andere Hälfte dem lukrativeren Krimischreiben. Seit 1949 hält sie sich wieder öfter in England auf. Sie ist die Autorin von etwa 30 Krimis. In allen tritt der aristokratische Superintendent Roderick Alleyn von Scotland Yard auf. Die ersten Krimis werden von Alleyns Freund Nigel Bathgate erzählt. Während des Zweiten Weltkriegs löst Alleyn zwei Fälle in Neuseeland (*Colour Scheme,* 1943; *Died in the Wool,* 1945).

M. hat einen ihrer ersten Krimis in Zusammenarbeit mit Henry Jellett geschrieben (*The Nursing Home Murder,* 1935).

A Man Lay Dead (1934); *Enter a Murderer* (1935); *Colour Scheme* (1943); *Died in the Wool* (1945); *When in Rome* (1970); *Last Ditch* (1977).

Black As He's Painted
(1974)
Der Staatsbesuch des Präsidenten von Ng'ombwana (Afrika) in London wird in der Botschaft von Ng'ombwana mit gemischten Gefühlen erwartet. Der Präsident behauptet, es sei nicht sein Schicksal, ermordet zu werden, und er lehnt daher alle Sicherheitsmaßnahmen ab. Erst als die »Special Branch« von Scotland Yard Roderick Alleyn nach Ng'ombwana schickt, verspricht der Präsident, ein Minimum an Vorsichtsmaßnahmen zuzulassen – Alleyn zu Gefallen, denn er und Alleyn sind Schulkameraden gewesen. Der Botschafter hat für seinen Landesherrn einen prunkvollen Empfang inszeniert. Mit Einverständnis des Präsidenten sind alle, die je mit Ng'ombwana offiziell zu tun hatten, eingeladen worden – auch Leute, die wenig Grund haben, den Präsidenten zu schätzen. Zu den Gästen zählen z. B. Miss und Mr. Sanskrit, die in Ng'ombwana ihre Handelsniederlassung hatten aufgeben müssen, und Oberstleutnant Cockburn Montfort, der seine Stelle als Leiter der Armee verloren hatte, als Ng'ombwana unabhängig wurde, und der seither trinkt.
Außerdem teilt der pensionierte Diplomat Whipplestone, der in der Nähe der Botschaft wohnt, Alleyn mit, daß die Sanskrits, der Oberstleutnant und seine Frau, Whipplestones Diener Chubb und ein gewisser Mr. Sheridan, die alle ebenfalls in der Nachbarschaft leben, eine Art rassistischen Geheimbund unterhalten.
Am Abend des Empfangs geschieht trotz aller Sicherheitsmaßnahmen ein Mord; doch es ist der Botschafter, nicht der Präsident, der getötet wird. Hat der Mörder im Zwielicht die Personen verwechselt? Alleyn führt die Untersuchung; dabei wird er von Mr. Whipplestone und dessen schwarzer Katze Lucy unterstützt. Erst als auch Mr. und Miss Sanskrit ermordet worden sind, werden die Zusammenhänge annähernd klar: Die Sanskrits haben als Agenten für den ng'ombwanischen Präsidenten gearbeitet. Sie haben den Präsidenten gewarnt, daß der Botschafter ein Attentat auf ihn plane, worauf der Präsident seinerseits den Botschafter beseitigen ließ. Als Cockburn-Montfort von dem »Verrat« der Sanskrits an dem Geheimbund erfuhr, hatte er die beiden spontan aufgesucht und sie im Rausch erschlagen.

MARSH, RICHARD
(1858–1915)

Dieser Engländer wurde in Eton und Oxford erzogen und schrieb etwa 70 Bände Romane und Kurzgeschichten, darunter Gruselstories und Krimis. Hugh Greene druckte in *The Crooked Counties* (1973) eine Erzählung aus *Judith Lee. Some Pages from Her Life* (1912) ab. Ein Kind, das von den Lippen ablesen kann, überführt die größte internationale Diebesbande der Zeit. HAGEN verzeichnet folgende Bände:

The Crime and the Criminal (1897); *The Beetle* (1897); *The Datchet Diamonds* (1898); *Marvels and Mysteries* (1900); *The Death Whistle* (1903); *The Garden of Mystery* (1911); *A Master of Deception* (1913).

MARSHALL, ARCHIBALD
(1866–1934)

Pseudonym für den Engländer Arthur Hammond Marshall; er studierte in Cambridge und wurde Verleger. Einige seiner Bücher gehören ins Gebiet des Krimi.

The Mystery of Redmarsh Farm (1911); *The Terrors and Other Stories* (1913); *The Mote House Mystery* (1926, zus. mit H. A. Vachell).

MARTIN, HANSJÖRG
(* 1920)

Geboren in Leipzig. Nach einer Grafikerausbildung wurde er als Soldat eingezogen. – Er arbeitete als Clown, dann als Schaufensterdekorateur und als Bühnenbildner. 1955 wurde er Redakteur und Dramaturg in Hamburg. Seit 1963 lebt er als freier Schriftsteller. M. verfaßte viele Kinderbücher, war Mitarbeiter beim *Stern* und arbeitete für Schulfunk und Schulfilm. M.s

Geschichten spielen hauptsächlich in Norddeutschland. Wie Simenon versucht er, in jedem Roman eine individuelle Atmosphäre zu schaffen. M.s Detektiv ist gewöhnlich ein bescheidener Mensch, der sich unspektakulär mit der Aufklärung des Verbrechens beschäftigt. M.s Romane haben bis zum April 1976 eine deutsche Gesamtauflage von 700 000 Exemplaren erreicht; sie sind in sieben Sprachen (darunter Englisch und Französisch) übersetzt worden.

Gefährliche Neugier (1965); *Kein Schnaps für Tamara* (1966); *Einer fehlt beim Kurkonzert* (1966); *Bilanz mit Blutflecken* (1968); *Cordes ist nicht totzukriegen* (1968); *Meine schöne Mörderin* (1969); *Blut ist dunkler als rote Tinte* (1970); *Einer flieht vor gestern nacht* (1971); *Tod im Dutzend* (1972, Geschichten); *Feuer auf mein Haupt* (1972); *Mallorca sehen und dann sterben* (1973); *Bei Westwind hört man keinen Schuß* (1973); *Schwarzlay und die Folgen* (1974); *Blut an der Manschette* (1974); *Geiselspiel* (1975); *Wotan weint und weiß von nichts* (1976); *Die lange, große Wut* (1977).

Rechts hinter dem Henker
(1969)
Kommissar Klipp ist eigentlich beim Einbruchs-Dezernat. Aber als er auf dem Rummelplatz zufällig auf einen Toten in der Geisterbahn stößt, wird ihm der Fall übertragen. Die Wahrsagerin Sylvia (eigentlich: Frau Rietmüller) identifiziert den Toten als ihren Schwiegersohn. Ihre Tochter, Tony Konyas, wird Klipp schnell sympathisch. Kurz danach wird Tonys Vertrauter, ›Onkel‹ Paul, beim Abbau einer Anlage von einem herunterfallenden Eisen erschlagen. Der Rummelplatz mit den Schaubudenleuten erweist sich als ein Dschungel, in dem sich Klipp nur allmählich zurechtfindet. Der Besitzer der Geisterbahn, Herr Zink, macht sich durch einen luxuriösen Lebensstil verdächtig. Klipp kann ihm nach einer Beschattungsfahrt ein Verbrechen nachweisen, aber nicht den Mord! Der Kommissar errät das Motiv allmählich; aber er gibt den Täter, der ihm überraschend alles gesteht, nicht sofort dem Gericht preis.

MASEFIELD, JOHN
(1878–1967)

Geboren in Herefordshire. Mit dreizehn Jahren ging er zur See, war Gelegenheitsarbeiter in New York, nach 1902 Journalist in England. Später wurde er freier Schriftsteller, und seit 1930 war er »Poet Laureate«. Einige seiner Kurzgeschichten sind in Krimianthologien aufgenommen worden, und BARZUN/TAYLOR verzeichnen den Roman *Dead Ned. The Autobiography of a Corpse* (1938) in ihrer Krimiliste.

MASON, ALFRED EDWARD WOODLEY
(1865–1948)

Geboren in London. Er studierte in Oxford und hatte großen Erfolg mit seinen historischen und Abenteuer-Romanen. Von 1906 bis 1910 war er Parlamentsmitglied; während des Ersten Weltkrieges arbeitete er für den Geheimdienst der Marine. M. hat Inspector Gabriel Hanaud von der Pariser Sûreté erfunden, der in einem halben Dutzend Bücher die Hauptrolle spielt. Ein weiteres halbes Dutzend Kriminalromane und einige Kurzgeschichtenbände vervollständigen M.s Beitrag auf dem Gebiet des Krimi. Drei seiner Romane sind verfilmt worden.

The Witness for the Defence (1913); *The Four Corners of the World* (1917, Kurzgeschichten); *The Secret Fear* (1940). – Drei Inspector-Hanaud-Romane: *At the Villa Rose* (1910); *The Prisoner in the Opal* (1928); *The House in Lordship Lane* (1946).

Lit.: Roger Lancelyn Green, A. E. W. Mason, 1952.

The House of the Arrow
(1924; dt. *Das Geheimnis der Sänfte,* 1939, 1971)
Die Londoner Firma Frobisher & Haslitt erhält zwei Briefe von einem gewissen Boris Waberski aus Dijon. Die Firma hat dort eine Klientin, die Witwe Harlowe, die eben gestorben ist. Ihr Schwager Waberski hatte gehofft, eine große Summe zu erben, aber Mrs. Harlowe hatte alles ihrer Nichte Betty Harlowe vermacht. Waberski klagt Betty des Giftmordes an, und diese ruft die Firma in London um Hilfe an, als sie vernimmt, daß die Polizei Waberskis Klage ernst nimmt und den berühmten Pariser Inspector Hanaud ein-

setzt. Jim Frobisher fährt nach Dijon, um Betty Harlowe beizustehen. Er freundet sich mit Hanaud an, einem klugen, etwas exzentrischen, launischen Menschen, der in seiner Genialität allen anderen immer weit voraus ist, auch dem Leser, der jeweils ebenso weit informiert wird wie Jim Frobisher. Wenn Mrs. Harlowe vergiftet worden ist, dann mit indianischem Pfeilgift, das keine Spuren hinterläßt und von einem Pfeil aus der Sammlung des verstorbenen Mr. Harlowe stammt. Daß es sich um Mord handelt, wird gewiß, als ein dunkler Apotheker, der das Pfeilgift wahrscheinlich verarbeitet hat, ermordet wird. Als Mörder kommen in Frage: Waberski, die Krankenschwester, Betty und ihre Hausfreundin Ann Upcott.
Schon lange treibt in Dijon ein Erpresser sein Unwesen. Er versendet anonyme Briefe, die bereits Menschen zum Selbstmord getrieben haben. Hanaud ist eigentlich deswegen nach Dijon gekommen – und nicht vergeblich. In einem anscheinend verlassenen, durch einen unterirdischen Gang mit der Harlowe-Villa verbundenen Haus entdeckt er die Erpresser-Zentrale. Er überrascht Betty, die gerade Ann ermorden will. Betty ist tatsächlich selbst die Mörderin ihrer Tante und Chefin einer Erpresser- und Verbrecherbande; sie hat auch den Mord des Apothekers veranlaßt. Jim Frobisher, der gemeint hat, Betty zu lieben, wendet seine Aufmerksamkeit Ann zu, die ihr Leben nur der klugen Voraussicht Hanauds verdankt.
Ein glänzend geschriebener Krimi – voller Spannung und mit einer völlig unwahrscheinlichen Handlung.

MASON, VAN WYCK
(* 1901)

Geboren in Boston. Er studierte in Harvard und wurde Offizier. Seit 1928 ist er freier Schriftsteller und lebt heute auf Bermuda. M. verfaßte historische Romane und Jugendbücher, die zum Teil Bestseller wurden. Er publizierte auch unter den Pseudonymen Frank W. Mason und Ward Weaver. Zwei Krimis schrieb er zusammen mit H. Brawner unter dem Pseudonym Geoffrey Coffin: *Murder in the Senate* (1935) und *The Forgotten Fleet Mystery* (1936). Seine Hauptfigur, der Held in etwa 30 Krimis, ist der Offizier Hugh North (zuerst Hauptmann, später Oberst). Als amerikanischer Agent löst er Spionagefälle und Verbrechen und schätzt hübsche Frauen.

Drei Hugh-North-Romane: *The Washington Legation Murders* (1935); *Saigon Singer* (1946); *Zanzibar Intrigue* (1963).

Dardanelles Derelict
(1949)
Die bösen Russen haben eine neue Waffen-Erfindung gemacht. Die guten Amerikaner sind an sich besser bewaffnet; hätten sie die Pläne dieser Erfindung, wären sie den Russen überlegen. Aber sie haben die Pläne nicht, und so werden die Russen frech und verlangen den Abzug der Amerikaner aus der Türkei und aus Griechenland; sonst gebe es Krieg.
Die Amerikaner wissen, daß ihr Agent Joseph Walewski die Pläne photographiert hat und den Mikrofilm bei sich trägt. Die Russen wissen es auch. Aber wo ist Walewski? Niemand weiß es. Beide Parteien wollen als erste an ihn herankommen.
In dieser Situation gibt der amerikanische Agent Hugh North vor, zu den Russen überzulaufen. Die Kommunisten betrachten ihn mit Mißtrauen; da er ihnen aber in kleinen Sachen nützlich ist, schenken sie ihm schließlich Vertrauen. Die Suche nach Walewski führt North und seine neuen Freunde ins verschneite Grenzgebiet zwischen der Türkei und Bulgarien. Unterwegs muß North heimlich einen russischen Agenten beseitigen. Aber am Grenzort angelangt, verhaftet ein idiotischer amerikanischer Offizier Hugh North in der Meinung, North sei ein Verräter. Als North' Vorgesetzter eintrifft, haben die russischen Agenten einen großen Vorsprung: Sie sind bereits in Bulgarien, auf dem Weg nach Kavakli, wo Walewski zu finden ist. Als North und seine Freundin in Kavakli eintreffen (er gilt immer noch als Überläufer), ist Walewski schon beinahe zu Tode gemartert worden. Er kann North gerade noch zuflüstern, daß die Pläne in einem hohlen Schlüssel stecken. Eine spannende Flucht zurück in die Türkei folgt. Amerika hat nun die Pläne; die Russen drohen nicht mehr; North will seine tapfere Begleiterin heiraten.
Der Roman ist spannend, aber die Schwarzweißmalerei ist übertrieben: Die russischen Agenten (besonders die abgefallenen Amerikaner) sind von einer phänomenalen Unmenschlichkeit, und Rußland scheint nur ein Ziel zu haben: den

Westen mit Stumpf und Stil auszurotten. Die Menschen des Westens sind edel und gut, die »Commies« hingegen korrupt und sadistisch.

MASTERMAN, JOHN CECIL
(* 1891)

Geboren in Surrey; Studium in Oxford, seit 1913 Fellow des dortigen Christ Church College. Er schrieb zwei Krimis: *The Oxford Tragedy* (1933) und *The Case of the Four Friends* (1957).

MASUR, HAROLD Q.
(* 1912)

Dieser Amerikaner ist Rechtsanwalt und hat seit 1947 über ein Dutzend Krimis geschrieben. Seine Zentralfigur ist Scott Jordan, ein Advokat, der in New York unschuldige Klienten verteidigt, indem er gleichzeitig als Privatdetektiv fungiert und die wirklichen Schuldigen aufspürt.

Bury Me Deep (1947); *Make a Killing* (1964); *The Attorney* (1973).

MATHERS, HELEN
(1853–1920)

Geboren in Somerset. Sie schrieb viele romantische und melodramatische Romane. Ins Gebiet des Krimi gehören folgende Bände:

The Land o' the Leal (1878, zwei Erzählungen); *Murder or Manslaughter* (1885); *Blind Justice* (1890).

MATSUMOTO, SEICHO
(* 1909)

Geboren in Fukuoka, Provinz Kiushu. Seine literarische Karriere begann er im Alter von vierzig Jahren. Er schrieb Essays und Romane, darunter mehrere Krimis. Sein Kriminalroman *Kao* erhielt den Preis des Japanischen Verbandes der Krimiautoren. *Ten to Sen* (1957; englische Übersetzung 1970: *Points and Lines*) war ein Bestseller: Über eine Million Exemplare wurden in Japan verkauft. Matsumoto gilt heute als führender Krimiautor Japans.

Ten to Sen
(1957; engl. *Points and Lines,* 1970)

An einem kalten Januarmorgen werden an einer einsamen Küste in Kiushu die Leichen einer jungen Frau und eines jungen Mannes gefunden. Gut gekleidet und in ordentlicher Haltung liegen die Serviertochter Otoki und der Regierungsbeamte Sayama auf den Steinen – vergiftet. Die örtliche Polizei kommt zum naheliegenden Schluß: Selbstmord eines Liebespaares (was in Japan von altersher häufig vorkommt). Nur Detektiv Torigai mißtraut dieser einfachen Lösung; trotz sorgfältiger Nachforschungen kann er keine Hinweise auf eine Liebesbeziehung zwischen den beiden finden. Er fragt sich im Gegenteil, warum Sayama allein in den Speisewagen gegangen war, wenn er doch angeblich in Begleitung seiner Geliebten von Tokio nach Kiushu fuhr. In Tokio wird man auf den Fall aufmerksam, als sich herausstellt, daß Sayama ein wichtiger Zeuge in einem Regierungsskandal gewesen wäre. Als Inspektor Mihara von der Stadtpolizei Tokio nach Kiushu fährt, überzeugt ihn Torigai, daß es sich hier um ein Verbrechen handeln muß. Verdächtig ist der Tokioer Geschäftsmann Yasuda, der Otoki kannte und der beste Beziehungen zu Sayamas Regierungsstelle hat. Sayamas Chef Ishida steht unter dem Verdacht, Bestechungsgelder angenommen zu haben; aber ohne Sayamas Zeugnis kann man ihm nichts nachweisen. Mihara konzentriert sich auf Yasuda; jedoch erst nach langen Mühen und vielen Rückschlägen kann er das raffinierte Alibi zerstören, das Yasuda mit Hilfe der japanischen Eisenbahnfahrpläne konstruiert hat. Am Ende stellt sich heraus, daß Yasuda mit Otokis Hilfe Sayama nach Kiushu gelockt hatte. Dort hatten Yasuda und seine Frau die beiden umgebracht. Sayama war Ishidas wegen getötet worden; auf Otoki war Yasudas Frau schon lange eifersüchtig gewesen, während Yasuda selbst ihrer überdrüssig geworden war. Das Endergebnis der Bemühungen Miharas sind zwei neue Selbstmorde: Yasuda und seine Frau. Oder handelt es sich nur im Falle der Frau um Selbstmord? Ishida wird versetzt und befördert.

MATTHEWS, BRANDER
(1852–1929)

Dieser Professor der Theaterwissenschaften an der Columbia University versuchte sich – wie später so mancher andere englische und amerikanische Universitätsprofessor – an einem Krimi: *The Last Meeting* (1885).

MAUGHAM, ROBIN
(* 1916)

Dieser englische Lord (Lord Cecil Robert Romer Maugham, 2nd Viscount of Hartfield) und Neffe von Somerset Maugham wurde in London geboren. Er studierte in Cambridge. Im Zweiten Weltkrieg fuhr er einen Panzer in der Libyschen Wüste. 1945 erschien sein erstes Buch, *Come to Dust;* seither hat er etwa 20 weitere Bände geschrieben, darunter erfolgreiche Romane, von denen vier verfilmt wurden. Er lebt heute auf den Balearen.

The Servant (1948); *A Line on Ginger* (1949); *The Man with Two Shadows* (1958).

The Link. A Victorian Mystery
(1969; dt. *Im Schatten des Anderen,* 1971)
Am 20. März 1862 erscheint in der »Times« eine Notiz: Lady Steede möchte Informationen über ihren 1830 geborenen Sohn James Steede haben. Angeblich war er Passagier auf der »Clara« gewesen, die im April 1852 im Pazifik untergegangen sein soll. Es soll Überlebende gegeben haben. James ist der Erbe der Güter von Sir William Steede, Bart.
Nun wird die Jugend von James erzählt: Privatschulen für Reiche, Entwicklung zur Homosexualität, ungeheure Possessivität der Mutter. Diese Mutter hintertreibt die Heirat von James mit der reichen und anständigen Margaret Anstey, indem sie den Ansteys mitteilt, James habe Syphilis. James hinterläßt Margaret einen Brief, in welchem er sie finanziell sicherstellt, falls sie ein Kind von ihm zur Welt bringen sollte. Er verläßt England und nennt sich von jetzt an einfach »Jimmy«, um seine Spuren zu verwischen.
Er hat homosexuelle Abenteuer in Mexiko und Australien. Die »Clara« ist nicht untergegangen, sondern hat auf der Fahrt nach Australien Namen und Farbe gewechselt. Die Mannschaft hat sie verkauft und ist in die Goldgruben gegangen. James Steede wird Pferdezüchter. Er trinkt zuviel, lebt aber zufrieden und denkt nicht daran, nach England zurückzukehren.
James' Vater hatte eine Geliebte gehabt und von dieser einen Sohn, der James aufs Haar gleicht: Ben Ashby. Das Schicksal verschlägt Ben nach Mexiko. Da die Leute ihn immer wieder für Jimmy halten, gerät er diesem auf die Spur und stöbert ihn in Australien auf. Die beiden Brüder werden gute Freunde. James will unter keinen Umständen zurück. Er erzählt Ben sein ganzes Leben, so daß dieser nach Jimmys Tod als James zurückkehren und das Erbe antreten kann. Jimmy geht am Alkohol zugrunde, und Ben kehrt als James nach England zurück.
Die Erben wollen natürlich das Erbe nicht wieder herausgeben, und es kommt zu einem Identifikationsprozeß. Ben hätte gewonnen, wenn er seine Karten richtig ausgespielt hätte. Aber er lernt immerhin, wie falsch und ruchlos Charlotte, James' Mutter, und andere sind. Seine Geliebte, Ross, verläßt ihn, als sie hört, er sei kein Baronet. Ben gibt den Fall auf und verschwindet wieder nach Australien. Er hat begriffen, warum James lieber auf einer Pferdefarm leben wollte als bei seiner Mutter.
Der Roman löst den berühmten »Tichborne Case«, der seinerzeit die Viktorianer in große Aufregung versetzt hatte.

MAUGHAM, WILLIAM SOMERSET
(1874–1965)

Geboren in Paris. Er studierte in England und wurde Arzt, übte den Beruf aber nie aus. M. ist noch heute einer der meistgelesenen englischen Romanciers. Seine Beliebtheit hat anfänglich seinem Ruhm bei den Kritikern geschadet; heute gelten aber zumindest seine Kurzgeschichten auch bei der Literaturkritik als unübertroffen. Nach 1928 wohnte M. an der französischen Riviera. Er hat einige Erzählungen geschrieben, die ins Gebiet des Krimi gehören, und den berühmten Roman *Ashenden; or, The British Agent* (1927). Der Roman beruht auf M.s persönlichen Erfahrungen, die er im Ersten Weltkrieg als englischer Agent in der Schweiz gemacht hat. *Ashenden* wurde 1936 von Alfred Hitchcock als *The Secret Agent* verfilmt.

Ashenden; or, The British Agent
(1927; dt. *Ein Abstecher nach Paris,* 1969)
Der Roman setzt sich aus mehreren Episoden zusammen. In der ersten wird der Schriftsteller Ashenden von R., dem Chef des englischen Geheimdienstes, angeworben. In der zweiten verhandelt Ashenden mit einem unzufriedenen Spion über dessen Honorar. In der dritten wird die ältliche Miss King vergiftet; Ashenden sitzt am Sterbebett; sie kann aber nicht mehr sprechen und nimmt ihr Geheimnis mit ins Grab. In der folgenden Episode soll der »haarlose Mexikaner« einem deutschen Spion Dokumente abnehmen. Der Mexikaner ermordet den Deutschen, aber Ashenden und der Mexikaner finden keine Dokumente. Es stellt sich heraus, daß sie den falschen Mann erwischt haben. Der Mexikaner erzählt Ashenden die Geschichte von der schwarzhaarigen Frau, in die er sich rasend verliebt hat. Als sie endlich mit ihm schläft, merkt er, daß sie eine Agentin ist und er ihr schon zuviel gesagt hat. Er schneidet der Schlafenden die Kehle durch.
Erschütternd ist die Geschichte der Giulia Lazzari. Sie und der indisch-deutsche Spion Chandra Lal lieben sich über alles. Die Engländer stecken Giulia so lange in ein Gefängnis, bis sie bereit ist, den Geliebten aus der Schweiz nach Thonon zu locken, wo er verhaftet wird und Selbstmord begeht. Es folgt die Geschichte des Baslers Gustav, der als Agent bezahlt wird, angeblich Geschäftsreisen nach Deutschland unternimmt und die vorbildlichsten Rapporte abliefert. In Wirklichkeit sitzt er zu Hause und steckt nur das Geld ein. Den Höhepunkt bildet die Erzählung um Grantley Caypor; er und seine deutsche Frau leben als deutsche Agenten in Luzern. Die Caypors wissen nicht, daß die Briten ihr Geheimnis kennen. Der deutsche Geheimdienst braucht Spione in England, und Caypor muß gegen seinen Willen gehorchen. Natürlich wird er abgefangen und hingerichtet. Unterdessen geht seine Frau in Luzern jeden Tag zu Cooks Reisebüro und wartet verzweifelt auf eine Nachricht von ihrem Mann. Es folgt Sir Herbert Witherspoons tragische Liebesgeschichte, die aus dem Rahmen fällt. Im letzten Teil reist Ashenden über Wladiwostok nach Moskau. Ein uneinsichtiger Amerikaner begleitet ihn; dieser will nicht ohne seine Hemden fliehen, als die Revolution von 1917 ausbricht. Es kostet ihn das Leben.
Was die Episoden auszeichnet, ist die kühle, objektive Haltung des Autors, der ein ungeschminktes Bild des Agentenlebens vermittelt. M. hat auf dem Gebiet des Spionageromans das Gegenstück zum Krimi der »procedural school« geschaffen.

MAUPASSANT, GUY DE
(1850–1893)

Geboren im Schloß Miromesnil (Seine Inférieure). Er begann das Studium der Rechtswissenschaften, nahm am Krieg von 1870/1871 teil und arbeitete darauf bis 1880 als kleiner Beamter in Paris. Mit Hilfe Flauberts gelang ihm ein kometenhafter Aufstieg: M. verdiente riesige Summen, machte Reisen, versank aber 1891 in geistiger Umnachtung. Manche seiner etwa 250 Novellen können als Kriminalerzählungen bezeichnet werden; sie erscheinen immer wieder in Krimi-Anthologien und in Sammlungen von Gruselstories.

MAURIAC, FRANÇOIS
(1885–1970)

Geboren in Bordeaux. Nach streng katholischer Erziehung studierte er in Bordeaux und Paris. 1926 Großer Romanpreis der Académie Française, deren Mitglied er seit 1933 war. M. gehört zu den großen französischen Romanciers und Essayisten dieses Jahrhunderts. 1952 erhielt er den Nobelpreis. *Thérèse Desqueyroux* (1927) gilt als einer der besten Krimis der Weltliteratur.

Thérèse Desqueyroux
(1927; dt. *Die Tat der Thérèse Desqueyroux,* 1928, 1963)
Das ist die Geschichte einer jungen Frau, die versucht hat, ihren Gatten Bernard zu vergiften. Thérèse wird angeklagt, aber mit Hilfe der entlastenden Aussagen ihres Mannes erreicht ihr Rechtsanwalt, daß das Verfahren eingestellt wird. Während Thérèse vom Gerichtsort zu ihrem Mann reist, wird geschildert, warum sie den Mordversuch unternommen hat. Was soll nun werden? Wird sie offen mit Bernard sprechen und seine Verzeihung erlangen? Zu Hause erwartet Thérèse nicht Vergebung, sondern Strafe: ihr Mann ist – wie früher – ein Egozentriker mit sadistischen Zügen, dem die Familien-

ehre über alles geht. Alles das, was Thérèse mit ihrer Tat hat auslöschen wollen – Borniertheit, Unverständnis, Lieblosigkeit –, bricht von neuem über sie herein. Nach außen gilt sie als »neurasthenische« Frau Bernards; in Wirklichkeit wird sie in spartanischer Einzelhaft gehalten. Sie zieht sich in eine Schattenwelt der Phantasie zurück und magert zum Skelett ab. Die Familie ist schockiert – was sollen die Leute denken? Man beschließt, Thérèse freizugeben: sie wird von ihrem Vermögen in Paris leben.
Aber kurz vor der Trennung scheint eine echte innere Annäherung der Gatten möglich zu werden. Bernard fragt zum ersten Mal nach den Motiven von Thérèses Tat. Sie erklärt, sie sei bereit, mit Bernard auf sein Landgut zurückzukehren. Doch Bernard versteht sie nicht wirklich und verschließt sich erneut. Thérèse bleibt gelassen: sie hat erkannt, daß sie Täter und Opfer zugleich ist. Auch sie gehört zur »Familie«, denn sie denkt in vielem wie diese. Ihre Intelligenz und die Umstände machen es ihr jedoch unmöglich, das »normale« Leben einer Frau in der Familie zu führen. – 1935 veröffentlichte M. eine Fortsetzung des Romans, in der er Thérèse sterben ließ: *La fin de la nuit.*

MAY, KARL
(1842–1912)

Geboren in Ernstthal, Sachsen. Er wurde Lehrer. 1862 verbrachte er wegen Diebstahls einige Wochen im Gefängnis. Die Jahre 1865–1868 und 1870–1874 saß er im Zuchthaus. Dann arbeitete er als Redakteur, später als freier Schriftsteller. In den Jahren 1882–1887 erschienen seine fünf großen Kolportageromane anonym beim Verlag Münchmeyer in Dresden. Einer davon, *Der verlorene Sohn oder Der Fürst des Elends* (1883–1885), ist mit seinen 2411 Seiten ein gigantischer Krimi. M.s Untertitel: »Roman aus der Criminal-Geschichte«. In den folgenden Jahren wurde M. zum wahrscheinlich populärsten Schriftsteller deutscher Zunge.
Wir gehen nicht fehl, wenn wir behaupten, daß die meisten Werke M.s versteckte Krimis sind. Verbrechen geschehen, und ein einzelner oder eine Gruppe von Menschen macht sich auf den Weg, die Verbrecher zu suchen und zu bestrafen. In den frühen Werken strafen noch die guten Menschen selbst, in den späten treiben sie die »Bösen« Gott in die Hände, der sie in einen Felsspalt stürzen oder durch Erdrutsche oder andere Naturkatastrophen zugrundegehen läßt. Gelegentlich bringen sich auch die Bösen gegenseitig um.
Kara Ben Nemsi, Old Shatterhand, Winnetou und die ihnen befreundeten Westmänner sind im Grunde alle Detektive: sie lesen Spuren, suchen am Gebüsch nach Pferdehaaren, nehmen das Maß von Fuß- und Hufeindrücken; vor allem denken sie wie Detektive: sie überlegen sich, was der Gegner tun wird, stellen ihm Fallen usw. Was Sherlock Holmes kann, können sie auch. Einer der Westmänner, »Tante Droll«, ist sogar ein richtiger Pinkerton-Detektiv.

Der verlorene Sohn oder Der Fürst des Elends
(1883–1855)

Zwei Romane der Weltliteratur haben Pate gestanden: Eugène Sues *Les mystères de Paris,* worin ebenfalls ein »Fürst des Elends« die Hauptrolle spielt, und Alexandre Dumas' *Le comte de Monte-Cristo,* worin ein armer Kerl, dem man großes Unrecht zugefügt hat, als steinreicher Adeliger zurückkehrt und sich furchtbar an seinen früheren Verleumdern rächt. – In M.s Roman finden sich außerdem fast alle Hauptmotive der künftigen Krimiliteratur: Gustav Brandt, ein junger, genialer Polizist und Detektiv aus der Hauptstadt, soll der organisierten Schmugglerei in den Wäldern ein Ende bereiten. Die Schmugglerkönige beschließen seinen Tod. Geschickt wird er für zwei Morde, die er nicht begangen hat, verantwortlich gemacht – so geschickt, daß sogar seine Geliebte ihn für schuldig hält. Er entflieht aus dem Gefängnis, kommt nach Indien, wird dort Fürst von Befour und kehrt zwanzig Jahre später als Milliardär zurück. Er nimmt mit dem König Kontakt auf und erhält Spezialvollmachten vom Justizminister. Nun räumt er zuerst mit den Schmugglerkönigen auf, dann mit dem Verbrecherhauptmann in der Stadt. Es kommen vor: Erbschleicher, Spielhöllen, Bordelle, uneheliche Kinder, Kindsmorde, das Vertauschen von Kindern, Wucher und Betrug, Heiratsschwindel, schlimmer Kapitalismus (verhungernde Weber, verhungernde Arbeitslose), Mädchenraub, Mädchenhandel, Verurteilung Unschuldiger, Mord durch Gift, Einlieferung einer geistig Gesunden in ein Irrenhaus, künstlich herbeigeführter Gehirnschaden, Mord, wobei der Mör-

der nachher in der Person des Ermordeten auftritt, Verkleidungen großen Ausmaßes, Einbruch, Diebstahl, gestohlene Gegenstände in Koffern Unschuldiger usw.
Nach der Art der Zeit läßt der Autor den Leser bald erraten, woran er ist. Der Leser weiß, wer der Fürst von Befour ist, bevor es ihm gesagt wird. Brandt ist ein äußerst kluger Detektiv; auch die Polizisten, die er um sich hat, verstehen ihren Beruf. Die Beamten hingegen sind oft eingebildet und dumm; sie sind dem »Hauptmann« nicht gewachsen. Dutzende von Nebenpersonen aller Schichten kommen vor – Vornehme, Künstler, Förster, Angestellte, Proletariat. Dutzenden verhilft Brandt zum Glück, zu einer Liebesheirat, oft zu Reichtum. Brandt spielt die Rolle, die der liebe Gott gelegentlich im Märchen spielt: Er unterstützt die Guten und belohnt sie mit irdischen Gütern; er bestraft die Bösen.
M. projiziert sich in die Figur Brandts hinein, der wie er zu Unrecht verurteilt worden war. So wie Brandt hätte er, der Autor, gerne an Freund und Feind gehandelt.

MEADE, L. T.
(1854–1914)

Pseudonym für die Engländerin Elizabeth Thomasina Meade Smith, die etwa 250 Jugendbücher geschrieben haben soll. Sie verfaßte auch Krimis und Kurzgeschichten, die neben denen von Conan Doyle im *Strand* erschienen. Sie erfand – zum Teil in Zusammenarbeit mit Dr. Clifford Halifax (Pseudonym für Dr. Edgar Beaumont) und mit Robert Eustace (Pseudonym für Dr. Eustace Robert Barton) – mehrere Serienfiguren in Kurzgeschichtenbänden. 1894 und 1896 erschienen zwei Bände Erzählungen unter dem Titel *The Diary of a Doctor,* die sie mit Halifax schrieb und die als erste medizinische Kriminalerzählungen gelten. Mit Eustace verfaßte sie die Erzählungen um die schurkische Madame Koluchy in *The Brotherhood of the Seven Kings* (1899) und die Geschichten um die noch verworfenere Madame Sara in *The Sorceress of the Strand* (1903). Dr. Henry Chetwynd und Dr. Paul Cato sind die Amateurdetektive in den Erzählungen um *The Sanctuary Club* (1900). John Bell ist der Held in *A Master of Mysteries* (1898), während George Conway in *The Gold Star Line* (1899) als Detektiv agiert.

MEISSNER, AUGUST GOTTLIEB
(1753–1807)

Geboren in Bautzen; Studium der Rechtswissenschaften in Wittenberg und Leipzig. 1785 wurde er Professor der Ästhetik in Prag, 1805 in Fulda, wo er starb. Neben Dramen und Operetten schrieb M. Romane und Erzählungen in der Nachfolge Wielands. Laut Promies publizierte M. 1778 »die ersten deutschen Kriminalgeschichten«. M. war ein Freund von Chr. H. Spieß und von Friedrich Ernst Albrecht (1752–1816), der wie Spieß Selbstmörderbiographien veröffentlichte. Nach Promies war es die Absicht Meißners, Spieß' und Albrechts, »durch Mitteilung wahrer Lebensläufe das Gewissen (und Bewußtsein) etwa gegen die Ungerechtigkeit der Justiz aufzurütteln, den Leser nachdenklich zu stimmen, daß Verbrecher unschuldig sein können, Selbstmörder nicht gottlos zu sein brauchen. Sie waren kurzum Aufklärer, die ihren Schreibberuf rührend ernst nahmen und den Zeitgenossen das Humane gerade in der Entmenschlichung, dem Menschenunwürdigen sehen lehrten.« (W. Promies im Nachwort zu Chr. H. Spieß, *Biographien der Wahnsinnigen,* Neuwied/Berlin 1966, S. 321).
M. veröffentlichte in den Jahren 1778–1796 14 Bände *Skizzen.* Zwei Skizzen aus dem letzten Band erscheinen noch in O. L. B. Wolffs *Hausschatz deutscher Prosa* (Leipzig, [10]1868).
In der ersten verhilft ein Anatom einem Erhängten, der um Mitternacht in der Anatomie wieder zu sich kommt, zur Flucht aus der Stadt, indem er geschickt die Wächter hinters Licht führt. Jahre später trifft der Anatom diesen Flüchtling in besten Verhältnissen in Amsterdam. Moral von der Geschichte: Nicht jeder Deserteur verdient es, gehängt zu werden.
Die zweite Geschichte erinnert an Raffles: In die Zelle eines zum Tode Verurteilten tritt der Priester. Statt sich die Absolution geben zu lassen, fordert der Häftling, daß der Priester ihm bei der Flucht helfe. Die beiden schieben den Altar unter eine Öffnung in der Decke und stellen den Stuhl auf den Altar. Der Priester steigt auf den Stuhl, der Häftling auf des Priesters Schultern. Jetzt kann der Gefangene durch die Decke entfliehen. Als die Wärter kommen, behauptet der Priester der Wahrheit gemäß, der Gefangene habe sich plötzlich emporgehoben und sei zur Öffnung hinausgefahren. Unter den

Anwesenden befindet sich kein Sherlock Holmes; niemand kommt dem Priester auf die Schliche, und man hält dafür, daß der Gefangene ein Engel oder ein Teufel gewesen sei. Jahre später trifft der Priester den Flüchtling, der einen Meierhof führt. Moral von der Geschichte: Auch ein Straßenräuber kann sich bessern.

MELVILLE, ALAN
(* 1910)

Pseudonym für William Melville Caverhill, der (laut HAGEN) vier Krimis verfaßte, bevor er als Dramatiker Erfolg hatte und darauf bei der Bühne und beim Film blieb.

Weekend at Thrackley (1934); *Quick Curtain* (1934); *The Vicar in Hell* (1935); *Death of Anton* (1936).

MELVILLE, HERMAN
(1819–1891)

Geboren in New York. Dieser bis etwa 1920 eher unbekannte amerikanische Klassiker und Autor von *Moby Dick* (1851) veröffentlichte 1857 einen seltsamen, satirischen und symbolträchtigen Schwindlerroman, *The Confidence-Man: His Masquerade,* in dem die Zentralfigur in immer neuen Verkleidungen auftritt und den Passagieren eines Mississippidampfers ihr Geld entlockt.

MÉRIMÉE, PROSPER
(1803–1870)

Geboren in Paris. Er stammte aus gehobenen Kreisen, studierte, bereiste die Welt und gelangte zu höchstem politischem Einfluß (Senator, Freund des Kaiserhauses). Am bekanntesten sind seine in knappem Stil geschriebenen Novellen, in denen einfache Menschen grausame (doch ihrer Natur entsprechende) Verbrechen – wie Mord aus Leidenschaft oder Rache – begehen, z. B. *Mateo Falcone* (1829), *Colomba* (1841), *Carmen* (1846).

MEYNELL, LAURENCE
(* 1899)

Geboren in Wolverhampton. Er war Lehrer, bevor er zu schreiben begann. Später war er Redakteur der Zeitschrift *Time and Tide.* BARZUN/TAYLOR besprechen sechs seiner etwa 50 Krimis sehr positiv. M. schrieb auch unter den Pseudonymen Robert Eton und Geoffrey Ludlow.

Mockbeggar (1924); *Not In Our Stars* (1937, von Robert Eton); *Death of a Philanderer* (1968).

MICHAILOW, WLADIMIR DIMITREWITSCH
(* 1929)

Er studierte Rechtswissenschaften und Philologie und wurde Parteifunktionär. Er hat Romane, Kurzgeschichten, Science-fiction und einige Krimis veröffentlicht.

Unter falschem Namen (1954); *Der Bumerang kehrt nicht zurück* (1956); *An kritischen Ecken* (1957).

MILLAR, MARGARET
(* 1915)

Geboren in Kitchener, Ontario, als Margaret Sturm; Studium der klassischen Sprachen an der University of Toronto. 1938 heiratete sie Kenneth Millar (Ross Macdonald). 1941 erschien ihr erster Krimi: *The Invisible Worm.* Seither hat sie etwa 20 weitere Romane geschrieben, drei Viertel davon Krimis. Während einige ihrer frühen Romane in Toronto spielen, hat sie die Szene seit 1950 nach Kalifornien verlegt (sie wohnt mit ihrem Mann seit Kriegsende in Santa Barbara). In den ersten drei Romanen agiert der Psychiater Paul Prye als Detektiv; Inspector Sands von Toronto tritt in zwei Romanen auf; im übrigen wechselt der Detektiv von Buch zu Buch.

An Air That Kills (1957, in England *The Soft Talkers*); *A Stranger in My Grave* (1960); *Ask for Me Tomorrow* (1976). – Die drei Romane um Paul Prye: *The Invisible Worm* (1941); *The*

Weak-eyed Bat (1942); *The Devil Loves Me* (1942). – Die zwei Inspector-Sands-Romane: *Wall of Eyes* (1943); *The Iron Gates* (1945, in England *The Taste of Fear*).

Beyond This Point Are Monsters
(1970; dt. *Von hier an wird's gefährlich,* 1974)
Robert Osborne ist Farmer in Kalifornien – jung, wohlhabend und glücklich verheiratet. Eines Abends verläßt er sein Haus, um nach seinem Hund zu sehen, und kehrt nicht zurück. Alle Nachforschungen bleiben erfolglos; lediglich ein Messer, Osbornes toter Hund und Blutspuren werden gefunden. Osbornes Frau Devon ist ein Jahr später davon überzeugt, daß Osborne einem Verbrechen zum Opfer gefallen ist, und will ihn für tot erklären lassen. Osbornes Mutter dagegen weigert sich, an seinen Tod zu glauben: Wer hätte ihrem Sohn, der keine Fehler und keine Feinde hatte, etwas antun sollen? In einer Gerichtsverhandlung wird festgestellt, daß ein Mord geschehen sein muß. Gleichzeitig wird die Wahrheit hinter den gesellschaftlichen Fassaden sichtbar. Zum ersten Mal lernt Devon ihren Mann wirklich kennen: Sie erfährt, wie sehr ihn seine Mutter beherrschte; die Eltern zerstritten sich seinetwegen; der Vater trank. Mit fünfzehn Jahren verlor Robert seinen Vater und begann ein Verhältnis mit der mehr als zwanzig Jahre älteren Nachbarsfrau Ruth, das viele Jahre andauerte – bis Ruth unter mysteriösen Umständen ertrank. Kurz darauf hatte Robert Devon geheiratet (fern von zu Haus und gegen den Willen seiner Mutter) – weil Devon ihn an Ruth erinnerte. Im Verlauf der Verhandlung wird immer deutlicher, daß Roberts Mutter in einer irrealen Welt lebt; sie setzt eine Belohnung von 10 000 Dollar aus für Hinweise über Roberts Verbleib. Und am Ende ist sie es, die die volle Wahrheit erfährt. Felipe, der Sohn von Roberts mexikanischem Verwalter, gesteht ihr, wie und warum er Robert ermordet hat: er brauchte Geld und wollte Robert erpressen. Am Tag, an dem Roberts Vater seinen tödlichen »Unfall« hatte, sah Felipe, wie Robert eine blutige Waffe in den Wassertank warf. Felipe hat Robert erstochen; Felipes Vater hat die Leiche im Meer versenkt. Mrs. Osborne bleibt seltsam ruhig; sie erklärt nur, daß *sie* am Tod ihres Mannes und auch am Tod Ruths schuld gewesen sei – nicht Robert. Dann aber nennt sie Felipe »Robert« und sperrt ihn in ein Zimmer, das sie mit Roberts Kindersachen angefüllt hat. Niemand wird Felipe in ihrem einsamen Haus suchen, denn er gilt als verschollen . . . Devon wird Kalifornien verlassen und nach New England zurückkehren.

MILLER, WADE

Pseudonym für Robert Wade (geb. 1920) und Bill Miller (1920–1961). Miller wurde in Garrett, Indiana, geboren. Seine Familie zog nach San Diego, wo er an der Highschool Wade begegnete, der aus San Diego stammte. Sie wurden Freunde und begannen, als sie die Militärzeit hinter sich hatten, Krimis zu schreiben. Der erste, *Deadly Weapon,* erschien 1946 unter dem Pseudonym Wade Miller. Es folgte eine Serie von sechs Krimis um den San-Diego-Detektiv Max Thursday (1947–1951). Von jetzt an verwendeten sie auch die Pseudonyme Dale Wilmer und Whit Masterson. Nach Millers Tod schrieb Wade unter seinem richtigen Namen (zwei Bände) und dem Masterson-Pseudonym weiter (neun Bücher). Die beiden Autoren zusammen haben über 30 Krimis, viele Kurzgeschichten und etwa 200 Radioskripte verfaßt.

Dead Fall (1954, von Dale Wilmer); *A Hammer in His Hand* (1960, von Whit Masterson); *Knave of Eagles* (1969, von Robert Wade). – Die sechs Max-Thursday-Romane (von Wade Miller): *Guilty Bystander* (1947); *Fatal Step* (1948); *Uneasy Street* (1948); *Calamity Fair* (1950); *Murder Charge* (1950); *Shoot to Kill* (1951).

MILLS, OSMINGTON
(* 1922)

Pseudonym für die in Liverpool geborene Engländerin Vivian Collin Brooks. Sie studierte in London, wurde Journalistin und Mitarbeiterin bei der BBC. Seit 1956 schreibt sie Krimis; BARZUN/TAYLOR nennen elf Titel. Ihre Zentralfigur ist Superintendent Baker.

Unlucky Break (1956); *At One Fell Swoop* (1963); *Sundry Fell Designs* (1968).

MILNE, ALAN ALEXANDER
(1882–1956)

Geboren in London. Er studierte in Cambridge, wurde Journalist und arbeitete für *Punch*. Seine Kinderbücher um Winnie-the-Pooh machten ihn berühmt. Auf dem Gebiet der Kriminalliteratur hat er einige Kurzgeschichten (in *A Table Near the Band*, 1950), ein Schauspiel (*The Fourth Wall*, 1928; in USA *The Perfect Alibi*) und eine Krimiparodie (*Four Days Wonder*, 1934) geschrieben, und dazu einen der wichtigsten Krimis der zwanziger Jahre:

The Red House Mystery
(1922; dt. *Das Geheimnis des roten Hauses*, 1929)
Der Roman gehört in die Kategorie des »locked room mystery«. Mark Ablett erwartet seinen halbverschollenen Bruder Robert aus Australien zurück. Mit Hilfe seines Sekretärs will er seine Bekannten und Freunde verulken und seinen Bruder, den noch niemand gesehen hat, verkleidet als lebensechten Robert darstellen. Der Verschollene trifft ein, wird aber wenig später tot in Marks Studierzimmer aufgefunden. Detektiv Anthony Gillingham steht vor dem Problem, auch den gleichzeitig spurlos verschwundenen Mark aufzufinden.
Der Roman ist auch deshalb berühmt geworden, weil ihn Raymond Chandler 22 Jahre und 13 Auflagen später in *The Simple Art of Murder* als Modell benutzt hat, um die »Realität« des Krimi zu untersuchen. Er hat M. mindestens sieben Fehler nachgewiesen. Chandler hat aber gleichzeitig hervorgehoben, wie M. – mit Hilfe des gekonnten Verschleierungsstils – es dennoch fertigbringt, den Leser so zu interessieren, daß dieser den Roman gespannt und begeistert zu Ende liest.

MITCHELL, GLADYS
(* 1901)

Geboren in Cowley bei Oxford. Sie studierte am University College in London und arbeitete bis 1950 und auch später noch als Lehrerin. Unter ihrem richtigen Namen hat sie 50 Krimis veröffentlicht, deren Zentralfigur die psychiatrisch geschulte Beatrice Bradley ist, die an Freud und ans Übernatürliche glaubt. M.s erster Dame-Beatrice-Roman erschien 1929, ihr bisher letzter 1976. Unter dem Pseudonym Stephen Hockaby hat M. in den Jahren 1933–1936 weitere fünf Krimis geschrieben. 1966 erfand M. unter dem Pseudonym Malcolm Torrie den Detektiv Timothy Herring, Sekretär der Gesellschaft zum Schutz historischer Gebäude. Herring erscheint in sechs Krimis der Jahre 1966–1971. M. hat auch neun Kinderbücher und eine Anzahl Kurzgeschichten verfaßt.

Drei Beatrice-Bradley-Romane: *Speedy Death* (1929); *The Devil's Elbow* (1951); *Late, Late in the Evening* (1976). – Drei Timothy-Herring-Romane (von Malcolm Torrie): *Heavy as Lead* (1966); *Churchyard Salad* (1969); *Bismarck Herrings* (1971). – Drei Krimis von Stephen Hockaby: *Marsh Hay* (1933); *Gabriel's Hold* (1935); *Grand Master* (1936).

MÖLLHAUSEN, BALDUIN
(1825–1905)

Geboren in der Nähe von Bonn; landwirtschaftliche Ausbildung. 1850 wanderte er nach Amerika aus und nahm an Expeditionen in die Rocky Mountains teil. Mehrere Monate lebte er bei den Omaha-Indianern. 1854 kehrte er nach Deutschland zurück. Drei Jahre später reiste er noch einmal in die USA. M. schrieb über 40 Romane, zahlreiche Novellen und Reiseberichte. Er starb in Berlin. Zumindest *Die Kinder des Sträflings* (1876, Neuausg. 1974) kann als früher Krimi bezeichnet werden.

MOFFETT, CLEVELAND
(1863–1926)

Geboren in Boonville, New York. Er studierte an der Yale University und war lange Zeit Zeitungskorrespondent in Europa.

The Mysterious Card (1896, zwei Novellen); *True Tales from the Archives of the Pinkertons* (1897); *Through the Wall* (1909); *The Bishop's Purse* (1913, zus. mit Oliver Herford, 1863-1935); *The Seine Mystery* (1924).

MOLE, WILLIAM
(1917–1962)

Pseudonym für den Schotten William Anthony Younger. Er studierte in Oxford und veröffentlichte drei Bände Lyrik und fünf Romane. Drei der letzteren sind Krimis. Königin Elizabeth soll den ersten mit Vergnügen gelesen haben. Die Zentralfigur in allen ist der Weinhändler Alistair Casson Duker.

The Hammersmith Maggot (1955, in USA *Small Venom*); *Goodbye Is Not Worthwhile* (1956); *Skin Trap* (1957, in USA *You Pay for Pity*).

MOLSNER, MICHAEL
(* 1939)

Lebt heute in Hannover. Er arbeitete als Gerichtsreporter, bevor er begann, Kriminalromane und Hörspiele zu schreiben. Er ist auch der Autor des Fernsehkrimi *Tote brauchen keine Wohnung*.

Und dann hab ich geschossen (1968); *Harakiri einer Führungskraft* (1969); *Die zweite Bombe* (1977).

Rote Messe
(1973)
Dies ist einer der besten deutschen Krimis, ein Roman von literarischem Rang. Er spielt in einer mittelgroßen deutschen Stadt in der Nähe von Stuttgart – Ährenfurt –, die eine kleinere Hochschule für Ingenieure besitzt. Zwei Erzählstränge wechseln ab, in denen jeweils der Journalist Jakob Nestor oder der Student Hermann Marwitz berichtet.
Vor einigen Wochen ist in Ährenfurt ein italienischer Gastarbeiter ermordet worden. Danach hat eine landwirtschaftliche Messe stattgefunden, bei welcher eine Linksaktivistin von einigen Ährenfurter Bürgern getötet worden ist. Von hinten her rollt der Autor sehr geschickt und überzeugend die Geschichte dieser Morde auf. Wer die Täter sind, ergibt sich ebenfalls, aber sie werden nicht bestraft. Der Autor steht eindeutig links – er glaubt, daß die letzten idealistischen Studenten keine Chance haben.
Die Atmosphäre ist so überzeugend wie bei Simenon, und die Menschen sind erschreckend glaubhaft dargestellt, die Rechten wie die Linken. Die Studenten in Ährenfurt sind im Streik; sie haben recht, die Presse ist auf ihrer Seite, aber nach einer Weile wird es still um sie. Sie wollen die Messe dazu benutzen, die öffentliche Aufmerksamkeit wieder auf ihren Fall zu lenken. Zwei frustrierte Jungen reicher Eltern zerschneiden die Reifen mehrerer Autos. Die Schuld wird sofort den bärtigen Studenten zugeschoben; eine der Aktivistinnen wird von einer anonymen Menge umgebracht. Ihren vaterlosen Sohn steckt man in eine Erziehungsanstalt, aus der ihn linke Freunde entführen; er wird in eine Kommune aufgenommen werden. Dieser Sohn, Maurice Kahmm, kann den Mörder des Italieners identifizieren; es ist der Industrielle August Tschaut, der Italiener beschäftigt (und in unmenschlichen Quartieren wohnen läßt, für die er Wuchermieten verlangt). Tschaut haßt die Linken, und Paolo Bracchi ist der Sprecher der italienischen Arbeiter gewesen.
Zum Leidwesen des Polizeichefs wird Bracchis Leiche dort gefunden, wo Tschaut sie verscharrt hat, und der junge Maurice Kahmm bleibt bei seiner Aussage, er habe Tschaut beim Verscharren beobachtet, obwohl Onkel Erwin ihn überzeugen will, es sei besser, zu lügen. So arrangiert man folgendes: Onkel Erwin und Tschaut hätten mit dem Italiener diskutiert; dieser habe Tschaut mit dem Messer angegriffen und hätte ihn ermordet, wenn ihm nicht Onkel Erwin mit der Bierflasche eins übergehauen hätte. Tschaut bestätigt das. Der einzige Schuldige an Bracchis Ermordung ist also der Ermordete selbst.
Jakob Nestor ist als Journalist entlassen worden, nachdem er einen objektiven Bericht über die Studentenunruhen bei der Messe veröffentlicht hat. Der Polizeichef bietet ihm eine gutbezahlte Stellung bei den *Ährenfurter Nachrichten* an, sofern er einen verlogenen Bericht über eine inszenierte Verhaftung von August Tschaut schreibe. Nestor hat Frau, Kind und ein verschuldetes Haus. Aber er beschließt, sich nicht kaufen zu lassen. Er zieht nach Stuttgart und hofft, wenn seine Frau wieder arbeitet, finanziell auch ehrlich über die Runden zu kommen.
Es handelt sich hier um Sozialkritik auf der Ebene von Martin Walser und Max von der Grün. Der Roman nimmt in manchem die Problematik von Bölls *Die verlorene Ehre der Katharina Blum* (1974) vorweg.

MONTEILHET, HUBERT
(* 1928)

Dieser Franzose hat in den Jahren 1960–1963 drei Krimis geschrieben, die TOURTEAU ausführlich analysiert, da er sie für einzigartig hält. Es handelt sich in jedem Fall um scheinbar gottverlassene Menschen, die auf der einen Seite ruchlose und ausgeklügelte Morde begehen, andererseits doch eine Art Gewissen haben – also um eine Kombination von François Mauriac und James M. Cain. Detektive und die Polizei spielen keine Rolle; das Schicksal, Gott und der Satan scheinen die Triebkräfte der Handlung zu sein. *Les mantes religieuses* hat den »Grand prix de la littérature policière« und den amerikanischen »Inner Sanctum Award« erhalten.

Les mantes religieuses (1960); *Le retour des cendres* (1962); *Les pavés du diable* (1963); *Mourir à Francfort, ou Le malentendu* (1975).

Les mantes religieuses
(1960; dt. *Tödliche Ehen,* 1961)
In Dokumenten (Briefen, Tagebuchauszügen, Zeitungsnotizen) wird erzählt, wie Professor Paul Canova einen Lebensversicherungsvertrag über zwei Millionen Schweizer Franken abschließt. 1947 unterzeichnet er einen zweiten Vertrag auf seinen achtjährigen Sohn. Canovas erste Frau war 1946 gestorben; jetzt heiratet er eine zweite, eine Russin von ungeheurer Schlechtigkeit. Zuerst tötet sie den Jungen, indem sie ihm Glassplitter zu essen gibt. Dann verschafft sie ihrem Mann eine leichtlebige Sekretärin, mit der dieser bald ein Verhältnis hat. Nun läßt sie ihren eigenen Geliebten, den Assistenten ihres Mannes, Christian Magny, die Sekretärin heiraten und inszeniert die Szene, bei der Christian seine Frau mit Prof. Canova ertappt und – im geheuchelten Affekt – beide erschießt. Selbstverständlich würde die Jury ihn freisprechen; Christian und die Russin könnten heiraten, nachdem letztere die zwei Millionen und die Versicherung des Jungen kassiert hätte. Aber die Sekretärin nimmt die letzte Besprechung der Verschwörer auf Tonband auf und schaltet sich ein. Nur Paul Canova wird erschossen; die Sekretärin erhält einen Teil der Beute. Aber es geht dieser nicht ums Geld. Mit dem beim Notar hinterlegten Tonband erpreßt sie Magny, bis dieser, um seiner Angst ein Ende zu machen, Selbstmord begeht. Auch die Russin muß schließlich Hand an sich legen, als die Sekretärin, die einen Bergführer in Kitzbühel geheiratet hat, in einer Lawine umkommt; denn jetzt wird das Tonband die Wahrheit an den Tag bringen. Übrigens ist die Lawinenleiche möglicherweise gar nicht die der Sekretärin; dann hätte sich die Russin aus einem Mißverständnis heraus umgebracht.

MONTÉPIN, COMTE XAVIER DE
(1826–1902)

Geboren in Apremont. Dieser Romancier und Dramatiker war, in der Nachfolge Gaboriaus, neben Du Boisgobey, Chavette und Zaccone, einer der produktivsten französischen Krimiautoren der zweiten Hälfte des 19. Jahrhunderts. M. starb in Paris.

Les chevaliers du lansquenet (1847); *Les viveurs de Paris* (1852–1856); *La fille du meurtrier* (1866); *Les tragédies de Paris* (1874); *Le médecin des folles* (1879); *La policière* (1890).

MORLAND, NIGEL
(* 1905)

Geboren in London. Er verließ die Schule so bald wie möglich und versuchte sich in mehreren Berufen, bevor er Journalist wurde und als solcher zuerst im Fernen Osten arbeitete. Später war er Herausgeber mehrerer Zeitschriften, z. B. des *Edgar Wallace Mystery Magazine,* schrieb für Radio und Fernsehen und verfaßte – angeblich – 300 Krimis (HAGEN verzeichnet etwa 90). Neben seinem richtigen Namen benützte er folgende Pseudonyme: Mary Dane, John Donovan, Norman Forrest, Roger Garnett, Vincent McCall und Neal Shepherd.
Seit 1966 gibt M. die Zeitschrift *The Criminologist* (und zwei gerichtsmedizinische Zeitschriften) heraus. Er hat auch zwei wissenschaftliche Bücher über Kriminologie verfaßt (*An Outline of Scientific Criminology,* 1950; *An Outline of Sexual Criminology,* 1966). M. hat die Detektivin Palmyra Evangeline Pym von Scotland Yard erfunden, die in einem großen Teil seiner Krimis die Fälle löst.

Death in Piccadilly (1936, von Roger Garnett); *The Clue of the Bricklayer's Aunt* (1936); *Pattern of Murder* (1964). – Drei Mrs.-Pym-Romane: *Rope for the Hanging* (1938); *The Lady Had a Gun* (1951); *The Dear, Dead Girls* (1961).

MORLEY, CHRISTOPHER DARLINGTON
(1890–1957)

Geboren in Haverford, Pennsylvania. Er studierte am Haverford College und in Oxford und wurde Journalist. Von 1924 bis 1940 war er Redakteur der *Saturday Review of Literature*. Er schrieb etwa 50 Bände – Romane, Gedichte, Essays, viel Humoristisches und Parodistisches, und versuchte sich auch an einem Krimi: *The Haunted Bookshop* (1919).

MORRAH, DERMOT
(* 1896)

Dieser Engländer studierte und unterrichtete in Oxford, war Redakteur bei der *Times* und verfaßte historische Werke. Er schrieb auch einen vorzüglichen Krimi: *The Mummy Case* (1933, in USA *The Mummy Case Mystery*).

MORRISON, ARTHUR
(1863–1945)

Dieser in Kent geborene Engländer wurde Journalist und schrieb vor 1900 mehrere Bücher im naturalistischen Stil, in denen er das Elend der Londoner Slums anprangerte. Wahrscheinlich aus finanziellen Gründen verfaßte er auch eine Anzahl Bände, die ins Gebiet des Krimi gehören. Der Detektiv Martin Hewitt ist ein Gegenstück zu Sherlock Holmes und erfreute sich seinerzeit größter Beliebtheit. Die Kurzgeschichten um ihn erschienen zuerst in *Strand* und anderen Zeitschriften, dann gesammelt in vier Bänden. M. hat die Raffles-Figur »Mr. Dorrington« erfunden, der in den Erzählungen des Bandes *The Dorrington Deed-Box* (1897) auftritt. Ins Gebiet des Krimi gehören auch:

Cunning Murrell (1900); *The Hole in the Wall* (1902); *The Green Eye of Goona* (1903, in USA *The Green Diamond*). – Die vier Martin-Hewitt-Bücher: *Martin Hewitt, Investigator* (1894); *The Chronicles of Martin Hewitt* (1895); *The Adventures of Martin Hewitt* (1896); *The Red Triangle* (1903).

MOSKWIN, NIKOLAI JAKOWLEWITSCH
(1900–1968)

M. nahm an den Kämpfen der Revolution teil; 1924 begann er zu publizieren. Paustowsky bewunderte M.s Realismus. In manchen von M.s Romanen sehen die Verbrecher selbst ein, daß sie auf dem falschen Wege sind, und kein Detektiv ist nötig, um sie im Zuchthaus abzuliefern.

Kommandant Sadwischin (1928); *Die Maske* (1933); *Menschenspuren* (1956); *Zwei lange Tage* (1961); *Familienkreis* (1973).

MOYES, PATRICIA
(* 1923)

Geboren in Bray, Irland. Sie besuchte eine englische Schule und leistete während des Zweiten Weltkrieges Frauenhilfsdienst. Nach 1945 war sie Sekretärin, dann Redakteurin. Sie lebt heute mit ihrem zweiten Mann in Washington. Neben einigen andern Büchern hat sie seit 1959 eine Serie von zwölf Krimis um den Detektiv Henry Tibbett von Scotland Yard geschrieben:

Dead Men Don't Ski (1959); *The Sunken Sailor* (1961, in USA *Down among the Dead Men);* *Death on the Agenda* (1962); *Murder à la Mode* (1963); *Falling Star* (1964); *Johnny under Ground* (1965); *Murder Fantastical* (1967); *Death and the Dutch Uncle* (1968); *Who Saw Her Die?* (1970, in USA *Many Deadly Returns*); *Season of Snow and Sin* (1971); *Black Widower* (1975).

The Curious Affair of the Third Dog
(1973)
Emmy Tibbett besucht ihre Schwester Jane und deren Mann Bill; die beiden sind pensioniert und leben in einem ländlichen Vorort von London namens Gorsemere. Jane und Bill sind noch sehr aktiv: Jane arbeitet für den Tierschutzverein, Bill ist Magistrat. Jüngster Fall: Harry Heathfield ist wegen Trunkenheit am Steuer und fahrlässiger Tötung zu einer Gefängnisstrafe

verurteilt worden. Heathfield selbst kann sich an nichts mehr erinnern, ist aber von seiner Unschuld überzeugt. Bis zuletzt hat er mit einem Freispruch gerechnet und deshalb auch nicht für seine drei Hunde vorgesorgt, um die sich nun Jane kümmern muß. Doch als Jane und Emmy die Hunde holen wollen, sind es nur noch zwei. Was ist mit dem dritten geschehen, der »Lady Griselda« heißt? Es ist ein reinrassiger Windhund, der in einem benachbarten Zwinger für Rennen abgerichtet worden ist, aber nie Erfolg hatte. Die Züchterin Bella Yateley hatte Heathfield die Hündin geschenkt. Am Wochenende kommt auch Emmys Mann Henry nach Gorsemere. Henry Tibbett ist Chief Superintendent bei Scotland Yard und bearbeitet gerade den Fall zweier sich bekämpfender Banden. Beide Anführer sind ausgeschaltet worden: der eine liegt tödlich verwundet in einem Londoner Krankenhaus, der andere ist überfahren worden und zwar, wie sich nun herausstellt, von Harry Heathfield in Gorsemere. Henry Tibbett wittert einen Zusammenhang. Und er hat sich nicht getäuscht: Der geheimnisvolle Chef *beider* Banden hat den Diebstahl von »Lady Griselda« arrangiert, um sie gegen eine ähnliche Hündin (die bei Rennen Erfolg hat) austauschen und hohe Wetten kassieren zu können. Henry sucht nach der Hündin und den Verbrechern, wird überfallen und angeschossen, bringt aber die Jagd zu einem guten Abschluß. Harry Heathfields Unschuld wird erwiesen. Alle betroffenen Hunde erhalten ein gutes Heim, die Verbrecher eine passende Zelle, und die Tibbetts kehren nach London zurück.

MURR, STEFAN
(?)

Pseudonym für einen promovierten Juristen, der Fernsehspiele und einige Krimis verfaßt hat.

Nummer fünf – so leid es mir tut (1973); *Der Tod war falsch verbunden* (1974); *Vorsicht, Jaczek schießt sofort* (1975).

Vorsicht – Jaczek schießt sofort
(1975)

Jaczek und ein Kumpan hatten einen Geldtransport überfallen. Die Sache war unglücklich ausgegangen: Der Fahrer des Wagens war umgebracht worden, ebenso Jaczeks Kumpan. Jaczek war der Mörder gewesen, aber er hatte die Tat dem toten Freund in die Schuhe schieben können und nur sechs Jahre Gefängnis erhalten.

Jaczek ist jetzt wieder in Freiheit und verbündet sich mit Schorsch Kofler, der schon bei der ersten Sache mitgemacht hatte, dessen Identität die Polizei aber nicht feststellen konnte, und mit Willi Mattfeldt. Jaczek arbeitet im Archiv einer Bank, findet heraus, an welchen Tagen besonders viel Bargeld vorhanden ist, mietet einen Geldtransporter, nimmt die Mätresse des Direktors als unfreiwillige und Koflers Geliebte als freiwillige Geisel und verlangt zwölf Millionen. D. h., die beiden Kumpane von Jaczek führen alles aus; er selbst sitzt friedlich zu Hause und sieht sich die Sache im Fernsehen an.

Dazwischen vernimmt man, was für ein seichter Mensch dieser Direktor Fritz Quass ist, wie nett dagegen seine Frau, die ihn nun endlich ganz durchschaut und verläßt. Jaczeks Hauptgegner ist Bezirkskommissar Jochner, der bei der Geldtransportaffäre einen Schuß ins Bein erhalten hatte (»Vorsicht, Jaczek schießt sofort«).

Alles scheint zu klappen, das Geld wird übergeben, man hat 36 Stunden Zeit, unbelästigt von der Polizei zu fliehen. Aber Jaczek spielt ein doppeltes Spiel. Für eine halbe Million Dollar verrät er seine Kumpane an Jochner: Er hofft, die Polizei werde sie gleich erschießen, so daß dann kein Zeuge mehr da wäre für Jaczeks ersten Mord. Aber die Kumpane streiten sich, ihr Wagen stürzt in eine Schlucht, Kofler überlebt und verrät Jaczek, der in Hamburg gefaßt wird – in dem Moment, als er mit seiner halben Million in der Tasche das Flugzeug nach England besteigen will.

Ein weitgehend spannend und schnörkellos erzählter Krimi, dessen Schluß vielleicht nicht jedermann befriedigt. Einprägsam die Schilderung der Krisenstabssitzung nach der Geiselnahme und die vom Fernsehen direkt übertragene Geldübergabe auf der Frankfurter Untermainbrücke.

MURRAY, DAVID CHRISTIE
(1847–1907)

Geboren in West Bromwich, Staffordshire. Er wurde Journalist und schrieb eine ganze Reihe von leichteren Romanen, darunter die Krimis *He*

Fell Among Thieves (1891; Mitautor: Henry Herman) und *A Race for Millions* (1898). M. hat auch eine Sammlung von Detektiverzählungen publiziert: *The Investigations of John Pym* (1895).

MURRAY, MAX
(1901–1956)

Dieser Australier schrieb ein Dutzend Krimis, in deren Titel jeweils das Wort »corpse« auftritt.

The Voice of the Corpse (1947); *The Right Honorable Corpse* (1951); *Wait for a Corpse* (1957).

MUSCHG, ADOLF
(* 1934)

Geboren in Zollikon bei Zürich. Er studierte Germanistik und Anglistik und promovierte 1959. Zuerst Gymnasiallehrer in Zürich, dann Lektor in Tokio (1962–1964), von 1964 bis 1967 Assistent an der Universität Göttingen. Danach lehrte er zwei Jahre an der Cornell University und eines an der Universität Genf. 1970 wurde er Nachfolger von Karl Schmid auf dem germanistischen Lehrstuhl der Eidgenössischen Technischen Hochschule in Zürich. Er hat mehrere Romane, Kurzgeschichtensammlungen und Dramen veröffentlicht und gehört zu den besten deutschsprachigen Schriftstellern der Gegenwart. Zwei Romane sind Krimis, der eine nebenbei (*Albissers Grund,* 1974), der andere zur Hauptsache (*Mitgespielt,* 1969). Beide sind in ironischem Ton geschrieben und zum Teil parodistisch.

Mitgespielt
(1969)
Muschg unterrichtete 1959 an der Oberrealschule Zürich (Klasse 3b) Deutsch; er plante mit der Klasse ein Gruppenprojekt – das Schreiben eines Kriminalromans. Thema: Ermordung eines Deutschlehrers. Natürlich stand zu wenig Zeit zur Verfügung, und das Projekt gedieh nicht. Einige Jahre später schrieb Muschg den Roman allein. Die Zeit: 1965. Der Deutschlehrer ist Dr. Hämmerli, der angeblich die Ermordung des Schülers Andreas plant. Auf der mehrtägigen Schulreise ins Piz-Nair-Gebiet übernachtet die Klasse in Trostau. Dort befindet sich die Salgina-Brücke. Für zehn Uhr abends ist dort folgendes geplant: Andreas Platten und Raoul de Dardel wollen ein Duell austragen, d. h., sie laufen auf dem Brückengeländer aufeinander zu, bis der eine hinunterfällt (und sich den Hals bricht). Dr. Hämmerli weiß, daß Andreas um zehn Uhr bei der Brücke sein wird. Er reist (so meint man) der Klasse heimlich nach (sein Alibi: krank im Bett), wirft Andreas in die Schlucht und kehrt zurück. Andreas verschwindet wirklich; er scheint mit dem Fahrrad eine Kurve zu schnell genommen zu haben und in die Schlucht gefallen zu sein. Seinen Leichnam findet man allerdings nicht.
Ulrich Gautschi, ein reicher Mitschüler von Andreas, agiert nun als Detektiv. Er gerät selbst in Gefahr und muß von der Feuerwehr gerettet werden. Es stellt sich heraus, daß Hämmerli nicht nur Drogen nimmt, sondern mit Strichjungen und in politisch verdächtigen Kreisen verkehrt. Aber ein Mörder scheint er nicht zu sein (später stirbt er an einem Sonnenstich). Andreas taucht wieder auf. Er hatte seinen Velounfall selbst inszeniert und seither bei Bauern gearbeitet. Das Finale ist eine großartig-groteske Szene, in der die Polizei versucht, den flüchtigen Andreas aus dem Zürichsee zu ziehen.

Albissers Grund
(1974)
Dr. Peter Albisser, Gymnasiallehrer (Englisch), gibt im Spätsommer des Jahres 1973 mehrere Schüsse ab auf Constantin Zerutt, Ausländer, 60 Jahre alt, Graphologe. Zerutt hatte Albisser als Freund und Psychiater gedient (120 Schweizer Franken die Stunde). Warum die Tat? Der Roman entdeckt das Motiv.
Albisser ist ein sexuell frustrierter Mensch, im übrigen wohlmeinend, intelligent, mit einem Hang zur Ehrlichkeit. Er ist pädagogisch fortschrittlich, demokratisch, links. Er gerät in eine Gruppe linker Jugendlicher und wird von diesen ausgenützt. Eltern, Schule, Erziehungsrat werden auf ihn aufmerksam. Er wird entlassen. Im Militär war er Offizier gewesen und als Dienstverweigerer später ausgetreten (einige Monate Gefängnis). – Zerutt scheint unter falschem Namen in der Schweiz zu leben und wird am Ende ausgewiesen.
Albisser hat geschossen, weil er die ganze Ungerechtigkeit der Welt in Zerutt hineinproji-

ziert hat. Von nun an ist er konservativ und wird als glücklicher Spießer und Lügner leben.

Albisser ist Schweizer. Die Ärzte und die Staatsanwältin empfinden Sympathie für Albisser: Zerutt hat ihn verführt, deshalb die Ausweisung. Zerutt stirbt beinahe an der Kugel in der Lunge, die man nicht herausoperiert. Am Ende spuckt er sie von allein aus und wird wieder gesund.

Ein ausgezeichnet geschriebener Roman, satirisch und sozialkritisch.

N

NARCEJAC, THOMAS
(* 1908)

Geboren in Rochefort-sur-Mer. Er studierte Philosophie und Literaturwissenschaften und unterrichtete diese Fächer am Gymnasium. Daneben veröffentlichte er Romane *(Une Seule Chair, Le Grand Métier)* und literaturkritische Werke. 1948 erhielt er den »Prix du roman d'adventures« für *La Mort est du voyage*. Seit 1950 arbeitet er mit Pierre Boileau zusammen. Gemeinsam haben sie etwa 20 Krimis veröffentlicht.

NASH, SIMON
(* 1924)

Pseudonym für den Engländer Raymond Chapman, der an der »London School of Economics« unterrichtet und ein halbes Dutzend Krimis verfaßt hat. Seine Zentralfiguren sind der Anglistikprofessor Adam Ludlow und dessen Freund, Inspektor Montero. BARZUN/TAYLOR zählen N. zu den besten Krimiautoren.

Dead of a Counterplot (1962); *Dead Woman's Ditch* (1964); *Unhallowed Murder* (1966).

NEUHAUS, BARBARA
(* 1924)

Geboren als Barbara Kurzer in Reichenstein (heute Polen). Nach Arbeit in der Landwirtschaft wurde sie Redakteurin. Seit 1966 ist sie freie Schriftstellerin und lebt in Berlin. Neben andern Büchern hat sie zwei Krimis veröffentlicht:

Schritte im Regen (1969) und *26 Bahnsteige* (1972).

NEUHAUS, WOLFGANG
(1929–1966)

Geboren in Glauchau. Nach einigen Jahren im Bergbau begann er sich journalistisch zu betätigen; zuletzt war er freier Schriftsteller in Ost-Berlin. Er schrieb autobiographisch gefärbte Romane, Berichte und einige Kriminalerzählungen:

Mord ist geplant (1963); *Die Raritäten des Herrn Zaprock* (1965).

NEVINS, FRANCIS M.
(* 1943)

Geboren in Bayonne, New Jersey. Jurastudium an der New York University. Nach dem obligaten Militärdienst und nach einigen Jahren als Anwalt ist er heute Professor für Rechtswissenschaften an der St. Louis University. 1970 gab N. eine Anthologie von Essays über den Krimi heraus und 1974 ein Buch über Ellery Queen, d. h. über das Leben der beiden Autoren, die hinter diesem Pseudonym stehen. N. hat den Amateurdetektiv Loren Mensing erfunden, der im Hauptberuf an einer Universität Jura lehrt. Mensing kommt in einer Reihe von Kurzgeschichten vor, die in *Ellery Queen's* erschienen sind, und in einem Roman: *Publish and Perish* (1975).

THE NEWGATE CALENDAR

Das Gefängnis von Newgate in London entstand 1422. 1666 brannte es ab und wurde neu erbaut. Um 1770 wurde es erweitert. Seit etwa 1700 veröffentlichten die Gefängniskaplane eine Art Flugblätter, in denen sie nach der Hinrichtung bekannter Krimineller deren Taten bekannt machten, ihre Geständnisse, Reue und letzten Worte schilderten. Die spannendsten Geschichten wurden von finanziell tüchtigen Autoren und Verlegern umgeschrieben, anthologisiert und in Buchform herausgegeben. Auch das Gefängnis von Tyburn (London), wo zum großen Teil die Hinrichtungen stattfanden, lieferte seine Beiträge.

MESSAC nennt folgende Titel: *The Tyburn Calendar, or Malefactor's Bloody Register* (um

1700); *Lives of the Most Remarkable Criminals* (1735, 3 Bde.); G. T. Wilkinson, *The Newgate Calendar* (1774 ff.); A. G. F. Griffiths, *Chronicles of Newgate* (1884).
Zwischen 1774 und dem Ende des 19. Jahrhunderts erschienen viele Newgate-Kalender mit immer neuen Schreckensberichten.

NEWMAN, BERNARD
(1897–1968)

Dieser Engländer hat, auch unter dem Pseudonym Don Betteridge, über 120 Krimis und Spionageromane verfaßt.

Death of a Harlot (1934, von Don Betteridge); *Potsdam Murder Plot* (1947, von Don Betteridge); *The Dangerous Age* (1967).

NICHOLS, BEVERLEY
(* 1898)

Geboren in Bristol. Er studierte in Oxford, schrieb schon mit 25 Jahren eine Autobiographie und hatte als Journalist, Dramatiker und Romancier Erfolg. Er schrieb auch einige Krimis, die u. a. Somerset Maugham geschätzt hat.

No Man's Street (1954); *The Moonflower* (1955, in USA *The Moonflower Murder); Death to Slow Music* (1956), *The Rich Die Hard* (1957); *Murder by Request* (1960).

NIELSEN, HELEN
(* 1918)

Geboren auf einer Farm in Warren County, Illinois. Die Schulen besuchte sie in Chicago. 1942 kam sie nach Kalifornien. Sie hat Romane und Erzählungen, viele Filmskripte und etwa 20 Krimis verfaßt. Das Pseudonym Kris Giles benützt sie für ihre nicht-kriminalistischen Erzählungen.

The Kind Man (1951); *The Crime Is Murder* (1957); *After Midnight* (1966).

NILIN, PAWEL FILIPPOWITSCH
(* 1908)

Geboren in Irkutsk. Während des Zweiten Weltkrieges war er Journalist. Nach Stalins Tod machte sich N. als Romanschriftsteller einen Namen. Sein bekanntestes Werk ist *Ohne Erbarmen* (1956) – ein Roman, in welchem eine »Verbrecher«-Bande im Sibirien der Zeit nach 1917 gejagt wird. Der Held ist Genosse Wenka, ein idealistischer, kommunistischer Polizist, der einerseits einer zynischen Autorität gehorchen soll, andererseits an Gerechtigkeit und Humanität glauben will. Der Roman wurde 1959 als *Genosse Wenka* verfilmt und erscheint seither im Buchhandel auch unter diesem Titel. Ein weiterer Krimi: *Der Kriminalassistent*, 1956.

NOLAN, WILLIAM F.
(* 1928)

Geboren im Staat Missouri. Er besuchte die Kunstschule in Kansas City und zog 1947 nach Kalifornien. Seit 1956 ist er freier Schriftsteller. In den letzten zwanzig Jahren hat er etwa 30 Bücher veröffentlicht, darunter neun über Autorennfahrer und eines über Dashiell Hammett: *Dashiell Hammett: A Casebook* (1969). Ins Gebiet des Krimi gehören eine große Zahl von Kurzgeschichten, die in Zeitschriften erschienen sind, und drei Romane. In den ersten beiden Romanen tritt der Privatdetektiv Bart Challis aus Los Angeles auf.

Death Is for Losers (1968); *The White Cad Cross-Up* (1969); *Space for Hire* (1971).

NORD, PIERRE
(* 1900)

Pseudonym für André Brouillard. Geboren in Cateau (Nord). Mit sechzehn Jahren geriet N. in deutsche Kriegsgefangenschaft. Anschließend besuchte er Militärschulen und wurde Berufsoffizier. 1946 verließ er die Armee, reich dekoriert und als Oberst. Er hatte 1936 zu schreiben begonnen. Heute liegen von ihm über 70 Bücher vor. Zwei wurden preisgekrönt und sieben Romane verfilmt. Die Zentralfigur vieler Werke ist Oberst Dubois, Chef der französischen Gegenspionage, der eine schützende Hand über seine

Leute hält und rettend eingreift, wenn es nicht mehr weiterzugehen scheint. N. schreibt einen einfachen, lebhaften, oft ironischen Stil.

Double crime sur la ligne Maginot (1936); *Terre d'angoisse* (1937); *Le capitaine Ardant* (1938); *L'espion de Prague* (1952); *Le guet-apens d'Alger* (1955).

Espionnage à l'italienne
(1963)
Die meisten Helden von N. heißen Pierre mit Vornamen. Hier nennt sich der französische Agent Pierre Laflèche. Geschehen ist etwa das gleiche wie in Alistair MacLeans *The Satan Bug* (1962). Professor Gilbert Chariez, Direktor des Armeelabors für Bakterienforschung, der den gelben Pestbazillus entdeckt hat und weiß, wie man damit Teile der Welt vernichten kann, ist auf einer Ferienreise in Italien verschwunden. Moskau, Washington und Paris sind beunruhigt, und bald tauchen die Agenten von überall her in Neapel auf. Die Zentralfigur dort ist Cesare Musarelli; eine seltsame Rolle spielt Chariez' Frau Sylvana, eine frühere Assistentin von Chariez, die ihren Chef vor drei Monaten geheiratet hat. Die Ehe ist aber anscheinend von Anfang an unerfreulich verlaufen. Pierre verliebt sich in Sylvana.
Während Musarelli den französischen Agenten gefangensetzt, verkauft er den Professor Chariez für Millionen, und zwar gleichzeitig an die Russen und an die Amerikaner. Beide, die Russen und die Amerikaner, entdecken nachträglich, daß man ihnen einen gefälschten Professor verkauft hat! Musarelli verschwindet mit dem Geld und seiner Familie. In einem Brief erklärt er sein Spiel. Er brauchte das Geld! Deshalb die Komödie. Der echte Chariez ist in Kalabrien in ein Kloster eingetreten. Dort besuchen ihn Dubois, Laflèche und Sylvana. Chariez teilt ihnen mit, daß er den gelben Pestbazillus gar nicht wirklich entdeckt hat – er hatte es nur gemeint. Nichts steht der Liebe zwischen Pierre und Sylvana im Wege.
Der Roman ist äußerst witzig. N. verspottet, was zu verspotten ist: die Amerikaner, die Russen, vor allem die Franzosen. Er macht seine Witze über den Vatikan, die aktuelle Literatur und die neuesten Filme. Im Unterschied zu Fleming gibt es keinen Sadismus, keine Gags, keine Mordinstrumente. Alle Akteure sind im Grunde gutherzig-naive Kerle – ausgenommen Musarelli, der ebenso gutherzig ist, aber ganz raffiniert denken kann.

NORTH, GIL
(* 1916)

Dieser Engländer heißt in Wirklichkeit Geoffrey Horne und hat Sergeant Caleb Cluff erfunden.

The Methods of Sergeant Cluff (1961); *Sergeant Cluff Goes Fishing* (1962); *More Deaths for Sergeant Cluff* (1963); *Sergeant Cluff and the Price of Pity* (1965).

NOSSACK, HANS ERICH
(* 1901)

Geboren in Hamburg. Er studierte Rechte und Philologie in Jena, war Journalist und trat 1933 in die Importfirma seines Vaters ein. Nach 1945 begann er zu publizieren: Gedichte, Dramen, Romane, Essays. Ihn beschäftigt vor allem die Situation des Menschen – vom existentialistischen Standpunkt aus. Wie waren die Jahre 1933–1945 möglich geworden? Wird sich Ähnliches wiederholen können?

Der Fall d'Arthez
(1968)
Ein junger Referendar des modernen Staatssicherheitsdienstes der Bundesrepublik erforscht die Geschichte eines gewissen Ernst Nasemann, der Schauspieler ist und sich d'Arthez nennt – nach einem Helden in Balzacs Roman *Les illusions perdues*. Die Familie Nasemann, Besitzer der NANY-Werke, hatte sich zur Nazizeit den Herrschenden angepaßt, nur d'Arthez nicht, der in einem Cabaret den Führer verspottet und darauf bis 1945 im Konzentrationslager zugebracht hatte. 1945 diente d'Arthez der Familie als Alibi für die Zeit von 1933–1945, aber jetzt, in der Bundesrepublik des Jahres 1968, befindet man sich wieder in der alten Situation. D'Arthez ist von neuem verdächtig. Die Familie hat nichts dazugelernt; sie ist der Ansicht, sie habe immer richtig gehandelt. Die Familienmitglieder sind potentielle Mörder geblieben. D'Arthez bleibt Außenseiter; er will mit der Familie nach wie vor nichts zu tun haben. Er durchschaut seine Verwandten zu gut; er nimmt auch das Erbe

seiner Eltern nicht an; denn es klebt Blut daran. Sein Trost: Seine Tochter Edith denkt wie er, und der junge Referendar tritt, im Gegensatz zu seinem Chef, dem Neonazi Dr. Glatschke, auf die Seite von d'Arthez über. Der Roman ist insofern ein Krimi, als man erst nach und nach mit dem erzählenden Detektiv den Tatsachen auf die Spur kommt. Das Verbrechen: kein einzelner Mord, sondern die Geschehnisse in Deutschland in den Jahren 1933–1945. Symbolischer- und ironischerweise wird Hammetts blutiger Krimi *Red Harvest* (1929) ins Spiel gebracht (2. Kapitel).

THE NOTTING HILL MYSTERY

Dies ist einer der ersten Kriminalromane der Weltliteratur und der erste Krimi, in dem Diagramme verwendet wurden. Er erschien in acht Fortsetzungen in der Zeitschrift *Once a Week* (November 1862 bis Januar 1863), als Buch 1865 in London. 1945 wurde der Roman von Maurice Richardson in den Band *Novels of Mystery from the Victorian Age* aufgenommen. Der Versicherungsinspektor Ralph Henderson untersucht die seltsamen Todesfälle mehrerer Personen.

O

O'DONNELL, PETER
(* 1921)

Dieser Engländer verkaufte seine erste Kurzgeschichte im Alter von sechzehn Jahren. Nach der Entlassung aus der Armee schrieb er Cartoons. Für den *Daily Mirror* erfand er die Figur »Garth«, für den *Daily Sketch* »Tug Transom«. 1962 erschien seine erste Bildergeschichte um Modesty Blaise im *Evening Standard.* O'D. verfaßte über 1000 Kurzgeschichten, Radio- und Fernsehskripte und eine Serie von Romanen um Modesty Blaise, eine Art weibliches Gegenstück zu James Bond. Zu ihrer Popularität trug der Film *Modesty Blaise* (1966, mit Monica Vitti) sehr viel bei. Die Romane um Modesty sind:

Modesty Blaise (1965); *Sabretooth* (1966); *I, Lucifer* (1967); *A Taste for Death* (1969); *The Impossible Virgin* (1971); *The Silver Mistress* (1973).

The Impossible Virgin
(1971; dt. *Modesty Blaise. Die Goldfalle,* 1973)

Der Russe Nowikow prüft geologische Aufnahmen, die ein Satellit gemacht hat, und entdeckt eine Stelle in Afrika mit reichen Goldvorkommen. Er und seine Frau setzen sich nach dem Westen ab und kontaktieren den Obergangster Brunel, der in der Nähe der Goldstelle ein halbes Fürstentum besitzt. Während seine Frau in Paris bleibt, fährt Nowikow zu Brunel nach Afrika. Dieser foltert ihn halb tot, um die Stelle zu erfahren, aber der Russe sagt nichts; es gelingt ihm sogar, zu Dr. Giles Pennyfeather zu fliehen, einem herzensguten, komischen Arzt, bei dem sich Modesty Blaise aufhält. Modesty erledigt Nowikows Verfolger; Nowikow aber stirbt.
Nun treffen wir Modesty, ihren Kompagnon Willie Garvin und den lustigen Doktor samt ihren Gegnern Brunel, Adrian Chance und Jacko Muktar in London. Brunel hat wichtige Pläne im Tresor, die Modesty und Willie ihm auf geniale Weise entwenden. Auf noch genialere Weise lockt Brunel die drei in ein Flugzeug. Willie wird in Frankreich über den Alpen samt seinem Stuhl, an den er gefesselt ist, aus dem Flugzeug geworfen; Pennyfeather und Modesty kommen nach Afrika und werden von Brunel gefangengehalten. Nun lehnt sich Chance gegen Brunel auf. Brunels »Geliebte«, Lisa, die seit Jahren innere Stimmen hört und deren Rat befolgt, erhält den Befehl »von innen«, Brunel umzubringen. Sie tut es. Pennyfeather findet heraus, daß die inneren Stimmen, ohne daß Lisa es weiß, aus einem Lautsprecher in einem hohlen Zahn kommen! Chance hatte Lisa die falschen Befehle gesendet! Modesty und Pennyfeather werden mit einem Gorilla in einen Käfig gesperrt, entkommen aber. Nun taucht Willie wieder auf; er war auf seinem Stuhl schräg in eine Schneewehe gestürzt, die ihn gebremst hatte; eine Schafherde hatte seinen Stuhl dann ganz gestoppt! Pennyfeather, Lisa, Modesty und Willie fliehen ins Tal der »Impossible Virgin«, wo Millionen von Wespen nisten, die man auf keinen Fall durch einen Schuß aufschrecken darf. Dort werden die Flüchtigen von Chance, Muktar und einem Dutzend Neger angegriffen. Zu zweit erledigen Modesty und Willie, mit Stöcken gegen die Messer fechtend, sämtliche Angreifer. Lisa heiratet Pennyfeather.
Das alles wird lebendig und ironisch erzählt; wie bei James Bond oder im Volksmärchen stören die Unwahrscheinlichkeiten überhaupt nicht.

OFFORD, LENORE GLEN
(* 1905)

Diese Amerikanerin lebt in Berkeley, Kalifornien, und bespricht seit 1950 Krimis im *San Francisco Chronicle.* Sie hat selbst ein Dutzend Krimis veröffentlicht. Eine ihrer Zentralfiguren ist der fiktive Krimiautor und Amateurdetektiv Todd McKinnon, der in Berkeley lebt.

Murder Before Breakfast (1938); *Murder on Russian Hill* (1938); *The Smiling Tiger* (1951); *Walking Shadow* (1959).

O'FLAHERTY, LIAM
(* 1897)

Geboren auf den irischen Aran Islands. Er studierte in Dublin, nahm noch am Ersten Weltkrieg teil und wurde in den zwanziger Jahren als Autor von Romanen und Kurzgeschichten bekannt. Politisch links stehend, schrieb er mit Vorliebe in realistischer Art über die untersten Schichten. Dabei kennt er sich in England und den USA ebenso gut aus wie in seiner Heimat. Sein Roman *The Informer* (1925) wurde von Ellery Queen in die »Haycraft-Queen-Liste« der wichtigsten Krimis 1748 bis 1948 aufgenommen.

O'HIGGINS, HARVEY
(1876–1929)

Geboren in London, Ontario. Er war zuerst Journalist, dann freier Schriftsteller. Ins Gebiet des Krimi gehören zwei seiner Bücher: *The Adventures of Detective Barney* (1915) sind eine Sammlung von sieben Erzählungen, in denen der Knabe Barney Cook Verbrechen aufklärt. Der psychologisch gebildete Detektiv Duff ist der Held des posthumen Kurzgeschichtenbandes *Detective Duff Unravels It* (1929).

OLD SLEUTH

Unter diesem Namen veröffentlichte von 1872 an der Amerikaner Harlan Page Halsey die ersten Dime Novels. Dorothy Glover und Graham Greene weisen in ihrem Katalog *Victorian Detective Fiction* (1966) auf Halseys Roman *The West Shore Mystery* (1886) hin, in dem »Manfred, the Ventriloquist Detective« die Hauptrolle spielt. Neben A. K. Green und J. Hawthorne war Old Sleuth einer der meistübersetzten Krimi-Autoren um die Jahrhundertwende. In »Kühn's Romanbibliothek« finden wir 1897 unter dem Autorennamen Old Sleuth vier Titel: *Ein Verbrechen an der Hudsonbai, Fräulein Detectiv, Der geheimnisvolle Passagier* und *Detectiv Barnes.*

OLIPHANT, MARGARET
(1828–1897)

Geboren in Wallyford, Schottland. Sie verbrachte den größten Teil ihres Lebens als äußerst erfolgreiche Schriftstellerin in London. O. hat über 100 Bücher geschrieben. Aus dem Band *Stories of the Seen and Unseen* (1881) hat Dorothy L. Sayers die lange Novelle »The Open Door« in den *Omnibus of Crime* (1929) aufgenommen.

ONIONS, OLIVER
(1873–1961)

Geboren in Bradford, England. Er studierte Malerei in London und wurde Zeichner. Später hatte er als Romancier Erfolg. Folgende Titel gehören ins Gebiet des Krimi:

In Accordance with the Evidence (1912; Fortsetzungen: *The Debit Account,* 1913, und *The Story of Louie,* 1913; die drei Romane als Trilogie: *Whom God Hath Sundered,* 1926); *A Case in Camera* (1920); *Ghosts in Daylight* (1924, Kurzgeschichten).

OPPENHEIM, EDWARD PHILLIPS
(1866–1946)

Geboren in Leicester. Er arbeitete zuerst in seines Vaters Lederwarengeschäft; als er starb, hatte er über 150 Bücher veröffentlicht, 116 Romane und 39 Kurzgeschichtenbände. Fünf Romane erschienen unter dem Pseudonym Anthony Partridge. O. war ein sorgloser Schreiber und überließ es seinen Sekretärinnen, den diktierten Text durchzusehen. Er war steinreich und verkehrte in den höchsten Kreisen an der Riviera. Das Personal seiner Bücher bewegt sich auf einem ähnlich gehobenen Niveau. Sein berühmtester Roman ist *The Great Impersonation* (1920), der mindestens dreimal verfilmt wurde.

False Evidence (1896); *The Mystery of Mr. Bernard Brown* (1896); *The Wooing of Fortune* (1896); *The World's Greatest Snare* (1896); *Kingdom of Earth* (1909, von Anthony Partridge; späterer Titel – von E. P. Oppenheim – *The Black Watcher*); *Exit a Dictator* (1939); *Burglars Must Dine* (1943); *Mr. Mirakel* (1943).

Lit.: Robert Standish, The Prince of Storytellers, 1957.

The Great Impersonation
(1920)
Seit zehn Jahren treibt sich Everard Dominey in Afrika herum; seine Schulden und die heftige Abneigung seiner geistesgestörten Frau haben ihn aus England vertrieben. Doch dann setzt ein seltsamer Zufall seinem Vagabundenleben ein Ende: Auf einer Safari haben seine Träger und Diener Dominey bestohlen und verlassen. Halb verschmachtet gelangt Dominey in ein fremdes Lager. Es gehört einem ehemaligen Studienkollegen, dem deutschen Generalmajor Baron Leopold von Ragastein, der Dominey verblüffend ähnlich sieht. Der Baron nimmt sich seines Gastes aufs beste an; man trinkt und erzählt sich gegenseitig seine Lebensschicksale. Ragastein hat die einmalige Chance, für sein Vaterland wirken zu können – wenn er nämlich als Everard Dominey (und als Spion) nach England zurückkehren würde. Er trifft die notwendigen Vorkehrungen.
Nach einiger Zeit taucht Everard Dominey wieder in England auf. Seine Verwandten und Bekannten finden ihn zu seinem Vorteil verändert. Er pflegt den Kontakt mit seinen deutschen Freunden und interessiert sich für die englische Politik. Doch wie verträgt sich seine streng geheime Deutschlandreise mit seiner Liebe zu England? Am Ende muß Dominey die Karten auf den Tisch legen: er ist – Dominey. Da er damals in Afrika den Baron ebenso beobachtet hatte wie der Baron ihn, konnte er einem Mordanschlag zuvorkommen. Er hatte Ragastein getötet, war dann als Ragastein nach England gegangen und hatte das deutsche Spionagenetz ausgekundschaftet. Nun hat Dominey eine verdienstvolle Stellung in der englischen Gesellschaft inne, und er gewinnt auch die Liebe seiner Frau zurück.

ORCZY, BARONESS EMMUSKA
(1865–1947)

Geboren in Tarna-Örs, Ungarn. Englisch lernte sie im Alter von acht Jahren, als sie mit ihren Eltern nach London zog. Sie heiratete Montagu Barstow und wurde eine populäre Autorin und eine geachtete Kunstmalerin. Sie schrieb historische Romane, Liebes- und Abenteuerromane und eine Anzahl von Krimis und Detektiverzählungen. Am bekanntesten ist die Figur des Scarlet Pimpernel, des Helden mehrerer Romane, Filme und Dramen seit 1905. Hinter dieser Maske versteckt sich Sir Percy Blakeney, ein englischer Spion zur Zeit der Französischen Revolution. Direkt ins Gebiet des Krimi gehören folgende Figuren:

1. The Old Man in the Corner. Er löst die Fälle, die ihm die Journalistin Polly Burton vorlegt, ohne sich von seinem Stuhl zu erheben. Seine Taten sind in folgenden Kurzgeschichtenbänden gesammelt:

The Case of Miss Elliot (1905); *The Old Man in the Corner* (1909, in USA *The Man in the Corner*); *Unravelled Knots* (1925).

2. Lady Molly Robertson-Kirk von der Frauenabteilung bei Scotland Yard. Ihre Fälle sind zu lesen in *Lady Molly of Scotland Yard* (1910).

3. Monsieur Fernand fungiert als Geheimagent zur Zeit Napoleons in dem Band Erzählungen *The Man in Grey* (1918).

4. Der skrupellose Rechtsanwalt Patrick Mulligan, genannt Skin o' My Tooth, beweist die Unschuld seiner Klienten in den Kurzgeschichten des Bandes *Skin o' My Tooth* (1928).

OSTRANDER, ISABEL E.
(1885–1924)

Nach MESSAC zählte diese Amerikanerin in den zwanziger Jahren zu den meistgelesenen Krimiautorinnen. Sie schrieb auch unter den Pseudonymen Robert Orr Chipperfield, David Fox und Douglas Grant. HAGEN verzeichnet für die Jahre 1915–1925 dreißig Titel. Ihre letzten, unvollendeten Krimis schrieb Christopher Booth zu Ende.

At One-Thirty (1915); *The Crimson Blotter* (1921); *The Neglected Clue* (1925); *The Sleeping Cat* (1926, zus. mit C. Booth); *The Braddigan Murder* (1933, zus. mit C. Booth).

OTTOLENGUI, RODRIGUEZ
(1861–1937)

Geboren in Charleston, South Carolina. Er studierte Zahnmedizin und betrieb 40 Jahre lang eine Zahnarztpraxis in New York. In den Jahren

1892–1898 publizierte er, unter dem Einfluß von Gaboriau stehend, vier Krimis und einen Band Kriminalerzählungen. O.s Zentralfigur, der Privatdetektiv John Barnes, erscheint in allen Werken außer *A Modern Wizard.*

An Artist in Crime (1892); *A Conflict of Evidence* (1893); *A Modern Wizard* (1894); *The Crime of the Century* (1896); *Final Proof, or The Value of Evidence* (1898, 12 Erzählungen).

OURSLER, CHARLES FULTON
(1893–1952)

Geboren in Baltimore. Er war zuerst Journalist. 1920 wurde er Leiter des Verlags MacFadden, der die Zeitschriften *True Story* und *True Detective* herausgab. In den Jahren 1930–1943 schrieb er ein Dutzend Detektivromane unter dem Pseudonym Anthony Abbott. Der Held der meisten Romane ist der New Yorker Polizeiinspektor Thatcher Colt, ein genialer, immer eleganter Individualist, der mit Vorliebe unwahrscheinliche und bizarre Verbrechen aufklärt. Die meisten Titel von O.s Romanen beginnen mit dem Wort »about«. Als geschickter Verleger wußte er, daß er mit seinem Pseudonym und mit seinen Titeln an der Spitze fast jeder Autoren- und Titelliste stehen würde. 1943 trat O. zum Katholizismus über und publizierte 1949 seine Nacherzählung der Bibel, *The Greatest Story Ever Told,* einen Bestseller. O. war FBI-Agent und hatte vier Kinder, von denen eines, William Charles Oursler, ein halbes Dutzend Krimis schrieb.

About the Murder of Geraldine Foster (1930, in England *The Murder of Geraldine Foster*); *About the Murder of the Clergyman's Mistress* (1931, in England *The Crime of the Century*); *About the Disappearance of Agatha King* (1932); *About the Man Afraid of Women* (1937); *The Creeps* (1939); *The Shudders* (1943).

OURSLER, WILLIAM CHARLES
(* 1913)

Sohn von Charles Fulton Oursler. Er schrieb sechs Krimis in den vierziger Jahren, davon zwei unter dem Pseudonym Gale Gallagher.

Folio on Florence White (1942); *The Trial of Vincent Doon* (1943); *Departure Delayed* (1947); *I Found Him Dead* (1947, von Gale Gallagher); *Chord in Crimson* (1949, von Gale Gallagher); *Murder Memo: To the Commissioner* (1950).

OWALOW, LEW SERGEJEWITSCH
(* 1905)

Pseudonym für L. S. Schapowalow. O. studierte an der Moskauer Universität. Sein erstes Werk von Bedeutung war der zweiteilige Roman *Morgen beginnt in Moskau* (1934–1936). Während der Stalinjahre (1941–1953) war O. verfemt; 1956 wurde er rehabilitiert. Er hat mehrere Kriminalromane geschrieben, die zum Teil historisch fundiert sind, wie z. B. *Im Auftrag der Partei* (1959).

Die Abenteuer des Major Pronin (1957); *Ein Strauß rote Rosen* (1957); *Geheimwaffen* (1963); *Ein Schicksal* (1963).

P

PACKARD, FRANK LUCIUS
(1877–1942)

Geboren in Montreal. Er studierte an der McGill University, wurde Ingenieur und schrieb seit 1911 zahlreiche Romane und Kurzgeschichten, darunter auch etwa 30 Krimis, die zum Teil verfilmt wurden. P. ist ferner der Schöpfer von Jimmie Dale, einem modernen Robin Hood, der von den Reichen und Schlechten nimmt und den Armen und Guten gibt. Als »The Gray Seal« knackt er Geldschränke; unter den Gangstern ist er als »Larry the Bat« bekannt; sein drittes Alias ist Smarlinghue, ein armer Künstler.

More Knaves Than One (1914); *Tiger Claws* (1928); *The Dragon's Jaws* (1937). – Die Bände um Jimmie Dale: *The Adventures of Jimmie Dale* (1917); *The Further Adventures of Jimmie Dale* (1919); *Jimmie Dale and the Phantom Clue* (1922); *Jimmie Dale and the Blue Envelope Murder* (1930); *Jimmie Dale and the Missing Hour* (1935).

PAGE, MARCO
(1909–1968)

Pseudonym für Harry Kurnitz; geboren in New York, Studium an der University of Pennsylvania, Journalist. Unter seinem richtigen Namen verfaßte er erfolgreiche Dramen und Filmskripte, z. B. *Witness for the Prosecution* (1957) und *How to Steal a Million* (1966). Das Pseudonym Marco Page gebrauchte er für seine vier Krimis:

Fast Company (1937); *The Shadowy Third* (1946, anderer Titel *Suspects All*); *Reclining Figure* (1952); *Invasion of Privacy* (1955).

PAIN, BARRY
(1864–1928)

Pseudonym für P. R. Guthrie, geboren in Cambridge. Er studierte an der dortigen Universität und wurde Redakteur der Zeitschrift *To-day*. P. schrieb Romane und zahlreiche Kurzgeschichten. Eine Anzahl der letzteren gehören ins Gebiet der Krimiliteratur – so die Abenteuer der Constantine Dix: *The Memoirs of Constantine Dix* (1905). Andere Bände, die u. a. Kriminalerzählungen enthalten:

Stories and Interludes (1892); *The Mystery of Evelin Delorme* (1894); *Stories in the Dark* (1901); *Stories without Tears* (1912); *One Kind and Another* (1914); *The Problem Club* (1919).

PAINE, LAURAN BOSWORTH
(?)

Dieser Amerikaner, geboren in Duluth (Minnesota), lebt in Kalifornien. Er soll bis 1972 über 600 Bücher unter 61 Pseudonymen veröffentlicht haben und stellt damit sogar John Creasey in den Schatten. Allen J. Hubin meint, P. allein habe praktisch die gesamte Produktion des englischen Verlags Robert Hale auf dem Gebiet des Krimi, der »romances« und der Science-fiction hervorgebracht. HAGEN nennt aber nur drei Titel:

The Case of the Hollow Man (1958); *The Case of the Innocent Witness* (1959); *The Case of the Perfect Alibi* (1960).

PALMER, STUART
(1905–1968)

Geboren in Baraboo, Wisconsin. Er studierte in Chicago und an der University of Wisconsin. Zuerst verdiente er sich seinen Lebensunterhalt als Taxifahrer, Matrose usw., dann wurde er Journalist. 1931 erschien sein erster Krimi, *The Penguin Pool Murder,* der im folgenden Jahr verfilmt wurde. Danach verfaßte P. über 20 weitere Krimis und über 30 Filmskripte, u. a. um Bulldog Drummond, »The Lone Wolf« und »The Falcon«. Die Zentralfigur in den meisten von P.s Krimis ist Miss Hildegarde Withers, eine ältliche frühere Lehrerin, die zusammen mit Inspector Oscar Piper von der New Yorker

Polizei Mordfälle löst. Sechs Withers-Romane sind verfilmt worden.

Sechs Hildegarde-Withers-Bücher: *The Penguin Pool Murder* (1931); *The Puzzle of the Pepper Tree* (1933); *The Puzzle of the Blue Banderilla* (1937); *The Riddles of Hildegarde Withers* (1947, Kurzgeschichten); *The Monkey Murder and Other Hildegarde Withers Stories* (1950, Kurzgeschichten); *Cold Poison* (1954, in England *Exit Laughing*).

PAOLI, PAUL
(* 1925)

Pseudonym für den Franzosen Philippe Daudy. Er hatte als Journalist und Redakteur gearbeitet, bevor er 1961 freier Schriftsteller wurde. Nach PROMIES sind die zwei ersten Krimis der folgenden Liste ins Deutsche übersetzt worden:

Neige à Capri (1960); *Les pigeons de Naples* (1961); *Barque-en-Cannes* (1962); *Bal à Bâle* (1962).

PARKER, ROBERT B.
(* 1932)

Dieser Amerikaner wurde 1973 vom Verlag Houghton Mifflin mit dem Roman *The Godwulf Manuscript* lanciert. Ein Teil des Romans wurde in der Zeitschrift *Argosy* vorabgedruckt, und einige Besprechungen in der amerikanischen Presse waren vorzüglich. P.s Detektiv Spenser sei der ostamerikanische Lew Archer (Ross Macdonald).

Weitere Spenser-Romane: *God Save the Child* (1974); *Mortal Stakes* (1975); *Promised Land* (1976).

The Godwulf Manuscript
(1973)

Der Autor kopiert bewußt die Art von Ross Macdonald. Lew Archer heißt hier Spenser. Operiert wird in Boston, aber das Milieu gleicht dem von Archers Los Angeles aufs Haar. P. dürfte in einer englischen Abteilung eines eher konservativen Colleges studiert und/oder unterrichtet haben.

Der Rektor einer Universität engagiert Spenser, um ein gestohlenes mittelalterliches Manuskript zu finden. Eine linksradikale Gruppe scheint für den Diebstahl verantwortlich zu sein. Bald ist Spenser auf der richtigen Spur: Ein Student wird ermordet und die Sache so hingedreht, daß Terry Orchard, die Tochter reicher Eltern, des Mordes bezichtigt werden muß. Die Zustände in der Orchard-Familie sind heute zum literarischen Klischee geworden; der Vater pocht aufs Prestige und säuft. Die Mutter tut so, als ob sie aufs Prestige poche, ist aber sexuell unbefriedigt und zu allem bereit. Die Tochter reagiert gegen die verlogenen Eltern, indem sie sich in den Untergrund flüchtet (politisch linksradikal, sexuell hemmungslos, Drogen). Spenser muß wohl oder übel mit Mutter und Tochter ins Bett.

Nachdem noch ein weiterer Leichnam in der Badewanne entdeckt worden ist und nachdem Spenser zwei Mafiosi umgelegt hat, kommt alles an den Tag: hinter alledem steckt der Drogenhandel. Der Big Boss hat über einen linksradikalen Anglistikprofessor in der anglistischen Abteilung gearbeitet, und dieser hat das Manuskript gestohlen und eine Studentin ermordet. Der Professor ist im übrigen ein ausgemachter Feigling.

PAUL, ELLIOT
(1891–1958)

Geboren in Malden, Massachusetts. Nach dem Ersten Weltkrieg blieb er in Paris als Korrespondent für amerikanische Zeitungen. Mit Eugène Jolas gründete er die Zeitschrift *transition.* Daneben schrieb er Romane. Der Ausbruch des Zweiten Weltkriegs trieb P. nach Amerika zurück. P. ist der Autor von einem halben Dutzend amüsant-parodistischer Krimis, deren Held der Amerikaner Homer Evans, ein in Paris lebender »Expatriate«, ist.

The Mysterious Mickey Finn; or, Murder at the Café du Dôme (1939); *Mayhem in B-flat* (1940); *Hugger-Mugger in the Louvre* (1940); *Murder on the Left Bank* (1951); *Black Gardenia* (1952); *Waylaid in Boston* (1953).

PAYN, JAMES
(1830–1898)

Geboren in Cheltenham. Er schrieb zahlreiche Romane und war Herausgeber der Zeitschriften *Chambers's Journal* und *Cornhill Magazine*. Er lehnte 1887 Conan Doyles *A Study in Scarlet* ab, als der Roman ihm fürs *Cornhill Magazine* angeboten wurde. P. schrieb mehrere Romane, die als Krimis bezeichnet werden können:

Lost Sir Massingberd (1864); *Found Dead* (1869); *Mystery of Mirbridge* (1888); *The Disappearance of George Driffell* (1896).

PAYNE, LAURENCE
(* 1919)

Geboren in London. Mit sechzehn Jahren verließ er die Schule und arbeitete als kaufmännischer Angestellter. Nebenher bildete er sich als Schauspieler aus. Er kam zum »Old Vic« und zählte bald zu den prominenten Mitgliedern der Truppe. P. hat Hamlet und Romeo gespielt und ist in Kinofilmen wie *Ben Hur* und beim Fernsehen aufgetreten. Er hat auch Dramen und Krimis geschrieben. Der erste Krimi, *The Nose on My Face* (1961), wurde unter dem Titel *Girl in the Headlines* verfilmt.

The Nose on My Face (1961); *Too Small for His Shoes* (1962); *The First Body* (1964).

PEDERZANI, HANS ALBERT
(* 1923)

Geboren in Berlin. Nach der Rückkehr aus der englischen Kriegsgefangenschaft (1946) betätigte er sich als Schauspieler, Dramaturg, Regisseur. Er scheint nie einen Krimi publiziert zu haben, schrieb aber Kriminalstücke für die Bühne, für Radio, Fernsehen und Film – zum Teil in Zusammenarbeit mit G. Neumann.

Einige Titel: *Die Premiere fällt aus* (1954, Drama, zus. mit G. Neumann); *Mord in Gateway* (1962, Fernsehfilm); *Mord in Riverport* (1963, Fernsehfilm).

PEMBERTON, SIR MAX
(1863–1950)

Geboren in Birmingham und Studium in Cambridge. Er war ein erfolgreicher Autor und Herausgeber; 1928 geadelt. Drei Jahre vor Hornung (Raffles) erfand P. einen Gentleman-Schwindler und dessen Schwindler-Diener. Ihre Taten sind gesammelt in *A Gentleman's Gentleman* (1896). Andere Bücher, die ins Gebiet der Kriminliteratur gehören:

The Diary of a Scoundrel (1891); *The Iron Pirate* (1893); *Jewel Mysteries I Have Known: From a Dealer's Notebook* (1894); *The Mystery of the Green Heart* (1910); *Captain Black* (1911); *John Dighton: Mystery Millionaire* (1923).

PENTECOST, HUGH
(* 1903)

Pseudonym für Judson Philips, geboren in Massachusetts. Er studierte an der Columbia University und schrieb zuerst für die »Pulps«, bis er von seinen Büchern leben konnte. Heute wohnt er in Canaan, Connecticut. Erfolg hat er seit 1939, als seine ersten Krimis unter dem Pentecost-Pseudonym erschienen. Insgesamt liegen von ihm heute über 50 Krimis vor. Als P. hat er mehrere Detektivfiguren erfunden, darunter den Künstler-Detektiv John Jericho (*Dead Woman of the Year,* 1967), Uncle George Crowder (Held mehrerer Kurzgeschichten und des Erzählbandes *Around Dark Corners,* 1970) und die wichtigste Figur: Pierre Chambrun, Direktor des Hotels Beaumont, New York. Seit 1962 ist dieser in elf Romanen aufgetreten. Unter seinem richtigen Namen hat P. den einbeinigen Journalisten und Gerechtigkeitsfanatiker Peter Styles erfunden (*Hot Summer Killing,* 1969).

Red War (1936, von Judson Philips und T. M. Johnson); *Death Syndicate* (1938, von Judson Philips); *Cancelled in Red* (1939). – Drei Pierre-Chambrun-Romane: *The Cannibal Who Overate* (1962); *The Deadly Joker* (1970); *Time of Terror* (1975).

The Golden Trap
(1967)

Über zwanzig Jahre lang hat George Lovelace dem amerikanischen Geheimdienst gedient, hat gemordet, intrigiert, verraten. Nun, da er sich zur Ruhe setzen will, steht die Vergangenheit gegen ihn auf: Ihm ist ein Mörder auf den Fersen, der immer näher kommt und sich an Lovelaces Angst weidet. Als letzten Zufluchtsort, an dem er sterben will, hat Lovelace das feudale Hotel »The Beaumont« gewählt, das sein Freund Pierre Chambrun leitet. Doch Chambrun will verhindern, daß sein Freund stirbt. Als nach einem »vorbereitenden« Mord im Hotel klar wird, daß der Mörder einer der Gäste sein muß, setzt Chambrun sein ganzes Personal zur Rettung von Lovelace ein, besonders seinen Public-Relations-Manager Mark Haskell. Die letzte Szene spielt sich allerdings außerhalb des Hotels ab: Haskell findet den Mörder bei seiner Freundin und Sekretärin Shelda, die aus Trotz und Eifersucht mit dem sympathischen jungen Engländer Curtis Dark ausgegangen war. Dark ist Mitglied der britischen Delegation bei der UNO; in Wirklichkeit ist er jedoch deutscher Abstammung, Sohn eines Nazis und heißt Kurt Schwartz. Der britische Luftmarschall Carleton hatte den kleinen Kurt Schwartz nach dem Kriege zu sich genommen, damit der Junge ihm später helfe, Lovelace zu finden und zu töten, denn Lovelace hatte den Bruder Carletons, einen Spion und Verräter, entlarvt. Schwartz hatte mit Carleton zusammen Lovelace gejagt. Am Ende wird Lovelace verwundet und Schwartz erschossen; Carleton muß von nun an Lovelace in Ruhe lassen, sonst wird die Wahrheit über seinen Bruder publik gemacht.

PERDUE, VIRGINIA
(um 1900–1945)

Diese Amerikanerin schrieb nur fünf Krimis, aber BARZUN/TAYLOR zählen sie zu den besten.

The Case of the Grieving Monkey (1940); *The Singing Clock* (1941); *The Case of the Foster Father* (1942); *He Fell Down Dead* (1943); *Alarum and Excursion* (1944).

PEROWNE, BARRY
(* 1908)

Pseudonym für Philip Atkey, geboren in Wiltshire. Er war eine Zeitlang Sekretär seines Onkels Bertram Atkey, des Erfinders von Smiler Bunn; später schrieb P. für die »Pulps« (Dick Turpin, der Straßenräuber; Red Jim, der fliegende Detektiv). Im Einverständnis mit Hornungs Erben verfaßte P. in den Jahren 1933–1940 acht Bücher über Raffles; ein neuntes folgte 1974, ein zehntes 1976 *(Raffles at the Albany)*. Unter dem Perowne-Pseudonym schrieb er ein Dutzend weitere Krimis; unter seinem richtigen Namen kamen drei Krimis heraus; ein einzelner erschien unter dem Pseudonym Pat Merriman (*Night Call*, 1937).

Die drei Krimis von Philip Atkey: *The Blue Water Murder* (1935); *Heirs of Merlin* (1945); *Juniper Rock* (1952). – Drei Raffles-Bücher von Barry Perowne: *Raffles after Dark* (1933, in USA *The Return of Raffles*); *Raffles and the Key Man* (1940); *Raffles Revisited: New Adventures of a Famous Gentleman Crook* (1974). – Drei Krimis von Barry Perowne: *Arrest These Men!* (1932); *Ask No Mercy* (1937); *The Tilted Moon* (1949).

PERUTZ, LEO
(1884–1957)

Geboren in Prag. Er nahm am Ersten Weltkrieg teil und lebte dann als freier Schriftsteller in Wien. 1938 emigrierte er nach Tel Aviv. Nach dem Krieg kehrte er nach Österreich zurück und starb in Bad Ischl. Er schrieb Dramen und phantastisch-abenteuerliche Romane. Sein ausgefallener Krimi, *Der Meister des jüngsten Tages* (1923), ist 1975 neu aufgelegt worden.

PETERS, ELLIS
(* 1913)

Pseudonym für die Engländerin Edith Pargeter, die in den fünfziger und sechziger Jahren ein Dutzend Krimis schrieb. Zentralfiguren sind der Polizist George Felse und dessen Sohn Dominic Felse.

Assize of the Dying (1958); *Death and the Joyful Woman* (1961); *The Grass Widow's Tale* (1968).

PFEIFFER, HANS
(* 1925)

Geboren in Schweidnitz. Nach dem Abitur war er zwei Jahre Soldat im Sanitätsdienst, dann Lehrer. 1952–1956 studierte er Germanistik; er war eine Zeitlang freier Schriftsteller, bevor er 1966 Dozent für Dramatik am Johannes-R.-Becher-Institut in Leipzig wurde. P.s Interessen gelten der gefährlichen Situation der modernen Welt (Atom- und Bakterienforschung in den Händen von Menschen, die Verbrecher sein können), der Kriminalistik und dem Krimi. Zum Krimi hat er sich theoretisch geäußert in *Die Mumie im Glassarg* (1960). 1968 gab er *Die Sprache der Toten. Die Gerichtsmedizin im Dienste der Wahrheit* heraus. Neben einigen Krimis hat er zahlreiche Kriminalstücke für Radio und Fernsehen geschrieben; für die gleichen Medien hat er Tatsachenberichte über Kriminalfälle der letzten zwei Jahrhunderte verfaßt. Einige sind veröffentlicht in *Mordfälle. Dem Neuen Pitaval nacherzählt* (1962) und in *Plädoyers. Der Anwalt und das Verbrechen* (1971).

P.s Kriminalromane: *Sieben Tote suchen einen Mörder* (1964); *Mord ohne Motiv?* (1965); *Tote Strombahnen* (1974).

PHILLPOTTS, EDEN
(1862–1960)

Geboren in Mount Aboo, Indien. Er arbeitete einige Jahre für eine Versicherungsgesellschaft, bis er von seinen Büchern leben konnte. P. schrieb Lyrik, Dramen und über 100 Romane, darunter etwa 20 Krimis, die zum Teil unter dem Pseudonym Harrington Hext erschienen. Den größten Teil seines Lebens verbrachte er in Devon (England). Er ermutigte die junge Agatha Christie, Krimis zu schreiben.

The Farm of the Dagger (1904); *The Grey Room* (1921); *The Hidden Hand* (1952). – Drei Romane von Harrington Hext: *The Thing at Their Heels* (1923); *Who Killed Diana?* (1924, in USA *Who Killed Cock Robin?*); *The Monster* (1925).

PIDGIN, CHARLES FELTON
(1844–1923)

Geboren in Roxbury, Massachusetts. Er schrieb Romane und Kurzgeschichten. Die Figur des Quincy Adams Sawyer hatte P. in einem Roman zum ersten Mal eingeführt: *Quincy Adams Sawyer; or, Mason's Corner Folks* (1900). Sawyer wurde später der Held folgender zwei Kurzgeschichtensammlungen: *The Further Adventures of Quincy Adams Sawyer and Mason's Corner Folks* (1909) und *The Chronicles of Quincy Adams Sawyer, Detective* (1912).

PINKERTON, ALLAN
(1819–1884)

Geboren in Glasgow. Er wanderte 1842 nach Chicago aus, wo er eine Fälscherbande entlarvte und Polizist wurde. 1850 gründete er in Chicago seine eigene Detektivagentur, die bald weltberühmt wurde. Unter seinem Namen erschien eine Anzahl Bücher, die, stark romantisiert, auf Fällen beruhen, die die Pinkerton-Agentur gelöst hatte:

The Expressman and the Detective (1874); *Claude Melnotte as a Detective and Other Stories* (1875); *The Detective and the Somnambulist: the Murderer and the Fortune Teller* (1875); *The Model Town and the Detective: Byron as a Detective* (1876); *The Mollie Maguires and the Detectives* (1877); *The Railroad Forger and the Detectives* (1881); *The Spy and the Rebellion* (1883); *The Bank Robbers and the Detectives* (1883); *Thirty Years a Detective* (1884).

PINKERTON, FRANK
(?)

Allan Pinkertons Sohn und Nachfolger, der die »Frank Pinkerton Detective Series« u. a. mit folgenden Titeln publizierte:

Dyke Darrel, the Railroad Detective; or, The Crime of the Midnight Express (1886); *Jim Cummings; or, The Great Adams Express Robbery* (1887).

PIRKIS, CATHERINE LOUISA
(um 1850–1910)

Diese Engländerin veröffentlichte in den Jahren 1877–1894 vierzehn Bände Kriminalgeschichten. Der letzte war *The Experiences of Loveday Brooke, Lady Detective* (1894). Hugh Greene druckte in seiner Anthologie *The Crooked Counties* (1973) eine Erzählung dieses Bandes ab: »The Redhill Sisterhood«.

PITAVAL, FRANÇOIS GAYOT DE
(1673–1743)

Geboren in Lyon; Rechtsanwalt am Pariser Gerichtshof. In den Jahren 1734–1743 gab er eine 20bändige Sammlung von Rechtsfällen (Prozesse um Verbrechen, ihre Aufklärung und Bestrafung der Täter) heraus: *Causes célèbres et intéressantes, avec les jugements qui les ont décidées*. Diese Sammlung wurde unter dem Namen »Pitaval« bekannt; sie wurde nachgedruckt, erweitert und in viele Sprachen übersetzt. Friedrich Schiller schrieb das Vorwort zu einer vierbändigen deutschen Ausgabe.
1842 erschien in Deutschland der erste Band von *Der neue Pitaval. Eine Sammlung der interessantesten Criminalgeschichten aller Länder aus älterer und neuerer Zeit.* Herausgeber waren J. E. Hitzig und Dr. W. Häring (Pseudonym Willibald Alexis). Julius Edward Hitzig (1780–1849), ein Jurist, war Kriminaldirektor im Preußischen Kammergericht, Herausgeber zweier kriminalistischer Zeitschriften und ein Dichter von Ruf, der mit Jean Paul, Chamisso, Fouqué und anderen Romantikern befreundet war. Willibald Alexis (1798–1871) schrieb historische Romane im Stil von Walter Scott. Auch er hatte Jura studiert und war eine Weile Hitzigs Untergebener gewesen. Nachdem Hitzig gestorben und Alexis kränklich geworden war, führte Anton Vollert (1828–1897), von Beruf Appellationsgerichtsrat, den *Neuen Pitaval* fort. In den Jahren 1842–1890 wuchs er auf 60 Bände an.
Seither wird das Wort »Pitaval« generell zur Bezeichnung einer Sammlung von Kriminalfällen benutzt. In den zwanziger Jahren z. B. erschien ein *Wiener Pitaval* (von Ubald Tartaruga), und 1931 gab Egon Erwin Kisch den *Prager Pitaval* heraus. Seit dem Zweiten Weltkrieg sind in Deutschland Auswahlausgaben sowohl der *Causes célèbres* als auch des *Neuen Pitaval* erschienen. Seit 1950 hat Friedrich Karl Kaul mehrere »Pitavals« geschrieben (den *Pitaval der Weimarer Republik*, den *Pitaval des Kaiserreichs*, den *Bonner Pitaval* und den *Berliner Pitaval*).

POCHE, KLAUS
(* 1927)

Geboren in Halle (Saale). Journalist, Schriftsteller, Grafiker; Freund und Mitarbeiter von Jurek Becker (geb. 1937). P. verarbeitete Beckers Fernsehspiel *Wenn ein Marquis schon Pläne macht* (1962) zu einem Krimi mit demselben Titel (1965).

POE, EDGAR ALLAN
(1809–1849)

Geboren am 19. Januar 1809 in Boston. Seine Eltern waren Schauspieler und äußerst arm. Der Vater starb, bevor Edgar ein Jahr alt war, die Mutter starb 1811. Der zweijährige Waisenknabe wurde von einem kinderlosen Ehepaar, John und Frances Allan in Richmond (Virginia), aufgenommen und erzogen. John Allan war Kaufmann, und seine Frau und Edgar begleiteten ihn 1815 nach London, wo er eine Zweigstelle seiner Firma ausbauen wollte. Bis 1820 besuchte Edgar Schulen in Schottland und England. 1820 kehrten Allan, seine Frau und Edgar nach Richmond zurück; der Englandaufenthalt war ein geschäftlicher Mißerfolg gewesen. Aber 1825 erbte John Allan ein großes Vermögen und war reicher als je zuvor.
Bevor sich P. als Student an der University of Virginia einschrieb, verlobte er sich heimlich mit der jungen Elmira Royster (1826). P. spielte und trank und kehrte Weihnachten 1826 mit 2500 Dollar Schulden nach Hause zurück. Allan hatte P. nie legal adoptiert, und es wurde jetzt klar, daß der Pflegevater, der ein heimlicher Don Juan war und mehrere »natürliche« Kinder versorgen mußte, sein mißratenes Mündel keineswegs als Erben betrachtete. Darauf lösten die Eltern Elmiras die Verlobung ihrer Tochter mit P. auf. Allan und P. wurden bittere Feinde, und im März 1827 lief der achtzehnjährige P. nach Boston davon. Er versuchte bei einer Zeitung unterzu-

kommen, ohne Erfolg. Verzweifelt trat er im Mai 1827 in die Armee ein. 1830 begann er mit der Offiziersschule in West Point. Im gleichen Jahr erweiterte Mr. Allan die Zahl seiner »natürlichen« Kinder um Zwillinge; darauf heiratete er ein zweites Mal.

Nicht nur das: Allan fiel ein Brief von P. in die Hände, in welchem er, Allan, schwer beleidigt wurde. Nun wurde P. endgültig verstoßen. 1831 gab er seine Offizierskarriere auf und begab sich nach Baltimore, wo er in bitterster Armut bei seiner Tante, Mrs. Clemm, wohnte und Gedichte und Prosa schrieb. 1833 gewann er einen Kurzgeschichtenwettbewerb; nun wurde der reiche John P. Kennedy auf P. aufmerksam und förderte ihn. 1835 wurde P. »Assistant Editor« des *Southern Literary Messenger,* der in Richmond erschien. Als P. dort ankam, war Allan bereits gestorben. Im Testament wurde P. nicht erwähnt.

Jetzt heiratete P. seine dreizehnjährige Cousine Virginia Clemm. Als Redakteur hatte er Erfolg: die Auflage des *Messenger* stieg zwischen 1835 und 1837 von 700 auf 3500 Exemplare. P.s Ehrgeiz war es, eine literarische Zeitschrift zu gründen, welche das ganze Gebiet der USA umfassen würde. Mit diesem Hintergedanken zog er 1837 nach New York, wo der Verlag Harper Brothers P.s erstes Prosabuch veröffentlichte: die lange Erzählung *The Narrative of Arthur Gordon Pym* (P. hatte bereits drei Bändchen Lyrik herausgebracht). P., seine Frau und ihre Mutter lebten in äußerster Armut. Es gelang P. nicht, eine feste Stelle zu finden. Ein Jahr später wohnten sie in Philadelphia, wo P. mit der Herausgabe eines Schulbuchs 50 Dollar verdiente. 1839 erschienen von ihm 24 Erzählungen in zwei Bänden (*Tales of the Grotesque and Arabesque*); er erhielt kein Honorar dafür. P. arbeitete an *Burton's Gentleman's Magazine* mit, das 1840 verkauft und in *Graham's Magazine* umgetauft wurde. P. wurde der erste Redakteur, mit einem Jahresgehalt von 800 Dollar. Wieder hatte er Erfolg. Im April 1841 erschien in *Graham's* die Erzählung »The Murders in the Rue Morgue«; die Abonnentenzahl stieg innerhalb von 18 Monaten von 5000 auf 40 000. Aber mit P. war schlecht auszukommen: er war arrogant, trank und nahm Drogen. 1842 verließ er seinen Posten. P. hatte jetzt einen vorzüglichen Ruf als Dichter und Kritiker und hätte als freier Schriftsteller genug verdient, wenn er es fertiggebracht hätte, ein geregeltes Leben zu führen. Virginia hatte Tuberkulose, und er selbst ruinierte seine Gesundheit ständig weiter. 1844 kam P. wieder nach New York – mit 4.50 Dollar in der Tasche. Mit Journalismus schlug er sich durch, bis im Februar 1845 sein Gedicht »The Raven« in der *American Whig Review* erschien, wohl das letzte Gedicht der Weltliteratur, das eine Sensation hervorrief. Trotz seiner Berühmtheit ging es P. nicht besser. Eine Sammlung seiner Kurzgeschichten und eine Sammlung seiner Gedichte verkauften sich zwar gut, aber P., Virginia und Mrs. Clemm lebten in bitterster Armut. Mrs. Clemm stahl nachts Kartoffeln von den Feldern; man schlief auf Stroh. Im Januar 1847 starb Virginia.

P., physisch selbst am Ende, machte mehreren Damen den Hof, griff immer wieder zur Flasche und unternahm im November 1848 einen Selbstmordversuch. Noch einmal schien P. eine Chance zu haben: Elmira Royster, jetzt Mrs. Shelton, war Witwe geworden und willigte ein, ihren Jugendgeliebten zu heiraten. Sie war reich, und P. und seine Tante hätten endlich ein sicheres Heim gehabt. Am 17. Oktober 1849 sollte die Hochzeit sein. Drei Wochen vorher war P. so betrunken, daß er ins Spital eingeliefert werden mußte. Er starb am 7. Oktober 1849.

Die folgenden fünf Erzählungen, in der Einleitung zu diesem Buch ausführlich besprochen, gehören zu den wichtigsten und einflußreichsten Dokumenten der Geschichte des Krimi:

The Murders in the Rue Morgue (1841); *The Mystery of Marie Rogêt* (1842); *The Gold Bug* (1843); *Thou Art the Man* (1844); *The Purloined Letter* (1845).

Lit.: Kuno Schuhmann, Die erzählende Prosa Edgar Allan Poes, 1958. – Julian Symons, The Tell-Tale Heart. The Life and Work of Edgar Allan Poe, 1978. – John Walsh, Poe the Detective. The Curious Circumstances Behind the Mystery of Marie Rogêt, 1968.

POLLARD, JOSEPH PERCIFAL
(1869–1911)

Geboren in Greifswald. Er kam 1885 mit seinen Eltern in die USA, wo er sich als Autor und Kritiker durchbrachte. 1903 veröffentlichte er den Kurzgeschichtenband *Lingo Dan,* in dem die Abenteuer eines patriotischen Schwindlers erzählt werden.

PONSON DU TERRAIL, PIERRE ALEXIS VICOMTE DE
(1829–1871)

Geboren in der Nähe von Grenoble. Er lebte nach 1850 zumeist in Paris. Wie seine Vorbilder Eugène Sue und Alexandre Dumas schrieb er abenteuerliche Feuilletonromane, in denen es von Verbrechern und Rächern wimmelt. Von 1857 an erschien in *Patrie* die Erzählfolge *Drames de Paris* (in Buchform 1865), worin die Figur »Rocambole« zum ersten Mal auftritt. Von 1859 an wurden über 20 Bände um Rocambole veröffentlicht (*Les exploits de Rocambole, Le Club des Valets de Cœur, Les Chevaliers du Clair de lune, Résurrection de Rocambole* usw.). Im ersten Band ist Armand de Kergaz der gute Mensch, Sir Williams der Teufel. Rocambole ist hier noch ein zwölfjähriger Knabe, eine Nebenfigur. Mit dem Fortschreiten der Serie wird er schnell älter, klüger und die Hauptperson; schließlich ersetzt er Sir Williams, der stirbt. Gleichzeitig wird Rocambole, wie später Arsène Lupin (M. Leblanc), von einem Schurken zu einem Robin Hood, zu einem Helfer der Schwachen und Mißhandelten.

PORTER, JOYCE
(* 1924)

Geboren in Cheshire; Studium am King's College, London. Von 1949 bis 1963 arbeitete sie für die Royal Air Force. Seither schreibt sie amüsante, parodistische Krimis. *Sour Cream with Everything* (1966) ist eine Parodie auf den Spionageroman. Die Zentralfigur ihrer anderen Romane ist der ungeschickte Inspector Wilfred Dover von Scotland Yard.

Dover One (1964); *Dover Two* (1965); *Dover Three* (1966); *Dover and the Unkindest Cat of All* (1967).

POST, MELVILLE DAVISSON
(1871–1930)

Geboren in Romines Mills, West Virginia; Studium an der West Virginia University. Wie Stribling war P. Rechtsanwalt, bevor er Berufsschriftsteller wurde. P. ist der Erfinder zweier Figuren von Bedeutung: Randolph Mason und Uncle Abner. Der zweite gehört zu den klassischen Detektivfiguren der amerikanischen Literatur.
Die Abner-Erzählungen spielen in den Jahren von P.s Großvater (um 1840–1860) unter den Siedlern des Appalachengebirges (heute West Virginia). Uncle Abner ist ein geachteter Farmer, bekannt für seine Klugheit, ein tiefreligiöser Mensch, der etwas von einem alttestamentlichen Propheten an sich hat. Er vertritt die Gerechtigkeit Gottes und läßt sich so wenig etwas vormachen wie Gott selbst. Squire Randolph ist Friedensrichter und Abners Freund. Manche Fälle lösen sie gemeinsam.
P. erzählt entweder konventionell in der dritten Person oder in der Ichform. Das »Ich« ist dann Abners Neffe Martin, ein etwa zwölfjähriger Junge, der Abner begleitet und so die Fälle miterlebt. In einer Erzählung rettet Abner den Ich-Erzähler in letzter Minute vor einem Raubmörder (»The Angel of the Lord«). P. gelingt es großartig, die strenge, puritanisch-religiöse Atmosphäre dieses Pionierlebens heraufzubeschwören. Die Farmer, die Rancher, die reisenden Händler sind kraftvolle, überzeugende Gestalten, und genau so überzeugend sind jene Menschen, welche Geiz, Eifersucht oder Geldgier zu verbrecherischen Taten getrieben haben. Gottes Zorn und Rache folgen oft langsam, aber Gottes Mühlen mahlen sicher: früher oder später tritt den Verbrechern der strafende Gott des Alten Testaments in der riesigen Gestalt von Uncle Abner entgegen – und unweigerlich geschieht Gerechtigkeit.
Randolph Mason andererseits ist ein gerissener und ruchloser Rechtsanwalt, der das Gesetz so interpretiert, wie es für seine Klienten gerade am nützlichsten ist. Was das Gesetz nicht ausdrücklich verbietet, ist erlaubt.
P. hat ferner folgende Figuren erfunden:
1. Sir Henry Marquis von Scotland Yard, dem man in *The Sleuth of St. James's Square* (1920) und *The Bradmoor Murder* (1929, in England *The Garden in Asia*) begegnet.
2. Jonquelle, Chef der Pariser Polizei, löst internationale Fälle in *Monsieur Jonquelle, Prefect of Police of Paris* (1923).
3. Walker, der mit Hilfe von Frauenliebe ein tüchtiger Agent wird: *Walker of the Secret Service* (1924).
4. Colonel Braxton, Rechtsanwalt, deckt Verbrechen auf in *The Silent Witness* (1930).

The Gilded Chair (1910); *The Nameless Thing* (1912, Kurzgeschichten); *The Mystery at the Blue Villa* (1919, Kurzgeschichten). – Die Kurzgeschichtenbände um Randolph Mason: *The Strange Schemes of Randolph Mason* (1896); *The Man of Last Resort; or, The Clients of Randolph Mason* (1897); *The Corrector of Destinies* (1908). – Die Kurzgeschichtenbände um Uncle Abner: *Uncle Abner: Master of Mysteries* (1918); *The Methods of Uncle Abner* (1974, ein Kurzroman und drei Erzählungen, vorher nur in Zeitschriften erschienen).

Lit.: Charles A. Norton, Melville Davisson Post: Man of Many Mysteries, 1973.

POSTGATE, RAYMOND
(1896–1971)

Geboren in Cambridge; Studium der klassischen Sprachen und der Wirtschaftswissenschaften in Oxford. Der Krimi-Autor G. D. H. Cole war sein Schwager. P. publizierte vor allem wissenschaftliche Bücher, aber auch Übersetzungen, einen Gourmet-Guide und drei Krimis:

The Verdict of Twelve (1940); *Somebody at the Door* (1943); *The Ledger Is Kept* (1953).

POTTS, JEAN
(* 1910)

Geboren in St. Paul, Nebraska. Sie studierte an der Nebraska Wesleyan University und lebte als Journalistin zuerst in Nebraska, dann in New York. Seit den fünfziger Jahren ist sie freie Schriftstellerin. Sie hat seit 1954 etwa 20 Krimis und viele Kurzgeschichten in Zeitschriften veröffentlicht.

Go, Lovely Rose (1954); *The Evil Wish* (1962); *The Trash Stealer* (1968).

The Troublemaker
(1972; dt. *Der Traum ist zu Ende,* 1972)
Die Handlung folgt einem bewährten Schema: eine junge, alraunenhafte Frau bringt in das Leben aller, mit denen sie in Berührung kommt, Verwirrung und Unglück. Lisas erstes »Opfer« ist Carlos, der einzige Sohn einer Witwe aus altem, angesehenem Hause. Die Mutter ist gegen die Verbindung; es gibt Komplikationen; Carlos unternimmt einen Selbstmordversuch. Als nächster erliegt der College-Professor Quentin Leonhard Lisas Charme; nach Ende des Semesters verläßt er seine Frau (die von nichts weiß) und geht mit Lisa auf Reisen. Im »Seaview Inn« nehmen beide Jobs an, da Quentin kein Geld mehr hat. Lisa hält jedoch ihre Adresse nicht geheim – ist sie Quentins schon müde? Carlos taucht auf, später seine Mutter und Quentins Frau Grace. Kurz darauf wird Lisa tot am Fuß einer Klippe gefunden: Unglücksfall oder Mord? Carlos ist geflohen und wird daher verdächtigt. Aber auch Quentins Alibi ist nicht lückenlos; er beschließt, Carlos zu finden, um die Wahrheit zu erfahren. Nachdem der Leser längere Zeit an der Nase herumgeführt worden ist, stellt sich schließlich heraus, daß Carlos' Mutter Lisa aus Eifersucht von der Klippe gestoßen hat. Ein in Konstruktion und Psychologie schwacher Roman.

PRATHER, RICHARD SCOTT
(* 1921)

Dieser Amerikaner hat seit 1950 etwa 50 Krimis geschrieben. Er benützt auch die Pseudonyme David Knight und Douglas Ring. Unter seinem richtigen Namen hat er den Detektiv Shell Scott erfunden, der in vielem an Michael Shayne (Brett Halliday) erinnert. Von der Scott-Serie waren bis 1969 über 40 Millionen Bände verkauft worden.

The Case of the Vanishing Beauty (1950); *The Peddler* (1952, von Douglas Ring); *Dragnet-Case No. 561* (1956, von David Knight); *Double in Trouble* (1959, zus. mit Stephen Marlowe). – Drei Shell-Scott-Bücher: *Shell Scott's Seven Slaughters* (1961); *Kill Him Twice* (1965); *The Cheim Manuscript* (1969).

Dead Man's Walk
(1965; dt. *Die Hexe mit dem heißen Höschen,* 1971)
Shell Scott, der ein Detektivbüro in Los Angeles betreibt und in Hollywood wohnt, hat einige Aktien eines großen Hotelbetriebes auf der Insel Verde in der karibischen See geerbt. Einer der Partner ist eben gestorben, und der überlebende Partner, der das Hotel leitet, bittet Shell Scott, den seltsamen Tod zu untersuchen. Bevor Scott

nach Verde fährt, macht sich die hübsche Vanessa Gayle an ihn heran. Er nimmt sie mit.
Auf Verde hat er es zuerst mit dem Voodoo-General Mordieux zu tun, der Scott umbringen will. Scott allerdings vernichtet am Ende den Voodoo-General mit Hilfe einer Voodoo-Prinzessin namens Dria Ducharme. Mordieux war von dem Gangster Rule angestellt worden. Rule beabsichtigt, die Insel zu übernehmen und in eine Spielhölle zu verwandeln. Zu diesem Zweck hat er bereits drei Leute ermordet, und zwar mit einem kalten Gas, welches, an den Nacken geleitet, das Blut gefrieren läßt, so daß das Gehirn nicht mehr funktioniert. Diese Art des Mordes hinterläßt keine Spuren. Die Diagnose: Herzschlag.
Rule ermordet beinahe auch noch Scott. Doch dann entlarvt Scott alle: Er bringt Rule um; er fängt einen scheinbar harmlosen Tierfreund und dessen Frau, die in Wirklichkeit Killer sind. Und die schöne Vanessa ist, wie sich herausstellt, die Tochter dieser Killer und hat den Judas gespielt.

PRICHARD, HESKETH
(1876–1922)

Geboren in Indien, in England aufgewachsen. Er liebte das Reisen und die Jagd und erfand zwei Krimi-Figuren:
1. November Joe, den man noch heute in Anthologien findet: *November Joe: The Detective of the Woods* (1913).
2. Don Quebranta Huesos, genannt »Don Q«, der 1898 zum ersten Mal in einer Zeitschriftenerzählung auftrat. Er nimmt von den Reichen und Schlechten und gibt den Armen und Guten. P.s Mutter Kate scheint an diesen Erzählungen mitgearbeitet zu haben, die in folgenden Bänden gesammelt sind (von K. und Hesketh Prichard):

The Chronicles of Don Q. (1904); *New Chronicles of Don Q.* (1906, in USA *Don Q. in the Sierra*); *Don Q.'s Love Story* (1909, Roman).

PRIESTLEY, JOHN BOYNTON
(* 1894)

Dieser populäre englische Dramatiker, Kritiker und Romancier wurde in Bradford, Yorkshire, geboren. Er studierte in Cambridge und war nach 1922 freier Schriftsteller in London. In seinem Schauspiel *An Inspector Calls* (1945) besucht ein Inspektor eine Familie und macht den Familienangehörigen nach und nach bewußt, daß sie im Grunde alle Mörder sind – eine Idee, die Dürrenmatt in *Die Panne* wieder aufgreift. Einige Romane P.s sind Krimis:

Benighted (1927); *I'll Tell You Everything* (1933, zus. mit Gerald Bullett); *Blackout in Gretley* (1942); *Saturn over the Water* (1961); *The Shapes of Sleep* (1962); *Salt Is Leaving* (1966, Kurzgeschichten).

PROCTER, MAURICE
(1906–1973)

Geboren in Nelson, Lancashire. Neunzehn Jahre lang diente er bei der Halifax Borough Police in Yorkshire. 1946 gab er seinen Beruf auf und begann Romane zu schreiben. Sein vierter Roman war gleichzeitig sein erster Krimi: *The Chief Inspector's Statement* (1949, in USA *The Pennycross Murders*). In 14 der etwa 20 Krimis von 1953 an ist die Zentralfigur Inspector Harry Martineau von der CID in Granchester (Manchester). Die Martineau-Romane gehören zur »procedural school« und erinnern an ähnliche Serien von Ed McBain und J. J. Marric (John Creasey).

Hurry the Darkness (1950); *I Will Speak Daggers* (1956, in USA *The Ripper*); *Man in Ambush* (1958). – Drei Harry-Martineau-Romane: *Hell Is a City* (1953, in USA *Somewhere in this City*); *A Body to Spare* (1962); *Hideaway* (1968).

A Body to Spare
(1962)
Die Unternehmungen der Halunken und die Aktionen, die Chief Inspector Martineau unternimmt, um die Gangster zur Strecke zu bringen, werden abwechselnd berichtet. In der Leichenverbrennungsanstalt der Polizei findet man am falschen Ort einen überzähligen Leichnam, d. h., man hat in einem Sarg vorher einen falschen (eingeschmuggelten) verbrannt. Wen?
Wahrscheinlich hat die Sache mit einem vor kurzem durchgeführten Raubüberfall zu tun: Das Zahltagsgeld einer großen Firma war auf dem Weg von der Bank zur Fabrik von einer Gruppe von Verbrechern gestohlen worden.

Man verfolgt nun, wie ein Gangstertrio den Sohn eines Bestattungsunternehmers zwingt, mitzumachen und das Geld zu verstecken (in Särgen). Der Vater kommt dahinter und wird vom Trio umgebracht. Nun schaltet sich der örtliche Mafiaboß ein, der das Geld in seinen Besitz bringen möchte. Um sich gegen die Mafia mit Waffen zu versorgen, bricht das Trio in ein Waffenlager ein und stiehlt Maschinenpistolen. Kurze Zeit später erschießt der Sohn des ermordeten Bestattungsunternehmers die drei und transportiert die Leichen nachts in eine entfernte Leichenverbrennungsanstalt, wo er sie einäschert. Am Ende kommen Martineau und der Mafiaboß fast gleichzeitig bei dem jungen Leichenbestatter an. Die Polizei erwischt das geraubte Geld, die Mafia hat das Nachsehen. – Spannend erzählt.

PRODÖHL, GÜNTER
(* 1920)

Geboren in Berlin. Zuerst im kaufmännischen Beruf tätig, war er 1949–1954 Journalist; seit 1954 ist er freier Schriftsteller. In den Jahren 1960–1969 hat er fünf Bände *Kriminalfälle ohne Beispiel* publiziert. Nach 1967 erschien eine Fernsehserie unter dem gleichen Titel. Als Romane sind erschienen:

Der todsichere Tip (1958, zus. mit R. Hirsch); *Solange die Spur warm ist* (1959).

PROPPER, MILTON MORRIS
(* 1906)

Dieser Amerikaner hat in den Jahren 1929–1943 vierzehn Krimis um den Detektiv Tommy Rankin von der Mordpolizei Philadelphia geschrieben. Er ist nicht genial, kann aber logisch denken und hat Geduld; er erinnert an Inspector French (Freeman Wills Crofts).

Drei Tommy-Rankin-Romane: *The Strange Disappearance of Mary Young* (1929); *The Case of the Cheating Bride* (1938); *The Blood Transfusion Murders* (1943).

PUNSHON, ERNEST ROBERTSON
(1872–1956)

Geboren in London. Büroangestellter, dann Farmer in Kanada. Nach England zurückgekehrt, schrieb er in den Jahren 1905–1956 mindestens 50 Krimis. Eine seiner Zentralfiguren ist Bobby Owen, der in Oxford studiert hat und während der Depression als Polizist arbeitet.

Constance West (1905); *The Mystery of Lady Isobel* (1907); *The Solitary House* (1919); *Information Received* (1933); *The Golden Dagger* (1951); *Three Cases of Murder* (1956).

Q

QUEEN, ELLERY

Pseudonym für das Autorenteam Frederic Dannay (geb. 1905) und Manfred B. Lee (1905–1971). Auch die Namen Dannay und Lee sind angenommen: die beiden Vettern haben ihre ursprünglichen Namen in ihrer Jugend abändern lassen. Frederic Dannays wirklicher Name war Daniel Nathan; er kam in Brooklyn zur Welt und wuchs in Elmira, New York, auf. Dannay arbeitete für ein Reklamebüro, als er mit 23 Jahren begann, Krimis zu schreiben. Lee hieß in Wirklichkeit Manford Lepovsky. Er wurde in New York geboren und studierte an der New York University.

In den Jahren 1929–1931 veröffentlichten Dannay und Lee drei Romane unter dem Pseudonym Ellery Queen. Dem Helden der Bücher gaben sie denselben Namen in der Hoffnung, der Name Ellery Queen werde sich den Lesern besser einprägen, wenn sie ihn so oft lesen müßten. Die Vettern täuschten sich nicht: Ellery Queen ist der Held von über 40 Bänden geworden. Etwa zehn Queen-Romane sind verfilmt worden, und von den Büchern sollen bis heute 150 Millionen verkauft worden sein. Viele Jahre lang erfreuten sich Ellery-Queen-Hörspiele einer unerhörten Popularität in Amerika. In den Jahren 1932/1933 schrieben die beiden Autoren vier Krimis unter dem Pseudonym Barnaby Ross. Der Held dieser Romane ist ein pensionierter Schauspieler namens Drury Lane; er ist steinreich, wohnt auf einem Schloß am Hudson River und hilft der New Yorker Polizei beim Lösen einiger verzwickter Fälle. In drei weiteren Romanen der Vettern tritt Ellery Queen auch nicht auf.

Zur Popularität des Namens Ellery Queen trugen bei: die Zeitschrift *Ellery Queen's Mystery Magazine,* die seit 1941 erscheint, sowie die etwa 70 Kriminalanthologien, welche unter dem Namen Ellery Queen herausgekommen sind. Die beiden Autoren sind Sammler gewesen und haben sich besonders auf Kurzgeschichten spezialisiert. Der Band *Queen's Quorum* (1951, revidiert 1969) enthält eine Bibliographie der 125 besten Kurzgeschichtenbände (seit 1845) auf dem Gebiet des Krimi. Die Queen-Sammlungen befinden sich heute an der University of Texas.

Für die Figur Ellery Queen hat S. S. Van Dines Detektiv Philo Vance Pate gestanden. Wie Vance ist Ellery Queen ein Gentleman; er gehört zur amerikanischen »leisure class«: Je absurder und komplizierter die Mordfälle sind, desto angenehmer ist es ihm. Der Leser weiß immer gleich viel wie Queen; er hat also genau die gleiche Chance wie Queen, den Verbrecher zu identifizieren. Ellery ist von Beruf Schriftsteller; gelegentlich arbeitet er für den Film. Sein Vater, Richard Queen, ist Inspektor bei der New Yorker Polizei. Der alte Mann ist sympathisch, grundehrlich, aber es fehlt ihm die geistesakrobatische Genialität seines Sohnes.

Die Romane ohne Ellery Queen: *The Glass Village* (1954); *Terror Town* (1956); *Cop Out* (1969). – Die vier Romane um Drury Lane: *The Tragedy of X* (1932); *The Tragedy of Y* (1932); *The Tragedy of Z* (1933); *Drury Lane's Last Case* (1933). – Sechs Ellery-Queen-Romane: *The Roman Hat Mystery* (1929); *The Siamese Twin Mystery* (1933); *Calamity Town* (1942); *Inspector Queen's Own Case* (1956); *Face to Face* (1967); *A Fine and Private Place* (1971).

Lit.: Francis M. Nevins Jr., Royal Bloodline. Ellery Queen, Author and Detective, 1974. – Anthony Boucher, Ellery Queen. A Double Profile, 1951.

Face to Face

(1967; dt. *Nur eine Frage der Lesart,* 1968)
Ellery Queen und der englische Detektiv Harry Burke fliegen von London nach New York. Burke schlägt sein Quartier in der Queenschen Wohnung auf, wo sie von Roberta West besucht werden. Sie erzählt folgende Geschichte: Die reiche Schauspielerin Glory Guild hat den elf Jahre jüngeren Carlos Armando geheiratet, einen bekannten Erbschleicher, dem die Frauen trotz seines Rufes mit Begeisterung auf den Leim gehen. Er hat Roberta West vorgeschlagen, sie möge Glory umbringen, während er anderswo in Gesellschaft sei, um ein sicheres Alibi zu haben. Sie hat sich trotz ihrer blinden Liebe zu Carlos

geweigert. Einige Monate später hat Carlos ihr, Roberta, einen unerwarteten Besuch abgestattet. Während dieses Besuches ist Glory ermordet worden. Roberta hat ihm unfreiwillig ein Alibi verschafft.
Aber Carlos erbt nicht. Glory hat den Mordplan belauscht und das Gehörte im Tagebuch eingetragen. Es erbt dafür eine Nichte von Glory, Lorette Spanier, an die sich Carlos blitzschnell und erfolgreich heranmacht.
Wer ist der Mörder? Ellery, dessen Vater (Inspector Richard Queen) und Burke können Carlos nichts beweisen. Burke will sich eben mit Roberta West verloben, als Ellery den Fall doch noch löst: Carlos und Roberta haben die Sache inszeniert. Nach der Heirat mit Lorette hätte Carlos das Geld gehabt; Roberta hätte sich von Burke scheiden lassen; Lorette hätte man aus dem Weg geschafft . . .

QUENTIN, PATRICK

Dieses Pseudonym hat – nach STEINBRUNNER/PENZLER – folgende Geschichte: 1931/1932 veröffentlichten Richard W. Webb und Martha Mott Kelly zwei Krimis unter dem Pseudonym Q. Patrick: *Cottage Sinister* (1931) und *Murder at the Women's City Club* (1932). Nun schrieb Webb allein einen Krimi, darauf zwei in Zusammenarbeit mit Mary Louise Aswell. Von da an arbeitete Webb zusammen mit Hugh Callingham Wheeler (geb. 1913); die beiden verwendeten die Pseudonyme Q. Patrick (bis 1941), Jonathan Stagge (1937–1949) und Patrick Quentin (seit 1936). In den frühen fünfziger Jahren stellte Webb die Mitarbeit ein, und Wheeler publizierte bis 1965 allein weiter – als Patrick Quentin. Webb und Wheeler sind Engländer, die in den dreißiger Jahren nach den USA ausgewandert sind. Sie haben zusammen etwa 20 Krimis geschrieben, Wheeler allein ein Dutzend weitere.
Neun der Romane von Q. enthalten als Zentralfigur Peter Duluth, einen Theaterdirektor, der sich nebenbei rein zufällig mit Verbrechen beschäftigt. In einigen dieser Romane vertritt Lieutenant Trant die New Yorker Polizei. Trant ist auch die Zentralfigur einiger späterer Q.-Romane. Die unter dem Stagge-Pseudonym geschriebenen Bücher handeln von den unheimlichen Erlebnissen des Dr. Hugh Westlake und seiner Tochter Dawn. Drei Q.-Romane sind verfilmt worden.

Drei Westlake-Romane (von Jonathan Stagge): *Murder by Prescription* (1937, in England *Murder or Mercy); The Stars Spell Death* (1939, in England *Murder in the Stars*); *The Three Fears* (1949). – Drei Peter-Duluth-Romane: *A Puzzle for Fools* (1936); *Puzzle for Wantons* (1945); *My Son, the Murderer* (1954, in England *The Wife of Ronald Sheldon*). – Drei Bücher von Wheeler (Patrick Quentin): *The Green-eyed Monster* (1960); *The Ordeal of Mrs. Snow and Other Stories* (1961); *Family Skeletons* (1965).

The Green-eyed Monster

(1960; dt. *Die Wahrheit über Maureen,* 1962)
Andrew Jordan ist seit achtzehn Monaten mit Maureen verheiratet. Sie ist sehr hübsch, er liebt sie, ist aber eifersüchtig, denn sie treibt sich in seiner Abwesenheit bald hier, bald dort herum, und er findet heraus, daß sie ihn belügt. Dann wird sie ermordet – in seiner Wohnung, mit seinem Revolver, zu einer Zeit, als er kein Alibi hat.
Da die Polizei ihn vorderhand nicht verhaftet, hat er Zeit, Maureens Spuren nachzugehen. Ist der Mörder sein leichtlebiger Bruder, der ihn ebenfalls belügt und sich hinter seinem Rücken in Andrews Wohnung aufgehalten hat? Oder ist es des Bruders Geliebte, Rosemary Thatcher, Tochter eines Millionärs und frühere Ziehschwester von Maureen? Oder ein heimlicher Geliebter von Maureen?
Nach und nach wird Maureens Charakter enthüllt: sie war ruchlos egoistisch und wollte nur eines: Geld. Sie verführte ihren Ziehvater, Thatcher. Mrs. Thatcher warf sie daraufhin aus dem Haus. Als Modell schlief Maureen mit jedem, der ihr gefiel. Sie heiratete Andrew, weil er der Sohn einer zum vierten Mal verheirateten Millionärin war, die bald an Leukämie sterben würde, was nur Maureen wußte. In Zusammenarbeit mit dem vierten Mann (den sie erpreßte, denn er führte zwei Ehen gleichzeitig), raubte Maureen nach und nach den Schmuck der Millionärin und ersetzte ihn durch Fälschungen. Die Mörderin jedoch . . .
Die Spannung ist fast unerträglich; Maureens Charakter wird glänzend und überzeugend entwickelt – eine Frau, die neben Tennessee Williams' »Baby Doll« bestehen kann.

QUILLER-COUCH, SIR ARTHUR
(1863–1944)

Geboren in Bodmin, Cornwall. Er studierte in Oxford, war Journalist, Kritiker und Schriftsteller in London. 1910 wurde er geadelt, und 1912 kam er als Professor der Anglistik an die Universität Cambridge. Neben Literaturkritik veröffentlichte er mehrere Romane und Erzählungen, die zum Teil ins Gebiet des Krimi fallen:

Dead Man's Rock (1887); *Old Fires and Profitable Ghosts* (1900, Kurzgeschichten); *Poison Island* (1907).

QUINCEY, THOMAS DE
(1785–1859)

Geboren in Manchester. Seine unglückliche Jugend und sein frühes Vagabundieren beschreibt er im ersten Teil seiner *Confessions of an English Opium-Eater* (1821). Neben Essays und Literaturkritik verfaßte er Gruselromane und einzelne Erzählungen, die MESSAC als Kriminalgeschichten bezeichnet. In *The Avenger* (1838) z. B. werden in einer kleinen deutschen Stadt eine Reihe von älteren Leuten ermordet. Man weiß weder von wem noch weshalb. Am Ende löst der Mörder selbst das Rätsel: Die Ermordeten waren Menschen, welche seine Mutter in den Tod getrieben hatten. Oft anthologisiert wird Q.s Essay *On Murder Considered As One of the Fine Arts* (3 Tle.: 1827, 1839, 1854).

R

RAABE, WILHELM
(1831–1910)

Geboren in Eschershausen bei Braunschweig. Er gilt als einer der großen deutschen Romanschriftsteller des 19. Jahrhunderts. Eines seiner Werke wird gelegentlich erwähnt, wenn die Rede auf die Geschichte des deutschen Kriminalromans kommt: *Stopfkuchen. Eine See- und Mordgeschichte.* Der Roman erschien 1890 in der *Deutschen Roman-Zeitung* und 1891 in Buchform.

Der Ich-Erzähler Eduard ist vor vielen Jahren nach Südafrika ausgewandert und dort wohlhabend geworden. Dann ist er in sein Heimatstädtchen zurückgefahren, um die alten Freunde zu besuchen. Sein bester Freund, der Landbriefträger Friedrich Störzer, ist gestorben. Hingegen lernt er nun den dicken und behäbigen Heinrich Schaumann, genannt »Stopfkuchen«, schätzen. Dieser war in der Schule und beim Spielen einer der letzten gewesen, aber er erwies sich später als genialer Lebenskünstler: er hat die Tochter des als Mörder verrufenen reichen Bauern Quakatz geheiratet, den Hof geerbt und ein glückliches, nachdenkliches und vernünftiges Leben geführt. Im Geiste hat er zu Hause ebensoviel erlebt wie Eduard auf seinen Weltreisen – und das ist wohl die Botschaft des Romans. Schaumann hat seine Frau Valentine glücklich und den Hof rentabel gemacht und schließlich den Mordverdacht, der auf der Familie Quakatz ruhte, beseitigt. Er hat sich als Detektiv betätigt und herausgefunden, daß seinerzeit nicht der alte Quakatz, sondern der Briefträger Störzer den Viehhändler Kienbaum umgebracht hatte – aus Versehen. Schaumann sagt erst nach Störzers Tod aus. Eduard schreibt alles auf, während das Schiff ihn wieder nach Afrika trägt.

RACHMANOW, LEONID NIKOLAJEWITSCH
(* 1908)

Studium am Leningrader Elektrotechnischen Institut (1926–1928); dann schrieb R. für den Film und fürs Theater und publizierte auch Romane, darunter Krimis.

Ein Haus im Ried (1959, zus. mit Jewgeni Riss); *Ein Stein wird in den stillen Teich geworfen* (1964).

RADCLIFFE, ANN
(1764–1823)

Geboren als Ann Ward in London. Sie heiratete 1787; zwei Jahre später erschien ihr erster Roman.

Die Geschichte des Krimi beeinflußte ihr Bestseller *The Mysteries of Udolpho* (1794): Emily St. Aubert stammt aus einem idyllischen Schlößchen über der Garonne. Ihre Eltern sterben, und Emily kommt zu einer Tante nach Toulouse. Diese Tante heiratet den italienischen Gangster Montoni. Nun geht es nach Venedig, wo Emily gezwungen werden soll, den unheimlichen Herzog Morano zu heiraten. Am Tag vor der Hochzeit entfliehen die Montonis ins Schloß Udolpho im wildesten Apennin. Hier gründet Montoni eine Räuberbande. Die Tante soll ihre Güter auf Montoni überschreiben. Sie tut es nicht; er läßt sie sterben. Schließlich gelingt Emily mit drei Begleitern die Flucht. Sie heiratet ihren früheren Geliebten. Die Atmosphäre ist grauenhaft: Gespenster, Geheimgänge, Doppelwände, Grüfte, Leichen aus Wachs, Morde, versuchte Vergewaltigungen – kein Wunder, daß die ständig weinende Emily von einer Ohnmacht in die andere fällt. Am Ende aber wird – wie im Krimi – alles genau und rationalistisch erklärt.

RADDALL, THOMAS HEAD
(*1903)

Geboren in England. 1913 wanderte er mit den Eltern nach Kanada aus und ließ sich in Neuschottland nieder, wo er noch heute in Liverpool lebt. Mit 15 Jahren wurde R. Funker, zuerst auf Schiffen, dann an Küstenstationen. Später arbeitete er als kaufmännischer Angestellter. Seit 1938 ist er freier Schriftsteller. Er hat vorzügliche, vor allem historische Romane geschrieben. Abgesehen von seiner Autobiographie ist sein letztes Werk der Band *Footsteps on Old Floors. True Tales of Mystery* (1968). Er enthält sechs Erzählungen, in denen R. tatsächlich geschehene und bisher zum Teil ungeklärte Morde, Betrügereien und andere rätselhafte Ereignisse geschickt und glaubwürdig darstellt und löst.

RADTKE, GÜNTER
(* 1927)

Geboren in Stettin. Nach einer Lehre als Metallflugzeugbauer wurde er Polizist. In den fünfziger Jahren studierte er Jura und wurde Major der Kriminalpolizei in Gera. Seine Erzählungen und Romane gehören am ehesten in die Kategorie der »police procedural school«. Es wird gezeigt, auf welche Art die Sicherheitsorgane vorgehen, um Verbrechen, Spionagefälle usw. aufzuklären. R.s bevorzugtes Milieu ist die Welt der Jugendlichen. Auch welche psychologische Situation zum Verbrechen geführt hat, interessiert ihn.

Froschmann in der Oder (1962); *Die Tätowierten* (1970); *Das Versteck in der Bärenaue* (1971); *Der vergessene Mord* (1977).

RAINOW, BOGOMIL
(?)

R. ist Bulgare und auch in Rußland als führender Krimiautor bekannt. R. schrieb außerdem vieles zur Theorie und Kritik des Kriminalromans. *Mr. Nobody* erhielt den Dimitrowsky-Preis.

Der Inspektor tappt im Dunkeln (1967); *Der Mann an der Ecke* (?); *Ein regnerischer Abend* (?).

RAMPO, EDOGAWA
(1894–1965)

Pseudonym für den Japaner Hirai Taro, der als Sohn eines Juristen und Kaufmanns in Nabari zur Welt kam. Er wuchs in Nagoya auf und studierte 1912–1916 an der Waseda Universität in Tokio. Zunächst schlug er sich in allen möglichen Berufen durch. Seine schriftstellerische Karriere begann 1923, als er der damals einzigen japanischen Krimizeitschrift, *Shinseinen,* eine Kurzgeschichte einreichte, die angenommen wurde. In den folgenden Jahrzehnten veröffentlichte R. gut 20 Krimis, über ein halbes hundert Kurzgeschichten, mehrere Aufsatzbände über den Krimi und einige Kinderbücher. Sein Pseudonym ist nichts anderes als der Name Edgar Allan Poe – japanisch ausgesprochen. 1956 übersetzte James B. Harris neun von R.s Erzählungen ins Englische *(Japanese Tales of Mystery and Imagination),* die schon 1966 die neunte Auflage erlebten. Sie sind durchweg vorzüglich und zum Teil völlig originell: In der ersten zum Beispiel konstruiert ein Möbelmacher einen Sessel, in dessen Rücklehne und Sitz er sich selbst hineinsetzen kann. Von diesem Versteck aus unternimmt er Diebstähle, die von der Polizei nicht erklärt werden können. Dazu hat er das Vergnügen, daß sich sein Opfer (eine Dame, die er liebt) auf seinen Schoß setzt und sich mit ihrem Rücken an seine Brust lehnt!

RANK, CLAUDE
(* 1925)

Dieser Franzose publiziert seit den sechziger Jahren erfolgreiche Spionageromane in der Nachfolge von Jean Bruce.

Le commando des torches (1959); *Nos assassins* (1961); *Le carnaval des vautours* (1963).

RAWSON, CLAYTON
(1906–1971)

Geboren in Elyria, Ohio. Er studierte an der Ohio State University. Von Beruf war er Reklamezeichner und Illustrator, später Lektor und Herausgeber von Buchreihen und Zeitschriften. Sein Hauptinteresse aber galt der Zauberei. R. schrieb vier heute vergessene Kurzromane um Don Diavolo (unter dem Pseudonym Stuart Towne) in der Zeitschrift *Red Star Mystery* (alle erschienen 1940) und vier noch heute bekannte Romane um den Zauberer-Detektiv Merlini.

Die vier Merlini-Romane: *Death from a Top Hat* (1938); *The Footprints on the Ceiling* (1939); *The Headless Lady* (1940); *No Coffin for the Corpse* (1942). – Zwei der vier Don-Diavolo-Erzählungen erschienen in *Death out of Thin Air* (1941).

The Footprints on the Ceiling
(1939)
Der Roman spielt auf der Skelton-Insel im East River (New York). Der Ich-Erzähler, Ross Harte, Autor einer Show, die vor der Premiere steht, und Merlini, früherer Zirkusartist, Zauberkünstler und jetzt Inhaber eines Zauberwarengeschäfts, kommen auf die Insel, um ein Medium, Mme. Rappourt, in Aktion zu sehen und eventuell des Schwindels zu überführen. Sie werden vom Geisterspezialisten Watrous am Bootssteg in Empfang genommen, entdecken eine Leiche im dritten Stock eines verlassenen Hauses und löschen darauf das Feuer, mit dem das Haus hätte in Flammen aufgehen sollen.
Die Tote ist Linda Skelton, die reiche Besitzerin der Insel, die ihr Vermögen der hübschen Sigrid vermacht hat, während die Brüder Arnold und Floyd leer ausgehen. Floyds Leiche wird später entdeckt. Nun laufen in raschem Tempo ganz unwahrscheinliche Ereignisse ab. Nach einer Weile kommt die Polizei dazu. Jeder von den etwa zwölf Inselbewohnern und Gästen gerät in Verdacht. Es stellt sich heraus, daß ein Schatz von acht Millionen aus einem früher bei der Insel versunkenen Schiff gehoben werden sollte; ein Koffer voll gefälschter alter Münzen taucht auf. Das große Durcheinander wird mit einer guten Portion Ironie erzählt. Viele Klischees des Detektivromans erscheinen parodiert, und Philo Vance, Nero Wolfe und andere literarische Detektive werden namentlich erwähnt.
Schließlich werden die meisten Inselbewohner verhaftet; der eine ist ein Gangster-Boß, andere sind Betrüger und Schwindler, nur die zwei, gegen die der Leser einen stillen Verdacht hatte, sind unschuldig und heiraten. Dabei ist R. ganz fair: alle Unwahrscheinlichkeiten werden erklärt – sogar die Fußspuren an der Decke. Der Leser hätte alles selbst erraten können. R. ist ein Meister der Irreführung: »red herrings« werden zu Dutzenden an der Nase des Lesers vorbeigezogen. Gegen den Schluß wird der Roman etwas langatmig; Merlini erklärt die Zusammenhänge allzu wortreich.

REACH, ANGUS
(1821–1856)

Geboren in Inverness, Schottland. Im Alter von 21 Jahren kam er nach London und arbeitete für die Zeitung *Morning Chronicle.* Er schrieb einen zur damaligen Zeit populären Kriminalroman: *Clement Lorimer; or, The Book with the Iron Clasps* (1848/1849), illustriert von George Cruikshank.

READE, CHARLES
(1814–1884)

Geboren in Ipsden, Oxfordshire. Er studierte Jura in Oxford und wurde einer der populären viktorianischen Romanciers. In Zusammenarbeit mit Dion Boucicault schrieb er den frühen Krimi *Foul Play* (1868). Boucicault (1822 bis 1890), geboren in Dublin, war ein bekannter Dramatiker (über 100 Stücke) und Schauspieler, der nach 1872 zumeist in New York lebte.

Foul Play
(1868; dt. *Falsches Spiel,* 1868)
Arthur Wardlaw ist der leichtsinnige Sohn eines reichen Londoner Geschäftsmannes. Der Theologe Robert Penfold, der Sohn eines Angestellten der Firma Wardlaw, ist Arthurs Tutor und Freund. Als eine Pfarrei frei wird, die 800 Pfund kostet, gibt Arthur Wardlaw seinem Freund einen Scheck über 2000 Pfund. Auf dem Scheck hat Arthur die Unterschrift seines Vaters gefälscht. Seine Absicht ist, daß Robert ihm die 1200 Pfund, die er nicht braucht, zurückgibt; denn Arthur hat heimliche Schulden. Aber der alte Wardlaw entdeckt die Sache, und Robert Penfold wird verhaftet. Zwar stellt der Handschriftenexperte fest, daß nicht Robert den Scheck gefälscht haben kann; trotzdem wird Robert auf einige Jahre nach Australien verbannt. Natürlich hätte Arthur Wardlaw seinen Freund retten können, aber dann hätte er zugeben müssen, ein Fälscher zu sein, und sein Vater hätte ihn aus der Firma hinausgeworfen.
Der Sträfling Robert Penfold arbeitet für General Rolleston, in dessen Tochter Helen er sich verliebt. Sie ist Arthur Wardlaws Verlobte und reist zur Hochzeit nach England. Zwei Schiffe der Firma Wardlaw fahren nach England: Arthur hat mit Joe Wylie abgemacht, daß dieser das eine unterwegs versenken soll. Es ist hoch versichert, da es angeblich Gold transportiert. Aber Wylie hat das Gold heimlich auf das andere Schiff geschafft; auf diese Weise erhält Arthur

Wardlaw sowohl das Gold als auch die Versicherungssumme dafür. Aus Versehen gerät Helen Rolleston auf das Schiff, das versenkt werden soll; Robert Penfold begleitet sie inkognito – unter dem Namen Hazel. Helen hat keine Ahnung, wer er ist. Das Schiff wird prompt versenkt; die Mannschaft flüchtet im großen Boot und überläßt Hazel und Helen und drei andere Matrosen im kleinen Boot ihrem Schicksal. Die drei Matrosen sterben. Hazel und Helen erreichen eine einsame, paradiesische Insel, wo sie einige Monate wie Robinson leben – aber keusch! Am Ende erzählt Robert Helen, wer er ist und was Arthur ihm angetan hat. Helen glaubt ihm nicht. Ihr Vater findet die beiden endlich; Robert bleibt auf der Insel zurück, und Helen versucht nun in London, Roberts Unschuld zu beweisen. Sie ist von einer derartigen Naivität, daß Arthur sie laufend betrügen kann. Der Handschriftenexperte und dessen Mutter aber nehmen die Sache in die Hand. Als schließlich Inspector Burt von Scotland Yard eingreift, hat er die Sache schnell gelöst. Arthur Wardlaw wird überführt, wird wahnsinnig und endet im Irrenhaus. Robert heiratet Helen, und der alte Wardlaw verkauft ihnen seine Firma. Der reumütige Wylie heiratet Helens Dienerin.
Ein gutes Drittel des Romans ist dem Robinson-Leben gewidmet. Der Detektivstrang der Erzählung ist spannend, und man wird ausführlich über Theorie und Praxis der Handschriftenanalyse unterrichtet, wohl zum ersten Mal in der Literatur. Der Leser weiß immer über alles im voraus Bescheid, was Robert und der Detektiv mühsam entdecken müssen. Der schwache Punkt des Romans ist die phänomenale Borniertheit Helens, die Arthur bis zuletzt vertraut, obwohl sich ihr die Beweise seiner Gemeinheit von allen Seiten aufdrängen.

REED, SIR EDWARD JAMES
(1830–1906)

R. war Mitglied des englischen Parlaments und versuchte sich an einem Krimi, der in dem ihm bekannten Milieu spielt (ein Abgeordneter wird umgebracht, ein anderer verdächtigt): *Fort Minster, M. P.* (1885).

REES, ARTHUR JOHN
(1872–1942)

Dieser Engländer schrieb (nach HAGEN) 16 Krimis, davon die ersten beiden in Zusammenarbeit mit John Reay Watson.

The Hampstead Mystery (1916, mit Watson); *The Mystery of the Downs* (1918, mit Watson); *The Shrieking Pit* (1919); *Peak House* (1933, in USA *Mystery at Peak House*); *The Corpse That Traveled* (1938).

REEVE, ARTHUR BENJAMIN
(1880–1936)

Geboren in Patchogue, New York. Er studierte an der Princeton University und wurde Journalist. Zwei Krimis schrieb er in Zusammenarbeit mit John W. Grey (*The Master Mystery,* 1919; *The Mystery Mind,* 1920) und erfand die weibliche Detektivin Constance Dunlap. Berühmt war seinerzeit die Zentralfigur der meisten seiner Werke: Craig Kennedy. Dieser ist Chemiker und Professor an der Columbia University und geht »wissenschaftlich« vor, d. h. er arbeitet mit den neuesten technischen Gags und Instrumenten und setzt sogar die Psychoanalyse ein. Die Fälle werden von Walter Jameson, Kennedys Dr. Watson, erzählt. Kennedy ist der Held von 26 Bänden, die in den Jahren 1912–1936 erschienen sind. Er war von 1915 bis 1936 häufig auf der Leinwand und noch 1952 auf dem Bildschirm zu sehen.

Guy Garrick (1914); *Constance Dunlap: Woman Detective* (1916, Kurzgeschichten). – Drei Craig-Kennedy-Bücher: *The Silent Bullet* (1912, Kurzgeschichten; in England *The Black Hand*); *The Exploits of Elaine* (1915); *The Stars Scream Murder* (1936).

REGESTER, SEELEY
(1831–1886)

Pseudonym für Metta Victoria Fuller Victor, geboren in Erie, Pennsylvania. Ihren ersten Roman publizierte sie im Alter von 15 Jahren. Seit 1860 schrieb sie Heftchenromane für die Firma Beadle & Adams. 1867 erschien ihr anscheinend einziger Krimi, *The Dead Letter,* der als erster von einer Dame geschriebener Krimi der Weltliteratur gilt.

REICHE, KARL
(1902–1959)

Geboren in Berlin; Journalist. Im Zweiten Weltkrieg geriet er in amerikanische Kriegsgefangenschaft. Nach 1946 war er als Redakteur und beim Rundfunk tätig. Das Verbrechen in seinen Krimis ergibt sich aus der Situation der kapitalistischen Umwelt: Profit um jeden Preis, ruchlose Ausbeutung der Arbeiter.

Das Verbrechen von Vaianica (1955); *Hanck muß gleich kommen* (1956); *Die Teufelsmühle im Orinoco* (1957).

REILLY, HELEN
(1891–1962)

Geboren in New York als Tochter des Rektors des New Yorker Hunter College, Dr. James M. Kieran. Sie lebte später in Westport, Connecticut, und zuletzt bei ihrer Tochter, der Krimiautorin Ursula Curtiss, in New Mexico. Eine andere Tochter von ihr, Mary McMullen, schrieb ebenfalls Krimis, und auch R.s Bruder, James Kieran, produzierte einen »Whodunit« (*Come Murder Me,* 1952). Die meisten ihrer über 30 Romane sind realistisch, was die Arbeit der Polizei betrifft; einige gelten als frühe Beispiele der »procedural school«. Ihre Zentralfigur ist Inspector Christopher McKee von der Kriminalpolizei des Distrikts Manhattan. R. hat auch drei Romane unter dem Pseudonym Kieran Abbey geschrieben.

Die drei Romane von Kieran Abbey: *Run with the Hare* (1941); *And Let the Coffin Pass* (1942); *Beyond the Dark* (1944). – Sechs Inspector-McKee-Romane: *The Diamond Feather* (1930); *Murder in Shinbone Alley* (1940); *Murder at Arroways* (1950); *The Canvas Dagger* (1956); *Follow Me* (1960); *The Day She Died* (1962).

The Canvas Dagger
(1956; dt. *Der Sturz aus dem Fenster,* 1960)
Sarah Casement hält sich allein in der Wohnung einer abwesenden Freundin auf und sieht, wie im Haus gegenüber ein Mann aus dem Fenster gestoßen wird. Den Mörder hat sie nicht gesehen. Die Polizei glaubt ihr nicht. Der Mord wird als Selbstmord abgetan. Der Ermordete war Grant Melville, ein Maler, der sonst in Cape Cod wohnt. Erst als ein Mann, der Melville überwacht hat, ermordet und Sarahs Freundin unter ein Auto gestoßen wird, ist auch der Polizei klar, daß Melville nicht Selbstmord begangen hat. R. führt so viele Personen ein, daß der Leser Schwierigkeiten hat, die Figuren auseinanderzuhalten. Besonders verdächtig ist Tom Gillespie, der sich an Sarah heranmacht und sie zu lieben vorgibt, worauf sie ihn mehrmals in den Armen einer anderen antrifft. Sie belauscht sogar ein Gespräch zwischen Tom und Lisa, wonach er ein Betrüger sein muß.
Aber am Ende ist es Tom nicht gewesen, und Lisa ist die Frau seines Onkels. Schuldig sind die Kommunisten, zu denen Melville und andere gehört haben, sowohl der Mörder wie die Ermordeten. Das ist nicht tragisch, und erfreut beginnen Sarah und Tom eine Affäre. Nach anfänglichem Versagen hat die Polizei nun schnell Erfolg, als nämlich Inspector McKee die Sache in die Hand nimmt.
R. ist nicht fair, denn dem Leser werden keine Anhaltspunkte gegeben; wie McKee am Ende zu seinem Wissen kommt, wird nicht gesagt. Wahrscheinlich hat die FBI ihn orientiert.

REINECKER, HERBERT
(* 1914)

Geboren in Hagen, Westfalen. Vielbeschäftigter Autor, der vor allem für Theater, Funk, Film und Fernsehen arbeitet. Bundesfilmpreis 1955. Er ist dem Fernsehpublikum durch seine jahrelang laufenden Krimiserien »Der Kommissar« (1969–1976) und »Derrick« (1975–1978) vertraut. Zwei ausgewachsene Krimis, routiniert, aber nicht aufregend und ohne höheren Anspruch: *Das Mädchen von Hongkong* (1973) und *Drei Tote reisen nach Wien* (1974).

»Das Messer im Geldschrank«
(in *Keiner hörte den Schuß,* 1973, Sammelband)
Ein Beispiel aus der »Kommissar«-Reihe. In der Münchner Hawai-Bar wird am Morgen die Bardame Nina Fechler mit einem Messer im Rücken tot aufgefunden. Als Mörder kommen in

Betracht der Barbesitzer Mirko Brandic, ein Jugoslawe, und sein Bruder Juri, der Musiker Benitz und der Oberkellner Sommer. Der Nachwuchskriminalbeamte Harry kann sich aus den widerspruchsvollen Aussagen dieser vier ebensowenig ein Bild machen wie der Leser (bzw. der Zuschauer). Aber glücklicherweise wird »der Kommissar« (Keller) wieder gesund. Für ihn ist »das Nächstliegende immer das Beste«. Er recherchiert unerkannt als Gast in der Bar, gewinnt das Vertrauen von Ninas Kollegin Marion Hintze, die mit ihr zusammengelebt hatte, findet das Mordmesser im Eisschrank und entdeckt, daß der Oberkellner zugleich erpresserische Fotos macht. Daß am Ende Marion als Täterin aus Eifersucht entlarvt wird, ist für fast alle Beteiligten, vor allem auch für den Leser, überraschend und allein der Intuition des Kommissars zuzuschreiben.

RÉMY, COLONEL
(* 1904)

Pseudonym für Gilbert Renault, geboren in Vannes (Morbihan). Er hatte Jura studiert und war im Bankwesen tätig, als der Krieg ausbrach. 1940 ging er nach London und beteiligte sich sodann am Widerstandskampf gegen Deutschland. Als der Krieg zu Ende war, wurde er, jetzt hoher Offizier, von mehreren Ländern mit Orden bedacht. Die zahlreichen Werke, die er nun erscheinen ließ, beschäftigen sich zum großen Teil mit dieser Zeit des Widerstandskampfes, so z. B. die mehrbändigen *Mémoires d'un agent secret de la France libre*. Ins Gebiet der Spionage gehören die Monocle-Romane:

Le Monocle noir (1960); *Le Monocle passe et gagne* (1962); *L'œil du Monocle* (1962); *Opération Jéricho* (1963).

RENDELL, RUTH
(* 1930)

Diese Engländerin hat seit 1964 ein Dutzend Krimis publiziert, die von den Kritikern mit den besten der Margery Allingham verglichen werden. Mehrere sind bereits ins Deutsche übersetzt worden.

From Doon with Death (1964); *To Fear a Painted Devil* (1965); *In Sickness and in Health* (1966); *A New Lease of Death* (1967); *Some Lie and Some Die* (1973); *The Face of Trespass* (1974); *A Demon in My View* (1976).

Some Lie and Some Die
(1973)

In Sundays ist großes Pop-Festival. Starsänger ist der nicht mehr ganz junge Zeno Vadast, der aus der Gegend stammen soll. Inspector Michael Burden befürchtet das Schlimmste, doch Chief-Inspector Wexford ist toleranter: er hält die jungen Leute, die in Massen heranströmen, nicht für schlecht. Während des Festivals wird die Leiche einer Frau von zweifelhaftem Ruf entdeckt, aber niemand von den Jungen und Mädchen, die zum Festival gekommen sind, kann der Mörder sein; denn die Tat ist schon vor Tagen begangen worden. Wexford ermittelt folgendes: Die Tote, Dawn Stonor, hat Zeno Vadast seit vielen Jahren gekannt und verehrt. Zeno hat ein kurzes Verhältnis mit ihr gehabt und sie dann für einen seiner grausamen Späße benützt. Er wußte, daß Nell, die Frau seines Freundes Tate (mit denen er in einem Dreiecksverhältnis lebte), ein paarmal im Jahr Dunsand, ihren ersten Mann, besuchte und mit ihm schlief. Bei nächster Gelegenheit hielt Zeno Nell von ihrem Besuch ab und schickte statt ihrer Dawn Stonor in das Haus des unglücklichen Dunsand. Dawn Stonor erwartete Zeno in dem leeren Haus. Als Dunsand nun ein ordinäres Weib im Kleid seiner geliebten Frau entgegentrat, fühlte er sich so gedemütigt und verletzt, daß er diese Karikatur seiner Traumfrau erschlug. Der geniale Zeno hat die Gefühle des armen Dunsand (wie auch die Gefühle von Tate und dessen Frau) bisher stets zu Erfolgsschlagern verarbeitet. Nun wird Zenos Lebensstil von Wexford gestört. Zwar kann die Polizei Zeno nicht als Mörder belangen, aber als Tate die Zusammenhänge erfährt, verläßt er Zeno. Ohne Tate ist Nell für Zeno reizlos. Eine brutale, hysterische Szene zwischen Nell und Zeno setzt den Schlußpunkt unter Zenos menschliche Beziehungen, die er so sentimental in seinen Schlagern besungen hat.

RHODE, JOHN
(1884–1964)

Pseudonym für den Engländer Cecil John Charles Street. Er war Berufsoffizier und schrieb mehrere Bücher über Politik, zwei Biographien und 37 Jahre lang etwa vier Krimis pro Jahr, d. h. nahezu 150 im ganzen. Der Detektiv in etwa der Hälfte dieser Bücher ist Dr. Lancelot Priestley, früherer Professor der Mathematik, der in London lebt und bei dem die Inspektoren von Scotland Yard Rat holen, wenn sie nicht mehr weiter wissen. Er scheint herz- und humorlos zu sein; um so schärfer und logischer kann er denken. Priestley tritt in über 70 Krimis der Jahre 1925–1961 auf. Um 1930 nahm Street ein zweites Pseudonym an: Miles Burton. Unter diesem Namen erfand er Desmond Merrion, einen früheren Sicherheitsagenten bei der britischen Marine, der nun, meist als Berater seines Freundes Henry Arnold von Scotland Yard, Verbrechen aufklärt. Merrion und Arnold sind – gelegentlich einzeln, meist zusammen – die Zentralfiguren von über 60 Krimis.

Drei Lancelot-Priestley-Romane: *The Paddington Mystery* (1925); *Death in Harley Street* (1946); *The Vanishing Diary* (1961). – Drei Desmond-Merrion-Romane (von Miles Burton): *The Secret of High Eldersham* (1930); *Heir to Lucifer* (1947); *Death Paints a Picture* (1960).

RICE, CRAIG
(1908–1957)

Hauptpseudonym für Georgiana Ann Rudolph, geboren in Chicago. Sie arbeitete für Werbung und Rundfunk. Sie soll vier- bis siebenmal verheiratet gewesen sein. Als sie mit anderen Romanen keinen Erfolg hatte, begann sie um 1939, Krimis zu schreiben – unter verschiedenen Pseudonymen. Als Craig Rice erfand sie 1939 den trunksüchtigen, aber sonst liebenswerten Rechtsanwalt John J. Malone, der in Chicago wirkt und Mörder entlarvt. Er ist die Zentralfigur in einem Dutzend Bänden. 1963 brachte R. zusammen mit Stuart Palmer einen Kurzgeschichtenband heraus, in dem Malone und Palmers Detektivin Hildegarde Withers einige Fälle gemeinsam lösen. R. war eine Zeitlang Presseagentin von Gipsy Rose Lee und veröffentlichte zwei Krimis unter dem Namen der Burlesque-Tänzerin: *The G-String Murders* (1941) und *Mother Finds a Body* (1942). Unter dem Pseudonym Daphne Sanders veröffentlichte sie *To Catch a Thief* (1943) und als Michael Venning drei Krimis um den New Yorker Privatdetektiv Melville Fairr. Im ganzen hat sie etwa 20 Bände geschrieben.

The Thursday Turkey Murders (1943); *Home Sweet Homicide* (1944); *The April Robin Murders* (1958, vollendet von Ed McBain). – Drei Romane um John J. Malone: *Eight Faces at Three* (1939); *My Kingdom for a Hearse* (1957); *But the Doctor Died* (1957). – Die drei Melville-Fairr-Romane (von Michael Venning): *The Man Who Slept All Day* (1942); *Murder Through the Looking Glass* (1943); *Jethro Hammer* (1944).

RICHMOND

1827 erschien in London ein dreibändiger Roman mit dem Titel *Richmond: Scenes in the Life of a Bow Street Runner, Drawn Up from His Private Memoranda* von »Richmond« (1976 neu herausgegeben von Ernst Bleiler). Der Autor ist nicht ermittelt worden. Das erste Drittel des Romans erzählt die frühe Geschichte Richmonds; er wird von einem strengen Vater in ländlicher Umgebung erzogen. Schon als Kind liebt er die Nachbarstochter Anne, für die er von einer anderen Nachbarin Äpfel stiehlt. Es folgt das übliche Schuljahr in der Privatschule von Mr. und Mrs. Figgens, dann eine kaufmännische Lehre in Liverpool, aus der Richmond davonläuft, um Wanderschauspieler zu werden. Als eine weibliche Rolle frei wird, entführt er Anne, die bald darauf stirbt. Richmond hat viele Freunde und Bekannte unter den Zigeunern und den Straßenräubern. Die Polizisten sind seine natürlichen Feinde, und er und seine Freunde hauen sie immer wieder übers Ohr. Viele Abenteuer sind komisch. Im ganzen sind die Zigeuner ehrlichere Leute als die Adligen, die zu jeder Gemeinheit bereit sind, um zu Geld zu kommen: sie bestechen Boxer und Ringer, um bei Wetten zu gewinnen; sie verschachern Mädchen, betrügen Unwissende usw.
Schließlich werden Richmond und sein Freund Jem Bucks »Bow Street Runners«, d. h. Detektive, die für das Kriminalgericht in Bow Street

(London) arbeiten (vgl. S. 19). Die folgenden zwei Drittel des Romans bestehen aus fünf Kriminalfällen, die Richmond löst und – wie den Rest des Romans – in der Ichform erzählt. Zu Recht kann gesagt werden, daß das Buch die erste westliche Sammlung von Detektiverzählungen enthält.

Es geht zu wie später bei Holmes: Richmond sitzt in seinem Zimmer und wartet, bis die Hilfesuchenden kommen oder bis der Richter ihn ruft und ihm einen Klienten vorstellt. Sobald Richmond die Hilfesuchenden sieht, versucht er, aus äußeren Zeichen abzuleiten, wer sie sind und was sie beschäftigt.

Im ersten Fall geht es um eine Kindesentführung: die Spuren führen Richmond zu einem gewissen Jones, einem Schwerverbrecher, der das anatomische Institut mit Leichen beliefert, die er zum Teil aus Friedhöfen holt; zum Teil sind es Jones' eigene Opfer, Feinde, die er so aus dem Weg schafft. Auf einer Barke (die Atmosphäre erinnert genau an Dickens' *Edwin Drood*) findet Richmond das Kind lebend, aber Jones ertrinkt.

Der zweite Fall wirft ein schlechtes Licht auf die anglikanische Kirche und ihre Geistlichen. Richmond ist einer Bande von Leichenräubern auf der Spur, die er auch prompt festnimmt. Im dritten Fall lernt er seine spätere Frau Maria kennen, die eben von einem herzlosen Adligen hinters Licht geführt worden ist und nun zu einer betrügerischen Heirat mißbraucht werden soll. Richmond und sein Diener Thady verhindern von Adeligen geplante Betrügereien bei den Pferderennen von Lyndhurst; darauf folgen sie einem Schmugglerhauptmann, und nach vielen Abenteuern erwischen sie ihn und seine Bande an der Küste in der Nähe der Isle of Wight.

Der vierte Fall hat komischen Charakter: ein Mann befolgt Shakespeares Ratschläge in *Der Widerspenstigen Zähmung,* obwohl die Frau ein Wunder an Folgsamkeit ist; Richmond braucht nur zu vermitteln.

Fürchterlich ist der fünfte Fall: ein steinreicher junger Mann wird von männlichen und weiblichen Halunken auf grausame Art nach und nach um seinen letzten Pfennig gebracht. Richmond kann schließlich dessen Leben, aber nicht dessen Vermögen retten und einige der schlimmsten Gauner (und Geldfälscher) festnehmen oder in den Selbstmord treiben. Die namenlose, hübsche und gepflegte »Mrs. –« dürfte eine der größten völlig glaubhaft gestalteten Schwindlerinnen der Weltliteratur sein.

RINECKER, WOLFGANG

(* 1931)

Geboren in Bürden (Kreis Hildburghausen). Nach dem Abitur (1949) reiste er durch die Schweiz und Frankreich; nach seiner Rückkehr in die DDR (1950) versuchte er sich in verschiedenen Berufen; 1960–1962 studierte er Theologie und alte Sprachen in Jena. Seither lebt er als freier Schriftsteller in Meiningen. Neben Erzählungen und Romanen hat er folgende Krimis verfaßt:

Warum starb Angèle? (1964); *Bin ich Kain?* (1967); *Mord an einem Mädchen* (1972).

RINEHART, MARY ROBERTS

(1876–1958)

Geboren als Mary Roberts in Philadelphia. Sie wurde Krankenschwester und heiratete einen Arzt. R. begann 1903 Kurzgeschichten zu schreiben, um Schulden bezahlen zu können. Danach wurden ein großer Teil ihrer etwa 30 Krimis und mancher andere Roman zu Bestsellern. Schon ihr erster, *The Circular Staircase* (1908), wurde 1915 verfilmt. Die Dramatisierung dieses Krimi, die R. mit Avery Hopwood 1920 vornahm, war ein Welterfolg: das Stück hieß *The Bat* und blieb am Broadway zwei Jahre lang auf dem Programm. Das Drama wurde 1953 wieder aufgeführt und 1926 und 1959 von neuem verfilmt. 1932 führte R. die Figur der Nurse Hilda Adams zum ersten Mal vor *(Miss Pinkerton).* Wo immer diese Krankenschwester sich aufhält, geschehen Morde, die sie der Polizei lösen hilft; deshalb wird sie ironisch nach der berühmten Detektivorganisation Miß Pinkerton genannt. Die Zentralfigur einiger anderer Werke der Jahre 1911–1937 ist Miss Letitia Carberry, genannt Tish, die gern in unangenehme Situationen gerät. STEINBRUNNER/PENZLER nennen die Art der Rinehart-Krimis »The Had-I-But-Known-School«. Die Protagonistinnen sind gewöhnlich liebenswert-dumme Gänse, die alles tun, um den Verbrechern auf den Leim zu gehen und in jeder Situation unweigerlich falsch reagieren, bis sie in letzter Minute von ihren Liebhabern gerettet werden. Im nachhinein sehen sie ein, wie unklug sie gehandelt haben. Sie fallen den Geliebten in die Arme und rufen beschämt aus: »Hätte ich *das* gewußt!«

The Circular Staircase (1908); *The Wall* (1938); *The Frightened Wife and Other Murder Stories* (1953). – Drei Tish-Bücher: *The Amazing Adventures of Letitia Carberry* (1911); *Tish Plays the Game* (1926); *Tish Marches On* (1937). – Drei Miss-Pinkerton-Bücher: *Miss Pinkerton* (1932, in England *The Double Alibi*); *Haunted Lady* (1942); *Episode of the Wandering Knife* (1949, enthält drei Kurzromane, darunter einen um Hilda Adams).

Haunted Lady
(1942; dt. *Die alte Dame,* 1953)
Die Krankenschwester Hilda Adams, genannt Miss Pinkerton, wird von Inspector Fuller ins Haus der 72jährigen Mrs. Eliza Fairbanks gesandt. Die alte Frau ist vor Monaten beinahe an Gift gestorben; jetzt werden in ihrem Zimmer Fledermäuse und Ratten gefunden, und die alte Dame ist sicher, daß man sie ermorden will. Hilda soll sie vor diesem Schicksal bewahren. Mrs. Fairbanks ist steinreich und hat Millionen im Geldschrank, der in ihrem Schlafzimmer steht. Ihr Haus ist bevölkert von einer Gruppe von Söhnen, Töchtern, Schwiegersöhnen und Schwiegertöchtern, die von ihr abhängig sind. Dazu kommen ein armer Arzt und eine Nichte. Trotz Miss Pinkertons Wachsamkeit steckt jemand der alten Frau einige Tage später ein Messer ins Herz. Später wird noch eine Dienerin ermordet. Miss Pinkerton entdeckt, daß ein ferngesteuertes Radio ein falsches Alibi geliefert hat. Sie gibt der armen Mörderin Gelegenheit, dem elektrischen Stuhl durch Selbstmord vorzugreifen.
R. erzählt spannend. Siebenmal wird der Leser vorgewarnt: »Einige Tage später sah ich ein, wie wichtig dieser Sack gewesen wäre.« Oder: »Einige Tage später wünschte sie, sie hätte jene Stelle an jenem Morgen genauer untersucht.« Ferner: »Hilda sollte erst später erfahren, wie glänzend Susie sich in jener Nacht verstellt hatte.« Oder: »Sie konnte nicht wissen, daß sie das Mädchen nie mehr lebend sehen würde.« Mit solchen Sätzen hält R. die Spannung wach und hilft über die oft langweiligen Dialoge hinweg. Fast alle weiblichen Wesen fallen ständig in Ohnmacht – inklusive Miss Pinkerton –, etwa alle zehn Seiten wird nach dem Arzt gerufen, der Tag und Nacht mit dem Riechfläschchen unterwegs ist.

RISS, JEWGENI SAMOILOWITSCH
(* 1908)

Studium an der Universität Leningrad. R.s erste Erzählungen erschienen 1928. Seither hat er sich als Kritiker und als Romancier einen Namen gemacht. Sein bekanntester Thriller ist *Sechse brachen auf* (1959). Siehe auch unter Rachmanow.

RIVERTON, STEIN
(1884–1934)

Pseudonym für Sven Elvestad, geboren in Frederikshald. Er war Journalist und begründete den norwegischen Kriminalroman. Die Zentralfigur seiner zahlreichen Krimis und Erzählungen ist der »norwegische Sherlock Holmes« Asbjörn Krag.

Jernvognen (1909, dt. *Der eiserne Wagen,* 1913); *De fortaptes hus* (1911, dt. *Das gestohlene Haus,* 1913).

ROBBE-GRILLET, ALAIN
(* 1922)

Geboren in Brest. Er studierte Agronomie in Paris und bereiste die Länder, welche Südfrüchte produzieren. Heute ist er Verlagsleiter in Paris (Les Editions de Minuit). Er gilt als Begründer und hervorragender Vertreter des »Nouveau Roman«. Seine frühen Werke sind als Nouveau-Roman-Krimis bezeichnet worden:

Les Gommes (1953); *Le voyeur* (1955); *La maison de rendez-vous* (1965).

Les Gommes
(1953; dt. *Ein Tag zuviel,* 1954)
Ein trüber Wintertag in einer französischen Stadt am Atlantik. Die Morgenzeitung berichtet vom Mord an Professor Daniel Dupont. Der

Killer Garinati ist verwirrt. Wie kann Dupont tot sein, wenn er ihn nur leicht am Arm verwundet hat? Garinatis Auftraggeber glaubt an Duponts Tod, beschließt aber, den nächsten Mord einem anderen zu übertragen. Dupont selbst ist sein »offizieller« Tod willkommen; mit seinen Freunden, Dr. Juard und dem Minister Roy-Dauzet, arrangiert er sein eigenes Verschwinden aus der Stadt. Nicht einmal die Polizei weiß, daß er nicht tot ist. Ein Spezialagent aus Paris namens Wallas läuft mittlerweile kreuz und quer durch die Stadt. Keiner der Wege, die Wallas einschlägt, führen ihn zu einem Ziel; an jedem Wendepunkt kauft er einen Radiergummi. Wallas spricht mit Duponts Haushälterin, sieht Garinati, trifft Duponts Frau, verhört Dr. Juard – aber kein logischer Zusammenhang ergibt sich. Der Mord an Dupont, so glaubt man in Paris, gehört zu einer ganzen Reihe von Morden, die von Terroristen an einer politischen Gruppe begangen worden sind. Auch Wallas weiß nicht, daß Dupont lebt. Da seine Nachforschungen ergebnislos bleiben, besucht er noch einmal Duponts Haus. Wie der Mörder, den er sich vorstellt, schleicht er sich in Duponts Arbeitszimmer, stellt sich hinter den Schreibtischstuhl, wartet mit geladener Pistole. Als aber Dupont nun wirklich ins Zimmer tritt (vor seiner Abreise will er noch Akten holen) und seinerseits eine Pistole auf Wallas richtet, ist Wallas völlig überrascht. In Notwehr erschießt er Dupont. Oder ist alles Berechnung gewesen? Wer ist Wallas wirklich? Ist Wallas Duponts Sohn? Die mit minutiöser Genauigkeit geschilderten Szenen entbehren der Logik und der Überschaubarkeit des traditionellen Kriminalromans. R.-G. führt eine fragwürdige, absurde Welt vor.

ROBERTSON, HELEN
(* 1913)

Pseudonym für die Engländerin Helen Jean Mary Edmiston. BARZUN/TAYLOR urteilen enthusiastisch über ihren Krimi *The Chinese Goose* (1960, in USA *Swan Song*).

The Winged Witnesses (1955); *The Crystal-Gazers* (1957); *The Shakeup* (1962).

ROBINSON, ROBERT
(* 1929)

Dieser Engländer studierte in Oxford, wurde Journalist und einer der Direktoren der BBC. Neben einer Autobiographie hat er auch einen Krimi geschrieben, der im akademischen Milieu Oxfords spielt: *Landscape with Dead Dons* (1956).

ROBINSON, TIMOTHY
(* 1934)

Der erste Roman dieses Engländers war ein Krimi, in dem vier Studenten den Tod eines Geschichtsprofessors in Oxford aufklären: *When Scholars Fall* (1961).

RODRIAN, IRENE
(?)

Diese in München lebende Schriftstellerin hat sich auch als Werbeberaterin, Graphikerin und Journalistin betätigt. 1967 wurde ihr Krimi, *Tod in St. Pauli,* mit dem Edgar-Wallace-Preis ausgezeichnet.

Küßchen für den Totengräber (1974); *Ein bißchen Föhn und du bist tot* (1975); *... trägt Anstaltskleidung und ist bewaffnet* (1977).

Tod in St. Pauli
(1967)
Der noch nicht zwanzigjährige Paul Petersen hat eine zweijährige Zuchthausstrafe für Totschlag abgesessen. Er war nicht der Mörder gewesen, hatte aber aus falschem Stolz seine Kumpane anfänglich nicht verraten wollen. Als es zu spät war, hatte ihm niemand mehr geglaubt. Jetzt will er sich rächen, aber dazu kommt es gar nicht. Die Bande spielt mit ihm wie die Katze mit der Maus. Man will ihn nicht töten, sondern schiebt ihm drei weitere Morde geschickt in die Schuhe.

Petersen ist nicht der klügsten einer. Mit den Menschen, die es gut mit ihm meinen, will er nichts zu tun haben. Es dauert bis zum Ende des Buches, bis er merkt, daß seine angeblichen Freunde, die faszinierende Susann und der Barkeeper Franz, die eigentlichen Verräter sind. Ernst Kulmhof, der Bewährungshelfer, ist der klügste und der anständigste Mensch weit und breit. Ihm hat es Petersen am Ende zu verdanken, daß er nicht für die drei Morde, sondern nur für einen Bankeinbruch verantwortlich gemacht wird. Petersen verhält sich oft hysterisch und handelt irrational, unmotiviert, ja unverständlich. Das Milieu ist realistisch und glaubhaft geschildert.

ROGERS, JOEL TOWNSLEY
(* 1896)

Dieser Amerikaner hat in großen Abständen drei Krimis produziert, welche bei der Kritik einen guten Ruf genießen:

Once in a Red Moon (1923); *The Red Right Hand* (1945); *The Stopped Clock* (1958).

ROHMER, SAX
(1883–1959)

Geboren als Arthur Henry Sarsfield Ward in Birmingham. Ein geregeltes Studium sagte ihm nicht zu, hingegen interessierte er sich für Okkultismus und für alles Östliche. Er lernte das Londoner Chinesenviertel kennen, dessen sagenhafter Gangsterchef »Mr. King« das Vorbild für Fu Manchu wurde. Obwohl das Einkommen aus seinen nahezu 60 Büchern und deren Verfilmungen gewaltig war, lebten die Rohmers oft in Armut, da sie nie lernten, mit Geld umzugehen. R. soll am besten geschrieben haben, wenn er sich mit seiner Frau überworfen hatte; sie schloß ihn in ein Zimmer ein, und er war nun in der richtigen Stimmung, seine orientalischen Schurken agieren zu lassen.
Sein Schurke Nr. 1 ist Dr. Fu Manchu, die Hauptfigur in 14 Bänden der Jahre 1913–1959. Zwei weitere Kurzgeschichtenbände erschienen 1970 und 1973. Fu Manchu ist der größte und verruchteste Schurke aller Zeiten; sein Ziel die Welteroberung. Er besitzt die Doktorwürde von verschiedenen europäischen Universitäten, leitet Geheimbünde, weiß alles, was Okkultismus und Zauberei betrifft; alle Erkenntnisse sämtlicher Wissenschaften sind ihm bekannt. Er ist ein Meister der Verkleidung. Fu wird bekämpft von den beiden tapferen Engländern Nayland Smith und Dr. Petrie, der eine frühere Sklavin Fus geheiratet hat. In den Jahren 1923–1972 hat die Filmindustrie immer wieder (schlechtere und bessere) Fu-Manchu-Filme produziert.
R. hat nicht nur Krimis, sondern auch Romane und Kurzgeschichten auf dem Gebiet des Phantastischen, des Okkulten, des Abenteuerlichen und der Science-fiction geschrieben. Er erfand ein weibliches Ebenbild zu Fu – Sumuru, die in mindestens drei Büchern auftritt –, und den psychologischen Detektiv Moris Klaw, der sich zuerst mit einem Milieu vertraut macht und dann die Lösung des Falls erträumt *(The Dream Detective,* 1920).

The Yellow Claw (1915); *Fire-Tongue* (1920); *Sinister Madonna* (1956). – Drei Fu-Manchu-Romane: *The Mystery of Dr. Fu-Manchu* (1913, in USA *The Insidious Dr. Fu-Manchu*); *The Mask of Fu Manchu* (1932); *Emperor Fu Manchu* (1959). – Drei Sumuru-Romane: *Sins of Sumuru* (1950, in USA *Nude in Mink*); *Slaves of Sumuru* (1951, in USA *Sumuru*); *Sand and Satin* (1954, in USA *The Return of Sumuru*).

Lit.: Cay van Ash / Elizabeth Sax Rohmer, Master of Villainy. A Biography of Sax Rohmer, 1972.

Fire-Tongue
(1920; dt. *Feuerzunge,* 1927)
Der Roman erschien zuerst in *Collier's,* und R. schrieb die ersten drei Kapitel absichtlich so, daß er selbst an diesem Punkt nicht wußte, wie der Mord an Sir Charles Abingdon hatte vollzogen werden können. R. drehte es dann so, daß die Serviette Abingdons mit dem Gift einer indischen Pflanze imprägniert worden war; wer innerhalb einer bestimmten Zeit an diesem Gift riecht, stirbt. Sir Charles hatte sich damit den Mund gewischt.
Der Rechtsanwalt Paul Harley geht dem Mordfall nach. Der Sterbende hatte noch den Namen des Millionärs Nicol Brinn und das Wort »Fire-Tongue« geflüstert. Harley besucht den Millionär, der kurz darauf verschwindet. Sir Charles' hübsche Tochter Phil ist von einem seltsamen Inder, Ormûz Khân, fasziniert. Dieser scheint sie zu lieben.
Alle Spuren führen zu einer einsamen Villa in einem großen Park, wo Ormûz Khân und sein Sekretär Rama Dass wohnen. Paul Harley schleicht um das Haus, wird erwischt und gefangengesetzt. Nun läßt sich Phil hierher locken. Nicol Brinn kommt als nächster, befreit Phil und schickt sie in die Stadt, um Hilfe zu holen. Harley

gelingt es, sich zu befreien und Brinn vor dem Tod zu retten, wobei Harley den Sekretär umbringt. Auf einer Autojagd kommt dann noch der Oberschurke, Ormûz Khân, ums Leben. Zum Schluß gibt Nicol Brinn zu Protokoll: Auf seiner Indienreise hatte er den Feuertempel besucht. Eine Priesterin, in die er sich verliebte und die auch ihn liebte, hatte ihn als Mitglied der Fire-Tongue-Geheimgesellschaft am Arm tätowiert und so vor dem Tod gerettet. Der Führer der Gesellschaft war einmal von Sir Abingdon operiert worden, wobei dieser die Tätowierung erblickt hatte. Als Ormûz Khân in London sich in Phil verliebte, hatte Sir Abingdon den Inder besucht und seinen alten Patienten wiedererkannt. Deshalb war Sir Abingdon ermordet worden. Den Namen Nicol Brinn hatte er genannt, weil er – als Arzt – die Tätowierung auch an ihm erblickt hatte. Die unglaublichen Ereignisse sind spannend erzählt.

ROOS, KELLEY

Pseudonym für die Amerikaner Audrey Kelley Roos und William Roos. Sie haben seit 1940 über 20 Krimis veröffentlicht.

Made Up to Kill (1940, in England *Made Up for Murder)*; *Requiem for a Blonde* (1958).

Bad Trip

(1971; dt. *Eine nette alte Dame,* 1974)

Gussie McGraw und Jud Dawson lieben das Hippie-Leben. Schon seit Wochen sind sie in einer kleinen mexikanischen Stadt, faulenzen und nehmen Drogen. Plötzlich jedoch beginnt für sie ein »bad trip«: Die Polizei verhaftet die Hippie-Kolonie. Gussie und Jud werden nur vorübergehend gegen Kaution freigelassen. Sie beschließen, über die Grenze zurück in die USA zu fliehen. Zunächst scheinen sie Glück zu haben: eine nette ältere Dame, Mrs. Pauling, sucht gerade Reisebegleitung und einen Fahrer nach New York. Gussie und Jud waschen sich, kaufen neue Kleider und werden von Mrs. Pauling in Dienst genommen. Ohne Schwierigkeiten überschreiten alle drei die Grenze. Doch nun wird die Reise zum Alptraum. Mrs. Pauling besteht darauf, einen Anhalter mitzunehmen; es stellt sich heraus, daß er Mrs. Paulings Bruder ist und eine Pistole trägt. Gussie und Jud wollen fliehen, doch der Bruder, Otis Fuller, ist zu schlau für sie: Im Auto, das Gussie und Jud anhalten, um Fuller zu entkommen, sitzen Mrs. Fuller und ihr Sohn Chickie, der bereits einen Mord auf dem Gewissen hat. Die Bande will den reichen, alten Millionär Garland, bei dem Mrs. Pauling Haushälterin ist, ermorden und den Raubüberfall Gussie und Jud in die Schuhe schieben. Je näher man New York kommt, desto verzweifelter werden Gussie und Jud. In letzter Minute erhält die Polizei durch einen Freund Gussies einen Tip; die Verbrecher werden gefaßt. Reumütig fahren Gussie und Jud zu Gussies reichen Eltern.

ROOSEVELT, FRANKLIN D.

(1882–1945)

Wie schon Woodrow Wilson las auch dieser amerikanische Präsident gerne Detektivromane. 1935 sagte R. zu Fulton Oursler, er hätte selbst Lust, einen Krimi zu schreiben, und zwar darüber, wie einer mit fünf Millionen Dollar spurlos verschwinden könne. Mit Einverständnis von R. lud Oursler einige Krimiautoren ein, je ein Kapitel des Romans zu schreiben. Die Autoren: Rupert Hughes, Samuel Hopkins Adams, Rita Weiman, S. S. van Dine, John Erskine und Oursler selbst (unter seinem Pseudonym Anthony Abbot). Der Roman erschien unter dem Titel *The President's Mystery Story. Plot by Franklin D. Roosevelt* im November 1935 im *Liberty Magazine* und noch im selben Jahr als Buch. Die deutsche Übersetzung hieß *Spurlos verschwunden* (1937).

ROSENHAYN, PAUL

(1877–1929)

Geboren in Hamburg. Er erfand den Detektiv Joe Jenkins, der seine Fälle ganz im Stile von Sherlock Holmes löst.

Elf Abenteuer des Joe Jenkins (1916); *Der Cotillon der Toten* (1918); *Die Nacht ohne Morgen. Detektivroman* (1919); *Die drei auf der Platte* (1919, Detektivgeschichten, davon 6 um Jenkins); *Salto Mortale. Fünf Kriminalesken* (1919); *Der Mann, den niemand sah* (1920); *Der Fall Pompejus Pym* (1929, zwei Detektivgeschichten); *Das Haus im Schatten* (1930, zwei Detektivgeschichten).

ROSENKRANTZ, BARON PALLE ADAM VILHELM
(1867–1941)

Dieser Däne studierte an der Universität Kopenhagen und arbeitete als Gerichtsassistent und als Beamter, bis er 1909 Rechtsanwalt wurde. Er schrieb Dramen, Romane und Detektivgeschichten. Sein Hauptinteresse galt der Reform des Rechtswesens; die Polizei hielt er für grausam und korrupt. Einer seiner Krimis erschien 1908 in englischer Übersetzung *(The Magistrate's Own Case)*. R. schrieb eine Serie von Detektiverzählungen, deren Zentralfigur Leutnant Eigil Holst von der Kopenhagener Polizei ist. Hugh Greene nahm die Erzählung »A Sensible Course of Action« in seine Anthologie *More Rivals of Sherlock Holmes: Cosmopolitan Crimes* (1971) auf. Sie entstammt dem Band *Skjulte Kraefter* (1909). Nach LA COUR/MOGENSEN hat R. 16 Krimis und Kurzgeschichtenbände geschrieben. Sie erwähnen: *Retsbetjente* (1901), *Mordet i Vestermarie* (1902), *Hvad skovsøen gemte* (1903), *Amtsdommer Sterner* (1906) und *Barberkniven* (1907).

Wir haben folgende deutsche Titel gefunden: *Das Geheimnis des Waldsees* (1905); *Der rote Hahn* (1910); *Verschwunden* (1910); *Der Mann im Keller. Die Geschichte eines Verbrechens* (1912); *Der sechste Sinn. Humoristischer Kriminalroman* (1913).

ROSTEN, LEO
(* 1908)

Geboren in Lodz, Polen. Er studierte an der London School of Economics und an der University of Chicago. Als Leonard Q. Ross schrieb er die humoristischen Sketches um »Hyman Kaplan« im *New Yorker,* als Leonard Ross den Thriller *Adventure in Washington* (1940) und unter seinem richtigen Namen den Spionagekrimi *A Most Private Intrigue* (1967).

ROTH, HOLLY
(1916–1964)

Geboren in Chicago, aufgewachsen in Brooklyn und London. R. begann als Photomodell und arbeitete später als Journalistin. Sie fiel aus einem Segelboot ins Mittelmeer; ihre Leiche wurde nie gefunden. Nach HAGEN hat sie genau ein Dutzend Krimis veröffentlicht – unter ihrem richtigen Namen und den Pseudonymen P. J. Merrill und K. G. Ballard.

The Content Assignment (1954, späterer Titel *The Girl Who Vanished*); *The Mask of Glass* (1954); *Button, Button* (1966).

RUBINER, LUDWIG
(1881–1920)

Geboren in Berlin. Expressionistischer Lyriker von Rang. Er schrieb politische Manifeste und stand links. 1911 veröffentlichte er unter dem Pseudonym Ernst Ludwig Grombeck *Die indischen Opale. Kriminalroman* (Scherls Taschenbücher, Nr. 92–102). Zwei Jahre später brachte der Kurt-Wolff-Verlag den Band *Kriminalsonette* heraus. Als Autoren zeichneten R., Friedrich Eisenlohr (1889–1954) und Livingstone Hahn (um 1887 bis um 1955). Es handelt sich um 30 Kriminalgrotesken, die in vierzehnzeilige, reimende Gedichte zusammengepreßt worden sind. Dieser lyrische Ulk wurde 1962 von Rudolf Braun und Günter E. Scholz neu herausgegeben.

RUNG, OTTO
(1874–1945)

Geboren in Kopenhagen, wo er Rechtswissenschaften studierte und 1901 Angestellter am Polizei- und Strafgericht wurde; nach 1914 war er Gerichtsschreiber am obersten Gericht Dänemarks. Er verfaßte eine große Zahl von Romanen und Novellen, die in teils sozialkritischer, teils humoristischer Weise die Unterwelt der Gauner und Verbrecher Kopenhagens und Berlins behandeln. Die beiden folgenden sind Novellenbände: *Syndere og skalke* (1918, dt. *Sünder und Schelme,* 1919); *Skaelme og skurke* (1934).

RUNYON, DAMON
(1884–1946)

Geboren in Manhattan, Kansas. Er wurde Reporter und schrieb Gedichte, das Drama *A Slight Case of Murder* (1935) zusammen mit Howard Lindsay (1889–1968) und mehrere Bände Kurzgeschichten, darunter *Guys and Dolls* (1931), später ein berühmtes Musical. In fast allen seinen Geschichten, die satirisch-sentimental und im Slang der New Yorker Unterwelt geschrieben sind, geht es um Gangster, Einbrecher, Prostituierte und Schwindler, die im Grunde zumeist gutherzige und exzentrische, oft geistig nicht sehr bewegliche Menschen sind.

RUSSELL, BERTRAND
(1872–1970)

Dieser englische Philosoph und Nobelpreisträger schrieb die Kurzgeschichte »The Corsican Ordeal of Miss X« (1953), die im April 1966 in *Ellery Queen's Mystery Magazine* abgedruckt wurde.

RUSSELL, JOHN
(1885–1956)

Geboren in Davenport, Iowa. Er arbeitete für den *New York Herald* und bereiste als Forscher Südamerika, Asien und die Südsee. Er schrieb Romane und Hunderte von Kurzgeschichten. Zwei Kurzgeschichtensammlungen fallen ins Gebiet des Krimi: *The Red Mark* (1919, späterer Titel *Where the Pavement Ends*) und *Cops 'n Robbers* (1930, in England *Cops and Robbers*).

RUSSELL, WILLIAM
(?)

Dieser Engländer gehört zu den Pionieren der Detektivliteratur. Unter dem Pseudonym »Waters« begann er in *Chambers' Edinburgh Journal* (28. Juli 1849) eine Serie von Erzählungen zu veröffentlichen, die 1852 in New York in Buchform erschienen: *The Recollections of a Policeman* (in England *Recollections of a Detective Police-Officer,* 1856). Ein zweiter Band Kurzgeschichten kam unter demselben Titel 1859 in London heraus. Erzählt wird in der ersten Person. Über den Autor scheint nichts bekannt zu sein. Wer »Richmond« noch nicht zur Kenntnis genommen hat, muß die »Waters«-Geschichten für die ersten Detektiverzählungen der englischen Literatur halten. Unter dem Pseudonym »Waters« sind auch folgende Kurzgeschichtenbände erschienen, die alle ins Gebiet der Kriminalliteratur fallen sollen:

The Game of Life (1857); *Leaves from the Diary of a Law Clerk* (1857); *A Skeleton in Every House* (1860); *Recollections of a Sheriff's Officer* (1860); *The Experiences of a French Detective Officer: Adapted from the Mss. of Theodore Duhamel* (1861); *Experiences of a Real Detective, by Inspector F.* (1862); *Undiscovered Crimes* (1862); *Autobiography of an English Detective* (1863); *Mrs. Waldegrave's Will and Other Tales* (1870).

RUSSELL, WILLIAM CLARK
(1844–1911)

Dieser Engländer ging mit dreizehn Jahren zur See und wurde nach 1875 einer der bekanntesten Autoren von Seeabenteuergeschichten. 1876 schrieb er einen dreibändigen Krimi: *Is He the Man?*, den Conan Doyle sehr geschätzt haben soll.

RUTLEDGE, NANCY
(?)

Diese Amerikanerin hat – nach HAGEN – in den Jahren 1944–1957 zehn Krimis veröffentlicht. François Rivière hält ihren Roman *The Preying Mantis* (1947) für einen der besten Krimis der Weltliteratur.

Beware the Hoot Owl (1944); *Easy to Murder* (1951); *The Frightened Murderer* (1957).

S

SAKI
(1870–1916)

Pseudonym für Hector Hugh Munro, der als Sohn des britischen Polizeichefs in Burma geboren wurde. Die Schulen besuchte er in England. Ein Jahr lang arbeitete S. bei der Polizei in Burma, dann wurde er Journalist und lebte in London und auf dem Balkan. Er fiel im Krieg. S. war bekannt für seine oft sehr kurzen, spöttischen Geschichten, die seit 1902 in mehreren Bänden gesammelt wurden.
»The Open Window« aus dem Band *Beasts and Superbeasts* (1914) ist eine der besten Kriminalhumoresken der Weltliteratur und erscheint in mehreren Krimianthologien: Ein fünfzehnjähriges Mädchen unterhält einen Besucher, bis ihre Tante kommt. Sie läßt die Tante in einem so unheimlichen Licht erscheinen (Verrücktheit, Gespenster, Verbrechen), daß der Besucher die Flucht ergreift, als die Ereignisse wirklich eintreten, die das Mädchen geschildert hat – obwohl es sich um die natürlichsten Dinge der Welt handelt. So wie sie den Besucher über die Tante belogen hatte, so belügt sie nachher die Tante über den Besucher. »Romance at short notice was her specialty«, kommentiert Saki.

SALE, RICHARD
(* 1911)

Geboren in New York. Er studierte an der Washington and Lee University und begann damit, daß er Kurzgeschichten und Serien für die »Pulps«, aber auch für bessere Zeitungen und Zeitschriften schrieb *(The Saturday Evening Post)*. 1944 ging er nach Hollywood; er arbeitete dort für Paramount und andere Firmen, auch fürs Fernsehen. Seit 1936 hat er ein Dutzend Krimis geschrieben. Der erste, *Not Too Narrow, Not Too Deep* (1936), wurde vier Jahre später als *Strange Cargo* verfilmt (mit Clark Gable, Peter Lorre, Joan Crawford).

Death Looks In (1943); *For the President's Eyes Only* (1971).

SALTUS, EDGAR E.
(1855–1921)

Geboren in New York. Er studierte an den Universitäten Yale und Columbia, ebenso in Paris, Heidelberg und München und wurde Journalist und Schriftsteller, im Stil Oscar Wildes: er gab sich blasiert, zynisch und dekadent. Immerhin schrieb S. auch einen verhältnismäßig »gesunden« Krimi: *The Paliser Case* (1919).

SANDOE, JAMES
(* 1912)

Professor für Bibliographie an der University of Colorado, der 1944 eine Liste der Detektivliteratur veröffentlichte, die eine Universitätsbibliothek besitzen müsse. 1946 erschien die revidierte Liste in Howard Haycrafts *The Art of the Mystery Story*. Seither ist sie bekannt als *Sandoe's Readers' Guide to Crime*. S. hat auch Anthologien herausgegeben und war Krimikritiker für die *New York Herald Tribune* und die *Chicago Sun-Times*.

SAYERS, DOROTHY LEIGH
(1893–1957)

Geboren als Pfarrerstochter in Oxford; die stilistisch anspruchsvollste englische Kriminalautorin. Sie war eine exzentrische Person, deren Leben einerseits viktorianischen Puritanismus und andererseits die moderne Frauenemanzipation widerspiegelt. S. gehörte zu den ersten Frauen, die in Oxford mit einem Titel (Master of Arts, Fremdsprachen) abschlossen. Ein illegitimes Kind (geboren 1924) hielt sie dagegen zeitlebens geheim. 1926 heiratete sie einen Taugenichts, wohl auch, um das Kind adoptieren zu können. Die Ehe war ein Mißerfolg, und das Kind wurde weiterhin von einer Verwandten erzogen. S. schrieb alle ihre Romane und Kurzgeschichten in den Jahren 1923–1939, weil sie das Geld brauchte. Ihr Leben lang versuchte sie, in der »hohen« Literatur zu reüssieren. Neben

Kriminalromanen und -erzählungen veröffentlichte sie religiöse Dramen (u. a. im Auftrag der BBC, z. B.: *The Man Born to Be King,* 1943), zwei Gedichtbände und Übersetzungen, unter denen die von Dantes *Divina Commedia* herausragt. Nachdem sie lange als Werbetexterin gearbeitet hatte, erlaubte ihr der Erfolg ihrer Krimis seit 1940 ein finanziell unabhängiges Leben.

Ihr Held, Lord Peter Death Bredon Wimsey, ist wahrscheinlich einem ihrer Bekannten nachgestaltet. Die Schauplätze ihrer Romane erinnern meist an Abschnitte ihres eigenen Lebens, z. B. *Gaudy Night* an die Oxforder Studienjahre, *Murder Must Advertise* an den Bekanntenkreis in der Werbefirma Benson, *The Nine Taylors* an die Dorfpfarrei ihres Vaters. Lord Peter, unterstützt von seinem Butler Bunter, einem Alleskönner in technischen Belangen, ist eine elegante, witzige, ironische und erfinderische Erscheinung, die auf allen Registern des englischen Klassensystems zu spielen versteht. Ein Mann von auserlesenem Geschmack, betätigt er sich oft als Helfer von Polizeiinspektor Parker, seinem Schwager in Scotland Yard. S. hat Lord Peter mit hintergründiger Ironie im letzten Roman, *Busman's Honeymoon* (1937), mit seiner zeitweiligen Helferin, Harriet Vane, verheiratet. Der Roman basiert auf dem Drama gleichen Titels, das S. zusammen mit Muriel St. Clare Byrne ein Jahr früher verfaßt hatte. 1972 wurden drei bisher unbekannte Erzählungen um Lord Peter veröffentlicht. In »Talboys«, aufgenommen in die zweite Auflage von *Lord Peter* (1972), haben die Wimseys drei Söhne. Die erste Auflage von *Lord Peter* (ebenfalls 1972) enthielt bereits »Striding Folly« und »The Haunted Policeman«. Die drei zu ihren Lebzeiten veröffentlichten Kurzgeschichtenbände bringen Erzählungen um Wimsey (alle drei) und um Montague Egg (elf Erzählungen in den zwei späteren Bänden). Egg ist ein reisender Weinhändler und ein genialer Amateurdetektiv.

Nach eigenem Zeugnis haben die Helden von E. Phillips Oppenheim und Gestalten wie Sherlock Holmes und Arsène Lupin bei ihren Romanen und Erzählungen Pate gestanden. Aber was S. vor allem auszeichnet, ist ihr literarischer Stil, der gebildete und sprachkundige Leser anspricht. Skurrile Einfälle, Sprachwitz und Doppelbödigkeit haben sie zu Recht im angelsächsischen Kulturraum zur Klassikerin werden lassen. Ihr einziger Roman ohne Peter Wimsey ist *The Documents in the Case* (1930), den sie in Zusammenarbeit mit Robert Eustace (Pseudonym von Dr. Eustace Robert Barton) schrieb.

Whose Body? (1923); *Clouds of Witness* (1926); *The Dawson Pedigree* (1927, in USA *Unnatural Death)*; *The Unpleasantness at the Bellona Club* (1928); *Lord Peter Views the Body* (1928, Kurzgeschichten); *The Documents in the Case* (1930); *Strong Poison* (1930); *Five Red Herrings* (1931, in USA *Suspicious Characters)*; *Have His Carcase* (1932); *Hangman's Holiday* (1932); *Murder Must Advertise* (1933); *The Nine Taylors* (1934); *Gaudy Night* (1935); *Busman's Honeymoon* (1937); *In the Teeth of the Evidence* (1939, Kurzgeschichten); *Lord Peter* (1972, Kurzgeschichten).

Lit.: Janet Hitchman, Such a Strange Lady. A Biography of Dorothy L. Sayers, 1975. – R. B. Harmon / M. A. Burger, An Annotated Guide to the Works of Dorothy L. Sayers, 1977.

Whose Body?

(1923; dt. *Der Tote in der Badewanne,* 1936, und *Ein Toter zu wenig,* 1971)

Eines Morgens findet der Architekt Mr. Thipps eine nur mit einem Pincenez bekleidete Leiche in seiner Badewanne. Wer ist der Tote, und wie ist er hierher gekommen? Lord Peter Wimsey erfährt von der Sache und beschließt, Mr. Thipps zu helfen. Wimsey trifft am selben Abend seinen Freund Charles Parker von Scotland Yard. Dieser behandelt gerade einen seltsamen Fall: das spurlose Verschwinden des bekannten Finanzmannes Sir Reuben Levy. Levy ist am Abend vorher in der Nähe von Thipps' Haus gesehen worden. Der Tote ist nicht Levy, sieht ihm aber auf den ersten Blick einigermaßen ähnlich. Gemeinsam klären Wimsey und Parker schließlich das Geheimnis auf: Der Unbekannte in Thipps' Badewanne war für den Anatomiesaal des nahen St. Luke's Hospital, dessen Chefarzt Sir Julian Freke ist, bestimmt gewesen. Dort fehlt jedoch keine Leiche. Sir Julian hat nachts Sir Reuben ermordet und bis zur Unkenntlichkeit seziert. Der zum Sezieren bestimmten Leiche dagegen hat er durch Rasieren und Maniküre ein neues Aussehen gegeben und sie über die Dächer in Mr. Thipps' Badezimmer gebracht. Motiv der Tat: Sir Julian hält sich für einen berühmten Wissenschaftler. Er ist stolz auf seine Fortschrittlichkeit und darauf, daß er so altmodische Dinge wie ein Gewissen abgelegt hat. Mit dem Mord an dem Selfmademan Levy hat Julian das »perfekte« Verbrechen begehen und sich gleichzeitig rächen wollen; denn vor zwanzig Jahren hatte die vornehme Christine Ford ihm den unbekannten Levy vorgezogen. Nur der Zufall und Lord Wimseys Kombinationsgabe bringen Sir Julian zur Strecke.

Murder Must Advertise
(1933; dt. *Mord braucht Reklame,* 1950)
Lord Peter arbeitet als einfacher Mr. Bredon inkognito in der Werbefirma von Mr. Pym. Der Direktor hat ihn angestellt, um den seltsamen Tod eines Angestellten, der auf der Treppe zu Tode stürzte, auf mögliche Mordspuren hin zu untersuchen, die ein anonymer Brief andeutet. Der verstorbene Victor Dean war ein Erpresser, wie Lord Peter schnell herausfindet; und auch den Mord vermag er relativ schnell zu erklären: Der Mann wurde mit Hilfe einer Steinschleuder zu Fall gebracht! Aber inzwischen muß sich der Detektiv, um sein Inkognito zu wahren, in seiner Arbeit, Werbesprüche zu verfassen, bewähren. Dabei gerät er in die Intrigen männlicher und weiblicher Art eines Bürobetriebs hinein, wo Charme nicht in allen Lebenslagen hilft. Als er mit der Schwester des Ermordeten Kontakt aufnimmt, um Anhaltspunkte zu gewinnen, schießt ein verliebter Kollege, der in ihm einen Rivalen vermutet, quer. Die Angestellten haben bald herausgefunden, daß Bredon in Oxford studiert hat. Und jeder versichert mit heimlichem Neid, daß auch die eigene alte Schule hochqualifizierte Absolventen hervorgebracht habe. Der Stolz auf die Schule wird zum entscheidenden Moment, als der Mörder die Konsequenzen für seine Tat ziehen muß (durch Selbstmord!). Lord Peter erhält den Beweis für den Mord – er gehört zu einem weiten Netz von Mord und Drogenhandel, für das die Werbeagentur Pyms ahnungslos als Verteilerhilfe diente – in einem echten englischen Cricketmatch, das die Angestellten gegnerischer Firmen miteinander austragen. S.s Milieukenntnis macht diesen Roman auch als historische Vignette eines englischen Bürobetriebes in den dreißiger Jahren interessant.

SCERBANENCO, GIORGIO
(1911–1969)

Geboren in Kiew. Der Vater war Russe, die Mutter Italienerin. Nach Ausbruch der Russischen Revolution floh er mit den Eltern nach Italien, wo er in Armut aufwuchs. Er arbeitete später als Briefträger, Reisender, Polizist, bevor er sich mit der Feder sein Brot verdiente.

Traditori di tutti (1966); *I milanesi ammazzano al sabato* (1969); *Ladro contro assassino* (1971).

Traditori di tutti
(1966; dt. *Doppelt gekillt hält besser,* 1969)
Der Arzt Duca Lamberti, der früher drei Jahre im Zuchthaus verbracht hat (wegen gutherziger Euthanasie an einem Krebskranken), ist aus der Ärztekammer ausgeschlossen worden und arbeitet nun für die Polizei. Der Polizeichef ist sein Freund Carrua; Lambertis ständiger Begleiter ist der Detektiv Mascaranti.
Zum zweiten Mal wird in einem Kanal in der Nähe von Mailand ein Auto mit zwei toten Insassen gefunden. Eine Dame, die von Lamberti verlangt, er solle sie so operieren, daß ihr Bräutigam meine, eine Jungfrau im Bett zu haben, und ein Koffer, der bei Lamberti stehen bleibt und ein Maschinengewehr enthält, bringen die Ermittlungen ins Rollen. Eine Gangsterbande, die Drogen und Waffen schmuggelt, ist für die Morde Nr. eins, zwei und fünf verantwortlich. Eine Amerikanerin, die ihren Vater rächt, hat Morde Nr. drei und vier auf dem Gewissen. Sie ist die einzig Anständige weit und breit und wandert auf zehn bis fünfzehn Jahre ins Gefängnis. Die richtigen Halunken werden viel besser wegkommen, sofern sie überhaupt gefaßt werden sollten.
Bei Scerbanenco verbinden sich Naturalismus, glänzende Dialogtechnik und schockierende Handlung mit Humor, Skepsis und Resignation vor einer hoffnungslos verdorbenen Welt, in der das Gute keine Chance mehr hat.

SCHÄFER, PAUL KANUT
(* 1922)

Geboren in Dresden. Nach 1941 Soldat. Er versuchte sich in mehreren Berufen, bevor er 1957–1959 am Johannes-R.-Becher-Institut in

Leipzig studierte und dann zwei Zirkel schreibender Arbeiter leitete. Heute lebt er als freier Schriftsteller in Berlin. Neben zahlreichen Kinder- und anderen Büchern hat er auch einen Krimi geschrieben: *Du bist tot, mein Engel* (1973).

SCHAUER, HERBERT
(* 1924)

Geboren in Striegau (Schlesien). Er wurde Soldat und geriet in russische Kriegsgefangenschaft. Nach dem Krieg war er zunächst Lehrer, dann Journalist und Schriftsteller. Zusammen mit Otto Bonhoff (geboren 1931 in Leipzig) schrieb S. mehrere Fernsehfilme, darunter *Schatten über Notre Dame* (1966). Unter dem gleichen Titel veröffentlichten die beiden Autoren 1967 einen Kriminalroman.

SCHEININ, LEW ROMANOWITSCH
(1906–1967)

S. schrieb in den zwanziger Jahren einige Kriminal- und Spionageromane. Er war Jurist und nahm als russischer Ankläger an den Nürnberger Prozessen teil. Seine Erfahrungen als Staatsanwalt stehen im Zentrum einer Reihe von Büchern, die 1938 zu erscheinen begannen: *Notizen eines Magistrats* (Gesamtausgabe 1968). S. hat auch Science-fiction und in den letzten Jahrzehnten Kriminaldramen und Filmskripte verfaßt.

Kriegsgeheimnis (1943–1959, Romantrilogie); *Treffen an der Elbe* (1949, Film, Staatspreis 1950); *Schwerwiegende Anklagen* (1956, Drama); *Keine Spielregeln* (1961, Drama, 1965 verfilmt).

SCHERF, MARGARET
(* 1908)

Geboren in West Virginia, aufgewachsen in New Jersey, Wyoming und Montana. Nach dreijährigem Studium am Antioch College, Ohio, kam sie nach New York und arbeitete im Verlagswesen. Seit 1939 ist sie freie Schriftstellerin und wohnt wieder in Montana. Sie hat etwa 20 Krimis geschrieben. Ihre Detektive sind: 1. Martin Buell, ein bedächtiger Pfarrer in Montana, 2. Henry und Emily Bryce, Möbelmacher in Manhattan, 3. Dr. Grace Severance, eine Leichenseziererin.

Drei Martin-Buell-Romane: *Always Murder a Friend* (1948); *The Elk and the Evidence* (1952); *The Corpse in the Flannel Nightgown* (1965). – Drei Romane um Henry und Emily Bryce: *The Gun in Daniel Webster's Bust* (1949); *The Green Plaid Pants* (1951); *The Diplomat and the Gold Piano* (1963, in England *Death of a Diplomat*). – Drei Grace-Severance-Romane: *The Banker's Bones* (1968); *The Beautiful Birthday Cake* (1971); *To Cache a Millionaire* (1972).

SCHILLER, FRIEDRICH
(1759–1805)

Dieser in Marbach geborene Klassiker der deutschen Literatur steht oft am Anfang von Anthologien deutscher Kriminalerzählungen mit seiner Novelle von 1792: »Der Verbrecher aus verlorener Ehre«. Die erste Fassung war 1786 in der *Thalia* unter dem Titel »Verbrecher aus Infamie, eine wahre Geschichte« erschienen. Es versteht sich, daß sich der Autor der *Räuber* (1781) fürs Verbrechen interessierte. S. plante ein Kriminaldrama, in dessen Mittelpunkt der Pariser Polizeichef Argenson stehen sollte. Drei Fragmente von drei Ansätzen liegen vor: zu einem Trauerspiel, einem Lustspiel, einem Drama (»Die Kinder des Hauses«). Schließlich schrieb S. 1792 die Vorrede zu einer vierbändigen deutschen Auswahlübersetzung des *Pitaval* (1792–1795). – MESSAC hält das »Geisterseher«-Fragment für eine Pionierleistung auf dem Gebiet des Gruselkrimi.

SCHKLIARJEWSKI, ALEXANDER ANDREJEWITSCH
(1837–1883)

Nachdem er zehn Jahre lang Lehrer gewesen war, erschien 1867 seine erste Erzählung, eine Kriminalgeschichte (»Unverbesserlich«), die ihn berühmt machte. 1869 zog er als freier Schriftsteller nach St. Petersburg. Seine Krimis machten ihn so bekannt, und er war so geachtet, daß die Regierung ihn damit beauftragte, den Behörden bei Kriminaluntersuchungen zu helfen. S.

und Gaboriau beeinflußten den jungen Tschechow.

Geschichten eines Magistrats (1872); *Das alte Gericht* (1873); *Geständnisse eines Gefangenen* (1877); *Mord ohne Spur* (1878); *Was zerstört wurde* (1880).

SCHLIPPENBACH, GABRIELE VON
(1847–1911)

Laut Bartels (s. S. 375) schrieb sie nach dem Tode ihres Mannes eine Anzahl Romane, um Geld für die Erziehung ihrer Kinder zu verdienen. Von diesen Romanen hatte *Subotins Erbe* (1904), »Kriminalroman aus der russischen Gesellschaft«, den größten Erfolg. S. benützte auch das Pseudonym Herbert Rivulet.

SCHNEIDER, HANS
(* 1927)

Geboren in Langburkersdorf (Kreis Sebnitz). Er diente bei der Marine bis 1946, war dann Arbeiter, bis er 1953 das Rechtsstudium aufnehmen konnte. 1959–1962 war er Staatsanwalt in Cottbus, seither freier Schriftsteller. S. schrieb für Radio und Fernsehen, auch Erzählungen, Dramen und Romane. Ins Gebiet des Krimi fallen:

Tote schweigen nicht (1965); *Nacht ohne Alibi* (1968); *Polizeigewalt* (1972); *Flucht ins Verbrechen* (1977).

SCHNEIDER, ROLF
(* 1932)

Geboren in Chemnitz; aufgewachsen in Wernigerode. Nach dem Germanistikstudium in Halle wurde er Redakteur bei der Zeitschrift *Aufbau*. Seit 1958 ist S. freier Schriftsteller; er hat 1962 den Lessing-Preis und 1966 in der Bundesrepublik den Hörspielpreis der Kriegsblinden erhalten (für *Zwielicht*). S. schreibt für Radio, Fernsehen und die Bühne; er hat auch hervorragende Erzählungen und Romane verfaßt, darunter den 1962 entstandenen und 1965 erschienenen Kriminalroman *Die Tage in W.*, der im Jahre 1932 spielt.

Die Tage in W.
(1965)

Gerhard Karsten ist ein junger, völlig unerfahrener Journalist bei einer Wochenillustrierten in Berlin. Da ruft ihn sein Chef, Herr Richards, und beauftragt ihn, auf ein bis zwei Wochen nach W. zu fahren. Dort ist der 26jährige Gymnasiallehrer Thomas Michailsky erschossen worden. Richards wittert die Möglichkeit eines sensationellen Berichts – Sex in der Schule usw.
Am 12. Juni 1932 fährt Karsten nach W. und nimmt ein Zimmer im Hotel. Wo immer er fragt, weicht man ihm aus: bei der Polizei, bei der Zimmerwirtin des Erschossenen, in der Schule. Erst die jüdische Verlobte hilft ihm weiter. Sie gibt ihm die Briefe und Tagebücher des Toten. Dieser hatte politisch links gestanden und sogar bei Versammlungen gelegentlich eine Rede gehalten. Obwohl er in der Schule nicht politisierte, hatten sich einige Schüler der jüngeren Klassen von ihm anstecken lassen. Um so mehr haßten ihn die meisten Schüler der Oberprima, Söhne »besserer« Eltern, nach deren Meinung Bolschewisten und Juden ausgerottet werden müssen. Einige Oberprimaner und andere betreiben einen Geheimbund, dessen Ziel es ist, dem Elitemenschen, dem Arier, zur Macht zu verhelfen. Diesem Bund ist Michailsky zum Opfer gefallen. Der Staatsanwalt und viele Bürger wissen es. Sie hätten Michailsky am liebsten auch umgebracht, und so ist an eine Bestrafung der Mörder nicht zu denken.
Herr Richards wird von W. aus ersucht, seinen Redakteur abzuberufen, und das tut er. Karsten verfaßt einen glänzenden Artikel über die Situation in W., aber Richards erklärt ihm, warum er ihn nicht drucken kann. Der Artikel erscheint trotzdem in einer angesehenen Zeitung, durch Vermittlung von Karstens Jugendfreund Simon. Karsten fährt auf eigene Faust wieder nach W. Er nimmt an einer linken Versammlung teil, wird zwei Tage lang ohne Begründung eingesperrt, und als er entlassen wird, hat man unterdessen einen Sündenbock gefunden; der geistesgestörte L. N. habe zum Vergnügen in der Nähe des Tatortes mit einem Revolver gespielt und zufällig Michailsky getroffen. Karsten reist ab; die Stadt W. hat den Kampf gegen ihn und die Gerechtigkeit gewonnen.

SCHPANOW, NIKOLAI NIKOLAJEWITSCH
(1896–1961)

Geboren in Ussurisk. Fliegerakademie, Teilnahme am Ersten Weltkrieg; Beginn der schriftstellerischen Tätigkeit in den zwanziger Jahren, besonders Abenteuerbücher. Folgende Bücher fallen ins Gebiet des Krimi:

Kurzgeschichtenbände: *Die Wahrheitssucher* (1955); *Ein altes Notizbuch* (1955); *Die Abenteuer des Nil Kruchinin* (1956); *Der rote Stein* (1957). – Romane: *Brandstifter* (1950); *Verschwörer* (1951); *Der Zauberlehrling* (1956); *Der unsichtbare Krieg* (1958); *Der Hurrikan* (1961).

SCHREITER, HELFRIED
(* 1935)

Geboren in Lomnitz bei Dresden. Bis 1960 diente er in der Volksarmee. Er arbeitete fürs Kulturministerium und absolvierte ein Fernstudium an der Theaterhochschule Leipzig. Seit 1964 ist er freier Schriftsteller. Neben Hörspielen, Drehbüchern für Film und Fernsehen, Gedichten und Dramen hat er auch einen Krimi geschrieben, der in Griechenland spielt und den Kampf des Staatsanwalts Fafoutis um die Gerechtigkeit, d. h. gegen den Großreeder Niarchos, schildert: *Werfen Sie das Handtuch, Herr Staatsanwalt* (1977).

SCHREYER, WOLFGANG
(* 1927)

Geboren in Magdeburg. 1946 kehrte er aus der Kriegsgefangenschaft zurück und arbeitete bis 1952 als Drogist. Seither ist er freier Schriftsteller in Magdeburg. Er schreibt für Film und Fernsehen, veröffentlicht Erzählungen und Romane. Zu seinen Krimis gehören *Großgarage Südwest* (1952) und *Die Banknote* (1955).

SCHUMACHER, HILDEGARD
(* 1925)

Geboren in Eberswalde. Sie ist Lehrerin und schreibt seit 1960 in Zusammenarbeit mit ihrem Mann, Siegfried Schumacher (geboren 1926 in Oderberg, Mark, ebenfalls Lehrer), Kinderbücher. Besonders erfolgreich war ihr Kinderkrimi *Romme sucht Beweise* (1965).

SCHWEICKERT, WALTER KARL
(* 1908)

Geboren in Freiburg i. Br. Er kam 1930 nach Leipzig, wo er das linksgerichtete Kabarett »Die Zeitlupe« mitbegründete. Von 1933 bis 1949 war er im kaufmännischen Beruf tätig; seit 1950 ist er freier Schriftsteller. S. schrieb zwei Kinderkrimis: *Der Mann, der spurlos verschwand* (1964) und *Kriminalkommissar K. erzählt* (1965).

SCOTT, WILL
(1894–1964)

Geboren in Leeds, Yorkshire. Er wurde Karikaturist und Kritiker und zeichnete und schrieb für Zeitschriften. S. soll über 2000 Kurzgeschichten veröffentlicht haben. In den Jahren nach 1950 schrieb er auch Kinderbücher. Zwei seiner Zentralfiguren sind Giglamps, ein Landstreicher, Detektiv und Held vieler Kurzgeschichten, und Disher, ein Vorläufer von Nero Wolfe. Disher ist groß, fett und bewegt sich so wenig wie möglich. Er ist eingebildet mit Recht. Er ist der Held folgender drei Krimis:

Disher – Detective (1925, in USA *The Black Stamp*); *Shadows* (1928); *The Mask* (1928).

SEELEY, MABEL
(* 1903)

Geboren in Minnesota; Studium in Minneapolis, ebenda Reklametexterin für ein Warenhaus. 1938 veröffentlichte sie ihren ersten Krimi. Er hatte Erfolg – wie auch die sieben Krimis, die ihm folgten. Die meisten ihrer Bücher spielen im mittleren Westen, in den Staaten Minnesota und Wyoming.

The Listening House (1938); *Eleven Came Back* (1943); *The Whistling Shadow* (1954).

SEELIGER, EWALD GERHARD
(1877–1959)

Geboren in Rathau bei Brieg. Man findet seinen Namen um 1911 in Zeitschriften wie Gumppenbergs *Licht und Schatten.* S. veröffentlichte Romane mit satirisch-groteskem Einschlag, von denen einige – wie z. B. *Peter Voss der Millionendieb* (1913) – hohe Auflagen erzielten.

Der gelbe Seedieb (1915); *Max Doberwitz, der Tantenmörder* (1915); *Das amerikanische Duell* (1916).

Peter Voss der Millionendieb
(1913)
Jim Stockes, Inhaber der Bankfirma Stockes & Yarker in St. Louis, steht vor dem Konkurs. Da er in Kupferaktien falsch spekuliert hat, ist er nicht in der Lage, dem Baumwollkönig Dick Patton, wie versprochen, zwei Millionen Dollar auszuzahlen. Doch Peter Voss, sein erster Kassierer, Buchhalter und sein Freund, hat einen Plan: er wird die nichtvorhandenen Millionen stehlen und sich von dem berühmten Detektiv Bobby Dodd jagen lassen. Wenn die Kupferaktien wieder gestiegen sind, wird er zurückkehren und alles erklären; Peter Voss rechnet mit einem Freispruch. Und so geschieht es: Bobby Dodd und Polly, die Frau von Voss, verfolgen Peter Voss um die ganze Welt. Doch immer wieder schlägt der gerissene Hamburger ihnen ein Schnippchen. Nach vielen komischen Abenteuern kehrt Voss mit Polly freiwillig nach St. Louis zurück; denn endlich sind die Aktien gestiegen. Am Bahnhof verhaftet ihn Dodd. Wie erwartet wird der »Millionendieb« freigesprochen und vom dankbaren Stockes zum Mitinhaber der Firma gemacht. Dodd gibt seinen Beruf auf und investiert sein Geld von nun an in Peters Bank.

SEMJONOW, JULIAN SEMJONOWITSCH
(* 1931)

Geboren in Moskau. Er studierte Geschichte und Orientalistik an der Moskauer Universität. Als Korrespondent der *Prawda* ist er viel gereist (Frankreich, Südamerika, USA, Ferner Osten). Als Romancier schreibt er hauptsächlich Krimis, oft mit historischem Hintergrund. Der Roman *Petrovka 38* (1963, der Titel meint die Telefonnummer der Moskauer Kriminalpolizei) erschien auch in England und Amerika (1965, unter demselben Titel), deutsch (*Auftrag: Mord,* 1965) und in vielen anderen Sprachen. S.s Zentralfigur in mehreren seiner Bücher ist der Polizeidetektiv Maxim Maximowitsch Isajew.

Diplomatischer Agent (1959); *49 Stunden 25 Minuten* (1960); *Auftrag erfüllt* (1962); *Petrovka 38* (1963); *Major Virkh* (1967); *Siebzehn Sekunden Frühling* (1969, Spionageroman).

Petrovka 38
(1963; dt. *Auftrag: Mord,* 1965)
Der Leser vernimmt abwechselnd, was bei den Verbrechern und was bei der Polizei geschieht. Die Verbrecher töten in Moskau einen Polizisten, um in den Besitz eines Revolvers zu gelangen. Dann brechen sie in eine Bank und bei einem Pfandleiher ein. Einbrüche bei einem Musiker und bei einem kunstsammelnden Chirurgen sind geplant, werden aber nicht mehr durchgeführt, da zunächst das Schicksal, darauf die Polizei eingreift.
Am Bankeinbruch hat unfreiwillig ein Gedichte schreibender Gymnasiast teilgenommen; er ist milieugeschädigt, und die braven Polizisten schützen ihn gegen die Bürokratie, d. h. davor, ins Gefängnis zu wandern.
Den drei guten Polizisten stehen drei Verbrecher gegenüber, wirklich hartgesottene Burschen, wie man sie sonst nur in Kalifornien antrifft. Ihr Anführer scheint etwas geistesgestört zu sein. Die Polizisten sind realistisch, im Stil des »police procedural« geschildert. Der eine ist glücklich verheiratet, der andere weniger glücklich, der dritte, der knapp mit dem Leben davonkommt, erlebt eine Romanze mit einer Philosophiestudentin.
Während im westlichen Krimi der »hard-boiled school« fast alle Menschen schlecht sind und die Detektive ihr gutes Herz verstecken müssen, trifft man bei S. auch anständige Menschen und solche, die ihre Gefühle offen zu zeigen wagen.

SEMPRUN, JORGE
(* 1923)

Geboren in Madrid. Seit dem Spanischen Bürgerkrieg lebt er in Frankreich. Er studierte in Paris, kämpfte für die Résistance und kam 1943 ins KZ nach Buchenwald. Er hat mehrere autobiographisch gefärbte Romane geschrieben, darunter *La deuxième mort de Ramón Mercader* (1969), für den S. den »Prix Fémina« erhielt. TOURTEAU hält das Buch für den besten Spionageroman in französischer Sprache.

SERNER, WALTER
(* 1889)

Geboren in Karlsbad; Dr. jur. 1913. Während des Krieges hielt er sich in der Schweiz auf, wo er bei den Dadaisten des »Cabaret Voltaire« mitmachte. Nach 1918 war er meist auf Reisen. Er verschwand nach 1927, wahrscheinlich in Rußland. S. schrieb mehrere Bände Grotesken im Stil Mynonas, meist Kriminalgrotesken. Es sind bösartig-witzige Produkte von durchschnittlich etwa acht bis zehn Seiten.

Zum blauen Affen. 33 hanebüchene Geschichten (1921); *Der elfte Finger. 25 Kriminalgeschichten* (1923); *Der Pfiff um die Ecke. 22 Spitzel- und Detektivgeschichten* (1925); *Die tückische Straße. Neunzehn Kriminalgeschichten* (1927). – *Der elfte Finger. Erotische Kriminalgeschichten* (1972, 31 Erzählungen aus den genannten vier Bänden, ausgew. von Axel Matthes).

SHARP, MARGERY
(* 1905)

Geboren in London, wo sie auch studierte. Sie ist eine erfolgreiche Autorin von Frauenromanen und von Kinderbüchern. Ihre Abstecher in den Krimi sind selten, aber die Kurzgeschichte »London Night's Entertainment« ist von Ellery Queen anthologisiert worden, und HAGEN verzeichnet *The Tigress on the Hearth* (1955) als Kriminalroman.

SHAW, GEORGE BERNARD
(1856–1950)

Geboren in Dublin. Der berühmte Dramatiker verfaßte 1879 eine Kriminalerzählung mit dem Titel »The Brand of Cain«. Eine Frau bringt ihren Mann um. Beim Kampf fügt er ihr mit einem heißen Siegel eine kleine Brandwunde im Gesicht zu. Der Frau gelingt es, die Wunde vor der Polizei zu verbergen (wohl mit Puder?). Später läßt sie sich photographieren, und dabei entdeckt der Photograph einen Flecken auf dem Negativ. Es ist die Wunde; die Frau ist überführt. Nachdem sechs Redakteure die Erzählung abgelehnt hatten, schickte S. sie an eine Agentur in Birmingham, bei der das Manuskript verlorenging. S. besaß keine Kopie und schrieb die Erzählung auch nicht wieder auf (siehe G. B. Shaw, *Collected Letters 1874–1897,* 1965, S. 25, 29, 38, 110).

SHELLEY, MARY
(1797–1851)

Geboren in London als Tochter von William Godwin. Mit 17 Jahren riß sie mit dem Dichter Shelley aus, den sie später heiratete. 1818 veröffentlichte sie ein Buch, das die Geschichte des Gruselkrimi ähnlich beeinflussen sollte wie ihres Vaters Roman *Caleb Williams* die Geschichte des sozialbewußten Kriminalromans: *Frankenstein; or, The Modern Prometheus.*

SHIEL, MATTHEW PHIPPS
(1865–1947)

Geboren als Sohn eines Methodistenpredigers in Westindien. Er studierte am King's College, London, und wurde Schriftsteller. In den Jahren 1907–1927 schrieb er in Zusammenarbeit mit Louis Tracy sieben von acht Krimis unter dem Pseudonym Gordon Holmes. Den ersten, der unter dem Namen Gordon Holmes erschien, verfaßte er allein. Unter seinem eigenen Namen veröffentlichte S. zahlreiche Bücher, von denen einige ins Gebiet des Krimi gehören, vor allem die vier Erzählungen um Prince Zaleski, einen Russen, der in London lebt. Er ist ein Exzentriker, der sich – wie Huysmans' Des Esseintes – mit exotischen Gegenständen umgibt und seine Wohnung möglichst selten verläßt. Drei Erzählungen erschienen 1895 in *Prince Zaleski,* die vierte im Januar 1955 in *Ellery Queen's.*

The Rajah's Sapphire (1896); *The Weird o' It* (1902); *The Lost Viol* (1905); *The Pale Ape* (1911, Kurzgeschichten); *Dr. Krasinski's Secret* (1929); *The Black Box* (1930).

Lit.: A.R. Morse, The Works of M.P. Shiel. A Study in Bibliography, 1948.

SIEBE, HANS
(* 1919)

Geboren in Berlin. Im Zweiten Weltkrieg war er Soldat. Davor und danach übte er verschiedene Berufe aus, in der Landwirtschaft, im Buchhandel, in der Transportindustrie. Seit 1970 ist er freier Schriftsteller. Neben zahlreichen Hörspielen, Reportagen und Kinderabenteuern schrieb er auch Kriminal- und Spionageromane.

Nahtlose Strümpfe (1966, revidiert 1970); *Koberlinks Schatten* (1967); *Ein klarer Fall* (1968, Erzählungen); *Der Feuersprung* (1972); *Die gläserne Spinne* (1973, zus. mit Horst Girra).

SIMENON, GEORGES
(* 1903)

Geboren in Liège, wo er in ärmlichen Verhältnissen aufwuchs. Als der Vater 1919 starb, mußte er die Schule verlassen. Er begann eine Bäckerlehre, wechselte aber bald zum Journalismus und zum Buchhandel über. Schon 1920 erschien sein erster Roman, *Au Pont des Arches*, den er innerhalb von zehn Tagen geschrieben hatte. 1923 ging S. nach Paris und veröffentlichte in kurzer Zeit Hunderte von Erzählungen, auch unter den Pseudonymen Christian Brulls, Jean du Perry und Georges Sim. Seinen Detektiv, Jules Maigret, schuf er 1929. In neunzehn Monaten schrieb er neunzehn Maigret-Romane, die 1931 zu erscheinen begannen – 1931: zehn Maigret-Romane, 1932: weitere sieben, 1933 und 1934 je einer. S. schrieb anschließend psychologische Romane, bis er während des Zweiten Weltkriegs die Maigret-Figur wieder aufnahm. 1945 emigrierte S. in die USA; 1955 kehrte er nach Europa zurück und lebt seither in der Nähe von Lausanne in der Schweiz. In den Jahren 1947–1972 schrieb er zwei bis vier »Maigrets« pro Jahr und etwa dieselbe Zahl von psychologischen Thrillern. Insgesamt betrachtet, verfaßte S. zunächst zwölf Romane pro Jahr, später acht, dann sechs, zuletzt noch vier. 1973 hörte er mit dem Schreiben auf. S. konzentrierte sich jeweils intensiv auf die Persönlichkeiten und den Schauplatz eines geplanten Werkes, bis er das Milieu »riechen« konnte. Dann schrieb er den Roman in wenigen Tagen nieder, ein Kapitel pro Tag. Er legte das Manuskript für eine Woche in die Schublade, nahm es sich danach einen oder zwei Tage lang wieder vor und feilte es aus. Schließlich schickte er es an seinen Verleger.
In *Les mémoires de Maigret* (1950) erfährt man die Lebensgeschichte des späteren Commissaire du Quai des Orfèvres. Immer wieder begegnen wir ihm in seinem überheizten Büro, die Cognacflasche im Schrank und die Pfeifen auf dem Schreibtisch. Daneben liegt das Büro seiner Detektive: Lucas, Janvier, Torrence, Lapointe usw. In seinem Büro versammelt er oft wie Nero Wolfe gegen Ende die beteiligten Personen und stellt so lange Fragen, bis der Schuldige sich verrät. Maigret wohnt am Boulevard Richard-Lenoir, wo seine Frau eine gute Küche führt. Er und seine Frau gehen oft spazieren oder ins Kino, oder sie essen auswärts. Einmal im Monat treffen sie das befreundete Ärzte-Ehepaar Pardon. Das Wochenende verbringen sie oft in einer Pension außerhalb von Paris – irgendwo an der Seine, wo man gut ißt und fischen kann. Später haben sie ein Häuschen in Meung-sur-Loire, wo sie nach Maigrets Pensionierung leben.
Maigret ist das genaue Gegenteil von Holmes. Er beschreibt sein Vorgehen in *La guingette à deux sous* (1931). Zuerst faßt Maigret im neuen Milieu Fuß, besucht die Leute, redet mit ihnen und trinkt einen Calvados oder ein Glas Wein in den benachbarten Bars. »Man schnuppert, man tastet, aber man kann sich auf noch nichts stützen, man hat noch keinen Anhaltspunkt. Man schaut, wie die Leute sich verhalten – jeder kann der Schuldige oder ein Komplize sein.« Der massigen Persönlichkeit Maigrets sind nur wenige Menschen gewachsen. Irgendeiner, der etwas weiß, rückt früher oder später mit seinem Wissen heraus. Von diesem Punkt aus wickelt dann Maigret den Fall auf.
Maigret ist der Held von etwa 80 Romanen und zahlreichen Novellen. Die Romane sind oft verfilmt worden, wobei man Maigret heute am ehesten mit Jean Gabin identifiziert. Maigret fand unzählige Nachfolger, in der deutschen Literatur vor allem Wachtmeister Studer (Friedrich Glauser) und Kommissär Bärlach (Friedrich Dürrenmatt).

Les fantômes du chapelier (1949); *Lettre à mon juge* (1951); *La vieille* (1959). – Zwölf Maigret-Romane: *M. Gallet décédé* (1931); *Pietr-le-Letton* (1931); *Un crime en Hollande* (1931); *Le port des brumes* (1932); *Maigret à New York*

(1947); *Les vacances de Maigret* (1948); *Maigret, Lognon et les gangsters* (1952); *Les témoins récalcitrants* (1959); *Maigret se défend* (1964); *Maigret hésite* (1968); *Maigret et l'homme tout seul* (1971); *Maigret et Monsieur Charles* (1972).

Lit.: Thomas Narcejac, Le cas Simenon, 1950. – André Parinaud, Connaissance de Georges Simenon, 1957 (2 Bde.).

Un crime en Hollande

(1931; dt. *Maigret in Holland,* 1960)

Im holländischen Hafenstädtchen Delfzijl ist der Lehrer Conrad Popinga an der »École Navale« erschossen worden. Ein französischer Professor, Jean Duclos aus Nancy, ist neben anderen des Mordes verdächtig und wird von der holländischen Polizei festgehalten. Duclos ist ein berühmter Mann, und Maigret wird hingeschickt, um die Lösung des Falles zu beschleunigen, so daß Duclos seine Vortragsreise fortsetzen kann.
Das Milieu dieser holländischen Kleinstadt wird meisterhaft gezeichnet. Für Conrad Popinga, der früher Kapitän war, ist das Leben in Delfzijl zu eng. Ein achtzehnjähriges Mädchen, Beetje, das sich nach der großen Welt sehnt, liebt Conrad; er verfällt ihr, findet aber nicht den Mut, mit ihr auf und davon zu gehen. Ein Schüler der »École Navale« liebt Beetje ebenfalls. Der vitale Conrad hat nebenbei noch ein Verhältnis mit seiner häßlichen, verheirateten Schwägerin und ein weiteres mit dem Dienstmädchen. Frau Popinga hätte also allen Grund zur Eifersucht, ebenso Beetje, die von ihrem Vater eingeschlossen wird. Sie alle kommen als Mörder in Frage – und dazu noch ein alter Seebär, dessen Mütze man im Hause der Popingas gefunden hat.
Maigret versammelt alle Personen und läßt sie noch einmal jenen schrecklichen Abend durchspielen, an welchem ein Revolverschuß aus dem Badezimmer Popinga getötet hatte. Er entlarvt dabei den Mörder. Es ist für Maigret keine zufriedenstellende Lösung: die Tat des Mörders ist psychologisch verständlich; man hat Mitleid mit ihm, besonders als er anschließend Selbstmord begeht.
Es wäre vielleicht besser gewesen, Maigret hätte die Sache laufen lassen: man hatte nämlich zuerst einen unbekannten Matrosen verdächtigt, der Delfzijl auf irgendeinem Schiff verlassen hatte und den man nie hätte identifizieren können.

Les témoins récalcitrants

(1959; dt. *Maigret und die widerspenstigen Zeugen,* 1959)

Die Bisquitfabrik Lachaume existiert seit 1817. Sie wäre schon lange in Konkurs gegangen, wenn nicht Léonard und Armand Lachaume reiche Frauen geheiratet hätten. Léonards Frau ist vor acht Jahren gestorben, und ihr Vermögen ist aufgebraucht. Man lebt nun von Paulettes (Armands Frau) 300 Millionen.
Léonard wird erschossen in seinem Bett aufgefunden. Keiner in der Familie rückt mit dem Namen des Mörders heraus. Die Lachaumes werden von einem Rechtsanwalt vertreten, der ein Freund des Untersuchungsrichters Angelot ist, und dieser erschwert Maigret die Untersuchung auf jede denkbare Weise.
Das Motiv des Mordes ist folgendes: Paulette ist einem skrupellosen Geld- und Schürzenjäger in die Hände gefallen, der auch schon die Lachaume-Schwester Véronique verführt hat. Er überredet Paulette dazu, sich von Armand scheiden zu lassen, denn nur so kann er die 300 Millionen erheiraten. Léonard kommt dem Kerl auf die Spur. Ohne Paulettes Finanzen wäre es ja aus mit der Firma. Léonard will Paulette umbringen, so daß sein Bruder das Geld für die Firma erbt; aber Paulette erschießt Léonard in Notwehr.
Angelot führt das letzte Verhör mit Paulette nach einer Frageliste Maigrets in seinem Kabinett; dabei bemerkt er selbstgefällig, wieviel ruhiger und diskreter er das doch gestalte als Maigret, dessen berühmte Verhöre doch fast immer zu einem wahren Zirkus entarteten. In diesem Moment erschießt sich Paulettes Gatte vor der Türe von Angelots Kabinett. Skandal ist die Folge. Maigrets Methoden haben sich wieder einmal als gerechtfertigt herausgestellt.

Maigret se défend

(1964; dt. *Maigret verteidigt sich,* 1967)

Um Mitternacht wird Maigret zu Hause angerufen. Die Sprecherin gibt vor, ein Mädchen vom Lande zu sein, das eben erst in Paris angekommen sei und seine Freundin und sein Hotelzimmer nicht mehr finden könne. Auch die Handtasche mit dem Geld sei verloren gegangen. Maigret kommt die Geschichte seltsam vor, aber gerade deswegen kleidet er sich an, holt das Mädchen in dem Bistro ab, von wo es ihn angerufen hat, und bringt es in ein anständiges Hotel.

Am nächsten Tag wird Maigret das Geständnis des Mädchens ausgehändigt. Die Achtzehnjährige ist die Tochter eines hohen Beamten. Maigret habe sie im Bistro angesprochen, von Bar zu Bar geführt, betrunken gemacht, in ein Hotel geschleppt und beinahe vergewaltigt. Maigret wird suspendiert. Das Ungeheuerliche (und echt Menschliche) ist, daß Maigrets Vorgesetzte der Anklage sofort Glauben schenken. Nur seine langjährigen Kollegen, Lucas und Janvier, Maigrets Frau und zwei Verbrecher, die Maigret konsultiert, glauben daran, daß Maigret unschuldig ist.
Wer hat ein Interesse daran, Maigret aus dem Weg zu schaffen? Oder steht jemand dahinter, der einfach aus Bosheit handelt? Es stellt sich heraus, daß Maigret einen gewissen Manuel und seine Geliebte seit Wochen hat überwachen lassen. Gegenüber von Manuel hat ein Zahnarzt seine Praxis, und der Zahnarzt, von dem Maigret nicht einmal den Namen gekannt hatte, war auf die Idee gekommen, Maigret lasse ihn, den Zahnarzt, überwachen. Das achtzehnjährige Mädchen war ihm blind ergeben, und er hat die Verführungsgeschichte inszeniert, um Maigret loszuwerden, was ihm auch gelungen ist.
Aber Maigret führt die Untersuchung als Privatperson weiter und liefert schließlich seinen Kollegen den Zahnarzt als einen perversen, dreifachen Mörder aus. Von einer vorzeitigen Pensionierung Maigrets ist nun keine Rede mehr. Der Leser hätte die Demütigung der Vorgesetzten und die Bestrafung des Mädchens auch gerne erlebt; doch Simenon beschränkt sich darauf, Maigrets Demütigung auszumalen. Trotzdem oder gerade deshalb: bester Simenon.

Maigret hésite
(1968; dt. *Maigret zögert,* 1971)
Maigret erhält einen anonymen Brief, in dem es heißt, daß bald ein Mord geschehen werde. Der Brief ist auf exklusivem Papier geschrieben, und Maigret weiß schon Stunden später, daß das Papier aus dem Büro des Advokaten Parendon stammt.
Die ersten zwei Drittel des Romans sind der Beschreibung der Parendons gewidmet: Der kleine Advokat ist ein weltberühmter Spezialist, dessen Steckenpferd der Paragraph 64: »Es liegt kein Verbrechen vor, wenn der Betreffende zum Zeitpunkt der Handlung geistesgestört ist oder wenn er zu seiner Tat gezwungen wird durch eine Macht, der er nicht widerstehen kann.« Parendons Frau stammt aus einer sehr reichen und vornehmen Familie: auf sie trifft am Ende der Paragraph 64 zu. Ein Sohn schlägt dem Vater nach, die Tochter der Mutter.
Als Mörder kommen auch noch das Hauspersonal und die Büroangestellten Parendons in Frage.
Erst im letzten Drittel des Buches geschieht der Mord: Parendons Sekretärin und Geliebten wird die Kehle durchschnitten. Maigret löst den Fall schnell und sicher.

Maigret et l'homme tout seul
(1971; dt. *Maigret und der Einsame,* 1975)
In einem seit langem leerstehenden Haus, das für den Abbruch bestimmt ist, wird die Leiche eines Clochard gefunden. Drei Schüsse sind auf ihn abgegeben worden.
Es ist schwierig, die Identität des Mannes festzustellen. Es erweist sich am Ende, daß der Tote Marcel Vivien heißt und vor zwanzig Jahren seine Frau und seine Tochter verlassen hatte, um mit einer hübschen Prostituierten zu leben. Diese Liebe hatte sechs Monate gedauert, dann war die Prostituierte erwürgt worden. Seither hatte Vivien als Clochard und Einsiedler gelebt.
Ein anonymer Telefonanruf bringt Maigret auf die Spur von Viviens Mörder: Ein heute wohlsituierter Geschäftsmann namens Mahossier war ebenfalls mit jener Prostituierten befreundet gewesen – er hatte sie genauso geliebt wie Vivien. Als Vivien merkte, daß seine Freundin ihn betrog, erwürgte er sie. Mahossier wußte, wer der Mörder war, und erkannte Vivien auch zwanzig Jahre später wieder, als dieser bei den Markthallen einen Wagen entlud. Mahossier war ihm gefolgt und hatte ihn erschossen.

SIMMEL, JOHANNES MARIO
(* 1924)

Geboren in Wien. S. gehört zu den erfolgreichen deutschen Unterhaltungsschriftstellern, deren Romane sich auf einem relativ anspruchsvollen Niveau bewegen. Er studierte in seiner Heimatstadt Wien Chemie; nach 1945 fand er den Weg zum Berufsschriftsteller, nachdem er zuerst als Journalist und Drehbuchautor tätig gewesen war. S. ist kein Krimiautor im strengen Sinne. Aber seine Romane sind mit Figuren und Motiven dieses Genres gespickt (wie schon einige Titel verraten, z. B. *Ich gestehe alles,* 1953, usw.). Es scheint auch, daß er viel von seiner Dialogtechnik und Dokumentartreue englischen und amerikanischen Krimis entlehnt hat. Seine Romanwelt ist Nachkriegsdeutschland, dessen Wirklichkeit im Spiel von Verfolgern und Verfolgten sorgfältig und spannend beschrieben wird.

Beispielhaft dafür ist der Krimi *Affäre Nina B.* (1958), in dem sich zu Anfang der Chauffeur Robert Holden bei Kriminalkommissar Kehlmann eines Mordes bezichtigt, den er aber erst später am Schieber Julius Brummer auszuführen gedenkt. Brummer ist auch ein Erpresser, was deutlich wird, als er Holden bei einer Affäre mit seiner, Brummers, Frau Nina überrascht. Holden, der als Erzähler fungiert, wird gegen Ende des Romans wegen Giftmords an Brummer festgenommen. Aber der Leser weiß, daß Holden nicht der Mörder gewesen ist. Das Spiel mit Verdächtigungen gipfelt in einem überraschenden Schluß.

SIMMS, WILLIAM GILMORE
(1806–1870)

Geboren in Charleston. Durch seine zweite Heirat (1836) mit einer reichen Grundbesitzerin wurde er finanziell unabhängig und betätigte sich politisch und literarisch. Als Südstaatler war er für die Sklaverei. In seinen Romanen verbindet sich der Einfluß von Walter Scott mit Realismus, Abenteuerlust und Sozialkritik. BARZUN/TAYLOR weisen auf *The Story of a Criminal* (1833) hin, einen Roman, der die Art des Verbrechens in Theodore Dreisers *An American Tragedy* (1925) vorausnimmt.

SIMONIN, ALBERT
(* 1905)

Dieser Franzose wurde mit dem Roman *Touchez pas au grisbi!* (1953) berühmt.

Le cave se rebiffe (1954); *Grisbi or not grisbi* (1955); *Une balle dans le canon* (1958).

Touchez pas au grisbi!
(1953; dt. *Wenn es Nacht wird in Paris,* 1958) Dieser Roman, Auguste Le Bretons *Du rififi chez les hommes* (1953) und die frühen San-Antonio-Romane haben eines gemeinsam: das Gangster-Argot von Paris. Zwei der erstgenannten Romane enthalten Argot-Glossare im Anhang. Den Haupteinfluß auf alle drei Autoren übte Peter Cheyney aus, der in Simonins Roman namentlich genannt wird. Nur ist Simonin ernster als Cheyney. Bei S. gibt es wenig zu lachen, mehr zu weinen.

Es geht um eine Summe Geldes, die nie jemand gesehen hat. Wegen dieses Geldes wird gekämpft, betrogen und gemordet. Zu den Guten gehören der Ich-Erzähler, genannt Max-le-Menteur, sein Freund Riton und Le Gros-Pierrot; zu den Feinden die ruchlose Bande Fredos und Angelos (Marco, Ali, Bastien, Kabeb) und die zwei Spanier Miquel und Ramon. Freundinnen und Huren spielen auf beiden Seiten eine Rolle. Abwechselnd bringt man sich um, bis Max schließlich ein großes Blutbad unter den Feinden anrichtet, indem er sie gegeneinander aufhetzt. Am Ende bleiben wenige übrig, und auf den letzten Seiten meditiert Max – wie Simplicissimus am Ende von Grimmelshausens Roman – über die Schlechtigkeit der Welt. Max sieht ein, daß nur die Sucht nach leichtem und schnellem Geldgewinn für alles Elend verantwortlich ist. »Touchez pas au grisbi!« – »Rühr das Geld nicht an!« rät er dem Leser auf der letzten Seite.

SIMPSON, HELEN
(1897–1940)

Geboren in Sydney, Australien; Musikstudium in Oxford. Sie starb in London bei einem deutschen Bombenangriff. S. schrieb Romane und Dramen; drei davon gehören ins Gebiet des Krimi: *The Prime Minister Is Dead* (1931) und zwei Romane, die sie zusammen mit Clemence Dane (Pseudonym für Winifred Ashton, 1888–1965) verfaßt hatte und deren Amateurdetektiv der Schauspieler Sir John Saumarez ist: *Enter Sir John* (1928) und *Re-enter Sir John* (1932).

SIMS, GEORGE
(* 1923)

Geboren in London. Er diente fünf Jahre in der Armee und wurde Buchhändler (seltene Bücher und Manuskripte). Seit 1964 hat er einige Krimis geschrieben.

The Terrible Door (1964); *Sleep No More* (1966); *The Last Best Friend* (1967); *The Sand Dollar* (1969).

Deadhand
(1971)
Ralph Neville, ein Mann im besten Alter und mit einem gutgehenden Antiquitätenladen, ist im Grunde seines Herzens ein Romantiker. Obgleich glücklich verheiratet, genießt er die heimlichen Rendezvous mit der verführerischen Rachel Mansell und schwelgt in aussichtslosen Träumen. In seiner romantisch-sentimentalen Art übernimmt er auch den mysteriösen Auftrag eines Freundes aus der Kriegszeit. Duff Gordon hat arrangiert, daß Ralph drei Monate nach Gordons Tod ein Brief zugeht, in dem Gordon Ralph bittet, ein Geschäft zu Ende zu führen, damit Duff Gordons Familie finanziell gesichert ist.
Plötzlich passieren Neville seltsame Dinge: er wird verfolgt, bedroht und zusammengeschlagen. Neville weiß nicht, ob ihm dies wegen Rachel oder Duff Gordon geschieht, ist aber entschlossen, die Wahrheit herauszufinden. Die Realität ist unerfreulich: Rachel ist nicht an Gefühlen, sondern nur an Sex interessiert. Als Ralph zu einem Rendezvous kommt, ohne – wie ausgemacht – vorher angerufen zu haben, findet er einen anderen in ihrem Bett. Auch in Duff hat sich Ralph gründlich getäuscht: er erfährt schließlich, daß Duff von Geldern gelebt hat, die er jährlich von den Überlebenden der Naziorganisation in Österreich erpreßte. Nun soll Ralph die Fotos und Beweisstücke zurückgeben und eine endgültige Abfindungssumme von 50 000 Pfund kassieren. Ralph fährt nach Österreich, wo er das Geld von den Nazis wirklich erhält. Dann jedoch taucht Duff selbst auf, um das Geld in Empfang zu nehmen! Sein Tod ist nur vorgetäuscht gewesen. Voller Wut wirft Neville den Koffer mit dem Geld in einen Abgrund, während Duff, von einer Nazikugel getroffen, zusammenbricht. Eine tote Hand streckt sich Neville zur Versöhnung entgegen . . .

SIMS, GEORGE ROBERT
(1847–1922)

Geboren in London. Er schrieb Gedichte, Dramen, Romane, Kurzgeschichten und Zeitungsartikel. 1897 und 1898 veröffentlichte S. je einen Band Kurzgeschichten unter demselben Titel: *Dorcas Dene, Detective*. Dorcas hat einen blind gewordenen Gatten; sie gibt ihre Schauspielkarriere auf, um sich und ihren Mann als Detektivin durchzubringen. S. schrieb mindestens zwei Romane und mehrere Kurzgeschichtenbände, die ins Gebiet des Krimi gehören.

Die Romane: *The Case of George Candlemas* (1890); *The Mystery of Mary Ann* (1907). – Vier Kurzgeschichtenbände: *Rogues and Vagabonds* (1885); *Tinkletop's Crime and Other Stories* (1891); *The Mysteries of Modern London* (1906); *The Death Gamble* (1909).

SITWELL, SIR OSBERT
(1892–1969)

Geboren in London. Dieser Bruder der Lyrikerin Edith Sitwell schrieb Gedichte, Essays, sozialkritische Romane, satirische Erzählungen und eine fünfbändige Autobiographie. MARY HOTTINGER hat seine Erzählung »The Greeting« (»Die Begrüßung«) in ihre dreibändige Krimianthologie (1959-1963) aufgenommen.

SJÖWALL, MAJ / WAHLÖÖ, PER
(* 1935 / 1926–1975)

Wahlöö, ein schwedischer Romancier und Journalist, hatte bereits zwei Krimis veröffentlicht, als er 1961 Maj Sjöwall kennenlernte, ebenfalls eine Journalistin. Sie heirateten und ließen sich in Malmö nieder. Gemeinsam verfaßten sie eine Serie von stark sozialkritischen Krimis, deren Zentralfigur Inspektor Martin Beck von der Polizei in Stockholm ist. Beck ist verheiratet und kommt mit seiner Frau und seinen heranwachsenden Kindern schlecht aus; er ist ständig überarbeitet, müde und hat Magenschmerzen. Er steht nicht – wie Maigret – über den Ereignissen, sondern ist selbst ein Symbol für die Ausweglosigkeit in der modernen Welt. Die Sjöwall-Wahlöö-Romane sind vor allem in den USA außerordentlich erfolgreich. *The Laughing*

Policeman wurde 1973 verfilmt. Statt in Stockholm (wie der Roman *Den skrattande polisen,* 1968) spielt der Film in San Francisco. Der Held zweier von Wahlöö allein verfaßter Krimis ist Inspektor Jensen.

Die Inspektor-Jensen-Romane (von Wahlöö): *Mord på 31: a våningen* (1964; engl. *Murder on the Thirty-first Floor,* 1966; dt. *Mord im 31. Stock,* 1977); *The Steel Spring* (1970). – Die Martin-Beck-Romane: *Roseanna* (1965; dt. *Der Tote im Götakanal,* 1968); *Mannen på balkongen* (1967; dt. *Der Mann auf dem Balkon,* 1970); *Den skrattande polisen* (1968; dt. *Endstation für neun,* 1971, und *Der lachende Polizist,* 1973 [DDR]); *Mannen som gick upp i rök* (1969; dt. *Der Mann, der sich in Luft auflöste,* 1969); *Brandbilen som försvann* (1970; dt. *Alarm in Sköldgatan,* 1972); *Polis, polis, potatismos!* (1970; dt. *Und die Großen läßt man laufen,* 1972); *Den vedervärdige mannen från Säffle* (1971; dt. *Das Ekel aus Säffle,* 1973); *Det slutna rummet* (1973; dt. *Verschlossen und verriegelt,* 1973); *Polismördaren* (1974; dt. *Der Polizistenmörder,* 1975); *Die Terroristen* (1977).

Det slutna rummet

(1973; dt. *Verschlossen und verriegelt,* 1973)

In einem von innen verschlossenen Raum wird ein Mann namens Svärd erschossen aufgefunden; die Mordwaffe fehlt. Die Polizei ist hilflos; die Leiche ist schon zwei Monate alt und wimmelt von Würmern. Diese absurde Situation ist für das Leben typisch, wie es Sjöwall und Wahlöö schildern. Das Mädchen Monita zum Beispiel stellt nach einer gescheiterten Ehe fest, daß man sie ausgenützt hat. Da ihr die höhere Schulbildung fehlt, wird sie im gegenwärtigen Gesellschaftssystem nie auf einen grünen Zweig kommen. Die allgemein zunehmende Stellenknappheit bringt Monita und ihre kleine Tochter an den Rand des Elends. Auch eine bessere Ausbildung würde Monita nun nicht helfen. Um zu Geld zu kommen, müßte sie es stehlen, meint Monita. Diese Möglichkeit bietet sich, als Monita Filip Faithful Mauritzon kennenlernt. Erst nach Monaten findet sie heraus, daß er ein Verbrecher ist. Ihr eigener Entschluß reift. Unbemerkt nimmt sie eine Pistole Mauritzons und macht einen lukrativen Banküberfall, bei dem sie – eigentlich ohne es zu wollen – einen Mann niederschießt. Sie entkommt, bringt die Pistole zurück und versteckt in der Eile ihre Verkleidung in Mauritzons Keller. Dann fliegt Monita mit ihrer Tochter nach Jugoslawien.
Mauritzon weiß von allem nichts und glaubt, Monita habe ihn verlassen. Er selbst wird im Zusammenhang mit Drogen festgenommen. Um sich zu retten, verrät er einen großen Banküberfall, den Bekannte von ihm planen: er weiß den Zeitpunkt und die Straßennamen der Aktion. Die ganze Stockholmer Polizei wird aufgeboten, aber der Überfall findet nicht in Stockholm, sondern in Malmö statt. Nur ein kleiner Fisch der Bande wird gefangen; der Mann hatte auf der Flucht vergessen, seine Ku-Klux-Klan-Kapuze abzunehmen.
Inzwischen hat Oberinspektor Martin Beck, nach langem Erholungsurlaub wieder im Dienst, den Mord im verschlossenen Zimmer geklärt: Mauritzon hatte Svärd von außen erschossen, als dieser gerade das Fenster schließen wollte. Svärd war ins Zimmer gefallen, der Fensterriegel war zugeschnappt. Mauritzon ist inzwischen des Banküberfalls angeklagt worden, den Monita verübt hat. Er glaubt, die Welt sei verrückt geworden. Als Beck mit ihm über Svärd spricht, gesteht er, ihn ermordet zu haben, weil Svärd ihn seit Jahren erpreßt habe. Doch das Tonband unter Becks Schreibtisch ist defekt; bei der Gerichtsverhandlung fehlen die Beweise. Becks Vorgesetzte finden seine Erklärungen absurd. Beck wird nicht befördert. Mauritzon wird wegen eines Banküberfalls mit Mord, den er nicht begangen hat, zu lebenslänglichem Zuchthaus verurteilt.

ŠKVORECKÝ, JOSEF

(* 1924)

Geboren in Náchod, Tschechoslowakei; Studium in Prag (Dr. phil. 1951). Nach zwei Jahren Militärdienst arbeitete er als Journalist, Redakteur und Herausgeber. 1959 erschien sein erster Roman, der Š. in Konflikt mit den Behörden brachte. Zehn Jahre später emigrierte Š. nach Kanada. Heute lehrt er an der University of Toronto. Neben anderen Romanen, die in mehrere Sprachen übersetzt worden sind, hat sich Š. auch auf dem Gebiete des Krimi betätigt, als Kritiker und als Autor. 1969 erschien in Prag *Lvíče* (dt. *Junge Löwin,* 1971), ein Krimi, zu dessen englischer und amerikanischer Überset-

zung (*Miss Silver's Past,* 1975) Graham Greene das Vorwort schrieb. Ein Krimi ist ebenfalls *Mirákl* (1972, in Toronto tschechisch publiziert; englische Übersetzung *The Miracle Game,* 1977).
Lt. Borůvka ist die Zentralfigur folgender drei Bücher: *Smutek poručíka Borůvky* (1966, Kurzgeschichten; engl. *The Mournful Demeanour of Lt. Borůvka,* 1974); *Hříchy pro patera Knoxe* (Sünden für Pater Knox, 1973, Kurzgeschichten, tschech. in Toronto erschienen); *Konec poručíka Borůvky* (Das Ende von Lt. Boruvka, 1975 tschech. in Toronto erschienen).

SLESAR, HENRY
(* 1927)

Geboren in Brooklyn, New York. Mit 18 Jahren trat er in eine Reklameagentur ein und war bald in leitender Stellung. Seit 1964 ist er Präsident seiner eigenen Firma (Slesar & Kanzer, New York). *The Gray Flannel Shroud* erhielt 1959 den »Edgar« für den besten Erstlingskrimi. S. schreibt auch unter dem Pseudonym O. H. Leslie. Er hat einige Krimis und mehrere hundert Kurzgeschichten veröffentlicht.

Enter Murderers (1960); *A Bouquet of Clean Crimes and Neat Murders* (1960, Kurzgeschichten); *A Crime for Mothers and Others* (1962, Kurzgeschichten); *The Bridge of Lions* (1963).

SMIRNOW, VIKTOR
(* 1933)

Geboren in der Ukraine. Er studierte an der Universität Moskau und wurde Journalist in Sibirien. Später machte er weite Reisen als Korrespondent der Zeitungen *Smena* und *Vokrug Sweta,* schrieb ein Dutzend Krimis und in Zusammenarbeit mit I. Bolgarin mehrere Drehbücher.

Drei Tage mit dem Tod (1962); *Das Duell in den Bergen* (1962); *Motorradfahrer in der Nacht* (1968); *Das dreizehnte Rennen* (1968); *Netze für den Fischer* (1968).

SMITH, CLARK
(* 1919)

Geboren in Glasgow, Buchhalter von Beruf. Er schrieb drei Krimis, in denen der Buchhalter-Detektiv Nicky Mahoun die Hauptrolle spielt.

The Speaking Eye (1955); *The Deadly Reaper* (1956); *The Case of Torches* (1957).

SMITH, GODFREY
(* 1926)

Geboren in London. Er studierte in Oxford, wurde Journalist und Redakteur und schrieb Romane, darunter auch einen Krimi: *The Flaw in the Crystal* (1954).

SMITH, SHELLEY
(* 1912)

Pseudonym für die Engländerin Nancy Hermione Bodington, die seit den vierziger Jahren etwa 20 Krimis und Thrillers verfaßte. BARZUN/TAYLOR loben *An Afternoon to Kill* (1953).

Background for Murder (1942); *The Lord Have Mercy* (1956); *The Ballad of the Running Man* (1961).

SNOW, CHARLES PERCY
(* 1905)

Geboren in Leicester. Er studierte und lehrte Physik in Cambridge, 1957 wurde er geadelt. Er ist bekannt durch seine Schrift »The Two Cultures and the Scientific Revolution« (1959), die zu grundlegenden Kontroversen über den Sinn der humanistischen Bildung geführt hat. Als Schriftsteller machte er sich mit seinen Lewis-Eliot-Romanen einen Namen, die seit 1940 erscheinen und den Zyklus »Strangers and Brothers« bilden. S. hat 1932 mit einem Detektivroman begonnen, *Death Under Sail* (1932).

Death Under Sail
(1932; dt. *Mord unterm Segel,* 1971)
Der Besitzer einer Jacht wird am Steuer seines Bootes erschossen. Sechs Personen kommen als Mörder in Frage, unter diesen der Erzähler

selbst. Der Erzähler ruft den früheren Kolonialbeamten und Amateurdetektiv Finbow zu Hilfe. Scotland Yard kennt Finbows Genie und überläßt ihm gern die Sache. Die örtliche Polizei entsendet den eingebildeten Inspektor Birrell, der alle Bücher über Kriminologie gelesen hat, inklusive Hans Groß. Aber Birrell täuscht sich. Motive für den Mord hatten alle, Gelegenheit dazu aber nicht. Finbow arbeitet mit dem Eliminationsprinzip und gibt dem Mörder schließlich die Chance, sich selbst zu erschießen. Der Roman enthält viel Humor, Ironie, Sozialkritik.

SOYKA, OTTO
(1882–1955)

Geboren in Wien. Er gehörte eine Weile zum Kreis um Herwarth Walden und hat Romane, Dramen und Novellen geschrieben. Bartels (s. S. 375) behauptet, Kriminalromane wie *Die Söhne der Nacht* (!) hätten »ziemlich starke Erfolge gehabt«.

Herr im Spiel (1910); *Käufer der Ehre* (1911); *Die Söhne der Macht* (1912); *Der Mann in der Kulisse* (1926); *Das Geheimnis der Akte K.* (1936).

SPICER, BART
(* 1918)

Dieser Amerikaner schrieb unter seinem richtigen Namen und – in Zusammenarbeit mit Betty Coe Spicer – unter dem Pseudonym Jay Barbette etwa 20 Krimis. BARZUN/TAYLOR besprechen *Look Behind You* (1960) positiv.

The Dark Light (1949); *The Deadly Doll* (1958, von Jay Barbette); *The Burned Man* (1966).

Blues for the Prince
(1950)

Der berühmte Neger-Jazzpianist und Komponist Harold Morton Prince, genannt »der Prinz«, ist ermordet worden. Der Mörder ist anscheinend bekannt; es ist der Sekretär und Arrangeur des »Prinzen«, Stuff Magee. Magee ist bei seiner Verhaftung bewußtlos geschlagen worden und liegt im Krankenhaus. Sobald er seine Aussage machen kann, will die Polizei den Fall abschließen. Magee soll den »Prinzen« im Streit getötet haben; man hat einen Koffer voller Dokumente gefunden, in denen Magee behauptet, *er* habe alle die herrlichen Musikstücke des »Prinzen« geschrieben. Dr. Owens, der Verlobte der Tochter des »Prinzen«, möchte, daß der Ruhm des »Prinzen« unangetastet bleibt, und engagiert den Privatdetektiv Carney Wilde. Wilde soll Magee als Erpresser entlarven. Dies gelingt ihm, er findet aber auch heraus, daß Magee kein Mörder ist. Der Verdacht fällt nun auf eine Komplizin Magees, die sich schließlich selbst umbringt. Die Polizei hält sie für die Mörderin des »Prinzen«, der Fall ist erledigt. Wilde aber forscht weiter und findet folgendes heraus: der »Prinz« hatte viel getrunken, um Schmerzen, die ihm ein Gehirntumor verursachte, zu betäuben. Er hatte eben Magees Komplizin erschießen wollen (sie versuchte ihn zu erpressen), als der Vater des »Prinzen« seinen Sohn daran hinderte und im Handgemenge erschoß.

SPIESS, CHRISTIAN HEINRICH
(1755–1799)

Geboren in Helbigsdorf bei Freiberg, Kursachsen. Er besuchte das Gymnasium und studierte eine Zeitlang in Prag. 1774 wurde er Schauspieler. Um 1782 begann er zu schreiben, zunächst Schauspiele. 1785 wurde er Verwalter auf einem Gut in der Nähe von Prag und veröffentlichte in den letzten fünfzehn Jahren seines Lebens etwa 40 Bände Romane und Erzählungen. S. begann mit *Biographien der Selbstmörder* (1785). Der Roman *Das Petermännchen. Eine Geistergeschichte aus dem dreizehnten Jahrhundert* (1791/1792) hat ihm das Attribut »Vater des Schauerromans« eingebracht; der Roman soll M. G. Lewis (*The Monk,* 1796) stark beeinflußt haben. Siebzig Personen werden in S.s Roman umgebracht. Eine Auswahl von S.s *Biographien der Wahnsinnigen* (1796) hat Wolfgang Promies 1966 herausgebracht. S. war zuletzt ein Menschenfeind, legte sich einen künstlichen Friedhof an, in dem er meditierte, und wurde selbst wahnsinnig.

Die *Biographien der Wahnsinnigen* enthalten zwei Erzählungen, die sich ergänzen und als frühe Krimis gelten können. In der ersten Erzählung (»Ein Haubenstock namens Karoline, das ist: Die Geschichte der Karoline G. von H.«) begegnet der Ich-Erzähler einer alten,

wahnsinnigen Frau, die ihm völlig glaubhaft ihre Geschichte erzählt; sie scheint das Opfer von Verbrechern zu sein. Die folgende Erzählung (»Das schöne Judenmädchen, das ist: Die Geschichte der Ester L.«) deckt nun nachträglich auf, was in der ersten Erzählung falsch und was richtig gewesen war. S. bediente sich des »Whodunit«-Verfahrens, wie er selbst zugibt:
»Ob ich recht tat, daß ich so lange schwieg und meine Leser absichtlich irreführte? Ob ich die einzige Absicht, ihre Erwartung mehr zu reizen und zu spannen, wirklich erreichte, mögen sie nun selbst entscheiden. Heil mir, wenn sie gelang! Vergebung, wenn ich fehlte! Der Reiz war zu groß. Da bis zu diesem Umstande die Geschichte, welche ihr Wahnsinn erfand, beinahe nicht die geringste Ähnlichkeit mit ihrem wahren Lebenslaufe enthält, so konnte ich ihm nicht widerstehen und glaubte klüger zu handeln, wenn ich wenigstens bis hieher die Erwartung meiner Leser zu täuschen suchte.« (Chr. H. Spieß, *Biographien der Wahnsinnigen,* hrsg. von W. Promies, Neuwied/Berlin 1966, S. 162).

SPILLANE, MICKEY
(* 1918)

Geboren als Frank Morrison Spillane in Brooklyn, New York. Im Zweiten Weltkrieg war er Pilot. Er schrieb Kurzgeschichten für die »Pulps« und bessere Zeitschriften, bis ihn seine Krimis berühmt machten.
S. ist neben Gardner in Amerika der populärste Krimiautor der letzten zwei Jahrzehnte. Die Kritiker allerdings sagen kaum ein gutes Wort über ihn und seine Zentralfigur, den Privatdetektiv Mike Hammer. Manfred Smuda nennt die Mike-Hammer-Romane »ein Degenerationsprodukt von nicht überbietbarer Trivialität«. Hans Christoph Buch meint, bei S. erreichten Sex und Sadismus die »brutale Perfektion«. Umberto Eco spricht von S.s »rowdyhafter Kraftmeierei« und behauptet, Mike Hammer sei ein Sadomasochist und vermutlich impotent. Helmut Heißenbüttel zählt Hammer zu den Detektiven, an deren Abenteuern er das Interesse verloren habe; in den betreffenden Erzählungen gehe es um nichts als um die Verkündigung des »Ruhmes und der Cleverness« der Helden. Günter Bien stellt S. auf die »unterste« Stufe des hartgesottenen Detektivromans. Sie alle haben recht: S. schreibt schlecht. Die Handlung ist jeweils völlig unglaubhaft, Mitdenken des Lesers bei der Lektüre wird nicht verlangt. Die Spannung ergibt sich oft aus der Frage: wer wird als nächster umgelegt? Die dichtgepackte Handlung täuscht darüber hinweg, daß der Aufbau unlogisch ist, daß im Grunde nicht einmal der Held weiß, warum er gerade so und nicht anders handelt. Bei S. finden wir die ruchlosesten Killer der Weltliteratur. Bei ihnen versagen die normalen Methoden der Polizei. Da ist ein Typ vom Schlage Mike Hammers der einzig richtige Mann. Er ist der Held in elf von S.s Romanen, von *I, the Jury* (1947) bis *Survival . . . Zero!* (1970). Andere Helden: der überall Schrecken verbreitende »The Deep« (*The Deep,* 1961); der für die Polizei arbeitende Hood (*Me, Hood!* 1963); der ehemalige Soldat McBride (*The Long Wait,* 1951); der frühere Polizist Rogan (*Killer Mine,* 1964); und Dog Kelly, der Mike Hammer noch übertrifft (*The Erection Set,* 1972). Der Erfolg von Ian Flemings James Bond hat S. zu seinem Agenten Tiger Mann inspiriert, dem Helden von vier Romanen der Jahre 1964–1966. Tiger Manns Philosophie ist simpel: die Kommunisten sind Halunken; wer immer die Kommunisten haßt, ist gut. – S. ist von Ayn Rand gelobt worden; auch deshalb halten viele S. für einen Faschisten.
Positiv ist zu sagen, daß S. jede Sentimentalität meidet. Wer ein Gauner ist, wird erschossen, und niemand hat nachher ein schlechtes Gewissen. In Romanen anderer Autoren läßt der Detektiv den Mörder anfänglich entrinnen, weil er ihn nicht gleich erledigen will, worauf der Mörder prompt noch einen oder zwei weitere Morde begeht, bevor er gefaßt wird. Nicht so bei S.! Viele von seinen Romanen sind verfilmt worden, und er ist gelegentlich selbst in seinen Filmen aufgetreten.

The Long Wait (1951); *The Deep* (1961); *Me, Hood!* (1963, zwei Kurzromane); *Killer Mine* (1964, zwei Kurzromane); *The Flier* (1964, zwei Kurzromane); *The Delta Factor* (1967); *The Tough Guys* (1970); *The Erection Set* (1972); *The Last Cop Out* (1973). – Die vier Tiger-Mann-Romane: *Day of the Guns* (1964); *Bloody Sunrise* (1965); *The Death Dealers* (1965); *The By-Pass Control* (1966). – Die elf Mike-Hammer-Romane: *I, the Jury* (1947); *Vengeance Is*

Mine! (1950); *My Gun Is Quick* (1950); The Big Kill (1951); *One Lonely Night* (1951); *Kiss Me, Deadly* (1952); *The Girl Hunters* (1962); *The Snake* (1964); *The Twisted Thing* (1966, geschrieben 1947); *The Body Lovers* (1967); *Survival . . . Zero* (1970).

The Snake
(1964; dt. *Die Schlange,* 1965)
Der Privatdetektiv Mike Hammer und seine geliebte Velda fallen sich in die Arme. Sie ist sieben Jahre in Rußland gewesen; Mike hat sie für tot gehalten. Sie muß etwa dreißig Jahre alt sein, ist eine Sexbombe und behauptet, noch Jungfrau zu sein. Mike verschiebt ihre Entjungferung bis auf die letzte Seite. Die sexuellen Aspekte des Romans sind im übrigen Material für den Psychiater.
Velda gewährt Sue, der offenbar verschiedene Gangster nachstellen, Schutz. Hammer tötet zwei von ihnen und jagt dem dritten eine Kugel in den Bauch. Sues Vater, ein früherer Richter, will Gouverneur werden. Möglich, daß von ihm früher verurteilte Gangster sich an ihm rächen wollen, indem sie ihm die Tochter erschießen. Auch hat vor vielen Jahren ein Banküberfall stattgefunden, bei dem drei Millionen und der Anführer der Bande spurlos verschwunden sind. Hammer geht der Sache nach. Zuerst tippt er auf einen 82jährigen Gangster, dann auf Sues Stiefvater, zuletzt ist es aber ein 72jähriger Gangster, der hinter allem steckt. Die Millionen werden schließlich bei zwei etwa 20jährigen Skeletten in einem alten Taxi, das seit ebensolanger Zeit in einem Gebüsch steht, gefunden. Dabei erschießt ein Skelett im Umfallen noch den letzten Gangster. Bis es soweit ist, kommt auch noch Sues Stiefvater um.
Nichts an der Handlung ist glaubhaft. Wenn Mike Hammer und Velda jeweils die Türen hinter sich zuschließen würden, was sonst jedermann in New York tut, könnten die Gangster sie nicht immer wieder überraschen – und es gäbe keine Handlung.

SPRANGER, GÜNTER
(* 1921)

Geboren in Chemnitz. Nach dem Zweiten Weltkrieg unterrichtete er alte Sprachen in Chemnitz bis 1968. Seither ist er freier Schriftsteller. S. hat zahlreiche Erzählungen und Romane verfaßt. *Die Reise nach Wien* (1966) ist ein Spionageroman. Ins Gebiet des Krimi gehören die Erzählungen »Mord ohne Sühne« (1960) und »Mord in der Stunde Null« (1967) und die Romane:

Treffpunkt Bern (1970); *An der schönen blauen Donau* (1972); *Die Bernsteinbrosche* (1976).

SPRIGG, CHRISTOPHER ST. JOHN
(1907–1937)

Unter dem Pseudonym Christopher Caudwell als Schriftsteller und Literaturkritiker bekannt. Er ist Marxist, und seine Bücher *Illusion and Reality: A Study of the Sources of Poetry* (1937) und *Studies in a Dying Culture* (1938) gehören zu den klassischen Texten der Literaturkritik. In den Jahren 1932–1936 hat S. sieben Krimis unter seinem wirklichen Namen verfaßt; 1937 fiel er im Spanischen Bürgerkrieg.

Fatality in Fleet Street (1933); *Pass the Body* (1933); *Crime in Kensington* (1933); *Death of an Airman* (1934); *The Perfect Alibi* (1934); *The Corpse with the Sunburned Face* (1935); *The Six Queer Things* (1937).

STACPOOLE, HENRY DE VERE
(1863–1951)

Geboren in Kingstown, Irland; eine Zeitlang praktizierender Arzt, dann freier Schriftsteller. Von seinen vielen erfolgreichen Romanen gehören einige ins Gebiet des Krimi:

The Cottage on the Fells (1908); *The Golden Ballast* (1924); *The Mystery of Uncle Ballard* (1928); *Tales of Mynher Amayat* (1930); *Green Coral* (1935, 16 Erzählungen, zum Teil Kriminalgeschichten).

STANNERS, HAROLD H.
(* 1894)

BARZUN/TAYLOR loben *The Crowning Murder* (1938). Laut HAGEN hat dieser Engländer noch zwei weitere Krimis verfaßt.
Murder at Markenden Court (1936); *At the Tenth Clue* (1937).

STARRETT, VINCENT
(1886–1974)

Geboren in Toronto, aufgewachsen in Chicago. Er war Journalist und Kritiker und veröffentlichte Biographien, kritische Werke, Aufsatzsammlungen und anderes mehr. S. ist der Autor von *The Private Life of Sherlock Holmes* (1933) und von einem Dutzend Krimibänden. Zu seinen Zentralfiguren gehören der Privatdetektiv Jimmie Lavender und der Amateurdetektiv und Antiquar G. Washington Troxell.

The Unique Hamlet (1920); *Coffins for Two* (1924, Kurzgeschichten); *Murder on »B« Deck* (1929); *The Blue Door* (1930, Kurzgeschichten); *Dead Man Inside* (1931); *The End of Mr. Garment* (1932); *The Great Hotel Murder* (1935); *Midnight and Percy Jones* (1936); *The Laughing Buddha* (1937); *The Case Book of Jimmie Lavender* (1944, Kurzgeschichten); *Murder in Peking* (1946); *The Quick and the Dead* (1965, Kurzgeschichten).

Lit.: Siehe Boucher, Anthony.

STEEMAN, STANISLAS A.
(1908–1970)

Geboren in Liège. 1924 wurde er Reporter bei der Zeitung *La Nation Belge* und begann, in Zusammenarbeit mit einem anderen Journalisten namens Saintair, Krimis zu schreiben. Von 1929 an schrieb Steeman seine Krimis allein. 1931 erhielt er den »Grand Prix du roman d'aventures« für *Six hommes morts* (verfilmt als *Le dernier des six*). Im ganzen hat S. über 40 Krimis veröffentlicht, die meisten »Whodunits« in der Art von Agatha Christie. Viele seiner Romane spielen in London, wo eine seiner Hauptfiguren der Detektiv Monsieur Wens ist. Die meisten von S.s Romanen wurden in mehrere Sprachen übersetzt, und etwa ein Dutzend wurden verfilmt, z. B. *Légitime Défense* (1938) als *Quai des Orfèvres* (1941, von H.-G. Clouzot mit Louis Jouvet) und *La nuit du 12 au 13* (1931) als *Mystère à Shanghai* (1949). 1945 ließ sich S. als freier Schriftsteller an der Riviera nieder. Er starb in Menton.

Le doit volé (1930); *La nuit du 12 au 13* (1931; neue Fassung 1949); *Six hommes morts* (1931); *L'ennemi sans visage* (1934); *L'assassin habite au 21* (1939).

La nuit du 12 au 13
(1931, neue Fassung 1949; dt. *Die Nacht vom 12. zum 13.*, 1932, 1936, neue Fassung 1954)
Im Vorwort zur Neufassung erklärt S., warum er den Ort der Handlung verlegt hat. In der zweiten Version erhält Herbert Aboody Drohbriefe. Wenn er nicht 50 000 Dollar bezahle, werde er in der Nacht vom 12. auf den 13. ermordet werden. Sein Sekretär empfiehlt ihm den Detektiv M. Wens, der mit Aboody die Nacht im Büro verbringt. Am Morgen findet man Aboody erschossen. M. Wens liegt mit drei Kugeln im Körper bewußtlos am Boden.
Aboodys Frau Floriane hat ein Verhältnis mit einem seltsamen Maler namens Zetskaya. Dieser beschäftigt eine Dienerin, die auf Floriane eifersüchtig ist. Aboodys Sekretär liebt Floriane. Während Aboody ermordet wird, geht Floriane mit dem Sekretär aus. Sie werden von einigen Chinesen gefangen und eingesperrt. Am Ende ergibt sich folgendes: Aboody hat Drogen geschmuggelt, aber trotz guter Einnahmen bei diesem Geschäft Florianes Geld aufgebraucht. Jetzt besitzt sie nur noch Perlen, die sie irgendwo versteckt hat. Zetskaya ist ein Drogenhändler und hält Floriane mit Drogen unter Kontrolle. Als er ihr die Drogen entzieht, verrät sie ihm, wo die Perlen sind. Zetskayas Dienerin hat mitgehört, holt die Perlen und wird von Zetskaya ermordet. Der Sekretär erschießt Zetskaya.
Und Aboody? Er hatte die Perlen selbst haben wollen, sich selbst die Drohbriefe geschrieben, M. Wens' Whisky mit Schlafpulver versehen und trotzdem das Schießgefecht mit ihm verloren. Das alles ist völlig unwahrscheinlich, aber mit viel Ironie und Humor erzählt.

STEEVES, HARRISON ROSS
(* 1881)

Geboren in New York; Studium der Anglistik an der Columbia University (Promotion 1913), Professor für Englisch an derselben Universität bis zu seiner Pensionierung 1949. Während einer längeren Krankheit las er Krimis und beschloß, selbst auch einen zu schreiben. *Good Night, Sheriff* (1941) hatte ausgezeichnete Besprechungen, blieb aber S.s einziger Roman.

STEIN, AARON MARC
(* 1906)

Geboren in New York. Er studierte in Princeton und arbeitete von 1927 bis 1938 an der *New York Evening Post.* Seither ist er freier Schriftsteller. Er hat etwa 80 Krimis geschrieben, unter seinem wirklichen Namen und den Pseudonymen George Bagby und Hampton Stone. Die Hauptfigur der Bagby-Romane ist Inspector Schmidt von der New Yorker Polizei, genannt Schmitty. In den Hampton-Stone-Krimis löst der Unterstaatsanwalt Jeremiah X. Gibson, genannt Gibby, die Fälle. Die Hauptfiguren, die in den S.-Romanen auftreten, sind ein Archäologenteam (Tim Mulligan und Elsie Mae Hunt) und der Ingenieur Matt Erridge, die ihren Fällen auch in entlegenen Teilen der Erde nachgehen.

Her Body Speaks (1931); *The Frightened Amazon* (1950); *Blood on the Stars* (1964). – Drei Inspector-Schmidt-Romane (von George Bagby): *Bachelor's Wife* (1932); *Blood Will Tell* (1950); *Corpse Candle* (1967). – Drei Gibson-Romane (von Hampton Stone): *The Corpse in the Corner Saloon* (1948); *The Corpse Who Had Too Many Friends* (1953); *The Funniest Killer in Town* (1967).

Blood Will Tell
(1950)
Held ist der New Yorker Inspector Schmidt, der von dem in der Ichform erzählenden George Bagby begleitet ist. Im vornehmen Wohnblock »The Basingstoke« (mit Portiers und Liftjungen) wird die Leiche des Multimillionärs Simon H. Merrill auf der Feuertreppe entdeckt. Wer hat ihn erschossen? Seine frühere Geliebte im 7. Stock? Seine Verlobte Diane Leggett im 2. Stock? Diane ist arm wie eine Kirchenmaus und lebt bei ihrer Mutter. Sie ist hübsch, zwanzig Jahre alt, und der greise Merrill wollte sie heiraten, um noch ein Kind in die Welt zu setzen, das von gutem Blute wäre. Diane und ihre Mutter verkehren nämlich mit verarmten Prinzen; der eine kommt um, der andere ist der Mörder. Der Roman, ironisch und lebendig geschrieben, stellt als weitere potentielle Mörder vor: Dianes armen und von ihr dem Mammon geopferten Freund sowie einen Filmschauspieler, der sich in dem Moment mit Diane verlobt, als man Merrills Testament findet, in welchem er alles seiner Verlobten vermacht. Aber es gibt noch ein späteres Testament: falls Merrill vor der Hochzeit sterbe, erhalte Diane nichts. Nun wollen weder der Filmschauspieler noch der gute Junge sie haben, und Diane und ihre Mutter sind wieder so arm und so allein wie zuvor.

STEINBECK, JOHN
(1902–1968)

Geboren in Pacific Grove. Er wuchs in Kalifornien auf, studierte in Stanford und trieb sich als Gelegenheitsarbeiter herum. Eine Zeitlang war er auch Journalist. In den frühen Werken stand S. politisch links; gegen Ende seines Lebens machte er Propaganda für den Krieg in Vietnam. 1962 erhielt er den Nobelpreis. Ins Gebiet des Krimi gehören *Of Mice and Men* (1937) und einige Erzählungen (z. B. »The Murder« in *The Long Valley,* 1938). Der Roman *The Winter of Our Discontent* (1961) erwuchs aus einer Kriminalnovelle: »How Mr. Hogan Robbed a Bank«, die 1956 im *Atlantic Monthly* erschienen war.

STEINBERG, WERNER
(* 1913)

Geboren in Neurode (Schlesien). Wegen antifaschistischer Tätigkeit verbrachte er die Jahre 1934–1937 im Gefängnis. Bis 1945 war er als Schriftsteller und im Buchhandel, danach als Journalist tätig. 1956 übersiedelte er in die DDR, wo er seither als freier Schriftsteller lebt. Neben vielen Romanen, Erzählungen und Gedichten (die anscheinend auch in den Jahren 1940–1944 erscheinen konnten), schrieb er folgende Krimis:

Der Hut des Kommissars (1966); *Und nebenbei: Ein Mord* (1968); *Ein Mann namens Nottrodt* (1972).

STERLING, THOMAS
(* 1921)

Er hat in den fünfziger Jahren vier Krimis verfaßt, welche BARZUN/TAYLOR als vorzüglich bezeichnen.

The House without a Door (1950); *Strangers and Afraid* (1952); *The Evil of the Day* (1955, späterer Titel *Murder in Venice*); *The Silent Siren* (1958).

STERN, GLADYS BERTHA
(1890–1973)

Diese in London geborene Engländerin schrieb etwa 70 Bücher und gehörte zu den erfolgreichsten Autorinnen von Frauen- und Familienromanen. Sie schrieb auch Kriminalerzählungen (»Gemini« in *The Pocket Book of Mystery Stories,* 1941); HAGEN verzeichnet den Krimi *The Shortest Night* (1931).

STEVENSON, ROBERT LOUIS
(1850–1894)

Geboren in Edinburgh, Studium an der dortigen Universität. 1875 bestand er das Anwaltsexamen, aber den Beruf übte er nie aus. Er war selten gesund, und seine vielen Reisen unternahm er auch deswegen, um einen klimatisch günstigen Aufenthaltsort zu finden. In Kalifornien heiratete er Fanny Osbourne, die ein Jahrzehnt älter war als er. Er starb auf einer Insel bei Samoa. – S. wurde berühmt, nachdem 1883 *Treasure Island* erschienen war. Ins Gebiet des Krimi gehören der Band *New Arabian Nights* (1882), dem 1885 *More New Arabian Nights* folgten. Die Hauptfigur ist Prince Florizel. Der erste Band enthält drei Erzählungen um den »Suicide Club«, vier um »The Rajah's Diamond«, den Kurzroman »The Pavilion on the Links« und drei weitere Erzählungen: »A Lodging for the Night«, »The Sire de Malétroit's Door« und »Providence and the Guitar«. 1885 kam die Erzählung »The Dynamiter« dazu. 1886 erschien *The Strange Case of Dr. Jekyll and Mr. Hyde.* Mit seinem Stiefsohn Lloyd Osbourne zusammen veröffentlichte S. zwei Kriminalromane, wovon der zweite seriöser als der erste ist: *The Wrong Box* (1889) und *The Wrecker* (1892). Krimi-Elemente finden sich auch in *Kidnapped* (1886) und den Erzählungen »The Body Snatcher« (1895) und »Markheim« (in *The Merry Men and Other Fables,* 1887).

STEWART, MARY
(* 1916)

Geboren in Sunderland, Durham, als Pastorstochter Florence Elinor Rainbow. Sie studierte Anglistik an der Universität Durham und heiratete 1945 den Geologie-Professor Frederick Henry Stewart. Die beiden leben in Edinburgh. Zwischen 1954 und 1967 hat sie etwa ein Dutzend Romane veröffentlicht, die Abenteuerliches, Kriminalistisches und Romantisches verbinden. Man hat sie »the world's leading romantic-suspense novelist« genannt.

Madame, Will You Talk? (1954); *The Moonspinners* (1962); *The Gabriel Hounds* (1967).

Thunder on the Right
(1957; dt. *Rubin mit kalten Augen,* 1970)
Jennifer Silver ist nach Gavarnie in den Pyrenäen gereist, um dort Ferien zu machen und um ihre Cousine Gillian zu treffen, die in das dort gelegene Kloster Notre-Dame-des-Orages eintreten will. In Gavarnie trifft Jennifer ihren Jugendfreund Stephen, nicht aber Gillian. Als sie im Kloster nachfragt, erklärt ihr eine elegante und arrogante Nonne, Gillian habe bei ihrer Anreise einen Autounfall gehabt, habe sich mit letzter Kraft ins Kloster geschleppt und sei nach kurzer, heftiger Krankheit verschieden. Von dieser Nachricht ist Jennifer zunächst wie betäubt, findet dann aber seltsame Umstände heraus: die Nonne ist gar keine Nonne, sondern eine verarmte spanische Adelige namens Doña Francisca, die alle Nonnen und Waisen im Kloster zu beherrschen scheint und die vor Jennifer offensichtlich etwas verbergen will. Was ist mit Gillian geschehen? Mit Stephens Hilfe findet Jennifer sowohl das dunkle Geheimnis der Doña Francisca wie auch den Verbleib von Gillian heraus. Diese ist nicht tot; bei einem Autounfall hat sie ihr Gedächtnis verloren und lebt nun bei dem Bergbauern und Schmuggler Bussac, der ihr eingeredet hat, sie sei seine Frau. Die im Kloster verstorbene Frau war die Schwester eines notorischen Verbrechers, die Bussac hätte nach Spanien bringen sollen und die von Gillian im Auto mitgenommen worden war. Doña Francisca ist die Komplizin Bussacs; mit dem durch Menschenschmuggel verdienten Geld will sie das Kloster ausschmücken und nach dem Tod der Äbtissin die Macht an sich reißen.

Nun dringt sie darauf, daß Bussac Gillian beseitigt. In einem dramatischen Finale – Flucht und Verfolgung in Nacht und Sturm durch die Berge – entscheiden sich die Schicksale: Gillian wird gerettet; sie erhält ihr Gedächtnis zurück, hat aber alles, was seit dem Autounfall geschehen ist, vergessen. Bussac stirbt für Gillian: er wird von Doña Francisca ermordet. Die Spanierin selbst stürzt von einer Brücke und kommt um. Stephen und Jennifer werden ein Paar und kehren mit Gillian nach England zurück.

STOKER, BRAM

(1847–1912)

Geboren in Dublin als Abraham Stoker. Nach vielen Jahren als Beamter und Journalist wurde er Sekretär des berühmten Schauspielers Henry Irving und blieb es 27 Jahre lang. Stoker hat 17 Romane geschrieben, in denen es meist grauenhaft und nicht mit natürlichen Dingen zugeht. Weltbekannt ist *Dracula* (1897). Ins Gebiet des Krimi gehört *The Mystery of the Sea* (1902).

STOUT, REX

(1886–1975)

Geboren in Noblesville, Indiana, aufgewachsen in Kansas. Er soll etwa dreißig verschiedene Berufe ausgeübt haben, bevor er mit einem von ihm erfundenen Schulsparkassensystem so viel Geld verdiente, daß er reisen konnte. Sein erstes Buch schrieb er Ende der zwanziger Jahre in Paris. 1932 begann S., Detektivromane zu schreiben. Der erste Nero-Wolfe-Roman erschien in Fortsetzungen in der *Saturday Evening Post* und 1934 als Buch: *Fer-de-lance.* Im Gegensatz zu seiner Figur Nero Wolfe war S. selbst äußerst mager, politisch und sozial aktiv und interessiert, ein zugänglicher Mensch. Statt vier Stunden bei den Orchideen verbrachte S. jeden Tag eine ähnlich lange Zeit im Garten. Wolfe und S. essen gerne gut und können grammatische oder stilistische Fehler nicht ertragen. Unter S.s mehr als 50 Büchern sind nur neun ohne Nero Wolfe.

Nero Wolfe wohnt in einem Steinhaus an der 35. Straße (West) in New York. Er ist weit über 100 Kilo schwer und bewegt sich sowenig wie möglich. Das Haus verläßt er selten. Er ist ein Gourmet und beschäftigt einen Privatkoch, den Schweizer Fritz Brenner. In den Dachstock führt ein Lift: dort oben arbeitet der Gärtner Wolfes, Theodore Horstmann. Von 9 bis 11 und von 16 bis 18 Uhr hilft ihm Wolfe bei der Orchideenpflege.

Wolfes Mädchen für alles ist Archie Goodwin, sein Sekretär und Detektiv, der in seinen freien Stunden die Nero-Wolfe-Bücher von seinem, Goodwins, Standpunkt aus in der Ichform schreibt. Goodwin hat viel Humor; er schätzt Wolfes Genie, aber er kennt auch Wolfes schwache Punkte, z. B. seine grenzenlose Faulheit, und verspottet sie. Da der dicke Mann selbst nichts tut, beschäftigt Wolfe von Zeit zu Zeit Privatdetektive, die Leute überwachen müssen usw. Zu diesen Detektiven gehören Saul Panzer, Fred Durkin, Orrie Cather und die Detektivin Dol Bonner. Die Vertreter der staatlichen Polizei begegnen Wolfe mit Mißtrauen, obwohl er ihnen die Fälle löst, die sie selbst nicht lösen können; der sympathischste ist Inspector Cramer, der dümmste Sergeant Stebbins.

How Like a God (1929); *The President Vanishes* (1934); *The Mountain Cat Murders* (1939); *Alphabet Hicks* (1940). – Dol Bonner ist die Detektivin in: *The Hand in the Glove* (1937, in England *Crime on Her Hands*). – Inspector Cramer löst den Fall in: *Red Threads* (1939). – Tecumseh Fox ist der Detektiv in drei Romanen: *Double for Death* (1939); *Bad for Business* (1940); *The Broken Vase* (1941). – Zwölf Nero-Wolfe-Bücher: *Fer-de-lance* (1934); *The League of Frightened Men* (1935); *Some Buried Caesar* (1939); *The Silent Speaker* (1946); *Trouble in Triplicate* (1949, drei Novellen); *Murder by the Book* (1951); *Three Witnesses* (1956, drei Novellen); *Champagne for One* (1958); *Too Many Clients* (1960); *The Doorbell Rang* (1965); *Death of a Dude* (1969); *A Family Affair* (1975).

Lit.: William S. Baring-Gould, Nero Wolfe of West Thirty-Fifth Street, 1969. – John McAleer, Rex Stout. A Biography, 1977.

Fer-de-lance

(1934; dt. *Ein dicker Mann trinkt Bier,* 1938, und *Die Lanzenschlange,* 1956)

Nero Wolfes Orchideenzucht und seine exquisite Küche kosten viel, und so übernimmt Wolfe schließlich auch einen Auftrag, der ihn gar nicht interessiert: er soll den verschwundenen Bruder der Italienerin Maria Maffei suchen. Carlo Maffei ist ein geschickter Metallarbeiter; er scheint einen geheimnisvollen Auftrag übernommen zu haben und von einem Treffen mit seinem Auftraggeber nicht zurückgekehrt zu sein. In Carlos Zimmer sammelt Archie Goodwin »clues« für Wolfe; außerdem bringt er das Zimmermädchen Anna Fiore mit, das bei Carlo aufgeräumt hat. Prompt stellt Wolfe sein Genie unter Beweis: aus Annas Aussagen und den übrigen Fakten schließt er, daß der Tod des Collegepräsidenten Peter Oliver Barstow beim Golfspielen, von dem soeben die Zeitungen berichten, ein Mord gewesen sein muß. Und zwar ist Barstow an einer vergifteten Nadel gestorben, die in einem Golfschläger montiert gewesen sein muß. Carlo hatte den Mechanismus ersonnen, dann den Bericht über Barstows Tod gelesen und daraufhin dem Mörder gedroht: das kostete ihn ebenfalls das Leben. Carlos Mörder ist also auch Barstows Mörder.

Da die Barstows reich sind, bemüht sich nun Wolfe, die Familie als Auftraggeber zu gewinnen. Trotz anfänglicher Bedenken (man fürchtet, Barstows Frau, die nicht ganz zurechnungsfähig ist, könnte ihren Mann ermordet haben) ist die Familie Barstow schließlich willens, Wolfe 50 000 Dollar zu zahlen, wenn er den Mörder findet und überführt. Wolfe konzentriert sich auf die Rekonstruktion des tödlichen Golfspiels, an dem neben Barstow sein Sohn Larry, dessen Freund Manuel Kimball und Kimballs Vater teilgenommen hatten. Wolfe stellt fest, daß Barstow zufällig mit Vater Kimballs Schläger gespielt hatte. Wenn aber Kimball senior das geplante Opfer war, was für ein Motiv hatte der Mörder? Ohne es als Motiv zu erkennen, berichtet es der ältere Kimball: Vor vielen Jahren hat er in Argentinien vor den Augen des kleinen Manuel seine Frau erschossen, als er sie in den Armen eines Liebhabers fand. Er bezweifelt, daß Manuel wirklich sein Sohn ist. Wolfe spielt nun Richter und Rächer zugleich. Er gibt Manuel Kimball einerseits die Chance, seinen Vater zu töten, und beweist ihm andererseits, daß für ihn selbst nur der Selbstmord als Ausweg bleibt. Bei einem »Unfall« kommen darauf beide Kimballs ums Leben. Wolfe kann sein Geld kassieren.

STRIBLING, THOMAS SIGISMUND
(1881–1965)

Geboren in Tennessee und dort sowie in Alabama aufgewachsen. Er studierte Rechtswissenschaften und war Lehrer und Rechtsanwalt, bis er um 1930 Berufsschriftsteller wurde. 1933 gewann er den Pulitzer-Preis mit dem Roman *The Store.*

S.s beste Leistung auf dem Gebiet des Krimi sind seine Erzählungen um Dr. Henry Poggioli, Professor für Psychologie und Kriminalistik an der Ohio State University. Die erste Serie dieser Erzählungen erschien in den Jahren nach 1925 in der Zeitschrift *Adventure.* S. schloß die Serie mit Poggiolis Tod ab. 1929 erstand Poggioli, wie Holmes, von den Toten wieder auf und wurde Held einiger anderer Erzählungen (bis 1930). Der Band *Clues of the Caribbees* (1929) enthält 5 Poggioli-Novellen. Die dritte Serie von Poggioli-Geschichten erschien in den Jahren 1945–1957 in *Ellery Queen's Mystery Magazine.* 15 Erzählungen der dritten Serie wurden 1975 unter dem Titel *The Best Dr. Poggioli Detective Stories* neu herausgegeben.

Fingierter Erzähler dieser Geschichten ist ein Freund Poggiolis, ein Journalist, der davon lebt, daß er Poggioli überallhin begleitet, den Fall samt Lösung beschreibt und den Bericht an Zeitungen verkauft. Er ist noch dümmer als Watson und – aus Gründen des literarischen Absatzes – nur an sensationellen Geschichten interessiert. Natürlich schätzt er jeden Fall von Anfang an falsch ein und ist jedesmal von neuem überrascht, wenn alles so ganz anders herauskommt, als er gedacht hat.

Poggioli selbst geht psychologisch vor; er ist ein guter Menschenkenner und überlegt sich immer, was der andere entsprechend seinem Charakter und den Umständen tun würde. Meistens trifft er den Nagel auf den Kopf, aber beileibe nicht immer. Poggioli kann durchaus geblufft werden und hat sogar gelegentlich das Nachsehen.

Die hohe Qualität der Geschichten entspricht dem außerordentlichen Talent des Autors: Beschreibungen, Dialoge, Aufbau sind vorzüglich. Reichliche Portionen von Witz, Ironie und tieferer (sozialer) Bedeutung kommen dazu.

STRINGER, ARTHUR
(1874–1950)

Geboren in Chatham, Ontario; Studium in Toronto und Oxford; Vize-Rektor der Universität Toronto. In den Jahren 1904–1940 veröffentlichte er ein gutes Dutzend Krimis und Kurzgeschichtenbände:

Wire Tappers (1906); *The Man Who Couldn't Sleep* (1919); *The Ghost Plane* (1940).

STRONG, LEONARD ALFRED GEORGE
(1896–1958)

Geboren in Devonshire. Er studierte in Oxford und wurde Lehrer; später arbeitete er für Radio und Fernsehen, war Verlagsdirektor und Autor vieler Bücher auf verschiedenen Gebieten. Er hat auch ein halbes Dutzend vorzügliche Krimis verfaßt.

Slocombe Dies (1942); *Which I Never* (1950); *Treason in the Egg* (1958).

STRUGAZKI, ARKADI NATANOWITSCH / STRUGAZKI, BORIS NATANOWITSCH
(* 1925 / * 1933)

Arkadi, geboren in Batumi, studierte Fremdsprachen und wurde Redakteur und Übersetzer. Sein Bruder Boris, geboren in Leningrad, studierte Astronomie an der Universität Leningrad und arbeitet am Observatorium Pulkowo. Die beiden Brüder haben seit 1957 – einzeln und in Zusammenarbeit – Science-fiction und Kriminalromane veröffentlicht. Ihr Krimi *Hotel Zum verunglückten Bergsteiger* erschien 1970 in Fortsetzungen in der Zeitschrift *Junost* und 1975 deutsch in Ost-Berlin.

SUDERMANN, HERMANN
(1857–1928)

Geboren in Matziken, Memelland. Er besuchte das Gymnasium in Tilsit und studierte Geschichte und Philosophie. Er arbeitete als Hauslehrer und Journalist. Seine naturalistischen Dramen und Romane hatten großen Erfolg, und S. verbrachte seine späteren Jahre als freier Schriftsteller auf seinem Gut bei Trebbin. Zu seinen besten Leistungen gehören die *Litauischen Geschichten* (1917). Zwei davon sind Kriminalerzählungen von hoher Qualität: »Die Reise nach Tilsit« und »Miks Bumbullis«.

SUE, EUGÈNE
(1804–1857)

Geboren in Paris als Marie-Joseph Sue. Für die Kriminalliteratur ist sein über 2000seitiger Roman *Les Mystères de Paris* (1842/1843) wichtig. Der deutsche Fürst Rodolphe von Gerolstein agiert als Detektiv und Stellvertreter Gottes: er befreit Unschuldige aus dem Gefängnis, steckt die Schuldigen hinein, hilft den Schwachen, belohnt die Guten und bestraft die Bösen. Ausgezeichnet ist die Gangsterwelt um Figuren wie den »Maître d'École« beschrieben. – Wegen seiner fortschrittlichen sozialen Ansichten mußte S. Paris um 1851 verlassen. Er starb in Annecy, Savoyen, und hinterließ ein äußerst umfangreiches schriftstellerisches Werk, das seinerzeit sehr populär war.

Les Mystères de Paris
(1842/1843; dt. *Die Geheimnisse von Paris,* 1843)

Einige der Haupterzählstränge: Der Roman beginnt mit der hübschen Fleur-de-Marie, genannt Goualeuse, die angefallen und vom Fürsten Gerolstein geschützt wird. Es stellt sich am Ende heraus, daß sie die Tochter des Fürsten ist. Dieser war als Jüngling von der Engländerin Sarah Mac-Gregor verführt worden. Die Goualeuse ist ihr Kind. Sie hat sich nie um das Kind gekümmert, und Fleur-de-Marie ist von der bösartigen Hexe Chouette erzogen und mißhandelt worden. Der Fürst versorgt die Goualeuse auf dem Lande.
Die arme Familie Morel wird vorgeführt. Die hübsche Tochter Louise arbeitet beim scheinbar gottesfürchtigen Notar Jacques Ferrand, der ihr Drogen gibt und sie nachts vergewaltigt. Das totgeborene Kind begräbt Louise im Garten. Nun klagt sie der Advokat des Kindsmordes an. Der Advokat hält das ererbte Vermögen der Mme. de Fermont zurück, so daß diese beinahe verhungert. Ferrand ist auch ein Wucherer und hat Adelige wie den jungen Schurken M. de

Saint-Rémy in seiner Hand. Dieser nützt seinerseits die reiche Herzogin von Lucenay aus.
Die Goualeuse wird aus ihrem Refugium auf dem Land entführt und kommt ins Gefängnis, wo die wilde »Louve« sie beschützt. Sue bringt nun auch andere Romanfiguren ins Gefängnis, z. B. den unschuldigen François Germain, der Geld gestohlen haben soll. Die Zustände in den Gefängnissen sind haarsträubend. Darauf lernen wir auf der Flußinsel »du Ravageur« die Mörderfamilie Martial kennen. Die drei jüngeren Kinder werden ehrliche Menschen, die älteren Familienangehörigen werden ertappt und geköpft.
Gegen Ende geht es allen Gaunern an den Kragen: Die Chouette wird vom Maître d'École zerrissen; er selbst kommt ins Irrenhaus nach Bicêtre. Nachdem Ferrand mit einem schuftigen Arzt einen Giftmord geplant hat, den Gerolsteins Freund Murph verhindert, hetzt der Fürst dem Advokaten die sinnliche Cecily auf den Hals, die ihm prompt die Dokumente stiehlt, mit denen der Fürst ihn an den Galgen bringen könnte. Aber der Notar stirbt vorher an Sinnenfieber!
Nachdem wir noch ein Spital kennengelernt haben, in dem die Patienten unmenschlich behandelt werden, heiraten einige »Gute«. Andere »Gute«, wie Fleur-de-Marie, sind zu gut für diese Welt und sterben.

SWINNERTON, FRANK ARTHUR
(* 1884)

Geboren in London. Er wurde Journalist und Verlagslektor und hatte mit Romanen und mit Literaturkritik Erfolg. 1970 veröffentlichte er seinen ersten und letzten Krimi, *On the Shady Side,* der von BARZUN/TAYLOR aufs höchste gepriesen wird.

SYKES, WILLIAM STANLEY
(* 1894)

Dieser Engländer schrieb neben vielem anderen auch zwei Krimis, die bei BARZUN/TAYLOR Gnade gefunden haben: *Missing Money-Lender* (1931, in USA *The Man Who Was Dead*) und *The Harness of Death* (1932).

SYMONDS, FRANCIS ADDINGTON
(* 1893)

Dieser Engländer aus vornehmer Familie schrieb neben vielen anderen Büchern einige Krimis, die als vorzüglich gelten:

Murder of Me (1946); *Smile and Murder* (1954); *Stone Dead* (1961); *Spotlight on Murder* (1962).

SYMONS, JULIAN
(* 1912)

Geboren in London. Seit 1937 hat er sich einen Namen als Dichter, Literat und Journalist gemacht. Er war Herausgeber einer Zeitschrift, veröffentlichte zwei Lyrikbände und schrieb regelmäßig Feuilletons. S. verfaßte Biographien von Dickens und Carlyle und gab *A Pictorial History of Crime* (1966, in England *Crime and Detection . . . since 1840*) heraus. Mit *Bloody Murder* (1972) schrieb er eine Geschichte des Kriminalromans. S. hat Hunderte von Krimis in englischen Zeitungen besprochen und selbst über 20 Krimis und viele Kurzgeschichten verfaßt.

The Immaterial Murder Case (1945); *The Colour of Murder* (1957); *A Three Pipe Problem* (1975).

The Man Who Lost His Wife
(1970; dt. *Was geschah mit Virginia? Die Geschichte eines Verdachts,* 1971)

Die Besonderheit dieses Romans liegt darin, daß Probleme und Handlungen geschildert werden, aber keine eindeutigen Interpretationen und Antworten gegeben werden. Gilbert Welton ist zum zweiten Mal verheiratet und hält sich für glücklich, bis seine Frau Virginia ihm eines Morgens eröffnet, daß sie verreisen wolle, um sich über sich und ihn klar zu werden. Plötzlich plagt Gilbert die Eifersucht. Hat Virginia ein Verhältnis mit einem anderen Mann? Mit seinem ungarischen Geschäftspartner Max Bomberg? Gilbert beginnt über seine eigene, kühle Distanziertheit im Vergleich zu Bombergs sexueller Anziehungskraft nachzudenken. Leidet er unter dem sogenannten »anglo-germanischen Syndrom«? Kaum ist Virginia nach Jugoslawien abgereist, hält es Gilbert nicht mehr aus; er reist ihr nach, ohne sie zu finden. Dafür lernt er in

Dubrovnik ein leidenschaftliches Mädchen kennen, das ihn zwei Nächte in Atem hält, dann aber in die Arme des Ehemannes zurückkehrt. Gilbert folgt Virginias Spuren weiter nach Sarajevo, findet aber nicht Virginia, sondern Max, der dort Geschäftsverhandlungen führt. Plötzlich beschließt Gilbert, Max zu töten. In einem Krimi hat er gelesen, wie man bei einem Auto die Bremsflüssigkeit entfernen kann; heimlich öffnet er die Ventile in Max' Auto. Am selben Abend betrinkt sich Gilbert. Er erwacht in Gegenwart der Polizei: Max und dessen italienische Geliebte sind mit dem Auto in einen Abgrund gestürzt. Ist Gilbert wirklich schuldig? Die Polizei vertuscht schließlich den Fall, da ein Skandal im Augenblick politisch nicht opportun wäre. Und wo ist Virginia hingekommen? Sie ist bei ihren Stiefkindern in Holland. Als Gilbert wieder nach Hause kommt, empfängt ihn Virginia mit ihrer alten Ruhe und Herzlichkeit, nur über ihre Reise will sie nichts Genaues sagen. Auch Gilbert berichtet nur Banalitäten von seinem »Ausflug«. Das Glück ist wiederhergestellt – es beruht, wie zuvor, auf Unkenntnis und Distanz. Nur eins wird anders: Virginia kauft sich einen Hund und nennt ihn Max – zur Erinnerung.

T

TAYLOR, PHOEBE ATWOOD
(1909–1976)

Geboren in Boston. Sie studierte am Barnard College (B. A. 1930) und lebte dann in Massachusetts. In den Jahren 1931–1951 schrieb sie über 30 Krimis, darunter acht unter dem Pseudonym Alice Tilton.
Der Held der acht Tilton-Romane ist Leonidas Witherall, ein Lehrer, der aussieht wie William Shakespeare und nebenbei Krimis schreibt. Asey Mayo ist der Detektiv in 24 Büchern, die unter T.s richtigem Namen erschienen sind. Er lebt auf Cape Cod, war früher Matrose und arbeitet jetzt als Chauffeur. Viele T.-Bücher enthalten einen guten Schuß Satire.

Drei Asey-Mayo-Romane: *The Cape Cod Mystery* (1931); *The Perennial Boarder* (1941); *Diplomatic Corpse* (1951). – Drei Leonidas-Witherall-Romane: *Beginning with a Bash* (1938); *Dead Ernest* (1944); *The Iron Clew* (1947, in England *The Iron Hand*).

The Criminal C. O. D.
(1940)

Die Familie Lennox zählt zu den reichsten auf Cape Cod. Um sich zu beschäftigen, heckt Jane Lennox alberne Streiche aus, ihre Mutter mischt in der Lokalpolitik mit, und ihr Vater schreibt an einer Geschichte des Städtchens Quashnet. Im Augenblick ist dicke Luft in der Familie. Die jugendliche Mutter Janes unterstützt im Wahlkampf einen jungen »Mann aus dem Volk«, Henry Slocum, gegen den amtierenden Jeff Gage. Doch zur wichtigsten Wahlversammlung erscheint Slocum nicht – hat er im letzten Augenblick den Mut verloren? Die ganze Familie Lennox, Polizeileutnant Hanson und seine Leute, der Privatdetektiv und Freund von Jeff Gage, Asey Mayo, sie alle suchen vergeblich. Spät am Abend desselben Tages erscheint Slocum bei den Lennoxens in zerrissenen, schmutzigen Kleidern und nach Whisky riechend. Er kann vor Wut kaum sprechen und klagt Gage einer Verschwörung an. Niemand nimmt ihn ernst. Als Slocum bei der Wahlversammlung am nächsten Tag wieder fehlt, beginnt die Suche von neuem. Eine in Eis verpackte Leiche taucht auf: es ist Slocums Freundin, von der man geglaubt hatte, sie mache in Boston Urlaub. Wenig später wird im Eishaus die Leiche Slocums gefunden. Voller Enthusiasmus stürzen sich Asey Mayo und die Familie Lennox in das neue Spiel: Wer ist der Mörder? Mayo lockt diesen schließlich nachts in eine Falle: das Licht seiner Taschenlampe fällt auf Jeff Gage.

TEMME, HUBERTUS
(1798–1881)

Er studierte Jura und war 1839–1843 zweiter Direktor des Kriminalgerichts in Berlin. 1852 wurde er Professor an der Universität Zürich, wo er auch eine juristische Praxis betrieb. T. veröffentlichte 1869/1870 eine 17bändige *Criminalbibliothek. Merkwürdige Criminalprozesse aller Nationen.* Im ganzen soll er etwa 150 Bücher publiziert haben, darunter Kriminalromane und Kriminalerzählungen. Diesen, die er unter dem Pseudonym Heinrich Stahl schrieb, legte er durchwegs wirkliche Kriminalfälle zugrunde. Eine längere Novelle von T., »Die Hallbauerin« (1858), ist in der dreibändigen Anthologie *Der Verbrecher aus verlorener Ehre. Die deutsche Kriminalerzählung von Schiller bis zur Gegenwart* (1967–1969) wieder abgedruckt worden.

TEY, JOSEPHINE
(1896–1952)

Pseudonym für Elizabeth MacKintosh, geboren in Inverness, Schottland. Sie arbeitete zuerst als Lehrerin; die letzten Jahre ihres Lebens verbrachte sie damit, ihre kränklichen Eltern zu pflegen. Sie veröffentlichte Gedichte und Kurzgeschichten in Zeitungen und Zeitschriften, bevor 1929 ihr erster Krimi unter dem Pseudonym Gordon Daviot erschien: *The Man in the Queue.* Nach zwei weiteren Romanen und drei historischen Dramen unter dem Daviot-Pseudonym folgte ihr zweiter Krimi: *A Shilling for Candles* (1936), der unter dem Namen Josephine Tey erschien und 1937 von Alfred Hitchcock verfilmt wurde *(Young and Innocent)*. Eine Biographie und mehrere Dramen schoben sich zwischen den zweiten und dritten Krimi, der 1946 erschien: *Miss Pym Disposes*. Von jetzt an schrieb T. nur noch Krimis, mit Ausnahme von *The Privateer* (1952), einem spannenden Abenteuerroman um den Piratenkapitän Henry Morgan. Von 1953 an erschienen alle ihre Werke (auch die früheren) unter dem Namen Josephine Tey. Die Hauptfigur in den meisten ihrer Krimis ist Inspector Alan Grant von Scotland Yard. Er zeichnet sich vor allem durch Menschlichkeit und »common sense« aus.

Die acht Krimis der J. T. sind: *The Man in the Queue* (1929); *A Shilling for Candles* (1936); *Miss Pym Disposes* (1946); *The Franchise Affair* (1948); *Brat Farrar* (1949, in USA *Come and Kill Me*); *To Love and Be Wise* (1950); *The Daughter of Time* (1951); *The Singing Sands* (1952).

The Daughter of Time
(1951; dt. *Richard der Verleumdete*, 1959, und *Alibi für einen König*, 1967)
Inspector Grant erholt sich im Krankenhaus von einer Schußwunde und langweilt sich. Seine Freundin Marta Hallard bringt ihm zur Zerstreuung einige Porträts berühmter Maler, unter denen sich das von Richard III. befindet. Grant, der das Bild wie ein Polizeifoto betrachtet, findet, daß dieser historische Bösewicht eigentlich recht menschlich aussehe. Als er seinem Arzt das Bild hinhält, meint dieser, daß es sich um einen Mann mittleren Alters, der als Kind Polio gehabt habe, handeln könnte. Grant kommt zum Schluß, daß Richard III., der in den Schulbüchern als großer Schurke beschrieben wird, möglicherweise ein ganz anderer Mensch gewesen sei – kein Shakespearisches Monstrum, das Kinder ermorden ließ, um an der Macht zu bleiben. Natürlich braucht Grant einige Helfer für seine detektivische Geschichtsforschung, die er vom Krankenbett aus betreibt. Aber das Resultat lohnt sich; es gibt auch einige Überraschungen bei der Fahndung nach den Urhebern, die für das traditionelle Urteil der Geschichte über Richard verantwortlich sind. Der Roman verbindet seriöse historische Forschung mit Spannung und glänzenden Milieubeschreibungen.

THAYER, LEE
(1874–1973)

Geboren als Emma Redington Lee in Pennsylvania. Den größten Teil ihres Lebens verbrachte sie in New York als Malerin und Zeichnerin. Nebenbei schrieb sie in den Jahren 1919–1966 etwa 60 Krimis. In fast allen ist der Held der Detektiv Peter Clancy, der von seinem Diener Wiggar unterstützt wird. Sie soll die einzige Autorin sein, die im Alter von über neunzig Jahren noch Krimis schrieb.

The Mystery of the Thirteenth Floor (1919); *Alias Dr. Ely* (1927); *Accessory After the Fact* (1943); *Dead Reckoning* (1954, in England *Murder on the Pacific*); *And One Cried Murder* (1961); *Dusty Death* (1966, in England *Death Walks in Shadow*).

THEDEN, DIETRICH
(1857–1909)

Geboren in Bansrade, Holstein. Er war zunächst Volksschullehrer, dann (1884) Redakteur bei der *Gartenlaube*. 1890 übernahm er die Zeitschrift *Universum*, 1894 das Blatt *Zur guten Stunde*. Er schrieb zahlreiche Kinderbücher und eine der frühesten Schriften über diese Literaturgattung: *Die deutsche Jugendlitteratur* (1882). Er schrieb auch Romane, Erzählungen, Kriminalnovellen und einen Kriminalroman: *Menschenhasser* (1904).

THIEME, FRIEDRICH
(* 1862)

Geboren in Burgstädt, Sachsen. Zunächst arbeitete er im kaufmännischen Beruf; 1883 wurde er Journalist; nach 1893 war er freier Schriftsteller und wohnte in Jena.

Mysteriöse Geschichten (1887); *Kriminalgeschichten* (1898); *Eine Vergangenheit. Kriminalroman* (1899); *Ein Millionendiebstahl des 20. Jahrhunderts – Unter der Erde* (1900, zwei Erzählungen); *Der Fall Gembalsky* (1901); *Der einzige Zeuge* (1905); *Dr. Ohlhoffs Geheimnis* (1906); *Durch wessen Hand?* (1915).

THOMAS, LOUIS-C.
(* 1921)

Dieser in Hyères (Südfrankreich) geborene Autor wollte Lehrer werden. 1947 verlor er das Augenlicht und mußte auf die pädagogische Laufbahn verzichten. RIVIÈRE meint, T. habe seit zehn Jahren die Stelle von Boileau-Narcejac eingenommen. 1957 erhielt T. den »Prix du Quai des Orfèvres« für *Poison d'avril*, 1976 den »Prix Mystère de la Critique« für *La place du mort*.

Poison d'avril (1957); *Le froid du tombeau* (1959); *L'étrange invitation* (1961); *A vos souhaits . . . la mort* (1963); *Les mauvaises fréquentations* (1964); *La place du mort* (1975).

THOMAS, ROSS
(* 1926)

Geboren in Oklahoma. Er diente noch kurz im Zweiten Weltkrieg; 1949 B. A. an der University of Oklahoma. T. wurde Journalist und lebte eine Zeitlang in Europa und in Afrika. 1966 erschien sein erster Krimi, *The Cold War Swap*, dem rasch ein Dutzend weiterer folgte, zum Teil unter dem Pseudonym Oliver Bleeck.

The Cold War Swap (1966); *Cast a Yellow Shadow* (1967); *The Brass Go-Between* (1969, von Oliver Bleeck); *The Fools in Town Are on Our Side* (1971); *The Porkchoppers* (1972); *If You Can't Be Good* (1973).

THOMSON, SIR BASIL
(1861–1939)

Dieser Engländer durchlief Eton und Oxford (Jura) und war schon mit 29 Jahren Premier von Tonga (Polynesien); während des Ersten Weltkrieges Chef der englischen Spionage, zuletzt Leiter der CID von Scotland Yard. T. hatte schon früher gelegentlich ein Buch veröffentlicht. 1933–1937 schrieb er ein halbes Dutzend Krimis, deren Zentralfigur Superintendent Richardson ist.

Mr. Pepper, Investigator (1925). – Drei Superintendent-Richardson-Romane: *P. C. Richardson's First Case* (1933); *Richardson Goes Abroad* (1935, in USA *The Case of the Dead Diplomat*); *Death in the Bathroom* (1937, in USA *Who Killed Stella Pomeroy?*).

THOMSON, DAVID L.
(1901–1964)

Sohn des Biologen J. Arthur Thomson. Er wanderte von England nach Kanada aus und unterrichtete ab 1932 an der McGill University in Montreal. Seine Arbeit als Biochemiker und später als Dekan ließ ihm wenig Zeit zum Schreiben. Zu Beginn seiner Karriere veröffentlichte er einen Krimi, der einen Preis erhielt. Als T. sich krankheitshalber zurückziehen mußte, folgten nochmals drei Krimis. Für den ersten verwendete er das Pseudonym T. L. Davidson, für die anderen den Namen David Montross.

The Murder in the Laboratory (1929); *Traitor's Wife* (1962); *Troika* (1963, späterer Titel *Who Is Elissa Sheldon?*); *Fellow-Travelers* (1965).

TIDYMAN, ERNEST
(?)

Dieser Amerikaner arbeitet für Film und Fernsehen. 1970 erfand er den schwarzen Privatdetektiv John Shaft, den Richard Rountree in drei Filmen darstellte: *Shaft* (1971), *Shaft's Big Score* (1972) und *Shaft in Africa* (1973). Shaft wuchs in Harlem auf, lebte in Greenwich Village und hatte ein Büro am Times Square. Sein Freund war Polizeileutnant Anderozzi, der von einer Bombe getötet wurde. Shaft rächte den Tod seines Freundes, um dann selbst einem Mörder zum Opfer zu fallen.

Die folgende Liste enthält alle Shaft-Texte: *Shaft* (1970); *Shaft's Big Score* (1972); *Shaft Among the Jews* (1972); *Shaft Has a Ball* (1973); *Shaft's Carnival of Killers* (1974); *Goodbye Mr. Shaft* (1974); *The Last Shaft* (1975).

TOELCKE, WERNER
(* 1930)

Geboren in Hamburg. Studium an der Theaterhochschule in Weimar (1949–1953). Seither ist er Schauspieler und Schriftsteller in Berlin. Er hat Kriminalfilmskripte fürs Fernsehen geschrieben, die er – später – als Grundlage für seine Krimis benutzte.

Tote reden nicht (1964); *Ausweg Mord* (1966); *Er ging allein* (1968).

TOLSTOI, ALEXEI NIKOLAJEWITSCH
(1883–1945)

Geboren in Nikolajewsk. Er studierte Ingenieurwissenschaften in St. Petersburg, kämpfte in der Weißen Armee gegen die Bolschewiki und emigrierte 1919 nach Frankreich. 1923 kehrte er nach Rußland zurück. Er wurde einer der populärsten Schriftsteller seiner Zeit. 1941 erhielt er den Stalinpreis. Neben historischen Romanen (*Peter der Große,* 1936) schrieb er Science-fiction, wobei er oft Elemente des Krimi verwendete. Am bekanntesten ist der Roman *Das Geheimnis der infraroten Strahlen* (1925; engl. *The Hyperboloid of Engineer Garin,* 1927).

TRACY, DON
(* 1905)

Donald Fiske Tracy ist ein amerikanischer Autor und Journalist. Sein Krimi *The Hated One* (1963) erschien 1964 in deutscher Übersetzung *(Der große Haß).* Er hat auch unter dem Pseudonym Roger Fuller veröffentlicht. HAGEN verzeichnet ein Dutzend Krimis.

Criss Cross (1936); *Second Try* (1954, von Roger Fuller); *Ordeal* (1965).

TRACY, LOUIS
(1863–1928)

Dieser englische Journalist schrieb Abenteuer- und Kriminalromane. Unter dem Pseudonym Gordon Holmes arbeitete er an sieben Romanen mit M. P. Shiel zusammen. Unter seinem eigenen Namen erschienen von T. in den Jahren 1904–1928 (und posthum bis 1932) etwa 30 Krimis. Die Zentralfigur in vielen ist Inspector Furneaux.

The Albert Gate Affair (1904, in USA *The Albert Gate Mystery*); *The Postmaster's Daughter* (1917); *Dangerous Situation* (1932). – Drei Romane von Gordon Holmes: *The Late Tenant* (1907); *The House Around the Corner* (1914); *A Mysterious Disappearance* (1927).

TRAIN, ARTHUR
(1875–1945)

T., Sohn des Oberstaatsanwalts von Massachusetts in Boston, studierte Jura in Harvard und wurde Advokat, später Staatsanwalt. 1904 begann er nebenbei zu schreiben; 1939 erschien seine Autobiographie: *My Day in Court.* T.s Hauptfigur ist der Rechtsanwalt Ephraim Tutt, Held in einem Dutzend Erzählungsbänden (1920–1945). Tutt hilft – wie Perry Mason – den Schwachen, verliert nie einen Fall und treibt den Staatsanwalt zur Verzweiflung. T. hat viele andere Bücher geschrieben, darunter Krimis (*Manhattan Murder,* 1936) und Kurzgeschichtensammlungen wie *The Confessions of Artemus Quibble* (1911), deren Zentralfigur ein Winkeladvokat ist, und *McAllister and His Double* (1905), worin der Detektiv Donaque und »Fatty« Welch die Helden sind.

Drei Bücher um Ephraim Tutt: *Tutt and Mr. Tutt* (1920); *When Tutt Meets Tutt* (1927); *Mr. Tutt Finds a Way* (1945).

TRALOW, JOHANNES
(1882–1968)

Geboren in Lübeck. Zunächst Redakteur, dann Theaterleiter in mehreren Städten. 1933 zog er sich zurück und arbeitete als freier Schriftsteller. Nach dem Krieg lebte er in der Nähe von München; dann siedelte er in die DDR über. Er starb in Berlin. T. hat viele Romane, Dramen und Erzählungen geschrieben, darunter auch Krimis:

Ein zweifelhafter Mensch (1938); *Wind aus Alaska* (1949).

TRAVER, ROBERT
(* 1903)

Pseudonym für den Amerikaner John Donaldson Voelker, der Oberrichter im Staate Michigan war und 1967 seine Memoiren *(The Jealous Mistress)* veröffentlichte. Er schrieb auch einen Krimi, einen Bestseller: *Anatomy of a Murder* (1958). HAGEN verzeichnet zwei weitere Krimis: *Hornstein's Boy* (1960) und *Laughing Whitefish* (1965).

TRAVERS, HUGH
(?)

Pseudonym für den Amerikaner Hugh Travers Mills, der die Detektivin Madame Aubrey erfunden hat.

Madame Aubrey and the Police (1966); *In Pursuit of Evil* (1967); *Madame Aubrey Dines with Death* (1967).

TREAT, LAWRENCE
(* 1903)

Pseudonym für den Amerikaner Lawrence Arthur Goldstone. Seit 1940 hat er etwa 20 Krimis veröffentlicht. *V As in Victim* (1945) gilt als erster »police procedural«.

B As in Banshee (1940); *T As in Trapped* (1947); *The Big Shot* (1951); *Murder in Mind* (1967).

V As in Victim
(1945)
Mitch Taylor, Detektiv dritter Klasse im 21. Bezirk, und Jub Freeman, Techniker im Polizeilabor, sind die »Helden« des Romans. Der erste liebt seine Frau, die ein Kind erwartet, und möchte gerne Detektiv zweiter Klasse werden. Das hängt aber von der Protektion und nicht von der Tüchtigkeit ab. Jub hat mehr Idealismus, pflegt eine kranke Tante, opfert bei der Klärung des Falls seine Freizeit und verliebt sich in eine der in den Fall verwickelten Damen.
Es beginnt damit, daß ein älterer Mann aus einem Auto aussteigen will; ein vorbeifahrender Wagen tötet ihn; der Fahrer flieht. Eine junge Frau an einem Fenster hat geschrien. Sie erklärt, sie, Andrea Minx, habe es getan, weil sie in diesem Moment ihre tote Katze entdeckt habe. Sie schickt die Polizei in die Wohnung von Peter Jarvis, der ein Rendezvous nicht eingehalten hat. Mitch und Jub finden Jarvis, erschlagen. Natürlich gerät zunächst Andrea in Verdacht.
Die meisten Polizisten gaben damals wenig aufs Labor; in diesem Roman aber gilt dem Labor die Hauptaufmerksamkeit. Man analysiert Teer, Autofarbe, Elemente in Wunden, läßt die tote Katze sezieren usw. Am Ende ist alles die Folge eines versuchten Versicherungsschwindels: der Mörder hat sein Haus mit einer Zeitbombe in Brand gesteckt. Jarvis und Andrea waren unschuldige Mitwisser. Andrea hätte durch ein Paket Trockeneis in Kohlendioxyd erstickt werden sollen. Da sie aber nicht zu Hause war, hatte der Mörder das Paket ins Badezimmer gestellt. Die Katze hatte es aufgekratzt und war sogleich erstickt. Erst nachdem eine andere Dame noch auf diese Weise ums Leben gekommen ist, kommt Jub der Sache auf die Spur.

TRENCH, JOHN
(* 1920)

Geboren in Newick, Sussex. Berufsoffizier bis 1946. Laut HAGEN und BARZUN/TAYLOR hat er seither vier Krimis veröffentlicht, deren Zentralfigur der einarmige Amateurdetektiv Martin Cotterell ist.

Docken Dead (1953); *Dishonoured Bones* (1955); *What Rough Beast* (1957); *Beyond the Atlas* (1963).

TREUMANN, JOSEPH
(* 1846)

Geboren in Ujest in Oberschlesien. Er arbeitete als kaufmännischer Angestellter und als Journalist. 1879 kam er als kaufmännischer Lehrer nach Leipzig. T. bereiste Rußland und veröffentlichte Reiseskizzen. 1883 wanderte er nach Amerika aus, war zuerst Lehrer und seit 1885 Herausgeber der *Deutsch-Amerikanischen Familien-Blätter.* Er schrieb zahlreiche Romane und Erzählungen über Amerika, darunter auch Krimis:

Aus Verbrecherstamm (1897); *86 000 Dollars* (1897); *In der Gewalt des Bösen* (1899).

TREVOR, ELLESTON
(* 1920)

Geboren in Bromley, Kent. Bevor er in die Luftwaffe eintrat, war er Autorennfahrer. Nach dem Zweiten Weltkrieg begann er Krimis und Spionageromane zu schreiben. Neben seinem wirklichen Namen gebrauchte er folgende Pseudonyme: Mansell Black, Trevor Burgess, Adam Hall, Simon Rattray, Warwick Scott und Caesar Smith. Seit 1949 hat er ungefähr 50 Bücher veröffentlicht, von denen einige verfilmt worden sind. Sein bekanntester Roman ist *The Quiller Memorandum* (1965, von Adam Hall; in England *The Berlin Memorandum;* 1967 mit Alec Guinness verfilmt).

A Spy at Mark's Court (1949, von Trevor Burgess); *The Flight of the Phoenix* (1964); *The Mandarin Cypher* (1975, von Adam Hall).

The Quiller Memorandum
(1965, von Adam Hall; in England *The Berlin Memorandum*)
Der britische Geheimagent Quiller hat sich während des Zweiten Weltkrieges als KZ-Wächter in Deutschland anstellen lassen und Beweismaterial gesammelt. Seither hat er zahlreiche Nazi-Verbrecher überführt. Einer jedoch, Heinrich Zossen, ist ihm bisher immer entkommen. Jetzt soll Quiller eine starke neonazistische Organisation aufdecken und zur Strecke bringen. Er ist ungeduldig und beschließt, »auf die schnelle Methode« zu arbeiten. Statt heimlich allen Spuren nachzugehen, taucht er als offensichtlicher britischer Agent in Berlin auf. Die Gegenseite schlägt, wie erwartet, rasch zu. Quiller identifiziert sie als »Organisation Phönix«. Folterszenen wechseln mit Verfolgungen. Selbstverständlich erweist sich Quiller letztlich stets als ausdauernder und klüger als die gesamte gegnerische Organisation. Auch auf die blonde Hitler-Anbeterin Jnga fällt er nur scheinbar herein. Am Ende zwingt er Heinrich Zossen, der es inzwischen zum bundesdeutschen Minister gebracht hat, zum Selbstmord. Die Konstruktion der Handlung ist wenig überzeugend.

TROLLOPE, ANTHONY
(1815–1882)

Geboren in London. Nach dem finanziellen Ruin des Vaters wanderte er mit den Eltern nach Amerika aus. Dort starb der Vater, und die Mutter kehrte mit den Kindern nach England zurück. 1834 fand T. Arbeit bei der Post. Von 1841 bis 1859 arbeitete er in Irland. Von 1847 an veröffentlichte er etwa 40 Romane, die ihm so viel einbrachten, daß er sich nach 1867 ganz dem Schreiben widmen konnte. *The Eustace Diamonds* (1873) gehört trotz des enormen Umfangs zum Teil in die Kategorie des Krimi.

The Eustace Diamonds
(1873)
T.s dreibändiger Roman bietet vor allem ein kritisches Bild der »besseren« Gesellschaft um 1870. Die Eustace-Diamanten sind das Symbol für die neue Wertskala, die sich durchzusetzen beginnt: ein Materialismus, der alle sittlichen Werte, besonders aber die Ehrlichkeit, unterhöhlt. Lizzie Greystock gelingt es nach dem Tod ihres Vaters, ihre Schmuckstücke zu behalten, obwohl diese nicht bezahlt sind. Sie sagt dem Juwelier Benjamin, sie heirate einen reichen Mann, der die Steine bezahlen werde. Die Sache gelingt; der reiche, schwerkranke Florian Eustace fällt zwar nach der Hochzeit aus allen Wolken, aber er zahlt. Mögliche Eheprobleme werden durch seinen Tod gelöst. Seine Familie macht Lizzie ihr Erbe nicht streitig, verlangt aber ein Diamantenkollier (Wert: 10 000 Pfund) zurück, da es ein Familienerbstück sei. Lizzie weigert sich, das Kollier herauszugeben; von nun an bestimmen die Diamanten ihr ganzes weiteres Leben. An ihnen scheitert die geplante Eheschließung mit Lord Fawn; Lizzies Ansehen schwindet. Die Familie Eustace droht mit einem Prozeß; da werden die Diamanten gestohlen. Doch Lizzie hat die Diebe betrogen: sie haben nur den Koffer erwischt, die Diamanten hat Lizzie anderswo deponiert; aber sie schwört der Polizei, sie seien wirklich gestohlen worden. Ihr Meineid wird offenbar, als die Diamanten ihr ein zweites Mal entwendet werden – diesmal wirklich. Trotzdem geht Lizzie am Ende straffrei aus. Die Diamanten sind allerdings unwiederbringlich verloren; sie sind aus der Fassung gebrochen und weiterverkauft worden. Der Juwelier Benjamin und sein Komplize Smiler werden verurteilt.

Lizzie ist nun gesellschaftlich so tief gesunken, daß sie den jüdischen Prediger Emilius heiratet, obwohl es heißt, er habe bereits eine Frau in Böhmen. Für T. stehen der Dieb Benjamin und der Glücksritter Emilius am unteren Ende der sozialen Stufenleiter; aber gerade deshalb werden sie mit mehr Nachsicht behandelt als die Aristokratie, deren Hohlheit und Scheinheiligkeit im Roman angeprangert werden.

TROY, SIMON

(?)

Pseudonym für den Engländer Thurman Warriner; er schrieb seit 1950 etwa 20 Krimis, in deren Mittelpunkt meist Inspector Smith steht. PROMIES gibt zwei deutsche Übersetzungen an: *Warten auf Oliver* (1966) und *Flieh, wenn du kannst* (1967).

Method in His Murder (1950); *Waiting for Oliver* (1962); *Swift To Its Close* (1969).

TSCHECHOW, ANTON PAWLOWITSCH

(1860–1904)

Geboren in Taganrog. In Moskau studierte er Medizin und wurde 1884 Arzt. Gleichzeitig erschien sein erster Band Kurzgeschichten. T. machte sich bald einen Namen als Erzähler, später als Dramatiker. Den Arztberuf übte er nur kurze Zeit aus; 1901 heiratete T. eine Schauspielerin und wohnte die letzten Jahre in Jalta. Er starb an Tuberkulose in Badenweiler (Schwarzwald).

T.s erster Roman erschien 1884/1885 in einer Moskauer Zeitung (33 Feuilletons). *Die Tragödie auf der Jagd* (dt. 1925) ist einer der interessantesten Krimis der Weltliteratur und bewußt als Krimi geschrieben. Wiederholt weist T. im Text auf die Vorbilder hin, die sich in Moskau um 1884 großer Beliebtheit erfreut haben müssen: Gaboriau und A. A. Schkliarjewski; vom letzteren sagen T.s Übersetzer, Hans Halm und Richard Hoffmann, er sei ein »in den sechziger und achtziger Jahren bekannter Verfasser von Kriminalgeschichten« gewesen.

T.s Roman wird vom Untersuchungsrichter Kamyschow in der Ichform erzählt. Dessen Freund, der Graf Karnjejew, nennt ihn spöttisch »mein lieber Lecoq« – nach Gaboriaus Detektiv. Der Inhalt des Romans ist folgender: Der ältliche Verwalter des Grafen heiratet die naiv-egoistische und völlig skrupellose Olga. Sie hat den Verwalter genommen, weil kein Reicherer ihr einen Antrag gemacht hatte. Als sich nun Kamyschow für sie interessiert, fällt sie ihm sogleich, noch am Hochzeitstag, in die Arme. Sie läßt darauf Kamyschow in dem Moment stehen, als der Graf sich ihr zuwendet. Der alte, ehrliche Verwalter ist ein gebrochener Mann. Der Graf veranstaltet einen Jagdausflug. Als man picknickt, kommt eine häßliche Frau angefahren: die Frau des Grafen, deren Existenz der Graf bisher verheimlicht hat. Olga verschwindet im Wald; eine weitere Dame, die einen Antrag vom Grafen erwartet hatte, fällt in Ohnmacht. Empört über den Grafen geht Kamyschow durch den Wald nach Hause.

Da ertönt ein Schrei aus dem Wald. Olga wird blutüberströmt gefunden, jemand hat ihr einen Dolch in die Seite gestoßen. Ihr Mann, der Verwalter, steht mit blutigen Händen neben ihr. Später findet man einen einäugigen Knecht in blutigen Kleidern. Die Geschichte des Verwalters: er eilte auf die Schreie hin herbei und nahm seine Frau in die Arme, deshalb die blutigen Hände. Die Geschichte des Knechts: er lag betrunken im Wald; da kam ein vornehmer Herr vorbei und wischte an seinen Kleidern die blutigen Hände ab. An das Gesicht des Herrn kann er sich nicht erinnern.

Kamyschow führt die Untersuchung. Olga ist noch nicht tot; sie weigert sich, anzugeben, wer sie erstochen hat; kurz darauf stirbt sie. Ihr Mann wird eingekerkert, der Knecht ebenfalls. Dieser erinnert sich nun plötzlich, wer der vornehme Herr gewesen ist, und will es am folgenden Tag Kamyschows Vorgesetzten sagen. In der Nacht wird er erwürgt. Als Mörder kommt der Verwalter in Frage, dessen Zelle offen gewesen war. Der Leser hat unterdessen erraten, daß Kamyschow selbst Olga und den einäugigen Knecht ermordet hat. Kamyschow wird zwar abgesetzt, aber der Verwalter wird verurteilt und muß für fünfzehn Jahre nach Sibirien, eine Zeit, die er nicht überleben wird.

Der Roman hat einen Rahmen. Kamyschow übergibt das Manuskript des Romans Tschechow, einem Zeitungsredakteur. Dieser liest es und stellt fest, daß der Schreibende der Mörder sein muß. Er stellt ihn zur Rede. Kamyschow hat

kein schlechtes Gewissen und erzählt, warum er – im Affekt – die durch und durch taktlose und verlogene Olga umgebracht hat. Man begreift ihn jetzt. Aber es bleibt dabei: der Falsche wird bestraft. Der Mörder geht frei aus. Den Trick, daß der Erzählende am Ende selbst als Mörder dasteht, hat Agatha Christie in *The Murder of Roger Ackroyd* wieder verwendet.
Zu T.s heiteren Geschichten gehört die Kriminalerzählung »Das schwedische Zündholz«. Ein angeblich Ermordeter wird schließlich bei seiner Mätresse lebend aufgefunden.

TÜRKE, KURT
(* 1920)

Geboren in Tauscha bei Königsbrück, Sachsen. Seit der Rückkehr aus dem Zweiten Weltkrieg lebt er als freier Schriftsteller in Radebeul bei Dresden. Er hat Romane, Erzählungen, Jugendbücher und Krimis verfaßt.

Schweigegeld (1957); *Das Hobby des Herrn R.* (1966); *Raubgrund* (1974, Jugendkrimi).

TWAIN, MARK
(1835–1910)

Pseudonym für Samuel Langhorne Clemens, geboren in Florida, Missouri. Das Leben dieses Klassikers der amerikanischen Literatur ist bekannt: Setzer, Lotse auf dem Mississippi, Journalist und Goldgräber in Nevada, naiver Tourist in Europa.
In *Life on the Mississippi* (1883) finden wir die Kurzgeschichte »A Thumb-Print and What Came of It«, die erste Erzählung, in der Fingerabdrücke zur Identifizierung dienen. Ein Amerikaner, dem ein Soldat Frau und Kind ermordet hat, hat nichts als einen blutigen Daumenabdruck vom Mörder. Als Wahrsager verkleidet sammelt er die Fingerabdrücke aller Soldaten der betreffenden Kompanie, bis er den richtigen gefunden hat. In der Dunkelheit tötet er dann allerdings den Falschen. Der wirkliche Mörder läuft ihm in München wieder über den Weg – in der Leichenhalle, wo er eines entsetzlichen Todes stirbt.
Mit Fingerabdrücken arbeitet auch der Held des Romans *The Tragedy of Pudd'nhead Wilson* (1894). – Im Kurzroman *Tom Sawyer, Detective* (1896) sind Tom und Huckleberry Finn Diamantendieben auf den Fersen.
Zu T.s weiteren Exkursionen ins Gebiet des Krimi gehören der unvollendete Roman »Simon Wheeler, Detective« (1963 herausgegeben) und die satirische Novelle »The Stolen White Elephant« (1892). In beiden mokiert sich T. über Allan Pinkerton und dessen Detektive. Auch Holmes selbst nimmt T. in der Erzählung »A Doublebarrelled Detective Story« (1902) aufs Korn. 1945 erschien aus dem Nachlaß die Erzählung »A Murder, a Mystery, and a Marriage«.

The Tragedy of Pudd'nhead Wilson
(1894; dt. *Der Querkopf Wilson,* 1898)
Etwa um 1830 kommt nach Dawson's Landing am Mississippi der Rechtsanwalt David Wilson. Wegen einer dummen Bemerkung gilt er als nicht ganz zurechnungsfähig. Man schätzt ihn zwar, gibt ihm Aufträge als Buchhalter, aber mit einem Rechtsfall betraut man ihn nicht. Sein Hobby ist es, Fingerabdrücke von Leuten zu sammeln und zu klassifizieren. Im Hause der Discrolls werden zwei Babies geboren, die sich ähnlich sehen: eines ist der Sohn der Negersklavin Roxana, die zu $^{15}/_{16}$ weiß ist. Ihr Sohn ist $^{31}/_{32}$ weiß. Das andere Kind ist der Sohn des Hauses. Roxana ist sich bewußt, daß ihr Sohn jederzeit »den Fluß hinunter« verkauft werden kann – das Fürchterlichste, was sich ein Neger vorstellen kann. Frau Discroll ist gestorben, und so merkt es niemand, als Roxana die Kinder vertauscht. Aber Wilson hat die Fingerabdrücke in seiner Sammlung.
Aus dem Sohn des Hauses wird ein tüchtiger Sklave, aus dem Sohn Roxanas ein arroganter Halunke, Spieler und schließlich ein Mörder. Dieser falsche Tom Discroll verkauft seine eigene Mutter in die Sklaverei, nachdem sie ihm gesagt hat, daß sie seine Mutter sei, und er bringt seinen Erbonkel um. Zwei italienische Zwillinge werden des Mordes verdächtigt, und sie wären wohl gehängt worden, wenn nicht Wilson, der die Zwillinge verteidigt, mit seiner Sammlung von Fingerabdrücken bewiesen hätte, daß Tom das tödliche Messer geführt hat. Gleichzeitig beweist Wilson, daß Tom ein Sklave ist, während der bisherige Sklave der Erbe ist. Der falsche Tom wird nicht etwa hingerichtet. Man verdient lieber Geld an ihm und verkauft den Mörder

»den Fluß hinunter«. Bitterböse Ironie blitzt überall auf: die Leute sind wetterwendisch; wen sie heute ins Herz schließen, den verdammen sie morgen, und umgekehrt. Lügen und Verleumdungen werden lieber geglaubt als die Wahrheit. Der Ehrenkodex, nach dem die meisten leben, ist absurd. Vorurteile sind immer stärker als die Vernunft. Vielleicht faßt folgender Vorspruch zum 16. Kapitel T.s Einstellung am besten zusammen: »Wenn man einen Hund, der am Verhungern ist, aufnimmt und pflegt, wird er einen danach nicht beißen. Das ist der wesentliche Unterschied zwischen Hund und Mensch.«

Tom Sawyer, Detective
(1896; dt. *Tom, der kleine Detektiv,* 1901)
In einer Vorbemerkung sagt T., daß der Stoff der Erzählung nicht originell sei; er habe ihn einer älteren schwedischen Quelle entnommen. Diese hat man als eine Erzählung des dänischen Schriftstellers Steen Steensen Blicher, »The Vicar of Vejlbye« (1826) identifiziert, die noch 1826 in einer deutschen Übersetzung erschien.
Tom Sawyer und Huckleberry Finn fahren wieder einmal den Fluß hinunter zu Onkel Silas. Auf dem Schiff treffen sie Jake Dunlap, dessen Zwillingsbruder Jubiter sie von ihrem früheren Besuch bei Silas her kennen. Jake erzählt den Jungen folgendes: Jake hat zwei Diamanten im Wert von 12 000 Dollar im Stiefelabsatz; auf diese ist eine Belohnung von 2000 Dollar ausgesetzt. Auf dem Schiff sind auch zwei andere Gangster, die Jake umbringen und ihm die Diamanten bei der ersten besten Gelegenheit abnehmen wollen. Vierzig Meilen vor Silas' Farm flieht Jake vom Schiff; die zwei Gangster sind mit zehn Minuten Abstand hinter ihm her. Silas' Nachbar, Brace Dunlap, hat sich bei Silas' Tochter einen Korb geholt und schwört Rache. Jakes Zwillingsbruder, Jubiter, reizt Silas so lange, bis dieser ihn auf den Kopf schlägt. Nun gibt man vor, Silas habe Jubiter umgebracht und auf dem Feld eingescharrt; tatsächlich finden Tom und Huck eine Leiche. Silas glaubt selbst, daß er ein Mörder sei. Bei der Gerichtsverhandlung beweist Tom – in bester Perry-Mason-Manier –, daß Jubiter noch lebt und anwesend ist. Der Tote ist Jake gewesen. Unter großem Jubel wird Silas freigesprochen. Unter noch größerem Jubel zieht Tom die zwei Diamanten aus dem Stiefelabsatz des falschen Jake und erhält die Belohnung, die er redlich mit Huck teilt. Die Geschichte wird von Huck erzählt, der hier als Toms Dr. Watson agiert.

TYRE, NEDRA
(* 1921)

Geboren in Georgia. Sie hat als Buchhändlerin, Bibliothekarin und Lehrerin gearbeitet. Seit 1947 hat sie etwa ein Dutzend Krimis publiziert, die oft in den Südstaaten spielen.

Red Wine First (1947); *Mouse in Eternity* (1952); *Twice So Fair* (1971).

UHNAK, DOROTHY
(* 1933)

Geboren in New York. Sie studierte am City College und wurde Polizistin. Vierzehn Jahre lang übte sie den Beruf aus und erhielt höchste Auszeichnungen. Autobiographisch ist ihr erstes Buch, *Policewoman* (1964). Die Hauptfigur dreier ihrer Romane ist die Detektivin Christie Opara, die ihren ersten Fall in *The Bait* (1968) löst.

Rogoff (1967); *The Bait* (1968); *Law and Order* (1973).

UNDERWOOD, MICHAEL
(* 1916)

Pseudonym für John Michael Evelyn, geboren in Worthing; Studium in Oxford. Seit 1946 arbeitet er bei der englischen Regierung als Jurist, in letzter Zeit als Oberstaatsanwalt. Er hat nahezu 20 Krimis veröffentlicht.

Murder on Trial (1954); *The Crime of Colin Wise* (1964); *The Silent Liars* (1970); *Murder with Malice* (1977).

UPFIELD, ARTHUR WILLIAM
(1888–1964)

Geboren in Gosport, England. In seiner Jugend ein Tunichtgut, schrieb er etwa mit sechzehn Jahren drei (unveröffentlichte) Krimis im Stil von Conan Doyle, Nick Carter und Sexton Blake. 1907 schob ihn die Familie nach Australien ab. Dort brachte er sich als Koch, Schafhirt und Farmarbeiter durch. Aber immer wieder packte er seinen Rucksack und trampte monatelang kreuz und quer durch Australien. Im Ersten Weltkrieg war er Soldat; um 1918 kehrte er nach Australien zurück und arbeitete als Goldsucher und Fallensteller. Nachdem eine Zeitschrift einen Artikel von ihm angenommen hatte, beschloß er, Krimis zu schreiben. *The House of Cain* (1926) fand einen Verleger, und U. erhielt einen Vertrag für drei weitere Romane. Von jetzt an ist der Held in seinen Büchern Inspektor Napoleon Bonaparte.

Die Figur basiert auf einem halbblütigen Eingeborenen, U.s Freund Tracker Leon. Bonaparte ist ein Findelkind, hat studiert (M. A.) und ist Inspektor bei der Queensland-Polizei. Da keiner so gut im Busch Bescheid weiß wie er, gibt man ihm in erster Linie solche Fälle, die an einsamen Orten spielen oder die mit den Eingeborenen zu tun haben. »Bony«, der verheiratet ist und drei Söhne hat, wird von Zeit zu Zeit an andere Polizeidepartments »vermietet«, so daß ganz Australien sein Bereich ist. U.s spezielle Begabung ist es, die exotische Atmosphäre und den Geist eines bestimmten Milieus zu beschwören. Seine 30 Krimis (29 über Bony) gehören zum Besten, was die australische Literatur zu bieten hat.

Sechs Bony-Romane: *The Barrakee Mystery* (1928, in USA *The Lure of the Bush*); *Winds of Evil* (1937); *Death of a Swagman* (1945); *Death of a Lake* (1954); *Bony and the Black Virgin* (1959); *The Lake Frome Monster* (1966, von J. L. Price und Dorothy Strange vollendet).

Lit.: Jessica Hawke, Follow My Dust! A Biography of Arthur Upfield, 1957.

Bony and the Kelly Gang
(1960, in USA *Valley of Smugglers;* dt. *Freunde sind unerwünscht,* 1961)

Superintendent Casement hat für seinen Detektivinspektor Napoleon Bonaparte (von seinen Freunden »Bony« genannt) diesmal einen besonders verwickelten Fall: Bony soll herausfinden, was in Cork Valley eigentlich gespielt wird. Cork Valley ist ein abgelegenes Hochtal, das von zwei irisch-stämmigen Familien, den Kellys und den Conways, bewohnt wird. Polizei- und Zollbeamte haben den Verdacht, daß hier heimlich Schnaps gebrannt und auch geschmuggelt wird; alle Nachforschungen sind bisher vergeblich gewesen. Ein Beamter namens Torby ist bereits von den Leuten in Cork Valley getötet, andere sind zusammengeschlagen worden, aber es liegen keine Beweise gegen die Kellys oder Conways vor. Bony gibt sich als Pferdedieb aus, der von der Polizei gesucht wird, und gewinnt so das Vertrauen der Conways. Man stellt ihn zur Kartoffelernte an und versteckt ihn vor der Polizei. Im Verlaufe der Wochen wird Bony immer mehr ein Teil der Gemeinde von Cork Valley; er nimmt an den offiziellen und inoffiziellen Aktivitäten, an den Sorgen und Festen der Leute teil. Besonders gewinnt Bony das Herz der Großmutter Conway, da er »Danny Boy« so schön auf einem Baumblatt pfeifen kann.

Schließlich entdeckt Bony den Schmugglerpfad und findet heraus, wer der Schmugglerführer und der Mörder Torbys ist: Red Kelly. Bony übergibt Red der Polizei, schützt aber gleichzeitig die anderen Leute in Cork Valley. Sie haben mit dem Mord nichts zu tun und sind keine Verbrecher. Am Ende scheidet Bony von Cork Valley in Freundschaft: man wird das Schmuggeln aufgeben und Schnaps höchstens noch für den Hausgebrauch brennen. Red hat alle Schuld auf sich genommen; er wird wohl schon nach acht Jahren wieder aus dem Gefängnis entlassen werden. Und beim nächsten großen Fest wird Bony wieder in Cork Valley sein – als Ehrenmitglied des Conway-Clans.

URQUHART, MacGREGOR
(1916–1967)

PROMIES gibt an, daß U. ein Schotte gewesen sei. In den Jahren 1964–1967 erschienen drei seiner (nach HAGEN) acht Krimis in deutscher Übersetzung.

Girl on the Waterfront (1962); *The Grey Man* (1965); *The Open Mouth* (1967).

V

VACHELL, HORACE ANNESLEY
(1861–1955)

Geboren in Sydenham, Kent. Er ist der Autor von über 100 Büchern und von erfolgreichen Dramen. Der Detektiv Impey ist der Held in den Erzählungen des Bandes: *Experiences of a Bond Street Jeweller* (1932). Ins Gebiet des Krimi fallen auch folgende Bände:

Loot: From the Temple of Fortune (1913, Kurzgeschichten); *The Yard* (1923); *Quinney's Adventures* (1924, Kurzgeschichten); *Mr. Allen* (1926, zus. mit Archibald Marshall, in USA *The Mote House Mystery); The Enchanted Garden and Other Stories* (1929); *The Disappearance of Martha Penny* (1934).

VANCE, JOHN HOLBROOK
(* 1920)

Geboren in San Francisco; Studium in Berkeley. V. diente in der Armee und versuchte sich nach 1945 in allen möglichen Berufen, bis er von der Feder leben konnte. In den sechziger Jahren ist er auf dem Gebiet der Science-fiction (als Jack Vance) bekannt geworden. V.s Krimis erscheinen unter seinem richtigen Namen. Gleich der erste, *The Man in the Cage* (1960), erhielt einen Preis. Seit 1966 ist V.s Zentralfigur Sheriff Joe Bain, der in einer fiktiven Gegend in Kalifornien arbeitet.

The Man in the Cage (1960); *The Fix Valley Murders* (1966); *The Pleasant Grove Murder* (1967).

VANCE, LOUIS JOSEPH
(1879–1933)

Geboren in New York. Er bildete sich als Maler und Illustrator aus, brachte sich aber mit dem Schreiben unzähliger Kurz- und Abenteuergeschichten durch. 1907 erschien dann sein erster erfolgreicher Krimi, *The Brass Bowl.* Ein Bestseller wurde der erste Lone-Wolf-Roman (1914), dem bis 1934 sieben weitere folgten. Lone Wolf ist der Held in zwei Dutzend Filmen der Jahre 1917–1949. Insgesamt hat V. über 30 Bände geschrieben, bei denen sich Krimis und Abenteuerromane etwa die Waage halten.

The Black Bag (1908); *The Destroying Angel* (1912); *The Woman in the Shadow* (1930); *Detective* (1932). – Die acht Lone-Wolf-Romane: *The Lone Wolf* (1914); *The False Faces* (1918); *Alias the Lone Wolf* (1921); *Red Masquerade* (1921); *The Lone Wolf Returns* (1923); *The Lone Wolf's Son* (1931); *Encore the Lone Wolf* (1933); *The Lone Wolf's Last Prowl* (1934).

The Lone Wolf
(1914)

Troyon's war eine Art Pension in Paris. Hierher kam im Jahre 1893 der damals etwa vier- oder fünfjährige Marcel, der sich später Michael Lanyard nannte. Wer seine Eltern waren, wußte er nicht. Marcel las viel, wurde in der Pension als Mädchen für alles benutzt und begann, Kleinigkeiten zu stehlen. Er gewann das Interesse Mr. Bourkes, eines internationalen Einbrechers von Format, den er nach New York begleitete. Einige Jahre später galt er als der gerissenste Juwelendieb der Welt. Er hatte keine Freunde und arbeitete immer allein, deshalb sein Name: The Lone Wolf.
Eine größere Verbrecherorganisation, genannt »The Pack«, will Lanyard zwingen, mit ihr zusammenzuarbeiten, d. h. 50% von seinem Gewinn an sie abzugeben. Er weigert sich, und »Das Pack« beschließt, ihn umzubringen. Dieses besteht aus M. Popinot (dem ruchlosen Chef der Pariser Apachen), Graf de Morbihan, Ekstrom (einem deutschen Spion) und dem Amerikaner Bannon, dem Obergangster und Direktor der »International Underworld Unlimited«. Bannon ist von einer hübschen Dame begleitet, Miss Lucy Shannon, in die sich Lanyard verliebt und die er heiraten will. Er gibt seine Diebslaufbahn auf und wird Taxifahrer von Beruf, denn er weiß, daß Lucy nur einen ehrlichen Mann heiraten wird.

Warum aber ist Lucy Bannons Begleiterin? Und wer ist Wertheimer, Bannons Freund? Während Lanyard dem französischen Kriegsminister wichtige Papiere gibt, verläßt Lucy Lanyard und geht zu Bannon zurück. Ist sie eine Verräterin? Lanyard wird zuerst von den Apachen beschossen, dann von einem Auto gejagt. Als er gestohlene Juwelen der Eigentümerin zurückgibt, wird er von mehreren Polizisten angegriffen. Schließlich hilft der dankbare Kriegsminister ihm und Lucy in ein Flugzeug nach England, das über dem Kanal von Ekstrom beschossen wird. Ekstrom verliert den Luftkampf. Sicher landet der Pilot die beiden Liebenden in England. Wer ist der Pilot gewesen? Wertheimer, ein Scotland-Yard-Detektiv; auch Lucy arbeitete für Scotland Yard! Sie gibt nun ihre Stelle auf, um den »reformierten« Lone Wolf zu heiraten. Die Pariser Autojagd und der Luftkampf sind glänzend beschrieben und schreien geradezu nach Verfilmung.

VANDAM, ALBERT DRESDEN
(1843–1903)

Dieser Amerikaner war Journalist und schrieb – neben anderen Büchern – einen Band *Masterpieces of Crime* (1892) und einen frühen Detektivroman: *The Mystery of the Patrician Club* (1893).

VANDERCOOK, JOHN WOMACK
(* 1902)

Dieser Amerikaner (geboren in London) war Zeitungs- und Radioreporter. Zwölf Jahre lang nahm er an Forschungsexpeditionen u. a. in Surinam, Haiti und Liberia teil. Die Zentralfigur seiner vier Romane ist Bertram Lynch, Detektiv bei den Vereinten Nationen. Sein erster Roman ist dreimal verfilmt worden.

Murder in Trinidad (1933); *Murder in Fiji* (1936); *Murder in Haiti* (1956); *Murder in New Guinea* (1959).

VÉRY, PIERRE
(1900–1960)

Geboren in Bellon (Charente). Er begann mit ländlichen Erzählungen. Nach 1930 wurde er einer der wenigen nicht-angelsächsischen Schriftsteller, die im Hauptberuf Krimis schrieben. Mehrere seiner Romane sind verfilmt worden; V. hat auch selbst Drehbücher verfaßt. Sein berühmtester Roman ist *L'assassinat du Père Noël* (1934). Als V.s Zentralfiguren treten der Advokat Prosper Lepicq und der Bauer-Detektiv »Goupi Mains Rouges« auf. V.s Krimis sind, nach seiner eigenen Aussage, Märchen für Erwachsene; Geheimnisvolles wird erzählt, aber am Ende werden doch alle seltsamen Ereignisse realistisch aufgeklärt.

Le testament de Sir Basil Crookes (1931); *M. Marcel, des pompes funèbres* (1934); *Les disparus de Saint-Agil* (1935); *Goupi Mains Rouges* (1942); *Goupi Mains Rouges à Paris* (1949); *La révolte des Pères Noël* (1959).

Goupi Mains Rouges
(1942)

Die Familie der Goupi lebt irgendwo im Südwesten Frankreichs; sie besitzt zumindest einen Bauernhof, ein Gasthaus und eine Art Jagdhaus. Die Goupi sind eine Märchenfamilie: die meisten Familienmitglieder haben Typennamen, die den Träger genau charakterisieren. Aus Paris trifft »Goupi Monsieur« ein, der dorthin geschickt worden war, um »erzogen« zu werden. Jetzt soll er seine Cousine heiraten. Am Bahnhof holt ihn »Goupi Mains Rouges« ab, ein äußerst kluger Kerl, der Vipern tötet und dafür Prämien erhält, Tiere zähmt, Zauberei betreibt, Geschichten erzählt und Verbrechen aufklärt.
Der 106jährige »Goupi l'Empereur« scheint überfallen worden zu sein. Das Vermögen (über 200 000 Francs) und das Geld vom letzten Schafverkauf (10 000 Francs) sind abhanden gekommen, und der Alte liegt gelähmt am Boden. Am folgenden Tag wird die bösartige und hartherzige Heuchlerin und Tante »Goupi Doux Jésus« ermordet im Wald gefunden. Die staatlichen Organe kommen nicht ins Spiel, da sich Morde und Überfälle auch als Unfälle erklären lassen.
Der Verdacht der Goupi fällt auf Goupi Monsieur, der im Pferdestall eingesperrt wird. Goupi

Mains Rouges klärt langsam, sicher und überraschend Punkt für Punkt auf: ein Goupi hat dieses, der andere jenes gestohlen; der eine hat gelogen, der andere gemordet; und doch sind sie alle liebenswerte Leute. Die oft unheimliche Märchenatmosphäre löst sich gegen Ende auf: alles wird realistisch erklärt. Monsieur heiratet seine Cousine, und bestraft wird niemand. V. hat einen glänzenden Sinn für Atmosphäre und Ironie. In der Kriminliteratur gibt es nichts Ähnliches; es sei denn Damon Runyons »Gangster«, die allerdings in einem ganz anderen Milieu zu Hause sind.

VICKERS, ROY
(1889–1965)

Dieser Engländer war Journalist und Gerichtsreporter. Er schrieb mehr als 40 Bände Krimis und Kurzgeschichten, zum Teil unter den Pseudonymen David Durham und Sefton Kyle. Als David Durham erfand er 1924 Fidelity Dove, eine hübsche und sympathische Schwindlerin, die im Verein mit Freunden (einem Rechtsanwalt, einem Geschäftsmann, einem Wissenschaftler usw.) ungesetzliche, aber an sich gerechte Taten vollbringt. Fidelity hilft den Schwachen gegen die Gauner – und verdient dabei. Ihr erfolgloser Gegner ist Inspector Rason, der später das »Department of Dead Ends« bei Scotland Yard übernimmt. Dort ist Rason glücklicher: es gelingt ihm, nachträglich Fälle zu lösen, die man bereits aufgegeben hat. Diese Fälle sind gesammelt in *The Department of Dead Ends* (1946) und *Murder Will Out* (1950).

Bardelow's Heir (1935); *A Date with Danger* (1944); *Find the Innocent* (1961). – Drei Bücher von David Durham: *The Woman Accused* (1923); *The Exploits of Fidelity Dove* (1924, nach 1935 unter dem Namen Roy Vickers); *The Pearl-Headed Pin* (1925). – Drei Krimis von Sefton Kyle: *Guilty, But – ?* (1930); *Hawk* (1932); *Vengeance of Mrs. Danvers* (1932).

VIDOCQ, FRANÇOIS EUGÈNE
(1775–1857)

Geboren in Arras als Sohn eines Bäckers. Während und nach der Französischen Revolution trieb er sich als Soldat herum, spielte, betrog, hatte Liebesaffären, wurde zum Verbrecher, verhaftet und verurteilt. Es folgten lange Jahre in Gefängnissen. 1809 bot er Napoleon seine Dienste an und wurde der erste Chef der Pariser Kriminalpolizei. Dank seiner Beziehungen zur Unterwelt hatte er großen Erfolg, aber auch viele Feinde. Schließlich mußte er zurücktreten.

1828/1829 erschienen seine Memoiren; sie wurden ein Sensationserfolg. Balzac las sie und gestaltete nach V. seine Figur Vautrin. Noch Victor Hugos Jean Valjean hat Erlebnisse, die schon V. hatte. Der Einfluß der *Mémoires* kann gar nicht überschätzt werden.

Im Unterschied zum fast gleichzeitig erschienenen *Richmond. Scenes in the Life of a Bow Street Runner* (1827) ist der französische Detektiv im Grunde ein Halunke; Balzac wie Hugo verabscheuen ihre Detektive. Anders die chronologisch anschließenden Detektive bei Poe, Dickens, Collins: diese sind Gentlemen und entlarven Verbrecher mit »fairen« Mitteln, nicht weil sie Beziehungen zur Unterwelt haben.

Ob V. seine Memoiren selbst geschrieben hat, ist fraglich, ebenso, welche Erlebnisse der Wahrheit entsprechen und welche erfunden sind. George Borrow, V.s früher englischer Übersetzer, hat nachgewiesen, daß Teile des 13. Kapitels aus P. Colquhouns Buch *Police of the Metropolis* (1806) adaptiert sind (frz. Übersetzung *Traité sur la police de Londres,* 1807).

Lit.: Jean Savant, La vie aventureuse de Vidocq. Le vrai Vidocq, 1957.

VILLIERS, GÉRARD DE
(?)

Neben einigen anderen Büchern hat Villiers etwa 50 S.A.S.-Romane veröffentlicht, die an allen möglichen Orten der Welt spielen. S.A.S. ist die Abkürzung von »Son Altesse Sérénissime« – Prinz Malko, eine ironisch verwässerte Kopie von James Bond. Malko ist nicht nur adelig, sondern auch reich und tollkühn, und die meisten Frauen reißen sich darum, Orgien mit ihm zu feiern.

S.A.S. Berlin: Check-Point Charlie
(1973)

Der seit dem Krieg in Rußland lebende Wissenschaftler Wolfgang Mann ist vom amerikani-

schen Geheimdienst kontaktiert worden. Er will die Geheimnisse angeblicher neuer Raketenstationen in Rußland preisgeben, sofern der Geheimdienst seine Flucht nach Westdeutschland organisiert. Der alte Mann kommt nach Ost-Berlin, und hier soll ihm nun jemand zur Flucht über die Mauer verhelfen. Dieser »Jemand« ist der Held des Romans, Prinz Malko.
Malko hat einen Diener und viele Bekannte, darunter eine adelige Spionin, die Comtesse Samantha Adler, die ihn früher schon zweimal verraten hat. Sie ist zur Zeit die Geliebte eines perversen Milliardärs. Diese Comtesse, einige Türken und eine finnische Athletin sind das Personal, das Mann schließlich über die Grenze bringt. Manns Deckname ist »Onkel Manap« (PanAm rückwärts gelesen). Zuerst versucht man es mit falschen Pässen, aber die Sache wird verraten, und Onkel Manap gerät in die Hände des ostdeutschen Staatssicherheitsdienstes. Dessen Chef ist General Müller. Mit Hilfe von Müllers Geliebter kidnappt man den General, zwingt ihn, Onkel Manaps Aufenthaltsort bekanntzugeben, überfällt die Polizeiwagen, welche Manap ins Gefängnis nach Bautzen transportieren, und richtet unter den Volkspolizisten ein Blutbad an. Dann versteckt man sich eine Weile mit Manap und transportiert ihn dann an einem gespannten Seil mit Gefälle aus einem östlichen Kirchturm in ein westliches Miethaus. Am Ende gibt es eine weitere Schlacht am Check-Point Charlie. Die Elektrizität wird am Ende lahmgelegt, und man entkommt.
Zur völligen Unwahrscheinlichkeit der Handlung gesellt sich die übliche Aversion gegen die DDR und Rußland. Die DDR erscheint als Fortsetzung des Hitlerstaates. Der Westen dagegen ist ein Paradies, und zwar des wilden und freien Sexlebens. S.A.S. (Malko) schläft mit der adeligen Samantha und mit der finnischen Athletin auf abenteuerliche Weise und wohnt außerdem einer lesbischen Orgie bei, welche Samanthas Liebhaber veranstaltet. Deutsche Wörter und Ausdrücke kommen oft vor – und fast regelmäßig sind sie falsch geschrieben.

VINDRY, NOËL
(* 1896)

Dieser Franzose war von Beruf Untersuchungsrichter und schrieb raffiniert durchdachte »Whodunits«, die an Futrelle erinnern. M. Allon und Commissaire Castelet sind die Zentralfiguren dieser genialen Rätselromane.

La maison qui tue (1932); *Le loup du Grand-Aboi* (1932); *Le collier de sang* (1934); *Masques noirs* (1935); *La haute neige* (1939).

VOSS BARK, CONRAD
(?)

Dieser Engländer, politischer Kommentator bei der BBC, hat 1962 den Detektiv Mr. Holmes erfunden, der sich mit Fällen der hohen Politik und der Weltsicherheit beschäftigt.

Mr. Holmes at Sea (1962); *Mr. Holmes Goes to Ground* (1963); *Mr. Holmes and the Fair Armenian* (1964); *Mr. Holmes and the Love Bank* (1964); *The Shepherd File* (1966); *The Second Red Dragon* (1968).

VULLIAMY, COLWYN EDWARD
(1886–1971)

Dieser Engländer studierte Kunstwissenschaft, kämpfte in der Armee und wurde nach 1920 ein bekannter Autor und Kritiker. Ins Gebiet des Krimi fallen einige Romane, in denen er gewöhnlich schildert, wie ein anscheinend perfekter Mord inszeniert wird, worauf sich doch Komplikationen ergeben – was aber nicht heißt, daß etwa das reguläre Gericht den Schuldigen bestrafen könnte. STEINBRUNNER/PENZLER verweisen diese ironisch geschriebenen Bücher ins Gebiet des schwarzen Humors. Die ersten beiden Romane erschienen unter dem Pseudonym Anthony Rolls.

The Vicar's Experiments (1932, von Anthony Rolls, in USA *Clerical Error*); *Scarweather* (1934, von Anthony Rolls); *Don Among the Dead Men* (1952); *The Body in the Boudoir* (1956); *Cakes for Your Birthday* (1959).

WADE, HENRY
(1887–1969)

Pseudonym für Sir Henry Lancelot Aubrey-Fletcher. Er stammte aus Surrey und studierte in Oxford. Bis 1920 war er in der Armee, die er hoch dekoriert und als Major verließ. Danach lebte er in Buckinghamshire, bekleidete Ehrenämter und schrieb – von 1926 an – über 20 Krimis unter dem Namen Henry Wade. In sieben Romanen und einer Kurzgeschichtensammlung ist die Zentralfigur Inspector John Poole von Scotland Yard. W. wird oft mit Freeman Wills Crofts verglichen. Er schreibt jedenfalls realistisch, und seine Personen sind glaubhaft.

The Verdict of You All (1926); *Heir Presumptive* (1935); *The Litmore Snatch* (1957). – Drei Inspector-Poole-Romane: *The Duke of York's Steps* (1929); *Bury Him Darkly* (1936); *Gold Was Our Grave* (1954).

WAINER, ARKADI / WAINER, GEORGI
(*1931 / *1938)

Arkadi war zuerst im juristischen Beruf tätig, Georgi war Korrespondent der Nachrichtenagentur TASS. Gemeinsam haben die beiden Brüder zahlreiche Romane, Kurzgeschichten, Film- und Fernsehskripte verfaßt; ihre Werke sind in mehrere Sprachen übersetzt worden.

Drei Krimis: *Eine Uhr für Mr. Kelly* (1970); *Ein Besuch beim Minotaurus* (1972); *Ich, der Magistrat* (1972).

WALDNER, ULRICH
(* 1926)

Geboren in Berlin. Seit seiner Rückkehr aus der sowjetischen Kriegsgefangenschaft hat er hauptsächlich fürs Radio und fürs Fernsehen geschrieben, vor allem für Kriminalsendungen wie »Wer ist der Täter?« (1957–1962) und für Fernsehserien wie »Täter unbekannt« und »Der Staatsanwalt hat das Wort«. Ein Krimi: *Es endete am Nanga Parbat* (1967, zus. mit C. A. Otto).

WALLACE, EDGAR
(1875–1932)

Geboren als uneheliches Kind in Greenwich; von einem Fischhändler adoptiert. Mit zwölf Jahren verließ er die Schule und brachte sich auf alle mögliche Weise durch, bis er mit achtzehn Jahren in die Armee eintrat. Er nahm am Burenkrieg teil und arbeitete als Reporter in Südafrika. Im Jahre 1900 kehrte er nach England zurück. W.s erster Krimi erschien 1905: *The Four Just Men.* In der Folge schrieb er weitere 172 Bücher und 17 Dramen. Er war wohl der populärste Thriller-Autor aller Zeiten; man sagt, in den zwanziger und dreißiger Jahren sei jeweils eines von vier in den Bibliotheken entliehenen Büchern ein Wallace-Roman gewesen. Nach 1920 kassierte W. etwa 250 000 Dollar pro Jahr an Honoraren, und noch heute werden jährlich mehr als eine Million Wallace-Bücher verkauft. W. verspielte das meiste; als er starb, hinterließ er gewaltige Schulden. Mehrere Dutzend von W.s Büchern wurden verfilmt; noch in den sechziger Jahren drehte man in Deutschland und England einen Wallace-Film nach dem anderen.
Wallace hat verhältnismäßig wenig Serienfiguren erfunden. Am eindrücklichsten sind wohl »The Four Just Men«. Einer von ihnen ist in Frankreich gestorben, und es handelt sich eigentlich nur um drei reiche »Gerechte«, die erkannt haben, daß die nationalen Gesetze der Länder nicht mehr genügen, um Verbrecher von internationalem Kaliber zu fangen. Die drei »Just Men« sind: der Franzose Poiccart, der Spanier Leon Gonsalez und der Deutsche Georg Manfred. Wo immer Ungerechtigkeiten geschehen, welche das bestehende Gesetz nicht korrigieren will oder kann, greifen die drei ein.
Eine weitere eindrucksvolle Figur ist John G. Reeder, ein älterer, kleiner Herr, der ein einmaliges Gedächtnis hat und auf Bankräuber und Fälschungen spezialisiert ist. Bekannt wurden

auch »Sanders« und »Bones«, die normalerweise in Südafrika wirken, und ein Spezialist für die Unterwelt: »The Ringer«. Zu beachten ist, daß anscheinend manche Wallace-Bücher nach 1932 von inkompetenten Lektoren auf die Hälfte ihres Umfangs zusammengekürzt und umgeschrieben worden sind, damit sie auf den 160 oder 192 Seiten eines modernen Taschenbuches Platz fanden. *The Three Just Men* (1924; 347 Seiten) zum Beispiel erschien 1966 in einer Taschenbuchausgabe (191 Seiten), die mit dem ausgezeichneten Original nur noch den Anfang gemeinsam hat.

Die sechs Bücher um Poiccart, Gonsalez und Manfred: *The Four Just Men* (1905); *The Council of Justice* (1908); *The Just Men of Cordova* (1917); *The Law of the Four Just Men* (1921, in USA *Again the Three Just Men,* 1933); *The Three Just Men* (1924); *Again the Three* (1928, Kurzgeschichten, in USA *The Law of the Three Just Men,* 1931). – Die fünf Bücher um J. G. Reeder (die zwei letzten sind Romane): *The Mind of Mr. J. G. Reeder* (1925, in USA *The Murder Book of J. G. Reeder*); *Red Aces* (1929); *The Guv'nor and Other Stories* (1932, in USA *Mr. Reeder Returns*); *Room 13* (1924); *Terror Keep* (1927). – Über Commissioner Sanders: *Sanders of the River* (1911); *Sanders* (1926, in USA *Mr. Commissioner Sanders*); *Again Sanders* (1928). – Über »Bones« (Mr. Augustus Tibbetts): *Bones* (1915); *Lieutenant Bones* (1918); *Bones in London* (1921); *Bones of the River* (1923). – »The Ringer« ist der Held in: *The Gaunt Stranger* (1925, revidiert als *The Ringer,* 1926); *Again the Ringer* (1929, in USA *The Ringer Returns,* 1931).

Lit.: Margaret Lane, Edgar Wallace. The Biography of a Phenomenon, 1938; revised 1964.

The Clue of the Twisted Candle

(1916; dt. *Die gebogene Kerze,* 1930)

Zwei Handlungsstränge sind miteinander verbunden; beide haben denselben Mittelpunkt: den machtbesessenen, skrupellosen Griechen Mr. Kara. Zu spät erkennt der Krimi-Schriftsteller John Lexman, daß der reiche, joviale Kara nicht sein Freund ist. Kara hat Lexman zu einem Mord verleitet und ihm dann zur Flucht aus dem Gefängnis verholfen. In London hat Lexman jedoch einen Freund: T. X. Meredith von Scotland Yard findet einen Beweis, der Lexmans Begnadigung ermöglicht. Aber wo ist Lexman? Sind er und seine Frau in den Händen des Sadisten Kara, dessen bevorzugte Waffe der Terror ist? Meredith versucht, Kara weitere Verbrechen nachzuweisen. Aber ehe er zuschlagen kann, findet man Kara ermordet in einem von innen verriegelten Raum. Der Telefonhörer und zwei Kerzen liegen am Boden. Welche Rolle spielt der einarmige Forschungsreisende George Gathercole? Und woher kommt das Blut im unterirdischen Gefängnis in Karas Haus? Am Ende ist es John Lexman, der das Geheimnis aufdeckt. – Amüsant sind W.s Nebenbemerkungen über das Los eines Krimi-Schriftstellers.

The Just Men of Cordova

(1917; dt. *Die drei von Cordova,* 1929)

Der Roman beginnt in Cordova, wo die drei »Just Men« – Manfred, Poiccart und Gonsalez – einem seltsamen Engländer auf der Spur sind. Vom zweiten bis zum sechzehnten und letzten Kapitel spielt die Handlung in London. Der Gejagte ist Colonel Black alias Dr. Essler, der auch schon andere Namen geführt hat, ein Großkapitalist und Mörder. Er besitzt eine grüne Flüssigkeit: ein Tropfen davon mit einer Feder auf die Lippen geträufelt – und der berührte Mensch ist tot; das Gift hinterläßt keine Spuren; die Ärzte stellen Herzschlag fest.

Blacks riesiges Vermögen steht übrigens nur auf dem Papier; warum eigentlich, nachdem er allerseits die Investoren betrogen hat? Tatsächlich ist er dem Konkurs nahe, und seine Komplizen würden gerne von ihm abfallen, wenn sie nicht seine Rache fürchteten, z. B. Sir Isaac, der auch nichts mehr hat und deswegen die reiche und junge May Sandford heimführen will. Diese möchte aber lieber einen Polizisten namens Frank Fellowe heiraten, der freilich kein richtiger Polizist ist, sondern niemand anders als Lord Francis Ledborough. Auch Lord Verlond ist – inkognito und maskiert – dem Verbrecher auf den Fersen. Die drei »Just Men« und diese Lords gehen unnötig langsam und kompliziert vor – mit viel Freude an Theatralik, an Drohbriefen, an plötzlichem Lichterlöschen usw., und als sie Black am Ende doch vor ihrem Femgericht haben, sind sie unvorsichtig und lassen ihn Sir Isaac umbringen und Lord Vernon anschießen. Black wird endlich gehängt, und Lord Francis heiratet May Sandford.

Der Roman ist zwar spannend, aber schlecht

aufgebaut; zu viele Nebenpersonen werden eingeführt und dann vergessen; zu viele Fäden werden gesponnen, aber dann im Leeren fallen gelassen. W. hat vielleicht das Manuskript gar nicht mehr durchgelesen.

Bones in London
(1921; dt. 1928)
Mr. Augustus Tibbetts, genannt »Bones«, hat Afrika und das Corps der »Houssa Rifles« mit London und Big Business vertauscht. Bones hat keine Ahnung von Geschäften, aber das Glück, eine gewisse naive Klugheit und seine Freunde sind stets auf seiner Seite, und so geht Bones aus den mannigfachen Abenteuern in der Londoner Geschäftswelt siegreich hervor. Im Laufe der humorvoll erzählten Geschichten wird Bones reich und berühmt und gewinnt sogar eine reizende Frau.

WALLING, ROBERT ALFRED JOHN
(1869–1949)

Geboren in Exeter. Er gab in Plymouth eine Zeitung heraus. Als er in späteren Jahren Magistrat wurde, begann er sich fürs Kriminalrecht zu interessieren und schrieb in den Jahren nach 1927 noch etwa 40 Krimis. Nach 1932 ist seine Zentralfigur der Privatdetektiv Philip Tolefree.

Dinner-Party at Bardolph's (1927, in USA *That Dinner at Bardolph's*); *Bury Him Deeper* (1937); *The Corpse with the Missing Watch* (1949).

WALLIS, JAMES HAROLD
(1885–1958)

Dieser Amerikaner hat (laut HAGEN) in den Jahren 1931–1943 acht Krimis veröffentlicht. Der Roman *Once Off Guard* (1942) wurde von Fritz Lang als *The Woman in the Window* (1944) verfilmt.

Murder by Formula (1931); *Capital City Mystery* (1932); *The Servant of Death* (1932); *The Mystery of Vaucluse* (1933); *Murder Mansion* (1934, in England *The House of Murder*); *Cries in the Night* (1935); *Once Off Guard* (1942); *The Niece of Abraham Pein* (1943).

WALPOLE, HORACE
(1717–1797)

Geboren in London. Er studierte in Cambridge, war Parlamentsmitglied, kaufte eine Villa und baute diese zum »gotischen« Schloß um. 1791 wurde er Earl of Orford. Sein Roman *The Castle of Otranto* (1764) ist ein früher Schauerroman und von großem Einfluß auf den späteren Gruselkrimi gewesen.

WALTARI, MIKA TOIMI
(* 1908)

Geboren in Helsinki. Nach dem Studium der Philosophie und der Literatur machte er weite Reisen, wurde Journalist und nach 1938 freier Schriftsteller. Heute ist er wohl der bekannteste Dichter Finnlands. Neben Lyrik, Erzählungen und vielen Romanen schrieb er auch Krimis wie *Kuka murhasi rouva Skrofin?* (1939; dt. *Warum haben Sie Frau Kroll ermordet?*, 1943, späterer Titel *Die Blutspur*, 1963) und *Komisario Palmun erehdys* (1940; dt. *Gefährliches Spiel*, 1943).

WASSERMANN, JAKOB
(1873–1934)

Geboren in Fürth; verbrachte den größten Teil seines Lebens in Wien und in Alt-Aussee, wo er starb. Nach finanziell schwierigen Anfängen war er von etwa 1910 an neben Thomas und Heinrich Mann einer der repräsentativen Romanciers deutscher Sprache. Die damalige Popularität hat einem Schweigen von seiten der Kritik Platz gemacht; man ist der Meinung, es habe sich zuviel Kolportage in sein Werk eingeschlichen. Sein noch heute bekanntester Roman ist *Der Fall Maurizius* (1928), der z. T. auf Tatsachen beruht (und über den Henry Miller ein Buch geschrieben hat: *Maurizius Forever*, 1946). Maurizius ist vor 19 Jahren als Mörder verurteilt worden – lebenslänglich. Der Sohn des damaligen Staatsanwalts, Etzel Andergast, geht der Sache nach und findet heraus, daß der belastende Zeuge falsch geschworen hatte. Auch Etzels Vater prüft den Fall und sorgt dafür, daß Maurizius in Freiheit gesetzt wird. Es handelt sich im Grunde um einen typischen expressionistischen Vaterhaß-Roman; Etzel findet es unverzeihlich, daß sein Vater einen Unschuldigen um 19 Jahre seines Lebens gebracht hat. Der Vater ist überhaupt ein grausamer Mensch; er hat seiner Frau einen kleinen Fehltritt nie verziehen, sondern sie weggejagt. Der Junge wendet sich nun vom Vater ab und der Mutter zu.

WASSILJEW, BORIS LWOWITSCH
(* 1924)

Geboren in Smolensk. W. ist ausgebildeter Militäringenieur und arbeitet bei der Filmindustrie. Er gilt als einer der führenden Krimiautoren der jüngeren Generation. Bekannt wurde er vor allem durch seinen Thriller *Der allerletzte Tag* (1970), ferner durch *Im Morgengrauen ist es noch still* (1969) und *Schießt nicht auf weiße Schwäne* (1973).

WATSON, COLIN
(* 1920)

Geboren in Croydon, Surrey; zunächst Journalist in Newcastle, dann in London. Heute ist er freier Schriftsteller. W. begann 1958, Krimis zu schreiben; er ist ironisch und sozialbewußt. Seine Zentralfigur ist Inspector Purbright, der in der Stadt Flaxborough agiert. 1971 veröffentlichte W. *Snobbery With Violence,* worin er Krimiautoren wie Agatha Christie, Dorothy Sayers, Edgar Wallace und E. Philipps Oppenheim ironisch unter die Lupe nimmt.

Coffin Scarcely Used (1958); *Bump in the Night* (1960); *Hopjoy Was Here* (1962); *Lonelyheart 4122* (1967); *Charity Begins at Home* (1968); *It Shouldn't Happen to a Dog* (1976).

WAUGH, HILLARY
(* 1920)

Geboren in New Haven, Connecticut. Er studierte an der Yale University (B. A. 1942). Im Kriegsdienst schrieb er seinen ersten Krimi, der 1947 unter dem Titel *Madam Will Not Dine Tonight* erschien. Seither hat W. etwa 30 Krimis geschrieben, einzelne auch unter den Pseudonymen H. Baldwin Taylor und Harry Walker. Die meisten Romane W.s gehören in die Kategorie der »police procedurals« und spielen in New York oder Connecticut. Seine zwei Hauptfiguren sind: Fred Fellows, ein kluger Polizist mit Idealen, der im ländlichen »Stockton«, Connecticut, arbeitet (*Prisoner's Plea,* 1963) und Frank Sessions von der New Yorker »Homicide North« (*The Young Prey,* 1969).

Hope to Die (1948); *The Case of the Missing Gardener* (1954, von Harry Walker); *The Trouble with Tycoons* (1967, von H. Baldwin Taylor); *Finish Me Off* (1970); *Summer at Raven's Roost* (1976).

WEBER, KARL HEINZ
(* 1928)

Geboren in Bleicherode (Kr. Sondershausen). Er studierte Volkswirtschaft (Diplom 1952) und war Staatsangestellter, bis er 1962 als Lektor in den Verlag Die Wirtschaft eintrat. Seit 1963 ist er freier Schriftsteller in Berlin. Nach der Krimiparodie *Mord mit kleinen Hindernissen* (1965) hat er begonnen, eine Serie von spannenden Krimis zu publizieren.

Der Fall Erika Groller (1966); *Souvenir aus Artopol* (1967); *Auf lange Sicht* (1971); *Mordfall Sylv Coument* (1972, Erzählung).

WEBSTER, FREDERICK ANNESLEY MICHAEL
(* 1886)

Dieser Engländer hat den Detektiv Old Ebbie erfunden; Ebbies Auflösung der Geheimschrift in »The Secret of the Singular Cipher« (1925) erscheint in mehreren Anthologien.

Black Shadow (1922); *Crime Scientist* (1930); *The Gathering Storm* (1933); *Beneath the Mask* (1948). – Die Kurzgeschichtensammlungen um Old Ebbie: *Old Ebbie, Detective Up-to-date* (1923); *Old Ebbie Returns* (1925).

WEBSTER, HENRY KITCHELL
(1875–1932)

Geboren in Evanston, Illinois; Studium am Hamilton College (B. A. 1897). W. wurde ein populärer Journalist und Autor von Erfolgsromanen. Er schrieb Texte für Operetten und war Mitarbeiter bei *McClure's* und bei der *Saturday Evening Post.* W. soll auch unter Pseudonymen für die »Pulps« geschrieben haben. In den letzten Jahren diktierte er einer Stenotypistin regelmäßig 20 000 Wörter pro Woche. Ins Gebiet des Krimi gehören neun Romane, in denen immer auch eine Liebesgeschichte vorkommt.

The Whispering Man (1908); *The Butterfly* (1914); *The Corbin Necklace* (1926, in England *The Mystery of the Corbin Necklace*); *The Clock Strikes Two* (1928); *The Quartz Eye* (1928); *The Sealed Trunk* (1929); *The Man with the Scarred Hand* (1930); *Who Is the Next?* (1931); *The Alleged Great-Aunt* (1935).

WEES, FRANCES SHELLEY
(* 1902)

Diese Kanadierin hat seit 1931 etwa 20 Krimis verfaßt, die einen relativ hohen literarischen Standard aufweisen.

The Maestro Murders (1931); *The Keys of My Prison* (1956); *The Faceless Enemy* (1967).

WEIR, HUGH COSGRO
(1884–1934)

Geboren in Virginia; Journalist und Redakteur in New York. Er soll über 300 Filmskripte verfaßt und eine Reklameagentur gegründet haben. Neben anderen Büchern veröffentlichte er eine Sammlung von Kriminalerzählungen um eine Detektivin: *Madelyn Mack, Detective* (1914).

WEISS, RUDOLF
(* 1920)

Geboren in Eisenach. Nach dem Krieg arbeitete er als Buchhalter. 1955/1956 studierte er am Literaturinstitut »Johannes R. Becher« in Leipzig und ist seither freier Schriftsteller. Er hat zahlreiche Kinder- und Jugendbücher, auch Hörspiele und einige Krimis geschrieben.

Schüsse in den Anden (1966).

Die Spur führt nach Bombay
(1970)

Seit einiger Zeit mehren sich die Unfälle auf den Schiffen der DDR, die mit wertvollen Ladungen im Auftrag asiatischer oder afrikanischer Staaten fahren. Oder handelt es sich um Sabotage? Major Schmidtgen vom Staatssicherheitsdienst ist zu dem Schluß gekommen, daß eine ausländische Agentenorganisation am Werk ist. Wer ist ihr Leiter? Und wer sind ihre Helfer in der DDR? In mühevoller Kleinarbeit werden die Verdächtigen in der DDR eingekreist; die Vorsichtsmaßnahmen auf den Schiffen werden verstärkt. Ein wichtiges Schiff ist die »Einheit«: auf ihr fährt inkognito Otto Hellwig, ein Beamter vom Sicherheitsdienst; der Funker des Schiffes, Werner Mannhardt, ist ein Freund des in die BRD geflohenen Funkoffiziers Engelmann. Ist Mannhardt ehrlich? In Bombay, wo Engelmann unter dem Namen Murphy lebt, beschließt Mannhardt auf eigene Faust, Kontakt mit Engelmann aufzunehmen. Er erzählt ihm, er wolle auch desertieren, und Engelmann glaubt ihm. Doch Mannhardt denkt nicht daran, die DDR zu verraten. Unter Lebensgefahr gelingt es ihm, Geheimaufzeichnungen Engelmanns an sich zu bringen. Nun hat man die Namen von Engelmanns Komplizen sowie Beweise für die Spionagetätigkeit Engelmanns. Damit sind Engelmann und seine Organisation unschädlich gemacht, denn ein entdeckter Spion ist ein nutzloser Spion.

WELCOME, JOHN
(* 1914)

Pseudonym für John N. H. Brennan, geboren in Wexford, Irland. Er studierte in Oxford, schrieb Sport- und Abenteuergeschichten und gab eine Reihe von Anthologien für den Verlag Faber & Faber heraus. Er hat auch ein halbes Dutzend Krimis geschrieben, die von BARZUN/TAYLOR gelobt werden.

Run for Cover (1958); *Beware of Midnight* (1961); *Hell Is Where You Find It* (1968).

WELLMAN, MANLY WADE
(* 1903)

Geboren als Sohn eines amerikanischen Missionars in Angola. Studium an der University of Wichita. W., der selbst indianisches Blut in den Adern hat, erfand den Indianer-Detektiv David Return, der seine Fälle im Reservat des fiktiven Tsichah-Stammes löst. Er ist der Held einer Anzahl Kurzgeschichten, die nach dem Zweiten Weltkrieg in *Ellery Queen's* erschienen sind. *Dead and Gone* (1955) ist ein Tatsachenbericht über Verbrechen; *Find My Killer* (1947) ist (nach HAGEN) W.s einziger Krimi.

WELLS, CAROLYN
(1870–1942)

Geboren in Rahway, New Jersey. Sie war zunächst Bibliothekarin, dann freie Schriftstellerin und lebte zumeist in New York. Nach STEINBRUNNER/PENZLER hat sie 170 Bücher, darunter 82 Krimis, verfaßt. Ihre Zentralfigur ist der Detektiv Fleming Stone, der von 1909 an in 61 Büchern auftritt. W. schrieb auch die erste Anleitung für Kriminalautoren in Buchform: *The Technique of the Mystery Story* (1913).

The Clue (1909); *The Disappearance of Kimball Webb* (1920, Pseud. Rowland Wright); *Murder at the Casino* (1944).

WELLS, HERBERT GEORGE
(1866–1946)

Geboren in Bromley, Kent. Manche seiner Romane gehören heute zur klassischen englischen Literatur dieses Jahrhunderts. Während seine Abstecher ins Gebiet der Science-fiction bekannt sind, ist man sich weniger bewußt, daß W., besonders in einzelnen Kurzgeschichten, sich auch auf dem Gebiet des Krimi betätigt hat. Dorothy Sayers z. B. hat die Erzählung »The Cone« aus *The Plattner Story and Others* (1897) in *The Omnibus of Crime* (1929) aufgenommen. Zu erwähnen sind die Romane *The Island of Dr. Moreau* (1896) und *The Invisible Man* (1897); folgende Kurzgeschichtenbände enthalten Kriminalerzählungen: *The Stolen Bacillus and Other Incidents* (1895); *The Plattner Story and Others* (1897); *Twelve Stories and a Dream* (1903); *The Country of the Blind and Other Stories* (1907).

WENTWORTH, PATRICIA
(1878–1961)

Pseudonym für Dora Amy Elles, geboren in Indien, als Tochter eines englischen Generals. W. wurde in England erzogen, kehrte nach Indien zurück und heiratete den Oberst George Dillon, der 1906 starb. Sie beschloß, sich in England niederzulassen, heiratete 1920 einen anderen Berufsoffizier, George Oliver Turnbull, und lebte bis zu ihrem Tod in Camberley, Surrey. Miss Wentworth begann 1911 mit historischen Romanen. Ihr erster Krimi erschien 1923; etwa 70 weitere folgten. Ihre Heldin, die sich größter Beliebtheit erfreute, ist Miss Maud Silver; sie tritt 1928 zum ersten Mal auf und ist in den Jahren 1937–1961 die Hauptfigur von 31 Romanen: eine kleine, ältliche Dame, die ein Herz für Liebende hat und scharf denken und kombinieren kann. Scotland Yard hat höchsten Respekt vor dieser Privatdetektivin, denn sie hat schon manchem Inspektor bei der Lösung eines Falles geholfen.

The Astonishing Adventures of Jane Smith (1923); *The Black Cabinet* (1925); *Mr. Zero* (1938). – Drei Miss-Silver-Romane: *Grey Mask* (1928); *The Case Is Closed* (1937); *The Girl in the Cellar* (1961).

The Gazebo
(1955)

Althea Graham wird von ihrer verwitweten Mutter beherrscht, die vorgibt, gefährlich krank zu sein, und die ihre Tochter moralisch erpreßt und ausnützt. Seit es Mrs. Graham gelungen ist, Altheas Verlobten zu verscheuchen, hat Althea jede Hoffnung auf ein eigenes Leben aufgegeben. Doch dann treten außerordentliche Ereignisse ein. Mrs. Graham möchte ihr Haus verkaufen, das eigentlich Althea gehört; sie findet zwei Interessenten, die jeden Preis zu zahlen bereit sind. Althea weigert sich. Altheas früherer Verlobter, Nicholas Carey, kommt zurück. Er liebt Althea noch immer und will sie jetzt sofort heiraten – komme, was da wolle. Nicholas und

Althea treffen sich wie früher am Abend im Gazebo, dem Sommerhäuschen im Garten der Grahams. Dort überrascht Mrs. Graham die beiden. Wütend schickt sie Carey weg; Althea bringt ihre Mutter zu Bett. Doch Mrs. Graham sieht kurz darauf wieder ein Licht im Gazebo. Ist Nicholas zurückgekommen? Als sie erneut nachforscht, wird sie erwürgt. Der Verdacht fällt zunächst auf Carey; Althea aber hat Miss Maud Silver um Hilfe gebeten. Miss Silver bringt Inspector Frank Abbott auf die richtige Spur: die seltsamen Interessenten, die das Haus erwerben wollen. Der eine, Fred Worple, ist zwar ein unsolider Geschäftsmann, aber kein Mörder. Der andere jedoch, Sid Blount, wird gefaßt, als er eben seine Frau ermorden will. Es stellt sich heraus, daß er schon seinen Vater und seine erste Frau auf dem Gewissen hat; er hat auch Mrs. Graham umgebracht. Warum? Er wußte, daß im Gazebo vor über hundert Jahren ein Schatz vergraben worden war, und hatte ihn stehlen wollen, da er das Haus nicht kaufen konnte. Am Ende wird der Schatz gefunden, und Althea und Nicholas werden heiraten.

WERREMEIER, FRIEDHELM
(* 1929)

Dieser gelernte Journalist – er arbeitete seit 1953 für mehrere große deutsche Zeitschriften – betrieb die Kriminalistik schon früh als Hobby. Seine kriminalistisch-journalistischen Fachbücher (z. B. *Bin ich ein Mensch für den Zoo? Jürgen Bartsch, Bericht über 4 ermordete Kinder und den Jugendlichen, der sie getötet hat,* Wiesbaden 1968) gingen den Kriminalromanen voraus. Mit seinem Kommissar Trimmel (die Serie ist auf 25 Bände geplant, viele Texte sind bereits verfilmt worden) gelang W. ein beachtlicher Erfolg (deutsche Auflagenzahlen von mehr als 20 000 verkauften Exemplaren). Obwohl die Maigret-Anlehnung deutlich ist, bringt W. neben dem typisch deutschen Schauplatz eine ganze Menge kriminalistischer Information ein, die den Büchern ihren eigentlichen Charakter gibt. Der Kommissar ist ein sympathischer Mensch, nicht so abgeklärt wie Maigret, dafür mit einer Portion Selbstironie, die ihm manchmal, verbunden mit seiner Alltags-Menschenkenntnis, bei seinen Fällen weiterhilft.
W. machte aus den Memoiren des deutschen Strafverteidigers Dr. Bossi ein Buch; und nach eigenem Zeugnis sind es die »richtigen« Fälle (z. B. der von Dr. Sam Sheppard), die sein Interesse weckten und ihn schließlich veranlaßten, das Thema auch fiktiv weiterzuspinnen. – Pseudonym für die ersten Krimis: Jacob Wittenbourg.

Taxi nach Leipzig (1970); *Ich verkaufe mich exklusiv* (1971); *Der Richter in Weiß* (1971); *Ein EKG für Trimmel* (1972); *Platzverweis für Trimmel* (1972); *Trimmel macht ein Faß auf* (1973); *Treff mit Trimmel* (1974); *Trimmel und der Tulpendieb* (1974); *Hände hoch, Herr Trimmel* (1976).

Platzverweis für Trimmel
(1972)
Louis Spindel alias Paul Mausbach wird ermordet. Von wem? Vom Privatdetektiv Tuffinger? Dieser kennt den Mörder, gibt aber vor, Spindel *selbst* ermordet zu haben und erpreßt damit einen reichen Bundesliga-Vereinspräsidenten, in dessen Auftrag er gehandelt haben will. Der Boß namens Gustav Meyer (der nicht so heißt!) zahlt 50 000 Mark.
Hauptkommissar Paul Trimmel schnüffelt mehreren falschen Fährten nach und lernt dabei alles, was der Eingeweihte über den Fußballbetrieb der deutschen Profis wissen kann. Die Korruption ist aber am Ende gar nicht so groß, wie man erwartet hat, und der Mörder ist ein etwas geistesgestörter Kerl, der zu bedauern und nicht zu verdammen ist. Tuffinger behält sein Geld, Meyer wird nie identifiziert, und der Journalist Gerber, der eine Weile verdächtigt worden ist, steht als Unschuldslamm da.

WESTHEIMER, DAVID
(* 1917)

Geboren in Houston, Texas. Er studierte an der Rice und an der Columbia University und arbeitete darauf in Houston und in Kalifornien als Journalist. Im Zweiten Weltkrieg war er ein höherer Offizier bei der Luftwaffe. Heute lebt W. in Los Angeles. Seit 1948 hat er unter seinem richtigen Namen und unter dem Pseudonym Z. Z. Smith Romane und andere Bücher publiziert. Besonders erfolgreich war *Von Ryan's Express* (1964), ein Thriller, der auch verfilmt wurde (mit Frank Sinatra). *A Very Private Island*

(1962) und *The Olmec Head* (1974) sind ebenfalls Thriller.

The Olmec Head
(1974)
Der illegale Handel mit mexikanischen Kunstschätzen blüht: immer mehr archäologische Funde werden in die USA geschmuggelt und dort zu Liebhaberpreisen verkauft. Von seinem mexikanischen Gewährsmann Vargas hat der Kunsthändler Otis Sandifer erfahren, daß ein weiterer der seltenen monumentalen Olmec-Köpfe gefunden worden ist. Da aber die mexikanische Polizei bereits auf Vargas aufmerksam geworden ist, muß Sandifer den Transport selbst organisieren. Er schickt die kalte, sparsame Donna Russell und Samuel Bell, einen jungen Abenteurer, der mit Menschen umgehen kann und technisch versiert ist. Die beiden sind ein ideales Team. Donna ist ganz und gar skrupellos, während Sam durchaus Gefühl und Skrupel kennt. Ein »Konkurrenzunternehmen« wird erfolgreich ausgeschaltet: Wird es Donna und Sam gelingen, auch der Polizei zu entgehen? Am Ende kann der kluge »agente« Alvarada den Olmec-Kopf als Kulturdenkmal für das mexikanische Volk retten. Sam ist im Grunde erleichtert, obwohl er zwei Jahre ins Gefängnis muß. Donna bekommt fünf Jahre, Vargas fünfzehn. Sandifer aber, der stets am meisten verdiente, bleibt ungeschoren.

WESTLAKE, DONALD EDWIN
(* 1933)

Geboren in Brooklyn; aufgewachsen in Albany (New York). Nach dem Militärdienst arbeitete er als Lektor bei einer literarischen Agentur. Heute lebt er als freier Schriftsteller in New Jersey. W. begann 1960 mit Krimis der hartgesottenen Art und publizierte sie gleichzeitig unter drei Namen: seinem richtigen und den Pseudonymen Richard Stark und Tucker Coe. Von 1960 bis 1967 brachte er drei Romane pro Jahr heraus. Der Erfolg mehrerer Verfilmungen gestattet es ihm seither, langsamer zu arbeiten. Seit 1966 wird er immer ironischer, wodurch seine Werke gewinnen. Die Zentralfigur der Tucker-Coe-Romane ist Mitch Tobin, ein früherer Polizist, angeekelt von der Gesellschaft, aber gerecht und idealistisch wie Lew Archer (Ross Macdonald). Der Berufsdieb Parker ist der Held von einem guten Dutzend Richard-Stark-Romanen.

The Mercenaries (1960, späterer Titel *The Smashers*); *Killing Time* (1961); *The Spy in the Ointment* (1966); *Murder among Children* (1967, von Tucker Coe); *Somebody Ows Me Money* (1969); *I Gave at the Office* (1971). – Drei Romane von Richard Stark: *The Man with the Getaway Face* (1963); *The Jugger* (1965); *The Damsel* (1967).

Jimmy the Kid
(1974; dt. 1975)
W.s Spezialität ist der komische Kriminalroman, in dem die üblichen Handlungsmuster auf den Kopf gestellt werden. Die Verbrecher sind nicht kalt berechnende Heroen, sondern abergläubische Pechvögel und spießige »Geschäftsleute«. Das Opfer wird zum Retter, die Betrüger sind am Ende selbst die Geprellten. In *Jimmy the Kid* kommt der kleine Ganove Kelp auf die Idee, eine Kriminalgeschichte, die er im Gefängnis gelesen hat, in die Tat umzusetzen. Zusammen mit dem griesgrämigen Einbrecher Dortmunder, dessen tüchtiger Frau, dem Automarder Murch und dessen »Mom« entführt Kelp Jimmy, den Sohn des reichen Harrington. Natürlich kommt es zu den absurdesten Zu- und Zwischenfällen, als die Ganoven das Buch wie ein Kochrezept anwenden. Dennoch gelingt es ihnen, das Lösegeld zu kassieren. Jimmy ist aber kein hilfloses Kind; seit Jahren bei Dr. Schraubenzieher in psychiatrischer Behandlung, ist er den Ganoven in ihrem eigenen Metier weit überlegen. Er rettet am Ende seine Entführer vor der Polizei, nimmt ihnen aber bis auf 1000 Dollar das Geld wieder ab, geht nach Kalifornien und macht aus der ganzen Geschichte einen erfolgreichen Film. Dortmunder und seine komische Gaunergruppe sind auch in W.s Romanen *The Hot Rock* (1970) und *Bank Shot* (1972) die Pechvögel.

WETERING, JANWILLEM VAN DE
(* 1931)

Geboren in Rotterdam. Nach Schulabschluß Reisen in Afrika, Südamerika, Australien. 18 Monate in einem buddhistischen Kloster in Japan. Rückkehr nach Amsterdam, wo er neun

Jahre als Polizist arbeitet. Dann Auswanderung in die USA. 1975 erscheint sein erster Krimi, in englischer Sprache – ein vielversprechendes Meisterwerk.

Outsider in Amsterdam

(1975; dt. *Outsider in Amsterdam,* 1977)
Piet Verboom hat die »Hinduistische Gesellschaft« gegründet und dabei finanziell tüchtig profitiert. Indem er junge Leute mit östlichen Weisheiten und vegetarischem Essen anlockte, gewann er billige Hilfskräfte für die Bar und das Restaurant, die er – d. h. die »Gesellschaft« – betrieb. Doch eines Abends wird Piet an einem Seil von der Decke seines Zimmers hängend gefunden. War es Selbstmord oder Mord? Die beiden Kriminalpolizisten Grijpstra und de Gier, lebendig und sympathisch gezeichnete Typen, bemühen sich umsonst, denn sie lassen die Schlüsselfigur, den Papua van Meteren, außer Acht. Kein Wunder, denn van Meteren gehört ja eigentlich zu ihnen; er war in Neuguinea bei der Polizei gewesen und ist jetzt in Amsterdam als Verkehrspolizist tätig. Van Meteren liefert den Kriminalbeamten schließlich die Beweise, daß Piet mit Hasch und Heroin gehandelt hat, und mit seiner Hilfe werden auch der Lieferant und die Abnehmer des Rauschgifts gefangen. Van Meteren selbst aber, der Piet Verboom umgebracht hat, weil er dessen verderbenbringenden Handel mit Heroin nicht länger hatte mitansehen können, entkommt. Der Leser hofft, daß der Papua mit dem Geld, das er den Heroinhändlern abgenommen hat, seine erträumte Insel vor Neuguinea wird kaufen können. – Grijpstra und de Gier sind seither in weiteren Krimis von W. aufgetreten, zuletzt in *The Japanese Corpse* (1977).

WEYMOUTH, ANTHONY

(* 1887)

Pseudonym für den Engländer Ivo Geikie Cobb, der in den Jahren 1934–1941 ein halbes Dutzend Krimis schrieb. Seine Zentralfigur ist Inspector Treadgold.

Frozen Death (1934); *Cornish Crime* (1937); *Inspector Treadgold Investigates* (1941).

WHALEY, FRANCIS JOHN

(* 1897)

Dieser Engländer hat in den Jahren 1936–1941 neun Krimis geschrieben. BARZUN/TAYLOR besprechen die ersten zwei von 1936 positiv. Beide spielen im Schulmilieu, der zweite in Cambridge.

Reduction of Staff (1936); *Trouble in College* (1936); *Enter a Spy* (1941).

WHEATLEY, DENNIS

(1897–1977)

Geboren in London. Er nahm am Ersten Weltkrieg teil und arbeitete von 1919 bis 1931 im väterlichen Weingeschäft. 1933 erschien sein erstes Buch, *The Forbidden Territory,* ein Bestseller. Seither hat W. etwa 60 Romane veröffentlicht. Der Held von einem Dutzend Romanen ist der englische Geheimagent Robert Brook, der zur Zeit der Französischen Revolution und Napoleons agiert. Gregory Sallust ist ein weiterer Agent W.s, Held von sieben Büchern, die zur Zeit des Zweiten Weltkriegs spielen. In den Jahren 1936–1939 veröffentlichte W. vier illustrierte Krimis. Diesen Büchern wurden »Taschen« beigegeben, die Kopien von Briefen enthielten, und auf Photographien sah man Haare, Fingerabdrücke usw. – das alles, damit der Leser das gleiche Material zur Verfügung habe wie die Detektive.

The Secret War (1937, zus. mit J. G. Links); *Launching of Roger Brook* (1947); *Bill for the Use of a Body* (1964). – Die vier »illustrierten« Krimis: *Murder off Miami* (1936, in USA *File on Bolitho Blane*); *Who Killed Robert Prentice* (1937, in USA *File on Robert Prentice*); *The Malinsay Massacre* (1938); *Herewith the Clues* (1939).

WHEELER, EDWARD L.

(um 1854–1885)

Geboren in Avoca, New York. Er wohnte in Titusville, Pennsylvania, und verdiente seinen Lebensunterhalt als »Pulp«-Autor. Er erfand die Figur des »Deadwood Dick«, dessen erstes Abenteuer im Oktober 1877 in *Beadle's Half Dime Library* unter dem Titel *Deadwood Dick,*

The Prince of the Road; or, The Black Rider of the Black Hills erschien.
Es beginnt damit, daß Fearless Frank die Indianer dabei überrascht, wie sie ein hübsches Mädchen an den Marterpfahl binden. Darauf folgen wir Dick nach Deadwood City, wo 500 Dollar auf seinen Kopf ausgesetzt sind. Dort treffen wir Spieler im »Saloon« – es gibt eine Schießerei. In einer Hütte in der Nähe wohnt die hübsche Anita, zu der sich Ned Harris (ihr Bruder) und sein Gast Redburn begeben. Unterwegs begegnet ihnen Calamity Jane. Unterdessen haben die Indianer (Sitting Bull) das Mädchen, Alice Terry, an Fearless Frank abgegeben. An einem anderen Ort überfällt Dick eine Postkutsche und nimmt den Reichen das Geld ab; zwei Halunken verwunden ihn dabei. Nun treffen Ned Harris und Fearless Frank aufeinander und duellieren sich. Ned wird getötet, und Frank reitet mit Alice weiter. Deadwood Dick wird überfallen und von den gleichen Halunken wie vorher beinahe umgebracht. Calamity Jane und Fearless Frank retten ihn. Zum Schluß heiraten Frank und Anita einerseits, Redburn und Alice andererseits, und Deadwood Dick und seine edlen Räuber brechen zu neuen Taten auf. Die Erzählung könnte kaum schlechter geschrieben sein; die Schilderung der Ereignisse und ihre Motivation sind in ihrer Primitivität unübertroffen.

WHITE, ETHEL LINA
(um 1884–1944)

Geboren in Abergavenny (England). Sie wuchs in Wales auf und wurde Beamtin. 1932 erschien ihr erster Krimi, *Fear Stalks the Village;* ein gutes Dutzend weitere folgten. Drei wurden verfilmt, darunter *The Wheel Spins* (1936), von Alfred Hitchcock 1938 unter dem Titel *The Lady Vanishes.*

Some Must Watch (1934, verfilmt als *The Spiral Staircase*); *Step in the Dark* (1938); *They See in Darkness* (1944).

WHITE, LIONEL
(?)

PROMIES nennt 14 deutsche Übersetzungen dieses amerikanischen Autors, alle aus den Jahren 1961–1966. HAGEN verzeichnet 29 englische Titel. BARZUN/TAYLOR haben zwei Krimis von W. gelesen und beurteilen sie beide schlecht.

Seven Hungry Men (1952, anderer Titel *Run, Killer, Run*); *Lament for a Virgin* (1960); *The Night of the Rape* (1967).

WHITECHURCH, VICTOR LORENZO
(1868–1933)

Dieser Engländer war anglikanischer Priester und schrieb auch brave Romane und Autobiographisches. Als Eisenbahn-Enthusiast, der er war, brachte er 1912 einen Band mit fünfzehn Kurzgeschichten heraus: *Thrilling Stories of the Railway*. Der Held in neun Erzählungen ist der Eisenbahndetektiv Thorpe Hazell, ein Vegetarier, der bei den unmöglichsten Gelegenheiten Turnübungen macht.
In »Sir Gilbert Murrell's Picture« z. B. findet er heraus, wie Diebe einen Güterwagen aus der Mitte eines fahrenden Zuges hatten entwenden können: die hinteren Wagen waren mit einem langen Seil an den Wagen vor dem zu stehlenden angeknüpft worden. Darauf hatte man diesen Wagen ebenfalls an einem Seil vom Zug etwas gelöst, ihn durch schnelles Weichenstellen auf ein Seitengeleise fahren lassen und das kurze Seil gekappt. Die am langen Seil im Abstand rollenden Wagen waren bei der nächsten Bodensenke wieder auf den Vorderteil des Zugs aufgefahren und angekoppelt worden. – Andere kriminelle Eisenbahngeschichten findet man in *The Adventures of Captain Ivan Koravitch* (1925). In den zwanziger Jahren ergriff auch W. die Leidenschaft der Zeit: er begann plötzlich Kriminalromane zu schreiben.

The Templeton Case (1924); *The Crime at Diana's Pool* (1927); *Shot on the Downs* (1927); *The Robbery at Rudwick* (1929); *Murder at the Pageant* (1930); *Murder at the College* (1932, in USA *Murder at Exbridge*).

WHITFIELD, RAOUL
(1898–1945)

Dieser Amerikaner schrieb von 1923 an für die »Pulps«; er war einer der erfolgreicheren Autoren von »Hard-boileds«. Unter dem Pseudonym

Ramon Decolta schrieb er Erzählungen um den Filipino Jo Gar – »the Island Detectice«, der in Manila arbeitet (W. hatte selbst eine Weile auf den Philippinen gelebt). HAGEN verzeichnet nur drei in Buchform erschienene Krimis von W.:

Green Ice (1930); *Death in a Bowl* (1931); *The Virgin Kills* (1932).

WHITNEY, PHYLLIS A.
(* 1903)

Geboren in Yokohama, Japan; im Alter von fünfzehn Jahren kam sie in die USA. Die höheren Schulen besuchte sie in Kalifornien, Texas und Chicago. Sie lebt verheiratet in New Jersey. Als Autorin begann sie mit Jugendbüchern und schrieb auch Jugendkrimis. 1943 erschien ihr erster Erwachsenenkrimi: *Red Is for Murder*. Seither hat sie etwa 20 Romane verfaßt, die zum Teil ins Gebiet des Unheimlich-Kriminellen fallen.

The Quicksilver Pool (1955); *Secret of the Emerald Star* (1964, Jugendkrimi); *The Winter People* (1969).

WICHERT, ERNST
(1831–1902)

Geboren in Insterburg, Ostpreußen. Er studierte Geschichte und Rechtswissenschaften in Königsberg und wurde Kreisrichter (1860), Stadtrichter in Königsberg (1863) und 1888 Kammergerichtsrat in Berlin, wo er starb. Er schrieb Lustspiele, historische Dramen, Romane und Novellen. Die zwei Bände *Litauische Geschichten* (1881–1890) enthalten eine Serie vorzüglicher Kriminalerzählungen.

WILCOX, COLLIN
(* 1924)

Geboren in Detroit. Er begann als Reklame-Texter, trat 1953 in eine Möbelfirma ein und führte von 1955 bis 1971 sein eigenes Lampengeschäft in San Francisco. Seit 1967 hat er etwa ein Dutzend Krimis geschrieben, einen davon unter dem Pseudonym Carter Wick (*The Faceless Man,* 1975).

The Black Door (1967); *Dead Aim* (1971); *The Third Victim* (1976).

Dead Aim
(1971; dt. *Ich übernehme die Verantwortung,* 1972)
Polizeileutnant Hastings kann sich nicht über Mangel an Arbeit beklagen: Fast gleichzeitig muß er den Mord an einer berufstätigen Ehefrau, Susan Draper, und den Mord an einem leichtlebigen Liebespaar aufklären. Mühsam werden die Informationen zusammengetragen. Im ersten Fall gibt es zwei Verdächtige: den Ehemann und den frühreifen, anti-sozial eingestellten Teenager Dan Haywood. Der zweite Fall ist komplizierter. Wollten die reichen, angesehenen Eltern von Karen Manley ihre Tochter los sein, da Karen mit dem Schmarotzer und Drogenhändler Valenti lebte? Oder ist Karens drogensüchtiger Bruder Bruce der Mörder? Aber auch Jane Swanson, Valentis ehemalige Freundin und Mutter seines Kindes, gerät in Verdacht. Beide Fälle enden in einer Schießerei: nachdem der Ehemann von Susan Draper einen Polizisten angeschossen hat, erschießt er sich am Ende selbst; der Freund von Jane Swanson, der Karen und Valenti aus Eifersucht und aus Gewinnsucht getötet hatte, wird von einem Polizeischarfschützen kampfunfähig geschossen. Leutnant Hastings hofft auf ein ruhigeres Weihnachtsfest.

WILDE, OSCAR
(1854–1900)

Geboren in Dublin. Studium in Dublin und Oxford. Seit 1879 führte er das Leben eines Dandy in London. 1882 Amerikareise. 1895 zu zwei Jahren Zuchthaus verurteilt. Danach Emigration nach Frankreich und Tod in Paris.
Der berühmte Dramatiker schrieb neben seinen Komödien, Märchen, kritischen Schriften und dem Roman *The Picture of Dorian Gray* (1891) eine Parodie auf die Gespenstergeschichten, »The Canterville Ghost«, und eine Parodie auf die damals blühenden Morderzählungen, »Lord Arthur Savile's Crime«, beide im Band *Lord Arthur Savile's Crime and Other Stories* (1891). Lord Arthur wird von einem vor Furcht zitternden Handleser gesagt, er werde in Kürze jemanden ermorden. Arthur will diesen Befehl des Schicksals so bald als möglich ausführen – und

damit die Tat hinter sich bringen. Das erste Opfer aber nimmt sein Gift nicht, sondern stirbt eines natürlichen Todes; beim zweiten explodiert die Bombe nicht. Nun trifft Arthur den Wahrsager nachts auf einer Brücke und wirft ihn in die Themse – und dieser ertrinkt; Selbstmord, sagt die Polizei. Arthur hat dem Schicksal gegenüber seine Pflicht getan und heiratet.

WILDE, PERCIFAL
(1887–1953)

Geboren in New York; Studium an der Columbia University. W. begann als Dramatiker (er soll etwa 100 Dramen geschrieben haben) und wandte sich erst von 1929 an gelegentlich dem Krimi zu. Der Kartenkünstler Bill Parmelee in den Erzählungen *Rogues in Clover* (1929) löst Fälle unter Spielern. Der Amateurdetektiv Peter Moran hat seinen Nebenberuf durch Fernstudium erlernt – und noch nie einen Fall erfolgreich gelöst (*P. Moran, Operative,* 1947).

W.s Krimis: *Mystery Week-End* (1938); *Inquest* (1939); *Design for Murder* (1941); *Tinsley's Bones* (1942).

WILEY, HUGH
(* 1884)

Geboren in Zanesville, Ohio. Ohne studiert zu haben, wurde er Bauingenieur. Er hat den chinesischen Detektiv Mr. Wong erfunden, über den er in *Collier's* Erzählungen schrieb. Nicht lange, und Mr. Wong erschien – in der Gestalt Boris Karloffs – auf der Leinwand. In den Jahren 1938–1940 wurden sechs Wong-Filme gedreht, davon fünf mit Karloff. Ins Gebiet der Krimiliteratur gehören W.s folgende drei Kurzgeschichtenbände:

Jade and Other Stories (1921); *Manchu Blood* (1927); *The Copper Mask and Other Stories* (1932).

WILKINSON, ELLEN
(* 1891)

Diese Engländerin war Parlamentsreporterin und schrieb einen Krimi, den BARZUN/TAYLOR als »vernachlässigten Meilenstein« innerhalb der Gattung Kriminalroman bezeichnen: *The Division Bell Mystery* (1932).

WILLARD, JOHN A.
(1885–1942)

Geboren in San Francisco. Er schrieb keine Krimis, dafür das populäre Stück *The Cat and the Canary,* das 1922 in New York uraufgeführt und dann mehrmals verfilmt wurde. Es ist ein Gruseldrama. In einem unheimlichen Haus, worin es nach Geistern, Mördern und geheimen Wandgängen riecht, wird ein Testament verlesen, nach welchem ein junges Mädchen alles erben soll, sofern es bei gesundem Verstand sei. In einem solchen Haus und bei solchen Personen kann man aber den Verstand leicht verlieren.

WILLIAMS, BEN AMES
(1889–1953)

Nach HAGEN veröffentlichte dieser amerikanische Romancier auch ein halbes Dutzend Krimis.

Silver Forest (1926); *Death on Scurvy Street* (1929, in England *The Bellmer Mystery*); *Hostile Valley* (1934).

WILLIAMS, BRAD
(*1918)

Dieser Amerikaner schrieb in den Jahren 1960 bis 1964 einige Krimis. BARZUN/TAYLOR besprechen *Make a Killing* (1961) positiv.

A Borderline Case (1960); *A Well-Dressed Skeleton* (1962); *A Stranger to Herself* (1964).

WILLIAMS, CHARLES
(* 1909)

HAGEN verzeichnet 19 Krimis von W. (1953–1966). Die vierzehn deutschen Titel, die wir bei PROMIES finden und die der Heyne-Verlag in den Jahren 1961–1966 vorlegte, scheinen Übersetzungen dieses Autors zu sein. Ein anderer Charles Williams, der von 1886 bis 1945 lebte, Amerikaner war und (nach BARZUN/TAYLOR) »religious thrillers« veröffentlichte, heißt mit vollem Namen Charles Walter Stansby Williams und ist wahrscheinlich von W. Promies mit dem 1909 geborenen W. verwechselt worden.

A Touch of Death (1953); *The Sailcloth Shroud* (1961); *The Wrong Venus* (1966).

WILLIAMS, GEORGE EMLYN
(1905–1974)

Geboren in Mostyn, Flintshire. Er studierte in Oxford und wurde Schauspieler und Dramatiker. 1930 schrieb er das Stück *A Murder Has Been Arranged*; 1967 veröffentlichte er ein Buch über einen aktuellen Mordfall, das ein Bestseller wurde: *Beyond Belief.*

WILLIAMS, GEORGE VALENTINE
(1883–1946)

Dieser Engländer, Journalist und Erfolgsautor, schrieb etwa 30 Krimis. Er verwendete auch die Pseudonyme Douglas Valentine und »Vedette« und hat mehrere Seriencharaktere erfunden, z. B. den Schneider und Amateurdetektiv Mr. Treadgold, Trevor Dene von Scotland Yard und die Figur »Clubfoot«.

Okewood of the Secret Service (1925); *The Fox Prowls* (1939); *The Skeleton out of the Cupboard* (1946). – Über Mr. Treadgold: *Dead Man Manor* (1936); *Mr. Treadgold Cuts In* (1937, in USA *The Curiosity of Mr. Treadgold*). – Über Trevor Dene: *The Clue of the Rising Moon* (1924); *Masks Off at Midnight* (1934). – Über Dr. Adolf Grundt, genannt »Clubfoot«: *Clubfoot the Avenger* (1923); *The Man with the Clubfoot* (1931); *The Gold Comfit Box* (1932, in USA *The Mystery of the Gold Box*).

WILLKOMM, ERNST ADOLPH
(1810–1886)

Geboren als Pfarrerssohn in Herwigsdorf bei Zittau. Er studierte in Leipzig Jura und Philosophie und war Journalist und Redakteur. Heute kennt man ihn wieder als sozialkritischen Romancier und als Autor des Romans *Die Europamüden* (1838). 1862 veröffentlichte W. vier »Kriminalgeschichten« unter dem Titel *Am grünen Tisch.*

WILSON, COLIN
(* 1931)

Geboren in Leicester. Er hatte mit seiner Studie *The Outsider* (1956) gewaltigen Erfolg. W. schrieb eine ganze Reihe von weiteren Studien zur philosophischen (existentialistischen) Situation des modernen Menschen. Mord ist eines von W.s Hauptinteressen; in *A Casebook of Murder* (1969) schildert W. die berühmtesten Mordfälle der Weltgeschichte. Neben anderen Romanen hat W. auch mehrere Krimis verfaßt:

Ritual in the Dark (1960); *Necessary Doubt* (1964); *The Glass Cage* (1966); *The Schoolgirl Murder Case* (1974).

WITTING, CLIFFORD
(* 1907)

Dieser Engländer schrieb nach 1937 etwa 20 Krimis. BARZUN/TAYLOR finden die meisten vorzüglich und besprechen vierzehn. Die Zentralfiguren sind die Inspektoren Charlton und Bradfield.

Murder in Blue (1937); *The Case of the Busy Bees* (1952); *Murder in Whispers* (1964).

WOHL, LOUIS DE
(1903–1961)

Sohn eines k.u.k. Diplomaten; er wuchs in Berlin auf und hatte mit seinem Boxerroman, *Der große Kampf* (1924), seinen ersten Erfolg. Bis zu seiner Emigration nach England (1935) schrieb W. über 40 Unterhaltungs- und Abenteuerromane. Während des Zweiten Weltkriegs trat er in den britischen Informationsdienst ein und war bei Kriegsende Hauptmann und englischer Staatsbürger. W. beherrschte die englische Sprache so gut, daß seine nach 1945 auf englisch geschriebenen Heiligenbiographien Bestseller wurden. Ein Unikum ist W.s Science-fiction-Roman *Die Erde liegt hinter uns* (1954); es geht darin um Weltraumfahrt und das katholische Dogma der Erbsünde. Parallel zu seinen Heiligenbiographien hat W. neun Kriminalromane auf Deutsch geschrieben. Er meinte: »Welche Detektivgeschichte reichte spannungsmäßig an das Leben des Apostels Paulus heran, welcher Abenteuerroman könnte das Leben des hl. Franz Xaver übertreffen . . .?« W.s Krimis, im Gegensatz zu den Biographien heute fast vergessen, weisen die stereotypen Schauplätze der englischen Vorbilder auf. Die Namen der Detektive wechseln von Roman zu Roman. In *Der verschwundene Expreß* (1950) agiert Roy Farland im Eisenbahnermilieu. Der adelige Denis Crawford ist in *Satan in Verkleidung* (1946) einem Schmuggel im Nahen Osten auf der Spur, und MacLean geht in einer südamerikanischen Operettenrepublik dem *Fall Ybarra* (1951) nach. W.s Interesse an Astrologie hat sich z. B. in *Die seltsame Tochter* (1946) niedergeschlagen. Obwohl er in einer gepflegten Sprache Sex, Rauschgift und Verworfenheit schildert, ist alles so unterkühlt, daß seine Romane sogar in Pfarrbibliotheken eingestellt werden konnten.

W.s weitere Krimis: *Ich bin Dr. Zodiac* (1949); *Der Yoghi von Bombay* (1951); *Schwarz ist Weiß und Weiß ist Schwarz* (1952); *Göttin der tausend Katzen* (1954); *Der unsichtbare Reporter* (1955).

Der Fall Ybarra
(1951)

Douglas MacLean ist der geachtete, gefürchtete und unbestechliche Polizeipräsident des südamerikanischen Staates Guayador. Seit seine Frau Concepción ihn betrogen und verlassen hat, ist er verbittert. Seine Hauptsorge gilt Pedro, seinem Sohn, da dieser unzuverlässig wie seine Mutter zu sein scheint. Ein Unglück – Pedros große Liebe Manuela heiratet den eleganten, älteren Lebemann Miguel Ybarra – macht einen Mann aus Pedro. Er absolviert die Polizeischule; sein erster Auftrag führt ihn zur Quecksilbermine Ybarras. Ybarra hat einen großen Versicherungsschwindel geplant, da er verarmt ist und da Manuela nicht so viel Geld in die Ehe gebracht hat, wie Ybarra hoffte. Um die Polizei irrezuführen, hat er Polizeischutz verlangt. In Pedros Anwesenheit fliegt die hochversicherte Mine in die Luft. Der amerikanische Versicherungsagent John Merryman (dessen Frau Concepción inzwischen geworden ist) hegt Verdacht gegen Ybarra, hat aber keine Beweise. Pedro, der Manuela immer noch liebt (wie sie ihn), findet diese Beweise endlich. Der skrupellose Ybarra will Manuela umbringen, falls Pedro seinen Schwindel verraten sollte. Concepción rettet die Situation. Sie begibt sich zu dem durch Mescalin-Genuß halb verrückt gewordenen Ybarra, der ihr alter Liebhaber ist und dessentwegen sie Douglas MacLean einst verlassen hatte, und tötet ihn. Dann liefert sie sich dem Polizeipräsidenten aus. Zum ersten Mal stellt nun Douglas MacLean die Menschlichkeit über das Gesetz. Er läßt Concepción nicht verhaften, sondern bittet sie, wieder seine Frau zu werden. Aber sie kennt ihre Pflicht; sie bleibt Mrs. Merryman. Douglas MacLean tritt als Polizeipräsident zurück und fährt mit Sohn und Manuela auf sein ererbtes Landgut in Schottland. Der Roman könnte auch »Das Spiel des Zufalls« heißen.

WOOD, MRS. HENRY
(1814–1887)

Geboren als Ellen Price in Worcester. 1836 heiratete sie Henry Wood, mit dem sie bis 1866 in Frankreich lebte. 1867 kehrte sie nach England zurück und gab die Zeitschrift *Argosy* heraus, in der sie ihre Romane veröffentlichte. Dorothy Sayers beginnt ihren *Omnibus of Crime* (1929) mit einer Erzählung von W. (»The Ebony Box«) aus *Johnny Ludlow*, 5th Series, 1890). HAGEN verzeichnet fünf der folgenden Werke von W. als Krimis (auf das erste weist Dorothy Sayers hin):

East Lynne (1861); *Shadow of Ashlydyat* (1863); *Johnny Ludlow* (1874 und später [mehrere Bände Erzählungen, z. B. 5. Band 1890]).

WOOD, H. F.
(1850 – um 1915)

Geboren in Bradford (West Riding, England). Er arbeitete als Journalist für den *Glasgow Herald* und für den *Morning Advertiser* (London). 1895 besuchte W. Ägypten. Er starb wahrscheinlich um 1915. E. F. Bleiler hat den unten besprochenen Roman wiederentdeckt und 1977 veröffentlicht. W. schrieb noch zwei weitere Krimis: *The Englishman from the Rue Caïn* (1889) und *The Night of the 3rd Ult.* (1890).

The Passenger from Scotland Yard
(1888)
In London werden die Wilmot-Diamanten gestohlen. Im Zug nach Paris sitzen Inspector George Byde (inkognito) sowie wirkliche und scheinbare Diebe. In Paris wird ein Reisender tot aus dem Wagen gezogen, und hier treffen wir auch Damen (eine Liebesgeschichte: der fälschlich als Dieb inhaftierte Sekretär Wilmots heiratet eine Ziehtochter seines Chefs, die nach Paris durchgebrannt ist), Hehler (»Innocent Ben« Byers), einen eher dümmlichen Detektiv namens Toppin, den verdächtigen Brother Neel von der Antialkoholiker-Gesellschaft und zwei Schufte, denen Byde die Diamanten abnimmt. Er lockt sie hinter sich her nach England und läßt sich – plangemäß – vom Gangsterboß überfallen, wobei er diesen zum Selbstmord veranlaßt. – Auf die spannenden ersten hundert Seiten folgt ein langatmiges Durcheinander. Inspector Byde ist glaubhaft, ebenso Byers. Die übrigen Personen bleiben Statisten.

WOODS, SARA
(* 1922)

Geboren als Sara Hutton; aufgewachsen in Yorkshire. Sie arbeitete zuerst als Bankangestellte, dann bei einem Rechtsanwalt. 1946 heiratete sie Anthony Bowen-Judd, mit dem sie 1957 nach Halifax (Kanada) emigrierte. Dort arbeitete sie als Registrarin an der St. Mary's University. Ihr erster Krimi erschien 1962. Sechs Jahre später lagen ein Dutzend, 1974 schon 22 Krimis vor. Der Held in allen ist ein englischer Perry Mason: der Advokat und Detektiv Antony Maitland. Im Unterschied zu Mason ist Maitland verheiratet. Im Zweiten Weltkrieg war er Geheimagent gewesen.

Bloody Instructions (1962); *The Case Is Altered* (1967); *Done to Death* (1974); *My Life Is Done* (1976).

Enter Certain Murderers
(1966; dt. *Der Mann auf dem Rücksitz,* 1966)
Die besten Freunde der Schauspielerin Meg Hamilton sind der Anwalt Antony Maitland und dessen Frau. Zu ihnen flüchtet sie, als ihr derzeitiger Geliebter Roger Farrell unter Mordverdacht geraten ist. Roger hat herausgefunden, daß seine Mutter Selbstmord begangen hat, weil sie erpreßt wurde. Er und Meg wollten den Erpresser, einen Mann namens Martin Grainger, stellen. Als Grainger erschossen wurde, waren beide in nächster Nähe des Tatorts. Trotz anfänglicher Bedenken beschließt Maitland, Farrell zu helfen. Wenn Farrell nicht der Mörder ist, muß der Täter – wie Farrells Mutter – von Grainger erpreßt worden sein. Maitland findet zunächst heraus, daß Farrells Mutter ihres verstorbenen Mannes wegen erpreßt wurde; außerdem zeichnet sich eine unklare Verbindung zwischen dem Verbrechen und einem unaufgeklärten Goldraub ab. Der Freund von Rogers Onkel, Hubert Denning, ist noch am Leben. Weiß er mehr? Die entscheidende Szene spielt sich auf Dennings Jacht ab. Maitland ist auf der Suche nach Beweisen – und nach Roger Farrell; dort findet er beides. Denning hält Roger gefangen; bei einem Gespräch gesteht Denning, daß er Grainger hat erschießen lassen, da dieser auch ihn zu erpressen versucht hatte. Er gibt auch zu, daß er und seine »Organisation« (die gleichzeitig die Mannschaft seines Schiffes ist) hinter dem Goldraub und anderen Verbrechen stehen. Nun wird er Roger und Maitland umbringen lassen. Vorher soll aber Roger ein Tonband Graingers abhören, das beweist, daß Rogers Vater vor Jahren durch einen Mord (zusammen mit Denning) seinen Reichtum begründet hat. Um seinem sadistischen Machtgefühl weiterhin Spielraum zu lassen, läßt Denning Roger und Maitland nicht sofort töten; es gelingt ihnen, mit dem Tonband zur Polizei zu fliehen. Die Polizei wird noch mehr Beweise gegen Denning finden; Roger hat sich jedenfalls vom Mordverdacht befreit und wird Meg heiraten.

WOOLRICH, CORNELL
(1903–1968)

Geboren als George Hopley-Woolrich in New York. Er wuchs in New York, Mexiko und Südamerika auf, studierte an der Columbia University und veröffentlichte 1926 seinen ersten Roman, eine Liebesgeschichte. 1934 wandte er sich dem Krimi zu und produzierte 16 Romane und etwa 250 Kurzgeschichten, die in

20 Bänden gesammelt sind. Sie erschienen unter folgenden Pseudonymen: Cornell Woolrich, William Irish und George Hopley. W.s Leben war alles andere als glücklich: getrennt lebende Eltern, eine überstarke Mutterbindung, eine kurze, unglückliche Ehe, Zuckerkrankheit, Alkoholismus, Amputation eines Beines. W. verabscheute Menschen, lebte zurückgezogen und vermachte sein Geld (eine Million Dollar) – im Namen seiner Mutter – der Columbia University (für Stipendien). W. hatte einen einzigartigen Sinn dafür, den Leser mit Spannung zu quälen; auf dem Gebiet des Makabren hat man ihn als den Poe der Moderne bezeichnet. Die Atmosphäre seiner Werke ist depressiv. W.s Lieblingsfarbe ist schwarz; sie kommt in vielen Titeln vor. Zwischen 1938 und 1969 sind über 20 Romane und Erzählungen von W. verfilmt worden – darunter »It Had to Be Murder« (1942) als *Rear Window* (1954) von Alfred Hitchcock.

The Bride Wore Black (1940); *The Phantom Lady* (1942, von William Irish); *The Black Path of Fear* (1944); *I Married a Dead Man* (1948, von William Irish); *Fright* (1950, von George Hopley); *The Doom Stone* (1960). – Drei Kurzgeschichtenbände: *I Wouldn't Be in Your Shoes* (1943, von William Irish); *Nightmare* (1956); *Nightwebs* (hrsg. von Francis M. Nevins, 1971, ²1974, enthält auch eine Biographie und eine Bibliographie).

Phantom Lady
(von William Irish, 1942; dt. *Der verschwundene Hut,* 1952, und *Phantom Lady,* 1962)

Scott Henderson streitet sich mit seiner Frau. Er verläßt die Wohnung und betritt eine Bar. Er hat zwei Karten für die »Show« im Kasino in der Tasche. Eine Dame mit einem auffälligen Hut setzt sich zu ihm. Die beiden beschließen, den Abend zusammen zu verbringen, aber gegenseitig ihr Inkognito zu wahren. Als Scott in der Nacht nach Hause kommt, erwartet ihn die Polizei. Seine Frau ist ermordet worden, kurz nachdem er die Wohnung verlassen hatte. Der Barkeeper scheint sich nicht an die Zeit erinnern zu können, zu der Scott die Bar betreten hatte. Der Taxifahrer und andere bestreiten, die Dame mit dem auffälligen Hut in seiner Begleitung gesehen zu haben. Die Dame selbst ist unauffindbar. Scott hat kein Alibi und wird zum Tod auf dem elektrischen Stuhl verurteilt. Scotts Freundin Carol, sein Freund Lombard und Inspektor Burgess versuchen nun, die Dame mit dem Hut ausfindig zu machen. Es ist ein Rennen gegen den Tod, denn Scotts Todestag steht fest. Im letzten Augenblick gelingt Burgess und Carol der Beweis: Lombard ist der Mörder – und nicht nur der Mörder von Hendersons Frau. Die Dame mit dem Hut befindet sich seit langem in einem Irrenhaus. – Ein überaus spannender Roman.

WORSELEY-GOUGH, BARBARA
(* 1903)

Geboren in Newcastle-upon-Tyne. 1932 erschien ihr erster Roman, dem seither ein Dutzend weitere gefolgt sind. Ihr einziger Krimi ist *Alibi Innings* (1954).

WYLIE, PHILIP GORDON
(1902–1973)

Geboren in Beverly, Massachusetts. Er studierte in Princeton, war Redakteur und schrieb erfolgreiche Bücher auf vielen Gebieten, darunter auch Science-fiction und Krimis, zum Teil in Zusammenarbeit mit Edwin Balmer. HAGEN verzeichnet zehn Titel zwischen 1932 und 1966; an dreien davon hat Balmer mitgearbeitet.

The Murderer Invisible (1932); *Five Fatal Words* (1932, mit E. Balmer); *The Smuggled Atom Bomb* (1965).

WYNNE, ANTHONY
(* 1882)

Pseudonym für Robert McNair Wilson, der (nach HAGEN) von 1925 an publizierte. Um 1933 lagen etwa 15 Krimis vor, denen bis 1942 noch einmal so viele folgten. Die Zentralfigur in fast allen ist Dr. Eustace Hailey, ein farbloser Gentleman, der ein Monokel trägt und von einem Diener namens Jenkins betreut wird. Hailey kennt und berät die Inspektoren von Scotland Yard und die gesamte englische Nobilität.

The Double Thirteen (1925); *Doornails Never Die* (1939); *Murder in the Church* (1942).

Death Out Of Night

(1933, in England *Loving Cup*)

Dr. Eustace Hailey fährt nach Schloß Eileann Patrick, auf einer einsamen schottischen Insel, wo der Schloßherr ermordet worden ist. Nach langweiligen Gesprächen und nach 300 Seiten kommt er endlich der Wahrheit auf die Spur – aber erst, nachdem noch einige weitere seltsame Morde erfolgt sind.

Die Morde hängen mit einer Familientradition der Mackenzies zusammen: Wer dem König untreu geworden war, verriet sich stets dadurch, daß er dem König aus einem bestimmten Becher zutrank, sich dann setzte und tot umfiel – mit eingeschlagenem Hinterkopf. Ähnlich spielen sich die jetzigen Morde ab: die Toten befinden sich allein in einem Zimmer, der Becher liegt neben ihnen, ihr Kopf ist eingeschlagen. Es stellt sich heraus, daß der Stuhl der Mörder ist: er hat eine Art eingebauten Hammer, der demjenigen, der sich setzt, aus der Rückenlehne fahrend, den Kopf einschlägt. Natürlich muß der Hammer zuerst »eingeschaltet« werden – es liegen also doch Morde vor.

Y

YAFFE, JAMES
(* 1927)

Geboren in Chicago. Er wuchs in New York auf und studierte an der Yale University. 1951 erschien sein erstes Buch, eine Sammlung von Kurzgeschichten. 1960 adaptierte er Friedrich Dürrenmatts *Die Panne* unter dem Titel *The Deadly Game* für die Bühne. Neben dem Krimi *Nothing but the Night* (1967) hat Y. eine größere Zahl von Kurzgeschichten geschrieben, die in *Ellery Queen's* erschienen sind und mehrere Preise gewonnen haben. Seine Serienfiguren sind Paul Dawn von der New Yorker Polizei und »Mom«, eine ältere jüdische Witwe, deren Sohn Detektiv ist. Er erzählt ihr seine Fälle beim Abendessen, und sie löst sie jeweils bis zum Nachtisch für ihn.

YATES, DORNFORD
(1885–1960)

Pseudonym für den Engländer Cecil William Mercer. Er studierte Rechtswissenschaften in Oxford, machte beide Weltkriege mit und verbrachte seine letzten Jahre in Umtali, Rhodesien. 1920 erschien sein erstes Buch, *The Courts of Idleness,* dem weitere 33 Titel folgten. Die meisten sind spannende Abenteuerromane; andere sind Krimi-Thriller.

The Blind Corner (1927); *Were Death Denied* (1941); *An Eye for a Tooth* (1944).

Lit.: Richard Usborne, Clubland Heroes. A. Nostalgic Study of Some Recurrent Characters in the Romantic Fiction of Dornford Yates, John Buchan and Sapper, 1953; revised edition 1975.

YOKOMIZO, SEISHI
(*1902)

Geboren in Kobe. Schon als Gymnasiast las er westliche Krimis, übersetzte sie ins Japanische und schrieb auch selbst Kriminalromane. Seinen Lebensunterhalt verdiente er zuerst als Apotheker. 1939 wurde er auf Edogawa Rampos Empfehlung Herausgeber der berühmten Krimi-Zeitschrift *Shinseinen.* Später war er lange Jahre lungenkrank, was ihn nicht hinderte, weiterhin vorzügliche Krimis zu verfassen, die zum Teil Bestseller und verfilmt wurden. Sein spezielles Vorbild war John Dickson Carr. Werke: siehe S. 384.

YOUNG, FRANCIS BRETT
(1884–1954)

Geboren in Hales Owen (Worcestershire). Er wurde Arzt wie sein Vater. Im Ersten Weltkrieg arbeitete er als Militärarzt in Ostafrika. Von 1918 bis 1929 lebte Y. auf Capri. Nach Reisen in die USA kehrte er nach Worcestershire zurück. Nach dem Zweiten Weltkrieg ging Y. nach Kapstadt, wo er starb. Er schrieb einige Dramen und viele erfolgreiche Romane, darunter auch Krimis und Kriminalerzählungen.

The Black Diamond (1921); *Cold Harbour* (1924); *The Cage Bird and Other Stories* (1933).

Z

ZACCONE, PIERRE
(1817–1895)

Neben Du Boisgobey war er der im Ausland bekannteste französische Nachfolger Gaboriaus. Sein Roman *Der Unbekannte von Belleville* erschien 1899 als erster von fünf Zaccone-Krimis in »Kühn's Romanbibliothek, Serie I (Detektiv-, Kriminal- und andere Romane)«.

Le roi de la basoche (1852); *Les rôdeurs de nuit* (1867); *La cellule no.* 7 (1875); *Les mansardes de Paris* (1880); *L'inconnu de Belleville* (1881); *Maman Rocambole* (1881); *La chambre rouge* (1887).

ZANGWILL, ISRAEL
(1864–1926)

Geboren in London. Er wuchs im Ghetto auf, studierte an der Universität London und wurde ein bekannter Schriftsteller, Sozialist und Zionist. Als eine Art Parodie schrieb er 1892 den ersten Krimi um einen Mord hinter verschlossenen Türen: *The Big Bow Mystery*. Poes Erzählung »The Murders in the Rue Morgue« (1841) war die erste dieser Art gewesen. Gaston Leroux' *Le mystère de la chambre jaune* (1907) ist wahrscheinlich von Z. beeinflußt worden.

ZEISKE, WOLFGANG
(* 1920)

Geboren in Görlitz. Nach dem Zweiten Weltkrieg studierte er in Rostock und Berlin und arbeitete als Lehrer in Güstrow. Seit 1954 ist er freier Schriftsteller und lebt in der Nähe von Güstrow. Er ist vor allem für seine Jugendbücher um Tiere bekannt geworden, hat aber auch Romane, mehrere Sachbücher (ums Angeln) und Krimis geschrieben.

Der Tote von Mödenburg (1964); *Spuren im Schilf* (1965); *Gehört der Täter zur Mannschaft?* (1966); *Schüsse in der Heide* (1967).

ZOLA, EMILE
(1840–1902)

Geboren in Paris als Sohn eines naturalisierten Italieners. Er wuchs in Aix-en-Provence auf und wurde, nachdem er beim Abitur durchgefallen war, Jounalist. Z. begründete den Naturalismus in der Literatur und schrieb mit seinem 20bändigen Romanzyklus »Les Rougon-Macquart« eines der wichtigsten literarischen Werke des 19. Jahrhunderts. Das Verbrechen spielt bei Z. eine große Rolle – auch in den Erzählungen. Sein früher Roman, *Thérèse Raquin* (1867), ist ein Krimi ganz großen Formats.

Dritter Teil

Der Kriminalroman in der Weltliteratur

In den folgenden Kapiteln wird der Versuch gemacht, die Entwicklung des Kriminalromans und seine Typologie in den literarisch wichtigsten Ländern und Sprachen, teilweise zum ersten Mal überhaupt, nachzuzeichnen. Über England, die Vereinigten Staaten von Amerika und Frankreich ist das Wesentliche in der Einleitung gesagt. Leider fehlen einige osteuropäische Länder, besonders Polen und die Tschechoslowakei. Hier war es trotz intensiver Bemühungen nicht möglich, Autoren zu finden, die den gewünschten Überblick verfaßt hätten. Es besteht der Wunsch und die Hoffnung, daß diese Lücken in künftigen Auflagen geschlossen werden.

ARABIEN

Der Roman europäischer Prägung entwickelte sich in den arabischen Ländern ziemlich spät. Zu den ersten Versuchen, diese epische Form zu adaptieren, gehören die 22 historischen Romane des Jirji Zaydan (geschrieben zwischen 1893 und 1913); auch Mohammed Hussein Haikals *Zainab* (1914) ist zu erwähnen. Haikals Beispiel folgten Taha Hussain, al-Mazni, Tawfik al-Hakim, A. al-Aqqad u. a. Diese Autoren sind nicht ohne weiteres als Romanciers zu bezeichnen, sie sind eher Sprachkünstler und Sozialkritiker, die sich mit dieser Erzählform dichterisch auseinandersetzen (z. B. Lufti al-Manfaloti) oder mit ihr zu sozialen und politischen Fragen der Zeit Stellung nehmen (z. B. Tawfik al-Hakim). Erst die folgende Generation von Romanschriftstellern (Nagib Mahfouz, A. al-Sharqawi) verbindet Darstellung von Problemen mit unterhaltsamer Erzählweise. Damit zeichnet sich der erste Versuch ab, dem Kriminalroman – hier im weitesten Sinn als Beschreibung einer verbrecherischen Tat verstanden – einen eigenen Platz zuzuweisen. Doch hat er innerhalb der arabischen Literatur eine verhältnismäßig geringe Rolle gespielt. Einige Ausnahmen bestätigen freilich die Regel, wie eine Skizze der folgenden beiden Romane zeigt.

Tawfik al-Hakims *Tagebuch eines Staatsanwalts* (1937) ist ein Werk von anerkannter erzählerischer Qualität, das den Leser an die Kriminalgeschichten Simenons erinnert. Der Erzähler, ein desillusionierter, sarkastischer Staatsanwalt, wird aus dem Bett geholt, um einen Mord zu untersuchen. Durch die letzten Worte des Ermordeten wird ein außerordentlich hübsches Mädchen in den Fall mit hineinverwickelt. Deren ältere Schwester war mit dem Ermordeten verheiratet gewesen und vor zwei Jahren unter geheimnisvollen Umständen gestorben. Ein junger Mann, der in das hübsche Mädchen verliebt ist, läßt sich nicht mehr auffinden. Das Mädchen wird des Mordes bezichtigt, kann sich aber mit Hilfe des Dorfidioten dem Verhör entziehen. Einige Tage später findet man ihre Leiche in einem Bach. Die einzige Person, die dem Staatsanwalt bei der Aufklärung dienlich sein könnte, ist der Dorfidiot; in seinen Liedern und Sprüchen ist die Lösung des Rätsels angedeutet. Entmutigt und verzweifelt sieht sich der Staatsanwalt gezwungen, die Untersuchung, die nur elf Tage gedauert hat, einzustellen und diesen komplizierten Fall ad acta zu legen.

In Nagib Mahfouz' spannendem Roman *Der Dieb und die Hunde* (1961) findet der Protagonist bei dem vergeblichen Versuch, sich zu rächen, den Tod. Nach vierjähriger Haft setzt er alles daran, seine geschiedene Frau und seinen ehemaligen Komplizen zu töten, denn sie haben ihm nach einem Raub eine Falle gestellt, ihn der Polizei ausgeliefert und die ganze Beute für sich behalten. Ein weiterer Freund verweigert seine Mithilfe. Er ist auf sich allein angewiesen und schwört, alle drei zu töten. Seine Widersacher verstehen es, seine Pläne immer wieder zu vereiteln. Nach einigen abenteuerlichen Versuchen, die den Tod von zwei Unschuldigen verursachen, wird er von der Polizei umzingelt und in einem heftigen Gefecht erschossen.

Vom Erzählsujet her scheinen diese Werke durchaus der Gattung des Kriminalromans zuzugehören. Die erzählerische Gestaltung jedoch und besonders das Fehlen einer zufriedenstellenden Lösung des Konflikts verweist sie in die Gruppe der literarisch anspruchsvollen Romane.

Es läßt sich vielleicht vereinfachend behaupten, daß in der ersten Hälfte dieses Jahrhunderts in den arabischen Sozialsystemen eine der europäischen Mittelschicht vergleichbare Schicht fehlt. Gerade aus dieser Mittelschicht aber kommen in Europa die

Kriminalromanleser. Deshalb ist es bemerkenswert, daß Ägypten vor dem Ersten Weltkrieg eine – wenn auch sehr kurze – Blütezeit des übersetzten Kriminalromans erlebte. Verschiedene Reihen, vor allem »Mosamarat al-Sha'b« (Unterhaltung des Volkes) und »al-Riwaiat al-Jadida« (Neue Romane), haben die Werke Maurice Leblancs (Arsène Lupin), Arthur Conan Doyles (Sherlock Holmes), Ponson du Terrails (Rocambole), Marcel Allains und Pierre Souvestres (Fantômas), und John Coryells (Nick Carter) in arabischer Übersetzung veröffentlicht. Als diese literarischen Produkte nicht mehr Mode waren, mußten die meisten Verlage ihre Tätigkeit einstellen. Doch kam es im Jahre 1936 mit dem Erscheinen der Reihe »Riwaiat al-Jeib« (Taschenromane) zu einer zweiten Blütezeit des übersetzten Kriminalromans, die bis zum Ende des Zweiten Weltkriegs dauerte.

Die begeisterten Leser dieser Unterhaltungsromane waren Studenten und Beamte. Unzählige kleine Tabakläden und Süßwarengeschäfte dienten als Buchhandlungen und Leihbibliotheken. Die neuesten Ausgaben von Kriminalromanen und Detektivgeschichten (meist übersetzt von 'Omar abdel Aziz Amin) waren für 10 oder 15 Millièmes (etwa 10 Pfennig) erhältlich, ein durchaus erschwinglicher Preis. Antiquarisch wurden sie für 5 Mill. gehandelt, und für die Ausleihe zahlte man lediglich 2 Mill. Die große Nachfrage führte zu Plagiat und Raubdruck. Häufig erschienen die gleichen Romane mit neuen Titeln und anderen Namen. Eine Untersuchung dieser Praktiken steht noch aus und verspricht interessante Ergebnisse. Genauso interessant und aufschlußreich wäre eine Untersuchung des eigentümlichen Stils dieser Übersetzungen und seines Einflusses auf den heutigen arabischen Sprachgebrauch. So sind etwa besonders auffallend die überflüssigen Übersetzungen von Lehn- und Fremdwörtern, die längst ihren Eingang in die arabische Schriftsprache gefunden hatten.

Mit der ägyptischen Revolution von 1952 wurde dieser Art von Literatur die soziale und ökonomische Grundlage entzogen. Die sozialen und politischen Umschulungsprogramme dieser Zeit duldeten keine Detektivromane oder Kriminalgeschichten. Die Verstaatlichung der Verlage und die Rationierung des Papiers führten schließlich zu einer allumfassenden Zensur. Die Propagandaorgane verlangten »zielbewußte« Literatur, »zielbewußte« Unterhaltung, ja sogar »zielbewußtes« Lachen.

Als sich die Wirtschaftslage stark verschlechterte und die »Stimme der Bourgeoisie« wieder ein wenig hörbar wurde, lockerte die Regierung ihre Kontrolle und forderte in den sechziger Jahren sogar einige verstaatlichte Verlage auf, unterhaltende und spannende Geschichten zu veröffentlichen. Die Romane von Agatha Christie und E. St. Gardner wurden übersetzt und publiziert. Die akute Devisenkrise zwang die Regierung aber schon bald, die Veröffentlichung rein unterhaltender Werke wieder radikal zu beschränken.

Der einzige ägyptische Kriminalroman, der in dieser Zeit des ideologischen Umbruchs geschrieben wurde und veröffentlicht werden konnte, ist Mohammed Kamel Hassans *Hal Aqtil Zawgi?* (Ermorde ich meinen Mann?). Dieser Roman erregte viel Aufsehen und wurde kurz darauf verfilmt und für den Rundfunk bearbeitet. Der Verfasser, der von Beruf Rechtsanwalt ist, erzählt die Geschichte einer Frau, die den Mord ihres Mannes plant, dann aber in letzter Minute daran gehindert wird. Der Erfolg dieses Werkes zeigt, daß der Kriminalroman auch in Ägypten eine Zukunft haben könnte.

Wie seit Jahren zu erwarten war, hat der Libanon in der Literatur Ägypten abgelöst, und seit den frühen sechziger Jahren gilt Beirut als das Zentrum des arabischen Buchhandels und als Sammelpunkt der arabischen Schriftsteller. Unter der umfangreichen und vielseitigen literarischen Produktion befindet sich eine kleine Anzahl von Kriminalgeschichten, meist Übersetzungen europäischer und amerikanischer Romane. Wäre es nicht zu den politischen und militärischen Unruhen von 1975/1976 gekommen, hätte der arabische Kriminalroman sicher eine gewisse Chance gehabt.

Saad Elkhadem

CHINA

Den Kriminalroman, wie er in Europa und Amerika verstanden wird, in dem ein Detektiv einen mysteriösen Mordfall aufklärt und den Kriminellen überführt, gab es in China kaum. Nach dem Zweiten Weltkrieg wurde man dort zwar mit dem aus dem Englischen übersetzten Begriff »Detektivroman« vertraut, doch lernte man ihn eher durch das Medium des Films als durch Übersetzungen westlicher Kriminalromane kennen. Auf dem chinesischen Festland, das heute das von der Volksrepublik beherrschte Gebiet ausmacht, war der Detektivroman sehr kurzlebig. Es gab zahlreiche chinesische Zeitschriften in Schanghai, in denen Kriminalgeschichten abgedruckt und gern gelesen wurden, doch nach der Machtübernahme durch die Kommunistische Partei im Jahre 1949 wurde der Detektivroman samt anderen westlich-kapitalistischen Konsumgütern mit den alten Machthabern aus dem Land getrieben. Heute ist der Detektivroman in der Volksrepublik China so gut wie nicht existent. Ideologisch betrachtet, braucht China keine Detektive wie Sherlock Holmes oder Charlie Chan, denn Kriminalität ist eine Verfallserscheinung der kapitalistischen Gesellschaft. In China verüben nur noch wenige Klassenfeinde Verbrechen; gegen diese fungiert dann das ganze Volk als Detektiv. Die Volksrepublik braucht keine Detektivhelden.

Auch im nichtkommunistischen chinesischen Sprachraum – in Hongkong, Singapur und Taiwan – ist der Detektivroman weit weniger populär als in Amerika und Europa. Der Grund dafür liegt darin, daß diese Gattung etwas Fremdes ist. Es liegen aber bereits deutliche Anzeichen dafür vor, daß sie sich zu assimilieren beginnt.

Traditionell galt die Prosadichtung in China schlechthin als trivial; nur die Lyrik wurde als Dichtung anerkannt. Es gab zwei Typen der Prosa-Erzählung: erstens die Geschichten von Schriftgelehrten für Schriftgelehrte; Werke dieser Art haben eine lange Tradition, sie lassen sich schon vor Christi Geburt nachweisen. Der zweite Typ umfaßt die volkstümlichen Erzählungen, die das Repertoire der Markterzähler oder ihrer Schulen bildeten. Weil diese mündlich überliefert wurden, gingen sie großenteils verloren, bis sie schließlich von Gelehrten gesammelt und redigiert wurden. Wir wissen, daß es schon im Zeitalter der Tang-Dynastie (618–907) volkstümliche Erzählungen dieser Art gegeben hat. Ihre Blüte erreichten sie unter der Sung-Dynastie (960–1279). Kriminalgeschichten gehörten diesem zweiten Typ an.

Zur Zeit der Sung-Dynastie lebte ein berühmter Richter namens Pao Tseng, der »so gerecht wie der blaue Himmel« gewesen sein soll. Er setzte sich für die Gerechtigkeit ein, auch wenn die Mächtigen schuldig waren. Bereits zu Lebzeiten war er ein Volksheld, und bald bildete sich eine Legende um ihn. Die ersten Kriminalgeschichten kreisen um seine Person. Er ist sogar in die deutsche Literatur als Oberrichter Pao eingegangen – durch die Dramen *Der Kreidekreis* von Klabund (1925) und Johannes von Guenther (1942). Bei beiden handelt es sich um Bearbeitungen eines chinesischen Dramas gleichen Titels, das höchstwahrscheinlich eine Kriminalerzählung zur Vorlage hatte. Da der chinesische *Kreidekreis* aus der Zeit der Yüan-Dynastie (1280–1368) eine der wenigen Episoden des Richters Pao darstellt, in denen das übernatürliche Element ausgeklammert ist, sei er hier als Beispiel dieser Art kurz skizziert.

Im Mittelpunkt steht die junge Chang Hai-tang, deren Vater gestorben ist und die deshalb als Freudenmädchen arbeiten muß, um ihre Mutter und ihren Bruder zu ernähren. Der Bruder schämt sich seiner Schwester, verläßt nach einem heftigen Streit die Familie und geht zu einem Onkel. Das Freudenmädchen wird die Konkubine eines reichen Mannes und bringt einen Sohn, einen Erben, zur Welt. Die erste Frau des Reichen fürchtet um die Erbschaft und schmiedet einen Plan zusammen mit ihrem Liebhaber, der ihr Gift besorgt. Der Bruder der Konkubine hat seinen Onkel nicht angetroffen und ersucht nun seine Schwester um finanziellen Beistand. Die Schwester weist ihn ab, aber die Hauptfrau zwingt sie, ihm ihren Schmuck zu geben. Danach beklagt sie sich jedoch bei ihrem Mann, daß die Konkubine den Schmuck ihrem Liebhaber gegeben habe. Der Mann regt sich auf, und die Konkubine muß eine Suppe für ihn kochen, in welche die erste Frau Gift tut. Der Mann stirbt, die Konkubine wird wegen Gattenmordes angezeigt. Da es um die Erbschaft geht, behauptet die Hauptfrau, daß *sie* die leibliche Mutter des Erben sei und besticht die Hebammen und die Nachbarn, dies zu bezeugen. Durch ihren Liebhaber, der Assistent des Richters ist, wird sogar der Kreisrichter bestochen. Die Konkubine wird so lange gefoltert, bis sie »gesteht«. Danach geht der Fall an den Oberrichter Pao, dessen Amt es ist, die Gerichtsverhandlungen zu bestätigen oder zu überprüfen und das Urteil zu verkünden. Zufällig arbeitet der Bruder der Konkubine am Gerichtshof, und er beteuert bei der Verhandlung die Unschuld seiner Schwester. Daraufhin ersinnt der Oberrichter die Kreidekreis-Probe. Er läßt einen Kreis malen und den Erben hineinstellen. Die beiden Frauen sollen versuchen, das Kind aus dem Kreis zu ziehen. Die wahre Mutter werde sicher gewinnen. Aus Rücksichtslosigkeit und mangelnder Liebe bringt es die falsche Mutter fertig, das Kind aus dem Kreis herauszuzerren, während die wirkliche Mutter losläßt, um dem Kind nicht wehzutun. Das Komplott, über das die Hörer oder Zuschauer orientiert waren, wird jetzt gerichtlich aufgedeckt. Die wahren Schuldigen gestehen und werden verurteilt. Der Fall ist gelöst.

An diesem Beispiel sehen wir, daß sowohl der chinesische Erzähler als auch die chinesischen Hörer-Leser weniger an der Detektivarbeit – dem Auffinden von Hinweisen, die schließlich zu der Entlarvung des Mörders führen – interessiert waren, sondern vielmehr daran, daß das Recht der sozial Schwachen wiederhergestellt und das Verbrechen der Mächtigen bestraft werde. Der Grund für diese Einstellung ist leicht einzusehen. Kriminalgeschichten wurden von volkstümlichen Erzählern für das Volk geschrieben. Durch verwandtschaftliche, freundschaftliche oder finanzielle Bindungen verbinden sich die Reichen und die Mächtigen. Die einzige Gewähr, daß die sozial Schwachen gegen die sozial Starken in einem Gerichtsfall zu ihrem Recht kommen, besteht in der Hoffnung auf einen gerechten, klugen und unbestechlichen Richter. Daher wurde der Oberrichter Pao durch Jahrhunderte verherrlicht; bis zur volksrepublikanischen Revolution galt er schlechthin als der Inbegriff der Gerechtigkeit.

Es gibt selbstverständlich auch andere Gründe dafür, daß man sich seinerzeit nicht für Detektivarbeit interessierte. Bedeutsam ist wohl, daß das Volk die damalige »Polizei« eher als Unterdrücker denn als Ordnungshüter empfand: die Polizisten waren den Mächtigen gegenüber ohnmächtig, den Schwachen gegenüber aber mächtig. Außerdem gab es keine »Gentleman-Detektive« wie Sherlock Holmes oder Hercule Poirot.

Zwei weitere Gründe verhinderten das Entstehen des Detektivromans in China. Die Amtsdetektive zeigen, zumindest in der Literatur, wenig Initiative. Ihre Hauptarbeit scheint darin zu bestehen, Fremde zu beobachten. Sie hatten beruflich einen schweren Stand; Verbrechen mußten oft innerhalb einer bestimmten Frist aufgeklärt werden. Fand man den oder die Schuldigen nicht, setzte es Stockhiebe, und eine weitere Frist wurde festgesetzt. Solche Beamte eignen sich kaum als Helden einer Erzählung. Der andere Grund liegt im alten chinesischen Strafgesetz. Ein Krimineller konnte nicht auf Grund von Beweisen, auch wenn sie stichhaltig waren, für schuldig erklärt werden. Er mußte seine Tat im Gerichtssaal gestehen und sein Geständnis vor dem Richter unterzeichnen. Daher gab es in China statt Detektivgeschichten Richtergeschichten. Der Richter mußte scharfsinnig sein und notfalls eine Falle – wie im *Kreidekreis* – stellen, um den Schuldigen plötzlich mit seiner Schuld zu konfrontieren und ihn in diesem psychologisch kritischen Moment von der Nutzlosigkeit seines Leugnens zu überzeugen. Er konnte ihn auch durch Folterung zum Geständnis zwingen. In einem Fall engagiert z. B. der Richter eine ganze Schauspieltruppe, um eine Höllenszene darstellen zu lassen, wobei er selbst den Höllenfürsten spielt. Der Verdächtige wird nachts im Halbschlaf von zwei verkleideten Teufelchen in den unterweltlichen Gerichtssaal gezerrt, wo alle guten und bösen Taten eines jeden registriert sind und Leugnen zwecklos ist. Er muß die fürchterlichsten physischen Strafen (im Öl gebraten, zersägt werden usw.) mitansehen, welche an hartnäckigen Leugnern vollzogen werden. Schließlich kommt der Kriminelle an die Reihe; er gesteht alles freiwillig und wird somit überführt. Man darf natürlich nicht vergessen, daß es sich hier um Erzählungen des Mittelalters handelt, als die Hölle durchaus noch als Realität galt.

Das heißt freilich nicht, daß die guten Richter nur im Gerichtssaal sitzen und Fallen stellen. Der Oberrichter Pao reist inkognito durchs Land, um Verbrechen und Ungerechtigkeiten der Richter auf die Spur zu kommen. In der Regel verkleidet er sich als Wahrsager, dem man seine Probleme vorträgt, oder er belauscht das Lokalgeschwätz in einem Teehaus. Hört er von einem gesetzwidrigen Fall, so forscht er weiter. Oft wird er wegen seiner Nachforschungen von dem reichen Bösewicht des Ortes gefangengenommen, wobei er dessen dunkle Taten kennenlernt. Er hat dann aber jeweils das Glück, entfliehen zu können. Schließlich kommt er in seiner offiziellen Funktion zurück, überrascht den reichen Bösewicht mit der Aufdeckung seiner Verbrechen und erreicht auf diese Weise das Geständnis.

In den Kriminalgeschichten des Mittelalters ist der Eingriff des Übernatürlichen unausweichlich. Hier seien nur zwei repräsentative Beispiele genannt. Ein Kaufmann auf dem Wege nach Hause gerät des Nachts in die Wildnis und bittet ein Ehepaar, ihn für die Nacht aufzunehmen. Da er viel Geld bei sich hat, wird er ermordet, seine Leiche verbrannt, die Asche mit Ton vermischt und zu einem Gefäß geformt. Das Gefäß beginnt zu reden und sein Schicksal zu beklagen, bis sich ein Mann bereit erklärt, bei dem Oberrichter Pao Anzeige zu erstatten, der dann die Schuldigen überführt. – Im zweiten Fall steht ein zen-buddhistischer Mönch (über ihn gibt es ein zweibändiges Werk) im Mittelpunkt. Der Mönch Tsih Kung ist einer der achtzehn »Lohan« des Buddha und wird in die Welt entsandt, um die Lehre zu verbreiten und gute Taten zu vollbringen. Er hat übernatürliche Fähigkeiten und kennt die Ereignisse der vergangenen und der zukünftigen fünfhundert Jahre. Deshalb sind ihm die dunkelsten Geheimnisse der Verbrecher bekannt, und er kann sie überführen. Gelegentlich verhindert er auch dank seines Wissens geplante Verbrechen. Durch seine Allwissenheit werden aus Kriminalfällen komische Situationen, in denen er die Verbrecher an der Nase herumführt.

Neben Pao kennen wir in der chinesischen Literatur die Oberrichter P'eng und Si; einige andere sind weniger populär. Einen von ihnen, »Judge Dee«, hat der holländische Diplomat und Wissenschaftler Robert van Gulik in die Weltliteratur eingeführt (vgl. die Einleitung S. 21 f. und den Lexikonartikel S. 183 f.). Den Mönch-Detektiv hat man bisher allerdings noch nicht »verarbeitet«. Ferner sorgen in der chinesischen Literatur die »Wu-hsia« für Gerechtigkeit. Eine auch nur annähernd korrekte Übersetzung in eine westliche Sprache läßt sich nicht finden. Es sind in Kung-fu bestens trainierte Leute, die den Schwachen helfen. Gibt es weise Richter wie Pao, so werden sie Gehilfen dieser Richter. Gibt es keine, so helfen sie den Schwachen außerhalb der Legalität.

Spätestens mit dem Sturz des Kaiserreichs in China im Jahre 1911 verschwand der gerechte Richter aus der Literatur. Es blieben nur die »Wu-hsias«, die zuweilen als Detektive geschildert wurden, welche Jagd auf böse Intellektuelle machten. Aber die Popularität dieser Detektive nahm schnell ab, denn traditionsgemäß romantisierten die Erzähler die Räuber und später die organisierte Unterwelt. Die Beamten wurden als Unterdrücker dargestellt. Schließlich verfiel man auf den Kampf zwischen guten und bösen Kung-fu-Kundigen. So wird z. B. ein Guter allein oder mit seiner Familie ermordet. Seine Schüler und seine Verwandten müssen nun herausfinden, wer den feigen Mord begangen hat. Am Ende übt man Selbstjustiz. Hier wird exakte Detektivarbeit verlangt; denn die Tötungsmethoden der Kung-fu-Kundigen sind verschieden, auch die Motive müssen erforscht werden.

Wie eingangs erwähnt, existiert der Kriminalroman seit 1949 nur noch außerhalb des kommunistischen chinesischen Sprachraums. Kung-fu ist in seinen verschiedenen Variationen auch in Amerika und Europa populär geworden. In diesem Zusammenhang erscheint es als logische Folge, daß der Kung-fu-Kriminalroman mit dem nichtklassischen nordamerikanischen Krimi zusammengeht. Es gibt inzwischen amerikanische Kung-fu-Krimis. Außerhalb der Volksrepublik wird der chinesische Kung-fu-Roman technisch modernisiert. Er spielt immer häufiger in der Gegenwart, moderne Verkehrs- und Kommunikationsmittel werden eingesetzt, gelegentlich sogar moderne Waffen. Aber gekämpft wird meistens doch mit Kung-fu-Methoden – wenigstens auf seiten der Guten. Das Ziel dieser neuartigen Kung-fu-Kriminalromane ist dasselbe wie in den alten Kriminalgeschichten: Den Schwachen, an denen Verbrechen begangen worden sind, soll geholfen werden.

Adrian Hsia

DEUTSCHLAND

Überblick über die Literaturgeschichte des Krimi

Friedrich Schiller schrieb 1792 in der Vorrede zu einer Neuausgabe der »Merkwürdigen Rechtsfälle nach Pitaval«:

»Das geheime Spiel der Leidenschaft entfaltet sich hier vor unsern Augen, und über die verborgenen Gänge der Intrige, über die Machinationen des *geistlichen* sowohl als *weltlichen* Betruges wird mancher Strahl der Wahrheit verbreitet. Triebfedern, welche sich im gewöhnlichen Leben dem Auge des Beobachters verstecken, treten bei solchen Anlässen, wo Leben, Freiheit und Eigentum auf dem Spiele steht, sichtbarer hervor, und so ist der Kriminalrichter imstande, tiefere Blicke in das Menschenherz zu tun. Dazu kommt, daß der umständlichere Rechtsgang die geheimen Bewegursachen menschlicher Handlungen weit mehr ins klare zu bringen fähig ist, als es sonst geschieht, und wenn die vollständigste Geschichtserzählung uns über die letzten Gründe einer Begebenheit, über die wahren Motive der handelnden Spieler oft genug unbefriedigt läßt, so enthüllt uns oft ein Kriminalprozeß das Innerste der Gedanken und bringt das versteckteste Gewebe der Bosheit an den Tag.«

Schiller, der sich im *Verbrecher aus verlorener Ehre* (1786) und im *Geisterseher* (1787–1789) mit dem Genre der »Criminalgeschichte« aktiv auseinandersetzte, war fasziniert aus verschiedenen Gründen. Die moralischen Beweggründe des Verbrechers interessierten ihn. Zudem fand diese Art von Literatur bereits damals ein breites Leserpublikum.
Die Anfänge der Schilderung von Mordfällen gehen ins 16. und 17. Jahrhundert zurück. Flugblätter und Bänkelsänger mit Schautafeln (die sich bis ins 20. Jahrhundert auf Jahrmärkten nachweisen lassen) berichteten über aufsehenerregende Mordfälle, die einem sensationslüsternen Publikum in grellen Farben und mit leicht gekünstelter Moralität nahegebracht wurden. Georg Philipp Harsdörffer (1607–1658) schrieb neben dem *Poetischen Trichter* auch einen mehrfach aufgelegten *Großen Schauplatz jämmerlicher Mordgeschichten* (1649 u. ö.). Schillers Äußerungen markieren sodann literaturhistorisch einen wichtigen Übergang. Denn bis dahin lag die Moral der Geschichte meist in dem Verstoß gegen Sitte und Gesetz, der durch Gottes Vorsehung an den Tag kam. Gegen Ende des 18. Jahrhunderts setzte jedoch eine Säkularisierung dieser Vorstellung ein: statt des allwissenden Gottes mußte nun oft das allwissende Gericht einspringen, um den Verbrecher seiner gerechten Strafe zu überliefern. Und auch das Publikum führte sich regelmäßig Morde zu Gemüte; denn man konnte sie schon damals in kleinen Wochenlieferungsheftchen beim Kolporteur und anderswo beziehen und in einigen Fällen gar am Jahresende gebunden als Sammelwerk kaufen. Ein Zeitgenosse Schillers, August Gottlieb Meißner, eine Zeitlang Universitätsprofessor in Prag, schrieb mit großem Erfolg eine lange Serie von *Kriminalgeschichten,* die wie im *Pitaval* meist auf authentische Rechtsfälle zurückgingen. Aber der Sammelband von 1796 bringt neben aktuellen Mordgeschichten auch die anekdotisch verbrämten Mirakel aus früheren Zeiten in der Übersetzung von Henry Fieldings *Exemples of Interposition of Providence in the Detection and Punishment of Murder* (London 1752), die der Jurist und Journalist zur Abschreckung verfaßt hatte. Diese »Beispiele von der Einwürkung göttlicher Vorsicht in Entdeckung und Bestrafung des Mordes« (S. 330) deuten die Säkularisation an, indem auch hier aktuelle Rechtsfälle mit eingeschlossen wurden.
Fieldings soziale Stellung entsprach bereits der der meisten Kriminalschriftsteller im 19.

Jahrhundert: sie sind Polizisten, Juristen, Journalisten. Damit kam im 19. Jahrhundert ein dokumentarischer Zug in die Geschichten, der sicher viel zu ihrem Erfolg beitrug. Die Vorsehung wurde höchstens noch als Kolportage-Versatzstück gebraucht. Dies wird deutlich z. B. in Adolph Müllners *Der Kaliber. Aus den Papieren eines Criminalbeamten* (1829) oder in den Titeln der mehr als 160 Bände umfassenden Verbrechererzählungen des Staatsanwalts Jodocus Donatus Hubertus Temme (1798–1881), z. B. in den *Berliner Kriminalgeschichten* (1858/1859) oder in den *Kriminalnovellen* (1860–1864). Auch der 1842 ff. von Willibald Alexis und Criminaldirektor Julius Ed. Hitzig herausgegebene *Neue Pitaval* zeigt diese seltsame Mischung: den literarisch überformten »Fall«. Die Sensation war das Element, das in der zweiten Hälfte des Jahrhunderts immer stärker überhandnahm. Man schöpfte dabei aus der Trivialbibel des 19. Jahrhunderts, den *Mystères de Paris* (1842/1843) des Franzosen Eugène Sue, die eine romanhafte Enzyklopädie der Pariser Unterwelt darstellen. Viele Plagiatoren verschiedenster Herkunft bedienten sich ihrer. Der vielleicht erfolgreichste in Deutschland war Heinrich Ritter von Levitschnigg (1810–1862), ein Journalist, der unverfroren die Tricks seines Metiers mit Plagiat vermischte. *Die Geheimnisse von Pest* (1852) geben schon im Titel das Plagiat an. Hingegen hat dieser Autor mit *Die Leiche im Koffer oder Ein zweiter Blondin von Namur* (1863) wahrscheinlich den ersten deutschen Kriminalroman geschrieben, der dem heute akzeptierten Schema weitgehend entspricht. Andere Ableger von Sues Roman waren die sogenannten *Scharfrichterromane,* deren berühmtester, *Der Scharfrichter von Berlin* (Heinrich Sochaczewski oder Victor von Falk), mehr als 3000 Seiten umfaßte. Die zwielichtige Unterwelt der Hauptstadt wurde geschildert – man hurte, erpreßte, klaute und mordete. Und Scharfrichter Kautz und Polizeirat Scharf waren nicht immer erfolgreich bei der Aufdeckung der mannigfachen Verbrechen. Auch Karl Mays *Der Verlorene Sohn oder Der Fürst des Elends. Roman aus der Criminal-Geschichte* (1883–1885) gehört zu dieser Tradition der volkstümlichen Literatur.

Parallel dazu gab es selbstverständlich auch Kriminalerzählungen in der hohen Literatur jener Zeit: Angefangen mit E. T. A. Hoffmanns *Das Fräulein von Scuderi* (1819), setzte sich das Schema der Verbrechensaufklärung in so gewichtigen Werken wie Fontanes *Unterm Birnbaum* (1885) oder Wilhelm Raabes *Stopfkuchen* (1891) durch. Auch eine Reihe anderer Schriftsteller bediente sich des novellenhaften Kriminalschemas, z. B. Ernst Willkomm und Marie von Ebner-Eschenbach.

Um die Jahrhundertwende erreichten die ersten englischen und französischen Übersetzungen das deutsche Massenpublikum, oft in trivialisierter Heftchenform (Sherlock Holmes und Nick Carter); der Schauplatz wurde dabei oft nach Deutschland verlegt. Diese Beliebtheit, die sich auch auf die Klassiker wie Edgar Wallace usw. erstreckte, überdauerte den Ersten Weltkrieg und führte zu einem großen kommerziellen Erfolg.

Eine Ironie der Literaturgeschichte will es, daß die Werke des österreichischen Kriminalisten Hans Groß (1847–1915) zur Fundgrube für moderne Krimiautoren wurden, die sich hinsichtlich Methode und Detail sowie auf den verschiedensten Gebieten der Kriminalistik daran orientierten (vgl. Einleitung, Abschnitt 9). Der Schwerpunkt des Interesses verlagerte sich allmählich immer mehr von der Darstellung des grauenhaften Mordes und dem intellektuellen Rätselspiel zur Motivierungspsychologie von Täter, Jäger und Opfer. Auch andere Faktoren trugen dazu bei, etwa modernere Polizeimethoden, technologisch weiterentwickelte Verbrechensmethoden. Großstadtkriminalität wurde zu einem Faktum, das sich auch im öffentlichen Bewußtsein festsetzte. Dies wird sichtbar in den beiden bedeutendsten deutschen Krimis aus der ersten Hälfte des 20. Jahrhunderts:

dem *Fall Maurizius* (1928) von Jakob Wassermann und dem Drehbuch *M – Eine Stadt sucht einen Mörder* (1931) von Thea von Harbou, der Frau des Regisseurs Fritz Lang. Beide Werke sind symptomatisch in ihrer Verbindung von psychologischem Einblick und sozialer Analyse der Gegenwart; beide Werke waren auch bedeutende Publikumserfolge.

Es gibt aber in der ersten Hälfte des 20. Jahrhunderts kaum einen Autor, der im Sinne französischer oder angelsächsischer Serienproduktion als Kriminalschriftsteller bezeichnet werden kann. Eine Ausnahme ist vielleicht Friedrich Glauser, dessen Wachtmeister-Studer-Romane Simenons Maigret überzeugend ins schweizerische Milieu der Zeit zwischen den Weltkriegen verpflanzt haben. Diese Tatsache ist um so erstaunlicher, als die Verlage damals daran interessiert waren, eine eigene Krimiproduktion aufzubauen. So bestritt z. B. der Goldmann-Verlag mehr als die Hälfte seines Krimiprogramms mit deutschen Autoren; freilich schrieben diese selten mehr als zwei, drei Werke. Diese Autoren kennt heute kaum noch jemand: Walter Berg, Hans-Friedrich Pohlenz u. a. Nur Frank Arnau hat auch nach dem Kriege veröffentlicht. Eine Episode aus jener Zeit mag die Schwierigkeiten andeuten, die sich beim Nachforschen ergeben. Nur durch Zufall war es mir möglich, das Pseudonym Stefan Brokoff, bei Goldmann verlegt, zu entschlüsseln. Die Romane *Schuß auf die Bühne,* 1935, *Musik im Totengäßlein,* 1936, u. a. stammen von einem Freundestrio (Dieter Cuntz, Richard Plant und dem heute in Nordamerika lebenden Germanisten Oskar Seidlin), das sich wegen der antijüdischen Gesetze bei der geschäftlichen Seite des Krimiunternehmens auf den »arischen Mitarbeiter« verlassen mußte.

Nach 1945 überschwemmte eine Flut von Übersetzungen den deutschen Buchmarkt, und ein auf Unterhaltungsliteratur begieriges Publikum verschlang sie. Aus den ursprünglich zahlreichen Kleinverlagen hat sich die Krimiproduktion heute auf kaum ein halbes Dutzend Verlage konzentriert, die den deutschen Krimileser zielsicher beliefern. Sie bringen fast ausschließlich Übersetzungen; nur der Rowohlt-Lektor Richard Flesch hat das Kunststück fertiggebracht, einige deutsche Autoren (z. B. Hansjörg Martin, Friedhelm Werremeier, –ky, Stefan Murr, Irene Rodrian) beim einheimischen Publikum einzuführen. Von deutschsprachigen Autoren, die es bis zu einer Übersetzung ins Englische gebracht haben, bleiben nur wenige Namen: Friedrich Dürrenmatt, Mario Simmel, Friedhelm Werremeier und Hansjörg Martin. Dürrenmatt versuchte in seinen Krimis, die er Anfang der fünfziger Jahre zum Broterwerb schrieb, mit Erfolg, dem herkömmlichen Schema neue Reize abzugewinnen und wie schon Dashiell Hammett unterschwellig Zeitkritik zu üben. Mario Simmels Krimis verraten die sichere Hand des an amerikanischen Bestsellerautoren geschulten Schriftstellers. Hansjörg Martin schrieb neben einer Serie mit Kommissar Klipp über exotische Schauplätze in amerikanischer Manier. Vielleicht der »deutscheste« unter ihnen ist Friedhelm Werremeier, dessen Kommissar-Trimmel-Romane auf dem Hintergrund deutscher Zeitgeschichte aktuelle Verbrechen darstellen; seine Abhängigkeit von Simenon ist offensichtlich. Reineckers Fernsehserien »Der Kommissar« und »Derrick«, die in der Bundesrepublik lange großen Erfolg hatten, zeigen deutlich das Grundproblem moderner Krimis: die fast übermächtige Konkurrenz der Fernseh-Krimiserien, die authentischer, fixer und aufnahmeleichter ein Publikum beliefern, welches früher zum Buch oder zum Heftchen griff. Aber auch die Autoren sind davon verführt worden; ein Kurzdrehbuch ist nämlich lukrativer als ein Roman. Die meisten Krimis werden als Dutzendware verkauft; und es ist schwierig für einen Verlag, einen relativ begrenzten Buchmarkt (beim angelsächsischen handelt es sich dagegen um

mehrere hundert Millionen potentieller Leser!) mit Krimis zu beliefern, die selten in mehr als 15 000 Exemplaren verkauft werden. Wer sich die Verlagsprogramme ansieht, wird schnell bemerken, daß man altbewährte Autoren gern wieder hervorholt und daß sich diese bedeutend besser verkaufen als der einheimische Nachwuchs. Der Grund dafür ist nicht recht einsichtig, die Verkaufstaktik der Verlage dafür um so mehr. Der deutschsprachige Leser scheint vornehmlich aus zwei Käufergruppen zu bestehen: einem jüngeren Publikum, das gerne Schlägerromane à la Jerry Cotton oder Mickey Spillane liest, und einem älteren, das die Klassiker seiner Jugend ein zweites Mal verschlingen will. Was dazwischen liegt, ist eine nicht sehr bedeutende Minderheit.
Doch ist dieses Phänomen auch aus der deutschen Krimitradition erklärlich. Während das Genre als Erzählung im 18. und noch mehr im 19. Jahrhundert blühte, fanden die Autoren des 20. Jahrhunderts den Anschluß offensichtlich nicht. Liegt es am Fehlen einer eigentlichen deutschen Gaunersprache (Berlinerisch im Krimi ist oft nur ein kläglicher Ersatz), wie sie im Französischen und Angelsächsischen existiert? Ist es eine Frage der Sozialpsyche im Verhältnis zum literarischen Mord? Hat der Knick in der deutschen Literaturgeschichte auch dieser Gattung geschadet? Dies sind Fragen, die in der ernsthaften Forschung noch der Beantwortung harren.
Der Leser sei neben den einschlägigen Titeln der Gesamtbibliographie auf folgende Werke verwiesen:

W. Bube, *Die ländliche Volksbibliothek. Ein Musterkatalog,* Berlin ³1903.

Paul G. Buchloh / Jens P. Becker (Hrsg.), *Der Detektiverzählung auf der Spur. Essays zur Form und Wertung der englischen Detektivliteratur,* Darmstadt 1977. [Eine kritische Anthologie der bekanntesten englischen Schriftsteller und Kritiker: G. K. Chesterton, T. S. Eliot, Dorothy L. Sayers, Nicholas Blake, C. P. Snow, Raymond Chandler, Julian Symons u. a.]

Herbert Greiner-Mai / Hans-Joachim Kruse, *Die Ursache, die deutsche Kriminalerzählung von Schiller bis zur Gegenwart,* Berlin [Ost] ²1972. [Eine Anthologie von Erzählungen, deren Auswahl und Einleitung instruktiv für die marxistische Sicht ist.]

Ulrich Hain / Jörg Schilling, *Katalog der Sammlung ›Trivialliteratur des 19. Jahrhunderts‹ in der Universitätsbibliothek Gießen,* hrsg. von Hermann Schüling, Gießen 1970.

Mathilde Kelchner / Ernst Lau, *Die Berliner Jugend und die Kriminalliteratur,* Leipzig 1929. [Noch heute lesenswerte Studie über die jugendliche Leserpsychologie.]

Bruno Knobel, *Krimifibel,* Solothurn/Stuttgart 1968. [Etwas moralisierende, aber flüssig geschriebene Einführung für jüngere Leser.]

Siegfried Kracauer, *Der Detektiv-Roman,* in: *Schriften I,* Frankfurt a. M. 1971, S. 103–204. [Die erste wissenschaftliche Studie mit soziologischem Schwergewicht.]

Rudolf Schenda, *Volk ohne Buch. Studien zur Sozialgeschichte der populären Lesestoffe 1770–1910,* Frankfurt a. M. 1970. [Eine glänzende, amüsant geschriebene und detailreiche Studie, die hält, was sie im Titel verspricht.]

Gustav Sichelschmidt, *Liebe, Mord und Abenteuer, Geschichte der deutschen Unterhaltungsliteratur,* Berlin 1969. [Fesselnd geschriebener Gesamtüberblick.]

Ulrich Schulz-Buschhaus, *Formen und Ideologien des Kriminalromans. Ein gattungsgeschichtlicher Essay,* Frankfurt a. M. 1975. [Kompilation von angelsächsischer kritischer Literatur zum Thema.]

Jürgen Thorwald, *Das Jahrhundert der Detektive,* Zürich 1964 u. ö. [Feuilletonistisch geschriebene Geschichte der Entwicklung moderner Fahndungsmethoden.]

Josef Schmidt

Hinweise auf unbekanntere deutsche Autoren und DDR-Krimis

Die deutschsprachigen Literaturhistoriker haben den Krimi gewöhnlich ignoriert, und das tun sie heute noch. Eine Geschichte des deutschen Krimi gibt es nicht. Eine Ausnahme bildete Adolf Bartels, der eine *Deutsche Literaturgeschichte* im Jahre 1902 verfaßte und sie 1918 und 1928 revidierte. Im dritten Band der Ausgabe von 1928 behandelt er auf über 1200 Seiten die deutsche Literatur seit 1871. Er zählt eine Unmenge von Autoren und Werken auf, die er oft einfach der letzten Ausgabe des *Lexikon der deutschen Dichter und Prosaisten des neunzehnten Jahrhunderts* von Franz Brümmer entnommen hat. Sein Hauptaugenmerk richtet Bartels darauf, ob ein Autor ganz oder teilweise jüdischer Abstammung sei. Bartels' wertende Urteile sind gern salopp und summarisch, abgefaßt in einer Sprache, die man heute nicht mehr dulden würde. Der dritte Band enthält ein zweispaltiges Register von über 80 Seiten mit etwa 7200 Namen und Begriffen. Unter den Begriffen findet man auch »Detektivdrama, -roman und -novelle« mit 9 Einträgen und »Kriminalroman und -novelle« mit 20 Einträgen. Ich stelle hier Bartels' Bemerkungen der Ausgabe von 1928 zu den deutschen Krimiautoren zusammen. Es ergibt sich eine Art letztes Inventar vor Hitlers Machtübernahme (die Daten wurden, soweit möglich, ergänzt):

Gustav Höcker (1832–1911) »kam später [nach 1870] zum Kriminalroman«. Joseph Treumann (s. Lexikon) »kam aber dann auch zum Kriminalroman und zur Humoreske hinab«. Fritz Brentano (1840–1914) hat sich zu »Kriminalromanen aufgeschwungen«. Reinhold Stade (geb. 1848 in Oberwillingen in Schwarzburg-Sondershausen, Superintendent in Ichtershausen) schrieb »modern-kriminalistische Lebensbilder«. Ferdinand Bonn (1861–1933) aus Donauwörth war Schauspieler und schrieb Dramen. »Dann freilich geht es mit *Sherlock Holmes* und *Der Hund von Baskerville* zur Detektivkomödie herunter« (in *Gesammelte Werke,* 1910). Heinrich Houben (1866–1935) aus Leutherheide bei Breyell, Rheinprovinz, schrieb leichte Komödien wie *Lord Dämon* (»Detektivkomödie«, 1909), A. Oskar Klaussmann (1851–1916) aus Breslau u. a. auch »kriminalistische Skizzen«. Eugen Isolani (geb. 1860) hat »Gauner- und Kriminalgeschichten verbrochen«. Wilhelm Wölfert (1854–1925), der nach 1901 »beim Detektivroman landete«, benutzte auch das Pseudonym Hector Sylvester. Arthur Roehl (geboren 1855) schrieb den »Kriminalroman« *Der Fall Madelung* (1908). Ernst Moser (1863–1927) verfaßte nach 1900 »vor allem Kriminalromane«. Von Felix von Stenglin (1860–1941) stammt der Krimi *Versuchung* (1902). Therese Wallner-Thurm (geboren 1860) brachte »noch zwanzig Romane, auch Kriminal- und heitere« heraus.

»Verfasser von Kriminalromanen ist der Buchhändler Heinrich Kornfeld (aus Berlin, 1856 geb.)«. Moritz Wien (geb. 1860 in Prag) ist »kaiserlicher Rat und Syndikus der Prager deutschen Presse« und schreibt u. a. »Detektivromane«. Karl Schüler (geb. 1867) aus Fritzlar in Hessen produzierte Lustspiele, Romane und »Kriminalerzählungen«. Konrad Remling (1876–1931) aus Berlin verfaßte einige Romane und »Kriminalskizzen«. Karl Eduard Klopfer (geb. 1865) ist der Autor einiger Krimis und der Kriminalerzählung »Der Börsenkönig« (1905). Von Rudolf Hirschberg-Jura stammt der »Kriminalroman aus der Theaterwelt« *Der tote Liebhaber* (1902). Von Elise Fajkmajer (geb. 1871) aus Wien »liegen Kriminalromane, *Dämon Gold* (1906), *Falsche Karten* (1907), *Die Königin des Westens* (1908) vor«. Robert Müller (1887–1924, Selbstmord) aus Wien schrieb u. a. »*Camera obscura,* okkulter Detektivroman« (1921). Bartels erwähnt auch Auguste Groner, Gabriele von Schlippenbach, Matthias

Blank, Dietrich Theden, Heinrich Grabow, Friedrich Thieme, die alle im Lexikon erscheinen.

Natürlich wurde dem Krimi in den Jahren 1933–1945 zumindest von offizieller Seite keine Sympathie entgegengebracht. Aber es ist auch nicht wahr, daß im Dritten Reich in Deutschland keine Krimis erschienen wären. Es gab sogar Autoren, die sich in dieser Zeit in den Krimi flüchteten, z. B. Curt Corrinth (siehe Lexikon). 1938 erschienen etwa im Deutschen Verlag Berlin *Seespinne am Abend. Eine Gangster-Geschichte* von Peter Matthews und R. Ardens *Sergeant Berry und der Zufall,* ein Krimi, der im Gangstermilieu von Chicago spielt. Auch die Reihe »Der Dreißig-Pfennig-Roman« (Aufwärts-Verlag, Berlin) brachte Krimis, z. B. Hans Heuer, *Herr Seltrup braucht Geld* (kein Datum, etwa 1940). Buchloh und Becker nennen noch folgende Titel: *Der Tod fuhr im Zug* (1944) von Axel Alt, *Karins Versprechen* (1943) von Paul M. Brandt, *Schreck in der Abendstunde* (1943) von Rudolf von Lossow, *Shiva und die Nacht der 12* (1943) von Felicitas von Reznicek und *Anlage 27* (1944) von Zinn.

Nach Kriegsende dauerte es eine Weile, bis man wieder Krimis deutscher Autoren druckte. Die ersten, die mir in die Hände gefallen sind, stammen aus dem Jahre 1948: Peter Paul Bertram (geb. 1895 in Wien), *Der Herr des Fünfecks. Kriminalroman* (Rote Burg-Bücher, J. Gnamm Verlag, Stuttgart); Otto Mielke, *Der Mann, der Rosenke hieß. Kriminalroman* (Hera Verlag, Berlin und Hamburg); Louis Vetter, *Goldene Glieder. Kriminalroman* (Verlag Die Lampions, Wuppertal); W. W. Bröll, *Die Todesspringer. Kriminalroman* (Verlag Buch und Presse, Castrop-Rauxel). In den fünfziger Jahren sorgte vor allem der Nest-Verlag, Nürnberg (Reihe »Krähen-Bücher«) für einen gewissen qualitativen Aufschwung des Krimi.

In der Produktion von Krimis deutscher Autoren halten sich die DDR und die BRD qualitativ und quantitativ etwa die Waage. Die Zahl der Übersetzungen aus dem Englischen und Französischen ist in der BRD außerordentlich groß, in der DDR geringer. Hingegen findet man in der DDR Übersetzungen von Krimis aus dem Russischen (Semjonow) oder Norwegischen (Arild Kolstad), die man gelegentlich im übrigen deutschen Sprachgebiet nicht erhalten kann.

Die größte Flut an Krimiübersetzungen in der Bundesrepublik erschien in den Jahren um 1960. Der Beginn der siebziger Jahre brachte eine neue Welle von Übersetzungen. Interessant ist die Tatsache, daß englische Krimis auch bekanntester Autoren in der BRD dann nicht übersetzt werden, wenn das Buch von Nazis oder von der Jagd auf überlebende Kriegsverbrecher handelt. Gerade das ist der Hauptinhalt vieler DDR-Krimis. Während der westliche Spionageroman oft ein primitiv übertriebenes Feindbild von östlichen Staaten malt (Rußland und die DDR kommen – neben China – am schlechtesten weg), ist man überrascht von der eher milden Behandlung, welche der Westen im DDR-Krimi erfährt. Die Halunken sind meistens CIA-Agenten oder geldgierige Kapitalisten; man gibt sich im Osten oft nicht einmal die Mühe, sie umzubringen (siehe im Lexikon: Hasso Mager).

In der DDR sollen (nach Buchloh und Becker) in den Jahren 1950–1960 nur 65 Detektivromane verlegt worden sein. In den Jahren 1965–1967 erschienen dann über 30. Seit 1968 gibt es in der DDR ein großes Angebot in verschiedenen Krimireihen, z. B. die »K«-Reihe, die »NB-Roman«-Reihe, die »Gelbe Reihe« und die »DIE-Reihe« (DIE = Delikte, Indizien, Ermittlungen). Daneben erscheinen viele Krimis außerhalb von Serien. Wie im Westen sind die besten angelsächsischen Autoren in Übersetzung zu haben. Als Beispiele von DDR-Krimis nennen Buchloh und Becker fünf Krimis von Fritz Erpenbeck;

Der Mörder trug Sandalen (1969) von Bernd Diksen; *Und nebenbei: ein Mord* (1970) von Werner Steinberg. – Das Lexikon dieses Bandes enthält Kurzhinweise auf etwa 50 DDR-Autoren, die, meist nebenher, einen oder mehrere Krimis verfaßt haben.

Manche westlichen Kritiker sind der Ansicht, einen guten Krimi könne es im Osten nicht geben. Das ist unsinnig. Natürlich ist es nicht denkbar, daß ein hartgesottener Privatdetektiv mit dem Revolver in der Tasche den Gangsterboß Silvio Ravioli von Rostock aufsuchen, ihn umbringen und anschließend den Bankdirektor Fritz Meier als Obergauner und den Polizeidirektor von Rostock als Meiers Strohmann entlarven könnte. In den östlichen Ländern geschieht nur ein Bruchteil der Morde, die den Krimiautoren des Westens den realistischen Hintergrund liefern können. Viele Verbrechen, die aus Gier nach Privatbesitz und aus Konkurrenzneid in der Privatindustrie erwachsen, kommen im Osten einfach nicht vor. Aber der DDR-Autor braucht ja seinen Krimi gar nicht in der DDR anzusiedeln – und viele DDR-Krimis spielen denn auch in der BRD, in London, in New York, in Indien und könnten von einem sozialkritischen Bundesdeutschen oder Amerikaner geschrieben sein; sie fallen in die Kategorie des kritischen Realismus. Beliebte Themen der in der DDR spielenden Krimis sind: Jugendkriminalität, Sexverbrechen, das Aufspüren überlebender Kriegsverbrecher, Spionage, Mord aus Angst vor Verrat oder aus Rache.

Armin Arnold

ITALIEN

Der Kriminalroman hat sich in Italien ein zahlreiches Publikum erobert. Die berühmteste Krimi-Reihe wurde 1930 vom Verlag Mondadori begründet; sie ist heute noch so beliebt wie eh und je. Die Bücher erscheinen wöchentlich – zwischen gelben Deckeln; daher die in Italien gängige Bezeichnung für den Krimi »Romanzo giallo«: der gelbe Roman. Fast alle Bände sind Übersetzungen aus dem Englischen und Amerikanischen. Von französischen Autoren wird wenig, von deutschen fast gar nichts übersetzt. Italienische Krimis sind selten; die Gattung hat eigentlich keine Geschichte. Vor 1930 scheint es nie einem italienischen Autor eingefallen zu sein, einen Kriminalroman zu schreiben.
Gegen Ende des 19. Jahrhunderts blühte, allerdings nur kurze Zeit, der Sensationsroman. Geschrieben wurden diese Wälzer von mittelmäßigen Autoren wie dem Neapolitaner Francesco Mastriani (*La cieca di Sorrento,* Die Blinde von Sorrent; *I misteri di Napoli,* Die Geheimnisse von Neapel) oder von Carolina Invernizzi, einer zartbesaiteten Hausfrau, die eine große Zahl von Romanen voller Gewalttätigkeit schrieb, wovon die berühmtesten sind: *La vendetta di un pazzo* (Die Rache eines Irren); *Il bacio di una morta* (Der Kuß einer Toten); *La sepolta viva* (Die lebend Begrabene). In diesen Romanen geht es um Familienintrigen, um ausgesetzte und verwechselte Kinder, um käufliche Mörder und andere dunkle Existenzen, um engelreine Jungfrauen, die ständig in Gefahr schweben. Es ist aber klar, daß der moderne italienische Krimi nicht auf dieser Art von Literatur aufbaut; seine Vorbilder sind vielmehr die klassischen Kriminalautoren des Auslandes.
Man kann von drei Etappen des modernen Krimi in Italien sprechen: 1. Von 1930 bis 1941 erschienen Romane, die sich mehr oder weniger genau an die Regeln und Vorbilder der englisch-amerikanischen Krimiproduktion hielten. 2. In den fünfziger Jahren traten Autoren auf, die sich selbständiger gaben, denen aber noch anzumerken ist, wo sie ihr Handwerk gelernt haben. 3. Einige Autoren der unmittelbaren Gegenwart haben sich endlich von ausländischen Einflüssen befreit; sie produzieren Werke von einem gewissen Niveau – oft Romane, in denen die Aufklärung eines Verbrechens nur eine Nebenhandlung oder ein Erzählstrang neben anderen ist.
Der erste italienische Autor von Qualität, der in der berühmten Mondadori-Reihe erschien, war Alessandro Varaldo (1878–1953), der 1932 das erste Abenteuer eines italienischen Detektivs veröffentlichte: *Il Settebello.* Varaldos Detektiv heißt Ascanio Bonichi; Varaldo benütze ihn auch in allen seinen späteren Kriminalromanen (er schrieb von 1932 bis 1941 im ganzen acht): *Le scarpette rosse* (Die roten Pantoffeln); *La gatta persiana* (Die Perserkatze); *La scomparsa di Rigel* (Rigel verschwindet); *Casco d'oro* (Der goldene Helm); *Il segreto della statua* (Das Geheimnis der Statue); *Il tesoro dei Borboni* (Der Schatz der Bourbonen); *Circolo chiuso* (Der geschlossene Kreis). Bevor er sich dem Kriminalroman zuwandte, hatte Varaldo, anfänglich Journalist, über 20 Romane (meistens Liebesromane) und mehrere erfolgreiche Komödien geschrieben. Seine Krimis zeichnen sich aus durch sicheren Stil und durch überzeugende Milieuschilderungen; an der Art des Aufbaus aber kann man leicht erraten, welche englischen Vorbilder Varaldo inspiriert haben.
Zwei weitere Autoren von Rang, die sich nicht gescheut haben, Krimis zu produzieren, sind Alessandro de Stefani und Ezio d'Errico. De Stefani (1891–1970) verfaßte allerdings nur zwei Krimis, im übrigen war er ein vorzüglicher Übersetzer der Klassiker, vor allem Shakespeares. Viele Jahre lang war er einer der meistgespielten Dramatiker; auch einige

gelungene Romane und Filmskripte sind zu verzeichnen. Seine zwei Krimis verraten die sichere Hand des erfahrenen Schriftstellers: *La crociera del Colorado* (Die Kreuzfahrt der Colorado) und *Il pilota della notte* (Nachtpilot).

Ezio d'Errico (1892–1972) hat von den Schriftstellern der ersten Epoche am meisten geschrieben: 16 Romane von hoher Qualität, alle genau im Stile Simenons. Der Held ist ein Zwillingsbruder Maigrets und heißt Commissaire Richard; der Schauplatz ist Paris. Die Titel: *Qualcuno ha bussato alla porta* (Jemand hat an die Tür geklopft); *Il fatto di via delle Argonne* (Die Affäre der Rue Argonne); *La famiglia Morel* (Die Familie Morel); *Il trapezio d'argento* (Das Silbertrapez); *Il quaranta tre sei sei non risponde* (Nr. 40366 antwortet nicht); *Plenilunio allo Zoo* (dt. *Vollmondnächte im Zoo,* 1941); *La donna che ha visto* (dt. *Das Mädchen, das den Teufel sah,* 1941); *L'affare Jefferson* (dt. *Mord ohne Mörder,* 1942); *I superstiti dell'Hirondelle* (dt. *Der Untergang der ›Schwalbe‹*, 1942); *Il naso die cartone* (Die Kartonnase); *La notte del 14 luglio* (Die Nacht des 14. Juli); *Scomparsa del delfino* (Das Verschwinden des Delphins); *La casa inabitabile* (Das unbewohnbare Haus); *Segni particolari: nessuno* (Besondere Merkmale: keine); *L'uomo dagli occhi malinconici* (Der Mann mit den traurigen Augen); *La nota della lavandaia* (Die Notiz der Wäscherin).

Alle diese Romane erschienen bei Mondadori in den Jahren 1935 bis 1941. 1941 verbot die faschistische Regierung die Veröffentlichung von Kriminalromanen. D'Errico wandte sich jetzt mit viel Energie und Erfolg dem Theater zu und war als Journalist tätig. Seltsamerweise lehnte er nach Kriegsende seine früher geschriebenen Krimis ab und widersetzte sich dem Wunsch seines Verlegers, Neuausgaben zu veranstalten.

Ein weiterer Autor, der einen Beitrag zum frühen italienischen Krimi geleistet hat, ist Augusto de Angelis, der mit seinem Kommissar De Vincenzis und seinen in Mailand spielenden Fällen gewissermaßen ein Vorläufer von Scerbanenco ist, von dem später die Rede sein wird. De Angelis schrieb: *L'albergo delle tre rose* (dt. *Das Gasthaus zu den drei Rosen,* 1944); *Il mistero delle tre orchidee* (dt. *Drei Orchideen,* 1943); *Il candeliere a sette fiamme* (Der siebenarmige Leuchter); *Il banchiere* (Der Bankier); *Le undici meno uno* (Die elf minus eins); *La barchetta di cristallo* (Die gläserne Barke); *Il canotto insanguinato* (Das blutbefleckte Boot); *Curti Bò e la piccola tigre bionda* (Curti Bò und der kleine, blonde Tiger); *Il do tragico* (dt. *Das verhängnisvolle C,* 1942); *Giobbe Tuama e C.* (Giobbe Tuama & Co.); *La gondola della morte* (dt. *Die Gondel des Todes,* 1941); *L'impronta del gatto* (Die Spur der Katze); *Il mistero della vergine* (Das Geheimnis der Jungfrau); *Il mistero di Cinecittà* (dt. *Das Geheimnis von Cinecittà,* 1942); *Sei donne e un libro* (Sechs Frauen und ein Buch); *Le sette picche doppiate* (Die sieben geschmierten Bolzen).

Im Zusammenhang mit der ersten Epoche seien noch folgende Autoren zitiert, die alle in Mondadoris Krimiserie erschienen, sonst aber keine nennenswerten Spuren hinterließen: Franco Vailati, *Il mistero dell' idrovolante* (Das Rätsel des Wasserflugzeugs); Mario Datri, *L'uomo del laccio* (Der Mann mit der Schlinge); Cesare Yenco, *La morte sul Timor* (Der Tod auf Timor); Renato Umbriano, *Il teschio d'argento* (Der silberne Totenkopf); Vasco Mariotti, *La valle del pianto grigio* (Das Tal der grauen Trauer) und *L'uomo dai piedi di Fauno* (Der Mann mit den Faunsfüßen). Von Gastone Tanzi, einem mittelmäßigen Vielschreiber, erschien nur ein Krimi in der Mondadori-Reihe: *La nave degli agguati* (Das Schiff der Überfallenen); er publizierte aber Dutzende von Krimis bei kleinen Verlagen, die vor Ausbruch des Zweiten Weltkriegs florierten. Zu erwähnen sind noch Adriano Baracco, ein Filmkritiker von Ruf, mit *L'implacabile* (Der Unversöhnliche) und Gastone Simoni, Autor von Seeabenteuern, der auch drei Krimis schrieb: *Battaglia a bordo*

(Schlacht an Bord), *Navi sommerse* (Gesunkene Schiffe); *Bandiera gialla* (Die gelbe Fahne).
Wenden wir uns nun dem zweiten Zeitraum zu. Von 1941 bis 1946 erschienen keine Krimis in Italien. 1946 setzte die Produktion wieder ein, mit sofortigem Erfolg, als ob es die fünf toten Jahre nie gegeben hätte. Mondadori besaß weiterhin fast ausschließlich das Monopol in Sachen Kriminalroman und veröffentlichte in seiner neuen Serie Erle Stanley Gardner, Mignon G. Eberhart und andere große Namen, darunter natürlich auch Agatha Christie.
Einige Jahre später, nachdem Mondadoris Reihe etabliert war, begann der Verleger sich wieder nach italienischen Autoren umzusehen. Während der faschistischen Diktatur (vor 1941) hatte er seine Landsleute dazu ermutigen müssen, Krimis zu schreiben, denn laut Gesetz mußte jede Serie eine bestimmte Anzahl von »bodenständigen« (d. h. von Italienern verfaßten) Krimis enthalten. Die Autoren der ersten Epoche kamen in den fünfziger Jahren nicht mehr in Frage: Varaldo und De Angelis waren gestorben, D'Errico wollte nichts mehr von Krimis wissen, die anderen waren verschollen. Aber Mondadori ließ sich nicht entmutigen: im Laufe eines einzigen Jahres veröffentlichte er elf italienische Krimis. Franco Enna, ein sizilianischer Romancier von Ruf, mit einer explosiven Phantasie begabt, produzierte fünf gute Krimis: *Preludio alla tomba* (Vorspiel zum Grab), *Tempo di massacro* (Blutbadzeit), *Il delitto mi ha vinto* (Das Verbrechen hat mich besiegt), *La grande paura* (Die große Angst), *Viatico per Marianna* (Wegzehrung für Marianne).
Sergio Donati, der zu den meistgenannten Autoren von Filmskripten und Drehbüchern gehört, schrieb drei Krimis für Mondadori: *L'altra faccia della luna* (Die andere Seite des Mondes), *Sepolcro di carta* (Das Papiergrab), *Mr. Sharkey torna a casa* (Mr. Sharkey kommt nach Hause). Giuseppe Ciabattini, Dichter und Schauspieler aus der Toscana (der am typischsten italienische von allen) beteiligte sich mit zwei witzigen Romanen, die in Mailand spielen: *Tresoldi e la donna di classe* (Tresoldi und die vornehme Dame) und *Tresoldi e il Duca* (Tresoldi und der Herzog). Die Helden dieser Romane sind zwei äußerst sympathische und überzeugende Vagabunden, welche unabsichtlich in die Situation kommen, Verbrechen aufklären zu müssen. – Schließlich veröffentlichte Guglielmo Giannini *L'anonima Roylott* (Der anonyme Roylott). Giannini besaß einen gewissen Ruf als Dramatiker und Journalist, auch als Politiker: gleich nach Ende des Zweiten Weltkriegs gründete er eine politische Partei, die einen Moment lang Aufsehen erregte, sich dann aber im Gespött auflöste; Giannini glaubte nämlich, Humor wäre das beste Mittel, um das Land zu regieren; auf ein Regierungsprogramm könne unter diesen Umständen verzichtet werden.
Die elf erwähnten italienischen Romane sind von guter Qualität und nehmen es mit den Produkten der besten anglo-amerikanischen Schreiber auf. Die Romane erschienen in monatlichen Abständen – zuerst *Preludio alla tomba* (1955). Aber ihre Popularität war von Anfang an gering, und sie blieb es auch. Der Verleger führte eine marktwissenschaftliche Untersuchung durch und mußte sich davon überzeugen, daß die Käufer seiner Reihe nur ausländische Autoren lesen wollten. Das ist der Grund, weshalb in der Folge weder Mondadori noch andere Verleger italienische Krimis auf den Markt brachten.
Die dritte Etappe wurde von Giorgio Scerbanenco eröffnet. Er ist russischer Abstammung und Autor unzähliger Romane und Erzählungen von hohem Niveau. Schon vor dem Ersten Weltkrieg war er der Versuchung erlegen, drei Krimis »à l'anglais« zu schreiben: *La bambola cieca* (dt. *Die blinde Puppe*, 1943); *Sei giorni di preavviso* (dt. *Der sechste Tag*, 1942); *Nessuno è colpevole* (Niemand ist schuldig). Der Erfolg war mäßig gewesen. Jetzt

aber schrieb er mit der Sicherheit und Überzeugung des arrivierten Autors echte italienische Krimis, absolut neuartig, von nirgendwoher beeinflußt. Sie sind realistisch und human und spielen in Mailand, der neuen Hauptstadt des italienischen Verbrechens. Der Erfolg stellte sich sofort ein: Zum ersten Mal wurde ein italienischer Krimiautor auch im Ausland bekannt und geschätzt, besonders in Frankreich.
In den Romanen von Scerbanenco, die im Verlag Garzanti erscheinen, tritt ein völlig neuartiger Detektiv auf: Duca Lamberti, ein Arzt, der seinen Beruf nicht mehr ausüben darf, da er in einen Fall von Euthanasie verwickelt gewesen ist. Lamberti ist alles andere als einer dieser in Detektivromanen so üblichen stereotypen Helden; er ist ein plastischer, überzeugender Charakter, der wohldurchdachte und glaubwürdige Fälle behandelt – kurz: Scerbanencos Romane gehören qualitativ zum Besten, was die neuere italienische Literatur zu bieten hat. Leider sind es nur wenige Titel, denn Scerbanenco starb kurz bevor man ihm in Frankreich den »Grand Prix du Roman Policier« zusprach: *Venere privata* (1966; dt. *Leichte Mädchen sterben schwer,* 1969); *Traditori di tutti* (1966; dt. *Doppelt gekillt hält besser,* 1969); *I ragazzi del massacro* (1968; dt. *Mord stand nicht im Stundenplan,* 1971); *I milanesi amazzano al sabato* (1969; Mailänder morden am Samstag); *Milano calibro 9* (1969, Erzählungen; dt. *Die Signorina ohne Revolver,* 1973); *I 100 delitti* (1970; dt. *Das Beste vom Bösen,* 1971).
Der Erfolg von Scerbanenco gab Autoren und Verlegern neuen Mut. Der Verlag Longanesi, der seit Jahren gute Krimis des Auslandes veröffentlicht hatte, begann seine Türen auch italienischen Autoren zu öffnen. So publizierte er »mailändische« Romane von Antonio Perria, der den Kommisssar Saro Madonna erfunden hatte, einen würdigen Rivalen von Maigret: *Giustizia per scommessa* (Wette um die Gerechtigkeit); *Delitto a mano libera* (Verbrechen mit offener Hand), *Incidente sul lavoro* (Vorfall bei der Arbeit).
Mit kräftiger Propaganda lancierte Mondadori den Roman *La donna della domenica* (1974; dt. *Die Sonntagsfrau,* 1974), der als Hardcover-Ausgabe auf dem Markt erschien (die meisten italienischen Bücher sind Paperbacks). Der Roman ist das Produkt des Autorenduos Carlo Fruttero und Franco Lucentini. Beide sind hochgebildet und Berater führender italienischer Verlage, die sich auf Science-fiction und Krimis spezialisiert haben. *La donna della domenica* ist mehr als ein Krimi; es ist ein großer Roman, ein scharfes, erbarmungsloses Porträt einer ganzen Stadt (Turin) und ihrer großbürgerlichen Gesellschaft. Resultat: der Roman stand zwei Jahre lang auf der italienischen Bestsellerliste, hatte Hunderte von positiven Besprechungen und wurde ins Deutsche, Französische und Amerikanische übersetzt. Auch die Verfilmung war ein außerordentlicher Kassenerfolg.
Das wachsende Interesse des Publikums am Krimi veranlaßte den Verkehrsverein (»Azienda di Soggiorno«) von Cattolica, ein alljährliches Krimifestival (»Il Gran Giallo Città di Cattolica«) zu veranstalten (erstmals 1972). Dabei werden jeweils prämiert: 1. Der beste Krimi, der im Verlaufe der letzten zwölf Monate erschienen ist; 2. Der beste bisher unveröffentlichte Krimi, der dann von einem der Verlagshäuser, welche das Festival unterstützen, herausgebracht wird; 3. Der beste Kriminalfilm des Jahres; 4. Der beste Fernsehkrimi des Jahres.
Seither fiel der Preis für den besten veröffentlichten Krimi erst einmal (1974) auf einen italienischen Roman: *Violenza a Roma* (Gewalttätigkeit in Rom). Die Autoren dieses Romans sind Massimo Felisatti und Fabio Pittorru, die als ständiges Team auch beim Fernsehen wirken. Der Verlag Garzanti in Mailand hat das Buch verlegt, ebenso die

anderen Romane derselben Autoren: *La prego di non mancare al delitto di questa sera* (1974; Ich bitte Sie, das Verbrechen von heute abend nicht zu verpassen), *La Madama* (1975; Die Polypen).
Unter den italienischen Krimiautoren, die den Preis für den besten unveröffentlichten Roman erhalten haben, sind: 1. Gaetano Gadda: *Il complice del suicido* (Komplize beim Selbstmord); Preis von Cattolica 1973, erschienen bei Fratelli Fabbri Editori 1974. 2. Loriano Macchiavelli: *Fiori alla memoria* (Blumen zum Gedächtnis); Premio Cattolica 1974, Edizione Garzanti 1975. Andere Werke von Macchiavelli: *Ombre sotto i portici* (1976; Schatten zwischen den Säulen), *Sui colli all'alba* (1976; Ihre Nacken beim Morgengrauen), *Sequenze di memoria* (1976; Folgen der Erinnerung) – alle bei Garzanti. 3. Secondo Signoroni: *Qui commissariato di zona* (Hier Kreiskommissariat); Preis von Cattolica 1975, Longanesi 1976. Auch im Jahr 1976 hat Signoroni den Preis gewonnen mit *Moustache Peter,* Mondadori 1977. 4. Nicoletta Bellotti teilte sich 1976 den Preis mit Signoroni für *Centro Città* (Stadtzentrum), Mondadori 1977. Nicoletta Bellotti ist Journalistin und hat bereits einen vorzüglichen Roman im Verlag Longanesi veröffentlicht: *Tutti sul filo* (Alle auf Draht). Sie ist eine der großen Hoffnungen des italienischen Krimi.

Alberto Tedeschi

JAPAN

Der Kriminalroman, wie wir ihn heute in Japan kennen, wurde erst in der Meiji-Zeit (1868–1912) als literarische Gattung vom Westen übernommen. In der japanischen Literatur vorhergehender Jahrhunderte finden sich jedoch einige Erzählungen, die dem Kriminalroman nahestehen. So schildert z. B. das *Toinhiji-Monogatari* (1649) exemplarische Gerichtsfälle, die einem chinesischen Nachschlagewerk für Rechtsreferendare entnommen sind; das *Chiekagami* (1660) von G. Tsujihara, ebenfalls eine Bearbeitung einer chinesischen Quelle, demonstriert in seinen Geschichten »vorbildliche Klugheit«. Zu nennen sind ferner *Honcho-oinhiji* (1689) von Saikaku Ihara und *Aoto Fujitsuna moryoan* (1811/1812) von Bakin Takizawa, die ebenfalls Justizfälle und Schiedssprüche zum Thema haben.

1861 übersetzte der Jurist und Volkswirtschaftler Kohei Kanda in Auszügen den ersten »Kriminalroman« aus dem Westen. Es handelte sich um *Belangrijke Tafereelen uit de Geschiedenis der Lijfstra ffelijke Regtsplegling* des Holländers Christemeijer, 1820 in Utrecht erschienen. 1877 wurde das Buch in Japan unter dem Titel *Yongeru kidan* veröffentlicht.

Von 1887 an wurden immer mehr westliche Kriminal- und Detektivgeschichten übersetzt: 1887 erschien bereits Edgar Allan Poes »The Murders in the Rue Morgue«, 1889 E. T. A. Hoffmanns »Das Fräulein von Scudery«. Besonders zu erwähnen ist Ruiko Kuroiwa, da er nicht nur übersetzte, sondern dem jeweiligen Text eine eigene dichterische Form zu geben wußte. Den ersten japanischen Kriminalroman schrieb 1888 Nansui Sudo; sein *Satsujinhan* (Mörder) lehnt sich jedoch stark an westliche Vorbilder an, so daß Ruiko Kuroiwa mit *Muzan* (1889, Kaltblütigkeit) als der eigentliche Wegbereiter dieser Gattung in Japan gilt. Auch namhafte Autoren versuchten sich in der Kriminalerzählung: Rohan Koda schrieb *Ayashiyana* (1889, Verdächtig), Kyoka Izumi *Iki-ningyo* (1893, Lebendige Puppe).

In der Taisho-Ära (1912–1926) ging das Interesse an realistischer Darstellung in der Literatur allmählich zurück, an die Stelle des Naturalismus traten Romantik und Ästhetizismus. Der wichtigste Vertreter dieser neuen Richtung war Junichiro Tanizaki, der u. a. von Wilde, Poe und Conan Doyle beeinflußt war. Auch er wandte sich vorübergehend dem Kriminalroman zu und bereicherte das Genre durch romantisch-mysteriöse, visionäre Stoffe. *Himitsu* (1911, Geheimnis), *Yanagiyu no jiken* (1919, Der Fall der Badeanstalt Yanagi) und *Aru satsujin no doki* (1921, Der Anstoß zu einem Mord) sind einige seiner Werke aus dieser Zeit. Sein spätes Werk *Kagi* (1956; dt. *Der Schlüssel,* 1961) zeigt ebenfalls Ähnlichkeit mit einem Kriminalroman. Tanizaki und Ryunosuke Akutagawa wirkten bahnbrechend für das Genre, sie machten es literarisch salonfähig. Von Akutagawa sind *Kaika no satsujin* (1919, Ein kultivierter Mord), *Kage* (1921, Schatten) und *Yabu no naka* (1923, dt. *Im Gebüsch,* 1955) zu erwähnen. *Yabu no naka,* dessen Stoff Akutagawa einer Geschichte aus dem *Konjaku-Monogatari* (11. Jh.) entnahm, ist durch A. Kurosawas Film *Rashomon* weltbekannt geworden. Die genannten Werke Tanizakis und Akutagawas wurden nicht eigentlich als Kriminalromane konzipiert; Haruo Sato dagegen schrieb einige Kriminalromane, um zu beweisen, daß spannende Unterhaltung nicht banal sein muß. Von ihm stammen u. a. *Shimon* (1919, Fingerabdrücke), *Tasogare no satsujin* (1926, Mord in der Dämmerung). Als bestes seiner Werke und als bester japanischer Kriminalroman vor dem Zweiten Weltkrieg gilt *Koseiki* (1929, Neubeginn). Sato bediente sich in seinen Romanen vorwiegend der psychoanalytischen Methode.

Edogawa Rampo wählte sein Pseudonym nach seinem großen literarischen Vorbild: Edgar Allan Poe. Im Gegensatz zu den früher genannten Schriftstellern, die fast unabsichtlich oder nur gelegentlich Kriminalromane schrieben, konzentrierte er sich auf »mystery-« und »detective-stories« und bereicherte sie durch eine gewisse intellektuelle Note. Edogawa etablierte den Kriminalroman endgültig als literarisches Genre. Sein Erstlingswerk ist *Nisen-doka* (1923, Die Zwei-Sen-Münze); von den späteren Romanen seien hier nur *D-Saka no satsujin* (Mord auf Anhöhe D), *Shinri-shiken* (Psycho-Probe), *Ni haijin* (Zwei Krüppel) und *Akai heya* (Das rote Zimmer) genannt. Dem Beispiel Edogawas folgten viele andere, darunter Saburo Koga, Udaru Oshita, Fuboku Kosakai, Masayuki Jo, Tai Matsumoto, Keisuke Watanabe, Jun Mizutani, Hatsunosuke Hirabayashi, Isao Kawada, Shiro Hamao und Kyusaku Yumeno. Drei Namen sind besonders hervorzuheben: Mushitaro Oguri, Jyuran Kuoi und Takataro Kigi. Oguri und Kigi ließen ihre beruflichen Kenntnisse dem Kriminalroman zugute kommen: Oguri war Arzt, Kigi Psychiater. Kuois Bücher zeichnen sich ebenfalls durch subtile Charakterschilderung und psychologisches Verständnis für den Verbrecher aus. Alle drei Autoren gaben dem Kriminalroman sachliche Fundierung.

Für die Entwicklung des japanischen Kriminalromans spielte die Zeitschrift *Shinseinen* (Neue Jugend) eine große Rolle. Dreißig Jahre lang erschienen in ihr die neuesten Erzählungen und Übersetzungen. Mit Recht sagte Edogawa: »Die Geschichte der Zeitschrift *Shinseinen* ist die Geschichte des japanischen Kriminalromans. Zusammengenommen stellen diese Hefte eine Enzyklopädie ausländischer und einheimischer Kriminalromane und kritischer Essays dar.«

Während des letzten Krieges (1937–1945) durften keine ausländischen Kriminalromane mehr importiert werden, und die japanischen Autoren wurden in ihrer Schreibfreiheit eingeschränkt. Unerwartet zeitigte die Repression jedoch ein positives Ergebnis: Selbstkritik und neue Schaffenskraft. Es entstanden einige hervorragende Kriminalromane, die nach dem Krieg veröffentlicht wurden: *Honjin satsujin-jiken* (Mord in Honjin) und *Chocho satsujin-jiken* (Schmetterlingsmord) von Seishi Yokomizo, *Irezumi satsujin-jiken* (Mord durch Tätowieren) von Kikuo Tsunoda und *Furenzoku satsujin-jiken* (Periodischer Mord) von Ango Sakaguchi. Einen Höhepunkt in der Entwicklung des japanischen Kriminalromans markierte Yokomizos *Gokumon-to* (Insel »Höllentor«), das den »mystery boom« der Nachkriegszeit einleitete. In dem Maß, in dem neue Zeitschriften gegründet wurden, nahm auch die Zahl der Autoren zu. Unter dem Vorsitz von R. Edogawa wurde im Juni 1947 von Tetsuya Ayukawa, Takashi Asuka, Hiroshi Kinugawa, Jinku Dokuta, Shigeru Kayama, Futaro Yamade, Susumu Iwata, Kazuo Shimada, Sunao Otsubo, Ro Hikawa, Masasuke Kusuda, Sango Nagase, Shachihiko Okada, Murako Miyano u. a. der »Verein der Kriminalromanschriftsteller Japans« gegründet, der sich darum bemüht, das Niveau des Kriminalromans weiter zu heben.

In Japan lassen sich die Verfasser von Kriminalromanen in zwei große Gruppen einteilen: eine orthodoxe und eine experimentierende. Diese Spaltung geht bis in die Vorkriegszeit zurück, als T. Kigi forderte, der Kriminalroman müsse künstlerische Qualität haben. Während die orthodoxe Gruppe auf logischen Handlungsablauf und Überraschungseffekte Gewicht legt, sucht die experimentierende Gruppe nach neuen Stoffen und neuen Formen der künstlerischen Gestaltung. Diese letztere, sogenannte »literarische Gruppe«, bildete sich nach dem Krieg um T. Kigi; die Orthodoxen gruppierten sich um die Zeitschrift *Oni*. Bis heute hat sich an dieser Spaltung in zwei Lager wenig geändert.

Mit den fünfziger Jahren begann die zweite Entwicklungsperiode des japanischen

Kriminalromans; ihr populärster Vertreter ist Seicho Matsumoto. Matsumoto verringerte die Kluft zwischen »hoher« Literatur und Unterhaltungsliteratur: seine Romane sind realistisch und sozialkritisch. Der Leser wird nicht mit Denkspielen gefesselt, sondern mit menschlichen Problemen konfrontiert – den Problemen von einzelnen Menschen, die als Rädchen in dem riesenhaften Mechanismus der modernen Welt funktionieren müssen. Matsumotos erster großer Erfolg *Ten to sen* (engl. *Points and Lines,* 1970) erschien 1957; seither folgten u. a.: *Nippon no kuroi kiri* (Schwarzer Nebel über Japan), *Me no kabe* (Eine Wand vor Augen), *Zero no shoten* (Brennpunkt Zero), *Nami no to* (Der Wellenturm), *D no fukugo* (Ds Komplex), *Tokei 139 do-sen* (139. Grad östlicher Länge). Matsumoto schreibt nicht nur Kriminalromane; auch seine anderen Werke haben Anerkennung gefunden. *Ten to sen* machte Schule: u. a. folgten dem sozialkritischen Trend Yoriyoshi Arima, Tsutomu Minakami, Jugo Kuroiwa, Etsuko Niki. Im übrigen ist heute ein zweiter »mystery boom« zu verzeichnen. Hier sind vor allem zu nennen: Seiichi Morimura, Shizuko Natsuki, Yo Sano, Norio Nanjo, Itaru Kikumura, Takao Tsuchiya, Masako Togawa, Saho Sasazawa, Akahito Onishi und Sakyo Komatsu.

Zum Gattungsbegriff ist folgendes zu sagen: Auch im Japanischen wird im allgemeinen kein großer Unterschied zwischen »tantei-shosetsu« (Detektivroman) und »suiri-shosetsu« (Kriminalroman) gemacht; die letztere Bezeichnung hat sich erst seit dem letzten Krieg eingebürgert, nachdem der Gebrauch des Wortes *tantei* eingeschränkt worden war. Im allgemeinen wird daher die erste Entwicklungsphase des japanischen Kriminalromans als »tantei-shosetsu-«, die zweite als »suiri-shosetsu«-Periode bezeichnet. Daneben gibt es in Japan noch eine Art von historischem Detektivroman: »torimono-cho«. Die Romane spielen in der Edo-Zeit (1603–1868); der Detektiv ist ein beliebter Polizist namens Okappiki. *Hanhichi torimono-cho* von Kido Okamoto und *Zenigata Heiji* von Kodo Nomura sind hier zu nennen.

Literaturhinweise

Masato Ara, »Bungaku no ryoiki no dentotekina mono« (Traditionalismus im Bereich der Literatur), in: *Suiri-shosetsu* 14 (1974).

Rampo Edogawa, *Tantei-shosetsu no nazo* (Die Rätsel im Detektivroman), 1956.

Shiro Kuki, *Tantei-shosetsu-hyakka* (Der Detektivroman und ähnliche Dinge), 1975.

Seicho Matsumoto, *Kuroi techo* (Schwarzes Notizbuch), 1961.

Kawataro Nakajima, »Tantei-shosetsu no tenkai« (Entwicklung des Detektivromans), in: *Bungaku* 25 (1957).

Kawataro Nakajima, *Nippon suiri-shosetsu-shi* (Geschichte des japanischen Kriminalromans), Bd. 1, 1964.

Kawataro Nakajima, »›Shinseinen‹ sanjunen-shi« (Dreißig Jahre *Shinseinen*), in: *Shinseinen kessaku-shu* (Gesammelte Meisterwerke aus ›Shinseinen‹), Bd. 1, 1975.

Akimitsu Takagi, »Raida-jo tsushin« (Bericht aus Raida-jo), in: *Hayakawa's Mystery Magazine* 8 (1974).

Masao Yamada, *Suiri-bundan sengo-shi* (Die Kriminalliteratur nach dem Krieg), 1973.

Fukiko Yasuda / Reiko Sato

RUSSLAND

Während Science-fiction in Rußland seit einiger Zeit eine respektable Position einnimmt, gehört der Krimi zu den Stiefkindern der Sowjetliteratur. Die Kritiker lehnen es ab, ihn ernst zu nehmen; er sei trivial, »eskapistisch, bourgeois«. Um diese Haltung der Theoretiker und Kritiker haben sich allerdings die Leserschaft und die Krimiautoren seit jeher wenig gekümmert. Nur in den Jahren, als die stalinistische Repression ihren Höhepunkt erreichte und die Zensur jede Erzählung sorgfältig auf ihren ideologischen Gehalt hin prüfte, erschienen keine Kriminalromane. Die Leser hingegen ließen sich auch zu diesem Zeitpunkt nicht einschüchtern. Obwohl die »Trivialliteratur« in den späten dreißiger und den vierziger Jahren offiziell und kategorisch verboten war, hatte ein Krimifan meist die Möglichkeit, ein »schwarzes« Exemplar eines Maigret- oder Agatha-Christie-Romans aufzutreiben.

Den Weg zum Kriminalroman fanden die Russen später als die Engländer, Amerikaner und Franzosen. Vor der Jahrhundertwende produzierten russische Autoren nur wenige Romane von Bedeutung auf diesem Gebiet. Das früheste Werk, in dem Verbrechen und Intrigen eine wichtige Rolle spielen, ist wahrscheinlich ein Gaunerroman aus dem 18. Jahrhundert: *Wanka Kain,* in dem die Abenteuer eines Straßenräubers berichtet werden, der sich bessert und später auf seiten des Gesetzes arbeitet. Denkt man ans 19. Jahrhundert, so führt man gewöhnlich drei Romane Dostojewskis als frühe Beispiele des Krimi an: *Schuld und Sühne* (1866), *Die Dämonen* (1871/1872) und *Die Brüder Karamasow* (1880), wobei man sich bewußt ist, daß der Begriff »Krimi« diesen Werken nur zum Teil gerecht wird. Der Spezialist weiß ferner, daß Anton Tschechow einen Krimi (*Tragödie auf der Jagd,* um 1884) und Kriminalerzählungen geschrieben hat, die weder er noch die Kritiker je sehr ernst genommen haben. Tschechow sagte, er sei in Sachen Krimi von zwei Autoren beeinflußt worden: von Gaboriau und von Alexander Schkliarjewski (1837–1883). Letzterer, heute völlig vergessen, war ein populärer und erfolgreicher Autor, der 1867 seine erste Kriminalgeschichte publizierte, welche ihn berühmt machte. In den Jahren 1869–1880 folgte eine Serie von Kriminalromanen, die bis zur Jahrhundertwende eine begeisterte Leserschaft fanden. Viele weniger begabte Autoren imitierten Schkliarjewski. Nach 1900 gewann der Spionageroman an Popularität. Der bekannteste Roman dieses Genres der vorrevolutionären Zeit war Alexander Kuprins *Hauptmann Rybnikow* (1906), worin die Abenteuer eines japanischen Spions beschrieben werden, der sich, als russischer Offizier verkleidet, in St. Petersburg herumtreibt.

Im Jahre 1917 brach das zaristische Rußland zusammen, und das kommunistische Experiment begann. Der Schriftsteller sollte jetzt die Ideologie der Revolution und die neue Gesellschaftsordnung propagieren. Aber die Regierung war zuerst alles andere als fanatisch. In den zwanziger Jahren herrschte ein Geist der Toleranz; man ließ die Künstler gewähren. Das Resultat war eine Blüte der Literatur, der Kritik, der Forschung. In dieser Epoche blühte auch der Krimi; vor allem übersetzte man englische und amerikanische Detektivromane.

Die ersten sowjetischen Krimis schrieb Marietta Sergejewna Schaginjan (geb. 1888). Sie war armenischer Abstammung, hatte promoviert und mit dem Schreiben symbolistischer Lyrik begonnen. Nun verfaßte sie Krimis, in denen sie Spannung mit revolutionärer Ideologie verband. Als Pseudonym verwendete sie den leicht verständlichen Namen »Jim Dollar« und gab vor, Dollar sei ein amerikanischer Arbeiter, der in Rußland lebe. Die bekanntesten Titel: *Messmend oder Ein Yankee in Petrograd* (1924), *Lori Len, der*

Metallarbeiter (1925), *K und K* (1929). Die Sowjetkritik warf ihr vor, Allan Pinkerton einfach rot gefärbt zu haben; der westliche Kriminalroman lasse sich nicht sowjetisieren. Ein Kritiker meinte: Frau Schaginjans »Romane enthalten zuviel Propaganda, als daß sie gute Thriller sein könnten; andererseits ist es ihr nicht gelungen, das bourgeoise System des Krimi zu überwinden«.

Ein anderer Autor, der zu den Begründern des sowjetischen Krimi gerechnet wird, ist A. N. Tolstoi (1883–1945). Sein Roman *Das Geheimnis der infraroten Strahlen* (1927) gehört ins Gebiet der Science-fiction und des Krimi. Es geht um einen Faschisten, der die Welt in seine Gewalt bringen will. Bei den Kritikern war es vor allem der Formalist Viktor Schklowski, der sich mit dem Kriminalroman auseinandersetzte, speziell mit Arthur Conan Doyle, dessen Technik des Handlungsaufbaus er bewunderte. Schklowski stand der Gruppe der »Serapionsbrüder« nahe, die 1921 gegründet wurde. Diese Autoren – unter dem Patronat von Jewgeni Samjatin und Maxim Gorki – verehrten E. T. A. Hoffmann und vertraten die Ansicht, daß es nicht die Aufgabe der Regierung sein könne, den Dichtern vorzuschreiben, welche Stoffe sie zu behandeln hätten; der Einbildungskraft dürften keine Grenzen gesetzt werden. Das hieß, daß auch der Abenteuer- und Kriminalroman geduldet werden müsse. Der erste Theoretiker der Gruppe, Lew Lunts (1901–1924), schrieb in seinem Artikel »Geh nach Westen«, daß die russischen Autoren nichts vom geschickten Aufbau eines Kunstwerks verstünden und daß sie die Arbeit am »Plot« verachteten. Lunts und Samjatin meinten, die russischen Autoren müßten die Kunst des Aufbaus, die dynamische Erzählweise, das Erzeugen von Spannung bei ihren westlichen Brüdern lernen.

Einer der »Serapionsbrüder«, Wenjamin Alexandrowitsch Kawerin (Pseudonym für W. A. Zilberg, geb. 1902), setzte in seinen Werken diese Theorie in die Praxis um. Als einer der wenigen wählte er die Unterwelt zur Zeit der Sowjets zum Thema und schrieb einen spannenden Krimi unter dem Titel *Das Ende einer Bande* (1926). Kawerin borgte mehrere Tricks von Conan Doyle für seinen Roman *Das große Spiel* (1927). Obwohl später die didaktischen Exponenten des Sozialistischen Realismus Detektiv- und Spionageromane verdammten, brachte Kawerin in den Jahren 1935–1938 sein bekanntes Werk, *Erfüllung der Wünsche,* heraus. Darin kommt ein politischer Detektiv vor, der – so stellt sich am Ende heraus – Geheimagent einer feindlichen Macht ist. Das Thema des feindlichen Agenten taucht in der Sowjetliteratur der dreißiger Jahre öfters auf. Romane dieser Art beweisen gewöhnlich, wie mächtig die Sowjetunion ist; andererseits lernt der Leser, daß er wachsam sein muß, denn der Feind kann sich unter vielen Masken verstecken.

Der Liberalismus der zwanziger Jahre fand 1932 sein Ende. In diesem Jahr begann der zweite Fünfjahresplan. Im Rückblick – so sah man es jetzt – hatte die Literatur der zwanziger Jahre die Revolution verraten. Von jetzt an hatten sich die Autoren am Aufbau des Sozialismus aktiv zu beteiligen; die Dichter mußten »Ingenieure der Seele« werden. »Formalismus« wurde zum Schimpfwort; »Plot«, Spannung, Dynamismus – das waren Begriffe, die irrelevant waren im Vergleich zum neuen Zweck der Literatur: der Darstellung des neuen Menschen, der der sozialistischen Gesellschaft positiv gegenübersteht. Die Literatur des Auslandes war prinzipiell suspekt. Krimis und Spionageromane verschwanden nach und nach aus den Verlagsprospekten; trotzdem war es bis 1939 weiterhin möglich, amerikanische und englische Krimis in Übersetzung zu erhalten – Bücher, die aus Litauen und den baltischen Staaten eingeschmuggelt wurden. Der populärste westliche Autor dieser Zeit war Edgar Wallace.

Von 1939 bis 1953 war die Krimiliteratur in russischer Sprache tot. Mit einiger Mühe konnte man zwar die englischen Originale erhalten, aber natürlich waren nur wenige imstande, fließend englisch zu lesen. Dem Krimi am nächsten kam in dieser Zeit die sogenannte »Nationale Verteidigungsliteratur«. Beispiele sind Nikolai Schpanows (1896–1961) zwei Romane *Die Brandstifter* (1950) und *Die Verschwörer* (1951). Es sind Produkte des Kalten Krieges, voll antiamerikanischer Propaganda. Seither hat man Schpanows russische Superhelden kritisiert: sie hätten keine Beziehungen zum wirklichen Leben; »im alltäglichen Leben der Sowjetunion ist es nicht der Superheld, der Verbrechen bekämpft und löst, sondern es sind einfache, ehrliche, hart arbeitende Menschen«.

Nach Stalins Tod (1953) begann eine neue Epoche. Der 20. Parteikongreß (1956) brachte Liberalisierung allenthalben, und in den folgenden Jahren veränderte sich das soziale, ökonomische, politische und auch kulturelle Erscheinungsbild der Sowjetunion grundlegend. Innerhalb von wenigen Jahren blühte die Groschenheftchen-Industrie wieder auf. In den fünfziger und sechziger Jahren stritten sich die Kritiker auf den Seiten der *Literaturnaja Gaseta* und von *Novy Mir* um die literarischen Verdienste und sozialen Möglichkeiten des Kriminalromans mit dem Ergebnis: Detektive und Spione sind wieder zugelassen; sie sind sogar zu positiven Helden geworden und arbeiten hart im Dienste des Staates. Die Autoren füllen ihre Romane mit Polizisten, Geheimagenten und Spionen (A. Adamow, J. Semjonow, V. Smirnow, R. N. Kim, L. Slowin). Privatdetektive gibt es nicht; statt ihrer verhelfen Mitglieder von GPU, KGB und der Tscheka dem Recht zum Sieg.

Worüber wird geschrieben? Da gibt es zunächst die Romane um Spionage und Gegenspionage (L. R. Scheinin, J. Naumow, J. Jakowlew). Vor der Kritik schützt man sich am besten, wenn man seine Werke auf wirklichen, historischen, dokumentierbaren Verbrechen aufbaut (P. Nilin, J. Klarow, A. Besuglow). Auch kann man die Krimis vor 1932 spielen lassen. Damals gab es zugegebenermaßen noch Schufte und Verbrecher genug. Ist ein Krimi in der Gegenwart lokalisiert, dann ist der Bösewicht meist ein Kriegsverbrecher, der noch nachträglich zur Strecke gebracht wird. Ferner kann man Krimis im Gebiet der respektablen Science-fiction ansiedeln (L. R. Scheinin, A. N. Tolstoi). In den besten Romanen allerdings verbinden sich Spannung und Intrigen mit sozialen und ethischen Problemen (J. Semjonows Romane *Petrovka 38* [1963] und *Major Virkh* [1967] zum Beispiel).

Der sowjetische Krimi unterscheidet sich vom westlichen in zwei Hauptpunkten: 1. In der westlichen Literatur ist der Ausgang des Kampfes zwischen Gut und Böse offen. Der Verbrecher kann gewinnen; der Detektiv stirbt vielleicht; die Mafia mag am Ende stärker sein; der Inspektor unterliegt möglicherweise der Korruption. Im sowjetischen Roman wäre ein solcher Ausgang nicht denkbar, in der Sowjetunion steht der Verbrecher auf verlorenem Posten: einer gegen die Gesellschaft. Er hat keine Chance, auf Dauer zu gewinnen. 2. Der westliche Detektiv, Inspektor oder Spion ist in erster Linie ein Individuum, ein Einzelgänger. Der sowjetische Polizist oder Agent ist Teil eines Kollektivs, Teil einer Organisation von Beschützern. Wie in manchen westlichen »police procedurals« ist der Held im Grunde ein Untersuchungskollektiv (A. Adamow; A. und G. Wainer). Wenn der Held doch allein handelt (wie z. B. Maxim Maximowitsch Isajew in Semjonows Romanen), so symbolisiert der einzelne das Kollektiv. Das führt dazu, daß westliche Detektive im allgemeinen menschlicher, lebendiger wirken als ihre russischen Ebenbilder.

Es ist deshalb kein Wunder, daß die Russen eine große Vorliebe für westliche, individualisierte Detektive haben: Sherlock Holmes, Father Brown, Maigret. In ihnen erblicken sie Helden von aufrechtem Charakter, Menschen mit hohen moralischen Prinzipien, die aber auch ihre menschlichen Schwächen haben und gerade deshalb so lebendig wirken. Holmes ist der rationale Wissenschaftler, Father Brown der einfache, vorurteilslose, logisch denkende Mensch; Maigret kennt die gesellschaftlichen Werte, versteht die Probleme des Lebens und begreift die komplexen Umstände, die den Menschen zum Verbrechen treiben.

Heute liegen die meisten Klassiker der westlichen Krimiliteratur in russischer Sprache vor. Collins, Gaboriau, G. Leroux, Chesterton, Conan Doyle werden nach wie vor mit Begeisterung gelesen. In den fünziger und sechziger Jahren wurden – allein von den Sherlock-Holmes-Werken – mehrere Millionen Exemplare verkauft. Was in den sechziger Jahren von Simenon und Agatha Christie noch nicht publiziert worden war, wurde von »Samisdat«, der Organisation der Untergrundpublikationen, in Umlauf gebracht. Agatha Christies Drama *Dial M for Murder* wurde gleichzeitig auf mehreren Bühnen, immer in ausverkauften Häusern, gespielt. Die Partei war beunruhigt und warnte, aber nichts geschah. Seit 1970 erscheinen Übersetzungen westlicher Krimis auch häufig in literarischen Zeitschriften: Rex Stout, Dashiell Hammett, Georges Simenon, sogar John Le Carré. Neun von zwölf Nummern der Zeitschrift *Prostor* enthielten 1970 Detektivgeschichten, und Adam Halls *The Berlin Memorandum* wurde in zwei Zeitschriften gleichzeitig abgedruckt.

Nicht alle westlichen Autoren werden gleich positiv beurteilt. Raymond Chandler und Dashiell Hammett gelten als scharfsichtige Sozialkritiker der dreißiger und vierziger Jahre. Erle Stanley Gardner, Rex Stout und Ellery Queen werden geschätzt, weil sie genau und realistisch schreiben. Mit Stirnrunzeln betrachtet die Kritik hingegen die Ausuferung von Sex und Gewalt bei antiintellektuellen Faustrechtlern wie Mickey Spillane und James Hadley Chase. Man entschuldigt diese Autoren jedoch: Was sollen sie, da sie in einer kapitalistisch-bourgeoisen Welt leben müssen, anderes beschreiben als die korrupt-dekadenten Zustände ihres Milieus?

Im Vergleich zum westlichen Krimi ist der sowjetische in der Regel weniger spannend Man weiß es immer schon: die Polizei, die Tscheka, das Militär, die Grenzwächter und alle, welche Augen und Ohren gegen westliche Spitzel offenhalten – dies sind Helden, und sie müssen gelobt werden. Allerdings gibt es eine Gruppe von Schriftstellern, heute dreißig bis fünfzig Jahre alt, welche sich allmählich über diese Tabus hinwegsetzen und Werke produzieren, die sich auch hinsichtlich Spannung, Objektivität und Realismus mit den Werken westlicher Autoren vergleichen lassen (Semjonow, die Brüder Wainer, die Brüder Strugazki, Leonid Slowin, Nikolai Leonow).

Obwohl Krimiautoren heute in vielen Zeitschriften und in Anthologien erscheinen und wieder jedermann mit gutem Gewissen Spionage- und Detektivromane lesen kann, hält sich die offizielle Kritik immer noch vorsichtig zurück. Es gibt keine Bibliographie der russischen Krimiliteratur, und viele Krimis erscheinen unter falschen Farben. Die Inhaltsangaben auf den Schutzumschlägen sind oft absichtlich irreführend. Ein Beispiel: In der Sektion »Erziehung« eines Buchladens steht ein Buch, das angeblich »die Geschichte eines Saiteninstruments« schildert: Es stellt sich heraus, daß es sich um einen Krimi über eine gestohlene Stradivari handelt. Krimis erkennt man von außen am besten daran, daß irgendwo auf dem Schutzumschlag von Grenzwächtern, Agenten, westlichen Spionen die Rede ist.

Eileen Thalenberg

SKANDINAVIEN

Hinter den heute international bekannten Autoren Maj Sjöwall (geb. 1935) und Per Wahlöö (1926–1975) steht eine schwedische Tradition des Krimi, die bis zu den Anfängen des 20. Jahrhunderts zurückgeht und in der alle Variationen des Genre anzutreffen sind. Im Falle der übrigen skandinavischen Länder lassen sich die Anfänge der Kriminalliteratur bis ins 19. Jahrhundert zurückverfolgen. Einen guten Ruf genießt die moderne skandinavische Forschungsliteratur zum Kriminalroman.

Schweden

Der erste schwedische Detektiv trat 1898 in dem Band *Stockholmsdetektiven* von Prins Pierre (Pseudonym für Frederick Lindholm) auf. Einer der frühesten und besten Krimis ist *Doktor Glas* (1905) von Hjalmar Söderberg. 1913 erfand S. A. Duse den Privatdetektiv Leo Carring, den Helden von 10 Büchern. Hans-Krister Rönblom (gest. 1965), ein bekannter politischer Journalist (*Wennerström spinen;* dt. *Wennerström, Spion,* 1965), schuf die Figur eines Historikers, dessen seltsame Methoden als Amateurdetektiv sich in einem kleinen Dorf entfalten, das liebevoll und genau geschildert wird. Stieg Trenter (1914–1967), dessen Detektiv als Privatmann eng mit der Polizei zusammenarbeitet, entwarf sehr komplexe Handlungsgefüge (*Tragiskt telegram;* dt. *Das geheimnisvolle Telegramm,* 1960), und auch bei ihm ist der Schauplatz ein festgelegter Handlungsort, Stockholm, der lyrisch dargestellt (*Dockan till Samarkand;* dt. *Die rote Perücke,* 1964) und gelegentlich verklärt wird. Vic Suneson (Pseudonym für Sune Lindquist, geb. 1911) legt das Hauptgewicht auf das polizeiliche Ratespiel; seine Lösungen reflektieren eine konservative Sicht von Verbrechen und Gesellschaft, etwa in *Fallet* (1944; dt. *Fall No. 44,* 1966). Von den über 25 Krimis der in der Tradition von Agatha Christie stehenden Maria Lang (geb. 1914) ist bis heute keiner ins Deutsche übersetzt worden. Ihre Privat- und Amateurdetektive konzentrieren sich auf die Lösung des Rätsels; als Ursache der oft unheilschwangeren Atmosphäre werden meist verdrängte erotische Motive enthüllt. Auch die Parodie wird gepflegt. Von dem Pseudonym Bo Balderson ist ein unermüdlich stolpernder, sich ständig in der Tücke des Objekts verfangender Kabinettminister erfunden worden, der sich mit gewaltiger Energie durch einige nicht allzu originelle Plots hindurchkämpft. Das eingangs erwähnte Ehepaar Sjöwall/Wahlöö publizierte zwischen 1965 und 1975 eine Serie von 10 Krimis, alle mit dem Untertitel »Ein Roman über ein Verbrechen«, die auf den ersten Blick als Produkte der realistischen »police procedural«-Gattung erscheinen. Bei näherem Zusehen zeigt sich jedoch, daß der Hauptakzent auf den sozialen Ursachen der begangenen Verbrechen liegt. In einem Wohlfahrtsstaat, in dem Machtmißbrauch von seiten der Politiker und der Reichen vorherrscht und die Polizei eine spezifische Funktion hat, wird der Verbrecher als ein immer hilfloseres Opfer betrachtet, das Kräften ausgeliefert ist, die außerhalb seiner Kontrolle liegen (Presse, nationale Hysterie) und deren Motive dem Profitdenken entspringen.

Andere schwedische Krimiautoren von Ruf sind Kerstin Ekman, Jan Ekström, Kjerstin Göransson-Ljungman, Anders Jonason, Helena Poloni und – unter den jüngsten – Jean Bolinder, Jan Olof Ekholm, K. Arne Blom, Olle Högstrand, Ulf Durling und Olov Svedelid.

Peter Ohlin

Dänemark

Die Geschichte der »kriminalromaner« in Dänemark beginnt mit Steen Steensen Blicher (1782–1848). Wie seine historischen Romane zeigen, schrieb er unter dem Einfluß von Walter Scott. *Praesten i Vejlbye* (1826), ein Tagebuch-Roman, entwirft ein breites Panorama von Liebe, Verbrechen, Sühne und Gerechtigkeit. Noch heute wird dieses Buch begeistert gelesen.
Den dänischen Krimi in modernerem Sinne schufen Autoren, die ihre juristischen Erfahrungen und polizeilichen Erlebnisse literarisch darstellten. Wahrscheinlich ist dies der Hauptgrund für den sozialkritischen Realismus dieses Genres. Carl Muusmann (1863–1936), der nach einem Rechtsstudium Journalist wurde, ist Autor des ersten verfilmten dänischen Romans: *Fange Nummer 113* (Nordisk Film 1917). Das gleichnamige Drehbuch stammt von Carl Th. Dreyer. Muusmann karikierte sehr oft den Sherlock-Holmes-Mythos. Baron Palle Rosenkrantz (1867–1941) dagegen benutzte das Holmes-Modell, um das Exzentrische zugunsten des Realistischen in den Hintergrund zu rücken. Seine aristokratische Abstammung und seine juristische Ausbildung kommen in seinen 15 Romanen deutlich zum Ausdruck. Er war einer der wenigen skandinavischen Autoren dieser Gattung, die ins Deutsche übersetzt wurden (z. B. *Das Geheimnis des Waldsees,* 1905). Ein anderer Rechtsanwalt, Otto Rung (1874–1945), benutzte seine Erfahrungen am Obersten Gerichtshof und die persönliche Bekanntschaft mit Unterweltsfiguren, um eine Reihe viktorianischer Bösewichter und Betrüger literarisch zu gestalten (z. B. *Der Geheimniskrämer,* 1913). Seine *Noveller 1–3* (1927), die in 20 Bänden zur Subskription erschienen, wurden so begeistert gelesen wie später seine Darstellung eines Falles im Hörspiel *Kriminalsagen Helga Norland.*
Gleichzeitig und kurz danach gab es eine Reihe von Autoren, die nur schwer einzuordnen sind und deren wesentliches Merkmal die Exotik ist. Herman Jensen (1877–1936) war Polizeioffizier in Cape Town und im Londoner Chinesenviertel. Sein kaltschnäuziger, melodramatischer Stil (Detektiv: Rudolf Black) ist dem der Nick-Carter-Geschichten sehr ähnlich. Peter Jacobsen (1892–1973), von Hause aus Maler, benutzte seine vielfältigen Reiseerfahrungen als Hintergrund für Verbrechen und Abenteuer in Europa und Afrika (*Der Fall Andersen,* 1914). Von einer ganz anderen Exotik sind die Romane des wenig bekannten Otto Schrayh, z. B. *Midnats-Samtalerne* (dt. *Ein Sender ruft um Mitternacht*). Obwohl sein Detektiv, Direktor Hans Gerner, seiner Leidenschaft als Privatdetektiv in einer gutbürgerlichen Umgebung frönt, machen seine technischen Kenntnisse die Verbrecherjagd zu einem außergewöhnlichen Abenteuer. Todesstrahlen und -schwingungen, also ein starker Science-fiction-Einschlag, lassen jeweils ein Bagatellvergehen zum rätselhaften Genieverbrechen werden, z. B. in *Dødskartoteket* (dt. *Die Todeskartei,* 1938).
Einige der besten dänischen Krimiautoren sind weiblichen Geschlechts. Isak Dinesen (Pseudonym für Karen Blixen, 1885–1962) schrieb unter dem Pseudonym Pierre Andrézel eine Reihe spannender Erzählungen (z. B. *Gengaeldelsens Veje*). Else Faber (geb. 1900, Pseudonym Cecil Burton) begann als Übersetzerin. Nachdem sie die Bearbeitung von Francis Durbridges *The Gregory Mystery* für das dänische Radio in den fünfziger Jahren besorgt hatte, schrieb sie eigene Hörspiele und Romane. Alice Guildbrandsen (geb. 1911), eine ehemalige Schauspielerin, ist eine brillante Beobachterin weiblicher Psychologie. Ihr bekanntester Roman, *Hr. Petit,* eine Parallelgeschichte (7 Frauen in ihren Beziehungen zum Massenmörder) zum berühmten Landru-Fall, ist mehrfach übersetzt worden. Else Fischer (geb. 1923), eine Journalistin, ist ebenfalls dem

psychologischen Thriller verpflichtet. Ihre Hauptstärke ist aber die Fähigkeit, Alltagsszenen zu lautlosem Terror werden zu lassen (z. B. *Sagen Marie Louise Heboe,* 1967). Auch sie ist in mehrere Sprachen übersetzt worden; neben Krimis hat sie auch andere Romane, Reiseschilderungen und 12 Kinderkrimis geschrieben. Diese Spezialität, der Kinderkrimi, ist vor allem auch von Carlo Andersen (geb. 1904) und Knud Meister (geb. 1913) gepflegt worden; sie haben bis heute mehr als 80 Bücher mit dem Kinderdetektiv Jan als Hauptfigur verfaßt.

Torben Nielsen (geb. 1918) war mehr als 25 Jahre lang Polizist, bevor er zu schreiben anfing. Seine realistischen Romane mit den Detektiven Ancher und Brask erinnern stark an Simenons Maigret. Sein bester Roman, *Nitten Röde Roser* (1973), schildert, wie der Rachedurst einen Mann, der seine Verlobte bei einem Autounfall verloren hat, langsam aushöhlt. Der Roman ähnelt Cornell Woolrichs *Rendezvous in Black.* Die beiden Autoren, die den Kriminalroman aus der Unterhaltungssphäre in den Rang psychologischer und sozialkritischer Analyse erhoben, sind Paul Örum (geb. 1919), etwa mit *Slet dine spor* (dt. *Tilge deine Spur,* 1958) und Anders Bodelsen (geb. 1937). Örums Helden, die Detektive Mörck und Ejnarsen, sind fasziniert von den psychologischen Motiven, welche die Leute zum Verbrechen treiben. Zwei Romane von ihm wurden ins Englische übersetzt: *Scapegoat* (1972; übers. 1975) und *Nothing But the Truth* (1974; übers. 1976). Bodelsen legt einen stärkeren Akzent auf die Milieuschilderung; er hat auch als Journalist, Kurzgeschichten- und Hörspielautor Erfolg. International bekannt wurde sein Krimi *Taenk pa et Tal* (dt. *Denk an eine Zahl,* 1968). Er schildert einen Bankangestellten, der das »perfekte« Verbrechen verüben will; die Milieuschilderung und die Sozialanalyse sind ebenso interessant wie die Spannungsmomente der Handlung.

1964 wurde der Poe-Klub gegründet. Sein Ziel ist es, die Qualität der Kriminalromane zu fördern. Viele seiner Mitglieder sind Autoren oder Kritiker. Seit 1972 wird für den besten dänischen und den besten ins Dänische übersetzten Krimi jährlich der Berenice-Preis verliehen. Zu den Preisträgern gehören bisher Else Fischer, Sjöwall/Wahlöö und Paul Örum. Der Trend des dänischen wie des gesamten skandinavischen Krimi geht eindeutig hin zur Sozialkritik und zum Realismus.

Norwegen und Finnland

Im Vergleich zu Schweden und Dänemark gibt es in Finnland nur eine schwache Tradition des Krimi. In den meisten norwegischen Kriminalromanen dominiert die psychologisch interessante Hauptfigur. Øvre Richter Frich (1872–1945) vertrat daneben den historischen Kriminalroman. Sein Held, Doktor Jonas Fjeld, ist wahrscheinlich nach dem Muster von Ponson du Terrails Rocambole entstanden. Stein Riverton (1884–1934), dessen belletristische Romane unter dem Pseudonym Sven Elvestad erschienen, veröffentlichte eine Reihe von Krimis, die in den ersten Jahrzehnten dieses Jahrhunderts sehr beliebt waren. Sein Detektiv, Asbjørn Krag, war wie Sherlock Holmes ein Meister der Verkleidung und ein Individualist: vor allem diese beiden Züge sorgten für Spannung. Der in seinem Namen gegründete Riverton-Klub (1972) versucht heute, für Krimis zu werben und gleichzeitig mit der jährlichen Verleihung des »Goldenen Revolvers« die beste Kriminalgeschichte (in allen möglichen Gattungen) auszuzeichnen.

Ähnlich wie Riverton schrieben Arthur Omre (1887–1967) – z. B. *Flukten* (1936, dt. *Die Flucht,* 1956) – und André Bjerke (geb. 1918). Omres Romane zeigen ferner einen Gangstertyp, dessen Motive und Seelenverfassung ausführlicher beschrieben werden als

das eigentliche Verbrechen. Bjerkes psychologischer Stil dagegen ist feiner und differenzierter. Er ist auch als Lyriker, Übersetzer und Essayist bekannt geworden. Gerd Nyquist pflegt daneben den Kriminalroman nach Art von Agatha Christie. Sein Detektiv, Lektor Bagge, findet durch gute Kombinationsgabe die Lösung komplexer Verbrechen, die im norwegischen Milieu spielen. Michael Grundt Spang (geb. 1931) hat sich mit seiner Kritik am Polizei- und Gerichtssystem in Norwegen mehr der Hauptrichtung der schwedischen und dänischen Autoren angenähert.
Der bedeutendste Krimiautor Finnlands ist Mika Waltari (geb. 1908), sein bekanntestes Werk *Sinuhe, der Ägypter* (1945, dt. 1948). Bereits 1939 hatte er im Nordischen Kriminalstory-Wettbewerb mit *Kuka murhasi rouva Skrofin?* (dt. *Warum haben Sie Frau Kroll ermordet?*, 1943) den ersten Preis gewonnen.

Literaturhinweise

Tage la Cour / Harald Mogensen / Else Larsen (Hrsg.), *Dansk og udenlank kriminallitteratur (Politikens Litteraturhandbøger)*, Kopenhagen 1975.
Jörgen Elgström / Ake Runniquist, *Svensk mordbok. Den svenska detektivromanens historia 1900–1950*, Stockholm 1957.

Marianne Lafon

SPANIEN UND LATEINAMERIKA

Der Kriminal- oder Detektivroman kann bis heute kaum als bevorzugte Gattung spanischer und südamerikanischer Autoren betrachtet werden. Die Gründe dafür liegen jedoch nicht ohne weiteres auf der Hand. Man könnte es vorschnell einer durchgehend antirationalistischen Haltung zuschreiben; doch ist der hispanische Kulturraum auch durch eine historisch belegbare Rationalität gekennzeichnet. Man könnte ferner annehmen, daß der durchschlagende Erfolg ausländischer Autoren, die in Übersetzungen verschlungen werden, eine Eigenproduktion unmöglich machte, weil die einheimischen Schriftsteller den Vorsprung nicht mehr aufholen zu können glaubten; und zwar auch deswegen, weil ein angelsächsischer Autorenname für jeglichen kommerziellen Erfolg unabdingbar schien. Diesen Anglisierungsprozeß der einheimischen Dutzendware kann man beobachten in Serienromanreihen wie »Collección Servicio Secreto«. All diese Gründe haben etwas für sich, aber sie scheinen die eingangs gestellte Frage nur unvollständig zu beantworten.

Man könnte unser Problem »Das Geheimnis des ausbleibenden Krimis« nennen. Und dies ist um so erstaunlicher, als das Goldene Zeitalter der spanischen Literatur, die Zeit von Cervantes, uns im Pikaro einen Vorgänger des Helden im modernen Detektivroman gegeben hat. Man hat bisher noch nicht untersucht, inwiefern der Pikaro-Roman die Halb- und Unterwelt der Zeit schilderte. Gelegenheitsdiebstähle, Hochstapeleien, öffentliches Ärgernis und Verstellung waren für die Romane der damaligen Zeit ein neues Gebiet, das erst im 19. Jahrhundert wieder neu entdeckt wurde.[1] Einer der berühmtesten Pikaros, der Gauner Guzmán de Alfarache, wurde von Mateo Alemán als Antiheld geschaffen.[2] Er sinniert über seine unrühmliche Vergangenheit, während er an eine Galeerenbank gefesselt ist; und er ist gerechterweise bestraft worden für seine Untaten. Ein anderer Gauner, Quevedos Pablos[3], gibt uns ebenfalls eine ziemlich detaillierte Schilderung der spanischen Unterwelt, ihrer Tricks und Vorspiegelungen; und er informiert uns, wie man in einem spanischen Gefängnis behandelt wurde.

Wenn man sich nun die hispanische Literatur des 19. Jahrhunderts anschaut, so findet man kaum etwas, das mit Kriminalromanen zu tun hat. Eine Ausnahme ist der berühmte Portugiese Eça de Queirós (1845–1900), dessen *Geheimnis der Straße nach Cintra* humoristisch- und ironisch-psychologische Kriminalvignetten bietet. Der spanische Romancier Benito Perez Galdos (1843–1920), ein ungewöhnlich fruchtbarer Schriftsteller, wird in Spanien oft Balzac und Dostojewski als ebenbürtig an die Seite gestellt. Sein erster Roman *Die Schatten* ist eine seltsame Mischung von Fiktion und Realität. Galdos war zu dieser Zeit Gerichts- und Polizeijournalist (wie etwa Dickens in England), und in vielen Artikeln entwickelt er aus Hinweisen eine Hypothese über Hergang und Motiv des ungelösten Mordfalls. Der erwähnte Roman geht von einem Mordfall aus, der aber bald von Phantasie und Vermutungen überwuchert wird; dieser Roman wird heute noch viel gelesen. Die Romanschriftstellerin Emilia Pardo Bazan (1851–1921) versuchte sich ebenfalls zeitweilig im kriminalistischen Genre. In ihrer Kurzgeschichte »El Libro Talonario« (1891, Das Quittungsbuch) führt sie ein Original von einem Bauern als Detektiv ein, der nach dem Dieb sucht, welcher ihm seinen Kohl stiehlt. Mit großem Scharfsinn – er zählt Kohlstrünke und -köpfe – führt er den Übeltäter dem Gefängnis zu.

Im 20. Jahrhundert änderte sich die Situation. Eine Flut von Übersetzungen aus dem Englischen erreichte ein hungriges Publikum. Aus einem anfänglich eklektischen Angebot bildete sich bald der klassische Kanon von Autoren heraus: Conan Doyle, Edgar Wallace,

S. S. Van Dine, Erle Stanley Gardner u. a. Da viele dieser Krimis große kommerzielle Erfolge waren, fing nun auch die seriöse Literaturkritik an, sich mit ihnen zu beschäftigen. Man war sich einig, daß der Krimi symptomatisch für die kritische Lage des Romans im allgemeinen sei. Der kubanische Kritiker José Antonio Portuondo findet diesen blutleer und vergleicht ihn mit dem Krimi, in dem Gewalttätigkeit und Todesgefahr lebenspendende Elemente seien: »Es ist möglich, daß Agatha Christie, Dorothy Sayers, Van Dine oder John Dickson Carr nicht gemerkt haben, welche Leistung sie für die Erneuerung des Romans vollbracht haben und immer noch vollbringen. Dashiell Hammett und Raymond Chandler hingegen waren sich der Wichtigkeit und Bedeutung ihrer Werke vollauf bewußt.«[4] Einen großen Einfluß übte G. K. Chesterton auf seine spanische Leserschaft aus. Von ihm meint Portuondo: »Unvergleichlicher Humor [. . .]. In Chesterton sind die durch das Verbrechen verursachten Probleme nicht mehr einfach logisch: sie werden ethisch, metaphysisch, ja theologisch.«[5] Der bekannte mexikanische Kritiker Alfonso Reyes bestätigt dies: »Chestertons *Der Mann, der Donnerstag war* ist eine Kriminalgeschichte, doch sollten wir sie eigentlich vielmehr einen metaphysischen Kriminalroman nennen; denn sie überschreitet die Grenzen ihrer Gattung. Das gleiche kann über alle anderen Erzählungen dieses Autors gesagt werden, wenn wir die Father-Brown-Serie davon ausnehmen. Jäger und Gejagte erhalten ungewöhnliche Dimensionen: sie werden zu kosmischen Prinzipien. Aber während wir durch die ausnahmslos symbolischen Episoden jagen, verlieren wir nie den Humor dieser Erzählungen aus dem Auge, welcher auch seltsame und unlogische Details rechtfertigt. Dies erlaubt dem Autor, kühn aus dem Alltag in die philosophische Vision einzutreten, es geschieht bruchlos, der Humor bleibt bis zum Ende erhalten.«[6]

Es kann kaum überraschen, daß eine wirkliche Kriminalromanschule in Spanien erst in Erscheinung trat, als Publikum und prominente Kritiker im Urteil über dieses Genre Übereinstimmung erzielt hatten. Einmal respektiert, gelangte es vor allem in Spanien selbst und in Argentinien zur Blüte. Es empfiehlt sich also, unsere Übersicht zunächst auf Spanien zu beschränken, um dann einen Blick auf Südamerika, besonders auf Argentinien zu werfen.

Die intensivste Entwicklung des Krimi erfolgte in den Jahren nach dem Spanischen Bürgerkrieg (1936–1939). Eine an den amerikanischen, englischen und französischen Geschmack gewöhnte Generation verlangte nun auch nach einem »Eigenprodukt«. Francisco García Pavón (geb. 1919) ist sicher das stärkste Talent, das diese Forderung erfüllte. Er stammt aus dem kastilischen Städtchen Ciudad Real und verbindet wie S. S. Van Dine Wissenschaft und Publizistik. Nach einer Promotion in Literatur und Philosophie wurde er Professor an der Nationalen Schauspielakademie, und auch als Theaterkritiker erwarb er sich Ansehen. Seine Stärke liegt im Essay und in der Kurzgeschichte. Sein bekannt gewordener Detektiv, der Polizeichef Plinio, ist ein bescheidener, ruhiger Mensch. Er verläßt sich für gewöhnlich nicht auf die Madrider Polizeiarchive, um die Fälle in seinem Heimatstädtchen Tomelloso (das Pavóns Geburtsstadt verdächtig ähnelt) aufzuklären, sondern baut wie Maigret auf Deduktion und Kenntnis der örtlichen Gegebenheiten. Er nimmt sich der kompliziertesten Fälle an; das Lokalkolorit, allgemeines Geschwätz, exzentrische und bizarre Charaktere und lyrische Landschaftsbeschreibungen tragen zu einer erstaunlichen psychologischen Durchdringung des Gegenstandes bei. Meist ist der Polizeichef begleitet von seinem »Dr. Watson«, dem Veterinär Don Lotario, der als Klagemauer und Ratgeber Schützenhilfe leistet (wiederum haben wir entfernte Verwandte von Sancho Pansa und Don Quijote vor uns). Garcías beste Krimis sind *El reinado de Witizia* (1969, Witizias Herrschaft), wofür er den begehrten Spanischen Kritikerpreis bekam; *El rapto de las Sabinas* (1969, Der Raub der Sabinerinnen) – hier geht es um das spurlose Verschwinden zweier schöner Schwestern; *Las hermanas coloradas* (1970, Die rothaarigen Schwestern) erhielt den Nada-Preis; *Una semana de lluvia* (1972, Eine regnerische Woche); *Vendimiario de Plinio* (1972, Plinios Ernte – eine Großmutter im Koffer ist Mittelpunkt dieser Erzählung); *El ultimo sábado* (1974, Der letzte Samstag). García hat seinen Höhepunkt noch nicht erreicht, in jedem der bisherigen Romane konnte er sich steigern. Er ist weiterhin die große Hoffnung des spanischen Kriminalromans.

In Südamerika hat es nur wenige Versuche in der Gattung des Kriminalromans gegeben. Zwar schrieb der uruguayische Romancier Enrique Amorim (1900–1960) *El asesino desvelado* (1945, Der schlaflose Mörder), eine eher schwache Geschichte; und die Brasilianerin Clarice Lispector (geb. 1925) entzückte Kinder mit *O misterio do coelho* (1967, Das Geheimnis des denkenden Kaninchens). Aber eine eigentliche Tradition hat der Kriminalroman nur in Argentinien.[7] Jorge Luis Borges (geb. 1899) ist sicher der bedeutendste Schriftsteller, der sich in diesem Genre versucht hat. Er begann mit einer fiktiven Buchbesprechung einer angeblich in Bombay geschriebenen und veröffentlichten Kriminalgeschichte. *El acerciamento a Almotásim* (Zugang zu Almotásim), vom Autor in einer Essay-Sammlung *Historia de la eternidad* (1936, Geschichte der Ewigkeit) veröffentlicht, erzählt die Geschichte eines Inderjungen, der glaubt, beim Ausbruch eines religiösen Streites einen Moslem erschlagen zu haben. Auf der Flucht trifft er eine Menge Halunken, die aber alle irgendeinen unerklärbaren positiven Charakterzug haben. Zum Schluß findet er heraus, daß all diese Menschen einmal in ihrem Leben mit einem Heiligen, eben Almotásim, zusammengetroffen sind. Endlich kommt er am Heimatort des Heiligen an; eine geheimnisvolle Stimme lädt ihn ein, den heiligen Ort zu betreten. Borges spielt Katz und Maus mit seinem Leser – hinter der allegorischen Gottessuche steckt eine gehörige Portion Ironie. Borges' zweiter Versuch war direkter. Die Titelgeschichte des 1. Bandes seiner *Phantastischen Erzählungen* »El jardin de senderos que se bifurcan« (1941, Der Garten der Scheidewege) schildert einen Chinesen, der in des Kaisers Diensten steht. Er ermordet einen Mann namens Albert; dies ist das Zeichen, die gleichnamige Stadt Albert zu bombardieren, um einen alliierten Landungsversuch einige Tage lang aufhalten zu können. Borges' Handlung beruht auf einer Anzahl haarsträubender Unwahrscheinlichkeiten (Albert lebt in einem Haus, das einen Labyrinthgarten hat; er studiert Labyrinthromane des chinesischen Autors Ts'ui Pen; schließlich findet der Leser heraus, daß dieser Autor ein Urahn des chinesischen Spions ist, aber Borges' Kunst besteht hier eben darin, das Ganze stilistisch als wahrscheinlichen Realismus darzustellen. »La muerte y la brújula« (Der Tod und der Kompaß) ist offensichtlich von Poe und Chesterton beeinflußt. Drei Morde werden in einer geometrisch gebauten Stadt verübt; der Detektiv errechnet eine rhomboide Struktur, um festzustellen, wo der vierte Mord stattfinden wird. Das gelingt ihm auch, aber er kalkuliert nicht ein, daß ihn der Mörder dort als viertes Opfer erwartet. Der Detektiv hat vor seinem Tod nur den Triumph, dem Mörder nachzuweisen, daß er durch eine korrektere Berechnung das gleiche Ziel mit weniger Aufwand erreicht hätte. Diese Erzählungen erschienen im Sammelband *Ficciones* (1944).
Inzwischen hatte sich Borges mit Adolfo Bioy Casares (geb. 1914) zusammengetan, um unter dem Pseudonym H. Bustos Domecq (ein Akronym der Familiennamen der Autoren) sechs weitere Kriminalgeschichten zu schreiben, *Seis problemas para Don Isidro*

Parodi (1942). Die Geschichten kreisen um die Figur des trompetespielenden Friseurs Isidro Parodi und sind offensichtlich C. Auguste Dupin und Sherlock Holmes, d. h. deren Abenteuern, nachempfunden. Parodi ist wegen Mordanklage im Gefängnis. Er erhält Besuch in seiner Zelle. Durch genaues Zuhören löst er die unwahrscheinlichsten Mordfälle. Diese Figur wurde dann in mehreren Bänden weiterentwickelt und variiert.

Zusammen mit seiner Frau, der Lyrikerin Silvina Ocampo, schrieb Bioy Casares den Krimi *Los que aman, odian* (Wer liebt, der haßt). Dies ist, wie auch der wieder mit Borges zusammen geschriebene *Un modelo para la muerte* (1946, Ein Todesmodell), eigentlich eine Art Parodie auf die ausländischen Muster. Die beiden Autoren veröffentlichten zwei Anthologien, *Los mejores cuentos policiales* (1943 und 1951, Die besten Detektivgeschichten), die viel zur Beliebtheit des Genres in Argentinien beitrugen.

Einer der in dieser Anthologie berücksichtigten Autoren, Manuel Peyrou (geb. 1902), ebenfalls Argentinier, schrieb einen eher schwachen Krimi, *El estruendo de las rosas* (1942, Die donnernden Rosen), der immerhin einen guten Anfang hat (der dem Opfer übergebene Rosenstrauß enthält die Mordwaffe). Hingegen sind seine in mehreren Bänden erschienenen Detektiverzählungen wirklich der Beachtung wert: *La espada dormida* (1944, Das schlafende Schwert), *La noche repetida* (1953; Die wiederholte Nacht), *El arból de Judas* (1953, Der Judasbaum) und *Marea de fervor* (1967, Begeisterungsflut). Peyrous Detektiv ist ein Argentinier alten Schlages, scheinbar harmlos, aber in seiner Schlauheit Father Brown sehr ähnlich.

Vier Titel der neueren Zeit können die Richtungen des modernen argentinischen Krimi repräsentativ andeuten. Es handelt sich dabei um vielgelesene Bücher. *El túnel* (1948, Der Tunnel) von Ernesto Sábato (geb. 1911) schildert das existenzialistische Geständnis eines Malers, der seine Geliebte ermordet hat. Obwohl die Gattung Kriminalroman darin angesprochen wird, liegt der Hauptakzent mehr auf dem Psychologischen, es geht eher um das Schicksal des Mörders als um die Entdeckung des Verbrechens. Konventioneller, doch auch sehr spannend ist *Rosaura a las diez* (1955, Rosa um zehn Uhr) von Marco Denevi (geb. 1922); hier wird der Mord an einer jungen Frau aus der Perspektive der verschiedenen Zeugen berichtet. Manuel Puig (geb. 1932) schrieb die englisch betitelte Parodie *The Buenos Aires Affair* (1973), in der ein ungelöster Mordfall vorliegt und ein zweiter Mord schon im Ansatz steckenbleibt! Eine masochistische Frau und ein sadistischer Mann stehen für die Psyche des potentiellen Mörders und des potentiellen Opfers. Kühler Humor und souveräner Stil haben dieses Buch in kurzer Zeit zu einem Klassiker der argentinischen Literatur gemacht. Osvaldo Spriano hat schon im Titel seines Krimi *Triste, solitario y final* (1973, Traurig, einsam und endgültig – in Anlehnung an Raymond Chandlers *The Long Goodbye*) die Absicht, seine amerikanischen Vorbilder zu parodieren. Philip Marlowe schleicht mit Stan Laurel und Oliver Hardy durch die Unterwelt von Los Angeles! Aber gerade die häufigen modernen und alten Parodien zeigen, daß die Nachfahren von Dupin, Holmes, Poirot, Spade, Maigret und Father Brown in der argentinischen Literatur immer wieder den alten Spuren folgen.

Anmerkungen

1 Alexander A. Parker, *Literature and the Delinquent. The Picaresque Novel in Spain and Europe, 1599–1753,* Edinburgh 1967.

2 Mateo Alemán, *Guzmán de Alfarache,* Madrid 1599.

3 Francisco de Quevedo, *Vida del Buscón llamado Pablos,* Saragossa 1626.

4 José Antonio Portuondo, *En torno a la novela detectivesca,* Havanna 1946, S. 65 f.
5 Ebd., S. 46.
6 Im Vorwort von Alfonso Reyes' Chesterton-Übersetzung, *El hombre que fue Jueves* (Der Mann, der Donnerstag war), Buenos Aires 1938, S. 14.
7 Donald A. Yates, *The Argentine Detective Story,* Diss. [masch.] Ann Arbor 1961.

Literaturhinweise

J. Corrales Egea, *La novela española actual,* Madrid 1970.
Pedro Orgambide / Roberto Yanni, *Enciclopedia de la literatura argentina,* Buenos Aires 1970.
J. A. Portuondo, *En torno a la novela detectivesca,* Havanna 1946.
G. Sobejano, *Novela española de nuestro tiempo,* Madrid ²1975.
Donald A. Yates, *The Argentine Detective Story,* Diss. [masch.] Ann Arbor 1961.

Manuel Durán / Rodríguez Monegal

WESTAFRIKA

Was werden die vielen Menschen lesen, die in Westafrika jetzt das Buchstabieren lernen? Antworten liefern uns die Untersuchungen der Soziologen, aber auch die Texte der Schriftsteller selbst: eine neue Art von Roman ist im Entstehen begriffen, als Resultat des veränderten Milieus. Eine verstärkte Urbanisierung hat eingesetzt; in Städten wie Accra, Lagos, Lomé, Cotonou hat sich die Bevölkerung innerhalb von zehn Jahren verdoppelt. Hand in Hand mit der Urbanisierung geht der Kampf gegen das Analphabetentum. In den Städten kann heute nahezu die gesamte Bevölkerung lesen. Die meisten Grundschulabsolventen setzen ihre Ausbildung nicht fort; viele von ihnen bleiben in den Städten als ganz oder teilweise Arbeitslose. Armut und Elend ist das Schicksal dieser Städter. Die junge Generation mit Schulbildung, welche das Elend der Städte erfahren hat, wird keine Schwierigkeiten haben, sich in der Welt des Kriminalromans zurechtzufinden.
In den Jahren 1967/1968 wurde an der Bibliothek von Lomé, der einzigen in der Hauptstadt von Togo, eine Untersuchung durchgeführt,[1] welche bestätigte, daß der französische Kriminalroman die Lieblingslektüre aller Leserklassen ist, der Erwachsenen und Jugendlichen, der Studenten und Schüler, der Lehrlinge und der Arbeitslosen. Aus pädagogischen Gründen wurden daraufhin diese Werke für die Ausleihe gesperrt! Es besteht also kein Zweifel, daß ein Publikum für den einheimischen Kriminalroman vorhanden ist, und die westafrikanischen Schriftsteller werden sich dessen immer mehr bewußt. Es versteht sich, daß die ersten Kriminalromane in Buchform in den Regionen Afrikas erscheinen, in denen die Verstädterung und der Kampf gegen das Analphabetentum am weitesten fortgeschritten sind: im Süden von Ghana und im Westen von Nigeria.
In den letzten Jahren wurden zum ersten Mal Kriminalromane in afrikanischen Sprachen publiziert. 1969 erschien *Aja l'o leru* in der Yoruba-Sprache, 1971 *Ku le xome* (La mort à domicile) in der Ewe-Sprache.[2] Mehrere Millionen lesen Yorubaisch, einige Hunderttausend Eweisch. In beiden Fällen ist eine zahlreiche städtische Bevölkerung vorhanden, die Milieu und Handlungsablauf des Kriminalromans verstehen kann. Diese zwei Bücher, von einheimischen Verlegern herausgebracht, markieren die Geburt dieser Romanform in Westafrika.
Seit 1970 erscheint in Ghana eine Serie von Kriminalromanen, deren Hauptperson jeweils derselbe Detektiv ist. Ihr Autor heißt Cofie Quaye. *Sammy Slams the Gang* spielt in Accra, der zweite Roman in Koumasi (*Murder in Kumasi*)[3], der dritte wird in der Hafenstadt Takoradi (Ostghana) spielen. Der Detektiv Sammy Hayford bewegt sich im Milieu der einheimischen Unterwelt ebensogut wie in dem der afrikanischen Geschäftswelt. Diese Serie ist unseres Wissens die erste in Afrika, die sich an amerikanische Vorbilder hält (Hammett, Chandler, Ross Macdonald).
1967/1968 erschien in der Zeitung *Togo Presse* ein »roman policier« in Fortsetzungen: *Ici bas tout se paie* von Félix Couchoro.[4] Unter allen Feuilletonromanen in dieser Zeitung ist dies der einzige Kriminalroman geblieben. Er erzählt die Abenteuer des Gangsters Bob und der hübschen Schmugglerin Ruth, denen sich der Polizist Jean entgegenstellt. Bob bringt einen Zöllner gegen Bezahlung um, wird von der Polizei verfolgt und versucht, eine Straßenblockade der Polizei zu durchbrechen. Dabei explodiert sein Wagen, und Bob verbrennt darin.
Im Grunde genommen handelt es sich um einen kleinbürgerlichen Abenteuer- und Sittenroman. Das kleine Lomé der sechziger Jahre, in dem die Geschichte spielt, läßt sich

natürlich nicht mit Los Angeles, New York oder Paris vergleichen. Tempo und Milieu sind grundverschieden: im ganzen Land Togo gibt es nur zwei geteerte Überlandstraßen; weniger als 4000 Häuser haben elektrischen Strom. Auch das Telephon ist selten und deshalb für den Verlauf der Handlung von untergeordneter Bedeutung.

Seit 1970 erscheint in der einzigen Tageszeitung von Dahomey eine Romanserie, betitelt *Les Aventures du Commissaire Mamadou,* geschrieben von Dominique Titus. Im Gegensatz zu Félix Couchoro ist Titus kein Moralist. Er schildert objektiv das Vorgehen des Inspektors Mamadou, der, unterstützt durch seinen Kollegen LeBras, die Gaunereien der Verbrecherwelt von Cotonou verhindert oder bestraft. Mamadou ist ein sympathischer, tüchtiger Mann, der kombinieren und Schlüsse ziehen kann, aber seine Wirkung ist beschränkt auf die Stadt Cotonou und die organisierte Verbrecherwelt von Dahomey.

Titus hat keinen seiner Kriminalromane in Buchform veröffentlicht. Seit mehreren Jahren werden seine Feuilletons mit Begeisterung gelesen, aber er hat noch keinen einheimischen Verleger gefunden, obwohl er wie F. Couchoro auf ein aufnahmebereites Publikum zählen kann. Die Zahl der Bücherkäufer im Lande ist noch zu klein, und für ein europäisches Publikum erscheint ein afrikanischer Kommissar in einem exotischen Milieu wohl zu ungewöhnlich.

In Ländern, in denen zum ersten Mal Bücher produziert werden, macht man sich vorerst keine Sorgen um die Einteilung der Erzählprosa in Kriminal-, Spionage-, Liebesromane usw. Die ersten Romane, die erscheinen, enthalten Elemente aller dieser Kategorien, denn es geht darum, ein möglichst großes Publikum anzusprechen, das unterhalten, erzogen und informiert werden will. Erst nach Verlauf von mehreren Jahren, wenn die Leserschaft eine gewisse Zahl und Stabilität erreicht hat, werden die Verleger an die Herausgabe von gattungsmäßig spezialisierten Romanwerken denken können.

Ein Beispiel für die Vermischung verschiedener Gattungen: der erste Großstadtroman (»roman urbain«) Nigerias, *People of the City*[5] von Cyprien Ekwensi. Der Held ist gleichzeitig Journalist und Dirigent und beginnt den Roman mit einer Verbrecherjagd durch die Stadt. Dieses Element des Kriminalromans dient aber nur dazu, den Leser gleich am Anfang in Spannung zu versetzen. Danach verschwindet das Kriminalthema spurlos aus dem Roman.

Ein populärer Autor der ghanaischen Literatur gibt seinen Werken spannungsgeladene Titel, z. B. *Who Killed Lucy?*[6] Der Roman ist aber keineswegs dramatisch-spannend aufgebaut. Es wird vielmehr ausführlich erzählt; Briefe und Dialoge werden eingeschoben; es geht um die Erziehung der Mädchen und um die tragischen Erlebnisse einer ständig in Tränen aufgelösten Geliebten. Der Roman ist rein melodramatisch, aber der Titel erinnert an Hitchcock.

Andere Beispiele von irreführenden Titeln: *The Kidnapping of the Millionnaire's Daughter* von Isaac Ephsom.[7] Eine polizeiliche Untersuchung und Polizisten kommen zwar vor, aber es handelt sich nicht um einen Kriminalroman, sondern um »Erinnerungen eines Advokaten«. Der Autor lebt in Ghana, ist erfolgreich und publiziert seine Werke auf eigene Rechnung. Hierher gehört auch Félix Couchoros *Gangsters et Policiers,* in der *Togo Presse* vom 31. August bis 28. Oktober 1967 erschienen, ein populäres Melodram, u. a. mit Gangstern und Polizisten.

Eine andere Entwicklung hat sich 1969 an der Elfenbeinküste vollzogen: Eine Serie von Kriminalromanen wurde in Form von vervielfältigten Manuskripten veröffentlicht. Thema sind die Abenteuer eines mysteriösen Kriminellen namens Dragax[8].

Anmerkungen

1 D. Dardrey, *La lecture à Lomé,* Lomé: Centre Culturel Français, 1969.
2 *Aja l'o leru,* zit. in: *The Constituents of Yoruba Studies,* University of Ife, 1969.
Seth Akafia, *Ku le xome,* Accra, Bureau of Ghana Languages, 1970; zit. in: S. Amegbleame, *Un corpus imprimé africain, l'exemple ewe,* Bordeaux; Centre d'Études d'Afrique Noire, 1974.
3 C. Quaye, *Sammy Slams the Gang,* Accra: Moxon Paperback Crime Series, 1970, Nr. 1.
C. Quaye, *Murder in Kumasi,* Accra: Moxon Paperback Crime Series, 1970, Nr. 2.
4 F. Couchoro, *Ici bas tout se paie,* in: *Togo Presse* (Lomé), Feuilleton vom 15. Dezember 1967 bis 16. Januar 1968.
5 C. Ekwensi, *People of the City,* London: Hutchinson, 1954.
6 E. Mickson, *Who Killed Lucy,* Accra: State Publishing Corp., 1967.
7 I. Ephsom, *The Kidnapping of the Millionnaire's Daughter,* Accra: Ilen Publications, 1972.
8 Vgl. Bibliographie Nationale de la Côte d'Ivoire 2 und 3.

Alain Ricard

Hundert lesenswerte Krimis

1951 veröffentlichte Ellery Queen ein Buch mit dem Titel *Queen's Quorum.* Es enthält eine Geschichte der »Detective-Crime Short Story« seit 1845. Die Autoren weisen darin auf 106 Kurzgeschichtenbände hin, die sie für besonders bedeutend halten. Dabei stützen sie sich auf drei Kriterien: 1. Historische Bedeutung für die Geschichte der Kriminalliteratur; 2. Qualität des Stils und Originalität des Inhalts; 3. Seltenheitswert der Erstausgabe. Queens Buch wurde 1969 neu herausgegeben; die Neuausgabe weist auf weitere 19 wichtige Kurzgeschichtensammlungen der Jahre 1951–1967 hin.
1944 stellte James Sandoe eine Liste von Krimis zusammen, die jede amerikanische Universitätsbibliothek besitzen müsse. Die Liste erschien zuerst im April 1944 im *Wilson Library Bulletin,* darauf – leicht revidiert – als »Readers' Guide to Crime« in Howard Haycrafts Essaysammlung *The Art of the Mystery Story* (1946, Reprint 1976). Sandoe erwähnt zunächst einige Anthologien, dann weist er auf etwa 130 Autoren hin (in einigen Fällen weiß er noch nicht über die Personalunion verschiedener Pseudonyme Bescheid), von denen er je ein Buch oder mehrere Werke empfiehlt.
Als sorgfältigste Liste gilt Howard Haycrafts »Readers' List of Detective Story ›Cornerstones‹«, die 1941 in Haycrafts Buch *The Life and Times of the Detective Story* erschien. Diese Liste wurde später revidiert und erweitert, zuletzt von Ellery Queen. Die letzte Version bringt 167 Werke und heißt »The Haycraft-Queen Definitive Library of Detective-Crime-Mystery Fiction: Two Centuries of Cornerstones, 1748–1948«. Sie wurde 1968 in die erweiterte Neuausgabe von Haycrafts ursprünglich 1941 erschienenem Buch *Murder for Pleasure* aufgenommen. Sie erscheint auch in Dylis Winns *Murder Ink* (1977).
Eine Liste der »100 Best Crime Stories« stellte 1959 auch Julian Symons zusammen (London, *The Sunday Times*).
1975 veröffentlichte Melvyn Barnes sein Buch *Best Detective Fiction. A Guide from Godwin to the Present.* Seine zehnseitige Liste der empfohlenen Bücher weist auf etwa 130 Autoren hin, von denen jeweils bis zu einem Dutzend Titel angeführt werden. Barnes ist insofern ein Pionier, als er auch nicht-englischsprachige Autoren aufnimmt, z. B. Boileau-Narcejac und Friedrich Dürrenmatt.

Bei der Auswahl der folgenden Bücher haben wir uns von einem subjektiven und von zwei objektiven Kriterien leiten lassen:
1. Bedeutung des Werks in der Geschichte der Krimiliteratur.
2. Qualität des Stils und Originalität des Inhalts.
3. Kann das Werk den heutigen, deutschsprachigen, mitteleuropäischen Leser ansprechen? Läßt es sich mit Genuß lesen? Ist es spannend?
In den Fällen, wo kein deutscher Titel angegeben ist, scheint keine deutsche Übersetzung zu existieren. Während die englischen Daten korrekt sein dürften, sind die Daten der deutschen Übersetzungen mit Vorsicht zu genießen: in manchen Fällen bringen die wichtigen Nachschlagewerke völlig verschiedene Daten. Was die Kurzgeschichtenbände von Chesterton, Doyle und Poe betrifft, so haben wir keine deutschen Titel angegeben, da die deutschen Verlage oft einzelne Erzählungen weggelassen und andere hinzugefügt

haben. Oft hat man auch aus mehreren Bänden ausgewählt und völlig neue Erzählsammlungen zusammengestellt.

1. Allingham, Margery: *The Tiger in the Smoke,* 1950; dt. *Die Spur des Tigers,* 1970.
2. Ambler, Eric: *The Mask of Dimitrios,* 1939 (in USA *A Coffin for Dimitrios*); dt. *Die Maske des Dimitrios,* 1950.
3. Armstrong, Charlotte: *Mischief,* 1950; dt. *Der Babysitter,* 1968.
4. Ashby, Rubie Constance: *He Arrived at Dusk,* 1933.
5. Ballinger, Bill S.: *The Tooth and the Nail,* 1955; dt. *Die große Illusion,* 1957.
6. Bentley, E. C.: *Trent's Last Case,* 1913; dt. *Trents letzter Fall,* 1944, 1958.
7. Berkeley, Anthony (d. i. Cox, A. B.): *The Poisoned Chocolates Case,* 1929; dt. *Die vergifteten Pralinen,* 1962.
8. Boileau-Narcejac: *Celle qui n'était plus,* 1952; dt. *Das Nebelspiel,* 1954.
9. Braddon, Mary Elizabeth: *Lady Audley's Secret,* 1862; dt. *Lady Audley's Geheimniß,* 1863 u. ö.
10. Brand, Christianna: *Cat and Mouse,* 1950; dt. *Katz und Maus,* 1951.
11. Buchan, John: *The Thirty-nine Steps,* 1915; dt. *Die neununddreißig Stufen,* 1967.
12. Cain, James M.: *The Postman Always Rings Twice,* 1934; dt. *Die Rechnung ohne den Wirt,* 1950, 1957.
13. – *Double Indemnity,* 1943; dt. *Den Haien zum Fraß,* 1957.
14. Chandler, Raymond: *The Big Sleep,* 1939; dt. *Der tiefe Schlaf,* 1950, und *Der große Schlaf,* 1974.
15. – *Farewell, My Lovely,* 1940; dt. *Betrogen und gesühnt,* 1958 u. ö., und *Lebewohl, mein Liebling,* 1976.
16. – *The Lady in the Lake,* 1943; dt. *Einer weiß mehr,* 1949, und *Die Tote im See,* 1976.
17. – *The Little Sister,* 1949; dt. *Die kleine Schwester,* 1953, 1975.
18. – *The Simple Art of Murder,* 1950, 12 Erzählungen; dt. *Die simple Kunst des Mordes,* 1976.
19. – *The Long Goodbye,* 1953; dt. *Der lange Abschied,* 1954, 1976.
20. Chase, James Hadley: *No Orchids for Miss Blandish,* 1939; dt. *Keine Orchideen für Miss Blandish,* 1966.
21. Chesterton, G. K.: *The Innocence of Father Brown,* 1911 (Erzählungen).
22. Christie, Agatha: *The Murder of Roger Ackroyd,* 1926; dt. *Roger Ackroyd und sein Mörder,* 1928.
23. – *4:50 from Paddington,* 1957 (in USA *What Mrs. McGillicuddy Saw!*); dt. *16 Uhr 50 ab Paddington,* 1960.
24. Coles, Manning: *Drink to Yesterday,* 1940.
25. Collins, Wilkie: *The Woman in White,* 1860; dt. *Die weiße Frau,* 1864, und *Die Frau in Weiß,* 1965.
26. – *The Moonstone,* 1868; dt. *Der Mondstein,* 1869, und *Der Monddiamant,* 1949, 1966.
27. Crofts, Freeman Wills: *The Cask,* 1920; dt. *Die Frau in dem Faß,* 1974.
28. Deighton, Len: *The Ipcress File,* 1962; dt. *Ipcress – streng geheim,* 1965.
29. Doyle, Arthur Conan: *A Study in Scarlet,* 1887; dt. *Späte Rache,* 1894 (spätere Ausgaben unter dem Titel *Studie in Scharlachrot*).
30. – *The Sign of Four,* 1890; dt. *Das Zeichen der Vier,* 1894 (spätere Ausgaben unter dem Titel *Im Zeichen der Vier*).

31. – *The Adventures of Sherlock Holmes,* 1892 (12 Erzählungen).
32. – *The Memoirs of Sherlock Holmes,* 1893 (11 Erzählungen).
33. – *The Hound of the Baskervilles,* 1902; dt. *Der Hund von Baskerville,* 1905 u. ö.
34. – *The Return of Sherlock Holmes,* 1905 (13 Erzählungen).
35. – *The Valley of Fear,* 1915; dt. *Das Tal des Grauens,* 1926 (spätere Ausgaben unter dem Titel *Das Tal der Furcht*).
36. – *His Last Bow,* 1917 (8 Erzählungen).
37. – *The Case Book of Sherlock Holmes,* 1927 (12 Erzählungen).
38. Dürrenmatt, Friedrich: *Der Richter und sein Henker,* 1951.
39. – *Das Versprechen,* 1958.
40. Fair, A. A. (d. i. Gardner, Erle Stanley): *The Bigger They Come,* 1939 (in England *Lam to the Slaughter*); dt. *Sein erster Fall,* 1957.
41. Faulkner, William: *Knight's Gambit,* 1949 (Erzählungen); dt. *Der Springer greift an,* 1962.
42. Fisher, Rudolph: *The Conjure-Man Dies,* 1932.
43. Fleming, Ian: *Goldfinger,* 1959; dt. *James Bond contra Goldfinger,* 1964 u. ö.
44. Francis, Dick: *Dead Cert,* 1962; dt. *Aufs falsche Pferd gesetzt,* 1962.
45. Freeman, R. Austin: *The Singing Bone,* 1912 (Erzählungen).
46. Futrelle, Jacques: *The Thinking Machine,* 1907 (Erzählungen); dt. *Die Denkmaschine,* 1909.
47. Gardner, Erle Stanley: *The Case of the Velvet Claws,* 1933; dt. *Perry Mason und der Engel mit Krallen,* 1970.
48. Glauser, Friedrich: *Wachtmeister Studer,* 1936.
49. Godwin, William: *Things As They Are; or, The Adventures of Caleb Williams,* 1794; dt. *Caleb Williams oder Die Dinge wie sie sind,* 1931.
50. Green, Anna Katherine: *The Leavenworth Case,* 1878; dt. *Der Mordfall Leavenworth,* 1944.
51. Greene, Graham: *Brighton Rock,* 1938; dt. *Am Abgrund des Lebens,* 1950.
52. Grierson, Edward: *Reputation for a Song,* 1952.
53. Gulik, Robert van: *The Lacquer Screen,* 1962.
54. Hammett, Dashiell: *The Maltese Falcon,* 1930; dt. *Der Malteser Falke,* 1951, 1974.
55. – *The Glass Key,* 1931; dt. *Der gläserne Schlüssel,* 1953, 1975.
56. – *The Thin Man,* 1934; dt. *Der dünne Mann,* 1952, 1976.
57. – *The Big Knockover,* 1966 (10 Erzählungen); dt. *Ausgewählte Detektivstories,* 1976.
58. Hare, Cyril: *Tragedy at Law,* 1942; dt. *Das Gericht zieht sich zur Ermordung zurück,* 1963.
59. Highsmith, Patricia: *The Glass Cell,* 1964; dt. *Das unsichtbare Gitter,* 1966.
60. Himes, Chester: *Run Man Run,* 1966; dt. *Lauf, Nigger, lauf,* 1968.
61. Hornung, E. W.: *The Amateur Cracksman,* 1899 (Erzählungen); dt. *Ein Einbrecher aus Passion,* 1903, vgl. auch *Raffles – Der Dieb in der Nacht,* 1976.
62. Iles, Francis (d. i. Cox, A. B.): *Before the Fact,* 1932; dt. *Vor der Tat,* 1971.
63. Leblanc, Maurice: *Arsène Lupin: gentleman – cambrioleur,* 1907 (Erzählungen); dt. *Arsène Lupin. Gentleman – Einbrecher,* 1923, und *Arsène Lupin, der Gentleman-Gauner,* 1971.
64. Le Breton, Auguste: *Du rififi chez les hommes,* 1953; dt. *Rififi,* 1959.
65. Le Carré, John: *The Spy Who Came in From the Cold,* 1963; dt. *Der Spion, der aus der Kälte kam,* 1964 u. ö.

66. Leroux, Gaston: *Le mystère de la chambre jaune,* 1907; dt. *Das gelbe Zimmer,* 1911, und *Das geheimnisvolle Zimmer,* 1927.
67. Lowndes, Mrs. Marie Belloc: *The Lodger,* 1913; dt. *Der sanfte Untermieter,* 1969.
68. McCoy, Horace: *They Shoot Horses, Don't They?,* 1935; dt. *Ums nackte Leben,* 1955.
69. MacDonald, Philip: *The List of Adrian Messenger,* 1959; dt. *Die Totenliste,* 1961.
70. Macdonald, Ross: *The Barbarous Coast,* 1956; dt. *Sprungbrett ins Nichts,* 1966.
71. – *The Zebra-striped Hearse,* 1962; dt. *Camping im Leichenwagen,* 1965.
72. – *The Far Side of the Dollar,* 1965; dt. *Die Kehrseite des Dollars,* 1971.
73. – *The Underground Man,* 1971; dt. *Der Untergrundmann,* 1973.
74. Marsh, Ngaio: *Overture to Death,* 1939.
75. Mason, A. E. W.: *The House of the Arrow,* 1924.
76. Maugham, Robin: *The Link. A Victorian Mystery,* 1969; dt. *Im Schatten des Anderen,* 1971.
77. Maugham, William Somerset: *Ashenden; or, The British Agent,* 1927; dt. *Ein Abstecher nach Paris,* 1969.
78. Mauriac, François: *Thérèse Desqueyroux,* 1927; dt. *Die Tat der Thérèse Desqueyroux,* 1928, 1963.
79. Milne, A. A.: *The Red House Mystery,* 1922; dt. *Das Geheimnis des roten Hauses,* 1929.
80. Monteilhet, Hubert: *Les mantes religieuses,* 1960; dt. *Tödliche Ehen,* 1961.
81. Poe, Edgar Allan: *Tales,* 1845; dt. vgl. *Das Gesamtwerk* (10 Bde.), 1976.
82. Post, Melville Davisson: *Uncle Abner: Master of Mysteries,* 1918 (Erzählungen); dt. *Onkel Abner, der Meisterdetektiv,* 1975.
83. Queen, Ellery: *Calamity Town,* 1942; dt. *Schatten über Wrightsville,* 1949.
84. Quentin, Patrick: *The Green-eyed Monster,* 1960; dt. *Die Wahrheit über Maureen,* 1962.
85. Rinehart, Mary Roberts: *The Circular Staircase,* 1908; dt. *Die Wendeltreppe,* 1911 u. ö.
86. Sayers, Dorothy: *Murder Must Advertise,* 1933; dt. *Mord braucht Reklame,* 1950, 1957.
87. Semjonow, Julian Semjonowitsch: *Petrovka 38,* 1963; dt. *Auftrag: Mord,* 1965.
88. Simenon, Georges: *M. Gallet décédé,* 1931; dt. *Maigret und der tote Herr Gallet,* 1961.
89. – *Le charretier de »La Providence«,* 1931; dt. *Der Schiffsfuhrmann,* 1948.
90. – *Le port des brumes,* 1932; dt. *Nebel über dem Hafen,* 1951.
91. – *Maigret a peur,* 1953; dt. *Maigret hat Angst,* 1957.
92. – *Maigret tend un piège,* 1955; dt. *Maigret stellt eine Falle,* 1958.
93. Simonin, Albert: *Touchez pas au grisbi,* 1953; dt. *Wenn es Nacht wird in Paris,* 1958.
94. Sjöwall, Maj / Wahlöö, Per: *Verschlossen und verriegelt,* 1973.
95. Stout, Rex: *Some Buried Caesar,* 1939; dt. *Der rote Bulle,* 1955, 1967.
96. Tey, Josephine: *The Daughter of Time,* 1951; dt. *Richard, der Verleumdete,* 1959, und *Alibi für einen König,* 1967.
97. Tschechow, Anton P.: *Die Tragödie auf der Jagd,* 1884/1885.
98. Upfield, Arthur W.: *Death of a Lake,* 1954; dt. *Der sterbende See,* 1955.
99. Wallace, Edgar: *The Four Just Men,* 1905; dt. *Die vier Gerechten,* 1928 u. ö.
100. Zola, Emile: *Thérèse Raquin,* 1867; dt. 1888 u. ö.

Register der Detektive und Gauner

Die linke Spalte enthält die Namen der wichtigsten Polizisten, Inspektoren und Detektive, ebenso die Namen der bekanntesten Betrüger, Stahlschrankspezialisten und sonstigen Gauner, die in Serien von Romanen und Erzählungen oder in einzelnen hervorragenden Werken der Kriminalliteratur auftreten. Die rechte Spalte enthält den Namen, unter dem der Schöpfer dieser Figur im Buch aufgeführt ist. Inspector Gideon z. B. ist ein Geschöpf von J. J. Marric. Marric ist ein Pseudonym von John Creasey und wird unter »Creasey, John« behandelt. Gegenüber von »Gideon« steht also »Creasey, John«. Oder noch komplizierter: Colonel Primrose ist ein Geschöpf von Leslie Ford. Leslie Ford heißt eigentlich Zenith Jones Brown, wird aber unter ihrem in England bekannteren Pseudonym David Frome behandelt. Neben »Colonel Primrose« steht also »Frome, David«. Bekannte Detektive, deren Abenteuer von mehreren Autoren behandelt werden, stehen auch im Lexikon unter dem Namen des Detektivs, also zum Beispiel: Carter, Nick; Cotton, Jerry; Brady, Old King; Blake, Sexton. In diesen Fällen steht in beiden Spalten derselbe Name.
Es ist schwierig, die Detektive von den Gaunern zu unterscheiden, denn die »Guten« operieren oft mit illegalen Mitteln (Perry Mason, »The Toff«, »The Saint«, fast alle Spione usw.), während die Gauner oft ein Herz aus Gold besitzen (Jimmy Valentine, Jimmie Dale usw.) und in gleichem oder oft noch größerem Maße zur Gerechtigkeit beitragen. In der amerikanischen Literatur sind oft die Polizisten die »Schlechten«, während die »Outlaws« dafür sorgen müssen, daß die Gerechtigkeit nicht ganz untergeht. Aus diesen Gründen haben wir darauf verzichtet, etwa die Gauner von den Detektiven optisch abzusetzen.

Abbott, Pat und Jean	Crane, Francis
Abner, Uncle	Post, M. D.
Adams, Hilda (»Miss Pinkerton«)	Rinehart, Mary R.
Alleyn, Roderick	Marsh, Ngaio
Allon, M.	Vindry, Noël
Ancher	Nielsen, Torben
Angèle, Sœur	Catalan, Henri
Appleby, John	Innes, Michael
Archer, Lew	Macdonald, Ross
Ark, Simon	Hoch, Edward D.
Armiston, Oliver	Anderson, F. I.
Arnaz de Lobo, Señor	Gardner, Erle Stanley
Ashenden	Maugham, W. S.
Ashton-Kirk	McIntyre, John T.
Astro the Seer	Burgess, F. G.
Aubrey, Madame	Travers, Hugh
Bärlach, Kommissär	Dürrenmatt, Friedrich
Bagge, Lektor	Nyquist, Gerd
Bailey, Elijah	Asimov, Isaac
Bain, Sheriff Joe	Vance, J. H.
Baker, Superintendent	Mills, Osmington
Barnes, Detektiv	s. Old Sleuth
Barnes, John	Ottolengui, Rodriguez

Braxton, Colonel	Post, M. D.
Bredder, Joseph	Holton, Leonard
Bredon, Miles	Knox, R. A.
Breed, Barr	Ballinger, Bill S.
Broadbrim, Old	s. Carter, Nick
Brock, Robert	Wheatley, Dennis
Brooke, Loveday	Pirkis, C. L.
Brown, Dagobert	Ames, Delano L.
Brown, Father	Chesterton, G. K.
Brown, Vee	Daly, Carroll John
Brückner, Peter	Erpenbeck, Fritz
Bryce, Henry und Emily	Scherf, Margaret
Bucket, Inspector	Dickens, Charles
Buell, Martin	Scherf, Margaret
Bull, Inspector	Frome, David
Bulldog Drummond	McNeile, H. C., und Palmer, Stuart
Bunn, Smiler	Atkey, Bertram
Bunny	Hornung, E. W.
Bunter	Sayers, Dorothy
Burger, Hamilton	Gardner, Erle Stanley
Burma, Nestor	Malet, Léon
Burmann, Inspector	Cobb, Belton
Bush, Detective	McKenzie, D. J.
Butcher, The	Jason, Stuart
Byron, Detective	Pinkerton, Allan
Callaghan, Slim	Cheyney, Peter
Callahan, Brock »the Rock«	Gault, W. C.
Camberwell, Roger	Fletcher, J. S.
Campbell, Humphrey	Homes, Geoffrey
Campenhaye, Paul	Fletcher, J. S.
Campion, Albert	Allingham, Margery
Carberry, Miss Letitia	Rinehart, M. R.
Carella, Steve	McBain, Ed
Carnacki	Hodgson, W. H.
Carne, Simon	Boothby, Guy
Carrados, Max	Bramah, Ernest
Carring, Leo	Duse, S. A.
Carstairs, Susan	Linington, Elizabeth
Carter, Nick	s. d.
Carver, Rex	Canning, Victor
Casey, Flashgun	Coxe, George Harmon
Casson Duker, Alistair	Mole, William
Castelet, Commissaire	Vindry, Noël
Catalyst Club, The	Dyer, George
Çather, Orrie	Stout, Rex
Cato, Dr. Paul	Meade, L. T.
Cattleman, Old	Lewis, A. H.
Caution, Lemmy	Cheyney, Peter
Cayley, Miss Lois	Allen, Grant
Cellini, Dr. Emmanuel	Creasey, John
Chafik, Chafik J.	Child, Charles B.

Driffield, Sir Clinton	Connington, J. J.
Drummond, Hugh »Bulldog«	McNeile, H. C., und Palmer, Stuart
Dubois, Colonel	Nord, Pierre
Duff, Detective	O'Higgins, Harvey
Duff, MacDougal	Armstrong, Charlotte
Duhamel, Theodore	Russell, William
Duker, Alistair Casson	Mole, William
Duluth, Peter	Quentin, Patrick
Dundee, Inspector	Austin, Anne
Dunlap, Constance	Reeve, A. B.
Dupin, C. Auguste	Poe, Edgar Allan, und Harrison, Michael
Durell, Sam	Aarons, Edward S.
Durkin, Fred	Stout, Rex
East, Mark	Lawrence, Hilda
Easy, John	Goulart, Ron
Ebbie, Old	Webster, F. A. M.
Edge	Gilman, George G.
Egerton, Scott	Gilbert, Anthony
Egg, Montague	Sayers, Dorothy
Ejnarsen	Örum, Paul
Electricity, Old	s. Carter, Nick
Emil	Kästner, Erich
Eric	Hamilton, Donald
Erridge, Matt	Stein, A. M.
Evans, Homer	Paul, Elliot
Executioner, The	Pendleton, Don
Fafoutis	Schreiter, Helfried
Fair, Prosper	Atkey, Bertram
Fairr, Melville	Rice, Craig
Falcon, Gay	Arlen, Michael, und Palmer, Stuart
Falk, Arne	Anker, Jens
Falkenstein, Jesse	Linington, Elizabeth
Fantômas	Allain, Marcel / Souvestre, Pierre
Farland, Roy	Wohl, Louis de
Fell, Dr. Gideon	Carr, John Dickson
Fellows, Fred	Waugh, Hillary
Felse, Dominic und George	Peters, Ellis
Fen, Gervase	Crispin, Edmund
Fenner, Dave	Chase, James Hadley
Fernand, Monsieur	Orczy, Baroness E.
Ferrars, Francis	Lynch, Lawrence L.
Field, Fabian	Donovan, Dick
Finbow	Snow, C. P.
Finn, Huckleberry	Twain, Mark
Fjeld, Dr. Jonas	Frich, Øvre Richter
Fletcher, Johnny	Gruber, Frank
Florizel, Prince	Stevenson, R. L.
Folly, Superintendent	Creasey, John
Fontaine, Solange	Jesse, F. T.
Fortune, Dan	Collins, Michael

Fortune, Reggie	Bailey, H. C.
Four Just Men, The	Wallace, Edgar
Fox, Tecumseh	Stout, Rex
Frame, Reynold	Brean, Herbert
Frank, Detektiv	Blank, Matthias
Frankenstein	Shelley, Mary
Frazer, Tim	Durbridge, Francis
Freeman, Jub	Treat, Lawrence
French, Inspector Robert	Crofts, Freeman Wills
Frost, Gerald »Nighthawk«	Horler, Sydney
Fu Manchu	Rohmer, Sax
Furneaux, Inspector	Tracy, Louis
Gamadge, Henry	Daly, Elizabeth
Ganimard, Inspecteur	Leblanc, Maurice
Gar, Jo	Whitfield, Raoul
Gault, Captain	Hodgson, W. H.
Gently, Superintendent	Hunter, Alan
Gentry, Will	Halliday, Brett
Gerner, Hans	Schrayh, Otto
Gerolstein, Fürst	Sue, Eugène
Gethryn, Anthony	MacDonald, Philip
Get-Rich-Quick Wallingford	Chester, G. R.
Gevrol, Inspecteur	Gaboriau, Emile
Ghote, Ganesh	Keating, H. R. F.
Gibson, Jeremiah X.	Stein, Aaron Marc
Gideon, George	Creasey, John
Giglamps	Scott, Will
Gill, Eve	Jepson, Selwyn
Gilles, Commissaire	Decrest, Jacques
Gillingham, Anthony	Milne, A. A.
Gilmartin, Inspector	Barry, Charles
Godahl, the Infallible	Anderson, F. I.
Goldfinger	Fleming, Ian
Gondureau	Balzac, Honoré de
Gonsalez, Leon	Wallace, Edgar
Goodwin, Archie	Stout, Rex
Gore, Colonel	McAllister, Alister
Gorille, Le	Dominique (Antoine)
Goupi Mains Rouges	Véry, Pierre
Granby, Alastair	Beeding, Francis
Grant, Alan	Tey, Josephine
Gray, Michael	Kuttner, Henry
Gray Seal, The	Packard, F. L.
Grijpstra	Wetering, J. van de
Grundt, Dr. Adolf	Williams, G. V.
Gryce, Ebenezer	Green, Anna Katherine
Gubb, Philo	Butler, E. P.
Gunnarson, William	Macdonald, Ross
Guzmán de Alfarache	Alemán, Mateo
Hagar of the Pawn Shop	Hume, Fergus W.

Lash, Simon	Gruber, Frank
Latham, Grace	Frome, David
Lavender, Jimmie	Starrett, Vincent
Lecoq, Monsieur	Gaboriau, Emile (auch Du Boisgobey, F.)
Leffing, Lucius	Brennan, J. P.
Leith, Lester	Gardner, Erle Stanley
Leopold, Captain	Hoch, Edward D.
Lepicq, Prosper	Véry, Pierre
Lessing, Mark	Creasey, John
Lewker, Abercrombie	Carr, Glyn
Liddell, Johnny	Kane, Frank
Lindsay, Ralph	Benson, Ben
Lingo Dan	Pollard, J. P.
Linley	Dunsany, Lord
Lipinzki, Inspector	Griffith, J. C.
Littlejohn, Inspector	Bellairs, George
Llorca, Juan	Ames, Delano L.
Lomas, Stanley	Bailey, H. C.
Lone Wolf, The	Vance, Louis Joseph (auch Palmer, Stuart)
Lora, Michael	King, Charles Daly
Lotario, Don	García Pavón, F.
Lucas, Inspecteur	Simenon, Georges
Ludlow, Adam	Nash, Simon
Ludlow, Johnny	Wood, Mrs. Henry
Lugg	Allingham, Margery
Luke, Charlie	Allingham, Margery
Lunatic, The	Clouston, Joseph S.
Lung, Kai	Bramah, Ernest
Lupin, Arsène	Leblanc, Maurice
Lynch, Bertram	Vandercook, J. W.
Mabuse, Dr.	Jacques, Norbert
»Mac«	Dewey, T. B.
Mac, Madelyn	Weir, Hugh C.
McBride	Spillane, Mickey
McBride, Rex	Adams, Cleve Franklin
Macdonald, Robert	Lorac, E. C. R.
McGee, Travis	MacDonald, John D.
McGrath, Pete	Brett, Michael
McGregor, Inspector	Kane, Henry
McKee, Christopher	Reilly, Helen
McKinnon, Todd	Offord, Lenore Glen
Maclain, Duncan	Kendrick, B. H.
Maclean	Wohl, Louis de
MacLeod, Inspector	McLean, Allan Campbell
Madden, David	Disney, Doris Miles
Maddox, Ivor	Linington, Elizabeth
Madonna, Saro	Perria, Antonio
Mahoun, Nicky	Smith, Clark
Maigret, Jules	Simenon, Georges
Maitland, Antony	Woods, Sara
Maitland, Jim	McNeile, H. C.

Myrl, Dora	Bodkin, M. M.
Nathalie	Apeséguy, Pierre
Naz-en-lair	Allain, Marcel / Souvestre, Pierre
Nemsi, Kara Ben	May, Karl
Nesbitt, Ed	Ball, John Dudley
Nighthawk	Horler, Sydney
Nikola, Dr.	Boothby, Guy
Nilsson, O. P.	Suneson, Vic
Nobody, Detektiv	Kraft, Robert
Noon, Ed	Avallone, Michael
North, Mr. und Mrs.	Lockridge, Richard
North, Hugh	Mason, Van Wyck
November Joe	Prichard, Hesketh
Oakins, Pat	Loest, Erich
Oates, Stanislaus	Allingham, Margery
O'Day	Cheyney, Peter
O'Hara	Cheyney, Peter
Okappiki	Okamoto, Kido, und Nomura, Kodo
Okewood	Williams, G. V.
Old Broadbrim	s. Carter, Nick
Old Cap Collier	s. Carter, Nick
Old Cattleman	Lewis, A. H.
Old Ebbie	Webster, F. A. M.
Old Electricity	s. Carter, Nick
Old Humpey	s. Carter, Nick
Old Icewater	Benson, Ben
Old King Brady	s. Brady, Old King
Old Man in the Corner	Orczy, Baroness E.
Old Opium	s. Carter, Nick
Old Shatterhand	May, Karl
Old Sleuth	s. d. (auch Carter, Nick)
Old Thunderbolt	s. Carter, Nick
O'Leary, Lance	Eberhart, Mignon G.
Olivaw, R. Daneel	Asimov, Isaac
O'Malley, Detective	MacHarg, W. B.
Opara, Christie	Uhnak, Dorothy
Opium, Old	s. Carter, Nick
Ordway, Dr.	Marcin, Max
OSS 117	Bruce, Jean
O'Toole, Sergeant	Douglass, D. M.
Ottermole, Sergeant	Burke, Thomas
Owen, Bobby	Punshon, E. R.
Pablos	Quevedo, F. G. de
Painter, Peter	Halliday, Brett
Palfrey, Dr. Stanislaus Alexander	Creasey, John
Palmer, Harry	Deighton, Len
Palmun, Komisario	Waltari, M. T.
Panzer, Saul	Stout, Rex
Paris, Wade	Benson, Ben

Tatlock, Tyler	Donovan, Dick
Taxon, Harry	Doyle, Arthur Conan
Taylor, Mitch	Treat, Lawrence
Teal, Claud Eustace	Charteris, Leslie
Templar, Simon	Charteris, Leslie
Temple, Paul	Durbridge, Francis
Ténébras	Galopin, Arnold
Thackeray, Constable	Lovesay, Peter
Thatcher, John Putnam	Lathen, Emma
Thinking Machine, The	Futrelle, Jacques
Thorndyke, Dr. John Evelyn	Freeman, R. Austin
Thorold, Cecil	Bennett, Arnold
Thunderbolt, Old	s. Carter, Nick
Thursday, Max	Miller, Wade
Tibbett, Henry	Moyes, Patricia
Tibbetts, Augustus	Wallace, Edgar
Tibbs, Virgil	Ball, John Dudley
Tictocq	Henry, O.
Tiger Standish	Horler, Sydney
Tinker	s. Blake, Sexton
Tish (Miss Letitia Carberry)	Rinehart, M. R.
Titi-le-Moblot	Allain, Marcel / Souvestre, Pierre
Tobin, Mitch	Westlake, Donald
Toff, The	Creasey, John
Tolefree, Philip	Walling, R. A. J.
Torrence, Inspecteur	Simenon, Georges
Tracy, Dick	Gould, Chester
Tragg, Lieutenant	Gardner, Erle Stanley
Trant, Lieutenant	Quentin, Patrick
Travers, Ludovic	Bush, Christopher
Treadgold, Inspector	Weymouth, Anthony
Treadgold, Mr.	Williams, G. V.
Trent, Anthony	Martyn, Wyndham
Trent, Marla	Kane, Henry
Trent, Philip	Bentley, E. C.
Tresoldi	Ciabattini, Giuseppe
Trill, Vincent	Donovan, Dick
Trimmel	Werremeier, Friedhelm
Trostler, Dagobert	Groller, Balduin
Troxell, G. Washington	Starrett, Vincent
Tucker, Andy	Henry, O.
Tuke, Harvey	Browne, Douglas G.
Tutt, Ephraim	Train, Arthur
Uncle Abner	Post, M. D.
Uniatz, Hoppy	Charteris, Leslie
Vachell, Superintendent	Huxley, Elspeth
Val, Inspector	Lewis, A. H.
Valcour, Lieutenant	King, Rufus
Valentine, Jimmy	Henry, O.
Valmont, Eugène	Barr, Robert

Bibliographie

A. Enzyklopädien und Bibliographien

1. Barzun, Jacques / Taylor, Wendell Hertig: A Catalogue of Crime. New York: Harper, 1971. Rev. Ausg. 1974. [Eine Liste von mehreren tausend Büchern mit kurzen Inhaltsangaben und Wertungen. In manchen Fällen einige biographische Angaben über die Autoren.]
2. Buchloh, Paul G. / Becker, Jens P.: Der Detektivroman. Darmstadt: Wissenschaftliche Buchgesellschaft, 1973. [Der Band behandelt die angelsächsische Detektivliteratur und zeichnet sich durch eine ausführliche Bibliographie aus (etwa 600 Titel).]
3. Gribbin, Lenore S.: Who's Whodunit. Chapel Hill: University of North Carolina Library, 1968. [Liste von über 1000 Pseudonymen, die von Krimiautoren verwendet werden.]
4. Hagen, Ordean A.: Who Done It? A Guide to Detective, Mystery and Suspense Fiction. New York/London: P. R. Bowker, 1969. [Liste von etwa 25 000 englischsprachigen Titeln (auch von Übersetzungen ins Englische) aus der Krimiliteratur – mit Angabe von Pseudonymen und Verlagen. Hagen weist darauf hin, wenn ein Buch in England und den USA verschiedene Titel trägt. Das Kompendium enthält auch Listen von Filmen, Schauspielen, Anthologien, literarischen Auszeichnungen, ferner eine Bibliographie der Sekundärliteratur, ein Register von etwa 4300 literarischen Detektiven und Gaunern, einen Titelindex und viele andere, nützliche Informationen. Es versteht sich von selbst, daß Hagens Bücherverzeichnis eine Unzahl von Fehlern und Lücken aufweist. Diese sind zum Teil korrigiert worden – in der Vierteljahreszeitschrift *The Armchair Detective* (Januar 1971 bis Februar 1976).]
5. Mundell Jr., E. H. / Rausch, G. Jay: The Detective Short Story. A Bibliography and Index. Manhattan (Kan.): Kansas State University Library, 1974. [Liste von 1439 Kurzgeschichtenbänden mit Angabe der Titel aller Erzählungen in jedem Band, dazu Angabe des Namens jedes wichtigen Detektivs in jeder Geschichte. Register aller Detektive; ferner ein Verzeichnis der Autoren und – unter jedem Autor – ein alphabetisches Verzeichnis aller Kurzgeschichten des betreffenden Autors.]
6. Smith Jr., Myron J.: Cloak-and-Dagger Bibliography. An Annotated Guide to Spy Fiction, 1937–1975. Metuchen (N. J.): The Scarecrow Press, 1976. [Liste von 1675 Spionageromanen. Oft kurzer Hinweis auf den Inhalt. Titelregister.]
7. Steinbrunner, Chris / Penzler, Otto: Encyclopedia of Mystery and Detection. London: Routledge & Kegan Paul / New York: McGraw-Hill, 1976. [Enthält Biographien und Bibliographien (oft in Auswahl) der wichtigsten englischsprachigen Autoren, dazu ein Dutzend Sammelaufsätze über Radio- und Fernsehdetektive usw. Von den Nicht-Angelsachsen werden nur Sjöwall/Wahlöö und ein halbes Dutzend klassische Franzosen behandelt. Besonders interessant sind die Lebensabrisse und vollständigen Bibliographien der wichtigsten literarischen Detektive.]
8. Steinbrunner, Chris / Shibuk, Charles / Penzler, Otto / Lachmann, Marv / Nevins, Francis M.: Detectionary. Lockhaven (Pa.) 1972 [Privatdruck]. Woodstock (N. Y.): The Overlook Press, 1977. [Liste der wichtigsten Detektive und Gauner der Weltliteratur – mit ihren Biographien und jeweils einem Verzeichnis aller Werke, in denen sie auftreten. Der größte Teil des Materials ist in Steinbrunner/Penzlers *Encyclopedia* (A 7) eingegangen.]
9. Slung, Michele B. (Hrsg.): Crime on Her Mind. New York: Random House, 1975. [Neben 15 seltenen Erzählungen um weibliche Detektive enthält der Band eine Liste von über 100 literarischen Detektiven weiblichen Geschlechts, die einzeln charakterisiert (und bibliographiert) werden.]

B. Ein Dutzend neuere Literaturgeschichten des Krimi

1. Boileau-Narcejac: Le roman policier. Paris: Payot, 1964. – Dt. Ausg.: Der Detektivroman. Neuwied/Berlin: Luchterhand, 1967. [Der deutsche Band enthält im Anhang ein von Wolfgang Promies zusammengestelltes Verzeichnis von 125 in Deutschland (zumeist in deutschen Übersetzungen) erschienenen Krimiautoren und deren Werken.]
2. Del Monte, Alberto: Breve storia del romanzo poliziesco. Bari: Laterza, 1962.
3. Dupuy, J.: Le roman policier. Paris: Librairie Larousse, 1974.
4. Haycraft, Howard: Murder for Pleasure. The Life and Times of the Detective Story. New York: Appleton-Century, 1941. Rev. Ausg. 1951. Repr. New York: Biblo & Tannen, 1974.
5. Hedman, Iwan: Deckare Och Thrillers På Svenska 1874–1973. Strängnäs (Schweden): Dast 1974.
6. Hoveyda, Fereydoun: Histoire du roman policier. Paris: Les Editions du Pavillon, 1965.
7. La Cour, Tage / Mogensen, Harald: Mordbogen. Kopenhagen: Lademann, 1969. Engl. Ausg.: The Murder Book. London: Unwin / New York: Herder & Herder, 1971. [Reichhaltig illustriert.]
8. Murch, A. E.: The Development of the Detective Novel. London: Peter Owen, 1958. Rev. Ausg. New York: The Kennikat Press, 1968. Repr. 1975.
9. Ousby, Ian: Bloodhounds of Heaven. The Detective in English Fiction from Godwin to Doyle. Cambridge (Mass.) / London: Harvard University Press, 1976. [Hauptsächlich über Godwin, Vidocq, Dickens, Collins, Doyle.]
10. Symons, Julian: Bloody Murder. London: Faber & Faber, 1972. In USA: Mortal Consequences. New York: Harper & Row, 1972. – Dt. Ausg.: Am Anfang war der Mord. München: Goldmann, 1972.
11. Thomson, H. Douglas: Masters of Mystery. A Study of the Detective Novel. London: Collins, 1931 / Folcroft (Pa.): Folcroft Library Editions, 1973.
12. Tourteau, Jean-Jacques: D'Arsène Lupin à San-Antonio. Le roman policier français de 1900–1970. Paris: Mame, 1970.

C. Für den Sammler

1. Barnes, Melvyn: Best Detective Fiction. London: Clive Bingley / Hamden (Conn.): Linnet Books, 1975.
2. Glover, Dorothy / Greene, Graham: Victorian Detective Fiction. London: Bodley Head, 1966.
3. Quayle, Eric: The Collector's Book of Detective Fiction. London: Studio Vista, 1972.
4. Queen, Ellery: Queen's Quorum. Boston: Little Brown, 1951. Erw. Ausg. New York: Biblo & Tannen, 1969.
5. Winn, Dilys: Murder Ink. The Mystery Reader's Companion. New York: Workman 1977. [500seitiges, zweispaltiges Kompendium im Telefonbuchformat, reich illustriert, mit etwa 100 Aufsätzen über die verschiedensten Themen, die im Zusammenhang mit dem Krimi stehen. Daneben zahlreiche Statistiken, Listen von nach Themen geordneten Krimis, Zitate usw. Enthält die »Haycraft-Queen-Liste« der weltbesten Krimis 1748–1948 und eine Liste aller Krimis, die in England und Amerika mit Preisen (»Edgar« und »Dagger«) ausgezeichnet worden sind; auch viel Humoristisches.]

D. Das Verbrechen und seine Aufklärung

1. Hall, Angus: The Crime Busters. London: Verdict Press, 1976. [Sensationell illustriertes Buch über FBI, Scotland Yard, Interpol usw.]
2. Laurie, Peter: Scotland Yard. A Study of the Metropolitan Police. New York: Holt, Rinehart & Winston, 1970.
3. Symons, Julian: A Pictorial History of Crime, 1840 To the Present. New York: Crown Publishers, 1966. [Eindrücklich erzählte Kriminalfälle, 750 Illustrationen.]

4. Thorwald, Jürgen: Die gnadenlose Jagd. München: Droemer Knaur, 1973. [Der Band faßt zwei früher erschienene Bücher des Autors zusammen: *Das Jahrhundert der Detektive* (1965) und *Die Stunde der Detektive* (1966). Spannende Darstellung der Pionierleistungen Alphonse Bertillons, William Herschels, Calvin Goddards u. a.]
5. Wilson, Colin: A Casebook of Murder. A Compelling Study of the World's Most Macabre Murder Cases. London: Leslie Frewin, 1969. (Mayflower Paperback 1971.)

Die Bücher von Hans Groß und anderen Kriminalisten werden im 9. Kapitel der »Einleitung« angeführt.

E. Wie schreibt man Krimis?

1. Brean, Herbert (Hrsg.): The Mystery Writer's Handbook. New York: Harper, 1956. [Essays von Mitgliedern des Verbandes »Mystery Writers of America«.]
2. Burack, A. S. (Hrsg.): Writing Suspense and Mystery Fiction. Boston: The Writer Inc., 1945. Rev. Ausg. 1967, 1977. [Essays von 30 Krimiautoren, die schildern, wie sie ihre Krimis schreiben. Fünf weitere Aufsätze von Dorothy Sayers, S. S. van Dine, H. Haycraft, R. Chandler und Ogden Nash, dazu ein Überblick über das Procedere der Gerichte und ein Glossar der juristischen Terminologie.]
3. Highsmith, Patricia: Plotting and Writing Suspense Fiction. Boston: The Writer Inc., 1966.
4. Wells, Carolyn: The Technique of the Mystery Story. Springfield (Mass.): Home Correspondence School, 1913. Rev. Ausg. 1929.

F. Einzelaspekte, Untersuchungen

1. Becker, Jens Peter: Der englische Spionageroman. Historische Entwicklung, Thematik, literarische Form. München: Goldmann, 1973.
2. Becker, Jens Peter: Sherlock Holmes & Co. Essays zur englischen und amerikanischen Detektivliteratur. München: Goldmann, 1975.
3. Butler, William Vivian: The Durable Desperadoes. London: Macmillan, 1973. [Über die liebenswerten Gauner in der Krimiliteratur: Raffles, Blackshirt, »The Saint« u. a.]
4. Chandler, F. W.: The Literature of Roguery. 2 Bde. Boston: Houghton Mifflin, 1907. [Über die Anfänge der Verbrechensliteratur.]
5. Dahnke, Walter: Kriminalroman und Wirklichkeit. Hamburg: Verlag Kriminalistik, 1958.
6. Depken, Friedrich: Sherlock Holmes, Raffles und ihre Vorbilder. Ein Beitrag zur Entwicklungsgeschichte und Technik der Kriminalerzählung. Heidelberg: Carl Winter, 1914. Repr. Amsterdam: Swets & Zeitlinger, 1967.
7. Harper, Ralph: The World of the Thriller. Cleveland: The Press of Case Western Reserve University, 1969. (Als Paperback Baltimore: Johns Hopkins University Press, 1974.)
8. Lacassin, Francis: Mythologie du roman policier. 2 Bde. Paris: Collection 10–18, 1976.
9. Lichtenstein, Alfred: Der Kriminalroman. Eine literarisch und forensisch-medizinische Studie mit Anhang: Sherlock Holmes zum Fall Hau. München: Ernst Reinhardt, 1908.
10. Mager, Hasso: ›Krimi und crimen‹: Zur Moral der Unmoral. Halle (Saale): Mitteldeutscher Verlag, 1969.
11. Marsch, Edgar: Die Kriminalerzählung. Theorie, Geschichte, Analyse. München: Winkler, 1972.
12. Messac, Régis: Le ›Detective Novel‹ et l'influence de la pensée scientifique. Paris: Honoré Champion, 1929. [Dieser umfangreiche Band schildert im Detail die Anfänge des Krimi bei den Ägyptern, Griechen, Römern usw. und ist unerläßlich für jeden seriösen Wissenschaftler, der den Krimi vor 1900 untersuchen will.]
13. Narcejac, Thomas: Esthétique du roman policier. Paris: Le Portulan, 1947.
14. Pfeiffer, Hans: Die Mumie im Glassarg. Bemerkungen zur Kriminalliteratur. Rudolstadt: Greifenverlag, 1960.

15. Radine, Serge: Quelques aspects du roman policier psychologique. Genève: Editions du Mont-Blanc, 1960.
16. Reinert, Claus: Das Unheimliche und die Detektivliteratur. Bonn: Bouvier, 1973.
17. Rodell, Marie F.: Mystery Fiction. Theory and Technique. New York: Duell, Sloan & Pearce, 1943. Rev. Ausg. 1952. London: Hammond, Hammond & Co., 1954.
18. Routley, Erik: The Puritan Pleasures of the Detective Story. A Personal Monograph. London: Gollancz, 1972.
19. Ruehlmann, William: Saint With a Gun. The Unlawful American Private Eye. New York: New York University Press, 1974.
20. Schönhaar, Rainer: Novelle und Kriminalschema. Ein Strukturmodell deutscher Erzählkunst von 1880. Bad Homburg: Gehlen, 1969.
21. Schulz-Buschhaus, Ulrich: Formen und Ideologien des Kriminalromans. Ein gattungsgeschichtlicher Essay. Frankfurt a. M.: Athenaion, 1975.
22. Scott, Sutherland: Blood In Their Ink. The March of the Modern Mystery Novel. London: Stanley Paul, 1953 / Folcroft (Pa.): Folcroft Library Editions, 1973.
23. Tschimmel, Irene: Kriminalroman und Gesellschaftsdarstellung. Eine vergleichende Untersuchung zu Werken von Christie, Simenon, Dürrenmatt, Capote. Bonn: Bouvier, 1979.
24. Wölcken, Fritz: Der literarische Mord. Eine Untersuchung über die englische und amerikanische Detektivliteratur. Nürnberg: Nest, 1953.

G. *Aufsatzsammlungen zum Krimi*

1. Adams, Donald K. (Hrsg.): Mystery and Detection Annual. Jg. 1972. Beverley Hills: Donald Adams, 1972. Jg. 1973. Ebd. 1974. [Vorzügliche Sammlungen von Aufsätzen und Besprechungen. Das Jahrbuch 1973 (1974 erschienen) enthält eine bisher ungedruckte, lange Novelle von Horace McCoy: »Death in Hollywood«.]
2. Ball, John (Hrsg.): The Mystery Story. Del Mar (Calif.): Publishers Inc., 1976. [16 Aufsätze von Mitgliedern des amerikanischen Krimiestablishment: Hubin, Penzler usw.]
3. Buchloh, Paul Gerhard / Becker, Jens Peter (Hrsg.): Der Detektiverzählung auf der Spur. Essays zur Form und Wertung der englischen Detektivliteratur. Darmstadt: Wissenschaftliche Buchgesellschaft, 1977. [30 Aufsätze, davon 27 aus dem Englischen übersetzt. Zwei weitere stammen aus B 1 und aus F 6. Dazu Mary Hottingers Einleitung zu *Mord* (1959).]
4. *Europe* (Bd. 54, Nov. 1976). [Dem Krimi gewidmeter Sonderband mit 20 Aufsätzen, darunter solche von Yves Olivier-Martin (»Origines secrètes du roman policier français«), K. Arne Blom / Jan Broberg (»Panorama du roman policier suédois«) und François Rivière (vier Beiträge).]
5. Finckh, Eckhard (Hrsg.): Theorie des Kriminalromans. Stuttgart: Reclam, 1974.
6. Gilbert, Michael (Hrsg.): Crime in Good Company. London: Constable, 1959. [Aufsätze von Ambler, Bell, Procter, Symons u. a.]
7. Haycraft, Howard (Hrsg.): The Art of the Mystery Story. New York: Simon & Schuster, 1946. Neuausg. (mit Reg.) New York: Grosset & Dunlap, 1947. Repr. New York: Biblo & Tannen, 1976. [Über 50 Essays. Die wichtigste Sammlung kritischer Aufsätze zum Krimi.]
8. Landrum, Larry N. / Browne, Pat / Browne, Ray B. (Hrsg.): Dimensions of Detective Fiction. Bowling Green (Ohio): Bowling Green University Popular Press, 1976. [23 Aufsätze, für den höheren Unterricht gedacht.]
9. Madden, David (Hrsg.): Tough Guy Writers of the Thirties. Carbondale: Southern Illinois University Press, 1968. [17 Aufsätze von verschiedenen Autoren über *Black Mask,* Hammett, James M. Cain, Chandler, McCoy, John O'Hara u. a.]
10. Nevins, Francis M. Jr. (Hrsg.): The Mystery Writer's Art. Bowling Green (Ohio): Bowling Green University Popular Press, 1971. [Einleitung und 21 Aufsätze.]
11. Vogt, Jochen (Hrsg.): Der Kriminalroman. 2 Bde. München: Fink, 1971. [40 Aufsätze in 2 Bänden.]

12. Zmegac, Viktor (Hrsg.): Der wohltemperierte Mord. Zur Theorie und Geschichte des Detektivromans. Frankfurt: Athenäum, 1971. [Ein Dutzend Aufsätze von Auden, Brecht u. a.]

H. Zu den »Pulps«

1. Goulart, Ron: Cheap Thrills. New Rochelle (N. Y.): Arlington House, 1972. Neuausg.: An Informal History of the Pulp Magazines. New York: Ace Books, 1973.
2. Gruber, Frank: The Pulp Jungle. Los Angeles: Sherbourne Press, 1967. [Spannend geschriebene Autobiographie eines »Pulp«-Autors, die viele sonst nirgends erhältliche Informationen enthält.]
3. Johannsen, Albert: The House of Beadle and Adams. 2 Bde. Norman: University of Oklahoma Press, 1950.
4. Turner, Robert: Some of My Best Friends Are Writers, But I Wouldn't Want My Daughter To Marry One! Los Angeles: Sherbourne Press, 1970. [Memoiren eines »Pulp«-Autors.]

I. Varia

1. Everson, William K.: The Detective in Film. Secaucus (N. J.): The Citadel Press, 1972. [Reich illustrierter Band mit Personen- und Filmregister.]
2. Lambert, Gavin: The Dangerous Edge. An Inquiry Into the Lives of Nine Masters of Suspense. New York: Grossman, 1976. [Biographisch-psychologische Studien über Collins, Doyle, Chesterton, Buchan, Ambler, Greene, Simenon, Chandler, Hitchcock.]
3. Locard, Edmond: Policiers de roman et de laboratoire. Paris: Payot, 1924.
4. Watson, Colin: Snobbery With Violence. Crime Stories and Their Audience. London: Eyre & Spottiswoode, 1971. [Kritisch und spöttisch.]

The Armchair Detective. Vierteljahreszeitschrift. Hrsg. von Allen J. Hubin. [Sie erscheint seit 1967. Seit 1976 weist jede Nummer einen beträchtlichen Umfang auf: ca. 100 Seiten, Quartformat, dreispaltig. Sie enthält kritische Artikel, viele Leserbriefe, Besprechungen und Listen aller Neuerscheinungen in Buch- und Taschenbuchformat. Auch Illustrationen. Die Adresse: Publishers Inc., 243 Twelfth Street, Drawer P, Del Mar, California, USA 92014.]

Personenregister (mit Pseudonymen)

Aufgeführt werden die Namen und Pseudonyme der Autoren, ebenso die Namen anderer Personen, sofern diese nicht fiktiv sind (für fiktive Charaktere siehe das »Register der Detektive und Gauner«). Bei den Autorennamen kann es sich um richtige Namen oder um Pseudonyme handeln; in Klammern wird im Prinzip derjenige Name angegeben, unter welchem der betreffende Autor am bekanntesten ist und unter dem er im Lexikon (oder auch anderswo im Text) erscheint. Die kursiv gedruckte Zahl (selten: Zahlen) verweist auf den Haupteintrag (selten: Haupteinträge); dort sind in der Regel die Angaben über den richtigen Namen des Autors und über andere, vom selben Autor verwendete Pseudonyme zu finden.